Rauschen, Gerhard, Baro

Jahrbücher der christlichen Kirche unter dem Kaiser Theodosius dem Grossen

Rauschen, Gerhard, Baronio, Cesare, Annales ecclesiastici

Jahrbücher der christlichen Kirche unter dem Kaiser Theodosius dem Grossen

Inktank publishing, 2018

www.inktank-publishing.com

ISBN/EAN: 9783747765067

JAHRBÜCHER

DER

CHRISTLICHEN KIRCHE

UNTER DEM

KAISER THEODOSIUS DEM GROSSEN.

VERSUCH EINER ERNEUERUNG DER ANNALES ECCLESIASTICI
DES BARONIUS FÜR DIE JAHRE 378—395

VON

GERHARD RAUSCHEN,

DOCTOR DER THEOLOGIE UND PHILOSOPHIE, OBER- UND RELIGIONSLEHRER
AM KGL. GYMNASIUM ZU BONN.

FREIBURG IM BREISGAU.
HERDER'SCHE VERLAGSHANDLUNG.
1897.
ZWEIGNIEDERLASSUNGEN IN WIEN, STRASSBURG, MÜNCHEN UND ST. LOUIS, Mo.

Meinem Lehrer

Herrn Geh. Regierungsrath Prof. Dr. Nissen

in Bonn

in dankbarer Verehrung

zugeeignet.

Baronius redivivus! — der Gedanke ist zu grossartig, als dass seine Verwirklichung in absehbarer Zeit erhofft werden könnte. Was Tillemont für die ersten sechshundert, Baronius sogar für die ersten zwölfhundert Jahre unserer Zeitrechnung angestrebt und mit erstaunlichem Fleisse und Erfolge auch zum guten Theile, der erstere freilich mehr wie der letztere, geleistet haben, eine Zusammenstellung und kritische Sichtung des gesamten geschichtlichen Materials für jenen Zeitabschnitt, kann heute ein einzelner nicht mehr in Angriff nehmen: der Quellenbestand ist seitdem bedeutend angewachsen — schon die Folianten der Inschriftensammlungen lehren es —, eine Fülle von Specialarbeiten über die in den Quellen erhaltenen Nachrichten ist zu berücksichtigen, und grössere kritische Anforderungen werden in heutiger Zeit an den Geschichtschreiber gestellt wie ehedem. Und doch wäre gerade eine solche Sichtung und chronologische Zusammenstellung des überlieferten Materials, wie sie Baronius für seine Zeit meisterhaft geliefert hat, auf dem Standpunkte modernen Wissens und Könnens die beste Grundlage und Handhabe für die Specialforschung; denn die Quellenschriften liegen versprengt da, ihre Zeitbestimmung aber und noch mehr die der Ereignisse selbst lässt wenigstens für die frühesten Jahrhunderte unserer Zeitrechnung viel zu wünschen übrig; der Forscher begegnet einer Unmasse von Schwankungen und zum Theil, wie mir scheint, auch Irrungen auf dem Gebiete der ältern Kirchengeschichte. Leicht begreiflich! Denn im Gegensatze zu der mittelalterlichen Geschichtschreibung, die vornehmlich annalistisch war, sind die Zeitangaben in den frühern Quellenschriften sehr spärlich und müssen mühsam herausgesucht, grossentheils noch herausgeschält werden.

Die Regierung des ältern Theodosius hat für die geschichtliche Betrachtung ein ganz besonderes Interesse. In diesem Zeitabschnitt wurde der lange Kampf zwischen Heidenthum und Christenthum zum Abschluss gebracht und der Rangstreit zwischen Arianismus und Orthodoxie nach vielen Schwankungen zu Gunsten der letztern entschieden. Diese Periode der Geschichte ist auch die klassische Zeit der grossen Kirchenväter, in welcher das kirchliche Leben sehr lebendig pulsirte und in einer Fülle von Synoden, Gesetzen und Schriftwerken seinen Ausdruck fand. Freilich möchte ich nicht diese Jahre die schönsten des römischen Reiches nach denen des Antoninus Pius nennen, wie es neuerdings geschehen ist[1]; dafür war doch das sociale Elend zu gross geworden[2].

Von neuern zusammenfassenden Darstellungen der Zeit des Theodosius kommt fast nur das Buch von Richter in Betracht[3]. Richter hat nach grossen Gesichtspunkten gearbeitet und manche neue Resultate geliefert; schade, dass er sein Buch durch die häufigen, meist vom Zaun gebrochenen Ausfälle gegen das christliche Kirchenwesen und besonders gegen den Clerus verunstaltet hat. Richter hat bloss das weströmische Reich und auch dieses nur bis zum Jahre 388 berücksichtigt; für das oströmische Reich und zwar im wesentlichen auch nur bis zum Jahre 388 leistet Sievers' Leben des Libanius[4] gute Dienste. Das Werk von Güldenpenning und Ifland über Kaiser Theodosius[5] charakterisirt sich als Jugendarbeit, stellt aber das Material, besonders für die äussere politische Geschichte, und auch die Quellen sorgfältig zusammen[6]. Eine Sammlung von Quellencitaten, allerdings eine sehr unvollständige, sind Clintons Fasti Romani, die bis zum Jahre 578 n. Chr. reichen. In neuester Zeit hat Goyau[7] die Ereignisse der vier ersten christlichen Jahrhunderte kurz nach Jahren und wo möglich auch nach Monaten und Tagen

---

[1] So von Ney, Vindiciae Claudianeae p. 17.

[2] Viel geklagt wird besonders über die Verödung der Provinzen durch die Barbaren, über die Entleerung der Curien in den Städten, die Bestechlichkeit der Beamten und den Steuerdruck, der gelegentlich, wie im Jahre 387 zu Antiochien, zu Aufständen führte.

[3] Das weströmische Reich, besonders unter den Kaisern Gratian, Valentinian II. und Maximus, Berlin 1865.

[4] Herausgegeben aus seinem Nachlasse, Berlin 1868.

[5] Der Kaiser Theodosius d. Gr., Halle 1878.

[6] Eine Menge falscher Citate in dieser Schrift ist mir aufgefallen.

[7] Chronologie de l'empire romain, Paris 1891.

zusammengetragen auf Grundlage der Arbeiten Tillemonts, aber auch mit Berücksichtigung der spätern Literatur; ein eigenes Urtheil spricht er nirgendwo aus, hat aber ein brauchbares Nachschlagebüchlein geschaffen.

Was nun die Anlage des vorliegenden Werkes angeht, so wurden der Uebersichtlichkeit wegen im Unterschiede von Baronius und Tillemont das Quellenmaterial und die Ergebnisse der Forschung für jedes einzelne Jahr unter bestimmten Gesichtspunkten geordnet. Es sind folgende acht: Kaiser, höhere römische Beamte, Religionsgesetze, Culturgesetze, Concilien, Kirchenväter, hervorragende Bischöfe (und Mönche), Häretiker (und Heiden). Die römischen Kaiser griffen seit Konstantin so massgebend in die Regierung und Gesetzgebung der Kirche ein, dass, wie in den Werken der alten Kirchenschriftsteller, so auch in jeder neuern Darstellung der Kirchengeschichte ihre Persönlichkeit und Thätigkeit namentlich in der innern Politik berücksichtigt werden muss.

Bedenken könnte die zweite Rubrik ‚höhere römische Beamte' erregen. Es stellte sich aber im Gange der Untersuchung heraus, dass für die chronologische Festlegung der Ereignisse eine Liste der höhern Reichsbeamten jedes Jahres unentbehrlich ist. Denn die Kirchenväter, besonders Ambrosius und Gregor von Nazianz, standen mit vielen höhern Staatspersonen in Verkehr; ihre Briefe tragen heute keine Daten, geben aber die amtliche Stellung der Adressaten an und können oft genug nur nach dieser datirt werden. Wie wichtig ferner eine solche Liste für die Chronologie der Concilien ist, möge ein Beispiel zeigen: wir könnten das Jahr des römischen Concils, welches das in Mansis Conciliensammlung III 624 gedruckte Schreiben an die Kaiser erliess, nicht angeben, wenn sich nicht berechnen liesse, dass der vicarius urbis Aquilinus, an den die Kaiser die Antwort auf jenes Schreiben adressirten, nur im Jahre 378 sein Amt verwaltet haben kann. Dazu kommt endlich, dass die Nachrichten, welche zur Herstellung einer solchen Beamtenliste zu verwenden sind, sehr weit auseinanderliegen; die Zusammenstellung des Gothofredus in der Prosopographie zum Codex Theodosianus ist auch heute noch die beste, die wir haben, aber sie ist doch recht lückenhaft und ungenau. Zu einer genauern Kenntniss der führenden Persönlichkeiten des römischen Westreiches in dieser Zeit hat Otto Seeck in der Einleitung zu seiner neuen kritischen Ausgabe des Symmachus viel beigetragen.

Unter der Rubrik ‚Culturgesetze‘ werden solche Gesetze mitgetheilt, welche entweder eine Reform der Sitten, besonders in christlichem Geiste, bezweckten, z. B. in Ehesachen und im Begräbnisswesen, oder welche doch für die sittlichen Zustände und das Privatleben jener Zeit charakteristisch sind.

Einzelne Fragen vorwiegend chronologischer Art, und zwar solche, bei welchen falsche Auffassungen neuerer Darstellungen zu berichtigen waren, erforderten eine eingehendere Behandlung; diese findet sich in den beigegebenen Excursen.

Die vorliegende Abhandlung umfasst die Jahre 378—395. Das Jahr 378 gehört nicht zur Regierungszeit Theodosius' des Grossen; aber die verwickelte Lage des römischen Reiches, welche im Beginn des Jahres 379 zur Aufstellung des Kaisers Theodosius führte, lässt sich nur begreifen aus den entscheidenden Ereignissen des Jahres 378, die für den Orient auch eine völlige Umwälzung der kirchlichen Verhältnisse zur unmittelbaren Folge hatten.

Ein Theil dieses Werkes (die Jahre 378—383 umfassend) lag der theologischen Facultät zu Freiburg im Breisgau im Jahre 1895 zur Erlangung des Doctorgrades vor.

Es ist meine Absicht, wenn Gott die Gesundheit erhält und soweit es die vielen Berufsarbeiten gestatten, in ähnlicher Weise wie die Regierungszeit Theodosius' des Grossen auch die folgenden Jahre bis zum Untergange des weströmischen Reiches kritisch-annalistisch zu bearbeiten.

Bonn, im Januar 1897.

Inhalt.

Berichtigungen.

S. 35 Z. 10 Diodoros statt Theodoros.
S. 93 Z. 26—28 ‚aber waren — decken‘ zu tilgen.
S. 106 Z. 21 Brescia st. Brixen.
S. 277 Z. 14 v. unten ‚nach‘ st. ‚vor‘.
S. 302 Z. 9 ‚Helladios‘ st. ‚Palladios‘.
S. 354 Z. 2 ‚war vielleicht‘ st. ‚war‘.
S. 454 Z. 2 v. unten XVI st. XV.
S. 455 Z. 2 v. unten 29 st. 9.

Verzeichniss der benutzten Bücher[1].

Acta sanctorum, Ausgabe der Bollandisten.

S. Ambrosii opera omnia, ed. Migne, tom. XIV—XVII, Paris 1845.

Ammiani Marcellini rerum gestarum libri qui supersunt, rec. Eyssenhardt, Berol. 1871.

S. Aurelii Augustini opera omnia, ed. Migne, tom. XXXII—XLVI, Paris 1845.

Sexti Aurelii Victoris historia Romana, rec. Gruner, Coburgi 1757.

Magni Ausonii opuscula, rec. Schenkl (Mon Germ. aut. V 2), Berol. 1883.

Otto Bardenhewer, Patrologie, Freiburg 1894.

Baronius, Annales ecclesiastici, tom. IV., Antverpiae 1594.

S. Basilii opera omnia, ed. Migne, tom. XXIX—XXXII, Paris 1857.

Jakob Bernays, Ueber die Chronik des Sulpicius Severus, in den Gesammelten Abhandlungen von J. Bernays, herausgegeben von Usener, II, Berlin 1885.

Bessell, Ueber das Leben des Ulfilas und die Bekehrung der Goten, Göttingen 1860.

Birt, De moribus christianis quantum Stilichonis aetate in aula imperatoria occidentali valuerint disputatio, index lect. Marburgensis, Sommersem. 1885.

Buse, Paulin Bischof von Nola und seine Zeit, 2 Bde, Regensburg 1856.

Callinici, De vita s. Hypatii liber, ed. seminarii philologorum Bonnensis sodales, Lipsiae 1895.

Cantarelli, La serie dei vicarii urbis Romae, in: Bullettino della commissione archeologica comunale di Roma, serie III, Rom 1890.

Georgius Cedrenus, ed. J. Bekker (Corp. script. hist. Byz.) I, Bonnae 1838.

R. Ceillier, Histoire générale des auteurs sacrés, tom. V, Paris 1735.

Chronica minora, ed. Theodorus Mommsen, in den Monumenta Germaniae antiquissima, tom. IX (1891), XI (1894), XIII (1896). Gleichzeitig gab Karl Frick in der Bibliotheca Teubneriana ein erstes Bändchen: Chronica minora (Leipzig 1893) heraus. Aeltere Ausgabe von Roncagli unter dem Titel: Vetustiora latinorum scriptorum chronica, duae partes, Patavii 1787.

S. Ioannis Chrysostomi opera omnia, ed. Montfaucon, 13 tomi fol., Venet. 1734 sqq.

Claudii Claudiani carmina, rec. Lud. Jeep, 2 vol., Lipsiae 1876; rec. Birt (Mon. Germ. antiqu. X), Berol. 1892.

Clinton, Fasti Romani, 2 vol., Oxford 1844 und 1850.

[1] Die nur gelegentlich citirten Schriftwerke und besonders Aufsätze in Zeitschriften werden hier nicht aufgeführt.

Codex Iustinianus, rec. Paulus Krueger, 6. Aufl., Berol. 1895.
Codex Theodosianus, rec. Gustavus Haenel, Bonnae 1837. Aeltere Ausgabe: Cum perpetuis commentariis Iacobi Gothofredi, 6 tomi, Lugd. 1665 sqq.
Sacrorum conciliorum nova et amplissima collectio, cur. Mansi, tom. III (ab anno 347 ad annum 409 p. Chr.), Florent. 1759.
Corpus inscriptionum graecarum, ed. Aug. Boeckh, Berol. 1825 sqq.
Corpus inscriptionum latinarum, besonders vol. VI: Inscriptiones urbis Romae, pars I, Berol. 1876.
S. Damasi opera omnia, ed. Migne, tom. XIII, Paris 1845.
Damasi epigrammata, ed. Max. Ihm, vol. I der Antologiae latinae supplementa, Lipsiae 1895.
Dräseke, Gregorios von Nazianz und sein Verhältniss zum Apollinarismus, in: Theologische Studien und Kritiken, herausgegeben von Köstlin und Kautzsch, Jahrg. 1892, S. 473—512.
Duchesne, Origine du culte chrétien, Paris 1889.
Ebert, Allgemeine Geschichte der Literatur des Mittelalters im Abendlande I², Leipzig 1889.
Egli, Altchristliche Studien, Martyrien und Martyrologien ältester Zeit, Zürich 1887.
Epiphanii episcopi opera, ed. Dindorf, 5 vol., Lipsiae 1869.
Epistolae Romanorum pontificum, ed. Petrus Coustant, tom. I, Paris 1721.
Eunapii vitas sophistarum et fragmenta historiarum rec. Boissonade, Amstelod. 1822.
Förster, Ambrosius Bischof von Mailand, Halle 1884.
Friedrich, Ueber die Sammlung der Kirche von Thessalonich und das päpstliche Vicariat für Illyricum (Sitzungsberichte der philos.-philol. und histor. Klasse der kgl. baierischen Akademie der Wissenschaften zu München, Jahrg. 1891, S. 771—887).
Garenfeld, Die Trierer Bischöfe des 4. Jahrhunderts, Bonn 1888.
Gibbon, Geschichte des allmählichen Sinkens und endlichen Unterganges des römischen Weltreiches, aus dem Englischen übers. von Joh. Sporschil, 12 Bde., Leipzig 1840.
Goyau, Chronologie de l'empire romain (Nouvelle collection à l'usage des classes XVII), Paris 1891.
S. Gregorii theologi opera omnia post operam monachorum sancti Benedicti e congregatione sancti Mauri, ed. Caillau, 2 vol. fol., Parisiis 1842.
S. Gregorii episcopi Nysseni opera omnia, 3 vol. fol., Parisiis 1638.
S. Gregorii Turonensis episcopi opera omnia, ed. Migne, tom. LXXI, Paris 1858.
Güldenpenning und Ifland, Der Kaiser Theodosius der Grosse, Halle 1878.
Güldenpenning, Geschichte des oströmischen Reiches unter den Kaisern Arcadius und Theodosius II., Halle 1885.
Güldenpenning, Die Kirchengeschichte des Theodoret von Kyrrhos, eine Untersuchung ihrer Quellen, Halle 1889.
Hassebrauk, Zur Geschichte des Kaisers Theodosius I. (Arbogastes), Gymnasialprogramm von Blankenburg am Harz, 1894.
Hauck, Kirchengeschichte Deutschlands I, Leipzig 1886.
v. Hefele, Conciliengeschichte I und II, 2. Aufl., Freiburg 1873—1875.

S. Hieronymi opera omnia, ed. Vallarsi, 11 vol., ed. II, Venetiae 1766—1772.
Hieronymus und Gennadius, De viris inlustribus, herausgeg. von C. A. Bernoulli, Freiburg 1895.
S. Hilarii tractatus de mysteriis et hymni et s. Silviae Aquitanae peregrinatio ad loca sancta, ed. Io. Franc. Gamurrini, Romae 1887.
Holzhausen, De fontibus quibus Socrates, Sozomenus ac Theodoretus usi sunt, Gottingae 1825.
A. Hug, Antiochia und der Aufstand des Jahres 387 n. Chr., zuerst gedruckt als Gymnasialprogramm von Winterthur 1863, dann in seinen Studien aus dem klassischen Alterthum, 1. Heft (Freiburg 1881) S. 133—200.
Ideler, Handbuch der mathematischen und technischen Chronologie, 2 Bde., Berlin 1825—1826.
Jeep, Quellenuntersuchungen zu den griechischen Kirchenhistorikern, im XIV. Supplementband von Fleckeisens Jahrbüchern für klassische Philologie (Leipzig 1884) S. 54—178.
Max. Ihm, Studia Ambrosiana, Lipsiae 1889.
Inscriptiones christianae urbis Romae, ed. I. B. de Rossi, tom. I, Romae 1861.
Iordanis Romana et Getica, rec. Theod. Mommsen (Monum. Germ. antiqu. V 1), Berol. 1882.
Itinerarium Antonini Augusti et Hierosolymitanum, ed. Parthey et Pinder, Berol. 1848.
Keller, Stilicho oder Geschichte des weströmischen Reiches von 395—408, Berlin 1884.
Joh. Bapt. Kellner, Der hl. Ambrosius, Bischof von Mailand, als Erklärer des Alten Testamentes, Regensburg 1893.
Kirchenlexikon von Wetzer und Welte, 2. Aufl., Freiburg 1882 ff.
Fr. Xav. Kraus, Lehrbuch der Kirchengeschichte, 3. Aufl., Trier 1887.
Krusch, Studien zur christlich-mittelalterlichen Chronologie, der 84jährige Ostercyklus und seine Quellen, Leipzig 1880.
Kurtz, Lehrbuch der Kirchengeschichte, 2 Bde., 11. Aufl., Leipzig 1890.
Langen, Geschichte der römischen Kirche bis zum Pontificate Leos I., Bonn 1881.
S. Leonis Magni opera omnia, ed. Migne, tom. LIV—LVI, Paris 1846.
Libanii sophistae epistolae, ed. Io. Christ. Wolf, fol., Amstelodami 1738.
Libanii sophistae orationes et declamationes, ed. Reiske, 4 vol., Altenburgi 1791 sqq.
Libellus precum Faustini et Marcellini adversus Damasum, ed. Migne, Patr. lat. XIII 82—107.
Maassen, Geschichte der Quellen und der Literatur des canonischen Rechtes I, Graz 1870.
Io. Malalae Chronographia, ed. Niebuhr (Corp. scr. hist. Byz.), Bonnae 1831.
Joach. Marquardt, Römische Staatsverwaltung, 3 Bde., Leipzig 1873—1878.
Wilh. Meyer, Epistulae imperatorum Romanorum ex collectione canonum Avellana, im Göttinger Index scholarum für das Sommersemester 1888 und für das Wintersemester 1888—1889.
Karl Müller, Fragmenta historicorum graecorum IV (Eunapii, Olympiodori, Ioannis Antiocheni), Paris 1851.

Ioh. Herm. Ney, Vindiciae Claudianeae (diss. inaug.), Marburgi 1865.
H. Nissen, Italische Landeskunde I, Berlin 1883.
Nöldeke, Aufsätze zur persischen Geschichte, Leipzig 1887.
Nöldeke, Aus der arabischen Chronik des Tabari (Geschichte der Perser und Araber zur Zeit der Sasaniden), Leyden 1879.
Notitia dignitatum in partibus orientis et occidentis, rec. Boecking, 2 vol., Bonnae 1839.
Novellae constitutiones, accedunt XVIII constitutiones quas Iac. Sirmondus divulgavit, ed. Haenel, Bonnae 1844.
Orosii historiarum adversus paganos libri VII, rec. Zangemeister (Corp. script. eccles. lat. V), Vindobonae 1882.
Pacati panegyricus Theodosio Augusto dictus, nr. 12 der Panegyrici latini in der Ausgabe von Baehrens, Lipsiae 1874.
Pagi, Critica in universos annales Baronii, 4 tomi fol., Antverp. 1727.
Palladius ep. Helenopoleos, Historia ad Lausum continens vitas sanctorum patrum (gewöhnlich Historia Lausiaca genannt), ed. Migne, Patr. graec. XXXIV 995 sq.
Paulini Nolani opera (I Epistulae, II Carmina) ex rec. Guilelmi de Hartel (Corp. script. eccl. lat. XXIX et XXX), Vindob. 1894.
Philostorgii ecclesiastica historia, ed. Iac. Gothofredus, Genevae 1642.
Priscilliani quae supersunt, rec. Schepss (Corp. script. eccles. lat. XVIII), Vindobonae 1889.
Rade, Damasus Bischof von Rom, Freiburg 1882.
Ranke, Weltgeschichte IV, Leipzig 1883.
Reiche, Chronologie der letzten sechs Bücher des Ammianus Marcellinus, Liegnitz 1889.
Rettberg, Kirchengeschichte Deutschlands I, Göttingen 1846.
Ferd. Ribbeck, Donatus und Augustinus, Elberfeld 1857.
H. Richter, Das weströmische Reich, besonders unter den Kaisern Gratian, Valentinian II. und Maximus (375—388), Berlin 1865.
H. Richter, De Stilichone et Rufino (diss.), Halae 1860.
Rufini Aquileiensis presbyteri opera omnia, ed. Migne, tom. XXI, Paris 1878.
Herm. Schiller, Geschichte der römischen Kaiserzeit II (von Diocletian bis zum Tode Theodosius' d. Gr.), Gotha 1887.
Schultze, Geschichte des Unterganges des griechisch-römischen Heidenthums, 2 Bde. Jena 1887—1892.
G. R. Sievers, Das Leben des Libanius, aus seinem Nachlasse herausgegeben von Gottfried Sievers, Berlin 1868.
G. R. Sievers, Studien zur Geschichte der römischen Kaiser, aus seinem Nachlasse herausgegeben von Gottfried Sievers, Berlin 1870.
S. Siricii papae epistolae et decreta, ed. Migne, tom. XIII 1115 sq.
Socratis ecclesiastica historia, ed. Hussey, 3 vol., Oxford 1853.
Sozomeni ecclesiastica historia, ed. Hussey, 3 vol., Oxford 1860.
Suidae lexicon, ed. I. Bekker, Berolini 1854.
Sulpicii Severi opera, rec. C. Halm (Corp. script. eccl. lat. I), Vindob. 1866.
Qu. Aurelii Symmachi quae supersunt omnia, ed. Otto Seeck (Mon. Germ. antiqu. VI), Berol. 1883.

Themistii orationes XXXIII, ed. Hardouin, fol., Parisiis 1684. Eine 34. Rede ist beigefügt in Dindorfs Ausgabe, Leipzig 1832.

Theodoreti et Evagrii historia ecclesiastica, ed. Henr. Valesius, Parisiis 1673.

Theophanis chronographia, rec. Io. Classen (Corp. script. hist. Byz. I), Bonnae 1839.

Tillemont, Histoire des empereurs durant les six premiers siècles de l'église, 6 tomes, Venise 1732.

Tillemont, Mémoires pour servir à l'histoire ecclésiastique des six premiers siècles, 16 tomes, Venise 1732.

Tomassetti, Note sui prefetti di Roma, in: Museo italiano di antichità classica, tom. III, Florent. 1890.

Ullmann, Gregorius von Nazianz der Theologe, Gotha 1867.

Usener, Religionsgeschichtliche Untersuchungen I: Das Weihnachtsfest, Bonn 1889.

Waitz, Ueber das Leben und die Lehre des Ulfilas, Hannover 1840.

v. Wietersheim, Geschichte der Völkerwanderung IV, Leipzig 1864.

Zöckler, Hieronymus, sein Leben und Wirken, Gotha 1865.

Zosimi comitis et exadvocati fisci historia nova, ed. Mendelssohn, Lipsiae 1887.

Die Jahre 378—395.

378.

1. Januar Montag, 1. Neumond 15. Januar mittags, Ostern 1. April[1].

I. Die Kaiser.

a. Gratian.

Gratian war am 12. und 30. Januar[2], desgleichen am 20. April[3] in Trier. Im Februar empörten sich die Lentiensen, die Bewohner des Linzgaues nördlich vom Bodensee, und suchten den gefrorenen Rhein zu überschreiten; von den Kelten zurückgeschlagen, hörten sie, dass der grösste Theil des römischen Heeres schon nach Illyrien gegen die Goten abmarschirt sei, sammelten sich zu 40 000 Mann und kamen unter ihrem Könige Priarius wirklich über den Rhein[4]. Sie wurden bei Argentaria, d. i. Horburg bei Kolmar[5], von einem römischen Heere, das unter Führung des Nannienus und des Frankenkönigs Mallobaudes[6] stand, besiegt, nachdem Gratian die nach Pannonien schon vorausgeschickten Truppen wieder zurückgerufen hatte; Priarius fiel, und nur 5000 Feinde blieben übrig[7]; auch Kaiser Gratian war in der Schlacht zugegen[8]. Da der Kaiser am

---

[1] Diese Angaben zu Beginn der einzelnen Jahre wurden entnommen der von Noris entworfenen, von Ideler (Handbuch II 249) verbesserten 84jährigen Ostertafel und dem ausgezeichneten handlichen Kalender-Compendium von Oskar Fleischhauer, Gotha 1884.

[2] Cod. Theod. IX 20, 1; XI 39, 7; 36, 23—25.

[3] Ibid. VIII 5, 35.

[4] Amm. XXXI 10, 4—5.

[5] Ibid. 8 und Oros. VII 33, 8; vgl. Richter, Das weströmische Reich 479 bis 480, und Schiller, Geschichte der römischen Kaiserzeit II 398.

[6] Er war damals comes domesticorum.

[7] Amm. XXXI 10, 6—10.

[8] So Richter a. a. O. Mit Unrecht hat dies später Reiche (Chronologie der letzten sechs Bücher des Amm. Marc. 62) bestritten; er irrt schon darin, dass er den Kaiser vor dieser Schlacht den Marsch nach Illyrien antreten lässt; er beruft sich dafür auf Amm. XXXI 10, 6, der aber vielmehr sagt: Revocatis cohortibus, quas praemiserat in Pannonias. Weiter versteht Reiche die Worte Am-

20. April noch in Trier war, kann die Schlacht erst im Mai stattgefunden haben [1].

Gratian überschritt jetzt den Rhein, um die Lentiensen in ihrer Heimat aufzusuchen; eine blutige Schlacht, die von Mittag bis in die Nacht hinein dauerte, blieb unentschieden. Da die Feinde sich immer mehr in die Berge zurückzogen, schloss der Kaiser, um den Marsch in den Osten nicht weiter zu verzögern, einen Vergleich mit ihnen, nach welchem sie zu seinem Heere Rekruten stellen sollten. Alles dies geschah mit der grössten Schnelligkeit [2]. Der Kaiser begab sich nun in Eilmärschen über Arbor Felix im Süden des Bodensees [3] nach Lauriacum, d. i. Lorch an der Donau, und von da nach Sirmium (heute Miltrowitz) in Pannonien; bis hierhin hatte er vom Bodensee eine Strecke von 850 römischen oder 170 deutschen Meilen zurückgelegt, wozu er jedenfalls einen Monat Zeit nöthig hatte [4]. In Sirmium blieb er vier Tage und kam dann nach Castra Martis, dessen Lage nicht mehr recht zu ermitteln ist [5]; hier erkrankte er am Fieber und blieb einstweilen zurück [6]. Ohne Zweifel entsandte er auch von hier den Richomeres an Kaiser Valens, der ein oder zwei Tage nach der Schlacht bei Adrianopel auf dem Schlachtfelde eintraf [7]; daraus ergibt sich [8], dass Gratian gegen Ende Juli in Castra Martis angekommen, also gegen Ende Juni vom Bodensee aufgebrochen war.

---

mians (l. c. 9) so, als hätten die Barbaren nur die vermeintliche Ankunft des Kaisers gefürchtet; sie sind von seiner wirklichen Ankunft zu verstehen.

[1] So Richter a. a. O. und Ihm, Studia Ambrosiana p. 31. Reiche (a. a. O.) setzt die Schlacht in den Juni, weil nach Cod. Theod. I 15, 9 Gratian am 1. Juni noch in Trier gewesen, nach der Schlacht aber, wie Amm. XXXI 10, 11 berichte, sofort in den Osten aufgebrochen sei. Aber zwei andere Gesetze dieses Jahres, die Gratian nach dem Cod. Theod. (XI 30, 37, und IX 40, 12) von Trier aus gegeben haben soll, sind zweifellos falsch datirt; es liegt daher die Annahme nahe, dass auch in jenem Gesetze vom 1. Juni Ort oder Zeit falsch angegeben sind.

[2] Amm. XXXI 10, 11—18, besonders 18.

[3] Itinerarium Antonini 237. 251.

[4] Von Arbor Felix bis Lauriacum sind nach Itinerar. Antonini 332 milia; von Lauriacum reiste er über Bononia (heute Bonmünster oder Banostor, $1\frac{1}{2}$ Meilen westlich von Peterwardein, nach Mannert, Geographie der Griechen und Römer, III [Nürnberg 1825] 753) nach Sirmium (Amm. XXXI 11, 6), welches nach Itin. Ant. 241 sqq. eine Strecke von über 500 milia ist.

[5] Judeich, Die Schlacht bei Adrianopel, in der Zeitschrift für Geschichtswissenschaft VI 1 (1891) 11 Anm. 2.

[6] Amm. XXXI 11, 6. [7] Ibid. XXXI 12, 4.

[8] Richomeres hatte nach Itin. Anton. 133 sqq. einen Weg von 450 milia zurückzulegen, wozu er 8—10 Tage brauchte; die Schlacht aber war am 9. August.

Dass Gratian nach der Schlacht bei Adrianopel nach Konstantinopel kam, sagt Suidas nach Johannes von Antiochien [1]. Pagi hält das für richtig und beruft sich dafür, aber mit Unrecht, auf eine Stelle in der Dankrede des Ausonius für das Consulat [2]. Es ist kaum daran zu zweifeln, dass Gratian nicht nach Konstantinopel gekommen ist, da die Angabe des Johannes von Antiochien ganz vereinzelt steht.

Die Nachricht vom Tode des Valens erhielt Gratian durch Victor, der schon seit dem Falle Prokops (im Jahre 367) Magister equitum im Orient war [3]. Ohne Zweifel blieb er bis zu Ende des Jahres in der Gegend von Sirmium, wo er auch im nächsten Jahre den Theodosius zum Mitaugustus erhob. Zosimus [4] sagt, er sei über den Tod des Valens nicht besonders betrübt gewesen wegen eines Misstrauens, das zwischen ihnen bestanden habe; nach Philostorgios [5] aber betrauerte er den Tod des Oheims sehr, und das wird jeder, der Gratians Charakter kennt, für richtig halten [6].

Charakteristik Gratians. Ammianus Marcellinus schildert ihn also [7]: ‚Ein Jüngling von vorzüglichen Anlagen, beredt, tactvoll, kriegerisch und gütig, eiferte er den besten Fürsten nach, während ein schmucker Flaum sich auf seinen Wangen zeigte, wenn nicht seine zur Wollust neigende Natur bei der Nachsicht seiner Umgebung sich zu den thörichten Bestrebungen des Kaisers Commodus hingewandt hätte, allerdings ohne dass er grausam wurde‘; wie dieser nämlich habe er Thierkämpfe geliebt und selbst activ an solchen im Amphitheater theilgenommen; dagegen habe er Wechselfälle auch sehr ernster Natur gering geachtet, und das zu einer Zeit, der ein Marcus Aurelius Antoninus ohne Collegen nicht gewachsen gewesen wäre. Damit stimmt genau überein Rufinus [8]: ‚An Frömmigkeit übertraf er fast alle seine Vorgänger; er war tapfer, behende und geistig gut beanlagt, aber in jugendlichem Frohsinne ging er fast zu weit und war schüchterner, als es dem Staate

---

[1] S. v. *Γρατιανός*, vgl. Müller, Fragmenta hist. graec. IV 608.

[2] Crit. 378, 7 und 379, 2. Ausonius sagt (VIII 82, p. 29), Gratian sei geeilt nach Gallien, ‚ab usque Thracia per totum quam longum est latus Illyrici Venetiam sq.‘; die Worte beziehen sich auf die Reise Gratians im Jahre 379, die er ohne allen Zweifel von Sirmium aus antrat; übrigens ist in der Stelle von Konstantinopel gar nicht die Rede.

[3] Amm. XXVII 5, 1. [4] Hist. IV 24, 5.

[5] Eccl. hist. IX 17. [6] So auch Richter a. a. O. 492.

[7] Rer. gest. XXXI 10, 18—19. [8] Hist. eccl. II 13.

2*

frommte.' Nach Aurelius Victor [1] konnte er dichten und gewählt sprechen, hatte aber weder Lust an Staatsgeschäften noch Kenntniss von ihnen. Ausonius in seiner Dankrede fürs Consulat [2] lobt seine Frömmigkeit, seine Schnelligkeit im Laufen, seine Mässigkeit, Freigebigkeit, die er gegen Private und in Steuererlassen gegen die Provinzen zeigte, und seine Herablassung gegenüber den Soldaten [3]. Vegetius berichtet [4], er habe bei der Infanterie Panzer und Helm abgeschafft, um den Soldaten Erleichterung zu verschaffen, eine allerdings zu humane und verhängnissvolle Massregel. Themistios rühmt seine körperliche Schönheit und sein sanftes, freundliches Auge [5]. Seine Keuschheit in der Ehe wird allgemein anerkannt [6]. Philostorgios [7] allerdings hat ihn ungünstig beurtheilt und sogar mit Nero verglichen; aber gewiss thut er das nur aus Hass gegen seine eifrige Orthodoxie [8].

Verheiratet war er seit 373 mit Constantia, der nachgeborenen Tochter des Constantius [9], die erst 383 gestorben zu sein scheint, da in diesem Jahre ihr Leib nach Konstantinopel gebracht wurde [10]. Da aber Zosimos [11] Läta, die Tochter der Pissamena, seine Gemahlin nennt und von beiden Frauen sagt, dass sie noch 408 in Rom lebten, so müssen wir annehmen, dass Gratian sich noch 383 nach dem Tode der Constantia mit dieser Läta vermählte. Aus Augustinus (De civit. dei V 25) wollte man früher schliessen, dass Gratian 379 einen Sohn hatte; aber die Stelle ist seitdem emendirt worden. Ebenso könnte die Ermahnung, die Ambrosius an den Kaiser richtet: ‚fidem etiam pignoribus suis praeferat' [12], dafür sprechen, dass er Kinder hatte; da aber solche sonst nicht erwähnt werden und Theodoret ausdrücklich sagt: ‚Kinder hinterliess er nicht' [13], so ist anzunehmen, dass er keine Kinder gehabt hat.

Nach dem Chronicon paschale rief Gratian im Jahre 378 die Kaiserin Marina, seine Mutter, zurück. Nach Sokrates [14] hiess aber

---

[1] Epitome 47. [2] Grat. act. 14, 63. 64 und 66.
[3] Ibid. 15–17, 71–78. [4] De re militari I 20.
[5] Rede 13, 171 a und 172 d.
[6] Aurelius Victor l. c.; Ambrosius, De obitu Valentiniani 74.
[7] Eccl. hist. X 5.
[8] Eine sehr wohlwollende Charakteristik Gratians unter Anerkennung des wohlthätigen Einflusses, den der hl. Ambrosius auf ihn ausübte, gibt Schultze, Geschichte des Untergangs des griechisch-römischen Heidenthums I 210–212.
[9] Amm. XXIX 6, 7. [10] Siehe unten 383, I a.
[11] Hist. V 39. [12] De fide I 20, 136. [13] Eccl. hist. V 12.
[14] Ibid. IV 31.

seine Mutter Severa; der Kaiser hat auch schwerlich seine Mutter erst 378, sondern schon 375, gleich nach dem Tode Valentinians I., zurückgerufen, dessen Tod das Chronicon paschale auch fälschlich 378 setzt. Daraus ergibt sich dann auch ferner, dass Valentinian I. seine erste Gemahlin verstossen und dann die Justina geheiratet hatte, dass also Sokrates[1] falsch berichtet, er habe mit Genehmigung seiner ersten Gemahlin die Justina geheiratet und sogar durch ein besonderes Gesetz eine zweite Heirat bei Lebzeiten der ersten Frau gestattet.

b. Valens.

Valens brach von Antiochien zum Kriege mit den Goten auf im Anfange April d. J.[2] und kam am 30. Mai nach Konstantinopel[3], nachdem er eine sarazenische Reiterschar vorausgeschickt hatte, welche die Stadt Konstantinopel denn auch erfolgreich durch ihre geschickten Ausfälle vor den Barbaren schützte[4]. Er verliess die

---

[1] A. a. O.

[2] Von Antiochien bis Konstantinopel, wo er am 30. Mai eintraf, sind 736 milia (Itin. Anton. 139), und ein gewöhnlicher Reisender machte diese Reise über Tarsos und Ankyra in 40 Tagen (Itin. Hierosolymitanum, edirt mit dem Itin. Anton., 571—581); der Kaiser reiste aber wohl rasch, wie auch Zosimos (IV 21, 2) mit dem Worte διαδραμών andeutet. Reiche (a. a. O. 75 Anm. 48) findet gegen den Aufbruch des Valens von Antiochien in diesem Jahre eine Schwierigkeit darin, dass Sokr. IV 35 diesen Aufbruch mit τότε δέ in dieselbe Zeit setze wie den Tod des arianischen Bischofs Euzoios, der 376 erfolgte; er meint daher, Sokrates habe sich geirrt und diesen Tod 376 statt 378 gesetzt. Die Sache liegt viel einfacher, da das τότε δέ, wie schon oben (S. 5) bemerkt wurde, keineswegs die Ereignisse in dasselbe Jahr versetzt.

[3] Sokr. IV 33 und Fasti Idatiani zum Jahre 378.

[4] Vgl. Zos. IV 22 und Sokr. V 1. Sokr. IV 36 und Soz. VI 38 erzählen, nach dem Abzuge des Valens aus Antiochien seien die Sarazenen, ein arabischer Volksstamm, unter ihrer Königin Mavia von den Römern abgefallen, hätten Phönikien, Palästina und das petraïsche Arabien verwüstet und nicht eher Frieden geschlossen, als bis ihnen die Römer in der Person eines gewissen Moses aus ihrem Stamme einen eigenen Bischof gegeben hätten. Dies Ereigniss muss mit Rufinus (Hist. eccl. II 6) früher gesetzt werden, und zwar in die ersten Jahre nach dem Tode des hl. Athanasios; denn 1. die Sarazenen erscheinen zur Zeit der Schlacht bei Adrianopel als Bundesgenossen der Römer (siehe oben); 2. nach Sokr. IV 36 soll Mavia zum Danke für die Weihe des Bischofs ihre Tochter an Victor, den römischen mag. equitum, verlobt haben; dieser war aber zur Zeit der Schlacht von Adrianopel schon alt, wie Valesius (zu dieser Stelle) bemerkt; er war schon seit 367 mag. equitum (Amm. XXVII 5, 1); 3. nach Soz. (a. a. O.) liessen die römischen Feldherren den Moses auf Befehl des Kaisers zum arianischen Bischof Loukios

Stadt wieder am 11. Juni [1] und kam zunächst nach Melanthias, einer kaiserlichen Villa [2], 18 milia von Konstantinopel an der alten Heerstrasse von hier nach Sirmium [3]; dann zur Statio Nice [4], welche nach Hilarius [5] nichts anderes ist als der im Itinerarium Antonini (137) Ostudizus genannte Ort, 18 milia vor Adrianopel. Von dort kam er in die Nähe von Adrianopel [6], empfing hier ein oder zwei Tage vor der Schlacht den Richomeres, den Gratian mit der Botschaft von seiner baldigen Ankunft zu ihm gesandt hatte, hielt dann Kriegsrath und entschloss sich auf Drängen des dem Gratian abgeneigten Sebastianus zu schlagen [7]. Die entscheidende Schlacht bei Adrianopel war am 9. August [8] zur Zeit des Neumondes [9].

Ueber den Tod des Kaisers gab es zwei verschiedene Traditionen, die Ammian und Sokrates [10] nebeneinander stellen. Nach der erstern, welche besonders von Libanios [11] vertreten wird, fiel er tapfer kämpfend in der Schlacht selbst und lehnte das Anerbieten eines Pferdes zur Flucht entschieden ab; sein Leib blieb in der Menge der Leichen unerkannt. Nach der andern Tradition, die als die einzige in der Chronik des Hieronymus, bei Zosimos [12], Chrysostomos [13] und etwas ausgeschmückt bei Sozomenos [14] sich findet, flüchtete der Kaiser mit einigen Begleitern in eine Hütte und wurde mit dieser von den Barbaren verbrannt; nur ein Begleiter sei dabei aus einem Fenster entronnen und habe den Barbaren und später auch den Römern den Tod des Kaisers gemeldet. Welche von den zwei Ueberlieferungen die richtige ist, ist nicht zu entscheiden [15]. Theodoret

---

zur Weihe führen; dieser Kaiser kann nur Valens, nicht sein Nachfolger gewesen sein, der nicht arianisch gesinnt war; Valens könnte es aber wiederum nicht sein, wenn der Abfall der Sarazenen erst nach seinem Abzuge von Antiochien im Jahre 378 erfolgt wäre.

[1] Sokr. und Fasti Idat. a. a. O. [2] Amm. XXXI 11, 1.

[3] Itin. Anton. 138. [4] Amm. XXXI 11, 2.

[5] Fragm. 8 bei Migne, Patr. lat. X 690. [6] Amm. XXXI 12, 4.

[7] Ibid. 5—7.

[8] Amm. XXXI 12, 10; Fasti Idat. und Sokr. IV 38.

[9] Amm. XXXI 13, 11. [10] Amm. XXXI 12 sqq. und Sokr. IV 38.

[11] Rede 1 (I 117) und Rede 23 (II 30). [12] Hist. IV 24.

[13] Op. I 345 b. [14] Eccl. hist. VI 40.

[15] Mit Kaufmann (Deutsche Gesch. I 274) und Ranke (Weltgesch. IV 1, 163) vertheidigt Judeich (in der Zeitschrift für Geschichtswissenschaft VI 1 [1891] 18 bis 20) die erstere Ueberlieferung als die allein gesicherte; er hält die Erzählung von der Hütte für ein christliches Märchen, das die Höllenstrafe des Kaisers schon auf der Erde beginnen lässt. Darin geht er zu weit; denn auch Heiden, wie Zosimos, folgen der zweiten Annahme; wenn ferner Judeich für die erstere Ansicht

lässt ganz falsch den Kaiser an der Schlacht gar nicht theilnehmen, sondern in einem Dorfe den Ausgang der Schlacht abwarten und verbrannt werden [1]; auch Sokrates, Chrysostomos und Zosimos sprechen von einem Dorfe, in dem der Kaiser verbrannt sei. Am sagenhaftesten erzählt Malalas [2] den Tod des Kaisers.

Valens starb ‚nahe dem 50. Lebensjahre, nachdem er etwas weniger als 14 Jahre regiert hatte' [3]. Sokrates und Sozomenos [4] lassen ihn mit Unrecht 16 Jahre regieren.

c. Valentinian II.

Als Sohn Valentinians I. von der Justina und daher Halbbruder Gratians war er am 22. November 375 zu Bregetio vier Jahre alt zum Augustus erhoben worden [5]. Nach Zosimos [6] wären ihm sofort die Provinzen Italien, Illyrien und Afrika zugetheilt worden [7]. Da sich nun aus den Jahren 375—378 kein Gesetz Valentinians vorfindet, so nahm Gothofredus [8] an, dass diese Theilung erst 379 erfolgt sei, und schrieb nun mehrere Gesetze der Jahre 379 und 380, die Italien und Afrika betreffen, dem Valentinian zu; ihm folgte in dieser Auffassung Pagi [9]. Es ist das Verdienst Tillemonts, nachgewiesen zu haben [10], dass bis zum Tode Gratians das Westreich überhaupt nicht getheilt war, oder dass, wenn es getheilt war, Gratian eine solche Oberaufsicht über seinen Halbbruder ausübte, dass dieser keine Regierungshandlungen zu seinen Lebzeiten ausgeübt, insbesondere keine Gesetze gegeben hat. Alle Gesetze des Westreiches müssen daher bis zum Tode Gratians diesem zuerkannt werden, wobei allerdings öfters Ort oder Datum im Codex Theodosianus zu berichtigen sind. Dass wirklich Gratian in dieser Zeit allein regierte, zeigen am besten die kirchlichen Verhältnisse; so werden z. B. die Entfernung des Altars der Victoria aus dem Sitzungssaale des Senates (im Jahre 382), die Berufung des Con-

---

auch die Fasti Idatiani und Eunapios (in der Vita Maximi, ed. Boisson., 63) geltend macht, so ist doch zu bemerken, dass diese zwei nur berichten, der Kaiser sei in der Schlacht verschwunden.

[1] Eccl. hist. IV 31. [2] Chronogr. 343. [3] Amm. XXXI 14, 1.

[4] Sokr. IV 38; Soz. VI 40.

[5] Amm. XXX 10, 4—5; Sokr. IV 26; Fasti Idat. zum Jahre 375.

[6] A. a. O. IV 29. [7] Er hat dies aus Eunapios (ed. Boisson. 475).

[8] Chronologie zum Cod. Theod., die Jahre 375 und 379.

[9] Crit. 375, 15. [10] Hist. V 707—709 note 3.

cils zu Aquileja im Jahre 381 und die bei demselben an den Kaiser ergangenen Schreiben einzig an die Person Gratians in den erhaltenen Quellen geknüpft.

d. Daten zur äussern Politik dieses Jahres.

9. August: Schlacht bei Adrianopel [siehe Valens].

10. und 11. August: Die Goten belagern Adrianopel [1].

12. August: Die Goten ziehen von Adrianopel ab nach Perinth, wo sie gegen den 20. August anlangen [2].

Etwa 20. August: Die Goten ziehen von Perinth nach Konstantinopel in Eilmärschen [3].

Etwa 25. August: Die Goten kommen vor Konstantinopel an [4], ziehen aber bald, von den sarazenischen Reitern zurückgeschlagen, ab und eilen den julischen Alpen zu [5].

September—December: Iulius, ‚magister militiae trans Taurum', lässt die Goten, welche als Geiseln in die römischen Provinzen in Asien vertheilt waren, an einem Tage niedermetzeln [6].

II. Die römischen Beamten.

a. Die Consuln.

Valens VI., Valentinian II. Es ist sehr wahrscheinlich, dass nach dem Tode des Valens Paulin, der spätere Bischof von Nola, zum consul suffectus gewählt wurde [7].

---

[1] Amm. XXXI 15.

[2] Ibid. XXXI 16, 1. Nach Itin. Anton. 137 ist dies eine Strecke von 102 milia; die Goten marschirten aber damals ‚itineribus lentis'.

[3] Amm. XXXI 16, 3—4.

[4] Von Perinth bis Konstantinopel sind 64 milia (Itin. Ant. l. c.).

[5] Vgl. Amm. l. c. 5—7. Zos. IV 22 setzt fälschlich dies Zusammentreffen der Goten mit den Sarazenen in die Zeit der Anwesenheit des Valens in Konstantinopel vor der Schlacht.

[6] Amm. XXXI 16, 8 und Zos. IV 26. Der letztere setzt das Ereigniss in die ersten Monate der Regierung des Theodosius; dagegen spricht aber (vgl. Tillemont, Hist. V 714 note 11), 1. dass Ammian es gleich nach der Schlacht bei Adrianopel erzählt und mit ‚his diebus' einleitet; 2. dass nach Zosimos Julius sich die Ermächtigung zu dieser That vom Senat in Konstantinopel geben liess, was doch zur Zeit der Herrschaft des Theodosius wohl nicht anging.

[7] Nach Ausonius (Ep. 20, 2—3) war Paulin früher als Ausonius Consul, also vor 379; da er aber 353 geboren wurde und in den letzten Jahren vor 378 kein

b. Beamte des Ostreiches.

1. Arinthaeus. Unterfeldherr Julians auf dessen Zuge gegen die Perser[1], wurde er von Valens wie Victor im Commando belassen[2] und warf zugleich mit diesem dem Valens bei seiner Anwesenheit in Konstantinopel im Jahre 378 die Verfolgung der Orthodoxen vor[3]. Er muss vor dem hl. Basileios, also vor dem 1. Januar 379, gestorben sein, da dieser seinen 269. Brief als Trostschreiben an seine verwittwete Gattin richtete. Es liegt daher nahe anzunehmen, dass er in der Schlacht bei Adrianopel gefallen ist, zumal Basileios von seinem Tode sagt: οἴχεται καταλύσας λαμπρῶς, μὴ ὑπὸ γήρως καταχαμφθείς. Auffallend ist aber dabei, dass Basileios beifügt, er habe seine Sünden ‚beim Ausgange aus dem Leben selbst' durch die Taufe gesühnt und seine Gemahlin habe ihm diese vermittelt; es wäre also anzunehmen, dass er vor seinem Abzuge zum Kriegsschauplatze die Taufe empfangen habe. Noch mehr ist auffallend, dass Ammian[4] ihn unter den in der Schlacht gefallenen höhern Offizieren nicht nennt. Mir scheint er daher nicht in der Schlacht selbst gefallen zu sein.

2. Equitius, quaestor sacri palatii, Verwandter des Valens, fiel bei Adrianopel[5].

3. Julius, magister militiae trans Taurum[6].

Raum für ihn ist, so liegt das Jahr 378 am nächsten (so Tillemont, Mémoires XIV 8). Weil sein Name in den fasti fehlt, nahm Pagi (Dissertatio hypatica 26) an, er sei bloss Honorarconsul gewesen; dagegen sprechen aber 1. die Worte Paulins selbst (Nat. XIII 374—376):

> Te (Felice) duce fascigerum gessi primaevus honorem,
> Teque meam moderante manum servante salutem
> Purus ab humani sanguinis discrimine mansi.

Diese Worte zeigen, dass er als Consul thätig gewesen ist. 2. Wenn Pagi seine Ansicht damit begründet, damals habe es keine consules suffecti mehr gegeben, so ist darauf zu erwidern, dass Symmachus (Ep. VI 40) von einem consul suffectus des Jahres 401 spricht. 3. Tillemont (Mémoires XIV 721) erklärt, er erinnere sich keines consul honorarius aus dem 4. Jahrhundert. — Es ist wohl nur ein Missverständniss, wenn Goyau (Chronologie de l'empire Romain zum Jahre 379) seine Bekehrung zum Christenthume ins Jahr 379 setzt, sich berufend auf Teuffels Literaturgeschichte; dieser setzt sie vielmehr (S. 1037[4]) ins Jahr 390.

[1] Zos. III 13. [2] A. a. O. IV 2. [3] Theodoret IV 29.
[4] Rer. gest. XXXI 13, 18. [5] Amm. XXXI 12, 15; 13, 18.
[6] Amm. XXXI 16, 8 und Zos. IV 26.

4. Maurus wurde als Comes von Valens mit dem Commando in Illyrien in diesem Jahre betraut an Stelle des Frigeridus; er war ein bestechlicher Mann [1].

5. Clodius Hermogenianus Olybrius begleitete den Gratian auf seinem Zuge in den Orient [2] und wurde zu Sirmium von ihm zum Consul designirt, höchst wahrscheinlich auch schon in diesem Jahre zum praef. praet. Orientis ernannt [3].

6. Sebastianus, der früher im Westreiche unter Valentinian I. gedient hatte und mit Erlaubniss Gratians in den Osten übergetreten war, wurde von Valens nach dessen Ankunft in Konstantinopel 378 zum Oberfeldherrn des Landheeres an Stelle Trajans gemacht, ein tüchtiger, aber etwas eitler Mann [4]. Als Gegner Gratians rieth er vor der Schlacht bei Adrianopel, dessen Ankunft nicht abzuwarten [5]. Er fiel in dieser Schlacht [6].

7. Traianus, General der Infanterie auf der Balkanhalbinsel bis zur Ankunft des Valens in Konstantinopel [7], fiel bei Adrianopel [8].

8. Valerianus, comes stabuli, fiel ebendaselbst [9].

9. Victor war schon unter Julian General der Infanterie [10] und wurde unter Valens General der Cavallerie im Jahre 367 [11]; in dieser Stellung blieb er bis zur Schlacht bei Adrianopel [12]. Hier rettete er sich und schlug sich durch zu Gratian, dem er die erste

---

[1] Amm. XXXI 10, 21. [2] Ausonius, Grat. act. 12, 55, p. 26.

[3] In einer Inschrift (C. J. L. VI 1714) wird er zunächst praef. praet. Orientis und danach consul ordinarius genannt, woraus Seeck (Prol. zu Symmachus 97) mit Recht schliesst, dass er jenes Amt vor diesem antrat. Auch kann man mit ebendemselben annehmen, dass er bei Gelegenheit des Zuges Gratians in den Orient im Sommer 378 hier praef. praet. geworden ist. Wenn aber Seeck (a. a. O. Anm. 434) die Worte der Dankrede des Ausonius (12, 55): ‚Quid de duobus consulibus designatis quaeritis, quis ordo sit nuncupationis? anne alius quam quem praefectura constituit?‘ nur so erklären zu können glaubt, dass Ausonius bei der designatio consulum schon praef. praet. war, Olybrius aber nicht, so möchte ich dagegen doch einwenden, dass die Worte auch dann ihren vollen Sinn haben, wenn Ausonius früher als Olybrius praef. praet. geworden war und darum auch geziemenderweise vor diesem zum Consul designirt wurde.

[4] Vgl. Amm. XXXI 11, 1 und 12, 1; Zos. IV 22 und 23; einen Widerspruch vermag ich nicht, wie Richter a. a. O. 691 Anm. 19, in diesen Berichten aufzufinden.

[5] Amm. XXXI 12, 6. [6] Ibid. XXXI 13, 18. [7] Ibid. XXXI 11, 1.

[8] Ibid. XXXI 13, 18. [9] Ibid. [10] Zos. III 13.

[11] Amm. XXVII 5, 1. [12] Ibid. XXXI 12, 6; Zos. IV 24.

Nachricht von der Niederlage brachte [1]. Er war entschieden orthodox gesinnt und freimüthig auch dem Kaiser gegenüber [2].

c. Beamte des Westreiches.

1. Alypius, wahrscheinlich Faltonius Probus Alypius, war Mitte des Jahres vicarius Africae [3].

2. Claudius Antonius wird als praef. praet. Galliarum erwähnt vom 23. Mai 376 [4] bis zum 12. Januar 378 [5]. Am 20. April 378 war ihm in diesem Amte Ausonius gefolgt [6].

3. Aquilinus, vicarius urbis Romae [7].

4. Magnus Ausonius, der Dichter, wird als praef. praet. Galliarum, und zwar als Nachfolger des Antonius zuerst erwähnt am 20. April d. J. [8]; als er dies Amt antrat, legte er die quaestura sacri palatii nieder [9]. Er war noch praef. praet. Gall., als er im September 379 seine Dankrede fürs Consulat hielt [10]; am 3. December 379 aber erscheint als sein Nachfolger Siburius [11].

5. Julius Ausonius, der Vater des Dichters, starb, als dieser schon praef. praet. Gall. und zum Consul designirt war, sein Consulat aber noch nicht angetreten hatte [12]. Er war praef. Illyrici, aber wohl nur praef. honorarius [13].

---

[1] Amm. XXXI 13, 9; Zos. a. a. O. [2] Theodoret IV 29.

[3] Cod. Theod. I 15, 9. Genaueres über Alypius s. bei Seeck, Prolegomena zu Symmachus 98 XIII.

[4] Cod. Theod. XIII 3, 11.

[5] An diesem Tage wird er in zwei zusammengehörenden Gesetzen erwähnt (Cod. Theod. IX 20, 1 und XI 39, 7; vgl. Cod. Iust. IX 31, 1).

[6] Cod. Theod. VIII 5, 35. Allerdings sind noch zwei Gesetze nach dem 20. April an ihn gerichtet, das eine (Cod. Iust. II 7, 2) am 18. August von Ravenna, das andere (Cod. Theod. IX 40, 12) am 30. November von Trier aus; allein in der zweiten Hälfte des Jahres war Gratian weder in Ravenna noch in Trier, und zudem betrifft das zweite dieser Gesetze die Consulare von Campanien, mit denen doch der praef. praet. Gall. nichts zu thun hatte; es müssen also diese Gesetze fehlerhaft überliefert sein. Vgl. über Antonius auch Seeck a. a. O. 108—109.

[7] Vgl. über ihn Baronius 381, 2; Mansi, Conc. III 627 und meine Bemerkungen unter: Concilien.

[8] Cod. Theod. VIII 5, 35.

[9] Vgl. Schenkl, Prol. zu Ausonius p. 9 und Seeck a. a. O. 82.

[10] Vgl. diese 2, 11, S. 21.

[11] Vgl. über Ausonius: Seeck a. a. O. 76 ff.

[12] Ausonius, Epicedion in patrem XI 2, 41—46, p. 34.

[13] Vgl. ibid. v. 52 und Seeck a. a. O. 77 Anm. 346.

6. Proculus Gregorius, quaestor sacri palatii, wahrscheinlich als Nachfolger des Ausonius vor dem 20. April d. J. ernannt; er blieb es bis ins nächste Jahr hinein [1]. Im Jahre 377 war er praef. annonae [2].

7. Hesperius, Sohn des Dichters Ausonius, wird als praef. praet. Italiae zuerst erwähnt am 21. Januar 377 [3] und zuletzt am 14. März 380 [4]. Beide Präfecturen, die von Gallien und Italien, wurden im Jahre 378 vereinigt und von Ausonius und seinem Sohne Hesperius gemeinsam verwaltet. Genau lässt sich der Zeitpunkt, mit dem diese Vereinigung ins Leben trat, nicht feststellen; sicher war sie schon durchgeführt, als Ausonius sein Epicedion in patrem schrieb [5], d. h. vor Ende 378; man kann annehmen, dass sie sofort, wo Ausonius die Präfectur Galliens antrat, zu seiner Entlastung eingerichtet wurde [6]; sicher bestand sie im Sommer 379 [7].

8. Mallobaudes oder Mellobaudes, ein fränkischer Gaukönig und comes domesticorum (d. h. General der Leibgarde) bei Gratian; mit Nannienus zusammen besiegte er die Alamannen bei Argentaria im Mai d. J. [8] Mit Merobaudes, der 377 und 383 Consul war, ist er nicht zu verwechseln.

9. Richomeres, der Consul des Jahres 384, war 378 comes domesticorum mit Mallobaudes, eilte dem Gratian in den Orient voraus [9], wurde von demselben als Gesandter an Valens abgeschickt

---

[1] Seeck a. a. O. 126. Sicher war er quaestor sacri palatii und Syagrius magister officiorum zur Zeit, als von beiden Kaisern Siege über die Goten erfochten wurden, die Symmachus im Senate (nach seiner Epistula I 95) verkündete. Seeck (a. a. O. 111) versteht mit Unrecht unter diesen Siegen den in den Fasti Idatiani am 17. November 379 registrirten Sieg; die Siege müssen vielmehr in die Zeit fallen, wo beide Kaiser, Gratian und Theodosius, zusammen auf dem Kriegsschauplatze waren, d. h. in die erste Hälfte des Jahres 379.

[2] Cod. Theod. XIV 3, 15. [3] Ibid. I 15, 8. [4] Ibid. X 20, 10.

[5] Vgl. v. 42.

[6] Wenn Seeck (a. a. O. 80 Anm. 369) dagegen behauptet, sie sei zu der Zeit, wo Auson zum Consulat designirt wurde, noch nicht gewesen, und sich dafür auf die Worte der Dankrede Ausons (8, 40): ‚agant et pro me gratias voces omnium Galliarum, quarum praefecto hanc honorificentiam contulisti‘ beruft, so ist zu erwidern, dass man aus diesen Worten mit demselben Rechte herleiten könnte, sie sei zur Zeit, wo Auson die Dankrede hielt, auch noch nicht gewesen, also im September 379.

[7] Sicher bestand sie am 5. Juli 379 nach Cod. Theod. XIII 1, 11 (vgl. Gothofredus zu diesem Gesetz) und zur Zeit, wo Ausonius die Dankrede hielt (vgl. diese 2, 7 und 11 S. 20—21).

[8] Amm. XXXI 10, 6—8. [9] Ibid. XXXI 8, 4.

und traf ein bis zwei Tage vor der Schlacht bei Adrianopel bei diesem ein[1]; aus der Schlacht rettete er sich[2].

10. Siburius war magister officiorum von 376—379[3] und wurde im Jahre 379 praef. praet. Gall., während ihm als magister officiorum Syagrius folgte.

11. Thalassius, Schwiegersohn des Ausonius, wird als proconsul Africae am 4. Januar in vier Gesetzen erwähnt; er war es kurz vorher geworden und blieb es 18 Monate lang[4]. Im August 379 war ihm in seinem Amte schon Syagrius gefolgt[5].

III. Religionsgesetze.

1. Valens erliess Anfang 378 oder Ende 377 von Antiochien aus mit Rücksicht auf die Gotengefahr ein Gesetz, durch das er die wegen der orthodoxen Religion verbannten Bischöfe, Priester und Mönche zurückrief[6]. Doch scheint das Gesetz nicht auf alle solche Verbannten Anwendung gefunden zu haben[7].

[1] Amm. XXXI 12, 4. [2] Ibid. XXXI 13, 9.

[3] So nach einer Berechnung Seecks a. a. O. 131, vgl. 110. Die Stellung eines mag. officiorum erklärt Niebuhr (Corpus script. Byz. I 21) also: Minister der auswärtigen Angelegenheiten, Hofmarschall, Ceremonienmeister, Generalpostmeister und Director der Waffenfabriken.

[4] Er wird als solcher erwähnt Cod. Theod. XI 36, 23—25; es sind das drei Theile desselben Gesetzes, das am 30. Januar gegeben und am 26. April empfangen wurde; zu demselben Gesetze gehört auch der Abschnitt Cod. Theod. XI 30, 38, der datirt ist: 30. August Trier; aber in Trier war Gratian um diese Zeit jedenfalls nicht, und darum ist mit Gothofredus hier Kal. Febr. statt Kal. Sept. zu schreiben. Dass Thalassius 18 Monate in seinem Amte blieb, sagt sein Sohn Paulinus (Seeck a. a. O. 77—78, besonders Anm. 351 beweist, dass er des Thalassius und nicht des Hesperius Sohn war, wie Tillemont, Hist. V 710—711 note 6 angenommen hatte) in seinem Eucharisticum c. 24; derselbe bezeugt, dass Thalassius unmittelbar vorher vicarius Macedoniae gewesen war und nach Verwaltung Afrikas nach Rom, dann nach Bordeaux kam und hier den Ausonius ‚anni eiusdem consul' traf; daraus ersehen wir, dass Thalassius seine Stelle in Afrika niederlegte vor Winter 379, sie also erst kurz vor dem 30. Januar 378 angetreten haben kann; vgl. Seeck a. a. O.

[5] Cod. Theod. I 15, 10.

[6] Vgl. Rufin., Hist. eccl. II 13; Orosius VII 33, 12; Sokr. IV 35 und Soz. VI 36 Ende. Nach Orosius erliess er das Gesetz ‚egressus de Antiochia', also 378; im Chronicon Edessenum (ed. in Assemani Bibl. orientalis I 398) aber heisst es: ‚Anno Graecorum 689 (= 377 p. Chr.) Decembris die 27. reversos esse orthodoxos ad ecclesiam Edessenam'; danach wäre das Gesetz Ende 377 gegeben.

[7] Nach den genannten Quellenangaben sollte man glauben, dies Gesetz habe

2. Gesetz des Gratian vom 22. April, wahrscheinlich dieses Jahres (nicht 376) (Cod. Theod. XVI 5, 4), wodurch alle Versammlungen der Häretiker aufs neue verboten, ihre Versammlungslocale confiscirt und die Uebertreter dieser Bestimmungen mit Strafen bedroht wurden [1].

3. Gratian gab gleich nach dem Tode des Valens ein Gesetz, dass alle von diesem wegen der Religion Verbannten in die Heimat zurückkehren könnten [2].

4. Gratian gab ferner um dieselbe Zeit zu Sirmium ein Gesetz, dass alle Secten freie Religionsübung haben sollten ausser den Eunomianern, Photinianern und Manichäern [3]. Richter [4] nimmt an, dass dies Gesetz bloss für den Orient gelten sollte, nicht aber für den Occident, wo schon scharfe Ketzergesetze existirten; aber das Gesetz Gratians vom 3. August 379 [5] zeigt, dass jenes Gesetz thatsächlich auch im Occident angewendet wurde, und daraus lässt sich schliessen, dass es zugleich für diesen gegeben war.

---

allen wegen der Religion Verbannten die Rückkehr gestattet; das kann aber nicht der Fall sein; denn sonst wäre das an dritter Stelle zu nennende Gesetz des Gratian unnöthig gewesen, und von Bischof Meletios von Antiochien erzählt Sokr. V 5 ausdrücklich, Gratian habe ihn zurückgerufen.

[1] Das Gesetz ist gerichtet an Hesperius praef. praet. und ist datirt: X Kal. Mai. Treveris Valente V. et Valentiniano cons.; danach wäre es aus dem Jahre 376. Aber 376 war Hesperius nicht praef. praet., sondern proconsul Africae (vgl. Cod. Theod. XV 7, 3 und Seeck a. a. O. 48 und 107); wohl aber war er 378 praef. praet. Ferner steht in dem Gesetze, Gratian habe ‚olim' dieselbe Anordnung getroffen; das kann aber erst nach dem Tode Valentinians I., d. h. seit Ende 375, geschehen sein, und darum würde der Ausdruck olim nicht passen, wenn die Erneuerung dieses Gesetzes schon im April 376 erfolgt wäre. Es ist daher mit Gothofredus (zu Cod. Theod. XVI 5, 4), mit Tillemont (a. a. O.) und mit Seeck (a. a. O. 115 Anm. 557) gegen Hänel (Cod. Theod. S. 1524 Anm. t) das Gesetz zu datiren: Valente VI. et Valentiniano II. cons.

[2] Sokr. V 2; Soz. VII 1 und Theodoret V 2; der letztere bezeichnet das Gesetz fälschlich als τῆς βασιλείας τὰς ἀπαρχάς. Wenig Gewicht ist auf die Bemerkung des Theophanes (S. 104) zu legen, Gratian und Valentinian hätten dies Gesetz auf Rath des Damasus gegeben.

[3] Sokr. V 2 und Soz. VII 1. Falsch sagt Suidas (s. v. Γρατιανός), der Kaiser habe dies Gesetz zu Konstantinopel gegeben. Mit vollem Rechte verstehen Gothofredus (zu Cod. Theod. XVI 5, 5), Pagi (a. a. O. 378, 8) und Richter (a. a. O. 500) unter dem oben genannten Gesetze jenes ‚rescriptum, quod apud Sirmium nuper emersit', welches im Gesetze vom 3. August 379 (Cod. Theod. XVI 5, 5) erwähnt wird und durch dieses aufgehoben werden soll.

[4] A. a. O. 500. [5] Cod. Theod. XVI 5, 5.

IV. Culturgesetze.

(Fehlen.)

V. Concilien.

In diesem Jahre, und zwar in der zweiten Hälfte des Jahres, fand unter dem Vorsitze des Papstes Damasus ein Concil zu Rom statt, welches ein Schreiben an die Kaiser Gratian und Valentinian erliess[1]; auf dieses Schreiben erfolgte dann seitens der Kaiser eine Antwort, welche unter dem Titel: Rescriptum ad Aquilinum vicarium urbis, überliefert ist[2]. Die meisten Neuern setzen dieses Concil ganz falsch ins Jahr 380[3].

---

[1] Gedruckt zuerst von Baronius, Annal. eccl. 381, 2, nach einer jetzt verlorenen Handschrift; dann von Sirmond im Jahre 1631 im Appendix zum Cod. Theod. nach einer Handschrift zu Lyon; diesem hat es Mansi (Conc. III 624) nachgedruckt. Neuerdings wurde das Schreiben nach zwei Handschriften und der Ausgabe des Baronius gedruckt von G. Meyer, Collectio Avellana im Index scholarum für das Sommersemester in Göttingen 1888.

[2] Gedruckt an den eben genannten Stellen.

[3] So Hefele, Conciliengeschichte I² 743; Langen, Geschichte der römischen Kirche 506 Anm. 2; Ihm, Studia Ambrosiana 6; Duchesne, Liber pontificalis I 214. Baronius setzte das Schreiben 381; dagegen setzen es ins Jahr 378: Pagi 378, 17; Rade, Damasus 34 Anm. 1; Richter a. a. O. 322 und 346 und Goyau a. a. O. zum Jahre 378.

Zweifellos war das Concil im Jahre 378. Dafür spricht vor allem der Umstand, der bisher fast ganz übersehen worden ist, dass Aquilinus in den Jahren 379—381 nicht vicarius urbis gewesen sein kann, da Potitus und Antidius damals diese Würde bekleideten (vgl. Cantarelli, La serie dei vicarii urbis Romae 84—85). Es kommt hinzu:

a. Das Schreiben des Concils ist nur an die Kaiser Gratian und Valentinian, nicht aber auch an Theodosius gerichtet, stammt also aus einer Zeit, in der Theodosius noch nicht regierte. Langen (a. a. O.) wendet dagegen ein: ‚Die Synode zu Rom hatte keine Veranlassung, sich an den Kaiser des Ostens zu wenden.' Das trifft zu, und er hätte noch an die zwei Schreiben abendländischer Bischöfe aus den Jahren 381 und 382 an den Kaiser Theodosius erinnern können (gedruckt als n. 13 und 14 unter den Briefen des Ambrosius), in welchen die zwei Mitkaiser auch nicht genannt werden. Aber alles dies verschlägt in unserer Sache nichts; denn am Kopfe des Edictes der Kaiser an Aquilinus stehen auch nur die zwei Namen Gratian und Valentinian, während doch sonst immer an der Spitze der Gesetze alle Augusti genannt zu werden pflegen; man kann daraus schliessen, dass zur Zeit dieses Schriftwechsels nur zwei Augusti waren, und das gilt nur für die Zeit vom 9. August 378 bis zum 19. Januar 379.

b. Langen sagt ferner: ‚Von einer römischen Synode von 378 wissen wir hingegen sonst nichts, wohl aber, dass 380 unter Betheiligung des Ambrosius eine

An dem Concile nahmen theil: ,innumeri fere ex diffusis Italiae partibus'. wie das Schreiben des Concils sich ausdrückt; unter den wahrscheinlich 44 Theilnehmern war, wie es scheint, auch der hl. Ambrosius, dessen Hand sich in dem Schreiben des Concils erkennen lässt [1].

Der Zweck des Schreibens ist zunächst, alte Klagen gegen die Umtriebe häretischer und schismatischer Bischöfe zu erneuern. Der römische Gegenbischof Ursinus höre nicht auf, obschon er in Köln als Verbannter weile, durch die von ihm Geweihten dem Damasus Opposition zu machen; die Bischöfe von Parma und Puteoli hielten trotz kirchlicher Absetzung ihre Sitze inne; in Afrika hätten die Donatisten einen Claudian zum Bischofe geweiht und nach Rom gesandt, und dieser weile hier und taufe trotz eines kaiserlichen Verbannungsedictes; an all diesem trage die Lässigkeit der kaiserlichen Beamten die Schuld.

Vor allem aber wird eine Neuordnung des kirchlichen Gerichtswesens in dem Schreiben verlangt. Grundsatz solle sein, was auch der Kaiser anerkannt habe, eine geistliche Person dürfe nur von Geistlichen gerichtet werden. Wenn ein Bischof von dem römischen

---

grosse Synode zu Rom stattfand, welche zuerst ein ausführliches Symbolum über die Lehre vom Heiligen Geiste entwarf.' Gemeint ist das Synodalschreiben bei Theodoret V 11, vgl. Langen a. a. O. 552. Aber von der grossen Synode zu Rom im Jahre 380 wissen wir abgesehen von diesem Synodalschreiben auch nichts, und dass dieses Schreiben ins Jahr 380 gehört, steht noch lange nicht fest (vgl. unten 380 unter: Concilien). Wenn aber 380 ein Concil zu Rom war, warum konnte denn nicht auch 378 ein solches dort sein, zumal es feststeht, dass auch 382 eines daselbst gewesen ist?

c. Langen sagt endlich: ,Dazu kommt, dass Gratian und Valentinian in dem Rescripte sagen, sie hätten vor fünf Jahren den Bischof von Puteoli abschlägig beschieden; nun kamen sie erst 375 zur Regierung.' Aber Gratian war schon seit 367 Augustus, und seitdem tragen alle Edicte auch seinen Namen; dass aber zur Zeit, wo der Bischof von Puteoli abschlägig beschieden wurde, Gratian schon activ an der Regierung theilnahm, braucht man aus dem ,mansuetudinem nostram' des Rescriptes keineswegs zu folgern; sonst müsste man dies auch auf Valentinian anwenden, der bekanntlich nicht einmal im Jahre 380 activ regierte.

[1] So Sirmond und Hardouin in den Ausgaben; vgl. Mansi, Conc. III 623 Anm. 2. Der Liber pontificalis (I 212) spricht von einer Anklage auf Ehebruch gegen Damasus, welche von einer Synode von 44 Bischöfen abgewiesen worden sei; es scheint, dass damit die oben genannte Synode gemeint ist, weil in deren Schreiben die Rede ist von peinlichen Anklagen, die gegen Damasus erhoben und auf dem Concile verhandelt worden seien (so Duchesne a. a. O. I 214).

Bischofe oder von einem rechtgläubigen Concile abgesetzt worden sei und sich weigere, seine Kirche zu verlassen oder vor einem Concile zu erscheinen, so solle er von der weltlichen Gewalt zur Verantwortung vor den römischen Bischof oder, wenn er weit von diesem entfernt sei, vor seinen Metropoliten geschafft werden; sei er aber selbst Metropolit, so müsse er nach Rom oder vor die Richter, die der römische Bischof ihm stelle. Jeder Abgesetzte könne nach Rom oder an ein Concil von 15 Bischöfen appelliren; bleibe dies geistliche Gericht bei der Absetzung, so ‚sollen sie nur von dem Gebiete der Stadt ausgeschlossen werden, in der sie Priester waren'.

Alles dies wird in dem kaiserlichen Antwortschreiben an Aquilinus zugestanden mit der einzigen Einschränkung, Damasus solle nur mit dem Beirathe von fünf bis sieben Bischöfen eine rechtskräftige Absetzung eines Bischofs aussprechen können. In einem andern Punkte aber gibt das kaiserliche Schreiben keine Antwort; die Bischöfe hatten verlangt, dass der römische Bischof nur der Gerichtsbarkeit eines Concils oder direct der des Kaisers, nicht aber der der kaiserlichen Beamten unterstehen solle; wenigstens solle der Kaiser selbst das Urtheil sprechen, wenn auch seine Beamten die Untersuchung leiteten. Richter [1] will daraus, dass das kaiserliche Schreiben in diesem Punkte keine Antwort enthält, den Schluss ziehen, der Kaiser habe sich hier ablehnend verhalten; ich möchte dagegen für wahrscheinlich halten, dass die kaiserliche Antwort in diesem Punkte nicht in dem Schreiben an Aquilinus, da sie diesen weniger berührte, sondern in einem andern Schreiben ergangen ist; denn es ist schwer einzusehen, warum der Kaiser die Bischöfe in einer Forderung, die gar nicht unbillig war, nicht einmal einer Antwort sollte gewürdigt haben.

VI. Kirchenväter.

a. Ambrosius.

Ambrosius schrieb in diesem Jahre seine zwei ersten Bücher *De fide* für Kaiser Gratian, der ihn mündlich und schriftlich darum gebeten hatte [2]. Er schrieb sie rasch hin [3]; mit der Abfassung be-

---

[1] A. a. O. 350. [2] De fide III 1, 1
[3] Ibid. II 15, 129 und III 1, 1.

gann er, als Gratian seinen Zug in den Orient vorbereitete [1], und vollendete sie noch vor der Schlacht bei Adrianopel [2].

Auch verfasste er wahrscheinlich in diesem Jahre die Schrift *De Noe et arca* und vorher in den Jahren 375—378 das Buch *De paradiso* und die zwei Bücher *De Cain et Abel* [3].

b. Hieronymus

weilte in dieser Zeit als Einsiedler in einer Wüste an der Grenze Syriens nahe bei Antiochien und schrieb hier in der Zeit von 375—378 die Briefe 15 und 16 ad Damasum und 17 ad Marcum presbyterum [4].

VII. Bischöfe.

1. Nach Alexandrien kehrte Bischof Petros von Rom noch zu Lebzeiten des Kaisers Valens zurück, jedenfalls durch die Ver-

[1] De fide I prol.: ‚Petis a me fidei libellum sancte imperator profecturus ad proelium.' Ihm (a. a. O. 31) folgert zu viel aus diesen Worten, wenn er annimmt, Gratian habe erst nach der Schlacht bei Argentaria die Bitte ausgesprochen.

[2] Richter (a. a. O. 494) nimmt an, dass die zwei Bücher erst nach der Schlacht bei Adrianopel vollendet wurden, da im letzten Kapitel des zweiten Buches von dieser die Rede sei. Mit Recht setzt aber Ihm (a. a. O. 31) das Werk in die Zeit vor der Schlacht. Allerdings spricht Ambrosius in dem genannten letzten Kapitel gegen Valens in einer so scharfen Weise, dass sie den Tod des Kaisers zur Voraussetzung zu haben scheint. Allein dieser Tod und die Niederlage des Valens werden in keiner Weise erwähnt; der Schriftsteller findet vielmehr das Unheil des römischen Staates nur darin, dass die Goten die Balkanpässe durchbrochen und gegen die Rechtgläubigen mit Tod und Verbannung gewüthet haben; auch ist Ambrosius an dieser Stelle voll Siegeszuversicht für Gratian. Wenn dem Valens Treulosigkeit gegen die Goten und gegen Gott hier vorgeworfen wird, so ist das auch bei Lebzeiten des Kaisers nicht allzu auffallend; es geschah im orthodoxen Abendlande ganz allgemein und erforderte nicht einmal die Kühnheit eines Ambrosius (vgl. Theodoret IV 29—30 und Soz. VI 40).

[3] Siehe den Excurs XII: Die Commentare des Ambrosius zu einzelnen Theilen des Pentateuchs (nr. 2—4).

[4] Brief 16 setzt Baronius (378, 6) und mit ihm Gothofredus (zu Cod. Theod. XVI 1, 2) ins Jahr 378; Vallarsi setzt Brief 15 und 16 Ende 376 oder Anfang 377, Rade (a. a. O. 96 Anm. 2) in eine noch frühere Zeit. Sicher ist nur:

a. dass Brief 16 bald nach 15 geschrieben ist;

b. dass Kaiser Valens noch lebte, als Brief 16 geschrieben wurde (vgl. § 2: ‚hinc enim praesidiis fulta mundi Ariana rabies fremit');

c. dass zu der Zeit, wo die drei Briefe geschrieben wurden, in Antiochien sich die drei Parteien des Vitalis, Meletios und Paulinos bekämpften.

legenheiten des Kaisers im Gotenkriege ermuthigt [1]; er brachte ein Schreiben des Damasus mit, das ihn als Bischof von Alexandrien bestätigte [2].

2. In Antiochien stritten ausser der arianischen Partei, welcher der Bischof Dorotheos vorstand [3], drei Parteien miteinander, an ihrer Spitze Meletios, Paulinos und Vitalis [4]; der letztere war von Apollinaris von Laodikeia geweiht worden [5]. Meletios, der von Valens vertrieben worden war, wurde durch das Edict Gratians 378 nach dem Tode des Valens zurückgerufen [6]; er weihte dann den Theodoros zum Bischofe von Tarsos in Kilikien [7], von dem Hieronymus [8] sagt, er habe geschrieben: ‚in apostolum commentarii et multa alia ad Eusebii magis Emiseni caracterem pertinentia'; einen Auszug aus seinen Schriften gibt Photios [9]. Die Partei des Meletios schloss in dieser Zeit mit der des Paulinos einen Vertrag, dass nach dem Ableben des einen der beiden Bischöfe der andere sein Nachfolger sein solle [10].

3. Eulalios, Bischof von Amasia in Pontos, kehrte in diesem Jahre aus der Verbannung zurück; er war ein sehr friedliebender Mann, an den sich sogar die Arianer in Amasia anschlossen [11].

4. Eulogios, der als Presbyter von Edessa durch Valens im

---

1 Richter a. a. O. 493. 2 Soz. VI 39. 3 Sokr. V 3.

4 Hieronymus, Ep. 15—17. 5 Theodoret V 4.

6 Sokr. V 5. 7 Theodoret V 4. 8 De viris illustr. c. 119.

9 Cod. 223.

10 Sokr. V 5 und Soz. VII 3. Das Gegentheil behauptet Theodoret, und zwar zweimal: V 3 und 23. Auf diesen gestützt will Rade (a. a. O. 119—122) nachweisen, dass ein solcher Vertrag nicht existirt hat. Aber von dem Vertrage spricht ganz deutlich das Concil zu Aquileja 381 in einem Schreiben an die Kaiser (Ambrosius, Ep. 12 n. 5); die Stelle lautet: ‚Oblatas pietati vestrae opinamur preces nostras, quibus iuxta partium pactum (al. factum) poposcimus, ut altero decedente penes superstitem ecclesiae iura permanerent nec aliqua superordinatio vi attentaretur.' Die Variante factum für pactum ist hier wenig von Belang. Rade beruft sich darauf, dass Gregor von Nazianz in seiner Rede auf dem Concile zu Konstantinopel, die er De vita sua v. 1611—1615, 1636 sq., 1690—1693 skizzirt, den Vertrag nicht erwähnt habe; aber abgesehen davon, dass hier die ganze Rede nicht wiedergegeben ist, ist zu bemerken, dass auf dem Concile einzig die Canones der Kirche und allgemeine Gesichtspunkte in Frage kamen und bei der damaligen Sachlage der Vertrag nicht ausschlaggebend war. Uebrigens sagt auch Gregor von Nazianz (De vita sua v. 1576—1577), Meletios habe seine Freunde auf seinem Sterbebette und auch schon früher zur Eintracht ermahnt.

11 Soz. VII 2. Auf Eulalios folgte später Asterios, der um das Jahr 400 lebte und schrieb; seine Homilien siehe bei Migne, Patr. graec. XL 156 sqq.

Jahre 373 nach der Thebais verbannt worden war, zog mit den übrigen Verbannten am 27. December 378 in Edessa wieder ein [1].

5. Auch Eusebios, Bischof von Samosata, kehrte zurück und weihte den Akakios zum Bischofe von Beroia, den Isidoros in Kyrrhos und andere. Als er den Maris zum Bischofe in Doliche, einer kleinen Stadt in jener Gegend, weihen wollte, tödtete ihn ein arianisches Weib durch den Wurf eines Ziegelsteines [2].

6. Endlich kehrte auch Kyrillos, Bischof von Jerusalem, in diesem Jahre zurück [3]. Hieronymus sagt von ihm [4]: Oft von seiner Kirche verjagt und zuletzt unter Kaiser Theodosius zurückgekehrt, bekleidete er acht Jahre lang ungestört sein bischöfliches Amt.

---

[1] Sokr. IV 18 und Chronicon Edessenum in Assemani Bibliotheca orientalis I 398. Ueber seine Erhebung auf den bischöflichen Stuhl von Edessa siehe unten zum Jahre 379 VII.

[2] Theodoret V 4. [3] Sokr. V 3. [4] De vir. illutr. c. 112.

379.

1. Januar Dienstag; 1. Neumond 4. Januar vormittags; Ostern 21. April.

I. Die Kaiser.

a. Gratian.

Gratian erhob am 19. Januar den Theodosius zu Sirmium zum Augustus[1]. Er theilte dann das Reich so, dass Theodosius die Präfectur Oriens erhielt, zu der in Europa Thrakien gehörte; dass schon damals die Präfectur Illyricum in zwei Theile (orientale und occidentale) zerlegt und der eine (orientale) dem Theodosius übergeben worden sei, wird seit Tillemont von allen neuern Schriftstellern angenommen, ist aber meiner Ansicht nach nicht historisch und zu verwerfen[2]. Es scheint, dass beide Kaiser noch während ihres Zusammenseins die Siege über die Goten davontrugen, von denen Symmachus in seinen Briefen spricht[3].

---

[1] Das Datum ist überliefert in den Fasti Idatiani (bei Mommsen IX 243), die, wie Holder-Egger (im Neuen Archiv I 347) zeigte, hier aus den Ravennater Reichsannalen schöpfen; ferner bei Marcellinus Comes (Mommsen XI 60), im Chronicon paschale (Mommsen IX 243) und im Barbarus Scaligeri (Mommsen IX 297). Sokr. V 2 gibt fälschlich den 16. Januar an, wie er auch für die Kaiserproclamation des Arkadius im Jahre 383 den 16. statt des 19. Januar nennt (V 10). Wenn Ifland (Der Kaiser Theodosius 61 Anm. 8) den 16. als Tag der Ernennung und den 19. als Tag der Inthronisirung des Theodosius festhalten möchte, so macht er damit eine Unterscheidung, die sonst bei den römischen Kaisern nicht zutrifft und deshalb schwer glaublich ist.

[2] Siehe Excurs I: Die Abtrennung Illyriens vom Westreiche und das päpstliche Vicariat über Thessalonich.

[3] Symmachus I 95 und III 18. Seeck (a. a. O. 111) versteht unter den Siegen, die Symmachus im Senate aus einem kaiserlichen Schreiben vorlesen sollte, jene, welche nach den Fasti Idatiani am 17. November gemeldet wurden. Allein dem steht entgegen, dass nach Symm. I 95 beide Kaiser die Siege erfochten und dass Symmachus daselbst den Syagrius bittet, beiden seinen Dank dafür auszudrücken, dass sie ihn zum Herold ihrer Thaten gemacht hatten; beide Kaiser

Mit Beginn des Sommers trat Gratian die Rückreise zum Rheine an, die er äusserst rasch ausführte [1]; es bewog ihn dazu der Umstand, dass deutsche Stämme, unter andern die Vandalen und Franken, den Rhein überschritten hatten und Gallien bedrängten [2]. Nach Ausonius ging die Reise durch Venetien — am 2.—5. Juli war der Kaiser in Aquileja [3] —, dann durch Ligurien; am 31. Juli und 3. August war er in Mailand [4]; dann ging es ‚(per) Galliam veterem, insuperabilia Rhaetiae'; er war am 19. August in Botzen [5]; darauf reiste er ‚(per) Rheni accolas, Sequanorum invia, porrecta Germaniae celeriore transcursu, quam est properatio nostri sermonis' (Ausonius); am 14. September war er in Trier [6], und hier befand er sich auch noch am 3. December [7]. Als Ausonius vor ihm seine Dankrede fürs Consulat hielt, waren die Feinde am Rhein schon besiegt [8]; da diese Rede nun gehalten wurde, ehe Gratian nach Trier kam [9], scheint sie vor dem 14. September d. J. gehalten zu sein [10].

b. Theodosius.

Theodosius wurde aus seinem Heimatlande Spanien von Kaiser Gratian nach dem Tode des Valens herbeigerufen, um als Feldherr gegen die Feinde zu kämpfen; erst nachdem er als solcher einen Sieg davongetragen hatte, wurde er am 19. Januar auf den Kaiserthron

---

waren also zur Zeit der Siege und dieses Briefes des Symmachus noch beisammen. Uebrigens sagt Sokr. V 6 ausdrücklich, dass beide Kaiser vor ihrer Trennung einen Sieg über die Barbaren davontrugen.

[1] Ausonius, Grat. act. 18, 82 p. 29—30.

[2] Ausonius, Precatio consulis VI 29 (Schenkl p. 18); Zos. IV 24; Sokr. V 6; Soz. VII 2; Jordanes, Getica 27 und Pacatus, Panegyricus in Theodosium c. 11.

[3] Cod. Theod. VII 18, 2 u. XIII 1, 11.

[4] Cod. Theod. VIII 18, 6 u. XVI 5, 5. [5] Cod. Theod. VI 30, 3.

[6] Cod. Theod. XIII 3, 12. [7] Cod. Theod. XI 31, 7.

[8] Auson., Grat. act. 2, 7: testis est uno pacatus in anno et Danuvii limes et Rheni.

[9] Ibid. 7, 12.

[10] Tillemont (Hist. V 160—161 u. 718 note 15) setzt die Rede in das Ende des Jahres. Dem widerspricht das von Trier am 14. September gegebene Gesetz (Cod. Theod. XIII 3, 12), da Ausonius in der Dankrede (7, 12) ausdrücklich sagt, er habe die Rede gehalten, ehe der Kaiser nach Trier kam. Ferner war Ausonius zur Zeit, als er die Rede hielt, praef. praet. Gall. (Grat. act. 8, 40), welche Stellung er vor Ende des Jahres niederlegte (Cod. Theod. XI 31, 7). Wohl nur aus Versehen setzt Goyau (a. a. O. 379) die Rede in den Anfang des Jahres.

erhoben[1]. Dass er die Kaiserkrone nur ungern annahm, sagen bestimmt Pacatus (c. 11) und Claudian[2]. Sofort stellte er die Manneszucht im Heere wieder her, gewann die Soldaten durch Freundlichkeit und Freigebigkeit[3] und erfocht in demselben Jahre noch mehrere Siege über Goten, Alanen und Hunnen, von denen einer am 17. November besonders gemeldet wurde[4]. Als Themistios in diesem Jahre seine 14. Rede vor ihm hielt[5], hatte er, obschon damals noch keine eigentliche Schlacht vorgefallen war, doch schon so viel erreicht, dass von allen Seiten Freiwillige zum römischen Heere strömten und dass Illyrien von den Feinden gesäubert war[6]. Später, und zwar noch im Laufe dieses Jahres, wurde auch Thrakien von den Feinden geräumt[7]; es war dies das Verdienst des Modares,

---

[1] Dieser Thatbestand ist zuerst von Richter (a. a. O. 691 Anm. 26) klargestellt und damit der Bericht des Theodoret (V 5) gerechtfertigt worden. Nitzsche (Der Gotenkrieg unter Valens und Theodosius, Altenburg 1871, 11) suchte die Beweisführung Richters zu entkräften; aber Kaufmann (im Philologus XXXI 473 ff.) trat dann wieder für diesen ein; schliesslich hat v. Ranke (Weltgeschichte IV 1, 168 Anm. 1) die alte Auffassung [vertreten durch Baronius (379), Pagi (380, 2), Gibbon (Geschichte des allmählichen Sinkens und endlichen Unterganges des römischen Weltreiches, Kap. 26 Anm. 110, übersetzt von Sporschil V 281 Anm. s), von Wietersheim (Geschichte der Völkerwanderung IV, Leipzig 1864, 116)], dass Theodoret an dieser Stelle falsch berichte, sich wieder zu eigen gemacht.

Aber Richter hat richtig gesehen. Mit Unrecht zwar beruft er sich besonders auf Themistios (Rede 14, 182 b, c), da diese Stelle auch ebensogut auf die Siege des Theodosius in Mösien, die er in den Jahren 374—375 (vgl. Richter a. a. O. 407—408) erfocht, bezogen werden kann. Aber derselbe Themistios sagt an einer andern Stelle (Rede 15, 188 c), dass Gratian den Theodosius zu einer Zeit auf den Thron erhob, wo dieser *ταξιαρχῶν καὶ στρατηγῶν* war. Klar ist auch Pacatus (c. 10): ,ut iam tum posset intellegi alios imperatori pugnare, te tibi; illud tamen prae ceteris mirum, quod, cum omnia faceres, ut imperare deberes, nihil tamen faciebas, ut imperares.' Auch Claudian (Laus Serenae 111—114) könnte hier angeführt werden, der sagt, Theodosius habe seine Kinder nicht eher in den Orient kommen lassen, als bis er zum Kaiser erwählt worden sei.

[2] De IV. consulatu Honorii (VIII) 47—48.

[3] Jordanes, Getica c. 27 (ed. Mommsen p. 95).

[4] Fasti Idatiani und Marcellinus Comes zum Jahre 379; ferner Prosper (ed. Mommsen IX 460), der nach Holder-Egger (im Neuen Archiv I 31) hier wahrscheinlich aus Orosius VII 34 schöpft; Sokr. V 6 und Philostorgios IX 19.

[5] Nach Sievers (Studien zur Geschichte der römischen Kaiser 295) im Sommer d. J.; doch ist das eine reine Vermuthung; wenn meine Annahme (oben S. 36 Anm. 3) richtig ist, so würde daraus folgen, dass die Rede vor der Trennung der beiden Kaiser gehalten ist (vgl. Themist. 181 c).

[6] Themistios, Rede 14, 181 a—c.

[7] Jordanes, Getica c. 27.

eines Barbaren von königlichem Geblüte, der zu den Römern übergetreten und magister militum geworden war und der nun einen grossen Sieg über die Feinde erfocht[1]. Diese Erfolge gingen allerdings im folgenden Jahre durch die Krankheit des Theodosius wieder verloren[2].

Der Kaiser war am 17. Juni in Thessalonich[3], in den nächsten Monaten aber wieder auf dem Kriegsschauplatze, und zwar am 6. Juli in Scupi[4] (heute Uskub, an der Strasse von Thessalonich nach Sirmium), dann am 2. August zu Vicus Augusti, worunter wohl sicher der nördlich von Scupi gelegene, sonst Augusta[5] oder Augusti[6] genannte Ort zu verstehen ist. Den Winter 379—380 brachte er zu Thessalonich zu[7].

Charakter des Theodosius. Sehr abfällig urtheilt über ihn Zosimos[8]; er wirft ihm einerseits Weichlichkeit, Schwelgerei, Vorliebe für Schauspieler, obscöne Tänze und Musik, andererseits, wenigstens für die ersten Regierungsjahre, Schwäche vor; er habe das Heerwesen vernachlässigt, die Gelder des Fiscus für Liebhabereien verschleudert, Aemter und Provinzen von den Palastbeamten verschachern lassen. An anderer Stelle bezeichnet dagegen Zosimos den Kaiser als ‚nicht unkriegerisch und im kriegerischen Oberbefehl nicht unerfahren‘[9]. Auch Themistios[10] rühmt an ihm, dass er tüchtig im Reiten und Wurfspiesswerfen und schnellfüssig gewesen sei, und zu der von Zosimos dem Kaiser vorgeworfenen Weichlichkeit passt schlecht eine Aeusserung des Kaisers, die uns Themistios bewahrt hat[11]: ‚Zum Schlafe, zur Weichlichkeit, zu Gesang und Gelage ist noch keine Zeit‘; ebenso rühmt Jordanes[12] an ihm, dass er die Zucht im Heere, die unter seinen Vorgängern gelockert worden sei, wiederhergestellt habe und ‚acri omnino ingenii virtute . . . praeceptorum severitate exercitum ad fortia provocaret‘. Themistios wird nicht müde, die Milde des Kaisers gegen Schuldige und seine Güte gegen jedermann zu preisen[13]; der Kaiser empfängt jeden freundlich im

---

[1] Zos. IV 25. [2] Jordanes l. c. [3] Cod. Theod. X 1, 12.
[4] Cod. Theod. VI 30, 2. [5] Itin. Anton. 220 u. Tabula Peuting.
[6] Geographus Ravenn. IV 7. [7] Sokr. V 6 u. Cod. Theod. IX 27, 1.
[8] Zos. IV 27—29 u. 33; er schöpft hier aus Eunapios, wie dessen Fragmente n. 49 bei Müller zeigen.
[9] Zos. IV 24. [10] Rede 15, 187 d.
[11] Rede 15, 195 b. [12] Getica 27, p. 95.
[13] Besonders Rede 15, 16 u. 34 (die letztere siehe in der Ausgabe Dindorfs).

Palaste; auch seine Beamten sind freundlich [1]; ein freies Wort ist vor ihm erlaubt [2]; an Nachsicht gegen Schuldige übertrifft er den Titus [3], und dafür ist der beste Beweis, dass er bis zum Jahre 381 [4], ja bis zum Jahre 385 [5] kein einziges Todesurtheil unterschrieb, wie viele ihrer auch gefällt wurden. Auch die Barbaren unterwarf er mehr durch seine Milde als mit Waffengewalt [6]. Der Kaiser neigte allerdings zum Jähzorn; er liess sich aber auch rasch wieder versöhnen [7]. Sein Eifer für die Orthodoxie wird als unvergleichlich gerühmt [8]; er ging selbst einem Gregor von Nazianz zu weit, der die gewaltsamen Bekehrungsversuche des Kaisers tadelt [9].

Die Herkunft und Familienverhältnisse des Theodosius lernen wir kennen besonders aus Aurelius Victor (c. 48), Themistios' Reden (14—16 und 34), aus dem Panegyricus des Pacatus auf Theodosius und aus Zosimos (IV 27—30).

Der Kaiser stammte aus Cauca in Spanien [10], wo er auch erzogen wurde [11]. Dass er von Kaiser Trajan abstammte, ist von seinen Zeitgenossen oft rühmend erwähnt worden, ist aber nicht sicher [12]. Er begleitete seinen Vater, den comes Theodosius, auf seinen Feldzügen in Britannien seit dem Jahre 367 [13]; im Jahre 374 hatte er schon, obgleich ‚prima etiam tum lanugine iuvenis', ein

[1] Rede 15, 190 c und 192 a. [2] A. a. O. 190 a.
[3] A. a. O. 192 d und 193 a. [4] A. a. O. 190 b.
[5] Rede 34 Kap. 14 u. 16 (ed. Dindorf). [6] Rede 34 Kap. 20—24.
[7] Chrysostomos, Homilie 21, 4; Ambrosius, Ep. 51, 4; Tillemont, Hist. V 218.
[8] Orosius VII 34; Augustinus, De civitate dei V 26.
[9] De vita sua v. 1290—1295.
[10] Zos. IV 24 und Idatius, Chronicon (bei Mommsen XI 44).
[11] Theodoret V 5.
[12] Victor a. a. O.; Themistios, Rede 16, 205 a; Claudian, De III. consulatu Honorii (VII) 190 und De IV. consulatu Honorii (VIII) 19. Tillemont (Hist. V 726 note 1) und Ifland (a. a. O. 51) bestritten die Richtigkeit dieser Nachricht und weisen dabei besonders auf Pacatus (c. 4) hin, der nur sage, dass Theodosius wie Trajan aus Spanien stamme. Dieser Einwand bedeutet aber nichts; denn dem Pacatus kommt es an dieser Stelle darauf an, Spanien, nicht das Geschlecht des Theodosius zu feiern. Wichtiger ist allerdings der andere Einwand, dass auf Münzen und in Inschriften Theodosius keinen andern Beinamen des Trajan als nur Flavius führt; der Titel Flavius war aber allen Kaisern seit Konstantin gemeinsam. Ohne Zweifel hat die angebliche Verwandtschaft des Kaisers mit Trajan, der aus Italica in Spanien stammte, den Marcellinus Comes (Mon. Germ. ant. XI 60) verleitet, diesen Ort als die Heimat des Theodosius anzugeben.
[13] Pacatus l. c. c. 8.

eigenes Commando in Mösien[1]. Der Sturz und Tod seines Vaters nach dem Hinscheiden Valentinians I. entfernte auch ihn von seiner Stellung und zwang ihn, sich nach Spanien auf seine väterlichen Güter zurückzuziehen[2]. Als er von hier durch Gratian zur Kaiserkrone berufen wurde, war er 33 Jahre alt[3].

Die Mutter des Kaisers hiess Thermantia[4]. Seine Nichte Serena adoptirte er und hat sie später mit Stilicho verheiratet[5]. Vermählt war der Kaiser mit Aelia Flaccilla, von den Griechen *Φλακίλλα* oder *Πλακίλλα* oder auch *Πλακιδία* genannt[6]; die Heirat mit ihr erfolgte vor dem Regierungsantritte des Kaisers und wahrscheinlich in den Jahren 376—378, wo er in Spanien war[7]. Von dieser Gemahlin hatte Theodosius zwei Söhne (Arkadius und Honorius) und eine Tochter (Pulcheria), die zur Zeit, wo die Mutter starb, noch lebten[8]; von diesen waren Arkadius und Pulcheria schon geboren, als der Vater auf den Thron kam[9]. Nur von der zweiten Gemahlin des Kaisers, Galla, kann der Sohn Gratian geboren worden sein, von dem Ambrosius[10] spricht; mit dieser zweiten Gemahlin zeugte er ausserdem die Galla Placidia, die Mutter Valentinians III.[11] Was die sonstigen Verwandten des Kaisers angeht, so sagt Themistios[12], er habe in den Jahren 381 und 382 seinen Oheim väterlicherseits und seinen *κηδεστής* (Schwager oder Schwiegervater) nacheinander zu Consuln gemacht; unter dem erstern verstehen alle den Eucherius, der 381 Consul war, da Zosimos[13] einen Eucherius Oheim des Arkadius nennt; man nimmt nämlich an, er sage hier Oheim (*θεῖος*)

---

[1] Amm. XXIX 6, 15.

[2] Pacatus l. c. c. 9; Theodoret V 5 und Richter a. a. O. 408.

[3] Aurelius Victor l. c. c. 47 und Amm. XXIX 6, 15.

[4] Aurelius Victor c. 48 und Ifland a. a. O. 49.

[5] Claudian, Laus Serenae (XXIX) 104 sq. und 117 sq.; Zos. IV 57.

[6] Ifland a. a. O. 55 Anm. 30.

[7] Sokr. VI 23 Ende und Claudian, Laus Serenae 111—113.

[8] Gregor von Nyssa, Oratio funebris de Placilla III 533.

[9] Claudian l. c.

[10] Ep. 51, 17 und De obitu Theod. 40. Die Mauriner verstehen die erstere Stelle (An ego Gratiani patrem non oculis meis praeferam?) vom Kaiser Gratian, da die ältern Kaiser die jüngern wohl als Söhne bezeichneten. Aber diese Deutung ist an dieser Stelle durch die folgenden Worte völlig ausgeschlossen: ‚Debent veniam sancta *alia* pignora tua, dulce mihi nomen antetuli, quibus amorem communiter detuli'; dass Theodosius einen Sohn Gratian hatte, zeigt auch klar die Stelle De obitu Theod. 40.

[11] Zos. VI 12 und Sokr. IV 31.

[12] Rede 16, 203 d.

[13] Zos. V 2.

statt Grossoheim[1]. Ueber den κηδεστής wird gestritten, und man kann dabei an beide Consuln des Jahres 382, sowohl an Antonius wie an Syagrius, denken; doch ist Syagrius wahrscheinlicher[2].

c. Ausserrömische Verhältnisse.

a) In Persien folgte in diesem Jahre auf Schâpûr II. dessen Bruder Artaxerxes oder Ardaschir, der vier Jahre regierte und dann von den Grossen abgesetzt wurde; der Anfang seiner Regierung fällt in das persische Jahr, das am 19. August 379 begann[3].

b) Die Langobarden traten in diesem Jahre in die Völkerwanderung ein; sie kamen von Skandinavien her und besiegten die Vandalen[4].

II. Die römischen Beamten.

a. Die Consuln.

Ausonius und Olybrius[5]. Sie wurden zu Consuln designirt von Gratian zu Sirmium im vorigen Jahre, und zwar Ausonius als prior consul[6]. Olybrius, der den Gratian in den Orient begleitet hatte und hier noch im Jahre 378 praef. praet. Orientis wurde, trat ohne Zweifel sein Consulat im Orient an. Ausonius schrieb im Jahre 379: 1. Ecloga VI: ‚Precatio Ausonii consulis designati pridie Kal. Ian. fascibus sumptis.' Ohne Zweifel ist diese Schrift nicht an dem in ihr angegebenen Tage verfasst, sondern erst im letzten Theile des Jahres 379, wenn nicht noch später[7].

---

1 Pagi a. a. O. 382, 1.

2 Tillemont (Hist. V 727—728 note 4) hält die Sache für unklar, entscheidet sich aber für Antonius; dagegen de Rossi (Inscriptiones christianae urbis Romae I 312), dem Seeck (a. a. O. 118) beipflichtet, entscheidet sich für Syagrius.

3 Vgl. über ihn Agathias IV 26 und über die damaligen persischen Verhältnisse überhaupt: Nöldeke, Aufsätze zur persischen Geschichte 102, und: Aus der arabischen Chronik des Tabari 69—70 und 418.

4 Prospers Chronik zum Jahre 379 (Mon. Germ. ant. IX 460); die Stelle ist genommen aus Paulus Diaconus, Hist. Langob. I 2 und 7.

5 Vgl. über sie meine Ausführung zum Jahre 378 S. 26 und 27.

6 Ausonius, Grat. act. 9, 42 und 12, 55 (bei Schenkl 24 und 26).

7 Dass die Schrift nicht am 31. December 378 verfasst wurde, zeigen zwei Stellen derselben: zunächst v. 29 sqq., wo mit Bestimmtheit gesagt wird, dass Gratian nach Besiegung dreier Feinde, unter denen auch die Franken und Sueben genannt sind, nach Hause zurückkehren werde; dann wird v. 38 sqq. gesagt, der

2. Ecloga VII: ‚Item precatio Kal. Ian.‘ 3. ‚Gratiarum actio dicta domino Gratiano Augusto‘ [1]. 4. Epistulae VI, XII und XIII [2].

b. Beamte des Ostreiches.

1. Hypatius ist praef. urbi Constant. am 5. April [3]; er ist ohne Zweifel der Consul des Jahres 359, der von Valens bei Gelegenheit der Zauberei des Theodorus im Jahre 370 verfolgt wurde [4].

2. Modares, mag. militum in Thrakien [5]; er war Skythe von Geburt und zu den Römern übergegangen; dass er orthodoxer Christ war und bis zum Jahre 382 grosse militärische Erfolge erzielte, zeigt der an ihn adressirte 136. Brief des Gregor von Nazianz.

3. Clodius Hermogenianus Olybrius, der Consul dieses Jahres, blieb praef. praet. Orientis wohl das ganze Jahr hindurch [6].

4. Pancratius, als comes rei privatae erwähnt am 17. Juni, 6. Juli und 2. August [7], blieb es ins nächste Jahr hinein.

c. Beamte des Westreiches.

1. Magnus Arborius ist comes rer. privatarum im Mai [8]; da er schon im Anfang des nächsten Jahres als praef. urbi Romae erscheint, so ist anzunehmen, dass er noch im Laufe des Jahres 379 sein Amt wechselte [9].

2. Magnus Ausonius, der Dichter und Consul dieses Jahres, war noch [10] praef. praet. Galliarum, als er seine Dankrede fürs Con-

---

Kaiser werde im nächsten Jahre (380) sein fünftes Consulat bekleiden. Die Schrift kann also erst verfasst sein nach der Designation der Consuln für 380, und die war, wie es scheint, zu der Zeit, wo Ausonius seine Dankrede fürs Consulat vor Gratian hielt, noch nicht erfolgt (vgl. diese 6, 25 und Seeck a. a. O. 80 Anm. 371).

[1] Vgl. oben meine Ausführung S. 38.

[2] Brandes in Fleckeisens Jahrbüchern 1881, 60.

[3] Cod. Theod. XI 36, 26; das Gesetz ist fälschlich von Trier datirt.

[4] Amm. XXIX 2, 16. Dass der hier bei Ammian Genannte derselbe ist wie der oben Charakterisirte, folgt aus Ammians Worten: ‚Ipse posteritatem mirandis actibus praefecturae geminae decoravit.‘

[5] Zos. IV 25. [6] Siehe über ihn oben 378 S. 26.

[7] Cod. Theod. X 1, 12; VI 30, 2 und XII 13, 4; an der letzten Stelle heisst er fälschlich praef. urbi.

[8] Cod. Theod. I 32, 4.

[9] Tomassetti (Note sui prefetti di Roma 506) setzt ihn in die Jahre 379—380.

[10] Siehe oben 378 S. 38 Anm. 10.

sulat hielt, also im Herbst dieses Jahres[1]; am 3. December aber war ihm in dem Amte Siburius gefolgt[2].

3. Basilius vielleicht comes sacrarum largitionum seit Herbst dieses Jahres; er wäre dann Nachfolger des Catervius[3].

4. Septimius Bassus war wahrscheinlich praef. urbi Romae im Laufe dieses Jahres[4]; gegen Ende des Jahres war ihm Arborius gefolgt.

5. Catervius, als comes sacr. larg. am 19. August erwähnt[5].

6. Eutropius, den Seeck[6] comes rer. priv. in der zweiten Hälfte des Jahres als Nachfolger des Arborius sein lässt, bekleidete diese Stelle wahrscheinlich nicht[7].

7. Proculus Gregorius, quaestor sacri palatii im ersten Theil des Jahres[8].

8. Hesperius, Sohn des Dichters Ausonius[9], war praef. praet. Italiae noch bis zu Ende des Jahres[10]. Im Juli und August befand er sich in Afrika[11], im December vielleicht in Sirmium[12].

---

[1] Vgl. diese 8, 40. [2] Cod. Theod. XI 31, 7.

[3] An Basilius ist ein Gesetz gerichtet, das am 14. October zu Rom bekannt wurde (Cod. Theod. IV 20, 1); er wird hier consul genannt, welches Wort Gothofredus, dem Seeck (a. a. O. 133 Anm. 656) folgt, auflöst in com. S. L. Gothofredus beruft sich für diese Conjectur darauf, dass Basilius auch im Jahre 383 als com. sacr. larg. erscheint (Cod. Theod. XII 1, 101); dagegen ist aber zu erinnern, dass im Jahre 381 Macedonius dieses Amt bekleidete (Cod. Theod. XI 30, 39) und Basilius doch schwerlich sowohl Vorgänger als Nachfolger dieses in demselben Amte ist.

[4] Er wird als praef. urbi erwähnt in einer Inschrift (C. J. L. VI 1184 a) zur Zeit der Kaiser Gratian, Valentinian und Theodosius, d. h. in den Jahren 379 bis 383. Tomassetti (a. a. O. 506) setzt ihn 380; da aber aus diesem Jahre schon zwei andere Präfecten von Rom bekannt und auch die Jahre 381 bis 383 besetzt sind, halte ich das Jahr 379 für das wahrscheinlichste.

[5] Cod. Theod. VI 30, 3.

[6] A. a. O. 133 Anm. 656; ihm folgt Goyau (zum Jahre 379).

[7] Gegen die Annahme Seecks, die ohnedem eine reine Vermuthung ist, sprechen folgende Gründe: 1. Eutrop bekleidete seine übrigen Aemter (proconsul Asiae 370, praef. praet. Orientis 380 und 385, consul 387) alle im Orient. 2. Nach Symmachus (Ep. III 50) wurde Palladius im Jahre 379 an den kaiserlichen Hof berufen, an dem Eutropius diente; Palladius war aber im Jahre 381 comes sacr. largit. im Osten (Cod. Theod. IV 12, 8 und X 24, 3).

[8] Siehe über ihn oben 378 S. 28. [9] Siehe über ihn ebenda.

[10] Cod. Theod. VI 30, 4. [11] Cod. Theod. XIII 5, 15 und XVI 5, 5.

[12] Cod. Theod. VI 30, 4, wo statt ‚dat. Sirmio' mit Gothofredus und Tillemont (Hist. V 713 note 9) wahrscheinlich zu schreiben ist, ‚reddita Sirmii'.

9. Potitus, als vicarius urbis Romae zuerst erwähnt am 4. August[1]. Er war wahrscheinlich der Nachfolger des Aquilinus[2] und blieb bis 381 im Amte[3].

10. Siburius[4] ist in der ersten Zeit des Jahres noch mag. offic. und erscheint am 3. December als praef. praet. Gall.; in dieser Eigenschaft war er jedenfalls Nachfolger des Ausonius[5].

11. Flavius Afranius Syagrius, der Consul des Jahres 381, war mag. offic. am 1. October[6], jedenfalls als Nachfolger des Siburius[7].

12. Flavius Syagrius, der Consul des Jahres 382, war proconsul Africae im August[8], als Nachfolger des Thalassius.

13. Thalassius, Schwiegersohn des Ausonius, war proconsul Africae in der ersten Hälfte des Jahres[9]; ihm folgte im Amte Flavius Syagrius.

III. Religionsgesetze.

1. Verfügung des Theodosius vom 17. Juni an den comes rer. priv. Pancratius, durch welche dem alytarcha (Vorsteher der öffentlichen Spiele)[10] der Stadt Antiochien in Syrien die Vergünstigung der frühern Kaiser erneuert wird, in dem Haine der Daphne eine Cypresse fällen zu dürfen, sofern er dafür deren mehrere pflanze[11]. Die Verfügung zeigt, dass Theodosius damals noch den heidnischen Festfeiern freundlich gegenüberstand. Denn ohne Zweifel wurden Zweige dieses Baumes bei feierlichen Aufzügen zu Ehren des Apollo getragen; es war ferner Privaten nicht erlaubt, Bäume in diesem Haine, dessen Pflege den Kaisern sehr am Herzen lag, zu fällen[12]. Spätere Kaiser haben dem alytarcha die Vergünstigung genommen[13].

---

[1] Cod. Theod. VI 28, 1.

[2] Siehe über diesen oben 378 S. 27.

[3] Cod. Theod. IV 22, 2.

[4] Siehe über diesen oben 378 S. 29.

[5] Seeck a. a. O. 131.

[6] Cod. Theod. VII 12, 2.

[7] Seeck a. a. O. 126 und 131.

[8] Cod. Theod. I 15, 10; sein Amt ist zwar in diesem Gesetze nicht ausdrücklich angegeben, aber durch den Inhalt klar bezeichnet (vgl. Seeck a. a. O. 110. besonders Anm. 522).

[9] Siehe über ihn oben 378 S. 29.

[10] Nach dem Etymologicum magnum waren *ἀλύται* soviel wie *ῥαβδοφόροι* oder Lictoren. Der Ausdruck alytarcha steht auch im Gesetze Cod. Theod. XV 9, 2.

[11] Cod. Theod. X 1, 12.

[12] Siehe die Stellen bei Gothofredus zu dem Gesetze.

[13] Cod. Iust. XI 77, 2.

2. Gesetz Gratians vom 5. Juli über Handel treibende Cleriker an Hesperius, praef. praet.[1] Solche Cleriker brauchen kein vectigal (auch lustralis auri collatio genannt) zu entrichten, wenn ihr Handel in Italien und Illyrien die Summe von 10, in Gallien mit Britannien und Spanien von 20 solidi nicht übersteigt.

Von diesem vectigal, zu welchem alle Kaufleute und Geldausleiher verpflichtet waren, hatte schon Constantius im Jahre 343 die Handel treibenden Cleriker entbunden[2]; er hatte 357 das Privilegium noch einmal erneuert[3]. Valentinian und Valens hoben schon im Anfange ihrer Regierung das Privilegium wieder auf[4]; Gratian stellte es durch das oben bezeichnete Gesetz in beschränktem Umfange wieder her.

Das Gesetz ist in mannigfacher Beziehung von Bedeutung; denn es zeigt (nach Gothofredus): 1. dass die Cleriker vielfach noch arm waren und zu ihrem Unterhalte ein Geschäft betrieben; 2. dass sie in Italien und Illyrien reicher waren als in der Präfectur Gallien; denn nur so lässt sich die Unterscheidung erklären, welche das Gesetz zwischen Italien und Gallien macht[5].

3. Gesetz Gratians vom 3. August an denselben Hesperius gegen die Häretiker[6]: Das im vorigen Jahre von Gratian zu Sirmium gegebene Gesetz[7], welches allen Secten ausser dreien Religionsfreiheit gewährte, wird hier aufgehoben; es wird erklärt, alle Häresien sollen aufhören; insbesondere wird den Bischöfen, Priestern und Diakonen der Wiedertäufer, also der Donatisten, die nicht einmal Christen genannt werden könnten, das Versammlungsrecht abgesprochen. Das Gesetz ist ohne Zweifel ein Ausfluss der persönlichen Einwirkung des hl. Ambrosius auf den Kaiser.

IV. Culturgesetze.

(Fehlen.)

V. Concilien.

1. Im September oder October dieses Jahres fand eine Synode orthodoxer Bischöfe zu Antiochien in Syrien statt,

---

[1] Cod. Theod. XIII 1, 11. [2] Ibid. XVI 2, 8.
[3] Ibid. XIII 1, 1. [4] Ibid. XIII 1, 5.
[5] So mit Recht Gothofredus und Pagi 379, 7.
[6] Cod. Theod. XVI 5, 5; Cod. Iust. I 5, 2.
[7] Siehe oben 378 S. 30.

von welcher der hl. Gregor von Nyssa in seiner Vita Macrinae spricht, und woran dieser selbst theilnahm[1]. Auf dieser Synode wurde ein besonders gegen die Apollinaristen gerichtetes und auf einer römischen Synode unter Damasus entworfenes Glaubensbekenntniss unterschrieben, von dem zwei Stücke erhalten sind[2]; Hefele[3] verlegt dieses römische Synodalschreiben ins Jahr 369, Langen[4] besser ins Jahr 376. Dieses Synodalschreiben wurde in Antiochien unterzeichnet von 153 Bischöfen — so viele nahmen also wenigstens an der Synode theil —, von denen sieben mit Namen angeführt werden, Meletios an der Spitze. In einem Schreiben des Concils zu Konstantinopel im Jahre 382[5] wird erwähnt ein *ἐν Ἀντιοχείᾳ τόμος παρὰ τῆς ἐκεῖ συνόδου*, der gegen die Apollinaristen gerichtet gewesen sei; ob dieser *τόμος* das oben erwähnte römische Synodalschreiben oder ein eigenes Glaubensbekenntniss dieser antiochenischen Synode war, ist nicht zu entscheiden, doch ist das erstere wahrscheinlicher; jedenfalls rührt er von der Synode des Jahres 379 her, da diese sich vornehmlich mit den Apollinaristen beschäftigte[6].

---

[1] Die Stelle steht in der Pariser Ausgabe (1638) II 187 d, bei Migne XLVI 973 d und lautet: *Ἔνατος ἦν μετὰ τὸ πάθος τοῦτο μὴν ἢ μικρὸν ὑπὲρ τοῦτο καὶ σύνοδος ἐπισκόπων κατὰ τὴν Ἀντιόχου πόλιν ἠθροίζετο, ἧς καὶ ἡμεῖς μετέσχομεν· καὶ ἐπειδὴ πάλιν πρὸς τὴν ἑαυτοῦ ἕκαστοι ἀπελύθημεν, πρὶν τὸν ἐνιαυτὸν παρελθεῖν, ἐνθύμιον ἐμοὶ Γρηγορίῳ ἐγένετο πρὸς αὐτὴν* (Makrina) *διαβῆναι.* Die Synode war also neun Monate oder noch etwas später nach dem Tode des hl. Basileios, und Gregor konnte nach Schluss derselben noch vor Ende des Jahres zu Hause sein. Nun starb Basileios, wie gezeigt werden wird, am 1. Januar 379; die Synode also war im September oder noch wahrscheinlicher im October d. J. Hefele (Conciliengeschichte I² 743) setzt sie in den September 378, ebenso Baronius (zum Jahre 369), während Pagi (378, 8) sie 380 sein lässt. Der Letztgenannte bringt die Synode nämlich mit den Verhandlungen in Verbindung, welche nach Theodoret V 3 in Antiochien in Gegenwart des kaiserlichen Commissars Sapor zwischen den Anhängern des Meletios und Paulinos gepflogen wurden; diese Sendung des Sapor kann allerdings nicht vor 380 geschehen sein (vgl. unten 380); dass aber diese Verhandlungen auf der Synode zu Antiochien gepflogen wurden, ist nirgendwo überliefert.

[2] Gedruckt bei Constant als epistula IV, bei Merenda (Migne XIII 352) als epistula II des Damasus.

[3] Conciliengeschichte II² 21.

[4] Geschichte der römischen Kirche bis zum Pontificate Leos I., 546 Anm. 1.

[5] Bei Theodoret V 9.

[6] Valesius (zu Theodoret V 3) und mit ihm Mansi (Conc. III 512) und Hefele (a. a. O. I 743) nehmen an, dass diese Synode zu Antiochia auch das Schreiben an die Bischöfe Italiens und Galliens gerichtet habe, welches als Brief 92 des hl. Basileios abgedruckt wird. Dem steht aber entgegen, dass unter den Absendern des Schreibens auch der hl. Basileios genannt wird (vgl. Migne, Patr.

2. Die Makedonianer versammelten sich, wahrscheinlich in diesem Jahre, zu Antiochien in Karien und erklärten sich, indem sie das ὁμοούσιος verwarfen, für das ὁμοιούσιος. Sehr vielen von ihnen aber missfiel dies, und die schlossen sich an die Orthodoxen an[1].

3. Auch die Apollinaristen versammelten sich, und zwar in diesem Jahre, wenn nicht schon im vorigen[2].

VI. Kirchenväter.

a. Ambrosius

erhielt in der ersten Hälfte des Jahres den Brief des Kaisers Gratian, welcher in den Ausgaben den Briefen des Ambrosius vorgedruckt ist; der Kaiser bittet ihn darin, möglichst bald zu ihm zu kommen (§ 1: festina igitur ad me) und sein Werk De fide (die zwei ersten Bücher) um einen Tractat über die Gottheit des Heiligen Geistes zu vermehren (§ 3).

Ambrosius antwortet in Brief 1, er werde seine Ankunft beim Kaiser, der auf der Rückkehr von seinem Orientzuge ist (§ 1: revertenti), beschleunigen, und bittet für den Tractat De spiritu sancto um Ausstand (§ 7). Brief 1 ist also geschrieben, ehe der Kaiser nach Mailand kam, wo er am 3. August verweilte[3]; an diesem Tage erliess Gratian in Mailand ein Gesetz gegen die Häretiker, jedenfalls unter Beeinflussung durch Ambrosius[4].

Auch Brief 2, gerichtet an Constantius, ist wahrscheinlich in diesem Jahre geschrieben, und zwar ‚beim Herannahen der vierzig-

---

graec. XXXII 478 a), der doch sicher vor dieser Synode gestorben ist (vgl. oben S. 48 Anm. 1); auch noch andere Gründe sprechen dagegen (siehe bei Rade, Damasus 87 Anm.).

[1] Sokr. V 4 und Soz. VII 2. Hefele hat diese Synode wie auch die folgende übergangen. Sie fand statt nach dem im Jahre 378 erlassenen Gesetze Gratians (siehe oben 378 S. 30), welches den Secten Religionsfreiheit gewährte, und zwar gerade infolge dieses Gesetzes. Viele Handschriften des Sokrates und die ältern Drucke haben als Ort der Synode: ἐν Ἀντιοχείᾳ τῆς Συρίας; aber Sozomenos hat: τῆς Καρίας, und für dieses spricht der Umstand, dass in der Umgegend von Karien die Makedonianer zahlreich waren und gewöhnlich ihre Zusammenkünfte hielten (vgl. Mansi, Conc. I 736).

[2] Gregor von Nazianz, De vita sua v. 609—619. Ueber diese Synode und ein bei Leontios, ‚Adversus fraudes haereticorum' mitgetheiltes, wahrscheinlich auf dieser Synode verfasstes Glaubensbekenntniss des Apollonios von Laodikeia und seine Anhänger vgl. Dräseke, Gregorios von Nazianz und sein Verhältniss zum Apollinarismus, in: Theologische Studien und Kritiken, Jahrgang 1892, 485—489.

[3] Cod. Theod. XVI 5, 5. [4] Cod. Theod. l. c.

tägigen Fastenzeit' (§ 27); es ist eine Pastoralanweisung für diesen jüngst von ihm geweihten Bischof, dessen Sitz nahe bei Forum Cornelii (Imola), und zwar näher bei dieser Stadt als bei Mailand war (§ 27)[1].

Die zwei Bücher: *De excessu fratris sui Satyri*, deren Abfassung fast alle Neuern in das Jahr 379 verlegen, sind vielmehr im Jahre 375 verfasst worden[2].

b. Basileios der Grosse.

Dass Basileios am 1. Januar dieses Jahres starb, muss als feststehend betrachtet werden[3].

c. Ephräm der Syrer.

Ephräm starb, wie die syrischen Quellen angeben, im Juni 373; nach andern Nachrichten aber starb er bald nach Basileios[4]; doch ist das letztere das Unwahrscheinlichere. Als Tag seines Todes wird in griechischen Kalendarien der 28. Januar[5], in lateinischen der 1. Februar angegeben.

d. Gregor von Nazianz.

1. Schicksale.

Gregor kam in diesem Jahre nach Konstantinopel und trat fast sicher die Reise dahin erst nach dem Tode des Basileios

---

[1] Dass Constantius Bischof war, ist nicht zu bezweifeln; der ganze Inhalt des Briefes weist darauf hin, und schon der Anfang besagt es: Suscepisti munus sacerdotii et in puppe ecclesiae sedens navim adversus fluctus gubernas. Ihm (Studia Ambr. 39) findet ein Bedenken dagegen in der Anrede: fili (§ 27); allein diese erklärt sich zur Genüge daraus, dass Constantius von Ambrosius geweiht war.

Dass der Brief im Jahre 379 geschrieben ist, folgt aus § 28, wo von den Arianern gesagt wird: Advertant, quid propter suam perfidiam acciderit sibi; denn hiermit wird auf die Schlacht bei Adrianopel hingewiesen.

[2] Siehe Excurs II. [3] Siehe Excurs III.

[4] Ueber die Nachrichten der syrischen Quellen, besonders des Chronicon Edessenum und des Syrus anonymus (in Assemani Bibliotheca orientalis I 54) siehe Bickell, Sancti Ephraemi Syri carmina Nisibena, Leipzig 1866, 9 Anm. Dieser tritt entschieden für das Jahr 373 ein. Für diese Zeit spricht auch die Nachricht des Hieronymus, De vir. ill. c. 115, wo gesagt ist, dass er ,sub Valente' starb; allerdings hat hier die griechische Uebersetzung des Sophronios: βασιλεύοντος Γρατιανοῦ. Dass Ephräm beim Tode des Basileios noch lebte, wird an zwei Stellen überliefert: 1. durch die Lobrede Ephräms auf Basileios (gedr. in den Acta SS. der Bollandisten, 1. Februar S. 51); 2. in der mit Unrecht dem Amphilochios zugeschriebenen Vita s. Basilii (Migne, Patr. graec. XXIX, prol. p. 314).

[5] Daniel, Codex liturgicus ecclesiae universae IV, Leipzig 1853, 252.

an[1]. Eine Versammlung von Bischöfen hatte ihn dorthin berufen und Abgesandte geschickt, um ihn zu holen[2]. Nur mit grösstem Widerstreben[3] folgte er ihrem Rufe und verliess die geliebte Einsamkeit bei Seleukeia in Isaurien[4]; er that es aus Eifer für die orthodoxe Sache[5] und nicht aus Ehrgeiz, wie Ifland[6] meinte. Eine Kapelle, die durch ihn den Namen Anastasia erhielt[7] und später zu einer

---

[1] Rufinus (Hist. eccl. II 9) sagt, Gregor sei nach Konstantinopel gegangen reddita vero pace, d. h. nach dem Tode des Valens; dies ist ja auch an sich schon wahrscheinlich und wird bestätigt durch die Aussage Gregors selbst, er sei ins dritte Jahr hinein in Konstantinopel gewesen (in seiner Schrift: De se ipso et de episcopis v. 110 et 101, Ausg. II 783: *τί σχαιὸν . . . ἢ εἶπον ἢ ἔπραξα τοῦτ' ἔτος τρίτον*). Wenn also sein Biograph Gregorios sagt (Op. Greg. Naz. I 157), er sei 12 Jahre in Konstantinopel gewesen, so rechnet er zu den Jahren seines dortigen Aufenthaltes die danach bis zu seinem Tode verflossenen Jahre hinzu.

Die Zeit der Uebersiedelung Gregors nach Konstantinopel wäre noch genauer zu bestimmen, wenn sich feststellen liesse, ob er beim Tode des hl. Basileios schon in Konstantinopel war. Zwei Stellen in seinen Werken kommen hierfür in Betracht; die eine in der Leichenrede auf Basileios, die er nach seiner Rückkehr von Konstantinopel gehalten hat (oratio 43); die andere in dem Trostbriefe, den er gleich nach dem Tode des Basileios an dessen Bruder Gregor von Nyssa schrieb (Ep. 76). In jener Rede heisst es (c. 2), er sei nach Konstantinopel gegangen: *οὐδ' ἀπὸ γνώμης ἐκείνῳ τῷ γενναίῳ τῆς ἀληθείας ἀγωνιστῇ καὶ μηδὲν ἕτερον ἀναπνεύσαντι ὅτι μὴ λόγον εὐσεβῆ καὶ κόσμου παντὸς σωτήριον.* Diese Stelle ist in ganz verschiedener Weise verstanden worden; Pagi (378, 23) und Tillemont (Mém. IX 277 u. 707 note 23) verstehen sie so, dass Basileios damals, als Gregor nach Konstantinopel ging, noch lebte; aber Papebroch (Acta SS. Mai II 401) schliesst aus derselben Stelle, dass Basileios damals schon todt war. Diese letztere Erklärung scheint mir durchaus die richtige zu sein; denn Gregor hebt hier die orthodoxe Gesinnung des hl. Basileios im allgemeinen doch nur deshalb hervor, weil er zeigen will, Basileios hätte zugestimmt, wenn er noch gelebt hätte. Noch beweisender ist die Stelle in dem Briefe Gregors von Nazianz an Gregor von Nyssa. Hier entschuldigt Gregor sein Fernbleiben vom Leichenbegängnisse des Basileios ,*πλὴν τῶν ἄλλων*' mit gefährlicher Krankheit und sagt, er erwarte zu seinem Troste den Gregor von Nyssa bei sich; das zeigt, dass er nicht weit von diesem weilt, und ohnedem hätte er, wenn er schon in Konstantinopel gewesen wäre, sich vor allem mit der weiten Entfernung und mit dienstlicher Unabkömmlichkeit entschuldigt. Ich halte es daher für fast sicher, dass sein Biograph Gregorios (Op. Greg. Naz. I 142) irrt, wenn er bei der Abreise Gregors nach Konstantinopel den hl. Basileios noch leben lässt.

[2] Sokr. V 6 u. Gregor von Nazianz, De se ipso et de episc. v. 81 (op. II 782).

[3] Gregor von Nazianz, De vita sua v 607: *οὐχ ἑκὼν ἀλλ' ἀνδράσι κλαπεὶς βιαίοις*; ferner Rede 43, I 771 d: *καλῶς βιασθέντες* und Rede 33, I 612 a.

[4] Ders., De se ipso et de episc. v. 71 sq., und Ullmann, Gregorius von Nazianz 103—104.

[5] Gregor von Nazianz, De se ipso et de episc. v. 82.

[6] A. a. O. 93 Anm. 4. [7] Gregor von Nazianz, De vita sua v. 1079.

grössern, der Jungfrau Maria geweihten Kirche umgebaut worden ist[1], diente ihm in der ersten Zeit in Konstantinopel als Versammlungsort der Gläubigen, und von hier ging nun durch sein Verdienst die Erneuerung des nicänischen Glaubens in der Hauptstadt aus; passend vergleicht er daher diese Kapelle mit der Arche Noahs[2]. Sein Archidiakon in Konstantinopel war ein gewisser Evagrios aus dem Pontos, der sich später in die nitrische Wüste begab[3]; Gregor lobt ihn in seinem Testamente sehr als einen erprobten Mitarbeiter[4].

An Anfeindungen der Arianer fehlte es dem Gregor in seinem neuen Wirkungskreise nicht. Einmal drangen zur Zeit des Gottesdienstes seine Feinde, meist Mönche und Menschen der untersten Volksklasse, in das Bethaus ein, bewarfen ihn und die Gläubigen mit Steinen und schändeten den Altar; er selbst wurde auch noch wegen dieser Angelegenheit vor Gericht gestellt, vertheidigte sich aber so, dass er freikam[5]. Tillemont verlegt diesen Angriff in die Osternacht, indem er das *τῶν τελουμένων* in Gregors 77. Briefe von den Neugetauften versteht; man kann ihm darin zustimmen[6]. Auch unter den eigenen Anhängern Gregors traten Spaltungen ein, indem die einen sich für Paulin in Antiochien, die andern für dessen Gegner Meletios erhitzten und befehdeten[7]. Am meisten verhängnissvoll wurde für Gregor seine Freundschaft mit Maximos[8]. Dieser war ein kynischer Philosoph aus Aegypten, der sein Haar weibisch färbte und pflegte[9]; er war im Jahre 374 bei den Wirren, welche nach dem Tode des Athanasios der arianische Bischof Loukios in Alexandrien erregte, aus dieser Stadt verbannt worden[10]. Nach seiner Rückkehr aus der Verbannung kam er nach Konstantinopel und gewann durch seine Schmeicheleien das volle Vertrauen des Gregorios, der sogar in der Kirche eine Lobrede, die jetzige Rede 25, auf ihn hielt.

---

[1] Soz. VII 5.

[2] Gregor von Nazianz, De vita sua v. 1079—1083.

[3] Soz. VI 30. [4] Opera Greg. Naz. II 203.

[5] De vita sua v. 665—678 und Epist. 77 und 78.

[6] Tillemont, Mém. IX 432. Er findet ein Bedenken gegen diese Annahme darin, dass um diese Zeit schwerlich Gregor schon so viel Aufsehen gemacht habe, dass der Pöbel ihn verfolgte. Dies Bedenken scheint mir nicht von Bedeutung zu sein; denn Gregor selbst sagt (Carmen XII 103, Ausg. II 782), dass er schon als *εἰσόδου προοίμιον* in Konstantinopel mit Steinen beworfen wurde.

[7] De vita sua v. 679 sq. und Rede 22.

[8] Siehe über ihn Tillemont, Mém. IX 444 ff.

[9] De vita sua v. 750—768. [10] Rede 25, Kap. 13—14.

2. Reden.

Jedenfalls fallen die Reden ins Jahr 379, die er in Konstantinopel hielt vor der Ordination des Maximos; es sind folgende:

Rede 22 über den Frieden, gehalten an eine Versammlung von Bischöfen oder an den Clerus von Konstantinopel[1] in diesem Jahre[2] gegen die Zwistigkeiten, welche infolge des antiochenischen Schismas und der apollinaristischen Lehre entstanden waren[3].

Rede 24 auf den hl. Cyprianus, den Bischof von Karthago, gehalten am 16. September d. J. zu Konstantinopel[4].

---

[1] Dass die Rede in Konstantinopel gehalten ist, folgt aus Kap. 8: *καὶ ταῦτα ἐν τοιαύτῃ πόλει* ff., wo den Einwohnern der Hauptstadt gerade wie in Rede 21, Kap. 5 vorgeworfen wird, dass sie das Heilige zum Gegenstand des Spottes machen. Tillemont (Mém. IX 437) nimmt an, die Rede sei an das Volk von Konstantinopel gehalten; dass dies falsch ist, folgt 1. aus dem Anfang der Rede, wo Gregor von seinem Volke in der dritten Person spricht; 2. aus der Anrede Kap. 16: *ὦ φίλοι καὶ ἀδελφοί*; 3. aus Kap. 6: *νῦν καὶ τῶν ἀπορρήτων τοῖς βεβήλοις χρώμεθα διαιτηταῖς ῥιπτοῦντες τὰ ἅγια τοῖν κυσίν.*

[2] Die Zeit der Rede ergibt sich: 1. aus Kap. 2, wo gesagt ist, die Barbaren verwüsten noch das römische Gebiet, und wo das Andenken an Adrianopel noch als frisch hingestellt wird; 2. aus Kap. 8, wo Gregor sich nennt *τὸν εὐσεβείας ἔπηλυν κήρυκα* und sagt, dass die Arianer noch die Kirchen in der Hauptstadt innehaben. Das führt genau auf das Jahr 379, während Tillemont (a. a. O.) zwischen 379 und 380 schwankt.

[3] Der Gegenstand des Streites wird in Kap. 13 angegeben; es ist 1. die apollinaristische Lehre, 2. der Streit zwischen Meletios und Paulinos in Antiochien (*ὑπὲρ ἀλλοτρίων θρόνων ἰδίας ἔχθρας ἀναιρούμεθα* ff.). Es sind dieselben zwei Streitpunkte, von denen er De vita sua v. 607 sqq. u. 679 sqq. sagt, dass sie damals die Gemeinde in Konstantinopel beschäftigten.

[4] Dass die Rede zu Konstantinopel gehalten ist, zeigt die Bemerkung Kap. 19: *τοὺς βαρεῖς λύκους μεταπεμπόμενος τοὺς θηρευτὰς τῶν συλλαβῶν καὶ τῶν λέξεων*; solches nämlich wirft er öfters den Einwohnern von Konstantinopel vor, wie z. B. Rede 21, Kap. 5 Ende und 22, Kap. 8 Mitte.

Dass diese die erste Rede ist, die Gregor in dieser Stadt über den Heiligen hielt, zeigt die Stelle ebenda: *αὗταί σοι τῶν ἐμῶν λόγων αἱ ἀπαρχαί.* Auch zeigt der ganze Tenor der Rede, dass Gregor damals sehr heitern Sinnes war und zu seiner Herde in sehr liebevollem Verhältnisse stand; daraus lässt sich schliessen, dass er die Enttäuschung mit Maximos noch nicht erlebt hatte. Alles dies spricht für das Jahr 379, und daher entscheidet sich auch Tillemont (Mém. IX 711—712 note 31) für dieses Jahr.

Aber darüber ist gestritten worden, ob der Heilige, auf den die Rede gehalten ist, der bekannte Bischof von Karthago ist, oder ob es der Martyrer Cyprian von Antiochien ist, dessen wunderbare Bekehrung durch eine gewisse Justina nebst dem Martyrertode der beiden in einer alten Legende überliefert ist. Für den letztern entscheiden sich sowohl Tillemont (a. a. O.) als auch die Mauriner in der

Rede 25, öffentliche Lobrede auf Maximos und in dessen Gegenwart gehalten, aber betitelt: εἰς Ἥρωνα φιλόσοφον; diesen falschen Titel hatte die Rede schon in den Zeiten des Hieronymus [1]. Gregor bittet den Maximos, der im Begriffe steht, eine Reise zu unternehmen, wieder nach Konstantinopel zurückzukehren (Kap. 19); wahrscheinlich ging diese Reise also nach Alexandrien, der Heimat des Maximos. Gregor feiert hier den Maximos in der überschwänglichsten Weise, als Spross von Martyrern und selbst Martyrer (Kap. 3) und als Ueberwinder der Häresieen (Kap. 2 Anf.); er lobt ihn, dass er sich nicht in die Einöde zurückzog, sondern in der Kleidung der Philosophen umherzog (Kap. 4 Ende und 5) und Fürsten und Vornehme zurechtwies (Kap. 7, Anf.).

Rede 33 gegen die Arianer; sie ist gegen Ende 379 oder Anfang 380 gehalten [2].

Rede 41, eine Lobrede auf den Heiligen Geist, gehalten am Pfingstfeste gegen die Makedonianer, aber nicht, wie Tillemont und die Mauriner wollen [3], im Jahre 381, sondern 379 (oder weniger wahrscheinlich 380) [4].

Ausgabe der Rede (I 435 ff.). Ich bin zu einem andern Ergebniss gekommen. Denn der hl. Cyprian von Karthago wird in der Rede so deutlich gezeichnet, dass ohne Zweifel dieser es ist, der gefeiert werden soll; der Heilige, den die Feier betraf, lebte in Karthago (Kap. 6), er litt unter Decius (Kap. 14), und damit ist eher der Kirchenlehrer als der andere Cyprian gemeint, der unter Diocletian im Jahre 304 starb; an Beredsamkeit und Gelehrsamkeit hat er so sehr alle Sterblichen übertroffen, wie der Mensch die Thiere übertrifft (Kap. 5); er hat endlich viele Bücher geschrieben (Kap. 7). Gregor hat nun allerdings das, was die Legende über das Liebesverhältniss jenes andern Cyprian zur Justina und über seine Bekehrung durch diese erzählte, irrthümlicherweise auf den Kirchenlehrer Cyprian übertragen und in sein Leben hineingewebt (Kap. 9—12); so ist die Ansicht entstanden, er habe den Cyprian von Antiochien feiern wollen.

Da das Fest des hl. Cyprian von Karthago am 16. September gefeiert wurde, ist die Rede an diesem Tage gehalten worden.

[1] De viris illustr. c. 117.

[2] Nur folgende Andeutungen für die Zeit der Rede lassen sich finden: Nach Kap. 1 sind die Arianer in Konstantinopel zahlreich und haben die Macht in Händen; Gregor hat von ihnen manche Gewaltthätigkeit erlitten (Kap. 13—14); die Barbaren bedrängen noch das römische Reich (Kap. 2); Gregor ist schon etliche Zeit in Konstantinopel (Kap. 13).

[3] Tillemont, Mémoires IX 463, und die Mauriner in der Ausgabe der Rede.

[4] Jedenfalls ist die Rede in Konstantinopel gehalten, wie auch im codex Colbertinus nr. 4242 und von alten Scholiasten ausdrücklich bemerkt ist; in Nazianz gab es auch, soweit wir wissen, keine makedonianische Partei; hier hätte also

3. Briefe.

Brief 76 an den hl. Gregor von Nyssa, geschrieben gleich nach dem Empfange der Nachricht vom Tode des hl. Basileios (also zu Seleukeia), um den Adressaten zu trösten.

Brief 77 an Theodor, Bischof von Tyana, geschrieben gleich nach dem Attentat auf Gregor in der Kirche zu Konstantinopel (in der Osternacht?)[1].

Brief 78 an Theoteknos, geschrieben zu gleicher Zeit wie der vorhergehende; auch hier handelt es sich um seine Anfeindungen in der Hauptstadt.

Brief 79 an Simplikia, geschrieben bald nach dem Tode des hl. Basileios; er handelt von einem Sklaven dieser Dame, den Basileios früher zum Bischofe geweiht hatte.

Brief 100 an Gigantios; Gregor entschuldigt sein Fernbleiben von einem Feste mit seiner Krankheit und der winterlichen Jahreszeit[2].

4. Gedichte.

Das kleine Gedicht: *Ἐνόδια Κωνσταντινουπόλεως*[3] ist geschrieben bei Antritt der Reise nach Konstantinopel.

Gregor auf keinen Fall sagen können (Kap. 14), dass die Rede ihm Verfolgungen, vielleicht den Martyrertod bringen würde.

Im Jahre 381 kann die Rede nicht gehalten sein wegen Kap. 5 und 14; an der erstern Stelle erinnert Gregor an die erlittenen Steinwürfe und sagt, Christus verzögere seine Hilfeleistung für die Orthodoxen, um sie zu prüfen und den Häretikern Zeit zur Busse zu geben; an der zweiten Stelle sagt er sogar, die Rede könne ihm von seiten der Häretiker den Tod einbringen. So konnte Gregor im Jahre 381, wo der Kaiser in Konstantinopel war, den Orthodoxen die Kirchen zurückgegeben hatte und ihnen seinen mächtigen Schutz gewährte, auf keinen Fall sprechen; man vgl. nur Rede 42, welche im Sommer 381 gehalten ist und wo Kap. 13 gesagt ist, dass die Häretiker ihm keine Unruhe mehr machten. Die Rede 41 ist also 379 oder 380 gehalten, und zwar eher 379, weil Gregor in diesem Jahre den Verfolgungen besonders ausgesetzt war, während solche aus dem Jahre 380 nicht bekannt sind.

[1] Als Adressat des Briefes wird in den griechischen Handschriften bloss Theodoros, in den lateinischen Theodorus Tyanensis episcopus genannt; dass die letztere Angabe richtig ist, zeigen die Acten der fünften Sitzung des fünften allgemeinen Concils, wo der Brief verlesen wurde (vgl. Mansi, Conc. IX 255—259, und Tillemont, Mém. IX 722—723 note 54).

[2] Tillemont (Mém. IX 513) setzt den Brief ins Jahr 382. Ich möchte ihn aber in die Zeit seines Aufenthalts zu Konstantinopel setzen wegen der Worte: *Πρὸς τοῦτο δὲ ἀποβλέψω μόνον, ὅτι κῆρυξ γενέσθαι τῆς ἀληθείας κατηξιώθην* ff., und zwar lieber in den Winter 379—380 als 380—381, weil Gregor in dem Briefe so sehr über seine Leiden und Verfolgungen klagt.

[3] Gedr. Op. II 666.

e. Gregor von Nyssa.

Gregor schrieb um Ostern, und zwar sehr wahrscheinlich in diesem Jahre, seinen Tractat: *Περὶ κατασκευῆς ἀνθρώπου* [1].

f. Hieronymus.

Hieronymus kam wahrscheinlich in diesem Jahre nach Konstantinopel zu Gregor von Nazianz, wo er sicher im Jahre 381 zur Zeit des zweiten allgemeinen Concils lebte; er blieb hier, wie es scheint, bis 382 [2]. Vorher empfing er in Antiochien von Bischof Paulin die Priesterweihe [3].

Er schrieb in dieser Zeit: a. den Tractat: *De Seraphim* ad Damasum [4], der jetzt unter seinen Briefen als nr. 18 edirt wird;

[1] Op. Greg. Nyss. I 44 ff. Nach der Vorrede ist das Werk zu Ostern, nach dem Epigramm des Niketas, das ihm vorgedruckt ist, ist es *αὐτίκα* nach dem Tode des hl. Basileios geschrieben (vgl. Tillemont, Mém. IX 576).

[2] In seinem 17. Briefe (Ad Marcum presbyterum), den er noch in der Wüste Syriens (siehe oben 378 S. 34) im Winter schrieb, spricht er die Absicht aus, diese im Frühjahr zu verlassen. Wann er nun nach Konstantinopel kam, lässt sich genau nicht ermitteln; dass er dort war bei Gregor von Nazianz, sagt er wiederholt (siehe die Stellen bei Zöckler, Hieronymus 82); dass er zur Zeit des Concils 381 dort war, sagt er De viris illustr. c. 128; denn hier steht, er habe den Gregor von Nyssa seine Bücher gegen Eunomios bei Gregor von Nazianz vorlesen hören; Gregor von Nyssa gehörte aber zu den Theilnehmern des Concils.

[3] Dass er die Priesterweihe von Paulin in Antiochien empfangen habe, sagt er selbst in seiner Schrift Contra Ioannem Hierosolymitanum c. 41 (Vallarsi II 393); hier sagt er auch, er habe sie empfangen ohne seinen Wunsch und mit dem ausgesprochenen Vorbehalte, das Mönchsleben fortsetzen zu dürfen (‚Num rogavi te, ut ordinarer? si sic presbyterium tribuis, ut monachum nobis non auferas, tu videris de iudicio tuo‘). Nach derselben Stelle könnte es scheinen, dass er die Priesterweihe 13 Jahre vor Abfassung dieser Schrift, d. h. vor dem Ende des Jahrhunderts etwa, empfangen habe. Das ist aber nicht so, da er nach Ep. 22, 28 schon während seines Aufenthaltes zu Rom und zu Lebzeiten des Damasus Priester war; er hat sie also bei seinem frühern Aufenthalte in Antiochien, vor seiner Reise nach Konstantinopel, empfangen.

[4] Dass er diesen Tractat bei Gregor von Nazianz schrieb, sagt er in seiner Erklärung von Isaias VI 1 (Vall. IV 89) also: ‚De hac visione ante annos circiter triginta, cum Constantinopoli apud virum eloquentissimum Gregorium Nazianzenum tunc eiusdem urbis episcopum — also wohl im Jahre 381 — sanctarum scripturarum studiis erudirer, scio me brevem dictasse subitumque tractatum‘; vgl. auch Ep. 84, 3. Der Tractat ist nach der Aufschrift dem Damasus gewidmet; eine Hinweisung hierauf fehlt im Texte selbst, wie auch in der genannten Bemerkung zu Isaias VI 1; man hat daraus (z. B. Rade a. a. O. 141—142) den Schluss gezogen, dass die Widmung nicht von Hieronymus herrührt.

b. die Chronik, und zwar in den Jahren 379—380 [1], er schrieb sie rasch hin [2]; c. die Uebersetzung der 14 Homilien des Origenes über Jeremias und der 14 Homilien desselben über Ezechiel(?) [3]; d. die Schrift: *Altercatio Luciferiani* et orthodoxi seu liber contra Luciferianos [4].

VII. Bischöfe.

Eulogios wurde in diesem Jahre Bischof von Edessa [5]. Er lebte bis zum Karfreitag des Jahres 387 [6]. Er war der Nachfolger des Bischofs Barses, der von Valens im Jahre 373 nach Aegypten verbannt worden und im März 378 gestorben war. Auch Eulogios selbst war als Priester von Valens nach der Thebais verbannt worden, der an seiner Stelle einen arianischen Bischof eingesetzt hatte [7].

VIII. Häretiker.

1. Die Arianer. Loukios, der arianische Bischof von Alexandrien, floh von hier in diesem Jahre nach Konstantinopel nach Rückkehr des orthodoxen Bischofs Petros [8].

---

[1] Das folgt aus folgenden Worten am Ende der Einleitung der Chronik (Roncagli, Vetustiora chronica I 7): ‚Non quo de viventibus timuerim libera et vera scribere . . . sed quoniam debacchantibus adhuc in terra nostra barbaris incerta sunt omnia.‘ Diese Worte passen nicht mehr auf die Jahre nach 380. Dieselbe Zeit ergibt sich auch daraus, dass er zur Zeit, wo er den Tractat De Seraphim schrieb, seine Chronik, wenigstens die Uebersetzung der des Eusebios schon vollendet hatte (De Seraphim nr. 1). In Br. 57, der 395 oder 396 geschrieben ist, sagt er (nr. 5): ‚ante annos circiter viginti‘ habe er die Chronik des Eusebios übersetzt; Vallarsi wollte hier statt XX setzen XV; mir scheint diese Emendation nicht nothwendig, da Hieronymus auch sonst runde Zahlen ziemlich frei anwendet, z. B. Br. 108, 34, Paula habe 20 Jahre in Bethlehem gelebt; es waren in der That nur 18. Auch ist es nicht nöthig anzunehmen, dass er nur in einem Jahre mit der Chronik beschäftigt gewesen ist.

[2] Er nennt es in der Einleitung ein ‚tumultuarium opus‘ und sagt: ‚cum notario ut scitis velocissime dictaverim.‘

[3] Dass er die Uebertragungen in dieser Zeit anfertigte, schliesst man daraus, dass er in der Einleitung zu diesem Werke ‚Ad Vincentium presbyterum‘ sagt, es seien dies seine ersten Uebersetzungen des Origenes, und er mache sie unter solchen Umständen, dass ihm kein Schreiber zu Gebote stehe (vgl. Zöckler a. a. O. 87).

[4] Zöckler 77.

[5] Chron. Edessenum in Assemani Bibliotheca orientalis I, Romae 1729, 398.

[6] Ibid. 399.

[7] Theodoret IV 15—16; Chron. Edessenum l. c.; Sokr. IV 18.

[8] Nach Hieronymus (De viris illustr. c. 118) wurde Loukios von Kaiser Theodosius aus Alexandrien vertrieben. Das muss jedoch am Anfange der Regierung

2. Die Eunomianer erhoben damals nach dem Tode des Theodoulos den Karterios auf den bischöflichen Stuhl von Palästina und, da dieser bald starb, den Johannes, der im folgenden Jahre diese Stellung bekleidete[1].

3. Die Makedonianer [vgl. unter Concilien S. 49].

4. Priscillian bildete in dieser Zeit seine Irrlehre aus[2].

---

des Theodosius geschehen sein; denn nach Sokr. IV 37 u. Soz. VI 39 geschah die Vertreibung zu der Zeit, als Bischof Petros von Rom nach Alexandrien zurückkehrte; dieser aber kehrte noch zu Lebzeiten des Valens zurück (Sokr. IV 37).

[1] Philostorgios IX 18.

[2] Prospers Chronik zum Jahre 379 (Mon. Germ. antiq. IX 460) und Isidors Chronik zu demselben Jahre (ed. Roncagli II 452).

380.

1. Januar Donnerstag; 1. Neumond 23. Januar nachmittags; Ostern 12. April.

I. Die Kaiser.

a. Gratian.

Kaiser Gratian lebte in den ersten Monaten dieses Jahres in Trier[1]; zuletzt wird seine dortige Anwesenheit am 18. März erwähnt[2]. Von Trier begab sich der Kaiser nach Italien; er war am 27. April in Mailand[3] und am 27. Juni in Aquileja[4]. Bei Gelegenheit dieses Aufenthaltes im Süden nahm er auch am Kriege gegen die Goten theil. Als nämlich im Anfange des Jahres Theodosius zu Thessalonich krank lag, bekamen die Barbaren neue Hoffnung und überschwemmten in zwei grossen Haufen die römischen Provinzen; der eine Theil fiel unter Fritigern in Thessalien, Epirus und Achaia ein, der andere unter Alatheus und Safrax in Pannonien[5]. Nikopolis am Ambrakischen Meerbusen ging damals an sie verloren[6]; in Makedonien benahmen sie sich auffallend gnädig[7]. In dieser Noth ging Kaiser Theodosius den Gratian um Hilfe an, der zunächst gegen die Feinde die beiden Franken Bauto und Arbogast schickte

---

[1] Cod. Theod. XIII 5, 16; XIII 9, 9; VI 35, 9.

[2] Cod. Theod. XI 16, 12. Das angeblich am 14. März zu Aquileja erlassene Gesetz (l. c. X 20, 10) muss auf Trier umdatirt werden (gegen Gothofredus und Hänel zu diesem Gesetze); dagegen kann das Gesetz vom 12. Juli (l. c. XIV 3, 17) nicht von Trier aus gegeben sein, wie die Handschriften haben, sondern muss von Italien oder der Balkanhalbinsel aus datirt sein (gegen dieselben); vgl. das Folgende.

[3] Cod. Theod. XV 7, 4 et 5. [4] Ibid. VI 35, 10.

[5] Jordanes, Getica c. 27, u. Zos. IV 34; der letztere erzählt die kriegerischen Operationen dieses Jahres (c. 32—34) geographisch und chronologisch sehr ungenau und muss nach ersterem corrigirt werden; vgl. Richter a. a. O. 692 Anm. 37.

[6] Eunapios bei Müller, Fragm. hist. graec. IV 36.

[7] Ambrosius, Ep. XV 5—7.

und über die Legionen in Illyrien den Vitalianus setzte, einen allerdings unfähigen Mann[1]. Gratian kam dann auch persönlich auf den Kriegsschauplatz, was man mit Unrecht bezweifelt hat[2]; er siegte und traf in Sirmium wahrscheinlich mit Theodosius zusammen, der am 8. September dort war[3]. Gratian schloss dann mit den Goten einen Waffenstillstand[4]; von den Bedingungen wird die angegeben, dass die Römer den Goten Lebensmittel liefern sollten[5]; auch muss damals den Goten das Zugeständniss gemacht worden sein, dass sie, wenn sie ins römische Heer einträten, jederzeit nach Hause zurückkehren könnten, sofern sie nur einen Stellvertreter stellten, und dass sie dann auch später wieder ins Heer zurücktreten könnten[6]. Der Gotenführer Fritigern starb im Verlauf des Jahres, und es folgte ihm Athanarich[7].

Gratian scheint den Winter 380—381 in Italien zugebracht zu haben, wo er nach Cod. Theod. VI 10, 2 gegen Ende März 381 weilte. Es muss in diesem Winter oder im Laufe des Jahres 380 geschehen sein, dass Gratian eine Kirche, welche zu Gunsten der Arianer sequestrirt worden war, dem Ambrosius zurückgab[8]; es ist aber heute

---

[1] Zos. IV 33—34.

[2] Nach Richter (a. a. O. 507) blieb Gratian in Italien und verhandelte nur mit den Goten durch seine Generale, ohne selbst auf dem Kriegsschauplatze zu erscheinen. Dagegen sprechen aber entscheidende Gründe: 1. Jordanes l. c. sagt, dass Gratian selbst ein Heer gegen die Goten sammelte und mit ihnen Frieden schloss. 2. In den Fasti Idat. heisst es zu diesem Jahre: His cons. victoriae nuntiatae sunt amborum Augustorum. 3. Die Gesta des Concils zu Aquileja im Jahre 381 (bei Mansi, Conc. III 601 § 10) machen seine Anwesenheit in Sirmium sehr wahrscheinlich; denn es wird daselbst gesagt, dass er mit den Arianern Palladius und Secundianus zu Sirmium eine Unterredung hatte, als schon das Concil nach Aquileja berufen war; es scheint aber unthunlich, diese Berufung ins Jahr 379 hinaufzurücken. Dieses letztere Moment ist bisher übersehen worden.

[3] Cod. Theod. VII 22, 11.

[4] Keinen definitiven Frieden, wie man nach Jordanes l. c. vermuthen könnte; vgl. Kaufmann in: Forschungen zur deutschen Geschichte XII (1872) 420—421.

[5] Jordanes l. c. [6] Zos. IV 31; Tillemont, Hist. V 204.

[7] Jordanes, Gotica c. 28. Dass er der Nachfolger Fritigerns war, wird bestritten; vgl. Hassebrauk, Zur Geschichte des Kaisers Theodosius 7.

[8] Ambrosius, De spiritu sancto I 1, 19—21. Nach dieser Stelle gab der Kaiser die Basilika zurück auf das Versprechen des Ambrosius hin, über den Heiligen Geist zu schreiben. Ein solches Versprechen gab Ambrosius De fide V prolog. 7, während er im Jahre 379 in ep. 1, 7 um Ausstand für diese Schrift bat. Da nun die Bücher III—V De fide im Jahre 380, die Schrift De spiritu sancto

nicht mehr festzustellen, ob der Kaiser die Kirche früher auf Veranlassung der Justina den Arianern zugesprochen, oder ob er nur den Besitzstand zweifelhaft gelassen hatte[1].

b. Theodosius.

Theodosius war am 15. Januar in Thessalonich[2] und gab von hier aus alle seine Gesetze bis zum 14. Juli[3]. Er fiel in dieser Stadt in eine tödtliche Krankheit und liess sich deshalb von Acholios, dem Bischofe der Stadt, die heilige Taufe spenden, nachdem derselbe sich durch Fragen, die er an ihn stellte, von seiner orthodoxen Gesinnung vergewissert hatte; die Zeit der Taufe wird durch Sozomenos angegeben, der sagt, sie sei dem Gesetze vom 28. Februar d. J.[4] vorhergegangen[5]. Für die zwei Monate nach dem 14. Juli ist der Aufenthaltsort des Kaisers nicht sicher zu ermitteln, da die Angaben des Codex Theodosianus für diese Zeit theils miteinander theils mit andern Nachrichten im Widerspruch stehen[6]. Alles spricht dafür, dass er in dieser Zeit über Adrianopel eine Reise nach Sirmium

aber 381 geschrieben ist, muss die Rückgabe der Basilika ins Jahr 380 oder in den Anfang des Jahres 381 fallen.

[1] Das erstere nimmt Richter (a. a. O. 501), das letztere Förster (Ambrosius, Bischof von Mailand 26 u. 280 Anm. 26) an.

[2] Cod. Theod. IX 27, 1.

[3] Cod. Theod. XIV 17, 8. Das Gesetz daselbst VII 13, 8 soll am 29. Januar zu Konstantinopel gegeben sein; das ist zweifellos fehlerhaft, da schon am folgenden Tage von Thessalonich aus datirt ist; Gothofredus schlägt daher vor, statt ‚datum' zu setzen ‚acceptum'.

[4] Cod. Theod. XVI 1, 2.

[5] Zos. IV 34; Sokr. V 6; Soz. VII 4.

[6] Das Gesetz Cod. Theod. XII 12, 7 vom 27. Juli ist aus Konstantinopel datirt; es ist aber sehr unwahrscheinlich, dass der Kaiser damals in dieser Stadt war, da er nach Sokr. V 6 (vgl. Zos. IV 33) feierlich im November in dieselbe einzog, damals also doch wohl als Kaiser sie zum erstenmal betrat; jedenfalls war er im Jahre 379 trotz einer ehrenvollen Einladung des Senates daselbst nicht gewesen. Ferner soll der Kaiser (nach Cod. Theod. X 10, 13) am 31. August in Thessalonich, aber (Cod. Theod. VII 22, 11) am 8. September in Sirmium gewesen sein; die Entfernung der einen Stadt von der andern beträgt, wenn der gewöhnliche Weg über Adrianopel eingeschlagen wird, 784 römische Meilen (von Thessalonich nach Adrianopel sind 336 milia nach Itin. Ant. p. 320—322; von Adrianopel nach Sirmium 448 milia nach Itin. Ant. p. 131—137), eine Strecke, die der Kaiser doch nicht in acht Tagen zurücklegen konnte, namentlich als Reconvalescent. Gellius (Noctes Atticae XVII 17, 2) rühmt es als eine unerhörte Leistung des Mithridates von Pontos, dass er mit Pferdewechsel an einem Tage bis zu 25 deutschen Meilen zurücklegen konnte.

machte und hier am 8. September mit Gratian zusammenkam. Am 20. September war er wieder nach Thessalonich zurückgekehrt [1] und war hier auch noch am 16. November [2]. Am 24. November zog er feierlich in Konstantinopel ein [3] und blieb hier bis ins nächste Jahr hinein.

Der triumphirende [4] Einzug des Kaisers in Konstantinopel lässt darauf schliessen, dass damals die Barbarengefahr nicht mehr acut war; ausdrücklich sagt dies auch Gregor von Nazianz [5], und Marcellinus Comes bezeugt, der Kaiser habe in diesem Jahre mit Athanarich, dem Nachfolger des Fritigern, der in Thessalien und Achaia eingefallen war, Frieden gemacht [6]. Dass aber die Barbaren keineswegs völlig überwunden waren, zeigt die 15. Rede des Themistios, die im Anfange des Jahres 381 gehalten wurde [7].

Aber mit dem Abzuge der Barbaren waren die Wunden, die sie den römischen Balkanprovinzen geschlagen hatten, noch lange nicht geheilt. Einzelne Provinzen, wie Illyricum und Thrakien, waren schauderhaft von ihnen verwüstet worden, wie Hieronymus, der dort aufgewachsen war, bezeugt [8]: ‚Zeuge ist Illyrien, Zeuge ist

---

[1] Cod. Theod. X 10, 14. [2] Ibid. X 10, 15.

[3] Sokr. V 6 und Chron. pasch., ed. Mommsen p. 243; dagegen haben die Fasti Idat. den 14. November. Das erstere Datum vertreten Pagi 380, 9; Reading (zu Sokr. V 6, 6) und Gothofredus in der Chronologie des Cod. Theod.; für das letztere treten ein Sievers (Studien 298) und Ifland (Kaiser Theodosius 86); wenn aber der Letztgenannte meint (Anm. 69), Sokrates gebe nur eine ‚ungefähre Zeitbestimmung', so übersieht er, dass Sokrates jedes Datum mit den Präpositionen *ἀμφί* oder *περί* gibt.

[4] Zos. IV 33. [5] De vita sua v. 1280: *βαρβάρων στήσας νέφος*.

[6] Marc. Comes z. Jahre 381; vgl. auch Jordanes, Getica c. 28. Zwei Inschriften im Corpus Inscr. graec. von Boeckh (I nr. 373 und 1187) sind jedenfalls aus dieser Zeit; sie betreffen einen Feldherrn des Theodosius, Namens Theodoros; die eine steht auf einer Marmorstatue, welche ihm zu Athen gesetzt wurde: *νεύματι Θεοδοσίου*; das zweite Standbild setzten ihm die *Πιτθεΐδαι* d. i. die Troizenier: *ἐπεὶ πόλιν ηὔξησε μήδεσι καὶ κτεάτεσσιν*.

[7] Besonders S. 195b und 197c. Wenn aber Hassebrauk (Zur Geschichte des Kaisers Theodosius 7) gegen alle frühern Darstellungen zu beweisen sucht, dass die Goten erst im Sommer 381 aus Thessalien nach Makedonien und endlich nach Thrakien entwichen, so muss dem widersprochen werden; er stützt sich allein auf den ganz verworrenen Bericht des Zosimos (vgl. Pallmann, Die Geschichte der Völkerwanderung I 141—144), und selbst dieser sagt keineswegs, was Hassebrauk ihm unterlegt. Theodosius wäre ohne Zweifel Ende 380 nicht nach Konstantinopel zurückgekehrt und hier geblieben, wenn die Goten noch in Griechenland gestanden hätten.

[8] Hieronymus zu Sophon. c. 9 (Vall. VI 676).

Thrakien, Zeuge der Boden, dem ich entstammt bin, wo ausser Himmel und Erde, ausser Dornsträuchern und dem Dickicht der Wälder alles untergegangen ist.' Aehnlich auch Libanios[1]: ,Es gingen uns unter 25 Völkerschaften, indem ausserhalb der Städte alles geplündert, innerhalb derselben alles verzehrt wurde; nicht einmal ein Begräbniss wurde denen, die durch Hunger starben, zu theil.'[2] Und wie gross zeitweise die militärische Ueberlegenheit der Barbaren über die Römer war, zeigt der hl. Chrysostomos in der damals verfassten Schrift ,Ad viduam iuniorem'; er sagt[3], die Barbaren lebten im römischen Lande mehr tanzend als kämpfend, und einer ihrer Häuptlinge habe geäussert, er wundere sich über die Unverschämtheit der römischen Soldaten, die leichter wie Schafe hingeschlachtet würden und doch das Land nicht räumen wollten, gerade als wenn sie noch einmal siegen könnten; er für seine Person habe schon Ueberdruss an der unaufhörlichen Schlächterei.

II. Die römischen Beamten.

a. Die Consuln.

Consuln waren die Kaiser Gratian und Theodosius selbst, jener zum fünften, dieser zum ersten Male; es entspricht dies der Gewohnheit[4], dass jeder Kaiser im Jahre nach seiner Inthronisirung die fasces nahm.

b. Beamte des Ostreiches.

1. Eutropius, der Consul des Jahres 387, als praef. praet. zuerst erwähnt am 17. Juni in einem Gesetze, von dem sechs Stücke an verschiedenen Stellen im Cod. Theod. und ein siebentes im Cod. Iustin.[5] erhalten sind; er blieb im Amte bis ins Jahr 381 hinein.

2. Felix als comes Orientis am 8. Juli erwähnt[6].

---

[1] Περὶ Ἰουλιανοῦ τιμωρίας (Reiske II 43).

[2] Diese Stelle versteht Schiller (Gesch. der röm. Kaiserz. II 403 Anm. 7) ganz falsch von den Wohnsitzen, die im Jahre 382 den Goten in römischen Provinzen eingeräumt wurden.

[3] Chrysost. I 344 c, d.

[4] Die Pagi in der Dissertatio hypatica nachgewiesen hat.

[5] Cod. Iust. VI 23, 16.

[6] Cod. Theod. VII 22, 10.

3. Florus als mag. offic. zuerst erwähnt am 16. Juni[1]; er blieb es ins Jahr 381 hinein[2].

4. Iulianus als praef. Aegypti erwähnt am 17. März[3]. Gregor von Nazianz schrieb mehrere Briefe an ihn.

5. Iustianus[4] als vicarius dioecesis Ponticae erwähnt am 4. April[5].

6. Neoterius als praef. praet. zuerst erwähnt am 15. Januar[6]; er bekleidete dies Amt mit Eutrop gemeinsam im Orient bis ins nächste Jahr hinein. Seeck[7] hält ihn für denselben, der im Jahre 390 im Westreiche Consul war und an den Symmachus öfters schrieb, während Tillemont[8] die beiden unterscheidet.

7. Pancratius erscheint auch noch in diesem Jahre bis zum 20. September[9] als comes rerum privatarum.

8. Restitutus erscheint als praef. urbi Constant. am 24. Juni[10] und 14. Juli[11] und war wohl Nachfolger des Hypatius, der im vorigen Jahre dies Amt hatte.

Festus, der um das Jahr 370 proconsul Asiae gewesen war[12], fand am 3. Januar, und zwar wahrscheinlich des Jahres 380, den von Eunapios im Leben des Maximos beschriebenen seltsamen Tod[13].

c. Beamte des Westreiches.

1. Albucianus erscheint am 27. März als vicarius Macedoniae[14].

2. (Magnus?) Arborius erscheint am 16. Februar und 13. Juni als praef. urbi[15]; dazwischen aber erscheint als solcher Paulinus in zwei Gesetzen am 27. April[16]; daher lässt Seeck[17] den Arborius

---

[1] Ibid. VI 27, 3.

[2] In dem Gesetze VIII 15, 6 vom 17. Juni wird er fälschlich praef. praet. genannt; vgl. Ritter, Introductio in III. tomum codicis Theod.

[3] Cod. Theod. XII 1, 80 und XV 1, 20.

[4] Die Schreibung des Namens schwankt im Cod. Theod.

[5] Ibid. I 15, 11. [6] Ibid. IX 27, 1. [7] A. a. O. 154.

[8] Hist. V 203—204. [9] Cod. Theod. X 10, 14.

[10] Ibid. VI 7, 2 und VI 9, 2. [11] Ibid. XIV 17, 8.

[12] Amm. XXIX 2, 22.

[13] Eunapios (ed. Boisson 64): πρὸς τὸν νεωστὶ βασιλεύοντα Θεοδόσιον, vgl. auch 63.

[14] Cod. Theod. IX 35, 4. [15] Ibid. VI 35, 9 und XIV 3, 16.

[16] Ibid. XV 7, 4 et 5. [17] A. a. O. 133.

schon vor dem 27. April sein Amt niederlegen; dies dürfte jedoch zweifelhaft sein[1].

Seeck will ferner beweisen[2], dass dieser Arborius der praef. urbi sei, von dem der hl. Ambrosius De offic. III 7, 46 erzählt, er habe als ‚provectus aetate‘ und ‚sanctissimus senex‘ zu einer Zeit, wo das Volk wegen einer Hungersnoth die Vertreibung der Fremden aus der Stadt verlangte, die Reichern bewogen, Geld zu Getreideankäufen zusammenzuschiessen, und so jene grausame Massregel überflüssig gemacht. Seeck schliesst nämlich aus den Worten des Ambrosius ‚hic magnus vere probatus‘, dass dieser praef. urbi Magnus geheissen habe, und das lasse sich von Arborius sagen, da sein mütterlicher Grossoheim den Namen Aemilius Magnus Arborius getragen habe. Mit Recht fügt Seeck[3] bei: ‚Doch mag diese Combination auch zweifelhaft sein.‘[4] Arborius, der praef. urbi des Jahres 380, war Christ[5].

3. Arbogastes und Bauto, zwei Franken von unbestechlichem Charakter und grosser Kriegstüchtigkeit, wurden im Jahre 380 von Gratian dem Theodosius zu Hilfe geschickt und operirten in Makedonien und Thessalien mit Erfolg gegen die Goten[6].

4. Eucherius, der Oheim des Theodosius, war im Anfang des Jahres proconsul Africae[7]. Sein Vorgänger war Flavius Syagrius[8].

---

[1] Vgl. auch Tillemont a. a. O. V 164.

[2] A. a. O. 123—124 und im Hermes XVIII 296—297. [3] Hermes a. a. O.

[4] Für die Annahme Seecks spricht Sulpicius Severus (Vita s. Martini c. 19 und Dial. III 10, 6), der einen Arborius, der früher praef. war, als besondern Verehrer des hl. Martinus nennt; das passt gut zu dem ‚sanctissimus senex‘ des Ambrosius. Gegen Seeck spricht: 1. dass von einer Hungersnoth zu Rom im Jahre 380 sonst nichts bekannt ist; 2. dass Arborius nie Magnus genannt wird; 3. dass dieser im Jahre 380 schwerlich senex und provectus aetate genannt werden konnte, da Ausonius der Dichter sein Oheim und damals erst 70 Jahre alt war; Seeck gibt denn auch selbst zu, dass Arborius damals nicht mehr als 50 Jahre alt war. Besonders der letztere Punkt macht Seecks Annahme sehr bedenklich.

[5] Sulpic. Sev., Vita s. Martini c. 19.

[6] Zos. IV 33 und Richter a. a. O. 510, über Arbogast auch noch 592 Anm. 41; über Bauto vgl. Seeck a. a. O. 140. Arbogast war Unterfeldherr des Bauto; vgl. Zos. IV 53, 1 und Eunapios, Fragm. 53: δευτεραγωνιστής τυγχάνων Βαύδωνος.

[7] Cod. Theod. X 20, 9. Die Stellung des Eucherius ist in diesem Gesetze nicht angegeben, erhellt aber daraus, dass es zu Karthago proponirt wurde; dass er nämlich vicarius Africae gewesen sei, ist deshalb unwahrscheinlich, weil dies Amt am 12. Juli Celsinus Titianus bekleidete; vgl. Cod. Theod. XIV 3, 17 und Seeck a. a. O. 48.

[8] Siehe oben 379 S. 46.

5. Hesperius, Sohn des Dichters Ausonius, wird am 14. März zum letztenmal als praef. praet. Italiae genannt[1]. Am 18. Juni erscheint als sein Nachfolger Syagrius[2].

6. Anicius Paulinus wird am 27. April in zwei Gesetzen als praef. urbi erwähnt[3]; da aber Arborius [siehe oben] als solcher im Februar und Juni erwähnt wird, ist die Zeit oder die Stellung des Paulinus zweifelhaft; er wird aber auch in zwei Inschriften[4] proconsul Africae und auch praef. urbi genannt; immerhin bleibt es fraglich, ob er im Jahre 380 praef. urbi war[5].

7. Potitus, der als vicarius urbis Romae in den Jahren 379 und 381 im Cod. Theod. erscheint, bekleidete diese Stellung ohne Zweifel auch im Jahre 380[6].

8. Sextus Petronius Probus, der früher acht Jahre praef. praet. in Illyrien gewesen war, wird in diesem Jahre zweimal als praef. praet. erwähnt, nämlich in einem am 12. März zu Hadrumet in Afrika proponirten Gesetz[7] und am 27. Juni[8]; er bekleidete das Amt dieses Mal wahrscheinlich in Gallien als Nachfolger des Siburius[9] und nur für kurze Zeit[10].

9. Flavius Afranius Syagrius, der im vorigen Jahre mag. offic. war, erscheint in diesem Jahre seit dem 18. Juni als praef. praet.[11] und blieb es ins folgende Jahr hinein, ohne Zweifel als Nachfolger des Hesperius in Italien[12].

10. Theodorus wird als comes rer. priv. am 18. März erwähnt[13] und war wohl Nachfolger des Arborius, der dies Amt im

---

[1] Cod. Theod. X 20, 10. [2] Ibid. XI 30, 38.

[3] Ibid. XV 7, 4 und 5. [4] C. J. Lat. VI 1681 und XIV 4120, 4.

[5] Tomassetti a. a. O. 505 setzt ihn in dieses Jahr.

[6] Siehe oben 379 S. 46. [7] Cod. Theod. VI 28, 2.

[8] Ibid. VI 35, 10. [9] Siehe oben 379 S. 46.

[10] Nach dem erstern Gesetz sollte man mit Gothofredus annehmen, er sei praef. praet. Italiae et Africae gewesen. Dagegen spricht aber (Seeck a. a. O. 103): 1. dass noch am 14. März Hesperius als praef. praet. Italiae erscheint (Cod. Theod. X 20, 10); 2. eine Inschrift (C. J. Lat. V 3344), in der Probus praef. praet. Gall. iterum genannt wird. Claudian, der (De cons. Olybr. et Probini [I] 55) die Aemterlaufbahn des Probus beschreibt, übergeht die Präfectur, um die es sich hier handelt, und daraus kann man mit Seeck (a. a. O.) folgern, dass sie kurz und bedeutungslos war.

[11] Cod. Theod. XI 30, 38. [12] Seeck a. a. O. 111.

[13] Cod. Theod. XI 16, 12.

vorigen Jahre innehatte. Mit Tillemont[1] ist anzunehmen, dass gemeint ist Flavius Mallius Theodorus, der Consul des Jahres 399[2].

11. Celsinus Titianus, der dritte Bruder, dessen Verlust Symmachus beklagte[3], wird am 12. Juli als vicarius Africae erwähnt[4], muss aber vor Ende November dieses Jahres gestorben sein, da Symmachus, zum Consulatsantritt des Syagrius eingeladen, sich mit diesem Todesfall entschuldigt[5].

III. Religionsgesetze.

1. Gesetz des Theodosius vom 28. Februar an das Volk von Konstantinopel über den orthodoxen Glauben[6]. Den Inhalt des Gesetzes geben auch Sozomenos und Theodoret[7] an: Alle Unterthanen des Kaisers sollen den Glauben bekennen, den der Apostel Petrus verkündigt hat und den gegenwärtig die Bischöfe Damasus in Rom und Petrus in Alexandrien haben, den Glauben nämlich an die Eine Gottheit der drei Personen; diejenigen, welche diesen Glauben bekennen, sollen katholische Christen heissen; die übrigen sollen als Häretiker gelten und der göttlichen Strafe, später auch der kaiserlichen anheimfallen; auch sollen ihre ‚conciliabula' nicht den Namen ecclesiae tragen.

Das Gesetz ist jedenfalls, wie auch Sozomenos sagt, durch die schwere Krankheit des Kaisers und seine Taufe veranlasst. Theodoret schreibt es fälschlich dem Gratian zu und verlegt es ins Jahr 378. Richter[8] hält das Gesetz für die ‚Sprache eines fast irrsinnigen Glaubensfanatismus auf dem Throne'. Diese Auffassung will Ifland[9] nicht theilen. Das Gesetz scheint auch mehr das reli-

---

[1] A. a. O. V 164.

[2] Claudian (De consulatu Theod. [XVII] 38) sagt von ihm: ‚huic sacrae mandantur opes'; Seeck (a. a. O. 149 Anm. 751) nimmt an, damit werde er als comes sacr. larg. bezeichnet, und Claudian müsse sich daher geirrt haben; meiner Ansicht nach lassen sich die Worte aber auch von einem comes rer. priv. des Kaisers verstehen.

[3] Symm., Ep. III 6. [4] Cod. Theod. XIV 3, 17.

[5] Symm., Ep. I 101. Dass der hier behandelte Bruder des Symmachus der Celsinus ist, an den Libanios seinen 868. Brief schrieb, behauptet Sievers (Studien 285); es ist aber mehr als zweifelhaft, da dieser Celsinus von Libanios als Redner behandelt und bei ihm eine längere Aemterlaufbahn angenommen wird; beides nämlich ist von dem Bruder des Symmachus unbekannt.

[6] Cod. Theod. XVI 1, 2, Iust. I 1, 1. [7] Soz. VII 4; Theod. V 2.

[8] A. a. O. 528. [9] A. a. O. 77 Anm. 38.

giös-politische Programm des Kaisers als eine zwingende Rechtsnorm gewesen zu sein; wenigstens zeigen die Schriften Gregors von Nazianz, dass bis zur Ankunft des Kaisers in Konstantinopel, die im November dieses Jahres erfolgte, die Arianer ganz unbehelligt blieben.

2. Gesetz des Theodosius, ebenfalls vom 28. Februar[1]: Die Verletzung des göttlichen Gesetzes, mag sie aus Unwissenheit oder bösem Willen entspringen, soll als *sacrilegium* gelten.

Gothofredus hält dieses Gesetz für einen Theil des vorherigen; ich kann ihm darin nicht beistimmen, sowohl weil die Adresse beider Gesetze verschieden ist, als auch weil das erste Gesetz als ein abgeschlossenes Ganze erscheint und auch inhaltlich von dem zweiten Gesetze verschieden ist.

3. Gesetz des Theodosius vom 27. März an den vicarius Macedoniae über die Heilighaltung der Fastenzeit vor Ostern[2]: ‚Quadraginta diebus, qui auspicio caerimoniarum paschale tempus anticipant, omnis cognitio inhibeatur criminalium quaestionum.' Damit ist zugleich bestimmt, dass in dieser Zeit die Folter nicht zur Anwendung kommen soll.

Das Gesetz ist auch deshalb von Wichtigkeit, weil man aus ihm erkennt, dass die Fastenzeit in Makedonien 40 Tage dauerte. Nach Sokr. V 22 und Soz. VII 19 dauerte die Fastenzeit in Rom drei Wochen, wobei man Samstags und Sonntags nicht fastete; in Illyrien, ganz Griechenland und in Alexandrien dauerte sie sechs Wochen, in Konstantinopel und in den angrenzenden Gebieten bis nach Phönikien hin sieben Wochen, hiess aber trotzdem Quadragesima.

Später, im Jahre 389, verordnete Theodosius[3], dass in der Fastenzeit keinerlei körperliche Strafen vollzogen werden sollten.

4. Gesetz des Gratian vom 27. April an den praefectus urbi Romae über die Schauspielerinnen[4]: Weiber, die ihrer Herkunft nach zur Bühne gehören, sollen, wenn sie die christliche Religion annehmen, das Recht haben, sich der Bühne zu entziehen.

Das Gesetz scheint von manchen missbräuchlich ausgenutzt worden zu sein; denn im folgenden Jahre verordnete derselbe Kaiser am 8. Mai[5], wenn solche Personen weiblichen Geschlechts hernach

[1] Cod. Theod. XVI 2, 25, Inst. IX 29, 1. [2] Cod. Theod. IX 35, 4.
[3] Ibid. IX 35, 5. [4] Ibid. XV 7, 4. [5] Ibid. XV 7, 8.

unchristlich leben und in ihrer Gesinnung Schauspielerinnen bleiben, so sollten sie zum Bühnendienste zurückgeführt und bis an ihr Lebensende darin belassen werden. Schon Valentinian I. hatte 371 bestimmt[1], dass Schauspieler beiderlei Geschlechtes, die auf dem Sterbebette die Taufe empfangen, wenn sie wider Erwarten genesen, nicht mehr zum Auftreten auf der Bühne angehalten werden dürften; doch sollte dem Richter oder curator der Stadt vorher das Verlangen nach der Taufe mitgetheilt werden und dieser sich von der Lebensgefahr, wie der Bischof von der Aufrichtigkeit des Verlangens nach der Taufe überzeugen.

5. Gegen das Heidenthum schritt Theodosius in diesem Jahre nicht ein[2].

IV. Culturgesetze.

Theodosius entfaltete in diesem Jahre eine reiche Thätigkeit zur Reform der Sitten nach christlichen Grundsätzen; die diesbezüglichen Gesetze sind meistens an den praef. praet. Eutropius gerichtet.

1. Gesetz des Theodosius vom 30. Januar und erneuert am 31. August gegen die Angeber (delatores)[3]; sie sollen nach der dritten Anzeige, auch wenn ihre Angabe sich als wahr erwiesen hat, mit dem Tode bestraft werden [vgl. auch unten 4].

Kaiser Honorius bestimmte im Jahre 418[4], dass die Angeber schon bei der dritten Anzeige nicht mehr zum Beweise zugelassen, sondern sofort bestraft werden sollten.

---

[1] Cod. Theod. XV 7, 1.

[2] Richter (a. a. O. 542 und 694 Anm. 71) behauptet, Theodosius sei sofort nach seinem Einzuge in Konstantinopel gegen das Heidenthum energisch vorgegangen. Er beruft sich dafür auf Zos. IV 33 und Soz. VII 20. Aber Zosimos spricht an der Stelle ganz allgemein über die Zustände und die Rechtslage des Heidenthums unter diesem Kaiser. Sozomenos sagt allerdings, Theodosius habe *ἀρξάμενος βασιλεύειν* den Zutritt zu den Tempeln verboten; aber er geht darin zu weit, wie Gothofredus (zu Cod. Theod. XVI 10, 7) nachweist, und scheint bei seiner Bemerkung nur das Gesetz vom Ende des Jahres 381 (Cod. Theod. XVI 10, 7) im Auge zu haben; sowohl des Libanios Rede *Ὑπὲρ τῶν ἱερῶν* (Reiske II 163) als auch das Gesetz Cod. Theod. XVI 10, 12 zeigen, dass bis zum Jahre 392 der Zutritt zu den Tempeln gestattet blieb, und dass bis zu diesem Termine wohl die blutigen Opfer, nicht aber die Weihrauchopfer verboten wurden; gegen diese letztern und gegen den Besuch der Tempel überhaupt ging Theodosius erst durch das Gesetz vom Jahre 392 vor (Cod. Theod. XVI 10, 12).

[3] Cod. Theod. X 10, 12 und 13.

[4] Ibid. X 10, 28.

2. Gesetz des Theodosius vom 17. Juni über die Verbannten und Hingerichteten[1]: Wenn ein Deportirter Descendenten hat, so soll die Hälfte seiner Güter dem Fiscus, ein Sechstel ihm selbst zu seinem Unterhalte, zwei Sechstel seinen Kindern oder Enkeln zufallen; fehlen die Descendenten, so fallen auch ihre zwei Sechstel dem Fiscus zu, jedoch so, dass etwa noch lebende Eltern mit einem Sechstel bedacht werden; nur in dem Falle, dass jemand wegen eines Majestätsverbrechens verbannt ist, soll er selbst nichts, der Fiscus fünf Sechstel, seine Nachkommenschaft ein Sechstel seines Vermögens erhalten. Bei Hingerichteten lauten die Bestimmungen viel milder: ihr Vermögen soll ganz den Descendenten und, wenn solche fehlen, zu einem Drittel den Erben, zu zwei Dritteln dem Fiscus zufallen.

Tillemont[2] findet es auffallend und unerklärlich, dass die Nachkommen von Hingerichteten besser gestellt werden als die von Geächteten. Der Grund ist vielleicht der, dass Geächtete oft noch für ihre Angehörigen sorgen können, was bei Hingerichteten ausgeschlossen ist.

Nach Themistios[3] hatte Theodosius überhaupt den Grundsatz, den Kindern die Fehler der Eltern nicht anzurechnen und diese mit den Eltern aussterben zu lassen.

3. Gesetz des Theodosius vom 18. December 380 über die Trauerzeit der Wittwe nach dem Tode ihres Mannes[4]: Wittwen, die während der gesetzlichen Trauerzeit (zehn Monate, seit 381 ein Jahr) eine neue Heirat eingehen, sollen nicht nur ehrlos sein ‚ex iure notissimo', sondern auch alles, was sie von ihrem vorigen Manne geerbt haben, verlieren, doch zu Gunsten ihrer Verwandten, nicht des Fiscus, ‚ne in his, in quibus correctionem morum induximus, fisci videamur habere rationem'.

4. Gesetz des Theodosius vom 30. December zu Gunsten der Angeklagten und gegen die Ankläger[5]: Wenn auf eine Anzeige hin jemand aus der Ferne herbeigeholt werden soll, so soll er 30 Tage Zeit haben, um zuvor seine häuslichen Angelegenheiten zu ordnen; der Angeber aber soll sich verpflichten, im Falle dass sich das zur Last gelegte Verbrechen als falsch erweist, dieselbe Strafe zu tragen, die den Verbrecher selbst treffen würde. Ist nun der Ver-

[1] Cod. Theod. IX 42, 8 und 9. [2] A. a. O. V 201.
[3] Rede 15 S. 194. [4] Cod. Iust. V 9, 1.
[5] Cod. Theod. IX 2, 3; 3, 6.

klagte herbeigebracht worden, so soll er mit seinem Ankläger ins Gefängniss gesetzt werden bis zu dem Tage, wo die gerichtliche Verhandlung stattfindet. Wenn dann das Urtheil gesprochen ist, so soll es sofort ausgeführt, d. h. der Schuldige bestraft, der Unschuldige frei entlassen werden, und dem Gerichtsdiener soll durch Aufschieben keine ‚copia nundinandi' gegeben werden. Damit endlich die Ausführung dieser Bestimmungen überwacht werden könne, wird jeder Kerkermeister verpflichtet, alle 30 Tage ein Verzeichniss der Gefangenen mit Angabe ihrer Personalien und ihrer Vergehen einzuliefern.

V. Concilien.

1. Ein Concil zu Rom unter Damasus, dem auch Ambrosius beiwohnte, wird in dieses Jahr gesetzt, jenes nämlich, welches die bei Theodoret (V 11) mitgetheilte, an Bischof ‚Paulin in Thessalonich' gerichtete confessio fidei erliess[1]. Weder über die Person des Adressaten — höchst wahrscheinlich ist Bischof Paulin von Antiochien gemeint — noch über die Zeit des Concils ist bis jetzt völlige Klarheit geworden; gegen das Jahr 380 lässt sich nichts einwenden, doch ist sonst von einem römischen Concil dieses Jahres nichts überliefert[2].

[1] Coustant (Epist. Rom. pont. I 502 sqq.) verbindet mit Unrecht dieses Schreiben zeitlich mit dem vorhergehenden ‚per filium meum Vitalem', das auch von Damasus an Paulin in Thessalonich erlassen wurde; vgl. hierüber und über die lateinische Ueberlieferung des bei Theodoret mitgetheilten Schreibens Maassen, Geschichte der Quellen und der Literatur des kanonischen Rechtes I 233—238.

[2] In das Jahr 380 setzen das Concil: Merenda, Proleg. ad Damasi epist. c. 15, 4 (bei Migne, Patr. lat. XIII 197 sqq.), der eingehend darüber handelt; Hefele, Conc. I² 743; Langen a. a. O. 552; dagegen setzt Rade a. a. O. 133 es ins Jahr 381. Merenda stützt sich besonders auf den Ausdruck Macedoniani, der in der confessio fidei vorkommt, der aber vor dem Jahre 380 sich nicht finde. Pagi 378, 19 dachte an das Jahr 378; aber das geht nicht an, weil in der confessio ein Passus vorkommt, der über die Translation eines Bischofs von einer Stadt zu einer andern handelt; denn dieser kann doch nur auf Gregor von Nazianz oder, wie Langen (a. a. O. 556—557) will, auf Maximos bezogen werden; übrigens möchte ich auf dieses Argument keinen entscheidenden Werth legen, weil der Passus ganz unvermittelt mitten in eine dogmatische Erörterung eingeschoben ist und darum den Verdacht einer spätern Interpolation nahelegt. Auch an die römische Synode von 382 kann nicht gedacht werden, weil Paulin von Antiochien dieser persönlich anwohnte. Und dieser Paulin muss doch wohl gemeint sein als Adressat des Schreibens, da es einen Bischof Paulin von Thessalonich nicht gegeben hat; sehr unwahrscheinlich scheint mir die Erklärung dieser Adresse, die Valesius (zu Theodoret V 11) und Merenda (l. c. c. 15, 6) geben, Paulin von

2. Im Herbste des Jahres fand zu Saragossa ein Concil gegen die Priscillianisten statt. Diese Secte hatte damals Verbreitung einerseits in der spanischen Provinz Baetica, andererseits in Aquitanien in Gallien; darum wählte man für das Concil einen Ort, der zwischen diesen beiden Provinzen lag [1]. Acht Canones des Concils, die Namen der zwölf spanischen oder aquitanischen Bischöfe, welche theilnahmen und unterschrieben, endlich das Datum des 4. October, an welchem die Unterschrift erfolgt sei, sind überliefert [2]. Auch Sulpicius Severus [3] und Priscillian selbst in dem jüngst von Schepss herausgegebenen Liber ad Damasum [4] sprechen von dieser Synode; während aber Sulpicius sagt, dass die Bischöfe Instantius und Salvianus und die Laien Helpidius und Priscillian von der Synode abwesend verurtheilt worden seien, läugnet dies Priscillian selbst ausdrücklich [5] und schreibt das Verdienst davon dem Damasus vorzüglich zu, der durch einen Brief die Weisung gegeben habe, ‚es solle gegen Abwesende und Unverhörte nichts entschieden werden'. Die beiden Angaben lassen sich wohl so vereinigen, dass nur die Lehre der Priscillianisten auf dem Concil verurtheilt, ein Verdict aber gegen bestimmte Personen nicht ausgesprochen wurde [6].

Antiochien sei damals gerade in Thessalonich gewesen, entweder auf der Hinreise nach oder auf der Rückreise von Rom, und dorthin seien ihm diese Anathematismen zugeschickt worden. Dass Ambrosius der Synode beiwohnte, welche die confessio erliess, erhellt klar aus den Worten des Papstes Vigilius bei Merenda (l. c. c. 15, 6).

[1] J. Bernays, Ueber die Chronik des Sulpicius Severus 91.

[2] Mansi, Conc. III 633—636. [3] Chron. II 47 sq.

[4] Priscilliani quae supersunt ed. Schepss 35 und 40.

[5] Ibid. 35 und 39—40.

[6] Es sind (bei Mansi, Conc. III 636) mehrere Bedenken dagegen geäussert worden, dass das bei Sulpicius erwähnte Concil zu Saragossa dasselbe sei, dessen Canones und Theilnehmer überliefert sind; Hefele (I^2 744) will sich in dieser Frage nicht entscheiden. Aber diese Bedenken scheinen mir ganz hinfällig zu sein; auch die jüngst veröffentlichten Schriften Priscillians bestätigen die Identität der beiden Synoden. Es ist zu sagen: 1. Die acht Canones sind jedenfalls gegen die Priscillianisten gerichtet (vgl. Binius bei Mansi III 637). 2. Sulpicius sagt, an dem Concile hätten auch Bischöfe von Aquitanien theilgenommen; nun wird unter den Mitgliedern der Synode von 380 auch Delphinus genannt, und dieser war nach Sulpicius (Chron. II 48, 2) Bischof von Bordeaux. 3. Von den zwölf Theilnehmern der Synode des Jahres 380 lassen sich drei als Theilnehmer der bei Sulpicius genannten Synode gegen die Priscillianisten nachweisen, nämlich Ithacius, Idacius (bei Sulp. l. c.) und Symposius (bei Prisc. l. c. 40 Zeile 10). 4. Mansi meint, Macedonius, der 381 comes sacr. larg. war (Cod. Theod. XI 30, 39), müsse vorher (nicht nachher) mag. offic. gewesen sein; es müsse also das von Sulpicius

Von den Theilnehmern des Concils sind besonders zwei bemerkenswerth: Ithacius, Bischof von Ossuba in Spanien[1], den Sulpicius Severus[2] sehr ungünstig beurtheilt, und Idacius, Bischof von Emerita (heute Merida) am Guadiana. Gegen den letztern erhebt Priscillian in dem genannten Liber ad Damasum schwere Anklagen[3]: sein eigener Clerus habe ihn wegen seines anstössigen Wandels angeklagt, er habe ferner die Synodalacten in dem Sinne gefälscht, als wenn Priscillian und sein Anhang persönlich von der Synode verurtheilt worden seien. Auch Sulpicius Severus tadelt den Idacius wie den Ithacius[4], sie hätten die weltliche Gerichtsbarkeit gegen die Irrlehrer angerufen. Die Angabe Priscillians[5], Idacius habe gegen ihn eine Schrift verfasst, wird bestätigt durch den hl. Isidor[6], der beifügt, er sei später mit Excommunication und Verbannung bestraft worden wegen der Hinrichtung des Priscillian, dessen Hauptankläger er gewesen war; Prospers Chronik setzt diese Excommunication ins Jahr 389. Idacius und Ithacius weihten bald nach der Synode vom Jahre 380 den Priscillian zum Bischofe von Abila in Lusitanien[7].

3. Eine Synode zu Mailand in Sachen der Jungfrau Judicia, über die Ambrosius in seinem 5. und 6. Briefe spricht, wird von Mansi[8] und Hefele[9] ohne Grund in dieses Jahr verlegt[10].

VI. Kirchenväter.

a. Ambrosius

schrieb in diesem Jahre für Kaiser Gratian die Bücher III bis V *De fide,* welche die weitere Ausführung des in den zwei ersten Büchern kurz Gesagten sein sollen[11]. Dass die drei Bücher aus

---

(l. c. II 48) über ihn als mag. offic. Gesagte vor dem Jahre 381 geschehen und daher das von Sulpicius erwähnte Concil vor Herbst 380 gehalten worden sein. Das trifft nicht zu; denn Macedonius war wirklich erst 382—383 mag. offic. (vgl. Seeck a. a. O. 172).

[1] In den Handschriften des Sulpicius Severus (l. c. II 47) heisst er episc. Sossubensis; Pagi 381, 15 emendirte das in Ossonubensis, Bernays aber (a. a. O. 92 Anm. 11) hält Sossub. fest und sagt, die Lage der Stadt sei nicht zu bestimmen.

[2] L. c. II 47. [3] Op. p. 39 und 40. [4] L. c. II 47.

[5] Op. p. 40 und 41. [6] Fortsetzung von Gennadius, De viris illustr. c. 2.

[7] Bernays a. a. O. 92. [8] Conc. III 517. [9] Conc.-Gesch. I^2 744.

[10] Die Zeit dieser Briefe des Ambrosius steht nämlich, wie Ihm (a. a. O. 40) richtig bemerkt, nicht fest, und alle Berechnungen darüber sind hinfällig.

[11] De fide III 1, 2. Die Bücher III—V De fide sind geschrieben vor der Schrift De spiritu sancto (nach De fide III prolog. 7); die Schrift De spiritu sancto

Predigten an das Volk entstanden seien, wie Ihm will, ist nicht zu erkennen[1].

Die Erklärung des Lucas-Evangeliums wurde von Bessell[2] mit Unrecht in dieses Jahr gesetzt[3].

b. Gregor von Nazianz.

1. Schicksale.

Gregor machte in diesem Jahre traurige Erfahrungen mit seinem Freunde Maximos. Nachdem Kaiser Theodosius schon sein Edict am 28. Februar für die katholische Religion erlassen hatte[4], kamen Bischöfe nach Konstantinopel unter Bedeckung von Schiffsmannschaften[5] in der Nacht[6], zu einer Zeit, wo Gregor sich zu körperlicher Erholung und geistiger Sammlung auf das Land zurückgezogen hatte[7]. Sie drangen in das Bethaus Anastasia ein, schnitten dem Maximos sein sorgfältig gepflegtes Haar ab[8], wurden aber dann durch das herbeieilende Volk gestört und gingen mit Maximos in ein Privathaus, wo sie seine Bischofsweihe vollendeten[9]. Sie waren zu dieser That von Bischof Petros von Alexandrien angestiftet worden, was dem Gregor um so befremdlicher erscheinen musste, weil

---

gehört aber ins Jahr 381 (siehe unten zu diesem Jahre); ferner waren Mitte 379 die Bücher III—V De fide noch nicht fertig, ja, wie es scheint, noch nicht beabsichtigt (nach Ep. I, 7); bedenkt man endlich, dass Prospers Chronik zum Jahre 380 bemerkt: ‚Ambrosius pro catholica fide multa sublimiter scripsit‘, so wird man an der Abfassung der drei Bücher in diesem Jahre nicht zweifeln.

[1] Ihm (a. a. O. 32) beruft sich darauf, dass der Verfasser der drei Bücher sich bald an den Kaiser bald an das Volk wendet (V prol. 9 und 11; III 17, 142; IV 10, 119). Aber wenn auch das Werk dem Kaiser gewidmet ist, so hat doch der Verfasser auch andere Leser im Auge und redet nun bald diese bald den Kaiser an. Ueberdies gehören die zwei ersten der vier angegebenen Stellen dem Prolog des 5. Buches an, der doch sicher nicht einer Rede an das Volk entstammt.

[2] Ueber das Leben des Ulfilas 67—68, bes. 68 Anm. 1.

[3] In der Stelle In Lucam VII 52—53 ist ohne Zweifel Auxentius, der Gegner des Ambrosius in Mailand, und das von Valentinian II. am 23. Januar 386 zu Gunsten der Arianer erlassene Gesetz (Cod. Theod. XVI 1, 4) gemeint. Vgl. besonders Ambrosius, Sermo contra Auxentium de tradendis basilicis c. 22 und 24. Die Schrift ist frühestens im Jahre 388 entstanden; siehe Excurs XII: Die Commentare des Ambrosius zu einzelnen Theilen des Pentateuchs (nr. 5).

[4] Damasi Epist. 5 bei Migne, Patr. lat. XIII 365.

[5] Gregor v. Naz., De vita v. 844 sqq. und 889.

[6] Ibid. 887. [7] Gregor v. Naz., Rede 26 Kap. 3 und 4.

[8] Gregor v. Naz., De vita v. 892. [9] Ibid. 909—913.

Petros ihn früher durch ein unzweideutiges Schreiben als Bischof der Hauptstadt anerkannt und geehrt hatte [1]; ohne Zweifel war es Neid, wie auch Gregor annimmt [2], der den Petros zu diesem Schritte verleitete; was Gregors gleichnamiger Biograph sagt, Petros sei von Maximos bestochen gewesen [3], ist bei einem Manne wie Bischof Petros schlechthin undenkbar.

Um das Geschehene bestätigen zu lassen, begab sich Maximos mit den Bischöfen, die ihn geweiht hatten, an das kaiserliche Hoflager nach Thessalonich [4], wurde aber abgewiesen [5]. Er ging nun nach Alexandrien zurück und verlangte von dem alten Bischofe Petros, dessen Nachfolger zu werden, widrigenfalls er seine Ansprüche auf Konstantinopel aufrechthalte; darüber kam es zu Streitigkeiten, und der Präfect, der einen Aufstand fürchtete, vertrieb den Maximos aus der Stadt [6]. [Die weitern Schicksale des Maximos siehe unten 381.]

Nach der Episode mit Maximos mehrte sich die Zahl der Anhänger Gregors infolge seiner glänzenden Predigten in Konstantinopel. Als nun bekannt wurde, dass er damit umgehe, seine Wirksamkeit in der Stadt aufzugeben, hielt das Volk solange in der Kirche aus, bis er, allerdings nicht eidlich, versprach zu bleiben bis zu einer nahe bevorstehenden Bischofsversammlung [7]. Es scheint, dass damals auch die Arianer, die durch das Gesetz vom 28. Februar aufgeregt waren, den Orthodoxen in der Hauptstadt allerhand Unbilden zufügten und sogar das Edict des Kaisers verhöhnten [8]. Auch manche Orthodoxen waren dem Gregor deshalb nicht hold, weil er ein Fremder war [9].

Da erschien unerwartet Kaiser Theodosius selbst am 24. November in der Stadt. Ihm kam es besonders darauf an, die Eintracht in der Kirche wiederherzustellen, und darum rief er sofort

---

[1] Ibid. v. 857 sqq. [2] Ibid. 855. [3] Gregorii Naz. Opera I 146.

[4] Auch dieser Umstand zeigt, dass das von Maximos Erzählte in der ersten Hälfte des Jahres geschah.

[5] Gregor v. Naz., De vita v. 1001—1009.

[6] Theodoret (V 8) sagt, Timotheos, der Nachfolger des Petros, habe den Maximos zum Bischofe von Konstantinopel geweiht. Entweder wird hier Timotheos mit Petros verwechselt, oder Timotheos war unter den ägyptischen Bischöfen, die den Maximos in Konstantinopel weihten. Dass Maximos als Bischof von Konstantinopel auch Cleriker ordinirt hat, sagt das Concil zu Konstantinopel 382 (Soz. VII 9).

[7] Gregor v. Naz., De vita v. 1057—1112.

[8] Gregor v. Naz., Rede 42 Kap. 23. [9] Sokr. V 7.

den arianischen Bischof Demophilos zu sich und erklärte ihm, wenn er das Nicänum nicht annehme, müsse er die Kirchen der Stadt räumen. Der wollte nicht nachgeben und verliess daher am 26. November die Stadt; er hielt seitdem mit den Seinigen Zusammenkünfte ausserhalb der Stadt [1]. Am folgenden Tage [2] führte der Kaiser den Gregor feierlich unter militärischer Bedeckung in die Apostelkirche [3] ein, wobei die Orthodoxen stürmisch seine Erhebung auf den bischöflichen Stuhl forderten [4].

Vom kaiserlichen Hofe hielt Gregor sich ferne, wie sehr ihm auch der Kaiser gewogen war; auch dieser Umstand stimmte das arianische Volk für ihn günstig [5]. Auf einen Meuchelmörder, der bis in sein Gemach schon vorgedrungen war, machte seine Erscheinung einen solchen Eindruck, dass er gerührt ihm zu Füssen fiel [6]. Die tumultuarischen Scenen in der Kirche, die darauf hinzielten, ihn mit Gewalt auf den bischöflichen Thron zu bringen, wiederholten sich in der nächsten Zeit [7].

2. Reden.

Rede 23 über seine Aussöhnung mit einem Amtsbruder. Dieser hatte gerade vorher eine Rede an dieselbe Versammlung des Volkes gehalten (c. 6), und ihm reichte Gregor nun vor den Augen des Volkes die Hand (c. 13 Anf.). Ob der Gegner Gregors ein Priester seiner Gemeinde oder ein Bischof war, ist nicht zu erkennen; Gregor nennt sich und seinen Gegner *πατὴρ εὐγνώμων καὶ παῖς εὐπειθής*; aber es ist nicht zu ersehen, ob er selbst der *πατήρ* oder der *παῖς* war [8]; das erstere ist aber wahrscheinlicher [9], und darum möchte ich unter dem Gegner nicht den Maximos verstehen, wie man ge-

[1] Sokr. a. a. O.; Soz. VII 5.

[2] Tillemont (Hist. V 207) und Clinton (Fasti Rom. zum Jahre 380) nehmen den 26. November an; aber an diesem Tage gingen die Arianer aus der Stadt, und erst darnach (Sokr. V 7) nahmen die Orthodoxen die Kirche in Besitz; dies letztere geschah aber früh morgens (De vita v. 1353); daher halte ich den 27. November für wahrscheinlicher.

[3] Dass es die Apostelkirche und nicht die Sophienkirche war — das letztere nehmen Tillemont (a. a. O.), die Mauriner und neuerdings Schultze (a. a. O. I 217) an —, hat, wie mir scheint, Ullmann (Gregor v. Naz. 153 Anm. 3) völlig erwiesen.

[4] Gregor v. Naz., De vita v. 1353—1395.

[5] Ibid. 1420—1435; Rede 36 Kap. 3.

[6] Gregor v. Naz., De vita v. 1437—1474.

[7] Rede 36 Kap. 2. [8] Tillemont, Mém. IX 711 note 30.

[9] Man vgl. nur Rede 24 Kap. 2, wo Gregor von sich gerade die *πατρὸς εὐγνωμοσύνη* rühmt.

than hat, sondern eher den hl. Hieronymus, der in Konstantinopel damals weilte, oder einen dortigen Priester[1].

Der Gegenstand des Streites wird c. 4 also angegeben: *τοῦτό ἐστιν ὃ ἐπταίσαμεν, λίαν φιλοποίμενες γεγόναμεν καὶ οὐκ εἴχομεν εὑρεῖν ἀγαθῶν δύο τὸ αἱρετώτερον, ἕως συνέβημεν ἀμφότερα ἐπίσης θαυμάζειν.* Dass die Verschiedenheit der Lehre es nicht war, sondern vielmehr die *εὐταξία*, wird c. 3 gesagt. Daher glauben Tillemont[2], die Mauriner und Ullmann[3] ganz mit Recht, dass das antiochenische Schisma der Gegenstand der Meinungsverschiedenheit gewesen ist.

Die Rede ist an das Volk zu Konstantinopel gerichtet und gehalten höchst wahrscheinlich im Jahre 380. Tillemont setzt sie ins Jahr 379 in der falschen Voraussetzung, dass sie denselben Gegenstand wie Rede 22 behandelt[4].

Rede 26, eine Rechtfertigung seines eigenen Verhaltens und Aussprache der Gedanken, welche ihm in der Einsamkeit des Landlebens gekommen waren, ist geschrieben, als Gregor, der in der Nähe der Stadt verweilte, das mit Maximos Geschehene erfahren hatte und daraufhin zur Stadt zurückgekehrt war. Zu verwundern ist die Ruhe, mit der Gregor das ihm zugefügte Unrecht behandelt und seinen Gegner zur Versöhnung einladet (c. 3); sie ist die Frucht seiner in der Einsamkeit genährten philosophischen Stimmung (c. 13)

[1] Papebroch (Acta SS. Mai II. 403) versteht unter dem *πατήρ* den Vater Gregors und unter dem *παῖς* ihn selbst; er verlegt daher die Rede in die Zeit, wo Gregor mit seinem Vater gemeinsam die Kirche von Nazianz leitete. Diese Meinung widerlegte Tillemont (a. a. O.); er seinerseits hält dafür, dass ein und derselbe Streit den Reden 22 und 23 zu Grunde liegt. Aber das trifft nur insoweit zu, als der Bischofsstreit zu Antiochien nebst dem Apollinarismus auch zu den Differenzen den Anlass gab, die in Rede 22 behandelt werden (vgl. ebd. c. 13). Aber hier, in Rede 22, erscheint das Volk in zwei Parteien getheilt, und Gregor steht zwischen beiden in der Mitte (c. 14), während in Rede 23 Gregor selbst mit einem andern im Streite liegt und das Volk an diesem Streite Aergerniss nimmt.

[2] Mém. IX 437. [3] A. a. O. 125 und Anm. 3.

[4] An Konstantinopel als Ort der Rede ist zu denken sowohl wegen der Erwähnung des Schismas von Antiochien als auch wegen Kap. 5 der Rede, wo gesagt wird, Gregor habe Verfolgungen und Steinwürfe erlitten, die den Zuhörern bekannt seien und infolge deren die Gemeinde an Zahl gewachsen sei. Für die Zeit kommt Kap. 13 in Betracht, wo es vom Erdkreise heisst: *ἧς τὰ μὲν ὑγιῶς εἶχε, τὰ δὲ νῦν ἀπέλαβε τὴν ὑγίειαν, τὰ δὲ ὑγιαίνειν ἄρχεται.* Das lässt sich vom Jahre 379 nicht sagen, sondern erst von der Zeit nach dem Edicte des Theodosius vom 28. Februar 380; orthodox war der Westen von jeher, in Aegypten war damals durch Bischof Petros die Orthodoxie soeben wiederhergestellt worden, der Orient aber begann sich zu bekehren.

und sticht sehr ab von der Bitterkeit, mit der er später den Verrath des Maximos in dem Gedichte De vita behandelte. Dass Petros von Alexandrien seine Hand mit im Spiele hatte, wusste Gregor schon, als er die Rede hielt[1]. Der Anfang der Rede kehrt in Rede 24 c. 2 wörtlich wieder.

Die Reden 27—31 oder die berühmten fünf theologischen Reden sind allem Anscheine nach in diesem Jahre nach dem Weggange des Maximos von Konstantinopel gehalten[2].

Rede 34 ist gehalten an ägyptische Schiffer, die mit einem Getreidetransport nach Konstantinopel gekommen waren und die Kirche der Orthodoxen besuchten. Die Rede ist sicher nach der Episode mit Maximos, und zwar im Sommer oder Herbst dieses Jahres gehalten und ist wie Rede 26 ein rühmlicher Beweis seiner versöhnlichen Gesinnung, da er hier wie dort sich über Bischof Petros von Alexandrien sehr lobend äussert[3].

Rede 35 auf die Martyrer ist gehalten kurz nach Vertreibung der Arianer aus den Kirchen der Stadt, also nach dem 26. November dieses Jahres, und ist weiter nichts als eine Danksagung gegen Gott für dieses Ereigniss.

Rede 37 über die Ehescheidung (Matth. XIX 1 ff.) ist gehalten erst nach Wiedererlangung der Kirchen der Hauptstadt (c. 4), wahrscheinlich vor Erlass des Religionsgesetzes vom 10. Januar 381 und in Gegenwart des Kaisers (c. 23), also wohl gegen Ende des Jahres 380.

Rede 38 über die Geburt Christi ist gehalten am Weihnachtsfeste, d. h. am 25. December, und zwar wahrscheinlich 380, vielleicht auch 379. Ueber diese und die zwei folgenden Reden handelt

---

[1] Kap. 17 Ende. [2] De vita v. 1059 und 1113 und Rede 42 Kap. 18.

[3] Rede 34 Kap. 3. Dass dies nicht derselbe Getreidetransport war wie der zur Zeit der Inthronisation des Maximos, hat Tillemont (Mém. IX 713—714 note 36) gezeigt. Wenn aber derselbe Tillemont (a. a. O. S. 454) diese Rede zeitlich vor Rede 26 setzt wegen der Bemerkungen über Bischof Petros von Alexandrien (Rede 26 Kap. 17 Ende und Rede 34 Kap. 3), so widerspricht das dem, was er in der genannten Note 36 ausführt, Gregor habe sich, ehe er Rede 34 hielt, schon mit Petros ausgesöhnt; auch lässt sich Rede 26 nur begreifen, wenn sie sofort nach der Inthronisation des Maximos gehalten ist. Rede 34 ist gehalten: a. sicher nach diesem Ereigniss mit Maximos (Kap. 6); b. zu der Zeit, wo die Arianer die Kirchen in Konstantinopel noch in Besitz hatten (Kap. 7); c. als das gute Einvernehmen Gregors mit Petros wiederhergestellt war (Kap. 3). Daher ist die Rede in den Sommer oder Herbst dieses Jahres zu setzen.

eingehend Usener in seinen ‚Religionsgeschichtlichen Untersuchungen‘[1]. Ich pflichte ihm aber darin nicht bei, dass er aus Rede 38 herleitet[2], das Weihnachtsfest sei in dem Jahre, wo diese Rede gehalten wurde, zum erstenmal in Konstantinopel gefeiert worden; auch setzt er[3] die Rede ins Jahr 379, während mir das Jahr 380 wahrscheinlicher erscheint[4].

3. Briefe.

Brief 80 an den Rhetor Eudoxios, geschrieben nach dem Tode des hl. Basileios und vielleicht 380 wegen der Worte: *τὰ τῶν φίλων ἄπιστα*, die auf Maximos zu zielen scheinen.

Brief 81 an Gregor von Nyssa, der sich auf einer unfreiwilligen, aber gottgefälligen Reise befindet; es scheint das die Visitationsreise zu sein, die ihm 379 die Synode zu Antiochien auftrug.

c. Gregor von Nyssa.

Gregor machte, wie es scheint, im Frühjahr dieses Jahres die ihm auf dem Concil zu Antiochien 379 aufgetragene Visitationsreise

---

[1] I 253—261. [2] A. a. O. 257—259. [3] A. a. O. 260—261.

[4] Usener beruft sich für das Jahr 379 auf Kap. 6, wo Gregor sich einen *ξένος* und *ἄγροικος* nennt, was er, so meint Usener, nach dem 26. November 380 nicht mehr konnte. Aber dem halte ich entgegen, dass Gregor in Rede 36, die (nach Kap. 2) sicher nach dem angegebenen Datum gehalten ist, seine *φωνή* eine *ὑπερόριος* nennt und ebenda (Kap. 6) sagt, er sei aus der Fremde gekommen, um den verwaisten Sitz in Konstantinopel einstweilen zu hüten; auch in der Abschiedsrede im Jahre 381 nennt er sich (Kap. 1) einen *ποιμὴν ἔκδημος* und (Kap. 10) sogar *ξένος* und vergleicht sich (Kap. 6) mit Joseph in Aegypten, der ein ganzes Volk nach sich zog. Einiges in der Rede weist auch auf die Zeit hin, wo die Orthodoxen als Sieger in die Kirchen eingezogen waren; in Kap. 6 spricht er sehr selbstbewusst von sich, und nach Kap. 17 waren bei der Rede auch Heiden anwesend oder doch solche, die nicht zu den Gläubigen gehörten; in Rede 39 aber, die bald nach Rede 38 gehalten wurde, wendet er sich (Kap. 4) scharf gegen die, welche, obschon noch jung, sich zum Lehr- und Vorsteheramte hindrängten.

Für die Ansicht, dass damals das Weihnachtsfest zum erstenmal in Konstantinopel gefeiert wurde, beruft sich Usener (S. 259) darauf, dass Gregor dem Weihnachtsfeste (Kap. 3) zwei Benennungen gibt: *θεοφάνια* und *γενέθλια*, die auch für das Epiphaniefest in Gebrauch waren und dass er diese Namen seinen Zuhörern erklärt. Aber ich meine, das beweise nichts, zumal Gregor in der folgenden Rede auch zwei Namen für das Epiphaniefest angibt: *ἡ τῶν φώτων ἡμέρα* (Kap. 1) und *βαπτίσματος ἡ πανήγυρις* (Kap. 17) und auch diese erklärt; ferner würde man doch wohl, wenn Useners Annahme zuträfe, in der Rede 38 irgend eine Bemerkung darüber erwarten dürfen, dass das Fest zum erstenmal gefeiert werde und vom Occident entlehnt sei; aber jede derartige Andeutung fehlt.

zu den Kirchen von Arabien und Palästina, von der er selbst in seinem Iter Hierosolymitanum [1] spricht, und bei der er auch die heiligen Stätten in Palästina besuchte [2]. Auf dieser Reise traf er bei Antiochien seinen Freund, den Einsiedler Olympios, der ihn bat, das Leben der Makrina, der Schwester Gregors, zu beschreiben; dieser Bitte entsprach Gregor in der noch erhaltenen Vita Macrinae, die also wohl Ende dieses Jahres oder im folgenden Jahre geschrieben ist [3]. Nachdem Gregor auf seiner Rückreise in der *μητρόπολις* [4] angekommen war, schrieb er an die drei Frauen Eustathia, Ambrosia und Basilissa, die in Palästina einem frommen Leben sich gewidmet hatten, den erhaltenen Brief [5]; er schüttet vor ihnen hier sein Herz aus über Anfeindungen, die er in Palästina erfahren hatte, und die, wie es scheint, von dortigen Apollinaristen ausgingen. Diesen gegenüber setzt er seine Lehre von den zwei unvermischten und vollständigen Naturen in Christo klar auseinander; bei der Gelegenheit nennt er auch Maria *θεοτόκος* und sagt, es fiele keinem ein, sie *ἀνθρωποτόκος* zu nennen.

d. Hieronymus.

(Siehe 379 S. 56—57.)

VII. Bischöfe.

1. Anemius wurde wahrscheinlich in diesem Jahre von Ambrosius in Sirmium zum Bischofe dieser Stadt geweiht, wobei die anwesende Kaiserin Justina sich sehr feindselig benahm und den Ambrosius zeitweise aus der Kirche vertrieb. Anemius nahm im nächsten Jahre als Bischof von Sirmium am Concil in Aquileja theil [6].

2. Petros, Bruder des hl. Basileios, wurde, wie es scheint, in diesem Jahre Bischof von Sebaste in Armenien [7].

---

[1] Gregorii Nyss. Opera III 653 [d] sq.

[2] A. a. O. und Tillemont, Mém. IX 580—581.

[3] Tillemont a. a. O. und Gregorii Nyss. Opera II 177—178.

[4] Ibid. III 660 [c]. Es ist entweder Antiochien, die Hauptstadt des Orients, oder Kaisareia in Kappadokien gemeint (Tillemont a. a. O. 740 note 13).

[5] Gedr. in Gregorii Nyss. Opera III 655—660.

[6] Pagi 380, 11; Richter a. a. O. 502—503; Ihm a. a. O. 7.

[7] Tillemont a. a. O. IX 737 note 6. Petros war noch nicht Bischof, als Gregor von Nyssa ihm im Jahre 379 sein Werk De formatione hominis widmete, da er ihn in der Ueberschrift *δοῦλος θεοῦ*, nicht *ἐπίσκοπος* oder ähnlich nennt (Greg. Nyss. l. c. I 44). Auch beim Tode seiner Schwester Makrina scheint

3. Theophilos, der 385 Bischof von Alexandrien wurde, schrieb 380 einen hundertjährigen Paschalcyklus und übersandte ihn dem Kaiser Theodosius [1].

Petros noch bei dieser in der Einsamkeit seinen Wohnsitz gehabt zu haben (vgl. Greg. Nyss., De vita Macr. II 188 b—c). Auf dem Concil zu Konstantinopel i. J. 381 war er als Bischof anwesend (vgl. Theodoret V 8).

[1] So berichtet Idatius in der Chronik (bei Mommsen XI 44). Die Nachricht stammt (nach Holder-Egger im Neuen Archiv II 70) aus einer Marginalnotiz, welche im cod. Claromontanus der Fasti Idat. zum Jahre 379 sich findet (Fasti Idat., ed. Mommsen in Mon. Germ. ant. IX 243). Eingehend handelt über diesen Paschalcyklus und seine Abweichung von den frühern Papst Leo I. in seinem 121. Briefe, Kap. 2 (Migne, Patr. lat. LIV 1056).

381.

1. Januar Freitag; 1. Neumond 12. Januar vormittags; Ostern 28. März.

I. Die Kaiser.

a. Gratian.

Er brachte den ersten und letzten Theil des Jahres in Italien, den Herbst und vielleicht auch den Sommer in Trier zu. Ende März war er in Mailand [1], am 24. April in Aquileja [2], am 14. October in Trier [3], am 26. December wieder in Aquileja [4]. Ein Gesetz vom 5. Juli dieses Jahres [5] ist allerdings von Viminacium in Mösien datirt; es scheint aber dieses ein Theil eines von demselben Orte aus an demselben Tage des folgenden Jahres an denselben Syagrius gerichteten Gesetzes [6] zu sein, zu dem es auch inhaltlich gehört, und ist also ins folgende Jahr zu setzen [7]. Ueber das schlaffe Leben

---

[1] Cod. Theod. VI 10, 2; VI 22, 5; VI 26, 2.
[2] Ibid. XV 7, 6—8; XV 10, 2. [3] Ibid. IV 22, 2.
[4] Ibid. XI 1, 18. [5] Ibid. I 10, 1. [6] Ibid. XII 1, 89.

[7] Man könnte auch auf den Gedanken kommen, dass beide Gesetze dem Jahre 381 angehören; dem steht aber entgegen, dass beim zweiten Gesetze das Jahr 382 durch die Reihenfolge der Gesetze des betreffenden Titels im Cod. Theod. gesichert ist. In dem erstern Gesetze ist also statt der Datirung: ‚Syagrio et Eucherio cons.' zu schreiben, wie im zweiten Gesetze steht: ‚Post cons. Syagrii et Eucherii.'

Dagegen sprechen allerdings die Ausführungen de Rossis im ersten Bande seiner Inscriptiones christianae urbis Romae, der (Prol. 28—30) nachzuweisen sucht und, wie Seeck (a. a. O. 55 Anm. 210) annimmt, auch nachgewiesen hat, dass die Datirung ‚post consulatum' nur in den ersten Monaten eines jeden Jahres angewandt worden ist. Aber de Rossi gesteht selbst, dass Inschriften sowohl als auch Gesetze des ausgehenden 4. Jahrhunderts gegen seine Regel sprechen, und die Wege, die er zeigt zur Hebung dieser Schwierigkeiten, sind manchmal recht gewagt. In unserem Falle kann es zudem einen besondern Grund haben, dass ein Gesetz in einem spätern Theile des Jahres mit ‚post consulatum' datirt wird; das Gesetz ist nämlich an Syagrius gerichtet, und der war im vorigen

des Kaisers in diesem und den folgenden Jahren siehe Richter a. a. O. 516—518.

b. Theodosius.

Er war bis zum 19. Juli in Konstantinopel[1], vom 21.—30. Juli in Herakleia[2], am 5. September in Adrianopel[3], vom 13. September ab wieder in Konstantinopel[4].

Im Januar erhielt der Kaiser in seiner Hauptstadt den Besuch des Gotenfürsten Athanarich. Dieser ‚proximorum factione genitalibus terris expulsus‘[5], d. h. aus der gotischen Heimat — wahrscheinlich aus Siebenbürgen[6] — durch einen andern Stamm der Goten vertrieben[7], kam als Flüchtling mit einem Gefolge zu Theodosius[8]. Seine Ankunft in Konstantinopel fiel auf den 11. Januar; der Kaiser selbst ging ihm eine Strecke vor der Stadt entgegen[9]; aber Athanarich starb schon am 25. Januar in der Stadt und wurde hier mit königlichen Ehren beigesetzt; seine Truppen, über die Güte des Kaisers gerührt, unterwarfen sich jetzt völlig der römischen Herrschaft und traten in römische Dienste[10]; was aber Orosius

---

Jahre, d. h. im Jahre 381, Consul; dass noch im Jahre 382 in dem Gesetze nach ihm datirt wird, kann eine Ehrung für ihn sein.

De Rossi stützt seine Ansicht vor allem auf den 20. Canon des zweiten Concils zu Mileve (citirt bei du Cange, Glossar. medii aevi s. v. consulatus): ‚Formatae autem, quae a primatibus vel a quibusdam episcopis clericis propriis dantur, habeant diem paschae; quodsi adhuc eiusdem anni paschae dies incertus, ille praecedens adiungatur, quomodo solet „post consulatum“ in publicis gestis adscribi.‘ Aus diesen Worten lässt sich aber meines Erachtens doch nicht mit Sicherheit erweisen, dass damals die Datirung ‚post consulatum‘ nur so lange gebraucht worden sei, als die Consuln eines Jahres noch unbekannt waren. Jedenfalls bilden die zwei Gesetze, um die es sich hier handelt, eine Instanz gegen die Regel de Rossis und sprechen für die Annahme Pagis (Dissert. hypatica pars III c. II § 4): ‚integrum cuilibet fuisse vel consulibus ordinariis vel post consulatum acta consignare.‘

[1] Cod. Theod. XVI 5, 8. [2] Ibid. X 24, 2; XVI 1, 3; XII 1, 87.

[3] Ibid. VII 13, 10. [4] Ibid. VI 10, 3; VI 22, 6.

[5] Amm. XXVII 5, 10.

[6] Vgl. Kaufmann in: Forschungen zur deutschen Geschichte XII 421.

[7] Tillemont (Hist. V 210) nimmt an, die Goten unter Alatheus und Safrax hätten ihn vertrieben.

[8] Nicht als König oder als Nachfolger des Fritigern, wie Jordanes (Getica c. 28) sagt (vgl. Kaufmann a. a. O.); dass aber Fritigern 380 gestorben war scheint wahr zu sein, da er später nicht mehr erwähnt wird.

[9] Zos. IV 34. [10] Jordanes, Getica c. 28; Zos. a. a. O.

6*

sagt[1]: ‚Alle Völkerschaften der Goten ergaben sich nach dem Tode ihres Königs im Hinblicke auf die Tüchtigkeit und Güte des Theodosius der römischen Herrschaft', geschah erst im folgenden Jahre[2].

In der Zeit nach dem Einzuge des Athanarich in Konstantinopel und sehr wahrscheinlich noch vor dessen Tode hielt Themistios daselbst vor dem Kaiser seine 15. Rede[3]. Aus dieser ersehen wir, dass damals der Krieg nur wegen der Jahreszeit ruhte, und dass neue Kämpfe in Aussicht standen; die Zeit zum Ausruhen sei noch nicht gekommen, und besonders müsse die Zucht im Heere noch gebessert werden, damit der Sieg errungen werde[4].

Vor seinem Abzuge von Konstantinopel übergab Kaiser Theodosius in diesem Jahre öffentlich im Angesichte von Senat und Volk

---

[1] Hist. VII 34, 7.

[2] Die Daten über die Anwesenheit des Athanarich in Konstantinopel stehen in den Fasti Idat. (zum Jahre 381); Marcellinus Comes sagt, dass sein Einzug wie sein Tod in den Januar fielen, Prospers und Isidors Chronik, dass er am 15. Tage nach seinem Einzuge in Konstantinopel gestorben sei. Dass Athanarich im Jahre 381 starb, ergibt sich mit Sicherheit aus der in diesem Jahre gehaltenen 15. Rede des Themistios (S. 190 [c] ff.) und aus Ambrosius, De spiritu sancto (I prolog. 17 u. 18), wo gesagt wird, dass zur Zeit seines Todes Petros noch in Alexandrien und Gregor in Konstantinopel Bischof war; mit Unrecht setzt also Prospers Chronik den Tod ins Jahr 382 und Sokrates (V 10) 382 oder 383. Unrecht hat auch Jordanes (Getica c. 28), wenn er den Goten ‚paucis mensibus interiectis' nach seinem Einzuge in die Hauptstadt sterben lässt.

Prospers Chronik stellt mit dem Worte ‚occiditur' den Tod Athanarichs als einen gewaltsamen dar. Er kann aber nicht gewaltsam gewesen sein; denn (vgl. Tillemont, Hist. V 730 note 9): 1. Zosimos (IV 34) sagt einfach, Athanarich sei gestorben, und doch hätte Zosimos bei seiner Abneigung gegen Kaiser Theodosius diesem sicherlich den Vorwurf, den Athanarich aus dem Wege geräumt zu haben, nicht erspart, wenn einigermassen Verdacht dazu vorgelegen hätte. 2. Die Folgen des Todes, wie Zosimos und Jordanes sie angeben, zeigen, dass die Goten an einen gewaltsamen Tod ihres Fürsten nicht gedacht haben. 3. Marcellinus Comes sagt ausdrücklich: ‚morbo periit.' Man wird also das ‚occiditur' bei Prosper emendiren müssen, etwa in occidit oder interiit; das letztere hat auch wirklich die Chronik des Idatius, die im übrigen an der Stelle wörtlich mit Prosper übereinstimmt.

[3] Sievers (Studien 300) setzt die Rede in den Februar oder März. Aber dagegen spricht, dass in der Rede wohl der Einzug des Athanarich in Konstantinopel erzählt ist (S. 190 [c] ff.), aber jede Hindeutung auf seinen Tod fehlt; deshalb hielt schon Tillemont (a. a. O. V 211) es wenigstens für möglich, dass Athanarich zur Zeit, wo die Rede gehalten wurde, noch lebte. Die Rede ist im dritten Regierungsjahre des Theodosius gehalten (S. 190 [b]).

[4] Rede 15 S. 185 [b, c]; 194 [a]; 195 [b]; 197 [c].

seinen Sohn Arcadius dem Themistios zur Erziehung; der Knabe war damals etwa vier Jahre alt[1].

II. Die römischen Beamten.

a. Die Consuln.

Sie werden gewöhnlich angegeben: Syagrius und Eucherius, dagegen Eucherius und Syagrius bei Sokrates[2], Marcellinus Comes[3] und bei Gregor von Nazianz in der Aufschrift seines Testamentes[4].

Auch im folgenden Jahre ist ein Syagrius Consul, und es ist nicht so leicht, die Persönlichkeit der beiden, die das Chronicon paschale mit Unrecht für identisch hält, festzustellen. Der Consul des Jahres 381 ist Flavius Afranius Syagrius, der in demselben Jahre praef. praet. Italiae war und an den Symmachus die Briefe I 94—107 schrieb[5].

Der Consul Eucherius war wahrscheinlich Oheim des Kaisers Theodosius[6] und im Jahre 380 proconsul Africae[7].

b. Beamte des Ostreiches.

1. Auxonius proconsul Asiae am 30. Juli[8].

2. Clicherius comes Orientis am 19. Juli[9] als Nachfolger des Tuscianus.

---

[1] Themistios, Rede 18 S. 224[c]. Hardouin (zu der Stelle) versteht unter dieser Reise des Kaisers ἐπὶ τὴν ἑσπέραν die vom Jahre 384, wo Themistios praef. urbi war; allein das geht nicht wegen der Worte in Rede 16 (204 b—c): ὃν (Arcadius) ἐγὼ ποιήσαιμι Ἀλέξανδρον καὶ θρέμμα αὖθις αὐχήσειε φιλοσοφία. Offenbar vergleicht sich hier der Redner mit Aristoteles, der den Alexander erzog; das konnte er nicht, wenn er nicht auch zum Erzieher des Knaben bestellt war. Ich kann daher Tillemont (Hist. V 732 note 14) gar nicht beistimmen, der sagt, hier sei nur von einem Wunsch der Erziehung, nicht von der wirklichen Erziehung die Rede; es ist vielmehr die Rede von dem Wunsche, den Knaben gut zu erziehen. Zur Zeit, als Themistios die 16. Rede hielt, d. h. Januar 383, war er also schon Erzieher. Da nun Theodosius ihn bei seinem Abzuge von Konstantinopel ἐπὶ τὴν ἑσπέραν dazu bestellte und ein solcher vor 383 nur aus dem Jahre 381 bekannt ist, ist anzunehmen, dass Themistios in der zweiten Hälfte des Juli dieses Jahres Erzieher des Prinzen wurde.

[2] Eccl. hist. V 8. [3] Zum Jahre 381. [4] Op. II 201.

[5] Den Beweis führt Seeck a. a. O. 109—110.

[6] Tillemont, Hist. V 719—720 note 17, u. 727—728 note 4.

[7] Siehe oben 380 S. 65. [8] Cod. Theod. XVI 1, 3.

[9] Ibid. XVI 5, 8.

3. Cynegius wird als praef. praet. erwähnt am 6. September[1]. Da er im Jahre 383 wiederholt comes sacr. larg. genannt wird[2] und im Jahre 384 praef. praet. war, ist sehr wahrscheinlich, dass er auch im Jahre 381 comes sacr. larg. und nicht praef. praet. war, zumal noch am 5. September Eutrop als praef. praet. erwähnt wird und gleichzeitig auch Florus dasselbe Amt bekleidete. Auch nach Libanios[3] war Cynegius zuerst *ἐπὶ τῶν δεήσεων τεταγμένος* und dann praef. praet.

4. Eutropius wird als praef. praet., was er im Jahre 380 wurde, zuletzt erwähnt am 5. und am 28. September[4].

5. Florus war jedenfalls mag. offic. noch am 30. Januar[5]; am 30. Juli erscheint er zuerst als praef. praet.[6] und blieb es ins nächste Jahr hinein.

6. Icarius war Statthalter von Kappadokien in diesem Jahre[7].

7. Neoterius, seit dem vorigen Jahre praef. praet., wird zuletzt als solcher erwähnt am 16. Januar[8].

8. Palladius, ein Rhetor aus Athen, hatte in Rom gelebt und war 379 an den Hof berufen worden[9]. An ihn schrieb Gregor von Nazianz die Briefe 103 und 170[10]. Palladius wird als comes sacr. larg. erwähnt am 6. Juli[11]. In der letzten Zeit des Jahres war er mag. offic.[12], jedenfalls als Nachfolger des Florus, der am 30. Juli dieses Amt schon niedergelegt hatte. Nachfolger des Palladius als comes sacr. larg. war wahrscheinlich Cynegius[13].

---

[1] Cod. Iust. V 20, 1. [2] Z. B. Cod. Theod. VI 35, 12 u. XII 1, 97.
[3] Bei Reiske II 571. [4] Cod. Theod. VII 13, 10, Iust. V 34, 12.
[5] Cod. Theod. VI 29, 6. [6] Ibid. XVII 1, 87.
[7] Greg. v. Naz., Brief 131. [8] Cod. Theod. VII 18, 5.
[9] Symm. I 94 u. III 50; Seeck a. a. O. 111.
[10] Denn der Palladius, an den er schrieb, hatte ein Amt am kaiserlichen Hofe, und zwar in den Jahren 381—383.
[11] Cod. Theod. IV 12, 8, womit nach Gothofr. X 24, 2 zu verbinden ist.
[12] Ibid. X 24, 3.
[13] Der Inhalt des Gesetzes im Cod. Theod. X 24, 3 ist derartig, dass Gothofredus das mag. offic. ändert in comes sacr. larg.; ihm stimmt Hänel (in der Ausg. des Cod. Theod.) bei. Dagegen spricht aber, dass Palladius in dem Gesetze, welches im Cod. Theod. dem genannten vorhergeht, comes sacr. larg. heisst und daher in dem folgenden nicht mag. offic. betitelt worden wäre, wenn die Vorlage des Verfassers des Cod. Theod. dies nicht gefordert hätte; vor allem aber ist zu bemerken, dass, wenn die Aenderung des Gothofredus berechtigt wäre, Cynegius in diesem Jahre (siehe oben) gar nicht als comes sacr. larg. unterzubringen wäre.

9. Pancratius, der im vorigen Jahre comes rer. priv. war, erscheint als praef. urbi Constant. zuerst am 30. Juli[1]; er war Nachfolger des Restitutus und blieb im Amte ins nächste Jahr hinein.

10. Tuscianus erscheint als comes Orientis am 31. März[2], wahrscheinlich als Nachfolger des Felix; es folgte ihm im Amte noch in diesem Jahre Clicherius.

c. Beamte des Westreiches.

1. Antidius erscheint als vicarius in einem Gesetze, das am 21. Juli d. J. in Rom verlesen wurde[3]; er war also vicarius urbis Romae in diesem Jahre[4].

2. Camenius (vielleicht war es der Carterius, an den Symmachus die Briefe VIII 6 und IX 7 schrieb[5]) war vicarius Africae zu Anfang des Jahres[6], wahrscheinlich als Nachfolger des Celsinus Titianus, der im Jahre 380 in diesem Amte starb.

3. Herasius war proconsul Africae Mitte dieses Jahres[7]; im vorigen Jahre hatte Eucherius die Stelle.

4. Macedonius war comes sacr. larg. zu Anfang dieses Jahres[8]; es ist offenbar derselbe[9], der später als mag. offic. die Priscillianisten begünstigte[10].

5. Potitus vicarius urbis Romae(?)[11].

6. Valerius Severus wird als praef. urbi Romae erwähnt im März 382[12] und trat dies Amt vielleicht schon 381 an als Nach-

---

Endlich wurde der Posten eines mag. offic. im Laufe des Jahres auch frei durch Beförderung des Florus.

[1] Cod. Theod. IX 17, 6. [2] Ibid. XVI 2, 26. [3] Ibid. IX 38, 6.

[4] Dagegen spricht allerdings, dass am 14. October d. J. wieder Potitus als vicarius Romae erwähnt wird (Cod. Theod. IV 22, 2), der seit 379 dieses Amt hatte. Tillemont (Hist. V 720 note 18) will daher die Datirung des letztern Gesetzes für fehlerhaft halten, und ihm pflichtet Cantarelli (La serie dei vicarii urbis Romae a. a. O. 80—81) bei; er setzt den Potitus als vicarius in die Jahre 379—380, den Antidius 381.

[5] Er scheint iudex gewesen zu sein (vgl. Seeck, Proleg. zu diesen Briefen).

[6] Cod. Theod. XII 1, 84. [7] Ibid. XV 7, 9. [8] Ibid. XI 30, 39.

[9] Tillemont, Hist. V 166, und Seeck a. a. O. 172.

[10] Sulpicius Severus, Chron. II 48, 5.

[11] Siehe vorher unter ‚Antidius'. [12] Siehe unten 382 S. 126.

folger des Valerianus, der am 8. Mai 381[1] als praef. urbi zuletzt erwähnt wird[2].

7. Flavius Afranius Syagrius, seit 380 praef. praet. Italiae, blieb im Amte bis ins Jahr 382 hinein und wird im Jahre 381 oft erwähnt im Cod. Theod.[3].

8. Flavius Mallius Theodorus, im vorigen Jahre comes rer. priv., war in den Jahren 381 und 382 praef. praet. Galliarum (?)[4].

9. Valerianus wird als praef. urbi Romae im März und April dieses Jahres an sieben Stellen erwähnt, die sich aber zu zwei Gesetzen vereinigen lassen[5]. Im vorigen Jahre hatten Arborius und Paulinus dieses Amt.

III. Religionsgesetze.

Theodosius entfaltete in diesem Jahre eine reiche gesetzgeberische Thätigkeit einerseits zum Schutze der orthodoxen Religion gegen Häretiker, Apostaten und Heiden, andererseits zur engern Verbindung von Kirche und Staat.

1. Gesetz des Theodosius vom 10. Januar an den praef. praet. Eutropius gegen die Häretiker, insbesondere gegen die Arianer, Photinianer und Eunomianer[6].

Die Eunomianer werden hier zum erstenmal in den Gesetzen mitgenannt, ein Beweis, dass sie erst in dieser Zeit anfingen mächtig zu werden[7].

Das Gesetz verbietet den Häretikern, sich innerhalb der Städte zu versammeln; wenn sie es mit Gewalt versuchen, sollen sie aus der betreffenden Stadt vertrieben werden; sollten sie aber per fraudem ein specielles kaiserliches Rescript erwirkt haben, welches ihnen das Zusammenkommen erlaubt, so soll dies keine Giltigkeit haben. Ferner wird bestimmt, ‚ut orthodoxis episcopis, qui Nicaenam fidem tenent, catholicae ecclesiae toto orbe reddantur'. Der Vorschlag des

---

[1] Cod. Theod. XV 7, 6—8.

[2] So Seeck a. a. O. 192 und Tomassetti, Note sui prefetti di Roma 507.

[3] Im Cod. Theod. VIII 7, 15 ist praef. urbi zu bessern in praef. praet.

[4] So Seeck (a. a. O. 149 u. 151), der sich dafür auf Claudian (De consulatu Theodori [XVII] 50 u. 58) stützt; siehe aber unten 395 II c.

[5] Cod. Theod. VI 10, 2; 22, 5; 26, 2 sq.

[6] Ibid. XVI 5, 6; Inst. I 1, 2.

[7] Dafür spricht auch, dass Gregor von Nyssa damals seine Bücher gegen Eunomios schrieb und sie zum allgemeinen Concil nach Konstantinopel mitbrachte (Hieronymus, De vir. illustr. c. 128).

Gothofredus, das Datum des Gesetzes aus a. d. IV. Id. Jan. zu verändern in a. d. IV. Id. Jun. oder Jul., ist zu verwerfen[1].

Nach Erlass des Gesetzes schickte der Kaiser den General Sapor in den Orient mit dem Auftrage, die arianischen Bischöfe aus den Kirchen zu verweisen[2].

2. Sozomenos VII 6 erzählt vor dem Berichte über das zweite allgemeine Concil, Theodosius habe ein Gesetz gegeben, welches den Häretikern Zusammenkünfte auf dem Markte und Disputationen über das Wesen Gottes verbot. Der Wortlaut dieses Gesetzes ist nicht überliefert, und seine Zeit steht deshalb nicht ganz fest, weil Theodoret V 16 es unmittelbar vor seiner Darstellung des Blutbades in Thessalonich behandelt. Mit Unrecht identificirt Gothofredus dieses Gesetz mit dem vorher genannten vom 10. Januar 381[3].

3. Gesetz des Theodosius vom 31. März an den comes Orientis Tuscianus[4], dass alle ‚custodes ecclesiarum vel locorum sanctorum'[5] die *immunitas personalium munerum* geniessen sollen. Den Clerikern

---

[1] Gothofredus stützt seine Conjectur darauf, dass das Gesetz Anklänge zeige an den ersten Canon und das Symbolum des zweiten allgemeinen Concils. Aber in diesem ersten Canon werden einfach die damaligen Irrlehren aufgezählt und zwar mehr, als in dem Gesetze genannt werden; die Anklänge an das Symbolum aber beziehen sich bloss auf die Theile desselben, welche dem Nicaenum entstammen. Das Datum des Gesetzes ist ausserdem gestützt durch die Reihenfolge der Gesetze im Cod. Theod. und durch den Cod. Iust., in dem es ebenfalls überliefert ist.

[2] Theodoret V 2. Dieser erzählt, Gratian habe nach dem Tode des Valens die Anfänge seiner Regierung damit geheiligt, dass er ein Gesetz gab, welches die verbannten orthodoxen Bischöfe zurückrief und den Anhängern des Damasus die Kirchen zurückgab; um dies Gesetz im Orient auszuführen, habe Gratian den Sapor dorthin gesandt. Dagegen bemerkt Tillemont mit Recht (Hist. V 728—729 note 7), Theodoret vermenge hier drei Gesetze zu einem, nämlich das des Gratian vom Jahre 378, welches die verbannten Bischöfe zurückrief, das des Theodosius vom 28. Februar 380, welches den Glauben des Damasus für den richtigen erklärte, und das des Theodosius vom 10. Januar 381, welches die Kirchen den Orthodoxen zurückgab; dass nun Theodoret dies ganze Gesetz dem Gratian zuschrieb, mag daher gekommen sein, dass auch das zweite und dritte Gesetz dessen Namen am Kopfe trägt. Allerdings hat auch das Chronicon paschale zum Jahre 379 die Bemerkung, Theodosius habe überallhin Rescripte gesandt, durch die er den Orthodoxen die Kirchen zurückgab; aber diese Chronik ist in ihren Zeitangaben wenig zuverlässig. Wie Tillemont setzt auch Ifland (a. a. O. 102 Anm. 27) die Sendung Sapors ins Jahr 381.

[3] Gothofredus zu Cod. Theod. XVI 5, 6. [4] Cod. Theod. XVI 2, 26.

[5] Worunter (nach Gothofredus) hier besonders die heiligen Orte in Palästina zu verstehen sind.

war dies Privileg schon früher verliehen[1] und im Jahre 377 von neuem bestätigt worden[2].

4. Zwei Gesetze des Theodosius vom 2. und 8. Mai an Eutrop gegen das Testatrecht der Apostaten und Manichäer[3]. Vielleicht sind beide Gesetze nur Theile eines einzigen Gesetzes[4].

Durch das erste Gesetz verlieren alle Apostaten ihre Testirfähigkeit, und die von ihnen etwa hinterlassenen Testamente sollen unter allen Umständen ungiltig sein.

Nach dem zweiten Gesetze soll diese Strafe auch alle Manichäer treffen, und zwar sogar mit rückwirkender Kraft, sofern sie ‚post legem primitus datam' sich von verbotenen Zusammenkünften nicht ferngehalten haben. Unter diesem früher gegebenen Gesetze ist mit Tillemont[5] das Gesetz vom Jahre 372 gegen die Manichäer[6], nicht mit Gothofredus das vom 28. Februar 380[7] zu verstehen; denn in dem letztern werden Zusammenkünfte der Häretiker nicht ausdrücklich verboten.

Das Gesetz vom 8. Mai 381 bestimmt ferner, dass das Vermögen der Manichäer bei ihrem Tode dem Fiscus zufallen solle, selbst wenn sie Kinder hinterlassen, sofern diese demselben Glauben angehören; auch wird den Manichäern das Recht abgesprochen, Vermächtnisse anzunehmen. Die Testirfähigkeit galt als das besondere ius Romanum; darum wird sie in dem Gesetze auch bezeichnet als ‚ius vivendi iure Romano' und ihre Entziehung als ‚nota infamiae'. Auch den Eunomianern wurde im Jahre 389 von Theodosius das Recht genommen ‚nec faciendi nec adipiscendi testamenti'[8]. Die Väter des Concils zu Karthago im Jahre 404 baten den Kaiser, es möge das Gesetz, dass die Häretiker ‚intestabiles' seien, auch auf die Donatisten ausgedehnt werden[9]; diese Bestimmung wurde dann auch im Jahre 414 erlassen[10].

Schliesslich werden durch das Gesetz vom 8. Mai 381 den Manichäern alle Zusammenkünfte verboten, auch wenn sie unter

---

[1] Cod. Theod. XVI 2, 14 und Greg. v. Naz., Brief 9.

[2] Cod. Theod. XVI 2, 24. [3] Ibid. XVI 7, 1 und 5, 7.

[4] So Gothofredus. Dafür spricht, dass das erste kurze Gesetz im zweiten seine Erklärung und Begründung findet; dagegen spricht aber, dass das erste nur von den Apostaten, das zweite nur von den Manichäern handelt.

[5] Hist. V 13. [6] Cod. Theod. XVI 5, 3. [7] Ibid. XVI 1, 2.

[8] Ibid. XVI 5, 17.

[9] Can. 93 dieses Concils bei Hardouin I 917 und 918.

[10] Cod. Theod. XVI 5, 54.

andern Namen, wie Encratitae, Apotactitae, Hydroparastatae oder Saccophori, ihre Irrlehre zu verdecken suchen. In dieser Beziehung ist das Gesetz eine Erweiterung des Gesetzes vom 10. Januar dieses Jahres, in welchem die Manichäer nicht genannt worden waren.

5. Zwei Gesetze Gratians über die Schauspielerinnen. Das erstere, am 8. Mai an Valerianus, den praef. urbi Romae, erlassen [1], bestimmt, dass Schauspielerinnen, die auf Grund ihrer christlichen Religion den Austritt aus ihrem Stande verlangt und erhalten haben, unwiderruflich wieder zur Bühne zurückgeführt werden sollen, wenn sie sich nachher in geschlechtlicher Beziehung unchristlich aufführen und damit zeigen, dass sie nur äusserlich und nicht innerlich ihrem Stande entsagt haben.

Das zweite Gesetz, im Sommer dieses Jahres an Herasius, den proconsul Africae, gerichtet [2], verlangt, dass alle Töchter von Schauspielern in ihrem Stande zu bleiben haben, wenn sie nicht durch ihr christliches Bekenntniss oder durch ein kaiserliches Privileg davon entbunden werden. Dieses Gesetz bestätigt also das Gesetz desselben Kaisers vom vorigen Jahre [3], welches den Christinnen das Recht eingeräumt hatte, dem Bühnendienste zu entsagen.

6. Zwei Aeusserungen des Theodosius über die Zeugnissabgabe der Bischöfe im Consistorium vom 29. Juni werden uns im Cod. Theod. XI 39, 8 überliefert. 1. ‚Episcopus nec honore nec legibus ad testimonium flagitatur.' 2. ‚Episcopum ad testimonium dicendum admitti non decet, nam et persona dehonoratur et dignitas sacerdotis excepta confunditur.'

Ein Bischof soll also zur Zeugnissablegung weder aufgefordert noch zugelassen werden. Es kann sich dabei nur um Criminalangelegenheiten handeln; denn dass bei Civilstreitigkeiten der Bischof vor Gericht den Laien gleichgehalten werde, gesteht der sechste Canon des zweiten allgemeinen Concils ausdrücklich zu [4]. Gothofredus hält es ferner für unwahrscheinlich, dass der Kaiser im allgemeinen erklärt habe, ein Bischof solle nicht zum Zeugniss zugelassen werden. Er erinnert daran, dass damals, als der Kaiser diese Aeusserung that, das allgemeine Concil zu Konstantinopel tagte; dort gab die Wahl des Flavian zum Bischof von Antiochien und des Nektarios zu dem von Konstantinopel Anlass zu vielem Gezänke der

[1] Cod. Theod. XV 7, 8. [2] Ibid. XV 7, 9. [3] Ibid. XV 7, 4.
[4] Mansi, Conc. III 562.

Bischöfe untereinander; sie brachten ihre gegenseitigen Anklagen auch vor den Kaiser, wie Gregor von Nazianz [1] bezeugt. In dieser Lage habe nun der Kaiser bestimmt, so nimmt Gothofredus an, ein Bischof solle nicht zum Zeugniss gegen einen andern Bischof zugelassen und auch nicht gezwungen werden, wenn er mit diesem in kirchlichen Angelegenheiten streite. Gothofredus beschränkt also die zwei Aeusserungen des Kaisers nicht nur auf Criminalfälle, sondern auch auf die Streitigkeiten der Bischöfe untereinander. So bestimmt auch der 59. Canon im Codex canonum ecclesiae Africanae [2], welcher der fünften karthagischen Synode vom Jahre 401 angehört [3], dass, wenn eine Sache vor dem kirchlichen Forum verhandelt worden ist und der unterlegene Theil an das weltliche Forum appellirt, keine kirchliche Person vor diesem zum Zeugniss aufgefordert werden soll.

7. Gesetz des Theodosius vom 19. Juli an den comes Orientis Clicherius [4]. Die Eunomianer, Arianer und Anhänger des Aetius (des Lehrers des Eunomios) dürfen weder in der Stadt noch auf dem Lande Kirchen bauen; wenn sie es trotzdem thun, soll Grundfläche und Gebäude dem Fiscus verfallen; dasselbe soll mit all den Gebäuden sofort geschehen, in denen Diener dieser Secten sich niederlassen.

8. Gesetz des Gratian an Antidius, vicarius Romae, vorgelesen zu Rom am 21. Juli, über die Amnestie zum Osterfeste [5].

Man hat das Datum beanstandet, weil ein solches Gesetz doch vor, nicht nach Ostern erlassen sein müsse; aber ein Gesetz Valentinians I. über denselben Gegenstand vom Jahre 368 [6] ist auch datirt: lecta VIII. Id. Jun.

Beide Gesetze bestimmen, dass bei Gelegenheit des Osterfestes eine Amnestie statthaben solle. Von dieser nimmt das Gesetz Valentinians sechs Verbrechen aus: Majestätsverbrechen, Mord, Ehebruch, Zauberei, Giftmischerei und Jungfrauenraub; das Gesetz Gratians fügt zu den sechs noch zwei hinzu: Verspottung der Religion und Rückfall in ein Verbrechen, in betreff dessen sie früher schon einmal begnadigt worden waren.

9. Gesetz des Theodosius vom 30. Juli an Auxonius, proconsul Asiae, über die Auslieferung der Kirchen an die Ortho-

---

[1] De vita sua v. 1546 sqq. [2] Bei Hardouin I 898; Mansi, Conc. III 766.
[3] Hefele a. a. O. II² 80. 130. [4] Cod. Theod. XVI 5, 8.
[5] Ibid. IX 38, 6. [6] Ibid. IX 38, 4.

doxen[1]. Das Gesetz soll eine Ergänzung des Gesetzes vom 10. Januar d. J. sein, nämlich genauer darlegen, welche Bischöfe orthodox, welchen also die Kirchen einzuräumen seien. Darum wird zuerst die Lehre von der göttlichen Trinität entwickelt; dann werden hervorragende Bischöfe aus allen fünf Diöcesen des Ostreiches namhaft gemacht, mit denen man in Gemeinschaft stehen müsse; es sind diese: in Thrakien Nektarios von Konstantinopel; in Aegypten Timotheos von Alexandrien; in Oriens Pelagios von Laodikeia und Diodoros von Tarsos; in der Asiana dioecesis, zu der hier auch das proconsularische Asien gezogen wird, Amphilochios von Ikonion und Optimos von Antiochien in Pisidien[2]; in der dioecesis Pontica Helladios von Kaisareia, Otreinos (Otrejus) von Melitene in Armenia minor und Gregor von Nyssa; endlich werden noch Terentios in Skythien und Martyrios von Markianopolis genannt.

10. Gesetz des Theodosius vom 20. December an den praef. praet. Florus, welches die Opfer zur Erforschung der Zukunft verbietet[3]. Es ist dies das erste bekannte Gesetz, mit dem Theodosius gegen das Heidenthum angeht. Libanios sagt in seiner Rede *Ὑπὲρ τῶν ἱερῶν*[4], Valentinian und Valens hätten *τὸ θύειν, ἀλλ' οὐ τὸ λιβανωτόν* verboten, also die Schlacht-, aber nicht die Rauchopfer, und dies habe auch Theodosius durch ein Gesetz bestimmt. Gothofredus bezieht das auf das vorliegende Gesetz, obschon in diesem wie in dem Gesetze des Theodosius vom Jahre 385[5] ausdrücklich nur die Eingeweideschau und die Erforschung des Unbekannten durch Opfer verboten wird; aber waren denn alle Thieropfer nur diesem Zwecke geweiht? Mir scheint daher das vorliegende Gesetz sich nicht mit der Angabe des Libanios zu decken.

Das Betreten der Tempel und die Rauchopfer blieben erlaubt im Westreiche bis zum Jahre 391[6], im Ostreiche bis 392[7]. Gratian hat, soweit bekannt ist, abgesehen von dem Erlass gegen die ara Victoriae, keine Verfügung gegen die Opfer und Tempel getroffen.

---

[1] Cod. Theod. XVI 1, 3; auch bei Soz. VII 9.

[2] Dieser Optimos unterschrieb auch das Testament Gregors von Nazianz (Greg. Opera II 204), und Libanios schrieb an ihn gleich nach seiner bischöflichen Weihe seinen 1227. Brief.

[3] Cod. Theod. XVI 10, 7. [4] Reiske II 163.

[5] Cod. Theod. XVI 10, 9. [6] Ibid. XVI 10, 10 u. 11.

[7] Ibid. XVI 10, 12.

IV. Culturgesetze.

1. Das Gesetz des Theodosius vom 30. Mai an den praef. praet. Eutropius verlängert die Trauerzeit für die Wittwen auf ein Jahr[1]; früher waren es zehn Monate. Gegen die, welche in dieser Zeit heiraten, bestimmt das Gesetz dieselben Strafen wie das vom 18. December 380[2].

2. Das Gesetz des Theodosius vom 30. Juli an Pancratius, den Präfecten von Konstantinopel, verbietet, Todte innerhalb der Stadt zu begraben, von welchem Verbote auch die ‚apostolorum vel martyrum sedes' nicht ausgenommen sein soll[3]. Es wird damit nur eine Bestimmung der zwölf Tafeln erneuert, wo es hiess: ‚Hominem mortuum in urbe ne sepelito neve urito.' Als Gründe für sein Verbot gibt der Kaiser an: ‚ut (corpora) et humanitatis instar exhibeant et relinquant incolarum domicilio sanctitatem', d. h. die Gräber sollen ausserhalb der Stadt an den Wegen sein, damit sie die Menschen an ihre Sterblichkeit erinnern und die Stadt nicht verunreinigen. Mit der sedes apostolorum vel martyrum, die im Gesetze genannt wird, ist gewiss zunächst die Apostelkirche in Konstantinopel gemeint, die Konstantin[4] erbaute, in die er die Leiber des Apostels Andreas und des Evangelisten Lucas aus Achaia, ferner des Apostelschülers Timotheos aus Ephesos übertrug, und in deren Nähe Konstantius seinen Vater beisetzte[5]; aber ausser dieser ist (mit Gothofredus) auch jede andere Kirche mit jenem Ausdrucke gemeint.

Der Anfang des Gesetzes lautet: Omnia, quae supra terram urnis clausa vel sarcophagis corpora detinentur. Er zeigt, dass damals noch beide Bestattungsarten vorkamen: das Verbrennen, bei dem die Asche in Urnen, die etwas über der Erde hervorragten, beigesetzt wurde, und das Begraben in Sarkophagen. Die erstere Art kam mit dem Hinscheiden des Heidenthums bald in Wegfall, so dass schon 40 Jahre später Macrobius[6] sagen konnte, sie komme zu seiner Zeit nicht mehr vor.

---

[1] Cod. Theod. III 8, 1, Iust. V 9, 2. [2] Cod. Iust. V 9, 1.

[3] Cod. Theod. IX 17, 6.

[4] Eusebios, Vita Constantini IV 58—60 und Sokr. I 26; nach Philostorgios III 2 wäre sie von Constantius erbaut.

[5] Eusebios a. a. O. 70 u. 71; Philostorgios a. a. O.

[6] Saturnalia VII 7.

V. Concilien.

a. Das allgemeine Concil zu Konstantinopel.

1. Zeitbestimmung des Concils.

Das Concil trat zusammen im Mai dieses Jahres[1]. Seine Canones wurden gemäss ihrer Aufschrift in alten griechischen Handschriften[2] festgestellt am 9. Juli. Dieser Termin ist wohl als das Ende des Concils anzusehen; jedenfalls sind die Canones erst verfasst, nachdem schon Nektarios zum Bischofe der Hauptstadt geweiht war[3]. Die Weihe des Flavian zum Bischofe von Antiochien folgte der des Nektarios[4]. Der Tod des Meletios kann nicht bei Beginn des Concils erfolgt sein; denn Meletios führte noch eine Zeitlang auf dem Concil den Vorsitz[5].

2. Berufung des Concils.

Sie ging von Kaiser Theodosius aus[6]. Dass Damasus an der Berufung keinen Antheil hatte und auf der Versammlung auch nicht

---

[1] Sokr. V 8. [2] Bei Mansi, Conc. III 558.

[3] Das sagt bestimmt Soz. VII 9 Anf.; Sokr. V 8 und Theodoret V 8 deuten es an. Die Bedenken, welche Tillemont (Mém. IX 718—719 note 45) gegen seine Weihe in diesem Jahre nach dem Schreiben der italischen Bischöfe an Theodosius (Ambrosius, Ep. 13, 4) erhebt und die Tillemont nicht ausräumen zu können glaubt, sind deshalb nichtig, weil das dort erwähnte abendländische Concil nicht das zu Rom i. J. 382, sondern das zu Aquileja 381 ist. Von dem Concil in Aquileja lässt sich nämlich auch sagen, dass es ‚totius orbis episcopis videbatur esse praescripta'; denn nach den Gesta dieses Concils (§ 8 u. 10) waren zu demselben ursprünglich auch die Orientalen von Gratian eingeladen worden, und als man von diesem Plane später abging, wurde den Orientalen doch noch mitgetheilt, sie könnten kommen, wenn sie wollten (§ 7). Unter allen Umständen lässt sich durch nichts belegen, dass das Concil zu Rom 382 hinsichtlich seiner Berufung allgemeiner war wie das zu Aquileja. Sicher ist, dass Nektarios Bischof von Konstantinopel war, als Theodosius am 30. Juli 381 das Gesetz im Cod. Theod. XVI 1, 3 erliess.

[4] Denn sie geschah ‚consensione et consilio Nectarii' (Ambros., Ep. 13, 3); dazu stimmt auch Gregor v. Naz., De vita v. 1680 sq., wo ausgeführt wird, dass gerade der Streit um den Nachfolger des Meletios den nächsten Anstoss zum Rücktritte Gregors und zur Wahl seines Nachfolgers gab.

[5] Gregor v. Naz., De vita v. 1514—1524.

[6] So Sokr. V 8 Anf.; ferner die Väter des Concils im Schreiben an Theodosius (bei Mansi l. c. III 558) und der anonyme Verfasser der Lebensbeschreibung des Bischofs Paulos von Konstantinopel (bei Photios, Cod. 257).

durch Legaten vertreten war, zeigt Hefele[1]. Trotzdem wird das Concil ökumenisch genannt von den Vätern des Concils von Konstantinopel im Jahre 382 in ihrem Schreiben an die Abendländer[2].

3. Theilnehmer des Concils.

Dass der Synode 150 Bischöfe anwohnten, ist die beständige Ueberlieferung des Alterthums[3]; dass sie alle dem Reiche des Theodosius angehörten, sagt Theodoret[4], während Gregor von Nazianz[5] bestimmter erklärt, der ganze Orient ausser Aegypten sei vertreten gewesen. Aus dem Westreiche war Acholios von Thessalonich berufen worden, weil man auf sein Urtheil vielen Werth legte[6]; dass er auch anwesend war, sagt Sokrates[7]. Nach Gregor von Nazianz[8] kamen ägyptische und makedonische Bischöfe zum Concil erst nach dem Tode des Meletios, und zwar ‚*ἦλθον ἐξαπίνης κεκλημένοι*'; es war also eine spätere, vielleicht zweite Einladung an sie ergangen, als der Streit um die Besetzung des antiochenischen Stuhles nach dem Tode des Meletios heftig wurde; wenn Gregor von Nazianz sagt, sie seien gekommen, um Frieden zu stiften, so ist das nicht mit Hefele[9] ernst, sondern ironisch aufzufassen, da Gregor gleich nachher[10] sagt, dass sie einen neuen Streit vom Zaune brachen.

Es gibt ein nach Provinzen geordnetes Verzeichniss von 147 Bischöfen, welche die Canones des Concils unterschrieben haben sollen. Dasselbe ist nur lateinisch erhalten und zwar an zwei Stellen, nämlich in der sogenannten versio prisca und in der Hadriana, d. h. der Canonensammlung des Dionysius Exiguus, welche Papst Hadrian I. Karl dem Grossen übersandte; das erhaltene Verzeichniss geht aber auf ein griechisches Original zurück[11]. So wie die Namen in dem jetzigen Verzeichnisse stehen, können sie nicht ursprünglich unter den Canones gestanden haben; denn Gregor steht da als Bischof von Nazianz, und auch Meletios von Antiochien ist mitgezählt, obschon er bei der Unterzeichnung der Canones schon todt war[12]; ferner fehlen in dem Verzeichniss Acholios von Thessa-

[1] Conc. II[2] 3—4. [2] Bei Theodoret V 9.
[3] Sokr. V 8; Soz. VII 7; Theodoret V 7. [4] Eccl. hist. V 7.
[5] De vita v. 1509. [6] Ambros., Ep. 13, 3. [7] Eccl. hist. V 8.
[8] De vita v. 1800. [9] A. a. O. II[2] 4 Anm. 2. [10] De vita v. 1812—1815.
[11] Maassen, Geschichte der Quellen und der Literatur des canonischen Rechtes 113—114 u. 444. Das Verzeichniss der Prisca ist gedruckt mit den Werken Papst Leos I. (Migne LVI 810 sqq.), das der Hadriana bei Mansi, Conc. III 568 sqq.
[12] Siehe oben S. 95.

lonich und Petros, Bischof von Sebaste, Bruder des hl. Basileios, die doch auf dem Concil anwesend waren und jedenfalls die Beschlüsse mitunterzeichneten[1]. Das Verzeichniss ist also unvollständig und ungenau, auch abgesehen davon, dass die Namen in demselben schlecht überliefert sind; zur Emendation des Textes bieten das Gesetz im Cod. Theod. XVI 1, 3, die Unterschriften des Testamentes Gregors von Nazianz und die Adressen seiner Briefe Handhaben, die bisher nicht benutzt worden sind.

Unter den Provinzen, aus denen Bischöfe auf dem Concil anwesend waren, wird gegen Ende des Verzeichnisses auch eine provincia Spania genannt, aus der Bischof Agrius Immontinensis erschienen sei. An Spanien ist hier, wie Hardouin gethan hat, nicht zu denken; der Zusammenhang zeigt vielmehr, dass eine Provinz am Schwarzen Meere gemeint ist. Mir scheint, dass hier an die *Τζάννοι* (auch Sani oder Sanni genannt) zu denken ist, von denen Malalas[2] überliefert hat, dass sie unter Theodosius vom Kaukasus her in Kappadokien eingefallen sind; Genaueres über sie theilt Böcking[3] mit; merkwürdig ist, dass schon Pancirolus[4] sie nach Spanien versetzt hat.

4. Vorsitz auf dem Concil.

Vorsitzender war zuerst Bischof Meletios von Antiochien bis zu seinem Tode[5]. Danach war zur Zeit, wo Gregor von Nazianz durch Krankheit verhindert war, den Sitzungen beizuwohnen, eigentlich kein Vorsitzender da[6], woraus man schliessen kann, dass Gregor selbst damals den Vorsitz hatte. Dies will Hefele[7] auch beweisen aus einer Aeusserung Gregors von Nyssa[8]: *Οὐκοῦν καὶ ἡμέτερος ἐκεῖνος πατήρ, διότι τοῦ πατρὸς ἦν τοῦ ἡμετέρου πατήρ.* Allein hier ist gemäss dem Zusammenhange unter dem Sohne des Meletios nicht Gregor von Nazianz, sondern der orthodoxe Glaube zu verstehen. Dass zeitweise auch Timotheos von Alexandrien und Kyrillos von Jerusalem auf dem Concil präsidirt haben, lässt Hefele den Sozomenos VII 7 sagen; aber die Worte des Sozomenos haben diesen Sinn nicht[9]. Dass Nektarios später den Vorsitz hatte, ist sehr

[1] Sokr. V 8 und Theodoret V 8. [2] S. 347 in der Bonner Ausg.
[3] Notitia dignit., ed. Böcking I 222. [4] Notitia dignit. l. c.
[5] Gregor v. Naz., De vita 1514—1524. [6] Ders. 1740, 1745 u. 1746.
[7] Conciliengesch. II² 5. [8] Leichenrede auf Meletios II 589.
[9] Sozomenos sagt: *Ἡγοῦντο . . . τῶν δὲ ἄλλων Τιμόθεος . . . καὶ Μελέτιος . . . καὶ Κύριλλος.* Dieses *ἡγοῦντο* ist aber nicht vom Vorsitz, sondern vom Vorrang

wahrscheinlich, sowohl weil das Concil in seiner Residenzstadt tagte, als auch weil in der Liste der Unterzeichner der Beschlüsse des Concils sein Name obenan steht; der Zweifel Hergenröthers [1] ist nicht begründet.

5. Streitigkeiten auf dem Concil.

Bis zum Tode des Meletios scheinen die versammelten Bischöfe ziemlich einträchtig gewesen zu sein. Als es sich aber um die Nachfolge des Meletios handelte und Gregor von Nazianz vorschlug, jetzt den Paulinos, zu dem ja auch das Abendland halte, in Antiochien allgemein anzuerkennen, brach ein wilder Streit aus [2]; die jüngern Bischöfe lärmten am meisten und rissen die ältern mit sich fort [3]. Gregor schreibt dieses Verhalten der Bischöfe bald der niedern Herkunft der meisten von ihnen [4], bald ihrer moralischen Schwäche [5], bald dem Stolze der Orientalen [6], am meisten aber dem Neide [7] zu. Als dann die Bischöfe von Makedonien hinzukamen, verschärfte sich noch die Feindseligkeit [8]. Sehr tadelt Gregor die Charakterlosigkeit der Bischöfe, die ihn heute auf den Stuhl von Konstantinopel erhoben und morgen wieder stürzten, die ihn heute überschwänglich lobten, um ihn bald darauf bitter zu tadeln [9].

6. Aufgaben des Concils.

Als Aufgaben des Concils geben Sokrates und Sozomenos [10] übereinstimmend an: Bestätigung des Glaubensbekenntnisses von Nikaia und Besetzung des bischöflichen Stuhles von Konstantinopel. Am Schlusse des Concils richteten die Väter desselben ein Schreiben an den Kaiser, worin sie um Bestätigung der beigelegten Beschlüsse baten [11]; hier sagen sie, sie hätten 1. die Eintracht untereinander erneuert, 2. *συντόμους ὅρους* aufgestellt, worin sie den nicänischen Glauben

zu verstehen, da Sozomenos gerade vorher dasselbe Wort von zwei makedonianischen Bischöfen gebraucht, nämlich von Eleusios von Kyzikos und Markianos von Lampsakos, die doch gewiss damals nicht abwechselnd in Konstantinopel den Ihrigen präsidirten.

[1] Photius I 35 Anm. 69. [2] De vita v. 1680 sqq.
[3] Ibid. v. 1682. 1688. 1689.
[4] De se ipso et de episcopis v. 154 sqq. (Opera II 786).
[5] Ad episcopos v. 75 sqq. (Op. II 829). [6] De vita v. 1690 sqq.
[7] De vita v. 1506 und Epist. 87. [8] De vita v. 1800 sqq.
[9] De vita v. 1930—1942. [10] Sokr. V 8; Soz. VII 7.
[11] Gedruckt bei Mansi, Conc. III 557.

bestätigt und die entgegenstehenden Irrlehren verworfen hätten, 3. zu Gunsten der εὐταξία der Kirchen Canones aufgestellt. Den zweiten und dritten dieser Punkte geben auch die Mitglieder des Concils zu Konstantinopel im Jahre 382 in ihrem Schreiben an die Abendländer[1] als Arbeiten des Concils vom Jahre 381 an; sie bezeichnen hier jene συντόμους ὅρους als einen τόμος, worin sie ihren Glauben eingehender (πλατύτερον) erklärt und die Irrlehren verdammt hätten. Dieser τόμος kann nicht der erste Canon des Concils sein, wie sehr auch dessen Inhalt den obigen Angaben entspricht, da ihm das πλατύτερον unbedingt abgeht; der Canon kann auch kein späterer Auszug aus dem τόμος sein, da er in seiner jetzigen Gestalt schon dem Sozomenos vorlag[2] und vor den Vätern des allgemeinen Concils zu Kalchedon verlesen wurde[3]. Hefele[4] nimmt daher an, dass ausser diesem Canon auch das nach der Synode zu Konstantinopel benannte Symbolum diesen τόμος gebildet habe; allein auch dieser Ansicht kann ich nicht zustimmen[5].

7. Verlauf des Concils.

Erster Gegenstand der Berathung war ohne Zweifel die Besetzung des bischöflichen Stuhles der Hauptstadt, wenn auch Sokrates und Sozomenos[6] die Verhandlungen über die Makedonianer an die Spitze stellen. Mit Verwerfung des Maximos wurde Gregor von Nazianz auf den bischöflichen Thron erhoben[7].

Die Makedonianer waren zum Concil eingeladen worden, und 36 ihrer Bischöfe, an der Spitze Eleusios von Kyzikos und Markianos von Lampsakos, waren der Einladung gefolgt. Da sie trotz des Zuredens der Synode das ὁμοούσιος nicht annehmen wollten, wurden die Verhandlungen mit ihnen abgebrochen, und die Makedonianer zogen ab[8].

Da starb Meletios. Seine Leiche wurde nach Antiochien gebracht und dort unter allgemeiner Theilnahme des Volkes beigesetzt[9]. Es fragte sich nun, ob ihm ein Nachfolger gesetzt werden solle; Gregor trat in einer Rede dafür ein, dass bis zum Tode des Paulinos, der nicht lange auf sich warten lassen werde, von einer Neu-

---

[1] Bei Theodoret V 9. [2] Soz. VII 9. [3] Mansi, Conc. VII 445.
[4] Conciliengesch. II² 9—12.
[5] Siehe Excurs IV: Das sogen. Symbolum des Concils zu Konstantinopel 381.
[6] Sokr. V 8 und Soz. VII 7. [7] De vita v. 1525.
[8] Sokr. und Soz. a. a. O. [9] De vita v. 1572—1582.

7*

wahl abgesehen werden solle; so werde man den Occident versöhnen [1]. Darüber entstand heftiger Streit unter den Bischöfen, der sich noch verschärfte, als ‚ἐξαπίνης κεκλημένοι‘ ägyptische und makedonische Bischöfe, besonders Timotheos von Alexandrien und Acholios von Thessalonich, eintrafen. Diese fügten zu der einen Streitfrage noch die andere über die Rechtmässigkeit der Weihe Gregors zum Bischofe von Konstantinopel hinzu; gegen diese nämlich machten sie den 15. Canon des Concils zu Nikaia geltend (über die Translation der Cleriker von einem Sprengel zum andern), nicht aus Abneigung gegen Gregor, sondern gegen die Bischöfe, die den Gregor gewählt und geweiht hatten [2]. Die Folge war, dass Gregor den Bischöfen in öffentlicher Rede seinen Rücktritt ansagte mit der Begründung, er habe nur ungern den bischöflichen Stuhl bestiegen und nur wegen der Hoffnung, dass dies dem Frieden dienen werde, auch sei er körperlich zu schwach; so wolle er ein zweiter Jonas werden [3]. Er begab sich zum Kaiser und bat um Entlassung: er sei es müde, immerdar den Verdächtigungen, selbst seiner Freunde, ausgesetzt zu sein, und wolle dem Neide aus dem Wege gehen; auch auf sein Alter möge der Kaiser Rücksicht nehmen [4]. Der Kaiser stimmte, wenn auch ungern, zu [5]. Danach hielt Gregor seine Abschiedsrede ans Volk (Rede 42); hier gibt er als Gründe seines Rücktritts an: 1. seine körperliche Schwäche (K. 20); 2. den ἱερὸς πόλεμος zwischen Orient und Occident (K. 21 und 27); 3. die allgemeine Vergnügungssucht und Charakterlosigkeit des Volkes, durch die es ihm, der diese Fehler bekämpfe und sich vom Weltleben zurückziehe, zum Feinde werde (K. 22); 4. man begreife nicht seine Milde gegen die Häretiker, die der Kirche früher so viel geschadet hätten (K. 23); 5. man wolle zu Bischöfen formvollendete Redner und vornehme Leute haben, nicht Leute seiner Art (K. 24). Wahrscheinlich noch vor der Wahl seines Nachfolgers verliess Gregor die Stadt [6].

[1] De vita v. 1583—1680.

[2] De vita v. 1796—1815. Ullmann (Gregor von Nazianz 170) nimmt an, dass sie wegen ihrer späten Berufung sich zurückgesetzt sahen und daher geneigt waren, gegen das, was die Synode bis dahin beschlossen hatte, vorzugehen. Viel näher liegt es, bei Timotheos an Maximos und bei Acholios an sein Verhältniss zu den Abendländern und die sich daraus ergebende Parteinahme für Paulinos zu denken.

[3] De vita v. 1815—1855. [4] De vita v. 1856—1900.

[5] Ibid. v. 1900—1904.

[6] Gregor von Nazianz, Brief 88; anders berichtet sein Biograph Gregor (in Greg. Naz. Opera I praef. 157).

Gewählt wurde als sein Nachfolger einstimmig in Gegenwart des Kaisers von den versammelten Bischöfen Nektarios aus Tarsos in Kilikien; er wurde von Clerus und Volk von Konstantinopel bestätigt[1] und von Timotheos von Alexandrien und Kyrillos von Jerusalem geweiht[2]. Nektarios stammte aus einer senatorischen Familie und war damals Prätor und noch nicht getauft[3]; wenn man dem legendenhaften Berichte des Sozomenos über seine Wahl glauben kann, so wurde sie am eifrigsten vom Kaiser selbst und von den Bischöfen Diodor von Tarsos und Optimos von Antiochien in Pisidien betrieben[4].

Nach der Weihe des Nektarios wurde von den Bischöfen der Diöcese Oriens Flavian zum Bischofe von Antiochien gewählt, und nachdem er vom Volke in Antiochien bestätigt worden war, von den Bischöfen Diodor von Tarsos und Akakios von Beroia geweiht[5]. Die Abendländer haben ihn nicht als Bischof von Antiochien anerkannt und ihre Synodalbriefe immer an Paulinos gerichtet, an den auch die Bischöfe von Aegypten, Arabien und Kypros sich hielten; erst nach dem Tode des Paulinos und seines Nachfolgers Evagrios fand Flavian allgemeine Anerkennung[6].

8. Die Canones des Concils.

Es sind uns sieben Canones als Beschlüsse dieses Concils überliefert, die am 9. Juli von den Bischöfen unterzeichnet wurden[7].

---

[1] Theodoret V 9.

[2] Marcellinus Comes (ed. Mommsen XI 61); er gibt unter den Bischöfen, die ihn weihten, irrthümlicherweise auch den Meletios an; schwerlich also schöpfte er hier aus Concilsacten, wie Holder-Egger im Neuen Archiv II 95 annahm.

[3] Sokr. V 8 und Soz. VII 8.

[4] Der von Sozomenos genannte Bischof von Antiochien kann nur Optimos sein, da nach dem Tode des Meletios bis zur Weihe des Flavian überhaupt kein Bischof von Antiochien in Syrien auf dem Concil anwesend war; so schon Papebroch (Acta SS. 9. Maii 421 ª). Dagegen möchte Tillemont (Mém. IX 719 note 46) doch an Antiochien in Syrien denken, um damit den ganzen Bericht des Sozomenos über die Wahl des Nektarios, der für den Kaiser und die Bischöfe beleidigend sei, unglaublich zu machen.

[5] Sokr. und Soz. a. a. O. [6] Theodoret V 9 und Soz. VII 11.

[7] Gedruckt bei Mansi, Conc. III 557. Sie sind in der lateinischen Versio prisca und in andern Canonensammlungen mit dem 28. Canon des Concils zu Kalchedon verbunden und haben daselbst auch eine Vorbemerkung über Ort und Zeit des Concils, die in Wahrheit sich auf das genannte Concil bezieht; vgl. Maassen, Geschichte der Quellen 97.

Die vier ersten lagen dem Sozomenos in der Gestalt und Reihenfolge vor, in der wir sie jetzt haben[1]; Sokrates und Theodoret[2] geben den Inhalt der Canones in anderer Reihenfolge wieder, und jener lässt den vierten, dieser den dritten aus.

Die Canones 5—7 gehören ohne Zweifel dieser Synode nicht an; denn die drei Kirchenhistoriker wissen von ihnen nichts, und sie finden sich auch nicht in den alten lateinischen Uebersetzungen[3]. Am unsichersten ist der siebente Canon, der auch in der alten Sammlung des Johannes Scholasticus aus dem sechsten Jahrhundert fehlt; er scheint dem fünften Jahrhundert anzugehören[4]. Der fünfte und sechste Canon werden mit Wahrscheinlichkeit der Synode von Konstantinopel vom Jahre 382 zugetheilt[5].

In Canon 1 wird das Symbolum von Nikaia bestätigt; ausserdem werden die entgegenstehenden Irrlehren aufgezählt und verworfen.

Der zweite Canon stellt eine Neuerung dar. Das Concil zu Nikaia hatte im fünften und sechsten Canon die kirchliche Eintheilung in Provinzen (*ἐπαρχίαι*) festgelegt, indem es verordnete, dass die Bischöfe einer Provinz sich jährlich zweimal versammeln und bei der Erledigung eines bischöflichen Stuhles in der Provinz dessen Neubesetzung vornehmen sollten. Im zweiten Canon von Konstantinopel werden nun für das Ostreich diese Eparchien zu fünf grössern Verbänden (*διοικήσεις*) zusammengefasst, und zwar ganz in Uebereinstimmung mit der politischen Eintheilung des Reiches in fünf Diöcesen[6], nämlich: Oriens, Aegyptus, Asiana, Pontica, Thracia; das proconsularische Asien wurde dabei kirchlich der dioecesis Asiana zugerechnet[7]. Der

---

[1] Soz. VII 9. [2] Sokr. V 8 und Theodoret V 8.

[3] Hefele a. a. O. II[2] 13. [4] Ebd. II 27.

[5] Vgl. über sie 382, V a und Maassen a. a. O. 111.

[6] Böcking, Notitia dignit. I 9.

[7] Theodoret sagt allerdings in seinem 86. Briefe (ad Flavianum), die Väter von Konstantinopel hätten im Einklang mit denen von Nikaia die Diöcesen voneinander geschieden. Hefele (Conc. I[2] 395) findet diese Bestimmung im 6. Canon des Concils von Nikaia, wo gesagt wird: *ὁμοίως δὲ καὶ κατὰ Ἀντιόχειαν καὶ ἐν ταῖς ἄλλαις ἐπαρχίαις τὰ πρεσβεῖα σώζεσθαι ταῖς ἐκκλησίαις.* Hefele versteht nämlich hier unter Eparchien dasselbe, was das Concil zu Konstantinopel Diöcesen nennt. Aber das geht nicht, da in den Canones des Concils zu Nikaia das Wort *ἐπαρχίαι* oft vorkommt und immer vom Metropolitanverband gebraucht ist; besonders klar ist dies im vierten Canon, wo gesagt ist, in jeder Eparchie solle der Metropolit die Oberleitung haben. Es ist also nicht zu erkennen, auf welchen Beschluss des Concils von Nikaia die Worte des Theodoret sich beziehen; mir scheinen sie einen Irrthum zu enthalten.

Canon bestimmt nun, dass die Bischöfe der einen *διοίκησις* ungerufen sich nicht zu einer Ordination oder einer andern kirchlichen Function in eine andere Diöcese begeben sollen. Offenbar ist diese Bestimmung veranlasst durch das Vorgehen des Bischofs Petros von Alexandrien bei der Weihe des Maximos in Konstantinopel; er ist aber nicht, wie Valesius[1] wollte, gegen Meletios gerichtet, der den Gregor von Nazianz zum Bischof von Konstantinopel geweiht hatte, da dieser ja mit Zustimmung der Synode zu Konstantinopel das gethan hatte.

Durch die neue Zusammenfassung der Kirchen in Diöcesen soll aber die frühere in Provinzen nicht aufgehoben werden. Der Canon bestimmt daher ferner, dass nach wie vor die Angelegenheiten einer Provinz von der Provincialsynode geregelt werden sollen gemäss Canon 5 von Nikaia; neben die Provincialsynoden treten aber von jetzt an die Diöcesansynoden, von denen auch im sechsten Canon dieses Concils oder, besser gesagt, des Concils von 382 die Rede ist. Canon 2 bestimmt endlich, dass es hinsichtlich der ausserhalb der Diöcesen gelegenen Kirchen, also der Kirchen in barbarischen Ländern, bei der bisherigen Gewohnheit bleiben solle; in diesen konnten also auch förderhin die Bischöfe der benachbarten Diöcese Amtshandlungen verrichten.

Was der Canon über die Vorrechte des Bischofs von Alexandrien über Aegypten und des Bischofs von Antiochien über die Diöcese Oriens enthält, war schon durch Canon 6 von Nikaia bestimmt. Die grosse Frage ist aber die, ob durch diesen Canon und das ihm nahe stehende kaiserliche Gesetz vom 30. Juli d. J.[2] auch in den drei andern Diöcesen des Ostreichs eine ähnliche Patriarchalgewalt wie in jenen zwei Diöcesen geschaffen werden sollte, wie Sokrates[3] es behauptet. Meiner Ansicht nach ist das keineswegs geschehen[4].

Der dritte Canon heisst: *Τὸν μέντοι Κωνσταντινουπόλεως ἐπίσκοπον ἔχειν τὰ πρεσβεῖα τῆς τιμῆς μετὰ τὸν τῆς Ῥώμης ἐπίσκοπον διὰ τὸ εἶναι αὐτὴν νέαν Ῥώμην.* Der Canon ist zum Theil gerichtet gegen den Bischof von Alexandrien, der, wie auch die Geschichte des Maximos zeigt, eine Art kirchlicher Hegemonie im Orient in Anspruch nahm; wie wenig aber der Canon diese zu brechen vermochte, zeigt der Einfluss, den bei der Erhebung des Johannes Chrysostomos zum

[1] Zu Sokr. V 8. [2] Cod. Theod. XVI 1, 3. [3] Hist. eccl. V 8.

[4] Siehe Excurs V: Hat das Concil von Konstantinopel 381 mit seinem zweiten Canon neue Patriarchalsitze schaffen wollen?

Bischof der Hauptstadt der Bischof Theophilos von Alexandrien ausübte [1].

Dem Bischof von Konstantinopel wird in dem Canon ausdrücklich nur ein Ehrenvorrang zuerkannt; entschieden ist also die Auffassung Hefeles [2] abzuweisen, ‚dass unser Canon dem Bischof von Konstantinopel mit dem Ehrenvorrang zugleich auch die Jurisdiction über die Diöcese Thrakien, an deren Spitze bisher Herakleia stand, zugewiesen' habe. Hefele bezieht sich für seine Ansicht zunächst auf die beim zweiten Canon dieses Concils besprochene Aeusserung des Sokrates [3], dass die Synode Patriarchen aufgestellt habe; allein diese Aeusserung soll ohne Zweifel eine Umschreibung des zweiten, nicht des dritten Canons sein und beruht ausserdem, wie gezeigt wurde, auf falschem Verständniss des Canons. Wenn ferner der Bischof von Konstantinopel nach dem Jahre 381 thatsächlich als Leiter des thrakischen Sprengels erscheint [4], so ist damit noch lange nicht gesagt, dass ihm diese Stellung durch den dritten Canon gegeben worden ist. Eine factische Macht wird im sechsten Canon des Nicänums durch ἐξουσία beim Bischofe von Alexandrien und durch πρεσβεῖα bei dem von Antiochien ausgedrückt; davon ist πρεσβεῖα τῆς τιμῆς bei dem von Konstantinopel zu unterscheiden. Wäre übrigens der letztere Ausdruck von factischer Macht zu verstehen, so bezöge sich diese gemäss dem Wortlaute des Canons auf das ganze Ostreich und nicht bloss auf die Diöcese Thrakien.

Canon 4 erklärt die Bischofsweihe des Maximos und darum auch alle von diesem vorgenommenen Weihen für ungiltig. Eine solche Bestimmung war nothwendig, ehe das Concil zur Wahl eines neuen Bischofs für die Hauptstadt übergehen konnte.

Von den Beschlüssen dieses Concils approbirte die römische Kirche nur das, was gegen die Makedonianer gerichtet war; die übrigen wurden ihr weder zugesandt noch von ihr gebilligt, wie Papst Gregor der Grosse bezeugt [5].

b. Das Concil zu Aquileja.

1. Quellen für die Geschichte des Concils.

Ueber das Concil sind wir unterrichtet von orthodoxer Seite durch die erhaltenen Gesta concilii Aquileiensis [6], die aber erst mitten

[1] Sokr. VI 2; Soz. VIII 2. [2] Conciliengesch. II² 18.
[3] Hist. eccl. V 8. [4] Hergenröther, Photius I 34. [5] Ep. VI 195.
[6] Gedruckt bei Mansi, Conc. III 601 sqq. und unter den Briefen des Ambrosius (hinter Brief 8).

im Verhöre der vorgeladenen Irrlehrer beginnen[1] und auch im Verlaufe dieses Verhöres abbrechen; ferner von arianischer Seite durch das erhaltene Autograph eines sonst unbekannten arianischen Bischofs Maximinus in einer noch unedirten Pariser Handschrift[2], das seinerseits fusst auf einer schon vor dem Tode des Damasus und vor Bekanntwerden der Gesta über das Concil verfassten Schrift des auf dem Concil verurtheilten arianischen Bischofs Palladius[3]. Einen kurzen Bericht über das Concil haben wir auch in dem Schreiben ‚Benedictus', welches das Concil an die Kaiser richtete[4].

2. Zeit des Concils.

Das Concil wurde gehalten (nach den Gesta) am 3. September[5] 381. Statt 381 wollte Rade[6] aus innern Gründen 380 setzen, aber ganz mit Unrecht[7]. Die Verhandlungen mit den

---

[1] Gesta § 2. [2] Suppl. lat. nr. 594.

[3] Bessell, Ueber das Leben des Ulfilas 1—17, und Waitz, Ueber das Leben und die Lehre des Ulfilas 28 ff.

[4] Gedruckt als zehnter Brief des Ambrosius.

[5] In einigen Handschriften der Gesta steht Non. Sept.; das wäre ein Sonntag gewesen; ein solcher ist aber nach § 47 ausgeschlossen.

[6] A. a. O. 63 Anm. 2; ihm folgt Goyau z. J. 380.

[7] Aus folgenden Gründen: 1. Die Aeusserung in dem Schreiben ‚Quamlibet' des Concils (Ambros., Ep. 12, 3): ‚In orientalibus autem partibus cognovimus quidem summo gaudio atque laetitia eiectis Arianis, qui ecclesias violenter invaserant, sacra dei templa per solos catholicos frequentari', ist keinenfalls vor dem Gesetz vom 10. Januar 381 denkbar; denn das Gesetz vom 28. Februar 380 (siehe oben 380 S. 67) hatte nur die Bedeutung eines kaiserlichen Programmes, aber, wenigstens für Konstantinopel, keine praktischen Folgen. 2. Auf dem Concil war anwesend Bischof Timotheos von Alexandrien; dieser folgte aber dem Bischofe Petros erst im Jahre 381 (siehe unten 381 S. 116—117). 3. In dem Schreiben ‚Sanctum', welches bald nach dem Concil in Aquileja von den abendländischen Bischöfen an Theodosius gerichtet wurde, treten diese entschieden für Maximos ein (Ambros., Ep. 13, 3), während doch Damasus zu Anfang des Jahres 381 diesen ebenso entschieden desavouirte (Damasus, Ep. 5, bei Migne, Patr. lat. XIII 365); jenes erklärt sich dadurch, dass Maximos persönlich auf dem Concil erschienen war; wäre dies nun 380 gewesen, so wäre es unbegreiflich, wie Anfang 381 Damasus sich gegen Maximos so entschieden aussprechen konnte. 4. Rade geht von der falschen Voraussetzung aus, dass das schon genannte Schreiben ‚Quamlibet' an Theodosius gerichtet gewesen sei; es war vielmehr für Gratian bestimmt, wie schon ein Vergleich von § 1 dieses Schreibens mit § 1 des an Theodosius gerichteten Schreibens ‚Sanctum' zeigt; dabei verschlägt es nichts, dass das Schreiben an alle drei Kaiser adressirt ist; denn auch das Schreiben ‚Benedictus' (Ambros., Ep. 10) ist nominell an alle drei Kaiser gerichtet (§ 1) und gilt doch eigentlich dem Gratian (§ 2).

Häretikern dauerten an jenem Tage von früh morgens bis 1 Uhr mittags [1].

3. Theilnehmer des Concils.

Dem Concile wohnten 33 Bischöfe und eine Menge Presbyter bei, die alle am Anfange und Ende der Gesta mit Namen genannt werden [2]; nach der arianischen Darstellung wären nur 12—13 Bischöfe anwesend gewesen [3]. Von den Bischöfen sind drei, nämlich die von Orange, Marseille und Lyon, als legati Gallorum bezeichnet, zwei, deren Sitze nicht genannt sind, als legati Afrorum; ferner waren anwesend die Bischöfe von Grenoble in der provincia Narbonensis und von Martigny (Octodurum) in der Schweiz, vier Bischöfe aus Illyrien (Sirmium, Emona = Laybach, Jader = Zara, Siscia = Sziszek); die übrigen waren alle aus Oberitalien. Den Vorsitz führte Bischof Valerianus von Aquileja [4], ein Mann, der seinen Clerus so reformirte, dass Hieronymus in seiner Chronik [5] bemerken konnte: ‚Aquileienses clerici quasi chorus beatorum habentur.' Leiter der Verhandlungen und Hauptwortführer auf dem Concil war der hl. Ambrosius. Unter den übrigen Theilnehmern ragen hervor: Anemius, der neue Bischof von Sirmium [6]; Eusebius, Bischof von Bononia [7], als Heiliger verehrt am 26. September; Limenius, Bischof von Vercelli: er war im Jahre 396 sicher schon todt [8]; Philaster von Brixen, als Heiliger am 18. Juli verehrt; ebenso Heliodorus von Altinum am 5. Juli: an ihn schrieb Hieronymus seinen 60. Brief; Theodorus von Octodurum, der Apostel von Wallis [9]; Justus von Lyon, verehrt am 2. September: an ihn schrieb höchst wahrscheinlich Ambrosius seinen 7. und 8. Brief [10].

---

[1] Ambros., Ep. 10, 5.

[2] Doch fehlt am Anfange: Eventius episc. Ticiniensis. [3] Bessell a. a. O.

[4] Vgl. über ihn Baronius in den Anmerkungen zum Martyrologium Romanum am 26. November.

[5] Zum Jahre 375. [6] Siehe oben 380 S. 80.

[7] Er wird von Ambrosius gelobt (De virginitate 20, 129).

[8] Ambros., Ep. 63, 1.

[9] Gelpke, Kirchengeschichte der Schweiz I, Bern 1856, 91 ff.

[10] So Tillemont und die Mauriner, weil der Adressat der Briefe, Justus genannt (nach Ep. 7, 1 u. 22), in vertrautem Verhältnisse zu Ambrosius stand und von ihm mit ‚frater' angeredet wird. Ihm (a. a. O. 41) erklärt sich dagegen wegen der Worte in Ep. 7, 22: ‚Et tu ergo ad similitudinem dei unus esto atque idem, non hodie sobrius, cras ebrius, hodie pacificus, crastina die litigiosus', eine Mahnung, die doch nicht an diesen Bischof gerichtet sein könne. Aber Ihm hat die Worte missverstanden; sie gelten nicht speciell dem Justus, sondern jedem Christen, wie

4. Verhandlungen des Concils.

Das Concil wurde von Gratian berufen, als er zu Sirmium weilte, wahrscheinlich im Jahre 380[1]; es waren ursprünglich auch die Orientalen berufen (Gesta 8 u. 10); aber Ambrosius stellte hernach dem Kaiser vor, diese Berufung sei für die entfernter wohnenden Bischöfe eine grosse Belastung, und es sei eine so grosse Anzahl derselben auch gar nicht nothwendig; darum erliess der Kaiser an den praef. praet. Italiae ein neues Schreiben, das in den Gesta (3 u. 4) mitgetheilt ist, wonach bloss die benachbarten Bischöfe aus Italien in Aquileja zusammenkommen sollten; der praef. praet. schrieb dann an die Orientalen, sie könnten kommen, wenn sie wollten (7).

An dieses Concil hatte Gratian die arianischen Bischöfe Palladius und Secundianus verwiesen (10), und gegen diese Irrlehrer, die anwesend waren, richteten sich die Verhandlungen des Concils. Im Laufe derselben verlangten die Angeklagten wiederholt in ‚concilium plenum', auf dem auch die Orientalen vertreten seien (z. B. 48). Ihrem Verlangen, dass die Verhandlungen protokollirt werden sollten, wurde schliesslich Folge geleistet (2), nicht aber ihrem weitern Verlangen, dass Zuhörer beider Parteien zugelassen werden sollten (47 u. 51). Palladius, der von arianischer Seite am meisten auf dem Concil das Wort führt, gibt zwar vor, von Areios nichts zu wissen (14), will aber dabei bleiben (35 sqq.), dass der Vater grösser sei als der Sohn, auch der Gottheit des Sohnes nach; er wird schliesslich excommunicirt und degradirt (54 sqq.). Es folgt dann das Verhör des Secundianus, das aber in den Gesta nicht zu Ende geführt ist; doch steht fest, dass es ihm erging wie dem Palladius[2]. Verurtheilt wurde auch der Priester Attalus, der früher unter seinem Bischofe Agrippinus das Nicänum unterschrieben hatte, jetzt aber Anhänger eines arianischen Bischofs Julianus Valens war[3]. Die beiden verurtheilten Bischöfe appellirten an ein neues, allgemeines, in Rom abzuhaltendes Concil[4].

7, 15 Anf.; das zeigt am besten die Fortsetzung jener Worte: ‚mutatur enim quisque morum varietate et fit alter.'

[1] Hefele (a. a. O. II² 34) und mit ihm Förster (Ambrosius 27) denken weniger richtig an die Anwesenheit Gratians in Sirmium in den Jahren 378 u. 379.

[2] Ambros., Ep. 9, 2 u. 10, 8.

[3] Ibid. 10, 9.

[4] Waitz, Ueber das Leben des Ulfilas 22 u. 25.

5. Schreiben des Concils.

Nach der Verurtheilung der Häretiker erliess das Concil zunächst ein Dankschreiben an die Bischöfe von Gallia Viennensis und Narbonensis dafür, dass sie Legaten zum Concil entsandt hätten[1].

Ferner erliess das Concil drei Schreiben[2], die zwar an die drei Kaiser in ihrer Gesamtheit gerichtet, aber doch speciell für Gratian bestimmt waren und diesem durch eine Gesandtschaft überreicht wurden[3].

In dem ersten Schreiben (Brief 10) wird dem Kaiser über den Verlauf des Concils Bericht erstattet und derselbe gebeten: a. durch einen Erlass ‚ad iudicia competentia' den zwei verurtheilten häretischen Bischöfen den Eintritt in die Kirchen zu wehren und zu gestatten, dass ihre bischöflichen Sitze neu besetzt werden; b. die Photinianer daran zu hindern, dass sie zu Sirmium Zusammenkünfte halten, da er ihnen solche Zusammenkünfte ja schon in einem frühern Edicte verboten habe; gemeint ist hier das bei Sokr. V 2 und Soz. VII 1 erwähnte Gesetz Gratians aus dem Jahre 378, in welchem die Photinianer ausdrücklich genannt werden, nicht aber das Gesetz des Theodosius vom 10. Januar 381, wie Baronius[4] wollte und Ihm[5] für wahrscheinlich hält[6].

Das zweite Schreiben (Brief 11) ist gerichtet gegen die Umtriebe des Ursinus. Dieser Gegner des Damasus weilte im Jahre 378 in Köln, stiftete aber in Italien durch die von ihm Geweihten Unruhen an[7]. Das setzt er auch jetzt noch fort, und zwar ist sein Werkzeug in Rom ein gewisser Paschasius, den er durch Briefe aufstachelt[8]. Die Bischöfe fürchten nun, der Kaiser möchte durch seine erheuchelte Anhänglichkeit sich gewinnen lassen und ihm die Rückkehr nach Italien gestatten (§ 2); dem wollen sie durch dieses Schreiben vorbeugen[9].

---

[1] Gedruckt als 9. Brief des Ambrosius und bei Mansi, Conc. III 615.

[2] Gedruckt als 10.—12. Brief des Ambrosius und bei Mansi III 615 sqq.

[3] Ambros., Ep. 10, 2; 11, 6; 12, 7 und dazu 13, 8. Ueber die Echtheit dieser drei Schreiben des Concils siehe Excurs VI: Die Echtheit von Ambrosius' Brief 10—14 oder der bei Gelegenheit des Concils zu Aquileja 381 an die Kaiser erlassenen Schreiben.

[4] Zum Jahre 381. [5] A. a. O. 41.

[6] In Ep. 10, 8 ist ohne Zweifel statt ‚et eam, quae' zu schreiben: ‚et ea, quae'.

[7] Mansi, Conc. III 625 u. 628. [8] Ep. 11, 5 u. 6.

[9] Rade (a. a. O.) fasst das Schreiben so auf, als habe Gratian das Exil des Ursinus schon gemildert und als sei dieser schon nach Mailand zurückgekehrt.

Das dritte Schreiben (Brief 12) bezweckt die Herstellung der Eintracht in der antiochenischen und alexandrinischen Kirche. Das Concil will die Gegner des Paulinos in Antiochien und des Timotheos in Alexandrien zu seiner Gemeinschaft zulassen, jedoch so, dass diesen zwei Bischöfen die ‚vetustae communionis praerogativa‘ gewahrt bleibe; es verlangt ferner ein Concil in Alexandrien, damit der Streit der Bischöfe entschieden werde. Als Gegner des Timotheos ist gewiss Maximos gemeint, der persönlich auf dem Concil zu Aquileja seine Sache vertrat und den dieses als rechtmässig geweiht anerkannte[1]; inwiefern allerdings von diesem gesagt werden konnte: ‚quorum fides superioribus temporibus haesitabat‘[2], ist nicht ganz klar, wenn auch Theodoret[3] ihn des Apollinarismus beschuldigt.

Die an Gratian mit dem dritten Schreiben abgeschickten Gesandten kehrten zurück mit der Weisung, die Bischöfe möchten in dieser Angelegenheit sich an Theodosius wenden. Das thun sie nun[4] in dem Schreiben ‚Sanctum‘[5]. Dieses wurde noch im Jahre 381 abgesandt und gab dem Theodosius Anlass, seine Bischöfe auf das Jahr 382 nach Konstantinopel zu einem neuen Concil zu berufen[6]. Die Bischöfe beklagen sich in dem Schreiben ‚Sanctum‘ über die Weihe des Nektarios für Konstantinopel und des Flavian für Antiochien und verlangen (§ 6 u. 7) ein allgemeines Concil des Orients und Occidents in Rom. Ganz im Einklange damit lud denn auch Gratian zu dem nächstjährigen Concil in Rom auch die Orientalen ein[7].

Hefele[8] glaubt, dass das Schreiben ‚Sanctum‘ entweder auf dem Concil zu Aquileja oder wahrscheinlicher auf einem Concil zu Mailand zu stande kam. Beides ist mir unwahrscheinlich; das erstere,

---

Aber dagegen sprechen entschieden § 2 und 3 Ende, ferner § 5 der Ausdruck ‚missis litteris‘. Rade hat § 3 missverstanden, wo von der Anwesenheit des Ursinus in Mailand und von seiner Verbindung mit den Arianern die Rede ist; diese nämlich wird hier ausdrücklich in eine frühere Zeit, d. h. in die Zeit vor 378, nicht, wie Rade annimmt, ins Jahr 381 verlegt.

[1] Ambros., Ep. 13, 3 u. 4. [2] Ibid., Ep. 12, 4. [3] Eccl. hist. V 8.

[4] Ambros., Ep. 13, 8.

[5] Gedruckt als 13. Brief des Ambrosius und bei Mansi, Conc. III 631.

[6] Die Väter des letztern sagen ausdrücklich in ihrem Schreiben an die Abendländer (bei Theodoret V 9), dass ein im vorigen Jahre nach dem Concil in Aquileja an Theodosius gerichtetes Schreiben der abendländischen Bischöfe den Kaiser veranlasst habe, ein neues Concil nach Konstantinopel auf das Jahr 382 zu berufen. Danach ist Ihm (a. a. O. 42) zu berichtigen.

[7] Theodoret V 9 und Soz. VII 11. [8] A. a. O. II² 36

weil bei Theodoret[1] ausdrücklich gesagt wird, dass das Schreiben nach der Synode zu Aquileja verfasst worden sei, und weil das Concil eine allgemeine Synode zu Alexandrien gefordert hatte[2], dies Schreiben aber eine solche zu Rom fordert; das zweite, weil doch wohl die Bischöfe nach der Synode, die im Herbst gewesen war, sich nicht noch einmal in diesem Jahre in Mailand versammelten, und weil auch von einer solchen zweiten Synode gar nichts bekannt ist. Ich halte also das Schreiben ‚Sanctum' für ein Werk des Ambrosius, der vielleicht die Unterschriften der übrigen Bischöfe oder ihre Zustimmung einholen liess.

Irrthümlich versteht Ihm[3] unter dem in § 2 dieses Schreibens ‚Sanctum' mit den Worten ‚Scripseramus dudum etc.' erwähnten Schriftstück das eben behandelte Schreiben (Brief 12); es ist vielmehr mit jenen Worten ein früheres, auch in Brief 12 erwähntes Schreiben bezeichnet[4].

VI. Kirchenväter.

a. Ambrosius.

Er nahm am Concil in Aquileja theil und war, wie die Protokolle (Gesta) des Concils zeigen, die Seele der Verhandlungen. Auch in den vier von den Vätern des Concils an die Kaiser erlassenen Schreiben[5] ist die Hand des Ambrosius leicht zu erkennen.

Er schrieb ferner in diesem Jahre, wahrscheinlich um Ostern, seine Libri tres de spiritu sancto ad Gratianum Augustum[6]. Ausser-

[1] A. a. O. V 9. [2] Ambros., Ep. 12, 5. [3] A. a. O. 42 Anm. 215 u. 218.

[4] Ep. 12, 5: ‚Oblatas pietati vestrae opinamur preces nostras'. Der Inhalt des Ep. 13, 2 erwähnten Schreibens deckt sich nicht mit Ep. 12; auch weist das ‚dudum' (13, 2) auf einen längern Zwischenraum hin.

[5] Ambros., Ep. 10—13.

[6] Die Bücher sind sicher nach den Büchern III—V De fide geschrieben; denn im Prolog (§ 7) zu De fide V scheidet Ambrosius die Lehre vom Heiligen Geiste zu einer spätern ausführlichen Darstellung aus; auch spielt er De spir. sancto I 11, 116 deutlich auf De fide V 7, 99 an. Bestimmtere Anhaltspunkte für die Zeit der Abfassung gibt der Prolog zu De spir. sancto I (§ 17 u. 18); hieraus ergibt sich nämlich, dass die Schrift entstanden ist: 1. als Konstantinopel soeben zur Orthodoxie zurückgekehrt war; 2. als Athanarich vor kurzem gestorben war; 3. als Bischof Petros von Alexandrien noch lebte, wenigstens sein Tod dem Ambrosius noch nicht bekannt war; 4. zur Zeit der feierlichen Taufen (der letztere Umstand ist Ihm a. a. O. 33 entgangen). Die Schrift ist also ohne Zweifel 381 und wahrscheinlich um Ostern verfasst worden.

dem schrieb er wahrscheinlich in diesem Jahre, sicher aber nach den fünf Büchern De fide sein Werk: De incarnationis dominicae sacramento ad Gratianum Augustum[1].

b. Augustinus

schrieb in diesem Jahre sein erstes Werk, nämlich: De pulchro et apto, das um das Jahr 400 schon verloren war[2].

c. Gregor von Nazianz.

1. Schicksale.

(Ueber die Thätigkeit Gregors in Konstantinopel in diesem Jahre und seinen Weggang von dort siehe oben S. 98—100.) Gregor begab sich von Konstantinopel zunächst auf ein vom Vater ererbtes Landgut zu Arianz in Kappadokien[3] zu seiner Erholung, da er sehr angegriffen war[4], später nach Nazianz[5]. Er begann jetzt eine eifrige literarische Thätigkeit, wie er es schon in seiner Abschiedsrede zu Konstantinopel gelobt hatte[6]; besonders die vielen Gedichte gegen seine Feinde in Konstantinopel und über seine Thätigkeit daselbst scheint er in dieser Zeit verfasst zu haben[7].

2. Testament.

In diesem vermacht Gregor sein gesamtes Vermögen, abgesehen von einigen Legaten, der Kirche zu Nazianz. Das Testament ist in diesem Jahre und höchst wahrscheinlich am 31. Mai verfasst; es ist zwar in einer alten Handschrift datirt: πρὸ μιᾶς καλανδῶν Ἰανουαρίων 381; aber Tillemont[8] hat mit Recht dieses Datum be-

---

[1] Förster (a. a. O. 281 Anm. 30) nimmt das Jahr 382, Ihm (a. a. O. 33) 380—383 an. Das Werk ist geschrieben sicher auf den Wunsch Gratians und ist auch an diesen gerichtet (vgl. 8, 80); es ist ferner nach den fünf Büchern De fide (vgl. 7, 62 u. 9, 100) und wahrscheinlich vor den drei Büchern De spiritu sancto geschrieben, weil diese letztern in ihm niemals, jene aber oft (vgl. 7, 62; 8, 79 u. 81; 9, 100) citirt werden.

[2] Er schrieb das Werk im Alter von 26 oder 27 Jahren (vgl. Confess. IV 15); geboren aber war er am 13. November 354 (De vita beata c. 6). Die Schrift war gerichtet an den römischen Redner Himerius (Confess. IV 13 Ende u. 14 Anf.).

[3] Gregors Vita Gregorii Naz. (Greg. Naz. Opera I praef. 157).

[4] Gregor v. Naz., Brief 87. [5] Sokr. V 8. [6] Rede 42 Kap. 26 Ende.

[7] Siehe unten 382 S. 137—138. [8] Mém. IX 721 note 49.

anstandet und statt Ἰανουαρίων vorgeschlagen Ἰουνίων, eine Conjectur, die durch mehrere Beweise sich fast zur Gewissheit erheben lässt [1].

3. Reden.

Rede 32 über das Masshalten in allem, besonders im Sprechen über Gott, ist ohne Zweifel in Konstantinopel gehalten und wird von Tillemont [2] ins Jahr 381, von den Maurinern 380 gesetzt; das erstere ist viel wahrscheinlicher [3].

Rede 36 über die Liebe des Volkes zu ihm und deren Gründe ist sicher gehalten nach Vertreibung der Arianer aus den Kirchen der Hauptstadt und ehe das Concil daselbst zusammentrat, also vor Mai dieses Jahres. Die Rede zeigt (Kap. 2), dass das Volk Gregor vor dem Concil mit Gewalt auf den bischöflichen Thron brachte

---

[1] Tillemont führt (a. a. O.) folgende zwei Beweise: 1. Gregor nennt sich in dem Testament Bischof von Konstantinopel, was er am 31. December 381 nicht mehr war. 2. Von den sechs Bischöfen, die mit ihm das Testament unterschrieben, ist keiner aus Kappadokien; es ist also fast unglaublich, dass diese Ende des Jahres zusammen bei ihm in Kappadokien waren, zumal sie schon in diesem Jahre die weite Reise nach Konstantinopel gemacht hatten.

Diesen Gründen Tillemonts füge ich folgende bei, die zeigen, dass das Testament in Konstantinopel gemacht wurde: 1. Von den genannten sechs Bischöfen lassen sich fünf (alle ausser Theodoulos von Apameia) als Theilnehmer des Concils in Konstantinopel nachweisen. 2. Gregor sagt in dem Testament, er habe früher sein Vermögen der Kirche in Nazianz vermacht, und will diese Verfügung durch das vorliegende Testament erneuern; es muss also in seinen Verhältnissen wohl eine solche Aenderung eingetreten sein, dass die Erneuerung ihm wünschenswerth schien; diese Aenderung trat aber mit seiner Erhebung auf den bischöflichen Stuhl von Konstantinopel durch das dortige Concil im Mai dieses Jahres ein. 3. Gregor verlangt im Testament, dass sein Diakon Gregorios sein Vermögen der Kirche von Nazianz ‚ἀποκαταστῆσαι', d. h. restituire; dies Wort zeigt, dass Gregor damals dauernd von Nazianz abwesend war.

[2] Mém. IX 464.

[3] Die Bemerkungen Kap. 1: *πολυάνθρωπος ἡ πανήγυρις* und Kap. 33, wo er sich an *ἄρχοντες τῶν λαῶν* und *ἀρχόμενοι* wendet, ferner das Selbstbewusstsein, das sich durch die ganze Rede hinzieht, und die verschwindend geringen Anspielungen auf die Arianer deuten auf die Zeit hin, wo die Orthodoxen im Besitze der Kirchen der Hauptstadt waren.

Bezeichnend ist die Stelle (Kap. 1): *Εἰμὶ μὲν ποιμὴν ὀλίγος καὶ πένης καὶ οὔπω τοῖς ἄλλοις ἀρέσκων ποιμέσιν· οὕτω γὰρ εἰπεῖν μέτριον, εἴτε δι' εὐδοξίαν καὶ τὸν ὀρθὸν λόγον, εἴτε διὰ μικροψυχίαν καὶ ἔριν, οὐκ οἶδα τοῦτο.* Es ist das eine Anspielung auf die Aegyptier; wenn aber die Mauriner glauben, dass Gregor nach Vertreibung der Häretiker von Konstantinopel so nicht mehr hätte sprechen können, so stimme ich dem nicht bei.

und dass er diesen seitdem auch einnahm, während er in dem Gedichte De vita (v. 1371—1395) nur erzählt, dass das Volk dieses am Tage seines Einzuges in die Apostelkirche verlangt habe, er aber diesem Verlangen mit Zustimmung des Kaisers ausgewichen sei[1].

Rede 39 auf das Epiphaniefest, gehalten am 6. Januar[2] in diesem, vielleicht auch im vorigen Jahre[3].

Rede 40 auf die heilige Taufe, gehalten am Tage nach der 39. Rede (Kap. 1).

Rede 42 ist die Abschiedsrede von Konstantinopel, gehalten vor den Bischöfen[4] und dem Volke (Kap. 12). Die Rede soll zugleich eine letzte Rechtfertigung seiner Lehre und seiner Thätigkeit in der Hauptstadt sein. Sie ist ein Denkmal seiner Freimüthigkeit, indem er hier den Bischöfen so gut wie den Hofbeamten und dem Volke ihre Fehler vorhält[5]; sie zeigt aber auch das grosse Selbstbewusstsein Gregors, da er sich mit Joseph vergleicht, der zwar allein nach Aegypten kam, aber ein ganzes Volk nach sich zog (K. 5); die Kirche, sagt er, sei bei seinen Reden oft bis auf den letzten Platz gefüllt gewesen, und man habe seine Reden offen und verdeckt aufgeschrieben (K. 26). Diese Erfolge schreibt er seiner Milde, in der er die Personen geschont und nur die Sache bekämpft habe, und seinem Freimuthe zu[6]. Auch über die Gründe seines Rücktrittes spricht er sich wiederholt in der Rede aus[7].

Rede 43, eine Lobrede auf den hl. Basileios, ist gehalten bald nach dem Weggange Gregors von Konstantinopel[8]. Dass die Rede in Kaisareia, der Bischofsstadt des Basileios, gehalten ist, zeigt die Bemerkung in Kap. 2, er halte diese Rede *μετὰ τοσούτους ἐπαινέτας ἰδίᾳ τε καὶ δημοσίᾳ τὰ ἐκείνου σεμνύνοντας*, und die andere, es möchten

---

[1] Nach Kap. 11 war der Kaiser mit dem Hofe bei der Rede wahrscheinlich anwesend; auch Kap. 2 zeigt, dass die Rede nach der Wiedererlangung der Kirchen in Konstantinopel gehalten wurde; dass aber die Rede gehalten ist, ehe Gregor vom Concil 381 zum Bischofe der Hauptstadt gemacht wurde, zeigt die Bemerkung in Kap. 2: er wisse nicht, ob er seinen bischöflichen Stuhl, zu dem ihn das Volk gedrängt habe, einen *τυραννικὸν* oder *ἀρχιερατικὸν θρόνον* nennen solle. Die Rede mit den Maurinern in den December 380 zu setzen, hat keinen Grund.

[2] Kap. 1 u. 14.

[3] Die Rede ist kurz nach Rede 38 gehalten; siehe über diese oben 380 S. 78.

[4] Kap. 1 Anf. u. 19 Anf. [5] Kap. 25 u. 26. [6] Kap. 13 u. 19.

[7] Siehe darüber oben S. 100.

[8] Denn in Kap. 2 rechtfertigt er es mit seinem Aufenthalt in Konstantinopel, dass er diese Rede so spät hält. So auch Tillemont, Mém. IX 511.

die vielen begeisterten Lobredner des Basileios unter seinen Zuhörern Nachsicht mit ihm, dem Redner, haben; ausserdem sagt es sein Biograph Gregor [1]. Eines allein findet der Redner an Basileios zu tadeln, nämlich, dass er ihn zum Bischof von Sasima gemacht habe; er nennt das eine *καινοτομία* und *ἀπιστία*, woraus die ganze *ἀνωμαλία* und *σύγχυσις* seines Lebens gefolgt sei, und die er daher nicht vergessen könne; doch erkennt Gregor an, dass Basileios hier aus höhern Rücksichten die Pflichten der Freundschaft vernachlässigt habe [2].

4. Briefe.

Brief 87 an seinen Freund Philagrios; es ist die Antwort auf ein Schreiben dieses Freundes, der dem Gregor seinen Weggang von Konstantinopel zum Vorwurf gemacht hatte; Gregor erklärt, er habe nicht seine Kirche verlassen und habe die Eifersucht der Bischöfe nicht mehr ertragen können. Der Brief ist wahrscheinlich noch in diesem Jahre geschrieben, da Philagrios nicht weit von Gregor entfernt und ihm eng befreundet gewesen zu sein scheint.

Brief 88 ist Gratulationsschreiben an Nektarios wegen dessen Erhebung zum Bischof von Konstantinopel.

Brief 95 an Leontios schildert lebhaft seine Freude über die Befreiung aus dem sodomitischen Feuer der Umtriebe der Bischöfe. Einen Priester Leontios, der ein Verbrechen begangen und die Strafe der weltlichen Gewalt sich zugezogen hatte, empfiehlt Gregor im 143. Briefe der Gnade des Statthalters Olympios von Kappadokien, wahrscheinlich im Jahre 382.

d. Gregor von Nyssa

wohnte dem Concil in Konstantinopel bei und hielt daselbst die erhaltene Leichenrede auf Meletios [3]. Auch las er zur Zeit dieses Concils in Konstantinopel seine zwölf Bücher gegen Eunomios dem Hieronymus und Gregor von Nazianz vor, hatte sie also wahrscheinlich eben vollendet [4].

e. Hieronymus.

(Siehe 379 S. 56—57.)

[1] Greg. Naz. Opera I praef. 157. [2] Kap. 59.
[3] Gedruckt in Opera III 580; vgl. Sokr. V 9.
[4] Hieronymus, De viris illustr. c. 128.

f. Johannes Chrysostomos

wurde im Anfange dieses Jahres oder im vorhergehenden Jahre zu Antiochien, wo er bis dahin Lector gewesen war, von Meletios zum Diakon geweiht und schrieb als solcher seine Schrift De sacerdotio. Nach dem Tode des Meletios verliess er dessen Partei, wollte sich aber auch nicht an Paulinos anschliessen und lebte drei Jahre ganz zurückgezogen für sich allein [1].

VII. Bischöfe.

1. Bischof Damasus von Rom schrieb, nachdem das Concil zu Konstantinopel berufen, aber noch nicht versammelt war, seinen fünften (resp. achten) Brief an Acholios von Thessalonich und fünf andere (offenbar makedonische) Bischöfe [2]. Diesem Briefe war ein Bericht des Acholios über die Bischofsweihe des Maximos vorhergegangen [3]. Damasus verurtheilt diese Weihe und polemisirt heftig gegen die ganze Persönlichkeit des Maximos, erklärt sich allerdings auch gegen die Translation Gregors von Nazianz, ohne ihn ausdrücklich zu nennen, auf den Stuhl von Konstantinopel.

Bald darauf schrieb Damasus an Acholios seinen sechsten (resp. neunten) Brief zur Empfehlung eines gewissen Rusticus, eines Kammerherrn des Kaisers Gratian [4]; er wiederholt hier sein Verdict gegen Maximos.

2. Vom hl. Martinus sagt Prospers Chronik zu diesem Jahre [5]: Martinus episcopus Turonorum Galliae civitatis multis clarus habetur.

3. Maximos, der unter Gregor von Nazianz im Jahre 380 zu Konstantinopel unrechtmässig geweihte Bischof, begab sich von dort noch in demselben Jahre zum Kaiser nach Thessalonich und dann

---

[1] Sokr. VI 3; Marcellinus Comes z. J. 398 und unten Anhang II 8. Nach Sokr. VI 2 wurde er Bischof von Konstantinopel am 16. Februar 398; nach Marc. Comes (a. a. O.) war er davor zwölf Jahre Priester und fünf Jahre Diakon gewesen; demgemäss fällt seine Diakonatsweihe am ehesten ins Jahr 381. Da aber Meletios, der ihn nach Sokr. VI 3 weihte, dem Concil von Konstantinopel 381 von Anfang an beiwohnte, müsste sie anfangs 381 oder schon im Jahre 380 geschehen sein.

[2] Gedruckt bei Coustant, Epist. Rom. pont. I 535, und bei Migne, Patr. lat. XIII 365.

[3] Bei Migne XIII 370.

[4] Gedruckt bei Coustant l. c. 539 und Migne l. c. 369.

[5] Ausg. v. Mommsen in Mon. Germ. ant. IX 460.

8*

nach Alexandrien, von wo der Präfect ihn vertrieb [1]. Maximos ging jetzt, mit einem Empfehlungsschreiben des Bischofs Petros von Alexandrien versehen, nach Italien, wo er dem Concil von Aquileja anwohnte und es durchsetzte, dass das Concil in einem Schreiben an Kaiser Theodosius entschieden seine Anrechte auf den bischöflichen Stuhl von Konstantinopel geltend machte [2]. Dieser Erfolg des Maximos ist um so auffallender, weil Papst Damasus sich im Anfange desselben Jahres 381 in seinen Briefen an Bischof Acholios von Thessalonich ebenso entschieden gegen Maximos und die Giltigkeit seiner Weihe erklärt hatte.

Auch übergab Maximos wohl in diesem Jahre dem Kaiser Gratian zu Mailand ‚insignem librum de fide adversus Arianos' [3]. Ausser dieser Schrift hat er eine andere, die gegen Gregor von Nazianz polemisirte, verfasst [4]. Damasus hat sich auch später für Nektarios als Bischof von Konstantinopel, also gegen Maximos erklärt, wie Papst Bonifaz I. bezeugt [5].

4. Die Leiche des frühern Bischofs Paulos von Konstantinopel, den Kaiser Konstantius auf Betreiben der Makedonianer nach Koukousos in Armenien verbannt und hier hatte erwürgen lassen [6], liess Theodosius von Ankyra nach Konstantinopel zurückbringen und in der Kirche beisetzen, die Makedonios gebaut hatte, und die bis dahin im Besitze der Makedonianer gewesen war. Die Kirche wurde seitdem nach diesem Paulos benannt [7].

5. Petros, Bischof von Alexandrien, starb im April oder Mai dieses Jahres [8]. Selbst Gregor von Nazianz lobt ihn sehr, auch

---

[1] Siehe oben 380 S. 75. [2] Ambros., Ep. 13, 3.

[3] Hieron., De viris illustr. c. 127. [4] Greg. Naz. Op. II 908.

[5] Epistula ad episcopos Illyriae; vgl. Marca, De concordia sacerd. et imp. V c. 21 nr. 10.

[6] Theodoret II 5.

[7] Die Ueberführung der Leiche konnte erst nach dem Gesetz vom 10. Januar dieses Jahres geschehen und geschah nach Sokr. V 9 und Soz. VII 10 zur Zeit des Concils zu Konstantinopel oder doch gleich darauf; vgl. Tillemont, Mém. VII 260.

[8] Ueber die Zeit seines Todes gehen die Ansichten sehr auseinander; Baronius setzte ihn 380; Clinton (Fasti Rom. II 544, 24) berechnet ihn (nach Nikephoros 416 [d]) auf das Jahr 377; Holder-Egger (Neues Archiv II 70 Anm. 4) setzt ihn 378; Tillemont (Mém. VI 801 note 101) nimmt 381 an und hält den 14. Februar für den wahrscheinlichsten Tag seines Todes. Es steht fest: 1. dass er am 28. Februar 380 noch lebte, da Theodosius ihn in einem Gesetz an diesem Tage (Cod. Theod. XVI 1, 2) als noch lebend bezeichnet; 2. dass er zur Zeit des Concils zu Konstantinopel 381 todt war, da sein Nachfolger Timotheos diesem beiwohnte

nachdem er durch die Intrigue mit Maximos Grund genug bekommen hatte, mit ihm unzufrieden zu sein[1]. Timotheos, der Nachfolger des Petros, war sein Bruder[2].

VIII. Häretiker.

1. Apollinarios, Bischof von Laodikeia, lebte noch, als Sapor nach Antiochien kam, also in diesem Jahre[3]. Das römische Synodalschreiben bei Theodoret V 10, das wahrscheinlich aus dem Jahre 382 stammt, legt die Annahme nahe, dass Apollinarios zur Zeit von dessen Abfassung todt war, da hier die Verurtheilung seines Schülers Timotheos auf dem Concil erwähnt wird.

2. Demophilos, der arianische Bischof von Konstantinopel, begab sich, von Theodosius vertrieben, in seine Vaterstadt Beroia, und ebenso begab sich Dorotheos, der Nachfolger des Euzoios, von Antiochien vertrieben, damals nach Thrakien, wo er geboren war[4]. Diese Flucht war ohne Zweifel die Folge des Gesetzes vom 10. Januar[5] und der sich daran anschliessenden Sendung des Sapor. Nach der Flucht des Dorotheos von Antiochien hielten seine Priester Asterios und Krispinos mit benachbarten Bischöfen eine Zusammenkunft in Antiochien und schickten Gesandte an die Eunomianer, um die Kirchengemeinschaft mit diesen zu erlangen. Diese aber antworteten, das könne nur geschehen, wenn sie ihr Urtheil gegen Aetios und dessen Schriften zurücknähmen und eine *διακάθαρσις τοῦ βίου* vornähmen. Die Arianer aber gingen darauf nicht ein und ergossen noch ihren Spott über die Eunomianer, die sie wegen jener Forderung Phantasten (*μετεωρολέσχαι*) nannten[6].

Auch Euzoios, der arianische Metropolit von Kaisareia in Palästina, wurde damals vertrieben[7]; er ist von jenem Euzoios, dem

(Sokr. V 8); 3. dass sein Tod noch nicht bekannt war, als Ambrosius den Prolog zu den drei Büchern De spiritu sancto schrieb, wo er als noch lebend bezeichnet wird (§ 17), also um Ostern 381. Petros muss also in der Zeit von Ostern bis Mitte Mai gestorben sein. Tillemont (a. a. O.) setzt seinen Tod auf den 14. Februar, weil die Kalender der Kopten auf diesen Tag den Tod eines Patriarchen Petros setzen; aber Tillemont sagt selbst, dass nach einer orientalischen Chronik sein Tod auch wieder am 20. Juli erfolgt sein soll.

[1] Rede 34 Kap. 3. [2] Sokr. IV 37. [3] Theodoret V 3.
[4] Philostorgios IX 19 (u. 14). [5] Cod. Theod. XVI 5, 6.
[6] Philostorgios a. a. O. [7] Hieron., De viris illustr. c. 113.

Vorgänger des Dorotheos in Antiochien, der 376 starb[1], zu unterscheiden.

3. Eunomios, der Stifter der Eunomianer, begab sich, von Konstantinopel vertrieben, zunächst über den Bosporos nach Bithynien, wohin das Volk von Konstantinopel zahlreich strömte, um ihn zu hören[2]. Von hier begab er sich, wahrscheinlich auch nach dem 10. Januar d. J., mit andern Bischöfen seiner Secte weiter in den Orient, um die dortigen Verhältnisse zu ordnen[3].

4. Ulfilas, der erste Bischof der Goten, starb nach 40jährigem Episkopate zu Konstantinopel, wahrscheinlich Ende 380 oder Anfang 381[4]. Sein Nachfolger war Selinas, der zu der arianischen Partei der Psathyriani hielt; er war früher Secretär des Ulfilas gewesen und verstand wie dieser ausser Gotisch auch Griechisch; alle Goten hingen ihm an[5].

---

[1] Sokr. IV 35. [2] Soz. VII 6. [3] Philostorgios IX 18.

[4] So Bessell, Ueber das Leben des Ulfilas 52. Die Berechnung seines Todesjahres stützt sich auf eine sehr verderbte Stelle in der Schrift des arianischen Bischofs Maximin über Ulfilas in der Ausgabe von Waitz, Ueber das Leben und die Lehre des Ulfilas S. 10, abgedruckt bei Bessell S. 34. Diese Berechnung wurde neuerdings von E. Martin in der Zeitschrift für deutsches Alterthum (1896, XL 223—224) in Schutz genommen gegen Sievers, der (zuletzt in den Beiträgen XX 302) das Jahr 383 an die Stelle setzen wollte.

[5] Soz. VII 17.

382.

1. Januar Samstag; 1. Neumond 1. Januar mittags; Ostern 17. April.

I. Die Kaiser.

a. Gratian.

Er scheint in diesem Jahre immer im Süden gewesen zu sein, da keines seiner vielen Gesetze von Trier datirt ist. Er war am 3. April in Mailand[1], am 10. Mai in Brixen[2], am 26. Mai (?) in Mailand[3], am 20. Juni in Padua[4], am 5. Juli in Viminacium in Mösien[5], am 18. August in Verona[6], am 22. November in Mailand[7], am 15. December in Padua[8].

Als der Kaiser in diesem Jahre sein Edict gegen die ara Victoriae und die Einkünfte der Vestalinnen erliess[9], schickte der römische Senat eine Gesandtschaft an ihn, zu der auch Symmachus gehörte, um die Aufhebung des Edictes zu erlangen; aber die christlichen Senatoren, welche damals in der Curie die Mehrheit hatten[10], liessen durch Papst Damasus dem Ambrosius einen ‚libellus' zugehen, den

---

[1] Cod. Theod. VIII 4, 13. [2] Ibid. XII 12, 9.

[3] Ibid. XI 6, 1. [4] Ibid. XIV 18, 1.

[5] Ibid. XII 1, 89 u. I 10, 1. Das letztere Gesetz ist zwar nach dem Cod. Theod. im Jahre 381 gegeben, es gehört aber ins Jahr 382 (siehe 381 S. 82[7]). Wenn Seeck (a. a. O. 111 Anm. 530) im Gesetze Cod. Theod. XII 1, 89 statt ‚datum' setzen will ‚propositum', weil damals kein Kaiser in Viminacium gewesen sei, so ist festzuhalten, dass die letztere Behauptung völlig unbeweisbar ist.

[6] Ibid. IX 40, 13. [7] Ibid. I 6, 8. [8] Ibid. VI 26, 3.

[9] Siehe unten S. 126—127.

[10] Dies sagt ausdrücklich im Jahre 383 der hl. Ambrosius (Ep. 17, 9): ‚Cum maiore iam curia christianorum numero sit referta'; auch § 10 (ebenda) spricht er von ‚pauci gentiles', aber ‚innumeri christiani senatores'. Kein Zeugniss spricht für das Gegentheil (vgl. Schultze, Geschichte des Unterganges des griechisch-römischen Heidenthums I 225). Ganz mit Unrecht spricht also Schiller (a. a. O. II 432) von einer ‚verschwindenden Senatsminorität' der Christen im Jahre 382.

dieser dem Kaiser übermittelte; die Folge war, dass die Gesandtschaft des Senates keine Audienz erhielt[1].

Dass die pontifices erst im Winter 382—383 dem Kaiser Gewand und Titel des pontifex maximus angeboten haben, und dass diese erst jetzt von ihm zurückgewiesen worden sind, wie Richter[2] und Förster[3] annehmen, ist nicht überliefert und unwahrscheinlich; die Thatsache ist vielmehr in die Zeit unmittelbar nach dem Tode Valentinians I., also Ende 375 oder ins Jahr 376 zu setzen[4].

b. Theodosius.

Theodosius blieb, wie die Gesetze im Cod. Theod. zeigen, in diesem Jahre immer in Konstantinopel.

---

[1] Ambrosius, Ep. 17, 10; Symmachus, Relationes I 280, 22 u. 283, 32.

[2] A. a. O. 553—554. [3] Ambrosius, Ep. 33.

[4] Die Thatsache selbst steht fest (vgl. Zos. IV 36). Zosimos erzählt sie gleich nach dem Berichte über den Tod Gratians; das hat aber seinen besondern Grund darin, dass Zosimos (IV 35) den Gratian beim Ueberschreiten einer Brücke durch Maximus umkommen und so eine angebliche Weissagung in Erfüllung gehen lässt, die nach Zurückweisung des Titels pontifex maximus durch Gratian einer der pontifices gesprochen haben soll: *εἰ μὴ βούλεται ποντίφεξ ὁ βασιλεὺς ὀνομάζεσθαι, τάχιστα γενήσεται ποντίφεξ Μάξιμος.* Richter nimmt nun ohne Zweifel an, dass ein solcher Ausspruch erst nach der Kaiserproclamirung des Maximus geschehen konnte, also erst im Winter 382—383; dieser Schluss ist aber sehr gewagt, da der Sinn jenes Ausspruches, wenn er überhaupt geschehen ist, zweideutig ist. Zosimos sagt auch ausdrücklich (a. a. O.), dass das priesterliche Gewand dem Kaiser von den pontifices ‚*ἅμα τῷ παραλαβεῖν τὴν τῶν ὅλων ἀρχήν*‘ angeboten zu werden pflegte, und fährt dann fort: *τῶν οὖν ποντιφίκων κατὰ τὸ σύνηθες προσαγαγόντων Γρατιανῷ τὴν στολήν* etc.; damit ist doch klar genug gesagt, dass dies Anerbieten dem Kaiser gleich nach seinem Regierungsantritt, also nach dem Tode seines Vaters Valentinian I., gemacht worden ist. Ranke (Weltgeschichte IV 183) hält es für zweifelhaft, dass Gratian überhaupt den Titel pont. max. niedergelegt hat; zeitweise hat der Kaiser diesen Titel jedenfalls getragen, wie eine Inschrift (bei Orelli nr. 1117, im C. I. L. VI nr. 1175) zeigt (eine andere Inschrift, bei Orelli nr. 1118, wo Gratian auch pont. max. genannt wird, wird im C. J. L. II 44 nr. 452 für unecht erklärt); aber diese Inschrift stammt aus dem Jahre 368 oder 370, also aus einer Zeit, wo der Kaiser noch mit seinem Vater gemeinsam regierte; vgl. Mommsen, Römisches Staatsrecht II 2², Leipzig 1877, 762 Anm. 3. Auch Mommsen (a. a. O. 1054 Anm. 1) nimmt an, dass Gratian im Jahre 375 den Titel pont. max. zurückwies.

Auch Schultze (a. a. O. 213) setzt die Zurückweisung des Titels pont. max. in den Anfang von Gratians Regierung und bemerkt (Anm. 2), wenn Ausonius ihn öfters pont. max. nenne, so sei das nur ein rhetorisches Spielen mit den Kaisertiteln.

Der Krieg mit den Goten wurde in diesem Jahre durch einen Vertrag, den Theodosius durch Vermittlung des nächstjährigen Consuls Saturninus zustande brachte, beigelegt. Darüber belehrt uns anschaulich die 16. Rede des Themistios, die zu Anfang des nächsten Jahres über das Consulat des Saturninus gehalten wurde. Theodosius hatte von Anfang an den Gedanken gehabt, die Gotengefahr nicht so sehr mit Waffengewalt als durch Verhandlungen und Milde zu beseitigen[1]; als der geeignetste Mann zu solchen Verhandlungen erschien ihm Saturninus, den er schon von früh her kannte (208[b]), und der sich, wie er selbst, durch ἀνεξικακία, πρᾳότης und φιλανθρωπία auszeichnete (208[d]). Diesen schickte er ohne alle militärische und sonstige Begleitung zu den Feinden und liess ihnen Theile des entvölkerten Thrakiens als Wohnsitze anbieten (208[d], 209[a], 211[a–b]). Saturnin brachte die Barbaren auch dahin, dass sie ihn, nur mit dem Schwerte bewaffnet, zum Kaiser begleiteten (209[a]); sie fielen diesem zu Füssen und er nahm sie freundlich auf (210[c]). So wurde Friede geschlossen; bis Ende des Jahres haben die Goten ihre neuen Wohnsitze in Thrakien schon eingenommen, ihre Schwerter in Harken und Sicheln verwandelt (211[b]), und es ist Hoffnung, dass sie, wie ehedem die Kelten in Kleinasien, sich mit den römischen Einwohnern befreunden und den Römern im Kriege nützlich werden (211[d], 212[a]); schon wird gesät in den der Donau benachbarten Gebieten, die Berge und Strassen sind gefahrlos geworden (212[a–b]); die Goten feiern mit den Römern den Amtsantritt des Consuls Saturninus (210[d]).

Uebrigens erstreckte sich dieser Friedensschluss nicht auf alle Stämme der Goten, wie es nach Themistios scheinen könnte, geschweige denn auch auf die Hunnen und Alanen; Pannonien blieb noch Jahrzehnte lang (bis zum Jahre 427) von diesen Völkerschaften beunruhigt und zum Theil besetzt[2].

Die Unterwerfung der Goten fand nach den Fasti Idatiani[3] statt

---

[1] Themistios S. 207[a–c].

[2] Hieronymus, Ep. 60, 16, und Marcellinus Comes zum Jahre 427; auch Seeck, Die Zeit des Vegetius, im Hermes XI (1876) 67 ff.

[3] Fasti Idat., ed. Mommsen IX 243. Die Stelle heisst: ‚Ipso anno universa gens Gothorum cum rege suo in Romaniam se tradiderunt.‘ Ueber das Wort Romania und die Stellen, wo es vorkommt, s. Pagi 381, 3. Das ‚cum rege suo‘ in der eben genannten Stelle fand schon Pagi 381, 2 bedenklich und schlug vor ‚cum regno suo‘, was unsinnig ist; Holder-Egger (Neues Archiv II 75 Anm. 4) hält die Worte für fehlerhaft, da sonst nicht überliefert ist, dass die Goten sich nach Athanarichs Tod bald ein Oberhaupt erkoren; aus der 16. Rede des Themistios lässt sich sogar ersehen, dass sie keinen König hatten, da bei den Friedensverhand-

am 3. October. Wenn die Chronik des Idatius sagt[1], die Goten hätten sich ‚infida pace' ergeben, so ist dabei gewiss an die folgenden Jahrzehnte gedacht[2]. Uebrigens wurde auch Makedonien, wo die Verhandlungen, wie es scheint, stattgefunden hatten, von ihnen geräumt[3]. Zahlreich wurden Goten in der Folgezeit am Hofe des Theodosius und Arcadius zu Ehrenstellen befördert, mehr als es den Römern gefiel[4].

c. Valentinians I. Leiche

wurde in diesem Jahre aus Italien nach Konstantinopel gebracht und in der kaiserlichen Begräbnissstätte am 21. Februar beigesetzt[5].

II. Die römischen Beamten.

a. Die Consuln.

Der erste Consul war Claudius Antonius[6]. Er war praef. praet. Gall. gewesen von 375—378 und als solcher Vorgänger des Ausonius. Symmachus schrieb an ihn die Briefe I 89—93[7].

Der zweite war Flavius Syagrius[8]; er ist von dem Consul Syagrius des vorhergehenden Jahres[9] zu unterscheiden. Er war im

lungen mit den Römern von einem solchen hätte die Rede sein müssen. Die Erklärung des Ausdrucks ‚cum rege suo' scheint Kaufmann (Forschungen zur deutschen Geschichte XII 431) gefunden zu haben; er vergleicht die Nachricht der Fasti Idat. mit der fast gleichen des Marcellinus Comes: ‚Universa gens Gothorum Athanarico rege suo defuncto Romano se dedit imperio' und findet, dass das ‚cum rege suo' aus der letztern Nachricht durch Corruption oder Verschreibung entstanden ist.

[1] Bei Mommsen XI 45.

[2] Sievers, Studien II 301. Ueber das Rechtsverhältniss, in welches die Goten zu den Römern in Thrakien traten, vgl. Richter a. a. O. 515. Nach der 16. Rede des Themistios nämlich müssen die neuen Wohnsitze der Goten in den Donauprovinzen der Diöcese Thrakien gesucht werden.

[3] Ambrosius, Ep. 15, 5 und 7.

[4] Siehe die Bemerkungen des Synesios von Kyrene hierüber bei Birt, De moribus christianis quantum Stilichonis aetate valuerint (Marburg 1885) 21.

[5] Fasti Idat. l. c.; Marcell. Comes (Mommsen XI 61) und Holder-Egger im Neuen Archiv II 75 Anm. 3.

[6] Sein Vorname ergibt sich aus Inschriften bei de Rossi, Inscriptiones christianae urbis Romae I 312 und 318.

[7] Seeck a. a. O. 109.

[8] Ueber seinen Vornamen siehe de Rossi l. c. 312. [9] Siehe oben S. 85.

Jahre 379 proconsul Africae[1] gewesen und war κηδεστής (Schwager oder Schwiegervater) des Kaisers Theodosius[2].

b. Beamte des Ostreiches.

1. Oecumenius Dositheus **Asclepiodotus** leitete die Provinz Kreta 382 und 383[3].

2. **Clearchus** wird als praef. urbi zuerst erwähnt am 17. Mai[4] und blieb es bis zum Jahre 384; dasselbe Amt hatte er unter Kaiser Valens schon einmal bekleidet[5]. Jedenfalls war er Nachfolger des Pancratius, der noch am 4. April im Amte war[6].

3. **Constantinus**[7] wird als vicarius dioecesis Ponticae erwähnt am 30. December[8] und dann öfters bis zum 12. Juli 383[9]. Man kann annehmen, dass er derselbe ist wie der praef. praet. Gall. des Jahres 389[10].

4. Nicomachus **Flavianus** der Aeltere war im ersten Theile des Jahres quaestor sacri palatii bei Theodosius[11]; schon am 18. Au-

---

[1] Seeck a. a. O. 110.

[2] Themistios Rede 16, 203 d; dass diese Stelle auf ihn und nicht, wie Tillemont (Hist. V 727—728 note 4) wollte, auf seinen Mitconsul Antonius zu beziehen ist, siehe bei Seeck a. a. O. 108 Anm. 508.

[3] Das zeigen Inschriften von Gortyn (C. I. G. II 2593—2595); vergl. Seeck a. a. O. 83 und 99.

[4] Cod. Theod. IV 17, 2. [5] Sokr. IV 8.

[6] Clearchus wird in den an ihn gerichteten Gesetzen bald P. P. bald P. U. genannt. Gothofredus (zu Cod. Theod. IV 17, 2) ist mehr für P. U., entscheidet sich aber nicht. Ich meine, die Sache sei sicher; denn: 1. nach dem Abgange des Eutropius im Jahre 381 erscheint im Ostreiche, wenigstens bis 394, immer nur ein praef. praet., und das war 382 Florus, 383 Postumianus und 384 Cynegius. 2. Das Gesetz im Cod. Theod. XV 2, 3 ‚De aquaeductu' lässt ihn klar als praef. urbi erkennen; die übrigen Gesetze an ihn betreffen meistens den Senatorenstand, sprechen also auch mehr für praef. urbi. 3. Ein anderer praef. urbi wird in der ganzen Zeit von 382—384 nach dem Abgange des Pancratius nicht erwähnt. 4. Man könnte aus dem 135. Briefe des Gregor von Nazianz schliessen, dass Sophronius im Jahre 382 praef. urbi war, da Gregor ihn damals ὕπαρχος nannte; dagegen ist aber zu sagen, dass Sophronius schon im 21. Briefe Gregors aus dem Jahre 369 ὕπαρχος genannt wird und damals praef. urbi war, und dass er seitdem von Gregor immer mit diesem Titel (vgl. Brief 93) geehrt wird.

[7] Die richtige Schreibweise zeigt die Inschrift C. I. L. III 1, 734.

[8] Cod. Theod. VIII 5, 42. [9] Cod. Theod. VII 18, 7.

[10] Tillemont, Hist. V 731 note 10.

[11] Symmachus, Ep. III 81 und 86, und C. I. L. VI 1783.

gust aber war er praef. praet. Italiae geworden [1]. Er war 376 vicarius Africae gewesen und begünstigte die Donatisten [2].

5. Florus erscheint das ganze Jahr hindurch als praef. praet. [3]

6. Nebridius wird als comes rer. priv. erwähnt am 20. Mai [4] und blieb es jedenfalls bis zum 3. October 383 [5].

7. Olympius wurde mit Anfang dieses Jahres Statthalter von Cappadocia Secunda als Nachfolger des Icarius [6].

8. Palladius mag. offic. seit dem vorigen Jahr wird zuletzt als solcher erwähnt am 21. März [7].

9. Ein anderer Palladius wird als praef. Augustalis erwähnt am 14. Mai [8].

10. Ein dritter Palladius wird als dux Osdroënae (bei Syrien) erwähnt am 30. November [9].

11. Pancratius wird als praef. urbi zuletzt erwähnt am 4. April im Cod. Theod. II 12, 3, wofür im Cod. Iust. II 13, 24 der 31. März steht. Ihm folgte wahrscheinlich Clearchus.

12. Panellinus wird als consularis Lydiae erwähnt am 26. October [10]; an ihn sind Briefe des Libanios gerichtet.

13. Pelagius war wahrscheinlich consularis Syriae in diesem Jahre; er stammte aus Kyrrhos in Syrien, und sein Vorgänger im Amte war Marcellinus aus Epiros [11].

14. Philagrius wird als comes Orientis erwähnt in einem am 20. September proponirten Gesetz [12]. Als er dieses Amt in Antiochien antrat, herrschte in der Stadt Hungersnoth, die ihren Grund hatte im Misswachs des vorigen Jahres [13]. Nach Libanios [14], der ihn sehr lobt, folgte ihm im Amte Proculus.

---

[1] Cod. Theod. IX 40, 13. [2] Richter a. a. O. 321.

[3] Siehe oben 381 S. 86. [4] Cod. Theod. X 10, 16. [5] Ibid. VI 30, 5.

[6] Gregor v. Naz., Briefe 131 und 154. [7] Cod. Theod. VI 27, 4.

[8] Ibid. VIII 5, 37; das Datum ist zweifelhaft, weil das folgende Gesetz früher gegeben ist.

[9] Cod. Theod. XVI 10, 8. [10] Ibid. X 10, 17.

[11] Libanios I 132 und Brief 993; vgl. Sievers, Leben des Libanius 262.

[12] Cod. Theod. VIII 5, 41; auch Amm. XXI 4, 2 sagt von ihm, er sei einmal comes Orientis gewesen.

[13] Libanios, De vita bei Reiske I 129, und Sievers, Leben des Libanios 155.

[14] De vita bei Reiske 132—133 und 139. Proculus erscheint denn auch Mitte 383 als solcher im Cod. Theod.; wenn er aber auch schon am 8. März 382 als solcher genannt wird (Cod. Theod. XII 1, 90), so muss hier ein Irrthum vorliegen; vgl. Sievers a. a. O., Beilage y, S. 261.

15. Rufinus wurde schon in diesem Jahre, wie Seeck annimmt, magister officiorum; doch scheint mir dieses sehr unwahrscheinlich [1].

c. Beamte des Westreiches.

1. Anicius Auchenius Bassus wird als praef. urbi erwähnt am 22. November [2]; er kann es erst geworden sein nach dem 1. August, wo Severus dies Amt hatte [3].

2. Nicomachus Flavianus der Aeltere wird als praef. praet. Italiae et Illyrici erwähnt am 18. August [4] und blieb es bis 383. Er war ohne Zweifel Nachfolger des Flavius Afranius Syagrius und verwaltete sein Amt gemeinschaftlich mit Hypatius [5]. Vorher war er quaestor sacri pal. bei Theodosius gewesen [6].

3. Hypatius wird als praef. praet. zuerst erwähnt in einem am 1. April in Karthago proponirten Gesetz [7]; er war also praef. praet. Italiae, und zwar später gemeinsam mit Flavian, und blieb es bis 383 [8]. Gregor von Nazianz schrieb seinen 96. Brief an ihn.

4. Macedonius, der 381 comes sacr. larg. war, erscheint bei Sulpicius Severus [9] als mag. offic. längere Zeit vor der Kaisererhebung des Maximus, also wahrscheinlich schon 382 [10].

5. Matronianus wird als dux und praeses Sardiniae erwähnt am 12. Juni [11].

---

[1] Dass Rufin in diesem Jahre mag. offic. geworden sei, folgert Seeck (a. a. O. 116) aus einem Briefe des Symmachus (III 81), wo von einer Beförderung des Rufinus und einer gleichzeitigen des Flavianus am Hofe des Theodosius die Rede ist. Seeck setzt diesen Brief ins Jahr 382; aber nichts steht entgegen, ihn ins Jahr 390 zu setzen, wo Rufin sicher mag. offic. war und Flavian seiner Beförderung zum praef. praet. entgegensah. Es ist auch nicht wohl anzunehmen, dass Rufinus gegen alle sonstige Gewohnheit zehn Jahre mag. offic. gewesen sei (382 bis 392). Es kommt hinzu, dass Palladius im Jahr 384 noch als mag. offic. erwähnt wird (Cod. Theod. VII 8, 3) und ebenso Cäsarius im Jahre 389 (ibid. VIII 5, 49). Ich nehme daher an, dass Rufin erst nach diesem d. h. mit dem Jahre 390 das Amt erhielt.

[2] Cod. Theod. I 6, 8; vgl. Seeck a. a. O. 198.

[3] Tomassetti a. a. O. 508 und Seeck a. a. O. 94, bes. Anm. 424.

[4] Cod. Theod. IX 40, 13.

[5] Seeck (a. a. O. 117) lässt ihn erst mit Anfang des nächsten Jahres sein Amt antreten, weil er das Gesetz (im Cod. Theod. IX 40, 13) von den 30 Tagen Strafaufschub in die Zeit nach dem Blutbade zu Thessalonich verrückt; siehe dagegen unten zum Jahre 390.

[6] Seeck a. a. O. [7] Cod. Theod. XI 16, 13.

[8] Seeck a. a. O. 54 Anm. 210. [9] Chronica II 48, 5—49, 5.

[10] Seeck (a. a. O. 172) nimmt an, er sei es erst im folgenden Jahre geworden.

[11] Cod. Theod. IX 27, 3.

6. Valerius Severus wird als praef. urbi erwähnt vom 1. April[1] bis zum 1. August d. J.[2] Dass er Christ war, machte de Rossi aus der Aufschrift einer ehernen Lampe (‚dominus legem dedit Valerio Severo') wahrscheinlich[3].

7. Flavius Afranius Syagrius, seit dem vorigen Jahre praef. praet. Italiae, wird zuletzt als solcher erwähnt am 5. Juli[4]. Sein Nachfolger war wahrscheinlich Flavianus.

8. Vindicianus, den der hl. Augustinus als proconsul Africae zu der Zeit, wo er selbst in Karthago war, bezeichnet[5], ist frühestens in dieses Jahr zu setzen[6]; vielleicht aber war er erst 384 im Amte (siehe 384).

9. Volventius war proconsul Hispaniae in diesem Jahre, wahrscheinlich bis Anfang 383. Er erhielt bei seinem Abgang keinen Nachfolger, indem der vicarius Hispaniae seine Geschäfte übernahm[7].

III. Religionsgesetze.

1. In dieses Jahr fällt das Edict Gratians gegen die Priestercollegien und die ara Victoriae im Sitzungssaale des römischen Senates[8]. Hierüber besitzen wir Nachrichten in der Relation des Symmachus vom Jahre 384 und in den zwei Schreiben des hl. Ambrosius an Valentinian II.[9], welche jene Relation zum

---

[1] Ibid. VI 6, 1 und XIV 6, 4.

[2] In den vielen an ihn adressirten Gesetzen schwanken die Lesarten zwischen praef. praet. und praef. urbi; auch der Inhalt der Gesetze spricht bald mehr für das eine, bald mehr für das andere. Gothofredus entscheidet sich mehr für praef. praet. In einer griechischen Inschrift (C. I. G. II 2595) wird ein Valerius Severus als Präfect von Rom bezeichnet; da ferner aus dem Jahre 382 vor Bassus kein anderer Präfect von Rom bekannt ist, dagegen es mehrere praef. praet. in diesem Jahre gab, so ist am wahrscheinlichsten, dass Severus praef. urbi und als solcher Nachfolger des Valerianus (siehe 381) und Vorgänger des Bassus war. Auch Tomassetti (a. a. O. 507—509) setzt ihn als praef. urbi in dieses Jahr.

[3] Inscriptiones christianae urbis Romae I 150, nr. 340; siehe auch die Inschrift und eine Abbildung der Lampe bei Fr. X. Kraus, Roma sotterranea, Freiburg 1879, 499.

[4] Cod. Theod. XII 1, 89. [5] Confess. IV 3.

[6] Aus den übrigen Jahren bis 383, wo Augustinus wahrscheinlich Karthago verliess, ist ein proconsul Africae bekannt (vgl. Seeck a. a. O. 181). Goyau setzt ihn 380; aber in diesem Jahre bekleidete Eucherius das Amt (siehe 380).

[7] Sulpicius Severus, Chronica II 49.

[8] Ambrosius, Ep. 17, 3. [9] Ibid. 17 und 18.

Gegenstande haben. Gratian entzog durch jene Verfügung den Priestercollegien und Vestalinnen ihre Einkünfte; die bis dahin ihnen gezahlte Dotation fiel an den Fiscus zurück und wurde seitdem, wie Symmachus klagt, verwendet ‚ad degeneres trapezitas, ad mercedem vilium baiulorum', also wohl für das öffentliche Strassenwesen[1]; auch Immobilien, die jenen Collegien vermacht worden waren, zog der Fiscus ein[2]; keine ‚praedia', wohl aber noch ‚legata' und ‚donaria' konnten ihnen fürderhin zugewendet werden[3]; auch die Immunität wurde ihnen entzogen[4]; endlich wurde die ara Victoriae aus der Curie entfernt[5]. Die Opfer dagegen, auch die blutigen, blieben im Westreiche bis zum Gesetz des Theodosius vom 24. Februar 391 erlaubt[6].

2. Gesetz des Theodosius vom 31. März an den praef. praet. Florus gegen die Manichäer[7], gegen die der Kaiser schon im vorigen Jahre eingeschritten war[8]. Die Manichäer werden durch das neue Gesetz in zwei Klassen geschieden, die verschieden behandelt werden sollen.

a. Die Solitarii, eine Partei, welche ‚vitae solitariae falsitate coetum bonorum fugit ac secretas urbes eligit pessimorum'. Sie waren den von Epiphanios[9] charakterisirten Apotactitae ähnlich, konnten aber Güter besitzen, was die letztern nicht zuliessen. Der Kaiser bestimmt, dass sie intestabiles sein sollen; für sie gilt also auch weiterhin das Gesetz vom vorigen Jahre[10].

b. Die Encratitae, Saccofori und Hydroparastatae, die ohne weiteres dem Tode zu überliefern sind ‚refutatos iudicio, proditos crimine vel in mediocri facinoris huius vestigio inventos', also, wenn sie auch nur auf einer Spur ihres häretischen Treibens erfasst und gerichtlich verurtheilt sind. Gegen diese sollen sogar, was dem

---

[1] Symmachus, Relatio III, in Seecks Ausg. p. 288, 3; Ambrosius l. c. 17, 3.

[2] Cod. Theod. XVI 10, 20, § 1; vgl. de Rossi, Roma sotterranea III, Rom 1877, 693.

[3] Symmachus l. c. 282, 27 und Ambrosius l. c. 18, 7.

[4] Symmachus l. c. 282, 18 und Ambrosius l. c. 17, 4.

[5] Symmachus l. c. 281, 8 und Ambrosius l. c. 17, 9. Gothofredus (zu Cod. Theod. IX 35, 3) setzte die Entfernung der ara Victoriae in eine frühere Zeit (376), weil er der Ansicht war, dass Gratians Herrschaft in Italien mit Anfang des Jahres 379 an Valentinian II. übergegangen sei; über diese Ansicht siehe oben 378 S. 23. Ueber den Altar der Victoria und seine Geschichte vgl. Richter a. a. O. 551. Ueber die Gesandtschaft des Senats an den Kaiser in dieser Angelegenheit siehe oben S. 119.

[6] Cod. Theod. XVI 10, 10. [7] Ibid. XVI 5, 9. [8] Ibid. XVI 5, 7.

[9] Adversus haereses II 61; bei Dindorf II 564. [10] Cod. Theod. XVI 5, 7.

römischen Recht sonst fremd ist, inquisitores angewandt werden; Angeber sollen straflos ausgehen, und wie beim Majestätsverbrechen soll keine Verjährung statthaben; schon Privatzusammenkünfte dieser Häretiker sind strafbar. Unzweifelhaft, wird weiter gesagt, seien diejenigen als Manichäer der zweiten Art zu betrachten, welche Ostern nicht zu derselben Zeit wie die Orthodoxen hielten. Es scheint also, dass es damals ausserhalb dieser Secte keine Quartodecimaner mehr gab; jedenfalls ist die Ansicht des Gothofredus, der Kaiser habe mit diesem Gesetze ausser den Manichäern auch die Quartodecimaner treffen wollen, nicht haltbar.

3. Verordnung des Theodosius vom 30. November an Palladius, den dux Osdroënae, dessen Hauptstadt Edessa war, dass ein bestimmter, dort gelegener Tempel, der zugleich zu Volksversammlungen und Festfeiern verwandt wurde, entgegen einem früher vom Kaiser übereilt gegebenen Befehle geöffnet bleiben soll, aber nur zu Festfeiern, nicht zu Opfern[1].

4. Gesetz des Gratian vom 9. December an den praef. praet. Italiae Hypatius über die Befreiungen von ausserordentlichen und gemeinen Lasten (munera extraordinaria et sordida)[2]; dasselbe wurde fast wörtlich wiederholt von Theodosius im Jahre 390[3]. Es wird bestimmt:

a. Von ausserordentlichen Lasten soll keiner frei sein. Also auch die Kirchen waren von solchen Lasten zu dieser Zeit nicht frei, von denen sie später Kaiser Honorius im Jahre 397 durch zwei Gesetze[4] befreit hat.

b. Von gemeinen Lasten werden entbunden die höhern Beamten, die Kirchen, Rhetoren, Grammatiker beider Sprachen u. a. Solcher munera sordida werden 14 angegeben, insbesondere der Bau öffentlicher und gottesdienstlicher Gebäude, Wege- und Brückenbau, der Bau von Hospitälern, die Stellung von Extrapost- und Extrapalastpferden. Es wird aber bestimmt, dass von der letztgenannten Verpflichtung keiner, auch nicht die oben genannten Kategorien, frei sein sollen am Limes Rhaeticus und wo die expeditio Illyrica es erfordert, d. h. in den von den Feinden bedrohten Grenzprovinzen[5].

[1] Cod. Theod. XVI 5, 8. [2] Ibid. XI 16, 15.
[3] Ibid. XI 16, 18. [4] Ibid. XI 16, 21 und 22.
[5] Wenn Tillemont (Hist. V 168) aus dieser Bestimmung den Schluss zieht, dass damals am Limes Rhaeticus und in Illyrien Kriege geführt wurden, so übersieht er, dass in dem Gesetze des Theodosius vom Jahre 390 (siehe oben) dieselbe Bestimmung wiederkehrt.

IV. Culturgesetze.

1. Gesetz des Theodosius vom 12. Januar an den praef. urbi Pancratius über die Kleidung in der Stadt[1].

a. Ein Senator hat sich in der Stadt der chlamys d. h. des Kriegskleides zu enthalten, auch des Morgens, also zu der Zeit, wo er beim Kaiser Besuch macht; im Senate und vor Gericht darf er nur in der toga erscheinen; sonst soll er den ‚colobos' (*τὸ κολόβιον*) tragen, d. h. eine tunica mit kurzen Aermeln, und die ‚penula', ein mantelartiges Oberkleid, das man im Winter und bei schlechter Witterung anlegte (welches z. B. die Volkstribunen seit Domitian in Regenzeiten amtlich trugen und sonst ältere Leute mit Vorliebe zu tragen pflegten).

b. Ein Gerichtsbote (officialis) soll die tunica gegürtet, darüber ein buntes ‚pallium' (damals Schulterkleid) als Amtszeichen und darüber noch die penula tragen.

c. Ein Sklave darf nur im ‚byrrhus' (dem eng anliegenden Gewande armer Leute und zum Theil der Soldaten) und mit dem ‚cucullus' (einer Kapuze, die wohl am byrrhus befestigt war) erscheinen.

2. Zwei Gesetze des Gratian, das eine an den praef. urbi Severus, das andere ‚ad provinciales'[2], sollen es den Provincialen erleichtern, ihre Anliegen dem Kaiser vorzutragen.

3. Das Gesetz des Theodosius vom 14. Mai an den praef. Augustalis Palladius über das Staatspostwesen[3] zeigt, wie sehr dieser Kaiser den gemeinen Mann gegen die Willkür der Beamten und Vornehmen zu schützen suchte. Es wird bestimmt, dass der reisende Beamte, der den Mantel (sagum) der Kutscher bedeutend beschädigt oder zerreisst, wer er auch sei, festgehalten und über ihn behufs seiner Bestrafung an den Hof berichtet werden soll. Theodosius sorgte überhaupt sehr für die Landstrassen und Posten; er gab hierüber nicht weniger als 15 Gesetze, die im Cod. Theod. erhalten sind.

4. Gesetz des Theodosius vom 18. Mai an den praef. praet. Florus über das Erbrecht der Kinder erster Ehe[4]: Wenn eine Wittwe nach Ablauf der gesetzlichen Trauerzeit wieder heiratet,

---

[1] Cod. Theod. XIV 10, 1. [2] Ibid. XII 12, 8 und 9.
[3] Ibid. VIII 5, 37. [4] Ibid. III 8, 2.

so muss sie den Kindern der ersten Ehe alles überweisen, was ihr von ihrem ersten Manne aus irgend einem Rechtstitel zugekommen ist; sie braucht es aber nicht unter alle zu theilen, sondern kann es auch einem einzigen zuwenden. Stirbt ein Kind erster Ehe, so soll, wenn es Brüder hat, die Mutter nichts von ihm erben; wenn nur Schwestern da sind, so soll sie die Hälfte erben; Justinian hat das später dahin geändert[1], dass die Mutter nicht bloss mit Schwestern, sondern auch mit Brüdern des verstorbenen Kindes, aber nur pro virili parte erbt. Am Schlusse des Gesetzes erlässt der Kaiser an die Väter, welche eine zweite Ehe eingehen wollen, die ernste Mahnung, ebenso, wie es in diesem Gesetze für die Mütter vorgeschrieben ist, auch ihrerseits die Kinder der ersten Ehe zu berücksichtigen, widrigenfalls auch ihnen ebendasselbe durch Gesetz vorgeschrieben werden würde; ein solches Gesetz hat denn auch später Kaiser Theodosius der Jüngere für die Väter erlassen[2].

5. Gesetz des Gratian vom 26. Mai an alle proconsules etc. über das Steuerwesen[3]. Es wird bestimmt, dass nur ein Decret des Kaisers, nicht eine Verfügung des praefectus praetorio Steuern auflegen kann; sollte der letztere dennoch Steuern ausschreiben, so brauchen sie nicht gezahlt zu werden.

6. Gesetz des Gratian vom 20. Juni an den praef. urbi Severus gegen das Bettelwesen[4]: Wer Bettler als Sklaven entlarvt, soll sie zum Eigenthum, wer sie als coloni entlarvt, soll sie zum dauernden Kolonat erlangen; Voraussetzung ist dabei in beiden Fällen, dass der Bettler körperlich noch rüstig ist und nur aus Trägheit sich in die Stadt begeben hat, um sich hier dem Betteln hinzugeben. Auch der hl. Ambrosius[5] klagt in jener Zeit über viel unbefugtes, aus Arbeitsscheu hervorgehendes Betteln.

7. Gesetz des Gratian vom 18. August an den praef. praet. Flavianus über die Vollziehung der Todesstrafe[6]: Wenn der Kaiser strenger, als es seine Gewohnheit ist, und nicht im Verhältniss zur Schuld die Todesstrafe verhängt hat, soll die Execution 30 Tage verschoben und der Schuldige so lange in Gewahrsam gehalten werden.

Zu einem ähnlichen Gesetze nöthigte der hl. Ambrosius den

[1] Cod. Iust. VI 56, 7. [2] Ibid. V 9, 5. [3] Cod. Theod. XI 6, 1.
[4] Ibid. XIV 18, 1. [5] De offic. II 16, 76.
[6] Cod. Theod. IX 40, 13.

Kaiser Theodosius nach dem Blutbade zu Thessalonich am Weihnachtsfeste 390 [1].

8. Gesetz des Theodosius vom 26. October an den consularis Lydiae Panellinus gegen Denunciationen[2]: Ein Sklave, der seinen Herrn denuncirt und seine Angabe bewiesen hat, soll doch getödtet werden ‚in exemplum omnium proditorum'.

V. Concilien.

a. Concil zu Konstantinopel.

Ein Concil zu Konstantinopel fand im Sommer dieses Jahres statt[3]. Wir haben darüber keine weitern Nachrichten als bei Theodoret V 8 und 9 und bei Gregor von Nazianz; jener theilt besonders das Schreiben dieses Concils an die gleichzeitig in Rom versammelten Bischöfe mit; Gregor aber spricht in mehreren Briefen (130 ff.) von diesem Concil, von dessen baldigem Zusammentreten er in seiner Einsamkeit Kunde erhalten hat; er bittet seine Freunde in Konstantinopel, angesehene Generale wie Saturninus, Victor und Modarius, sie möchten dahin wirken, dass die Bischöfe ihre persönlichen Interessen und Streitigkeiten mehr als auf dem vorigen Concil beiseite setzen, und dass die beiden Theile des Erdkreises sich versöhnen, damit er sich nicht vergebens wie Jonas ins Meer gestürzt habe; er fürchtet allerdings, dass auch dieses Concil wie das vorige ein ‚πικρὸν τέλος' haben werde.

Das Concil versammelte sich, wie seine Theilnehmer den Abendländern mittheilen[4], infolge des Schreibens, das diese nach dem Concil zu Aquileja an Theodosius richteten; gemeint ist damit jedenfalls der 13. Brief des Ambrosius, worin (§ 6) die Abendländer ein allgemeines Concil zu Rom vornehmlich in Sachen des Maximos ver-

---

[1] Theodoret V 17. Baronius (zum Jahre 390) und Gothofredus (zu Cod. Theod. IX 40, 13) wollten daher das obige Gesetz des Gratian ins Jahr 390 herabrücken und dem Theodosius zuschreiben; dagegen aber erklärten sich mit Recht Pagi (zum Jahre 390, 5—9) und Tillemont (Hist. V 721 note 20). Neuerdings hat Seeck (Proleg. 117 Anm. 579) die Ansicht des Baronius wieder aufgenommen; siehe dagegen unten zum Jahre 390.

[2] Cod. Theod. X 10, 17.

[3] Theodoret V 8: ἐπιγενομένου θέρους, was Hefele (a. a. O. II[2] 37) falsch übersetzt: ‚im Anfange des Sommers'.

[4] Theodoret V 9.

9*

langen; dieses Verlangen wurde aber von Theodosius, wenigstens soweit Rom als Ort des Concils in Frage kam, abgewiesen[1].

Was die Zahl der Versammelten angeht, so sagt Theodoret, dass die meisten von denen, die im vorigen Jahre zusammengekommen waren, jetzt wieder anwesend waren. Als Zweck des Concils wird angegeben[2] die Neuordnung der kirchlichen Verhältnisse, wie sie nach Vertreibung der Häretiker und Rückgabe der Kirchen an die Orthodoxen nothwendig geworden sei.

Als die Väter des Concils schon versammelt waren, wurden sie durch ein Schreiben Gratians, das dieser auf Wunsch eines gleichzeitig versammelten römischen Concils an sie richtete, zu diesem römischen Concil eingeladen[3]; sie gingen nicht hin, schickten aber, um ihren guten Willen und ihre Friedensliebe zu beweisen, drei Bischöfe als Gesandte mit dem bei Theodoret mitgetheilten Schreiben nach Rom. In diesem Schreiben motiviren sie ihr Fernbleiben von Rom damit, dass sie von ihren Mitbischöfen nur für das Concil in Konstantinopel autorisirt seien, und dass ihre Kirchen nicht so lange ihrer Hirten entbehren könnten. Sie geben dann eine kurze Darlegung ihres Glaubens über die Trinität gegen die Arianer und Makedonianer und über die Person Christi gegen die Apollinaristen und verweisen auf den *τόμος* der Synode zu Antiochien und den der vorigjährigen Synode zu Konstantinopel, wo ihr Glaube eingehend dargelegt sei; schliesslich rechtfertigen sie die Weihe des Nektarios für Konstantinopel und des Flavian für Antiochien und die Anerkennung des Kyrillos als Bischof von Jerusalem; der letztere sei sowohl früher von den Bischöfen seiner Provinz canonisch gewählt worden, als auch habe er an verschiedenen Orten harte Kämpfe mit den Arianern ausgefochten.

---

[1] Ambrosius, Ep. 14, 7. [2] Theodoret V 8 und 9.

[3] Theod. V 9 und Soz. VII 11 Ende. Es ist ein arges Missverständniss, wenn Hefele (a. a. O.) schreibt: ‚In Konstantinopel angekommen, erhielten sie ein Schreiben der obenerwähnten Mailänder Synode, wodurch sie zu einem grossen allgemeinen Concil nach Rom eingeladen wurden.' Eine solche Mailänder Synode ist (wie oben 381 S. 109—110 nachgewiesen wurde) eine reine Fiction Hefeles; was aber noch wichtiger ist, das Schreiben der abendländischen Bischöfe, an welches Hefele denkt, ist Ambrosius' Brief 13 und wurde nicht Mitte 382, sondern (nach Theodoret V 9) ‚nach der Synode von Aquileja im Jahre 381' an Theodosius abgesandt und war für diesen die Veranlassung, das Concil zu Konstantinopel 382 zu berufen; als dann in diesem Jahre 382 die Bischöfe in Rom schon versammelt waren, richteten sie (nach Theodoret V 8) an die zu Konstantinopel versammelten Bischöfe ein Einladungsschreiben.

Diesem Concil werden[1] auch die zwei Canones zugeschrieben, welche als fünfter und sechster Canon des zweiten allgemeinen Concils überliefert sind[2]. Von diesen ist der kurze Canon 5 ziemlich dunkel; er lautet[3]: *Περὶ τοῦ τόμου τῶν δυτικῶν καὶ τοὺς ἐν Ἀντιοχείᾳ ἀπεδεξάμεθα τοὺς μίαν ὁμολογοῦντας πατρὸς καὶ υἱοῦ καὶ ἁγίου πνεύματος θεότητα.* Sicher ist, dass es sich hier um das Meletianische Schisma und um Anerkennung der Anhänger des Paulinos in Antiochien handelt. Sicher scheint mir auch, dass in dem *τόμος* der Abendländer, der hier genannt wird, von diesem Schisma die Rede gewesen sein muss; deshalb kann darunter weder das Schreiben des Damasus an Paulinos bei Theodoret V 11, wie Baronius (381) wollte, noch, wie Hefele eingehend zu beweisen suchte[4], der *τόμος* gemeint sein, den Damasus und die bei ihm im Jahre 369 versammelten Bischöfe an die Orientalen richteten, von dem Stücke erhalten sind[5]; denn auch hier ist — in dem Erhaltenen wenigstens — von den antiochenischen Verhältnissen nicht die Rede. Mir scheint mit dem *τόμος* jenes Schreiben gemeint zu sein, das die Abendländer an die Orientalen in Sachen des antiochenischen Schismas richteten; ein derartiges Schreiben erwähnen sie nämlich auf dem Concil zu Aquileja sowohl in ihrem Briefe an Gratian als in dem an Theodosius[6]. Uebrigens übersetzt Hefele den Canon falsch: ‚Auch wir anerkennen alle Antiochener für rechtgläubig u. s. w.‘; es muss heissen: ‚Wir anerkennen auch die Antiochener für rechtgläubig u. s. w.‘

Canon 6 ist jedenfalls von einem Concil in Konstantinopel verfasst und kann nicht vor dem zweiten allgemeinen Concil entstanden sein, da erst dieses (im zweiten Canon) die Kirchenprovinzen in Diöcesen zusammenfasste und damit die Diöcesansynoden schuf. Der Canon regelt das g e r i c h t l i c h e V e r f a h r e n b e i K l a g e n g e g e n d i e B i s c h ö f e. Sind solche Klagen privatrechtlicher Natur, so kann jeder sie erheben; sind sie aber kirchlicher Natur, so sollen sie von Häretikern und Schismatikern nicht angenommen werden; gehen sie von Orthodoxen aus, so sollen sie vor die Provincialsynode, und wenn diese sie nicht erledigen kann, vor die grössere Diöcesansynode gebracht werden; ehe diese gesprochen hat, sollen sie nicht beim Kaiser oder bei einem allgemeinen Concil anhängig gemacht werden.

[1] Von den Ballerini (S. Leonis I. opera III 10) und von Hefele (a. a. O. II² 14).
[2] Siehe oben 381 S. 102. [3] Bei Mansi, Conc. III 559.
[4] A. a. O. II² 20 ff.
[5] Gedr. bei Mansi, Conc. III 459—462, und bei Migne, Patr. lat. XIII 352.
[6] Ambrosius, Ep. 12, 5 und 13, 2.

b. Das Concil zu Rom.

Zu Rom fand ein Concil gleichzeitig mit dem zu Konstantinopel, also im Sommer d. J., statt [1]. Als Theilnehmer des Concils werden in dem Synodalschreiben von Konstantinopel bei Theodoret V 9 genannt: Damasus, Ambrosius, Britton von Trier [2], Acholios von Thessalonich, Anemius von Sirmium, Basilius (Sitz unbekannt), Valerianus von Aquileja; ferner wohnten von orientalischen Bischöfen bei: Paulinos von Antiochien und Epiphanios von Salamis; der letztgenannte wohnte zu Rom im Hause der hl. Paula [3]. Mit diesen beiden orientalischen Bischöfen war auch der hl. Hieronymus nach Rom gekommen und wohnte dem Concil bei [4]. Dass ein kaiserliches Schreiben die Bischöfe nach Rom berufen hatte, sagt Hieronymus [5]. Ebenderselbe gibt als Anlass des Concils an: ‚ob quasdam ecclesiarum dissensiones'; gemeint sind damit die Bischofsweihen des Nektarios und Flavian; denn in betreff dieser hatten die Abendländer im Jahre 381 ein allgemeines Concil zu Rom verlangt [6] und richteten daher auch sofort nach ihrem Zusammentritt in Rom ein Einladungsschreiben an die in Konstantinopel versammelten orientalischen Bischöfe [7]; sie verwarfen denn auch wirklich die Weihe des Flavian und excommunicirten sogar die zwei Bischöfe, die ihn geweiht hatten [8]. Gegen Nektarios aber und damit für Maximos scheinen sie sich nicht erklärt zu haben [9].

Das Concil beschäftigte sich ausserdem mit den Apollinaristen. Denn es ist überliefert, dass Hieronymus bei Gelegenheit dieses Concils auf Wunsch des Papstes Damasus ein Glaubensbekenntniss aufsetzte, das die Apollinaristen, wenn sie zur Kirche zurückkehrten, zu unterschreiben hätten [10]; desgleichen sagen die occidentalischen Bischöfe in dem Schreiben, das sie vor diesem Concil an Theodosius richteten, sie wünschten ein Concil zu Rom, damit die Sache der

[1] Theodoret V 9.

[2] Sulpicius Severus nennt in seiner Chronik (II 49) einen Bischof Britannius von Trier aus jener Zeit; ferner wird bei Mansi (III 494) ein Britto als Theilnehmer der Synode zu Valence 374 genannt; es steht nichts entgegen anzunehmen, dass die drei Bischöfe dieselbe Person sind. So Rettberg, Kirchengeschichte Deutschlands I 195; Hauck, Kirchengeschichte Deutschlands I 47 Anm. 4; Garenfeld, Die Trierer Bischöfe des 4. Jahrhunderts 63—64.

[3] Hieronymus, Ep. 108, 6. [4] Ibid. 23, 10 und 127, 6.

[5] Ibid. 108, 6. [6] Ambrosius, Ep. 13, 6.

[7] Theodoret V 8 und 9 und Soz. VII 11.

[8] Soz. VII 11. [9] Ambrosius, Ep. 14, 2.

[10] Hieronymus, Apol. adversus Ruf. II 20 (ed. Vallarsi II 513).

Apollinaristen ‚praesentibus partibus' verhandelt werde[1]. Es ist darum höchst wahrscheinlich, dass auf Veranlassung dieses Concils Damasus das bei Theodoret V 10 mitgetheilte Schreiben gegen die Apollinaristen an die orientalischen Bischöfe erliess[2].

VI. Kirchenväter.

a. Ambrosius

richtete mit den andern Bischöfen Italiens im Anfang dieses Jahres ein Schreiben an Theodosius[3], welches die Forderung eines allgemeinen Concils in Rom rechtfertigen und die Antwort sein soll auf ein kaiserliches Schreiben, das auf ein vorhergehendes Bittgesuch der Bischöfe[4] ergangen war und sich gegen jene Forderung der Bischöfe aussprach[5].

Die Echtheit dieses Schreibens (Brief 14) wurde von Langen[6] mit Unrecht bestritten[7]. Die Forderung eines allgemeinen Concils in Rom wird in demselben damit entschuldigt, dass Illyrien noch von Feinden beunruhigt war; diese Forderung sei aber überhaupt, so wird erklärt, nur erhoben worden im Interesse des Orients, da im Occident keine Irrlehren seien, besonders auch, damit die Sache der Apollinaristen in deren eigener Gegenwart verhandelt werde; der Wunsch, dass das Concil in einer Stadt des Occidents gehalten werde, sei so wenig eine Beleidigung des Orients, wie man es im

[1] Ambrosius, Ep. 14, 4.

[2] Langen (a. a. O. 548 ff.) verlegt dies Schreiben ins Jahr 377. Es ist aber fast sicher, dass es dem Jahre 382 angehört. Denn abgesehen davon, dass die Synode zu Rom in diesem Jahre sich mit dem Apollinarismus beschäftigte, wird in dem Schreiben gesagt, dass die orientalischen Bischöfe von Damasus eine zweite Verurtheilung des Apollinaristen Timotheos, eines Schülers des Apollinarios, verlangten; nun sagt aber das allgemeine Concil zu Kalchedon 451 von den Vätern des Concils zu Konstantinopel im Jahre 381 (Mansi, Conc. VII 463): ‚Die Bischöfe, welche den Schmutz des Apollinarismus aufdeckten, haben den Abendländern ihr Urtheil darüber mitgetheilt'; was liegt also näher, als anzunehmen, dass dieser Mittheilung der Wunsch beigefügt war, die Abendländer möchten auch ihrerseits die Irrlehre verurtheilen, und dass diesem Wunsche durch das bei Theodoret mitgetheilte Schreiben im Jahre 382 entsprochen worden ist?

[3] Gedruckt als Brief 14 des Ambrosius. [4] Ambrosius, Ep. 13.

[5] Hefele (a. a. O. II² 36) lässt irrthümlich beide Schreiben (Brief 13 u. 14) gleichzeitig entstehen und nennt sogar Brief 14 das erste, Brief 13 das zweite Schreiben.

[6] A. a. O. 563 Anm. 2. [7] Siehe Excurs VI.

Occident übel genommen habe, dass ein Priester von Konstantinopel eine solche Synode in Achaia beantragte. Auf Maximos, dessen Einsetzung zum Bischof von Konstantinopel man im 13. Briefe so energisch verlangt hatte, kommt der 14. Brief nicht mehr zurück; es scheint und § 2 macht es wahrscheinlich, dass Ambrosius und die Seinigen unterdessen eingesehen hatten, sie hätten sich in ihm getäuscht. Ihm [1] findet den Ton des Schreibens übermüthig; ich möchte ihn im Gegentheil resignirt nennen: man fügt sich dem Willen des Kaisers, aber mit Würde, ohne Servilismus, der bei den orientalischen Bischöfen so häufig war [2].

Dass Ambrosius in diesem Jahre dem Concil in Rom beiwohnte, ist oben [3] gesagt. Als Acholios ihn auf seiner Reise nach Rom besuchte, war er krank [4].

b. Gregor von Nazianz.

1. Schicksale.

Ueber die Schicksale Gregors in der ersten Zeit nach seiner Rückkehr von Konstantinopel belehrt uns ausser seinen Briefen vor allem sein Gedicht 19: Σχετλιαστικὸν περὶ τῶν αὐτοῦ παθῶν [5]; er schrieb es (v. 100 bis 102), als er die Leitung der Kirche von Nazianz wieder übernommen hatte mit der Absicht, sie bis zu seinem Lebensende zu behalten.

Gregor kam sehr krank von Konstantinopel zurück und setzte sich in Nazianz, das noch immer hirtenlos war, einen Stellvertreter (v. 61 ff.). Aber viele murrten dagegen, sie glaubten nicht an seine Krankheit und sagten, die Gemeinde scheine ihm zu klein und verächtlich und darum halte er sich fern (v. 72 ff.). So übernahm denn Gregor von neuem die Leitung der Gemeinde [6]; das kann aber erst seit Mitte 382 geschehen sein; denn zu der Zeit, wo sich in diesem Jahre die Bischöfe zum Concil nach Konstantinopel begaben, weilte er noch krank in der Einsamkeit auf dem Lande [7]. Die Gemeinde von Nazianz verwaltete damals in seinem Namen Kledonios, ein Priester, der wenigstens zeitweise in Ikonion lebte [8], ein Mann von asketischer Lebensweise [9].

---

[1] A. a. O. 42. [2] In § 5 möchte ich statt ‚facilitatis‘ setzen ‚fallacitatis‘.
[3] Siehe oben S. 134. [4] Ambrosius, Ep. 15, 10.
[5] Gregor v. Naz., Opera II 856 sqq. [6] A. a. O. Vers 101 und Brief 138.
[7] Gregor v. Naz., Briefe 130 und 133.
[8] Als Presbyter von Ikonion unterschrieb er Gregors Testament.
[9] Gregor beschreibt seine persönlichen Vorzüge in dem Gedichte Πρὸς Ἑλλή-

Zum Concil in Konstantinopel wurde er vom Kaiser eingeladen; er schrieb aber dem Olympios, dem neu ernannten Statthalter von Kappadokien, und seinem Freunde Prokopios in Konstantinopel, sie möchten ihn beim Kaiser entschuldigen[1]; er sei zu einer solchen Reise zu schwach, er halte auch nicht viel von Concilien, da sie selten ein gutes Ende nähmen und die Zwietracht mehr schürten als beilegten. Gleichzeitig schrieb er an einflussreiche Staatsmänner in Konstantinopel[2], sie möchten ihren Einfluss aufbieten, dass jetzt wenigstens der Friede zwischen Orient und Occident hergestellt werde. Als die Frucht dieser Bemühungen können wir das Schreiben des Concils an die Abendländer bei Theodoret V 9 betrachten.

2. Gedichte.

In dieser Zeit oder vielmehr in der Zeit seiner Zurückgezogenheit bis zur Uebernahme der Kirche von Nazianz scheint Gregor die Gedichte verfasst zu haben, welche seinen Aufenthalt in Konstantinopel behandeln. Es sind folgende:

1. Die Gedichte 4—10[3] sind kleine Abschiedslieder an die Stadt, die Priester und Kirchen von Konstantinopel und auch an seine dortigen Feinde.

2. Gedicht 11: *Περὶ τοῦ ἑαυτοῦ βίου*[4] behandelt in 1949 Versen sein ganzes Leben von seiner Geburt bis zu seinem Abschiede von Konstantinopel. Tillemont[5] will aus Vers 1024, wo steht, Maximos verhalte sich jetzt ruhig, den Schluss ziehen, das Gedicht sei vor der Reise des Maximos nach Italien geschrieben. Diese Reise setzt Tillemont ins Jahr 382; sie war aber 381[6]; jene Aeusserung bezieht sich also auf die Zeit nach jener Reise.

3. Die Gedichte 12—18[7] sind besonders gegen die Bischöfe gerichtet, welche auf dem Concil zu Konstantinopel im Jahre 381 waren; Gregor nennt sie seine Mörder (12, 14—15).

νιον (Opera II 1002, v. 120 sq.). Tillemont (Mém. IX 515) vermuthet, dass Kledonios aus Nazianz gebürtig und von Amphilochios nach Ikonion gezogen worden war, dass er dann Gregor nach Konstantinopel und später auch wieder in die Heimat begleitete. Kledonios hatte zur Zeit der Abwesenheit Gregors in Nazianz harte Kämpfe mit den Apollinaristen zu bestehen, die sogar eine Synode dort hielten (Gregor v. Naz., Briefe 101 und 102).

[1] Briefe 130 und 131. [2] Briefe 132—136. [3] Opera II 668—674.
[4] Opera II 674—777. [5] Mém. IX 721—722 note 52.
[6] Siehe 381 S. 115—116. [7] Opera II 778—855.

4. Gedicht 19: *Σχετλιαστικὸν περὶ τῶν αὐτοῦ παθῶν*[1]. Siehe darüber oben S. 136.

3. Briefe.

Brief 91 an Nektarios ist jedenfalls nach Gregors Weggang von Konstantinopel und nach Brief 88 (an denselben) geschrieben. Gregor hat sich von seiner Krankheit erholt und ist frei von Geschäften. Der Brief ist also ohne Zweifel im Jahre 382 vor Uebernahme der Kirche in Nazianz geschrieben. Er soll ein Empfehlungsschreiben für einen gewissen Prokopios sein.

Brief 93 an Sophronios *ὕπαρχος*. Dass dies der praef. urbi war, von dem Ammian (XXVI 7, 2) spricht, zeigt auch Brief 135. Geschrieben ist der Brief zur Zeit, als Gregor in der Einsamkeit lebte, bald nach dem Weggange von Konstantinopel. Zu derselben Zeit ist geschrieben

Brief 94 an seinen gelehrten Freund Amazonios in Konstantinopel[2] und

Brief 96 an Hypatios, der in diesem Jahre praef. praet. war.

Brief 101 an Kledonios[3]. Der Brief richtet sich gegen die Apollinaristen, die damals in Nazianz sich breit machten und sogar ein ‚*συνέδριον*' dort hielten. Er ist geschrieben nach Gregors Rückkehr von Konstantinopel zur Zeit, als Kledonios die Gemeinde von Nazianz leitete[4], und wie Dräseke[5] richtig aus den Bemerkungen über die Anerkennung der Apollinaristen auf einer römischen Synode folgert, kurz nach dem römischen Concil vom Jahre 382. Dagegen

Brief 102 an Kledonios, den die Mauriner und Tillemont[6] ins Jahr 382 setzen, ist wahrscheinlich 386 geschrieben[7].

Brief 103 an Palladios ist geschrieben nach Rückkehr Gregors von Konstantinopel, als Palladios ein Amt bekleidete; dieser war aber Ende 381 und im ersten Theil des Jahres 382 mag. offic.

Briefe 104—106 an Olympios, der in diesem Jahre Präfect von Kappadokien war; Brief 104 ist zur Zeit seines Amtsantrittes, die zwei andern sind gleich danach geschrieben.

---

[1] Opera II 856—862. [2] Vgl. Brief 39.

[3] Siehe über diesen oben S. 136 f. [4] Greg. Naz. Op. II 84[a–b] und 93[a–b].

[5] Gregorios von Nazianz, sein Verhältniss zum Apollinarismus, in: Theologische Studien und Kritiken, Jahrg. 1892, 493—494.

[6] Mém. IX 517 und 723 note 55.

[7] Siehe unten 386 VI[c].

Briefe 130—136 sind geschrieben an hochstehende Männer in Sachen des in diesem Jahre 382 stattfindenden Concils zu Konstantinopel.

Brief 138 ist gerichtet an Bosporios, Bischof von Kolonia in Kappadokien, dem Gregor mittheilt, dass er nach dessen Wunsch, wenn auch widerwillig, nunmehr die Leitung der Kirche von Nazianz übernehmen wolle.

c. Hieronymus.

Mit Bischof Paulinos von Antiochien und Epiphanios von Salamis kam er in diesem Jahre zum Concil nach Rom [1]. Er verliess Rom wieder im August des Jahres 385 [2]. In den Jahren seines römischen Aufenthaltes unterstützte er den Bischof Damasus als Amanuensis und schrieb die Antworten auf die von morgenländischen und abendländischen Synoden einlaufenden Anfragen [3].

In diesem Jahre oder spätestens 384 schrieb Bischof Damasus an ihn einen Brief, in dem er über die Bedeutung des hebräischen Wortes Osanna anfragte [4]. Hieronymus antwortete in Brief 20; er erklärt das Wort als zusammengesetzt aus osi (endigend mit dem hebräischen Buchstaben Ajin) und aus anna (beginnend mit Aleph) [5].

d. Johannes Chrysostomos

schrieb um diese Zeit seine Abhandlung über Babylas, Bischof von Antiochien und Martyrer, gegen Kaiser Julian [6].

---

[1] Siehe oben S. 134.

[2] Hieron., Apol. adv. libros Rufini III c. 22 (Vallarsi II 551).

[3] Hieron., Ep. 123, 10.

[4] Gedruckt als 19. Brief des Hieronymus und als 8. Brief des Damasus bei Migne, Patr. lat. XIII 371, bei Coustant I 573.

[5] Die zwei Briefe sind geschrieben zur Zeit des römischen Aufenthaltes des Hieronymus und zu Lebzeiten des Damasus. Im Katalog seiner Schriften (De vir. ill. c. 135) setzte Hieronymus die Schrift über Osanna an die erste Stelle unter den in Rom verfassten Schriften.

[6] Gedruckt bei Montfaucon II 536; sie wurde verfasst 20 Jahre nach dem Versuche Julians, den Tempel zu Jerusalem aufzubauen, d. h. nach 362 (II 573 [b]). Zu bemerken ist aber, dass Chrysostomos in seinen Zeitangaben sehr ungenau ist; so setzte er in einer Rede im Jahre 387 den genannten Versuch Julians auch ‚vor 20 Jahren‘ (I 646 [a]) und im Jahre 386 die Hinrichtung des Theodoros, die 370 bis 371 war, ‚vor 10 Jahren‘ (I 470 [b]). Siehe auch über die Schrift ‚In sanctum Babylam‘ unten Anhang II 9.

VII. Bischöfe

(fehlen).

VIII. Häretiker.

a. Die Apollinaristen.

Ueber die Apollinaristen wurde verhandelt auf dem Concil zu Rom [1], und Damasus erliess gegen Timotheos, den Schüler des Apollinarios, das Schreiben an die orientalischen Bischöfe bei Theodoret V 10. Gregor von Nazianz schrieb in diesem Jahre gegen sie eine Abhandlung [2]; aus derselben ersehen wir, dass sie damals in Nazianz eine Zusammenkunft hielten und sich für ihre Lehre hier auf ein abendländisches Concil, ja sogar auf Gregor von Nazianz selbst beriefen [3].

b. Die Luciferianer.

Bischof Damasus verklagte bei Bassus, während dieser praef. urbi in Rom war, also Anfang 383 oder Ende 382, den luciferianischen Bischof Ephesius von Rom, der von einem Bischof Taorgius geweiht worden war. Bassus aber, ‚der früher den katholischen Glauben verehrte‘, erklärte, die Edicte der Kaiser seien nur gegen die Häretiker gerichtet, die Luciferianer aber seien keine Häretiker [4].

c. Die Priscillianisten.

(Siehe auch oben 380 S. 72.)

Gratian erliess auf Betreiben des Bischofs Idacius von Emerita ein Edict, ‚quo universi haeretici excedere non ecclesiis tantum et urbibus, sed extra omnes terras propelli iubebantur‘ [5]. Infolge dieses

---

[1] Siehe oben S. 134. [2] Brief 101 an Kledonios.

[3] Brief 101 S. 84[c–d] und 93[a].

[4] So berichtet der im Jahre 384 verfasste ‚Libellus precum Faustini et Marcellini ad imperatores‘ (c. 23), gedruckt zuerst in Sirmondi Opera varia 1, Venedig 1728, 137 sq., dann in Gallandii Bibliotheca veterum patrum VII 470 und bei Migne XIII 99 den Werken des Damasus vorgedruckt. Ueber dieses Buch und das obige Ereigniss vgl. Tillemont, Mém. VIII 419; Gothofredus zu Cod. Theod. XVI 5, 28 (Ausg. VI 147); Merenda bei Migne XIII 249 sqq.; Richter a. a. O. 685 Anm. 68 und Langen a. a. O. 511 ff.

[5] Nach Gothofredus (zu Cod. Theod. XVI 2, 35) bedeutet dies Gesetz, dass sie nur ‚extra centesimum lapidem‘ ihrer Stadt verbannt wurden; Bernays (a. a. O. 93 Anm. 12) billigt diese Erklärung.

Edictes, das nur den Priscillianisten gegolten haben kann, wanderte Priscillian mit den zwei Bischöfen Instantius und Salvianus nach Rom, nachdem sie sich einige Zeit in Aquitanien aufgehalten hatten. In Rom wollte Priscillian seinen ‚Liber ad Damasum episcopum'[1] dem Papste übergeben, wurde aber nicht vorgelassen; Salvianus starb in Rom. Die beiden andern gingen nun nach Mailand, fanden aber hier in Ambrosius einen Gegner. Es gelang ihnen jedoch, durch Bestechung den mag. offic. Macedonius für sich zu gewinnen und durch ihn die Aufhebung jenes kaiserlichen Edictes und die Rückgabe der Kirchen zu erlangen. Daher gingen sie nach Spanien zurück und nahmen ihre Kirchen wieder in Besitz. Dies alles berichtet Sulpicius Severus[2].

---

[1] Gedruckt als zweiter Tractat unter den Werken Priscillians bei Schepss im Corpus script. eccles. lat. XVIII 41.

[2] Chronica II 47—49. Merenda (l. c. 252) setzt diese Ereignisse falsch ins Jahr 381; in diesem Jahre war nämlich Macedonius comes sacr. larg. und nicht mag. offic. Ihm (a. a. O. 7—8) und Seeck (a. a. O. 172) setzen sie 383; aber nach Sulpicius Severus (Chronica II 49) muss die Ankunft des Priscillian in Rom und Mailand längere Zeit vor der Kaiserproclamirung des Maximus geschehen sein, also doch wohl im Jahre 382.

383.

1. Januar Sonntag; 1. Neumond 20. Januar mittags; Ostern 9. April.

I. Die Kaiser.

a. Gratian und die Erhebung des Maximus.

Gratian brachte die erste Hälfte des Jahres in Italien zu; seine Anwesenheit in Mailand wird im Cod. Theod. wiederholt erwähnt, zuletzt im Mai dieses Jahres[1]; vom 21.—28. Mai war er in Padua[2], am 16. und 17. Juni in Verona[3]. Von hier aus scheint er die Reise nach Gallien angetreten zu haben, zu welcher ihn der Einfall des Maximus in Gallien nöthigte. Das Gesagte zeigt, dass Sokrates irrt, wenn er von Maximus sagt: ‚er griff den Gratian an, als dieser mit dem Kriege gegen die Alamannen beschäftigt war', eine Nachricht, die ohnedies ganz vereinzelt dasteht[4].

Magnus Clemens Maximus[5] stammte aus Spanien und hatte einst mit dem nachmaligen Kaiser Theodosius in Britannien, gewiss unter dessen Vater, gemeinsam gedient[6], ja er rühmte sich sogar einer affinitas mit Theodosius[7]. Maximus warf sich in Britannien zum Augustus auf, wahrscheinlich im Anfang dieses Jahres[8];

---

1 Cod. Theod. III 1, 4. 2 Ibid. XVI 7, 3 und II 19, 5.

3 Ibid. I 3, 1 und XII 1, 101; an letzterer Stelle ist jedenfalls mit Gothofredus statt ‚Roma' zu schreiben ‚Verona'.

4 Sokr. V 11. Dem Sokrates folgt allerdings darin ganz Soz. VII 13 und neuerdings Goyau (zum Jahre 383).

5 Tillemont, Hist. V 175. Den Beinamen Magnus trägt er in Inschriften, wie bei Orelli I nr. 1123 und II 5055.

6 Zos. IV 35 und Pacatus c. 23. 7 Pacatus c. 23.

8 So Tillemont (a. a. O. art. 17 Ende), der aus Sulpicius Severus, Chronic. II 49, 5 folgert, dass der Einfall des Maximus in Gallien bald auf seine Annahme des Purpurs gefolgt sei; doch sind die Worte des Sulpicius unbestimmt. Aus dem Umstande, dass im Chronicon imperiale (ed. Mommsen IX 646) die Erhebung des Maximus ins Jahr 382, seine Ueberfahrt nach Gallien aber 383 gesetzt ist, schliesst

kurz vorher hatte er die Pikten und Skoten besiegt[1]. Es scheint, dass Maximus mehr durch das Drängen seiner Soldaten, die sich von Gratian zurückgesetzt glaubten, als durch eigenen Ehrgeiz und durch Eifersucht auf Theodosius zur Annahme des Diadems bewogen wurde[2]. Als er bald darauf nach Gallien übersetzte, ging ein grosser Theil der Truppen Gratians aus Abneigung gegen diesen zu ihm über; in Britannien aber bewirkte der Abzug des Maximus mit dem römischen Heere und der Blüthe der britischen Jugend einen neuen Einfall der Pikten und Skoten, dem die Insel wehrlos gegenüberstand[3]. Bei Paris stellte sich Gratian ihm entgegen[4]; fünf Tage lang fanden

Holder-Egger (Neues Archiv I 347), dass in den Ravennater Reichsannalen zum Jahre 382 bemerkt war: ‚His consulibus levatus est Maximus imperator a militibus in Britannia.' Dagegen spricht aber, dass Prospers Chronik (ed. Mommsen IX 460) Erhebung und Sieg des Maximus in dasselbe Jahr 384 setzt; auch Zosimos (IV 35) sagt, dass Maximus nach Annahme des Diadems ‚παραχρῆμα' über den Ocean gesetzt sei. Es ist jedenfalls sehr wahrscheinlich, dass Maximus nach Annahme der Kaiserwürde nicht lange gezögert hat, nach Gallien überzusetzen und gegen Gratian zu ziehen.

[1] So berichtet Gregor von Tours (Historia Franc. I 38), während das Chronicon imperiale (a. a. O.) diesen Sieg später setzt als seine Kaiserproclamation; da man aber schwerlich den Maximus ohne vorhergehende kriegerische Erfolge zum Augustus ausgerufen hat, ist die Darstellung Gregors vorzuziehen; vgl. Richter a. a. O. 695 Anm. 92 und Holder-Egger a. a. O. 119 Anm. 3.

[2] Zosimos (a. a. O.) sagt, die Soldaten in Britannien seien über die Einreihung alanischer Ueberläufer ins römische Heer und deren Bevorzugung durch den Kaiser erbittert gewesen und Maximus habe ihren Hass gegen den Kaiser noch geschürt aus Eifersucht auf seinen frühern Mitkämpfer Theodosius; so seien die Soldaten zur Empörung gebracht worden, bei der sie ihn selbst als Gegenkaiser aufstellten. Alle andern Berichte aber lassen eine Mitschuld des Maximus nicht erkennen und sagen theilweise im Gegentheil, dass er durch die Soldaten zu seinem Schritte genöthigt worden sei; so spricht Aurelius Victor (c. 47) von den Alanen, die der Kaiser Gratian für viel Geld an sich gezogen und zu seiner Leibwache benutzt habe, sagt aber nichts von einer Verhetzung der Soldaten durch Maximus (über diese Alanen und das Verhältniss Gratians zu ihnen vgl. Richter a. a. O. 566 und 694 Anm. 89); Orosius (VII 34) sagt von Maximus: ‚In Britannia invitus propemodum ab exercitu imperator creatus', und dem hl. Martinus erklärte Maximus nach Sulpicius Severus (Vita s. Martini c. 20): ‚se non sponte sumpsisse imperium (affirmaret), sed impositam sibi a militibus divino nutu regni necessitatem armis defendisse.' Mit Recht bemerkt Tillemont (a. a. O.), dass diese Zeugnisse des Orosius und Sulpicius als glaubwürdig gelten müssen, da sie Zeitgenossen des Maximus waren, Sulpicius ausserdem aus Gallien war, wo Maximus (nach Pacatus c. 24) sich durch Grausamkeit sehr verhasst machte, und weil man eher geneigt ist, Besiegte in schlechteres Licht zu stellen.

[3] Zos. und Aurel. Victor l. c.; Gildas I c. 11.

[4] Prospers Chronik zum Jahre 384.

kleinere Gefechte statt; als dann Gratian sah, dass zuerst seine maurischen Reiter, allmählich auch die meisten der übrigen Truppen zu Maximus übergingen [1], verzweifelte er und machte sich mit 300 Reitern in der Richtung zu den Alpen davon [2]; dass eine wirkliche Schlacht stattgefunden hat und Gratian besiegt worden ist, steht nicht fest [3]. Auf seiner Flucht wurde er von den Städten, durch die er kam, nicht aufgenommen [4]; so gelangte er nach Lyon, wo er beim Uebergang über eine Brücke von Andragathius, dem Freunde und Reitergeneral des Maximus, der ihm in dessen Auftrag gefolgt war, durch eine List gefangen genommen wurde; von demselben wurde er kurz danach, am 25. August, bei einem Gastmahle innerhalb der Mauern Lyons verrätherischerweise getödtet. Der Kaiser war damals 24 Jahre alt und hatte 16 Jahre regiert [5].

Nach dem Tode Gratians schickte Maximus eine Gesandtschaft an Theodosius, um seine Anerkennung als Mitkaiser und Waffengemeinschaft zu verlangen [6]; die Rüstungen des Theodosius hatten ihn von weiterem Vordringen abgehalten und bewogen ihn jedenfalls auch zu dieser Gesandtschaft [7]. Theodosius ging auf das Verlangen ein und unterliess einstweilen den Rachezug, den er geplant

[1] Dass Gratian von den Seinigen verrathen wurde, sagen bestimmt Hieronymus (Ep. 60, 15) und Ambrosius (In psalm. 61, 17).

[2] Zos. a. a. O.

[3] Dass eine Schlacht stattgefunden hatte, sagen Pacatus (Theodos. c. 24) und Prosper (in der Chronik). Der letztere sagt vom Kaiser: ‚Merobaudis magistri militum proditione superatus.‘ Merobaudes war in dem Jahre Consul; dass er den Kaiser verrathen habe, ist unmöglich nach Pacatus c. 28, der von seiner und Vallios Ermordung durch Maximus sagt: ‚Sed in illos fortasse speciales putaretur habuisse odiorum causas tyrannus; steterat enim uterque in acie Gratiani et Gratianus utrumque dilexerat.‘ Daher will Tillemont (Hist. V 723—724 note 25) bei Prosper also emendiren: ‚Merobaude magistro militum.‘

[4] Hieronymus l. c.

[5] Siehe Excurs VII: Der Tod des Kaisers Gratian.

[6] So Zos. IV 37. Ifland (a. a. O. 123) setzt die Gesandtschaft richtig in den Winter 383—384; Pagi (383, 11) und Richter (a. a. O. 585) setzen sie ins Jahr 384, der erstere wegen des bei Zosimos gleich darauf erwähnten Cynegius. Dieser war allerdings im Jahre 384 praef. praet.; aber deshalb braucht das von Cynegius bei Zosimos Erzählte mit der Anerkennung des Maximus durch Theodosius nicht zeitlich zusammenzufallen. Jedenfalls war Maximus im Jahre 386 anerkannt, da Evodius, der bei ihm praef. praet. war, als Consul dieses Jahres im Gesamtreiche gezählt wurde; die Anerkennung erfolgte also vor dem 1. Januar 386 (Sievers, Studien 307, und Ranke, Weltgeschichte IV 187).

[7] Themistios, Rede 18, 220[d] und 221[a].

hatte; doch rüstete er im stillen zum Kriege[1]. Die Herrschaft des Maximus erstreckte sich über Britannien, Gallien und Spanien[2].

Noch in diesem Jahre nahm Maximus seinen Sohn Flavius Victor zum Mitregenten (Caesar) an[3].

Konstantia, die erste Gemahlin Gratians und Tochter des Konstantius, die letzte aus dem Geschlechte Konstantins, starb in diesem Jahre, wenn nicht kurz vorher[4].

In diesem Jahre herrschte Hungersnoth in Italien, Gallien und Spanien[5].

b. Theodosius.

Theodosius blieb in diesem Jahre, soweit die Gesetze zeigen, wie im vorigen immer in der Hauptstadt. Am 1. Januar oder bald darauf, sicher vor der Inthronisation seines Sohnes Arcadius (19. Januar), hielt Themistios vor ihm in Gegenwart der obersten Hofbeamten, Generale und des Senates seine 16. Rede in einem Tempel des Zeus über den mit den Goten geschlossenen Frieden und über das Consulat des Saturninus; er preist hier vor allem die Milde des Kaisers gegen die Barbaren und in der innern Politik[6].

---

[1] Zos. IV 37, 5 und Themist. a. a. O.

[2] Dass ihm auch Spanien gehorchte, zeigt nicht nur die Geschichte der Priscillianisten (siehe unten die Jahre 384 und 385), sondern auch die spanische Inschrift C. I. lat. II nr. 4911.

[3] So Prospers Chronik (zum Jahre 384) und Zosimos (IV 47). Später ist Victor auch zum Augustus gemacht worden; denn er erscheint als solcher auf Münzen (siehe Eckhel VIII 66) und in Inschriften (bei Orelli II 5055 und III 5590); dass er aber nicht sofort Augustus wurde, dafür könnte die Inschrift bei Orelli I 1123 sprechen, wo Maximus allein als Augustus genannt ist; ausserdem sagt Zosimos (a. a. O.), er sei von Maximus zum Cäsar gemacht worden.

[4] Nach den Fasti Idatiani und dem Chronicon paschale wurde ihr Leib in diesem Jahre am 31. August (Chron. pasch.) oder 12. September (Fast. Idat.) nach Konstantinopel gebracht; er wurde am 1. December daselbst beigesetzt (Chron. pasch.). In beiden Quellen wird sie fälschlich die Tochter Konstantins genannt.

[5] Ueber diese Hungersnoth siehe Excurs VIII.

[6] Zu der Zeit, wo Saturnin zum Consul designirt wurde, sagte der Senat zwar Dank dafür, aber Themistios war dabei nicht anwesend (16. Rede S. 200[b]). Die Bemerkung, dass die Goten den Amtsantritt des neuen Consuls mitfeiern (210[d]), spricht dafür, dass die Rede am 1. Januar gehalten ist; aber dagegen spricht wiederum der Umstand, dass der Senat nur zu dem Zwecke sich versammelt hat, um diese Rede anzuhören; denn am 1. Januar wäre doch wohl ohnedies Senatsversammlung gewesen. Dass die Rede nach dem 1. Januar gehalten sei, will Hardouin auch aus der Stelle: ἐπὶ τῆς εὐδαίμονος ταύτης ἀρχῆς (200[b])

Am 19. Januar feierte Theodosius die quinquennalia seiner Regierung [1]. An demselben Tage (am 16.?) machte er seinen bis dahin einzigen Sohn Arcadius zum Augustus [2]. Dieser war damals sechs Jahre alt [3].

c. Ausserrömische Geschichte.

In diesem Jahre kam in Persien nach dem Tode Ardaschîrs zur Regierung Schâpûr III., der Sohn Schâpûrs II. Der Anfang seiner Regierung fällt in das persische Jahr, das mit dem 18. August 383 begann; die Dauer seiner Regierung wird in allen Listen auf fünf Jahre angegeben. Nach fünfjähriger Regierung zerschnitten

beweisen, indem er diese Worte vom Consulate Saturnins versteht (Hardouin in der Ausg. zu dieser Stelle); sie sind aber vielmehr von der Regierung des Theodosius zu verstehen (so auch Tillemont, Hist. V 731 note 12). Die Rede wurde vor der Augustuserklärung des Arcadius gehalten (vgl. 204 [c]); sie wurde ferner gehalten in Gegenwart des Kaisers und der *πᾶσα ἡ μετ' αὐτὸν δορυφορία*, ferner der beiden magistri militum (Saturnin und Richomeres) und der *μεγαλοδωρίας χορηγοὶ καὶ μεγαλοπρεπείας ταμίαι* (comes sacr. larg., comes rer. priv., mag. offic., quaestor sacri palatii).

[1] Themistios a. a. O. 205 [c].

[2] Das Datum wird verschieden angegeben. Der Barbarus Scaligeri (ed. Mommsen IX 297) gibt an: V. Id. Sept.; aber das ist offenbar eine Verwechslung mit dem Geburtsdatum des Honorius und ist entstanden aus Angaben, wie wir sie im Chronograph von 354 (herausgeg. von Mommsen in den Abhandlungen der sächsischen Gesellschaft, Leipzig 1850) in der dort unter nr. 8 mitgetheilten Chronik zum Jahre 383 finden (S. 665): Eo anno natus est Honorius Constantinopoli V. Id. Sept. et levatus est Arcadius. Sokrates (V 10) und die Fasti Idat. (ed. Mommsen IX 244) setzen die Kaisererhebung des Arcadius auf den 16. Januar; die letztern wiederholen dies Datum zum Jahre 387 durch die Notiz, es seien am 16. Januar dieses Jahres die quinquennalia des Arcadius gefeiert worden. Das Chronicon paschale (ed. Mommsen a. a. O.) gibt den 19. Januar an, und dafür spricht, dass auch Theodosius an diesem Tage Kaiser geworden war und auch seine quinquennalia feierte; auch Tillemont (Hist. V 731—732 note 13) entscheidet sich daher für diesen Tag, während Holder-Egger (Neues Archiv I 347) den 16. für richtiger hält. Den Gründen, die Tillemont für seine Ansicht anführt, lässt sich beifügen, dass Sokrates für den 16. nicht in Betracht kommt, da er auch die Kaisererhebung des Theodosius auf den 16. setzt (siehe 379 S. 37); seine Angabe spricht also im Gegentheil eher dafür, dass Arcadius an demselben Tage wie Theodosius, also am 19., Augustus wurde. Nach Orosius (VII 34) wurde Arcadius eher Augustus, als Maximus nach Italien übersetzte.

[3] Arcadius war, als er am 1. Mai 408 starb, 31 Jahre alt (nach Sokr. VI 23); zur Zeit seiner Kaisererhebung nennt ihn Themistios (204 [d]): *ἤδη παῖδα, ἤδη μειράκιον, ἤδη φθεγγόμενον ὁλοκλήρως, τάχα οἷόν τε καὶ δημηγορῆσαι.*

die Grossen die Stricke seines Zeltes, welches zusammenfiel und ihn erschlug[1].

II. Die römischen Beamten.

a. Die Consuln.

Themistios sagt[2], Gratian habe für dieses Jahr dem Theodosius das Consulat angeboten; dieser aber habe darauf verzichtet, nicht etwa zu Gunsten seines Sohnes, was man hätte erwarten sollen, sondern für den Saturninus. Damit habe er einem Privatmanne eine Ehre erwiesen, wie kein Augustus vor ihm; denn seit Menschengedenken finde man keinen *ἰδιώτῃν βασιλεῖ παρεσκευασμένην τιμὴν ὑποδύντα* (203 [b]). Und diese dem Saturnin bereitete Ehre sei noch grösser, weil der Kaiser damals seine quinquennalia feierte und noch nie ein Kaiser im Jahre seiner quinquennalia oder decennalia einem andern das Consulat überlassen habe (205 [bc]).

1. Saturninus, der ältere der zwei magistri militum jener Zeit im Orient[3], war schon vor 30 Jahren am Hofe (200 [b]) und ist stufenweise von unten zur höchsten militärischen Stellung emporgestiegen (206 [a]). Um das Jahr 373 war er comes Orientis[4]; Valens machte ihn für eine Zeitlang zum magister equitum gegen die Goten im Jahre 377, und er nahm an der Schlacht bei Adrianopel theil[5]. Mit Gregor von Nazianz[6] und mit Libanios[7] stand er in Briefwechsel.

2. Merobaudes war schon 377 Consul gewesen. Auch er war General und Franke von Geburt; bei dem Zuge Valentinians I. gegen die Quaden 375 war er Hauptheerführer[8]; nach dessen Tode betrieb er mit Equitius die Kaisererhebung Valentinians II.[9] Ueber seinen Tod als consul designatus Ende des Jahres 387 siehe unten[10].

b. Beamte des Ostreiches.

1. Asclepiodotus, praeses von Kreta (siehe 382).
2. Clearchus praef. urbi bis 384 (siehe 382).

[1] Agathias IV 26, p. 136[b], vgl. Clinton, Fasti Rom. 383; ferner Nöldeke, Aufsätze zur persischen Geschichte 102; ders., Aus der arabischen Chronik des Tabari 70—71 und 418.

[2] A. a. O. 202[d].

[3] Themist. 201[b]. Der andere mag. mil. war jedenfalls Richomeres.

[4] Basileios, Brief 132. [5] Ammian. XXXI 8, 5 und 13, 9.

[6] Brief 132 und 181. [7] Brief 815. [8] Zos. IV 17.

[9] Amm. XXX 10, 2—6, und Zos. IV 19.

[10] Jahr 387 unter: Beamte des Westreiches.

3. Constantinus, als vicarius dioecesis Ponticae auch in diesem Jahre (siehe 382) wiederholt genannt, zuletzt am 20. Juli[1].

4. Maternus Cynegius[2], der praef. praet. im Jahre 384 war, wird im Jahre 383 am 5. und 8. März als comes sacr. larg. erwähnt[3] und ist wohl von diesem Amte zur Präfectur aufgestiegen[4].

5. Eucharius wird als proconsul Palaestinae erwähnt am 22. November[5]; im März 384 ist ihm Agrestius in diesem Amte gefolgt.

6. Flavianus der Jüngere, der älteste Sohn jenes Flavian, der im Anfange dieses Jahres praef. praet. Italiae war[6], wird als proconsul Asiae am 10. Mai erwähnt[7]. Am 28. Februar war er noch in Rom[8]; er verlor auch bald seine Stelle, weil er einen decurio entgegen einem Gesetze des Theodosius im Zorne züchtigen liess, und entzog sich der Strafe durch die Flucht[9]. Vielleicht hängt es damit auch zusammen, dass sein Vater im Sommer dieses Jahres sein Amt verlor.

7. Florus, praef. praet. seit dem Jahre 381 (siehe oben S. 86), wird als solcher zuletzt erwähnt am 5. März[10]. Schon am 6. April wird sein Nachfolger Postumianus genannt.

8. Hellebichus wird als comes et mag. utriusque militiae am 30. December erwähnt[11]. Während seiner Amtszeit, die jedenfalls bis zum Jahre 387 dauerte[12], schrieb Gregor von Nazianz an ihn seinen 224. Brief.

9. Hypatius, verschieden von dem gleichzeitigen praef. praet. im Westreiche, war praef. Augustalis am 29. April und 8. Mai[13]; im vorigen Jahre war dies Palladius. Sein Nachfolger war Optatus (siehe 384).

10. Nebridius, comes rer. priv. seit dem vorigen Jahre (siehe S. 124), wird in diesem Jahre als solcher erwähnt am 3. October[14]; er blieb im Amte bis zum nächsten Jahre.

---

1 Cod. Theod. XVI 5, 10.
2 Der Vorname steht in der Inschrift C. I. lat. III 1 nr. 19.
3 Cod. Theod. VI 35, 12 und XII 1, 97.
4 Ueber seine Person siehe Sievers, Libanius 265 und 266.
5 Cod. Theod. XI 36, 28.
6 Siehe unten S. 150.
7 Cod. Theod. XII 6, 18.
8 Symmachus, Ep. II 24.
9 Libanios, In Icarium (bei Reiske II 136).
10 Cod. Theod. XII 1, 96.
11 Ibid. IX 39, 1.
12 Siehe unten 387 IIc.
13 Cod. Theod. XII 6, 17 und XI 36, 27.
14 Ibid. VI 30, 5.

11. Postumianus, praef. praet. als Nachfolger des Florus, wird zuerst erwähnt am 6. April[1] und zuletzt am 7. November[2]; sein Nachfolger war jedenfalls Cynegius, der als praef. praet. im Januar 384 erwähnt wird. Während dieser seiner Amtszeit schrieb Gregor von Nazianz an Postumianus Brief 173.

12. Proculus, als comes Orientis Nachfolger des Philagrius[3], wird erwähnt am 11. Juni und 27. Juli[4]; er war vorher Statthalter von Phönikien gewesen[5]. Ueber ihn und seine damalige Thätigkeit spricht Libanios, der ihn als einen grausamen und blutdürstigen Menschen schildert; er hielt auch zwei Reden gegen ihn und war sein persönlicher Feind[6]. Es folgte ihm Icarius, der Sohn des Theodorus[7].

13. Richomeres, Franke und mag. militum, war im Anfang des Jahres in Konstantinopel[8] und kam zu Anfang des Winters nach Antiochien[9]. Vielleicht war er damals auf einem Kriegszuge gegen die Tzanni am Schwarzen Meere, die um diese Zeit einen Raubzug bis nach Syrien machten[10].

14. Vallio, mit Merobaudes ein hervorragender General Gratians (‚bellator strenuus, miles fidelis, comes utilis'; Ambros., Ep. 24, 11), wurde bald nach des letztern Tode auf Betreiben des Maximus zum Selbstmord gezwungen[11].

c. Beamte des Westreiches.

1. Ammianus wird gegen Ende des Jahres als comes rer. priv. erwähnt[12]. Libanios richtete an einen Ammian, der im Amte war — ein anderes Amt ist von ihm nicht bekannt — seinen 1090. Brief.

2. Anicius Bassus und Aventius werden von Symmachus als seine unmittelbaren Vorgänger in der praefectura urbana be-

---

[1] Cod. Theod. IX 42, 10 und XII 1, 98. [2] Ibid. XII 1, 104.
[3] Libanios, De vita (Reiske I 132—133 und 139).
[4] Cod. Theod. XV 1, 22 und XII 1, 103.
[5] Libanios a. a. O. I 262 und II 413. [6] Sievers, Libanius 156—157.
[7] Libanios a. a. O. 138 und 139; vgl. Sievers, Libanius 163.
[8] Themistios, Rede 16 S. 202[c. d].
[9] Libanios a. a. O. 136 und Brief 891; vgl. Sievers, Libanius 157, bes. Anm. 35.
[10] Malalas, Chronographie 347; vgl. Ifland a. a. O. 121.
[11] Pacatus, Theodosius c. 28. [12] Cod. Theod. XI 30, 41.

zeichnet[1]. Der erstere (siehe 382) hatte das Amt schon Ende des vorigen Jahres angetreten; ihm folgte dann Aventius, den im Frühjahr 384 Symmachus ablöste[2].

3. Basilius wird als comes sacr. larg. erwähnt am 16. Juni[3] und 31. August[4]; doch erregt das letztere Datum Bedenken[5]. Er kann als Nachfolger des Macedonius gelten.

4. Eusignius wird als proconsul Africae erwähnt am 26. Februar und 17. Juni[6]. Sein Vorgänger und sein Nachfolger sind nicht bekannt[7].

5. Nicomachus Flavianus der Aeltere, seit dem vorigen Jahre (siehe S. 125) praef. praet. Italiae, wird zuletzt als solcher erwähnt am 27. Februar 383[8]. Im Herbste dieses Jahres lebte er nach Niederlegung seines Amtes in Musse in Italien[9].

6. Gregorius, an den Symmachus Briefe richtete, wird als praef. praet. Gall. erwähnt kurz vor der Zeit, wo die Gerüchte über die Kaiserproclamation des Maximus nach Gallien kamen[10]. Er trat den Priscillianisten am Hofe Gratians scharf entgegen, die aber im mag. offic. Macedonius daselbst einen Anwalt fanden[11].

7. Hypatius, praef. praet. Italiae seit dem vorigen Jahre (siehe S. 125), wird auch in diesem Jahre wiederholt als solcher erwähnt, zuletzt am 28. Mai[12].

8. Macedonius, mag. offic. schon seit dem vorigen Jahre (siehe a. a. O.), zeigte sich als Freund der Priscillianisten[13]. Nach dem

---

[1] Symmachus, Relationes 23 und 34 (Seeck a. a. O. 297, 10 ff. und 307, 29).
[2] Seeck a. a. O. prol. 54. [3] Cod. Theod. XII 1, 101. [4] Ibid. XI 30, 40.
[5] Denn da Gratian am 25. August umkam, wird schwerlich Valentinian II., sein Nachfolger, schon am 31. August ein Gesetz gegeben haben, zumal in einer so unwesentlichen Angelegenheit.
[6] Cod. Theod. XII 1, 95 und I 3, 1. [7] Seeck a. a. O. 147.
[8] Cod. Theod. VII 18, 8 und IX 29, 2. [9] Seeck a. a. O. 117 und 120.
[10] Sulpicius Severus, Chronica II 49. [11] Ibid.
[12] Cod. Theod. II 19, 5. An ihn wird auch wohl das Gesetz im Cod. Theod. V 1, 3 vom 19. Februar gerichtet sein; es ist adressirt an einen Hilarius praef. praet., der aber nicht unterzubringen ist, da aus jener Zeit schon drei praef. praet. bekannt sind; im Cod. Iust. VI 57, 4 erscheint statt seiner in diesem Gesetz Hilarianus praef. urbi, und Tillemont (Hist. V 170—171) hält das für richtig, indem er unter diesem den Decimius Hilarianus Hilarius versteht, an den Briefe des Symmachus gerichtet sind. Aber Tillemont irrt; denn das oben über Bassus und Aventius Gesagte zeigt, dass dieser Hilarius im Jahre 383 nicht praef. urbi gewesen sein kann.
[13] Sulpicius Severus l. c.

Tode Gratians wurde er angeklagt und wollte in eine Kirche fliehen; er konnte aber den Eingang nicht finden, wurde ergriffen und an Symmachus, als dieser praef. urbi war, zur Aburtheilung geschickt. Es scheint, dass dieser ihn zum Tode verurtheilt hat, da er seitdem nicht mehr erwähnt wird[1].

9. Marcellinus. An ihn ist ein Gesetz vom 4. April gerichtet[2], welches zeigt, dass er eine richterliche Gewalt, höher als die ‚cognitores' und ‚iudices', besass, also wahrscheinlich vicarius war. Dass dieser der Schriftsteller Ammianus Marcellinus ist, hält Gothofredus (zu d. Ges.) für möglich; Sievers[3] bezweifelt es ohne genügenden Grund, weil der Geschichtschreiber sich ‚miles quondam' nenne[4]. An den Geschichtschreiber schrieb Libanios seinen 983. Brief und sagt von ihm hier, dass er in Rom lebte.

10. Marinianus wird als vicarius Hispaniarum erwähnt am 27. Mai[5]. Dieser ist wahrscheinlich der vicarius Hispaniarum, der den Priscillianisten günstig gesinnt war und dem Gratian kurz vor dem Einfalle des Maximus in Gallien die Untersuchung gegen jene Häretiker auf Betreiben des Macedonius übertrug[6]. Symmachus schrieb an ihn die Briefe III 23—29[7].

11. Sextus Petronius Probus wird als praef. praet. Italiae, Africae, Illyrici erwähnt am 19. Januar[8]. Seeck[9] lässt ihn denn auch in diesem und im nächsten Jahre dieses Amt bekleiden, es dann niederlegen und im Jahre 387 dasselbe wieder übernehmen, wo er mit Valentinian II. nach Thessalonich floh. Ich kann Seeck darin nicht beistimmen und halte dafür, dass Probus im Jahre 383 gar nicht praef. praet. war[10].

---

[1] Paulinus, Vita Ambrosii c. 37; Symmachus, Relatio 36.
[2] Cod. Theod. IX 27, 5. [3] Libanius 271.
[4] Am Schlusse seiner Res gestae.
[5] Cod. Theod. IX 1, 14; vgl. Tillemont, Hist. V 722—723 note 22.
[6] Sulpicius Severus, Chronica II 49, 3. [7] Seeck a. a. O. 127.
[8] Cod. Theod. XI 13, 1. [9] A. a. O. 103 und bes. Anm. 466.
[10] Seeck stützt sich vor allem auf eine Bemerkung des Sokrates (V 11), die bei Sozomenos (VII 13) wiederkehrt und die besagt, zur Zeit, als Maximus sich gegen Gratian auflehnte, habe Probus in Italien wegen der Jugend Valentinians II. die Geschäfte geführt und die Präfectur bekleidet. Aber ich werde später zeigen (siehe unten S. 158), dass hier ohne Zweifel ein Irrthum des Sokrates vorliegt, dass er nämlich das Auftreten der Justina gegen Ambrosius aus dem Jahre 385 ins Jahr 383 verlegt hat; damit fällt denn auch die Behauptung des Sokrates, Probus habe 383 die Präfectur bekleidet, zusammen. Am 19. Januar kann ohnedem im Jahre 383 Probus gar nicht praef. praet. Italiae gewesen sein, da aus dieser Zeit

III. Religionsgesetze.

1. Hinsichtlich der curiales, d. h. der zu Gemeindediensten Verpflichteten, erliessen Gratian und Theodosius in diesem Jahre elf (im Cod. Theod. XII 1, 94—104 erhaltene) Gesetze, die zum Theil sich auf die jüdischen und christlichen Religionsdiener beziehen.

Die Juden waren vor Konstantin von solchen Diensten befreit; dieser aber nahm ihnen das Privileg durch das Gesetz vom 11. December 321 [1], wonach es bloss zwei oder drei Personen in jeder Gemeinde verbleiben sollte. Zehn Jahre später gab er das Privileg ihren ‚hierei et archisynagogae et patres synagogarum' zurück [2]. Gratian nahm ihnen das Privileg wieder durch das Gesetz vom 18. oder 19. April 383 [3] mit der Begründung, dass auch die Cleriker diese Immunität nicht genössen; jeder also, der ein religiöses Amt bekleide, müsse einen andern als curialis substituiren und diesen besolden.

Hinsichtlich der Cleriker hatte Konstantin im Jahre 320 strenge Bestimmungen erlassen [4]: curiales sollten nicht Cleriker werden, und wenn es doch geschehe, zur curia zurückgeführt werden. Später wurde bestimmt, curiales, die Cleriker würden, müssten ihr Vermögen der curia cediren; Konstantius befreite hiervon im Jahre 361 die Bischöfe schlechthin, die übrigen Cleriker unter besondern Umständen, vor allem ‚si totius populi vocibus expetatur' [5]; wenn solche Umstände nicht vorliegen, soll der Cleriker sein Ver-

---

uns zwei andere Männer in dieser Stellung bekannt sind, Flavian und Hypatius; das gibt auch Seeck (a. a. O. 54 Anm. 210) zu und schlägt daher vor, jenes Gesetz, um das es sich hier handelt, ins Jahr 384 zu rücken durch folgende Datirung: ‚post consul. Merob. et Saturnini'. Aber diese Conjectur findet, abgesehen davon, dass sie willkürlich ist, auch darin ihre Schwierigkeit, dass am Kopfe des Gesetzes Kaiser Gratian genannt ist. Probus erscheint als praef. praet. auch in einem Gesetze vom 25. October 384 (Cod. Theod. VI 30, 6); dieses ist unterschrieben: ‚post consul. Merob. II. et Saturn., eine Datirung, die Seeck (a. a. O.) mit de Rossi (Inscript. christ. urbis Romae I, prol. p. 28) in der zweiten Hälfte eines Jahres nicht gelten lässt; vergleiche aber dagegen meine Bemerkungen 381 S. 82 Anm. 7. Es bleibt also immerhin zweifelhaft, ob Probus im October 384 praef. praet. war; jedenfalls möchte ich das letztgenannte Gesetz aus den oben angegebenen Gründen nicht ins Jahr 383 mit Seeck setzen, sondern, wenn geändert werden soll, später als 384.

[1] Cod. Theod. XVI 8, 3. [2] Ibid. XVI 8, 4. [3] Ibid. XII 1, 99.
[4] Ibid. XVI 2, 3. [5] Ibid. XII 1, 49.

mögen seinen Kindern, die zu Curialdiensten herangezogen sind, geben, und wenn er keine Kinder hat, derartigen Verwandten oder der curia selbst. Julian beseitigte dies Gesetz des Konstantius wieder[1]; Valentinian und Valens schlugen einen Mittelweg ein[2]. Gratian erklärte nun in dem oben genannten Gesetze vom 18. oder 19. April 383, es könne nicht eher jemand Cleriker werden, bis er alle seine Pflichten gegen das Vaterland erfüllt habe. Etwas später, am 7. November, bestimmte Theodosius, der curialis, welcher Cleriker werden wolle, müsse sein Vermögen der curia überweisen[3]. Mit Rücksicht darauf sagt im folgenden Jahre der hl. Ambrosius in seiner Antwort auf die Relatio des Symmachus[4]: Si privilegium quaerat sacerdos, ut onus curiale declinet, patria atque avita et omnium facultatum possessione cedendum est.

2. Gesetz des Theodosius vom 20. Juni an Constantianus, den vicarius dioecesis Ponticae, gegen die Tascodrogitae[5]: sie sollen nicht aus ihren Wohnsitzen vertrieben, aber an Zusammenkünften gehindert werden.

Ueber diese Secte spricht eingehend Epiphanios[6]. Er leitet den Namen ab von τασκός = πάσσαλος und δροῦγγος = μυκτήρ; sie hätten nämlich, sagt er, beim Beten den Zeigefinger an die Nase gelegt zum Zeichen der Verdemüthigung; sie seien auch verwandt mit den Quintilliani, Priscilliani und Pepuziani, die alle in Phrygien verbreitet seien. In dem Gesetze Cod. Theod. XVI 5, 65 wird eine Secte Ascodrogitae genannt, und man ist geneigt anzunehmen, dass es dieselbe wie die oben genannte ist; dagegen spricht aber, dass Philastrius[7] die Ascodrogitae von den Passalorhynchitae, denen Epiphanios die Tascodrogitae gleichsetzt, unterscheidet.

3. Je ein Gesetz des Theodosius und Gratian gegen die Apostaten, jenes vom 20., dieses vom 21. Mai[8]. Sowohl das zeitliche Zusammentreffen als auch die innere Aehnlichkeit der zwei Gesetze zeigen, dass sie aus einer Verabredung der beiden Kaiser hervorgegangen sind[9]. Man braucht aber nicht mit Gothofredus aus dem Erlass dieser Gesetze den Schluss zu ziehen, dass damals besonders

---

[1] Cod. Theod. XII 1, 50. [2] Ibid. XII 1, 59 und XVI 2, 19.
[3] Ibid. XII 1, 104, vgl. 123. [4] Ambrosius, Ep. 18, 13.
[5] Cod. Theod. XVI 5, 10.
[6] Contra haereses II 48 (Dindorf II 442).
[7] Liber de haeresibus, haer. 76. [8] Cod. Theod. XVI 7, 2 und 3.
[9] So auch Richter a. a. O. 555.

viele Christen vom Glauben abfielen; sie stellen einfach einen weitern Schritt auf dem Wege der Uniformirung der Religion im römischen Reiche dar, wie auch die zwei gleich (unter 4) zu besprechenden Gesetze gegen die Häretiker.

Theodosius ergänzt durch sein Gesetz vom 20. Mai d. J. das von ihm im Jahre 381 gegen die Apostaten gegebene Gesetz [1], welches diesen das ius testandi genommen hatte, und schränkt es zum Theil auch ein: Getaufte sollen allerdings, wenn sie zum Heidenthum zurückkehren, nicht mehr testiren können; dagegen Katechumenen sollen ihr Vermögen vermachen können, aber nur Kindern und leiblichen Brüdern, nicht andern Personen. Erweitert wird jenes frühere Gesetz durch die Bestimmung, dass es auch für die Annahme von Erbschaften gelten soll, und zwar, wie es scheint, mit demselben Unterschiede wie vorhin, so dass fortan Getaufte, die apostasirten, gar keine Erbschaften, Katechumenen nur solche von Eltern und leiblichen Brüdern annehmen konnten.

Gratian bestimmt durch das Gesetz vom 21. Mai d. J. die poena intestabilitatis, d. h. die Unfähigkeit, ein giltiges Testament zu machen, für alle, die zum Heidenthum, Judenthum oder Manichäismus abfallen, auch für alle, die jemanden zur Annahme einer dieser Religionen verleiten; doch sollen den letztern von den Richtern auch noch schwerere Strafen auferlegt werden können. Es muss aber die Klage wegen Ungiltigkeit eines Testaments, wie bei allen ‚inofficiosae actiones' [2], innerhalb fünf Jahren nach dem Tode des Erblassers erhoben werden, damit die Erbstreitigkeiten sich nicht zu lange hinziehen und nicht immer wieder neu aufleben können. Der Schluss des Gesetzes ist unklar; wahrscheinlich wird hier gesagt, wer später als in fünf Jahren auf Grund dieses Gesetzes ein Testament anfechte, zeige damit, dass er früher an der Apostasie des Erblassers mitschuldig war.

4. Zwei Gesetze des Theodosius gegen die Irrlehrer, beide gerichtet an den praef. praet. Postumianus, das erstere vom 25. Juli, das zweite vom 3. September [3].

In dem ersten werden viele Irrlehrer aufgezählt, an ihrer Spitze die Eunomianer und Arianer; es wird ihnen aufs neue jede Versammlung verboten und, was bisher noch nicht bestimmt war, den Orthodoxen gestattet, jede Versammlung jener Irrlehrer mit Gewalt zu sprengen.

---

[1] Cod. Theod. XVI 7, 1. [2] Ibid. II 19, 5. [3] Ibid. XVI 5, 11 u. 12.

Das zweite Gesetz wird von Sozomenos (VII 12) als Folge des Concils von Konstantinopel hingestellt, das in diesem Jahre stattfand. In diesem Gesetze werden zu den im vorigen Gesetze genannten Irrlehrern die Apollinaristen hinzugefügt, die bisher in keinem Gesetze genannt worden waren. Der Inhalt des Gesetzes ist dieser: 1. Den Häretikern werden alle Versammlungen in Stadt und Land verboten, und ihre Versammlungsorte werden dem Fiscus zugesprochen. 2. Es wird ihnen das Recht abgesprochen, Priester zu weihen. 3. Ihre Lehrer und Priester sollen nicht umherschweifen und an andern Orten ihr Amt ausüben dürfen; thun sie dies, so sollen sie aufgesucht und in ihre Heimat zurückgeführt werden. Diese letzte Bestimmung wie auch die Erwähnung der Apollinaristen zeigen deutlich, dass das Gesetz durch die Vorstellungen veranlasst war, welche Gregor von Nazianz in seinem 125. Briefe dem Statthalter Olympios von Kappadokien gemacht hatte; er theilte diesem nämlich mit, die Apollinaristen hätten sich zu Nazianz versammelt und durch fremde Bischöfe, die auf der Durchreise dort weilten und auf einer Synode von Orientalen und Occidentalen abgesetzt worden seien, einen der Ihrigen zum Bischofe weihen lassen; er bemerkt am Schlusse, so etwas könnten doch die Kaiser nicht ungestraft hingehen lassen. Sozomenos fügt seinem Berichte über das Gesetz bei, der Kaiser habe zwar schwere Strafen in dem Gesetze angedroht, habe sie aber nicht ausgeführt.

IV. Culturgesetze.

1. Gesetz Gratians vom 29. Januar an den praef. praet. Probus [1], ergänzt durch das Gesetz vom 5. März ad populum [2]: Alle *‚privilegia paucis concessa personis in perniciem plurimorum‘*, auch alle Immunitäten und Steuerprivilegien sollen aufgehoben sein; der Kaiser selbst will, so erklärt er, in der Grossmuth allen vorangehen und auf jede Immunität auch für sich und das kaiserliche Haus verzichten; er hofft, dass die andern um so leichter ebenso thun werden.

Das erstere Gesetz zeigt auch, dass die Präfectur Italia in vier Theile zerfiel: Italia, regiones urbicariae, Africa, Illyricum.

2. Gesetz Gratians vom 27. Mai an den vicarius Hispaniarum Marinianus [3]; es legt jedem, der eine Kapitalanklage gegen

[1] Cod. Theod. XI 13, 1. [2] Ibid. XIII 10, 8. [3] Ibid. IX 1, 14.

einen andern, auch gegen einen Sklaven, erhebt, die Pflicht auf, schriftlich zu erklären, im Falle der Unschuld des Angeklagten wolle er selbst dieselbe Strafe auf sich nehmen; vor einer solchen Erklärung solle bei Sklaven nicht zur Folter geschritten werden.

3. Gesetz des Theodosius vom 27. Juli an den comes Orientis Proculus[1]; es ist ein neuer Beweis der wohlwollenden Gesinnung dieses Kaisers: Keiner kann gezwungen werden, das Amt eines *syriarcha* (d. h. des Oberpriesters der Provinz Syrien) zu übernehmen. Mit diesem Amte war nämlich die Pflicht verbunden, bestimmte Spiele zu geben. Im Jahre 385 wurde eine gleiche Bestimmung durch ein neues Gesetz[2] für alle Provinzen erlassen.

V. Concilien.

a. Concil zu Konstantinopel.

Ueber das Concil in Konstantinopel in diesem Jahre sind wir bloss durch Sokr. V 10 unterrichtet, dem Soz. VII 12 gänzlich folgt; doch zeigt auch der 175. Brief Gregors von Nazianz, dass zur Zeit der Präfectur des Postumianus in Konstantinopel ein Concil versammelt war.

Hefele[3] handelt erschöpfend über dies Concil. Nach Sokrates trat es im Juni zusammen, berufen vom Kaiser; zu Ende war es jedenfalls am 3. September, als das Gesetz Cod. Theod. XVI 5, 12 gegeben wurde, welches Sozomenos als Ergebniss dieses Concils bezeichnet. Der Zweck des Concils war nach der Absicht des Kaisers, durch eine freie Discussion die religiösen Gegensätze auszugleichen; deshalb waren nicht nur die orthodoxen, sondern auch die häretischen Bischöfe berufen. Nektarios berieth sich mit Agelios, dem damaligen Bischofe der Novatianer[4], und dieser bestimmte statt seiner zur Disputation seinen Lector Sisinnios, einen tüchtigen Mann. Dieser hinwiederum rieth dem Nektarios, er solle die Bischöfe der einzelnen Secten fragen, ob sie die Lehre der vornicänischen Väter anerkennten; wenn das der Fall sei, könnten sie aus diesen leicht hinsichtlich des ὁμοούσιος überführt werden. Der Kaiser billigte das. Als nun die Bischöfe zuerst gefragt wurden, ob sie die kirchlichen Lehrer vor der Entstehung des Arianismus hochhielten, bejahten sie dies; als dann aber weiterhin gefragt wurde, ob sie dieselben auch

[1] Cod. Theod. XII 1, 103. [2] Ibid. XII 1, 109.

[3] Conciliengesch. II² 41—43.

[4] Er starb im Jahre 384, kurz vor der Geburt des Honorius (Sokr. V 12), die am 9. September war.

für ἀξιόχρεωι μάρτυρες der wahren Lehre hielten, entstand heftiger Streit. Daraufhin verlangte der Kaiser, dass jede Secte ihm ein Glaubensbekenntniss einreiche. Das geschah: Nektarios verfasste es für die Orthodoxen, Agelios für die Novatianer, und diese beiden stimmten hinsichtlich des ὁμοούσιος überein und wurden vom Kaiser gebilligt; dagegen zerriss er die Glaubensbekenntnisse, die Demophilos für die Arianer, ferner Eunomios und Makedonios für ihre Anhänger verfassten. Die Bischöfe dieser drei Secten verliessen nun das Concil; sie verloren seitdem immer mehr Anhänger. Die Novatianer dagegen erhielten Duldung, und der Kaiser erliess ein Gesetz, dass sie ihre Kirchen in Ruhe besitzen und alle Privilegien der Orthodoxen geniessen sollten. Diese, die Orthodoxen, spalteten sich auf dem Concil in zwei Theile wegen der antiochenischen Frage; die ägyptischen, arabischen und kyprischen Bischöfe waren gegen Flavianos, die palästinensischen, syrischen und phönikischen aber für ihn.

Das von Eunomios bei Gelegenheit dieses Concils verfasste Symbolum scheint erhalten zu sein, und zwar im Urtexte[1]; wenigstens heisst es in dem erhaltenen, jedenfalls eunomianischen Symbolum, dass es auf kaiserlichen Befehl verfasst sei. Es ist in entschiedenem Tone abgefasst.

b. Synode zu Sida in Pamphylien und Antiochien in Syrien (?).

Ueber die Synoden zu Sida und Antiochien spricht Photios in der Bibliothek[2]. Baronius, Mansi und Clinton setzen die zwei Synoden ins Jahr 383, ohne einen Grund anzugeben; Tillemont[3] und Hefele[4] aber sind mehr für das Jahr 390. Die Zeit dieser Synoden ist nicht überliefert und auch nicht zu bestimmen; auch welche von den zwei Synoden die frühere war, ist nicht zu entscheiden[5].

Gehalten wurden sie gegen die Messaliani, auch Euchitae und Adelphii genannt. Der zu Sida wohnten ausser Amphilochios von Ikonion, welcher den Vorsitz führte, 25 Bischöfe bei; der zu Antiochien unter dem Vorsitze Flavians drei weitere Bischöfe und 30 Priester oder Diakone. Auch Theodoret[6] sagt, dass Amphilochios

[1] Gedruckt bei Mansi, Conc. III 646.

[2] Cod. 52. Die Stelle ist gedruckt lateinisch bei Mansi, Conc. III 651, und griechisch zum Theil bei Clinton, Fasti Rom. zum Jahre 383.

[3] Mémoires VIII 533—534. [4] Conciliengesch. II² 48.

[5] Tillemont a. a. O. 708 note 2. [6] Hist. eccl. IV 10.

und Flavian die genannte Irrlehre bekämpft hätten; er spricht aber nicht von Synoden.

VI. Kirchenväter.

a. Ambrosius.

Mit der Thronbesteigung des Maximus bringen Sokrates und Sozomenos [1] eine Verfolgung des Ambrosius durch Justina, die Mutter Valentinians, in Verbindung. Sozomenos folgt dabei dem Sokrates, fügt aber hinzu, Ambrosius sei zum Zwecke der Gefangennahme in der Kirche zu Mailand eingeschlossen worden; beide erzählen auch, die Nachricht vom Tode Gratians habe diesen Anfeindungen ein Ende gemacht. Es ist mir nicht zweifelhaft, dass hier ein chronologischer Irrthum vorliegt, eine Uebertragung der Ereignisse der Jahre 385 bis 386 ins Jahr 383 [2].

Wohl sicher im Winter 383—384 übernahm Ambrosius die erste Gesandtschaft an Maximus für den jungen Kaiser Valentinian [3]. Den Zweck und Verlauf dieser Gesandtschaft berichtet er theils in Brief 24, 7, theils in der Schrift De obitu Valentiniani (c. 28). Hiernach übernahm er sie auf Bitten der Justina, um einen Friedensschluss mit Maximus herbeizuführen. Dieser verlangte aber, Valentinian solle selbst kommen; als Ambrosius das nicht versprechen konnte, hielt Maximus ihn zurück und schickte seinen Sohn Victor nach Mailand; dieser aber kehrte mit ablehnender Antwort zurück, worauf Ambrosius den Hof des Maximus verliess.

[1] Sokr. V 11; Soz. VII 13.

[2] Beide Schriftsteller erzählen nämlich zu den Jahren 385 und 386 keine Verfolgung des Ambrosius, stellen aber die angebliche Verfolgung des Jahres 383 ganz so dar, wie sie in jenen spätern Jahren wirklich war. Auch wird sonst nirgendwo überliefert, dass Ambrosius schon 383 von Justina bedrängt wurde. Und wie hätte sie dies zu Lebzeiten Gratians gewagt, da Ambrosius mit diesem so sehr befreundet war? Wie hätte sie es auch gekonnt, da Valentinian bis zum Tode Gratians keine von diesem unabhängige Herrschaft hatte (vgl. oben 378 S. 23)? Sokrates sagt, Probus habe zur Zeit jener Verfolgung als praef. praet. in Italien für Valentinian die Herrschaft geführt; das kann aber erst nach dem Tode Gratians geschehen sein, da dieser selbst, solange er lebte, in Italien regierte.

[3] Dass sie im Winter war, sagt Ambrosius in Brief 24, 7; da es sich aber bei der Gesandtschaft um das Leben und die Rettung Valentinians handelte (Ambrosius, De obitu Valentiniani c. 28), ist jener Winter der wahrscheinlichste, welcher auf den Einfall des Maximus in Gallien und den Tod Gratians folgte.

Paulin sagt[1], Ambrosius habe den Maximus wegen der Ermordung Gratians excommunicirt; jedenfalls hat diese Strafe aber nur bis zum Abschlusse des Friedens mit Valentinian im Jahre 384 gedauert[2].

Ambrosius schrieb in diesem Jahre (383) die Briefe 15 und 16, sobald er die Nachricht vom Tode des Bischofs Acholios von Thessalonich erhalten hatte, jenen an Clerus und Volk von Thessalonich, diesen an Anysios, den Nachfolger des Acholios.

b. Augustinus

hatte im 29. Jahre seines Lebens[3], das mit dem 13. November 382 begann[4], zu Karthago eine Unterredung mit dem manichäischen Bischofe Faustus und reiste dann nach Rom, wo er die Rhetorik lehrte und schwer erkrankte[5].

c. Gregor von Nazianz.

1. Schicksale.

In Nazianz traten um diese Zeit die Apollinaristen sehr hervor und machten Gregor viel Verdruss[6]. Gregor appellirte dagegen an die weltliche Gewalt[7] und hatte die Genugthuung, dass Theodosius im Gesetze vom 3. September d. J.[8] die Apollinaristen den übrigen vom Staate gemassregelten Secten gleichstellte und ihnen insbesondere das Recht nahm, sich in fremde Gemeinden zu begeben und dort Priester zu weihen.

Das Treiben der Apollinaristen, in Verbindung mit übeln Erfahrungen, die Gregor an seinen Priestern machte[9], verleidete ihm seine Thätigkeit in Nazianz, die er nur ungern und gerade wegen der von den Apollinaristen drohenden Gefahr übernommen hatte[10]. In dieser Missstimmung schrieb er damals sein 30. Gedicht: *Εἰς ἑαυτόν*[11]. Dabei wurde er auch noch angefeindet von manchen

---

[1] Vita s. Ambrosii c. 19.

[2] So Tillemont (Mém. X 743 note 20) und Richter (a. a. O. 580). Förster (Leben des Ambrosius 382) bestreitet die Thatsache der Excommunication.

[3] Augustinus, Conf. V 3. [4] Tillemont, Mém. XIII 44 art. 19.

[5] Tillemont S. 46—48. [6] Siehe oben S. 155. [7] Brief 125.

[8] Cod. Theod. XVI 5, 12.

[9] Vgl. sein 30. Gedicht Vers 67 ff. (Opera II 872). [10] Brief 138.

[11] Gregor gibt hier (Opera II 870 sqq.) die Gründe dafür an, dass er die

Bischöfen seiner Kirchenprovinz, die ihm seinen frühern Rücktritt von der Kirche zu Nazianz zum Vorwurfe machten, als wenn ihm diese Gemeinde nicht werth genug erschienen sei, und die nun dieser feindlichen Gesinnung mehrmals bei Zusammenkünften Ausdruck gaben, dazu auch noch kirchliche Canones gegen seine Thätigkeit in Nazianz geltend machten [1]. Gregor erklärte daher seinem Metropoliten, dem Bischofe Theodoros von Tyana, er könne die Verantwortung für die Kirche von Nazianz wegen seiner schwachen Gesundheit und des Ansturmes der Apollinaristen nicht weiter tragen und werde, wenn er auch jetzt kein Gehör finde, öffentlich in der Kirche verkünden, dass sie einen neuen Hirten nöthig habe [2]. Bald darauf theilte er demselben und dem Bischofe Bosporios von Kolonia [3] mit, dass er wirklich zurückgetreten sei. Die Bischöfe setzten ihm jetzt, und zwar noch im Jahre 383 [4], einen Nachfolger in Eulalios, den er ihnen empfohlen hatte, seinem Vetter und vertrauten Freunde; er war früher Chorbischof gewesen [5]. Gregor zog sich jetzt für immer auf sein Landgut in Arianz zurück, wo er den Rest seines Lebens in mönchischer Einsamkeit zubrachte [6].

2. Reden.

Rede 45 über das Osterfest wurde an einem solchen Feste gehalten, wahrscheinlich in diesem Jahre [7].

Leitung der Kirche in Nazianz wieder übernommen habe, sowie die Verlegenheiten, die ihm daraus erwuchsen.

[1] Vgl. die Briefe 139 und 157. [2] Brief 152.

[3] Briefe 139 und 153.

[4] Siehe Excurs IX: Zeit des Rücktritts Gregors von der Kirche in Nazianz.

[5] Briefe 152 und 182; vgl. Tillemont, Mém. IX 530—531.

[6] Hieronymus, De viris illustr. c. 117 und Vita Gregorii Naz. (Opera I praef. 157).

[7] Tillemont (Mém. IX 539) setzt die Rede in die letzte Lebenszeit des Heiligen, und ihm folgen die Mauriner, die sie dem Jahre 385 zuschreiben (Greg. Naz., Opera I 844); sie wäre dann in Arianz gehalten. Jedenfalls gehört sie in seine letzte Lebenszeit, da er (Kap. 30) sagt, sie solle keine ἀπαρχή, sondern eine συμπλήρωσις seiner Wirksamkeit sein, und die Tyrannei des Körpers habe ihn gebeugt gemacht. Aber nichts in der Rede deutet darauf hin, dass das Reden ihm etwas Aussergewöhnliches geworden war; im Gegentheil steht am Anfange (Kap. 2), er habe auch den vorhergehenden Tag (Karsamstag) in der Kirche mit grosser Volksmenge und unter Theilnahme der Vornehmen gefeiert. Die Rede fällt daher doch in die Zeit seiner öffentlichen Wirksamkeit, wenn auch in den letzten Theil derselben, und daher wahrscheinlich in das Jahr 383.

3. Briefe.

Brief 120 an Helladios, einen Bischof in der Kirchenprovinz Gregors[1], geschrieben zur Osterzeit des Jahres, in welchem er seinem Rücktritt in Nazianz entgegensah.

Brief 125 an Olympios, den Statthalter von Cappadocia secunda. Gregor befindet sich zur Stärkung seiner Gesundheit in *Ξανξαρίδος θερμοί*.

Brief 126 an denselben, geschrieben in einem Badeorte, also wohl ebendaselbst.

Brief 139 an Theodoros, den neu geweihten Metropoliten von Tyana[2], geschrieben gleich nach dem Rücktritt von der Kirche in Nazianz.

Brief 140 an Olympios[3], geschrieben zu einer Zeit, wo dieser sein Amt in Kappadokien schon eine Zeitlang rühmlich verwaltet hatte, also Ende 382 oder Anfang 383[4].

Briefe 141 und 142 an denselben. Die Stadt Diokaisareia (d. i. Nazianz selbst, wie der Inhalt der Briefe zeigt) hatte sich gegen ein Edict des Statthalters verfehlt, und dieser hatte ihr dafür den Untergang angedroht. Gregor legt nun in beiden Schreiben, die gleichzeitig abgingen und von denen das zweite ein Privat-Begleitschreiben des ersten ist, für die Stadt Fürbitte ein. Die Zeit der Briefe ist nicht näher zu bestimmen, als dass sie in die Amtsthätigkeit des Olympios in Kappadokien fallen.

Briefe 144 und 145 gehören zusammen; jener ist an Olympios, dieser an Verianos geschrieben; sie behandeln die Ehescheidung der Tochter des Verianos, die das römische Recht forderte, die aber den christlichen Grundsätzen entgegen war. Olympios hatte sich in der Angelegenheit an Gregor gewandt, der das Mädchen verhörte und dem Verianos wie dem Olympios den Rath gibt, auf die Scheidung zu verzichten. Die Briefe sind geschrieben zu einer Zeit, wo Gregor noch Bischof in Nazianz und Olympios im Amte war.

Briefe 146—148 an Olympios und Asterios; der letztere war[5] ein *κοινωνὸς τῆς ἀρχῆς* des Olympios und verliess[6] gleichzeitig mit ihm die Provinz. Die drei Briefe behandeln die Sache des Nikoboulos.

---

[1] Es ist nicht der bekannte Metropolit von Kaisareia; vgl. Tillemont, Mém. IX 724 note 56.
[2] Brief 152. [3] Brief 125. [4] Siehe oben 382 S. 124.
[5] Brief 148. [6] Brief 155.

des Gemahls der Schwestertochter Gregors; dessen Sklaven hatten[1] eine schlimme That begangen, wofür er mit ihnen in die Sklaverei verkauft werden sollte auf die Anklage eines Menschen hin, für den Gregor sich früher bei Olympios verwendet hatte. Gregor legt nun für seinen Verwandten Fürbitte ein, da dieser gerade wegen seines freundschaftlichen Verhältnisses zu ihm angefeindet werde. Auch diese Briefe sind geschrieben, als Gregor und Olympios noch im Amte waren.

Brief 149 an Georgios, einen Diakon Gregors, geschrieben, als Gregor noch Bischof in Nazianz war.

Briefe 150—151 an Asterios und Nektarios; es sind Bittschreiben für denselben Georgios[2], der, wie es scheint, damals in Vermögensangelegenheiten ungerecht bedrängt wurde. Die Briefe sind geschrieben unter denselben Zeitumständen wie 147 und 148, aber nach diesen.

Brief 152 an Theodoros, Metropolit von Tyana[3], dem Gregor hier mittheilt, wenn die Bischöfe ihm in Nazianz keinen Nachfolger setzten, werde er in der Kirche öffentlich seine Stelle niederlegen.

Brief 153 an Bosporios, Bischof von Kolonia in Kappadokien; Gregor theilt ihm seinen Entschluss mit, zurückzutreten.

Briefe 154 und 155 an Olympios und Asterios[4], geschrieben bei deren Abgang von der Provinz Cappadocia secunda. Gregor hatte damals seinen bischöflichen Stuhl in Nazianz schon verlassen[5].

Brief 156[6] an Asterios, geschrieben zur Zeit, als dieser noch mit Olympios im Amte war; der Brief feiert die Milde der beiden Beamten und ihre Freundschaft mit Gregor.

Brief 157 an Theodoros von Tyana[7], dem Gregor die Söhne des Nikoboulos[8] empfiehlt, die in Tyana die Tachygraphie lernten. Der Brief ist geschrieben gleich nach dem Rücktritte von Nazianz.

Briefe 162 und 163 an denselben, geschrieben zur Zeit, als Gregor noch in Nazianz war.

Briefe 168—170 an Photios, Strategios und Palladios[9], angesehene Männer in Konstantinopel, denen er den Priester Sacerdos,

---

[1] Brief 147. [2] Brief 149.
[3] Brief 139 und Tillemont, Mém. IX 724—725 note 58.
[4] Briefe 146—148. [5] Brief 155. [6] Briefe 146—148.
[7] Briefe 139 und 152. [8] Siehe oben über die Briefe 146—148.
[9] Ueber den letzten siehe zu Brief 103.

der dorthin reiste, empfiehlt. Brief 168 zeigt, dass die drei Briefe geschrieben wurden, als Gregor den Rücktritt von Nazianz vorbereitete.

Brief 173 an Postumianus, den praef. praet. dieses Jahres, geschrieben während dessen Amtszeit, als in Konstantinopel ein Concil stattfand und Gregor wahrscheinlich schon seine Stelle in Nazianz verlassen hatte.

Brief 181 an Saturninus, geschrieben wahrscheinlich unter dessen Consulat, also 383.

Brief 182 an Gregor von Nyssa, geschrieben bald nach der Aufstellung des Eulalios zum Bischofe von Nazianz.

Brief 183 an einen Bischof Theodoros, der wohl zu unterscheiden ist von dem Metropoliten Theodoros von Tyana, an den mehrere der vorhergehenden Briefe gerichtet sind, z. B. 139 u. 152; denn Gregor sagt in Brief 183, dass er dem Adressaten noch nie geschrieben habe. Dieser Theodoros gehörte auch offenbar nicht zu seiner Kirchenprovinz [1]. Gregor klagt über den Bischof Helladios [2], der nur aus Hass gegen ihn Canones vorgeschützt habe; er sei von Anfang an Bischof von Nazianz gewesen und nicht von Sasima, wie einige verbreiteten [3]. Er rechtfertigt dann auch seinen Rücktritt von Nazianz und will den Verdacht nicht aufkommen lassen, dass die Bischöfe gegen seinen Willen den Eulalios daselbst aufgestellt hätten an seiner Statt. Schliesslich rechtfertigt er den Bischof Bosporios von Kolonia gegen Anschuldigungen, die gegen ihn erhoben worden waren. Der Brief ist geschrieben kurz nach dem Rücktritte Gregors von Nazianz.

Briefe 184 und 185, jener an Bischof Amphilochios von Ikonion, dieser an Nektarios, behandeln beide dieselbe Angelegenheit des Bosporios, wie Brief 183. Gregor tritt mit Entschiedenheit für diesen Bischof ein und tadelt es, dass seine Sache vor die weltlichen Gerichte gebracht wurde.

---

[1] Brief 183 (S. 151 [b]). [2] Brief 125.

[3] Die Stelle lautet (vgl. dazu Ullmann, Gregor von Nazianz 187 Anm. 4) *Ἐγὼ γάρ, εἰ μὲν τοῦ σώματος οὕτως εἶχον, ὡς ἐκκλησίας δύνασθαι προστατεῖν Ναζιανζοῦ, ᾗ τὴν ἀρχὴν ἐπεκηρύχθην, ἀλλὰ μὴ Σασίμοις, ὥς τινες ὑμᾶς πείθουσιν κ. τ. λ.* In dem vorhergehenden Briefe 182, der fast zu derselben Zeit geschrieben ist, scheint er das gerade Gegentheil zu sagen: *Πᾶσι γὰρ δῆλον, ὅτι μὴ Ναζιανζοῦ, Σασίμων δὲ προεβλήθημεν, εἰ καὶ πρὸς ὀλίγον αἰδοῖ τοῦ πατρὸς καὶ τῶν ἱκετευσάντων ὡς ξένοι τὴν προστασίαν κατεδεξάμεθα.*

4. Gedichte.

Gedicht 30 *Εἰς ἑαυτόν* beklagt seine Leiden zu Nazianz nach seiner Rückkehr von Konstantinopel; geschrieben zur Zeit, wo Gregor Nazianz wieder zu verlassen wünschte [1].

Gedicht 31 *Πόθος τοῦ θανάτου* und 32 *Περὶ τῆς τοῦ βίου ματαιότητος*, geschrieben in derselben Stimmung und zu derselben Zeit [2].

Gedicht 68 *Εἰς ἑαυτόν* geschrieben gegen die, welche den Rücktritt von der Kirche in Nazianz seinem Hochmuthe zuschrieben [3].

d. Gregor von Nyssa.

Gregor hielt in diesem Jahre die uns erhaltene Rede *Περὶ θεότητος υἱοῦ καὶ πνεύματος καὶ ἐγκώμιον εἰς Ἀβραάμ* [4]. Er hielt sie, als Arcadius schon Augustus geworden war (19. Januar), und vor dem Tode Gratians [5], höchst wahrscheinlich auf dem Concil zu Konstantinopel [6]. Die Rede handelt im ersten Theile über die Gottheit des Sohnes und im letzten über die des Heiligen Geistes; dazwischen steht eine lange Erörterung des Opfers Isaaks; hier sagt Gregor, er habe oft ein Bild gesehen, wo Isaak, die Hände auf dem Rücken festgebunden, vor Abraham beim Altare kniet und wo dieser mit der Linken die Haare des Sohnes erfasst hat und ihn, der flehentlich zu ihm hinblickt, an sich zieht, mit der Rechten aber das Messer über ihm erhoben hat und mit dessen Spitze ihn schon berührt [7].

Am 6. Januar, wahrscheinlich desselben Jahres, hielt Gregor seine Epiphanierede *Εἰς τὴν ἡμέραν τῶν φώτων* [8]. Auffallend ist, dass er, ebenso wie Chrysostomos in seiner Epiphanierede [9], in der Einleitung den unverhältnissmässig starken Kirchenbesuch an diesem Tage rühmt.

[1] Op. II 870. [2] Op. II 876 et 878. [3] Op. II 960 sqq.

[4] Op. III 464 sqq. [5] L. l. 467 c—d.

[6] Dass er die Rede in einer grossen Stadt hielt, wo alle Welt selbst in den Werkstätten und Krämerbuden sich über die Gottheit des Sohnes zu unterhalten pflegte, sagt er selbst 466 c—d; dass er sie in Konstantinopel hielt, bezeugt der hl. Johannes von Damaskos (Oratio I De imaginibus bei Migne, Patr. gr. XCIV 1269).

[7] Op. III 476 b.

[8] Op. III 366. Er hielt sie in einem Jahre, in welchem Neujahr auf den Sonntag fiel (l. l. 367 b); das war aber in den Jahren 372, 383 und 394 der Fall, von denen das Jahr 383 am meisten für sich hat (vgl. Usener, Religionsgeschichtliche Untersuchungen 247).

[9] Chrys. Op. II 367 a—b.

c. Hieronymus.

Hieronymus brachte das Jahr in Rom zu [1]. Er schrieb in diesem oder im folgenden Jahre Brief 21 an Damasus über die Parabel vom verlornen Sohne, über deren Bedeutung der Papst ihn gefragt hatte. Hieronymus versteht unter dem ältern Sohne den Gerechten, unter dem jüngern den Sünder, will aber auch ‚die mystische Erklärung über die zukünftige Berufung der Heiden' zulassen [2].

Brief 40 an Onasus [3], der wahrscheinlich Priester war [4] und sich durch allgemein gehaltene Vorwürfe des Hieronymus getroffen gefühlt hatte, ist geschrieben zur Zeit des römischen Aufenthaltes, also 383—385.

Brief 43 an Marcella über seinen Vorsatz, sich aufs Land zu begeben, um den Zerstreuungen der Welt zu entgehen, ist geschrieben zu Rom [5] in der frühern Zeit seines dortigen Aufenthaltes, also wahrscheinlich 383 [6].

Brief 44 an Marcella über Geschenke, die sie ihm gemacht hatte, ist geschrieben zu Rom in derselben Zeit [7].

VII. Bischöfe.

1. Acholios, Bischof von Thessalonich, starb im Winter 382—383 (383—384?) [8]. Als sein Nachfolger wurde sofort Any-

---

[1] Siehe 382 S. 139.

[2] Vgl. nr. 28 des Briefes. Dieser ist geschrieben in der ersten Zeit des römischen Aufenthaltes, aber nach Brief 20 (siehe 382), da Hieronymus ihn an diesen anreiht (De vir. illustr. c. 135).

[3] Der Inhalt, namentlich nr. 3, zeigt, dass die Ueberschrift Ad Marcellam, welche Vallarsi nach einem Theile der Handschriften aufnahm, falsch ist.

[4] Vgl. nr. 2: ‚Volo in nummarios invehi sacerdotes; tu qui dives es quid irasceris?

[5] Vgl. nr. 3: Habeat sibi Roma suos tumultus sq.

[6] Vallarsi setzt den Brief ins Jahr 385, jedenfalls mit Unrecht. Denn der Inhalt zeigt, dass Hieronymus zur Zeit der Abfassung in regem Verkehre mit der Welt stand, viele Besuche machte und annahm, in Kleidung, Gastmählern und Geldsachen wie ein Weltmann lebte. Das passt aber nicht zu der klösterlichen Einsamkeit und Weltverachtung, die in den Briefen von 384—385 zu Tage tritt. Am wenigsten ist an das Jahr 385 zu denken; denn in nr. 2 des Briefes sagt er: ‚Si de mundo non essemus, odiremur a mundo'; in der Zeit nach dem Tode des Damasus aber war er wirklich in der römischen Welt verhasst (vgl. Brief 45, 1—2 und besonders 6: quem mundus oderit).

[7] Die Zeit des Briefes ist nicht genauer zu bestimmen; ohne Grund setzt ihn Vallarsi 385.

[8] Dass Acholios im Winter starb, sagt Ambrosius (Brief 15, 2.) Sicher lebte

sios gewählt[1]; dessen Charakter bespricht Ambrosius in Brief 15, 13 und 16, 1.

2. Britannius, wahrscheinlich derselbe, welcher unter dem Namen Briton als Theilnehmer des Concils zu Rom 382 von Theodoret genannt wird[2], Bischof von Trier, war in diesem Jahre gegen die Priscillianisten thätig[3].

3. Epiphanios von Salamis auf Kypros und Paulin von Antiochien hatten im Jahre 382 dem Concil zu Rom beigewohnt[4]. Sie traten mit der hl. Paula und deren Tochter Eustochium, in deren Begleitung noch viele andere Jungfrauen waren[5], im Jahre 383 die Rückreise an ‚exacta hieme aperto mari'[6]. Sie reisten von Portus Romanus zur Insel Pontia, dann durch die Strasse von Messina nach Methone, Rhodos und Kypros, wo Epiphanios zurückblieb und die andern zehn Tage bei ihm verweilten. Diese fuhren dann nach Seleukeia und Antiochien, wo Paulin zurückblieb und die andern eine Zeitlang sich aufhielten. Darauf reisten sie ‚media hieme' auf einem Esel durch Koilesyrien und Phoinikien nach Joppe, Jerusalem und Bethlehem[7], wo sie im Jahre 384 ankamen[8].

4. Petronius, ‚Bononiensis episcopus, vir studiis et sanctitate clarus moritur'[9].

---

ferner Damasus noch, als Acholios starb (vgl. Ihm, Studia Ambros. 42 Anm. 223). Da Acholios nun auf dem Concil zu Rom 382 anwesend war (siehe 382 S. 134), so kann sein Tod nur im Winter 382—383 oder 383—384 erfolgt sein; das erstere nehmen die Mauriner (zu Ambros., Ep. 15) und Förster (a. a. O. 33), das letztere nimmt Tillemont (Mém. X 156) an. Mir scheint die erstere Annahme allein berechtigt; denn 1. ging der Gotenkrieg im October 382 fast ganz zu Ende; nun sagt aber Ambrosius (Ep. 15, 8) von Acholios: Quasi Eliseus inter arma . . . dum vixit versatus est; denique ubi securitas cohabitantibus reddita est . . . sanctum exhalavit spiritum. 2. Ambrosius sagt von der Zeit seines Todes (Ep. 15, 2): occupatis terrarum barbarica infestatione regionibus sq.; die Fluth der Barbaren hatte sich also damals noch nicht verzogen, so dass eine Reise von Italien nach Thessalonich noch nicht ohne Gefahr war; das passt nicht zum Winter 383—384. 3. Ambrosius vernahm die Nachricht von seinem Tode in Mailand (Ep. 15, 2); auch das passt nicht recht zum Winter 383—384, weil in diesem Ambrosius seine Reise zu Maximus nach Trier machte und bei diesem längere Zeit blieb (siehe oben S. 158).

[1] Ambrosius, Ep. 16, 1. [2] Theodoret V 9; siehe oben 382 S. 134[2].

[3] Sulpic. Severus, Chron. II 49, 4. [4] Siehe oben 382 S. 134.

[5] Hieronymus, Ep. 108, 14. [6] Hieron. a. a. O. 7 u. 34.

[7] Ebd. 8 ff. [8] Ebd. 34.

[9] So Prospers Chronik zum Jahre 383 (Mommsen IX 498). Nach Holder-Egger (im Neuen Archiv I 32) ist die Notiz interpolirt aus Gennadius, De viris illustr. c. 41.

VIII. Häretiker.

Die Priscillianisten[1]. Sie bestachen den Proconsul Volventius von Spanien[2] und erreichten so, dass ihr Gegner, Bischof Ithacius von Ossonuba, als Störenfried angeklagt wurde und nach Gallien ging. Dieser gewann aber den praef. praet. Gregorius für sich, der seine Gegner vor sein Tribunal berief und an den Hof berichtete. Hier hatten aber die Priscillianisten vorgebaut, indem sie den mag. offic. Macedonius bestachen; dieser setzte durch, dass die Untersuchung dem Gregorius entzogen und dem vicarius von Spanien übertragen wurde, der nun auch den Ithacius vorlud. Dem gelang es aber, sich der Vorladung zu entziehen; er blieb in Trier, bis Maximus hier als Sieger einzog; diesem trug er seine Sache vor und erreichte, dass Maximus den Priscillian und dessen Anhänger Instantius auf das nächste Jahr nach Bordeaux zu einem Concile laden liess[3].

---

[1] Siehe über sie oben 379 S. 58 und 382 S. 140—141.
[2] Richter (a. a. O. 524) hält das für eine Verleumdung der Orthodoxen.
[3] Sulpicius Severus, Chron. II 49.

384.

1. Januar Montag; 1. Neumond 9. Januar nachmittags; Ostern 24. März.

I. Die Kaiser.

a. Theodosius.

Theodosius brachte das Jahr, soweit die Gesetze dieses Jahres zeigen, in Konstantinopel zu; nur vom 10. Juni bis zum 25. August verweilte er in Herakleia [1] und auf der Rückreise von da nach Konstantinopel am 31. August zu Beroia [2].

Um diese Zeit fanden Kämpfe an der Ostgrenze des Reiches statt, an denen, wie es scheint, in der ersten Hälfte des Jahres der Kaiser persönlich theilnahm [3]. Schon im Jahre 383 war der General Richomeres hier thätig gewesen; er hatte sich aber zu Ende des genannten Jahres nach Konstantinopel zum Antritt seines Consulates begeben [4]. Es handelte sich vor allem um die Sarazenen, ein halbnacktes, nomadenhaft umherschweifendes Reitervolk, das im Norden Arabiens und bis zu den Katerakten des Nil hin wohnte [5]; sie hatten das Bündniss mit Rom [6] gebrochen und wurden jetzt dafür gezüchtigt [7]. Auch noch andere Völkerschaften scheinen damals

---

[1] Cod. Theod. VI 30, 7 und XV 9, 1. [2] Cod. Theod. XII 1, 107.

[3] Tillemont (Hist. V 224) läugnet die persönliche Anwesenheit des Kaisers. Gegen ihn könnte Pacatus sprechen, der von Theodosius aus der Zeit, als Maximus in Gallien einfiel, sagt (c. 23): in remota terrarum vincendo procedis. Aber viel wichtiger ist das Zeugniss des Symmachus in dessen zweiter Relation, die in der ersten Hälfte des Jahres 384 geschrieben ist; hier heisst es von Theodosius (bei Seeck p. 280): ‚Quae (respublica) ubi in longinquas imperii partes maiestatis vestrae curam vocavit.' Dagegen sprechen allerdings die Gesetze, deren fast in jedem Monate dieses Jahres welche von Konstantinopel datirt sind.

[4] Libanios I 136—137.

[5] Ueber ihre Sitten und Wohnsitze vgl. Amm. XIV 4, 1.

[6] Siehe oben 378 S. 21 [4]. [7] Pacatus c. 22.

unterworfen worden zu sein[1]. In dieser Zeit dürfte es auch gewesen sein, dass die sogenannten weissen Hunnen oder Hunni Ephtalitae, die in Mesopotamien hausten, einen zweimaligen Zug gegen Edessa unternahmen, aber jedesmal von den römischen Truppen abgewiesen wurden[2].

Es waren jedenfalls diese Kämpfe, verbunden mit dem Thronwechsel am persischen Hofe[3], welche die Perser veranlassten, in diesem Jahre eine Gesandtschaft mit der Bitte um Frieden nach Konstantinopel zu senden[4]. Die Gesandten brachten dem Kaiser als Geschenke Gemmen, Seide und Elefanten für seinen Triumphwagen[5]. Theodosius schickte darauf den jungen Stilicho als Gesandten an den Perserkönig[6]. Wahrscheinlich kam noch in diesem Jahre der Friedensschluss zu stande[7]; die Perser zahlten Tribut, schlossen aber kein Bündniss mit den Römern[8]. Man vermuthet,

---

[1] Marcellinus Comes zum Jahre 385: ,Theodosius imperator aliquantas eoas nationes per legatos suo utpote imperio subdidit.'

[2] Dies wird erzählt im Martyrium sanctorum confessorum Samonae, Guriae et Abibi (nr. 16 u. 25) bei Surius, Vitae probatae sanctorum (Köln 1618) 15. November p. 342 u. 344. Nach nr. 27 (p. 345) fiel das Ereigniss vor zur Zeit des Bischofs Eulogios von Edessa, der im Jahre 379 daselbst Bischof wurde (siehe oben 379 S. 57) und 387 starb.

[3] Siehe oben 383 S. 146.

[4] Dass die Gesandten in diesem Jahre geschickt wurden, sagen die Fasti Idatiani, das Chronicon paschale und Marcellinus Comes zum Jahre 384; der letztere lehnt sich hier an Oros. VII 34 an, vgl. Holder-Egger im Neuen Archiv II 73. Von den Gesandten sprechen auch Sokr. V 12 und Claudian X 224.

[5] Pacatus l. c.

[6] Claudian XXI 51—68. Diese Gesandtschaft fällt nicht, wie Keller (Stilicho 15) annimmt, ins Jahr 383, sondern 384; denn Claudian berichtet (v. 51 sq.), Stilicho habe mit den Persern ein Bündniss abschliessen sollen und (v. 58 sq.) er habe es auch abgeschlossen; mithin muss die Sendung des Stilicho der Gesandtschaft der Perser nach Konstantinopel, die 384 war, nachgefolgt sein.

[7] Nöldeke, Aufsätze 102. Nach Pacatus (c. 32) sollte man annehmen, der Friedensschluss sei dem Feldzuge des Theodosius gegen Maximus (388) unmittelbar vorhergegangen; dagegen sagt aber Claudian (a. a. O.) bestimmt, Stilicho habe auf seiner Gesandtschaft den Frieden zu stande gebracht, und das wird bestätigt durch die 19. Rede des Themistios, die im Jahre 385 gehalten wurde (227[c]: δι' ὃν ὑποκύπτει μὲν Ῥωμαίοις ἡ ἕως).

[8] Das sagt mit klaren Worten Pacatus (c. 22), aus dem auch hervorgeht, dass dieser Zustand bis zum Jahre 389 andauerte. Von einem Bündniss sprechen Claudian XXI 52 und besonders Orosius VII 34, denen aber kein Glaube darin zu schenken ist. Eine Tributzahlung bestätigt Claudian X 225.

dass in diesem Frieden auch Sophene in Armenien an die Römer abgetreten wurde[1].

Honorius, der zweite Sohn des Theodosius von der Flaccilla, wurde in diesem Jahre am 9. September geboren[2]. Ihm zu Ehren wurde in diesem oder im folgenden Jahre in der pontischen Diöcese eine neue Provinz Honorias gebildet[3].

Zustände im Ostreiche in dieser Zeit.

Ueber den Charakter des Theodosius und die Zustände in seinem Reiche, wie sie zu dieser Zeit waren, geben uns die 18., 19. und 34. Rede des Themistios, die theils in diesem, theils im folgenden Jahre gehalten sind[4], wünschenswerthe Auskunft.

Die Goten sind seit dem Jahre 382 völlig beruhigt; sie sind angesiedelt am Hämus, am Hebrus und in den unfruchtbaren Landstrichen Thrakiens; die Festungen brauchen nicht mehr bewacht zu werden; man braucht nicht mehr zu Schiff, man kann wieder zu Lande reisen; das hat die Milde des Kaisers zuwege gebracht[5].

Und nicht minder zeigt sich Theodosius als φιλάνθρωπος in der innern Politik[6]. Noch kein Todesurtheil ist von ihm bestätigt worden, das Wort Scharfrichter hat seine Bedeutung verloren[7]; den einen befreite der Kaiser von der Verbannung, den andern vom Tode, dem gab er seine Wohnung zurück, diesem stattete er die Töchter aus, dem endlich liess er die Schulden nach[8]. Und die Gesinnung seiner Gemahlin ist ganz die der seinigen gleich[9]. Auch Libanios feiert oft die φιλανθρωπία des Theodosius, besonders in der Rede Ἐπὶ ταῖς διαλλαγαῖς, die er nach dem Gnadenerweis des Kaisers für

---

[1] So Tillemont, Hist. V 239; vgl. Cod. Theod. XII 13, 6 und Sievers, Studien 331.

[2] Sokr. V 12; ferner Chronicon pasch. und Fasti Idat. zum Jahre 384 (Mommsen IX 244). Der Barbarus Scaligeri (Mommsen IX 298) setzt die Geburt auf den 9. September 386, der Anonymus Cuspiniani (ebenda) auf den 9. September 383; vgl. Holder-Egger im Neuen Archiv I 348. Marcellinus Comes setzt sie in den September 384.

[3] Theod. Mommsen, Verzeichniss der römischen Provinzen, in den Abhandlungen der Berliner Akademie, Jahrgang 1862, 503 u. 517.

[4] Siehe unten S. 175—176 und 206. [5] Rede 34 Kap. 20—24.

[6] Rede 19 S. 229[b] und Rede 34 Kap. 25.

[7] Rede 19 S. 228[c] und Rede 34 Kap. 14 u. 16.

[8] Rede 34 Kap. 17 u. 18. [9] Rede 19 S. 231[a].

die Stadt Antiochien im Jahre 387 schrieb; hier sagt er[1], der Kaiser habe sich geradezu den Beinamen φιλάνθρωπος erworben.

Gross ist die Sorge des Kaisers für seine Residenzstadt. Die Zufuhr überwacht er selbst, so dass es in dieser Beziehung an nichts mangelt und dass eine Verweisung der Fremden, wie sie zu Rom geschah, hier nicht nothwendig wird[2]. Die Aussenseite der Stadt hat er durch den Bau eines Palastes und andere öffentliche Bauten beinahe zum schönsten Theile der Stadt gemacht (S. 222[c]), und auch bei Privatleuten herrscht rege Bauthätigkeit (222[d]); in Jahresfrist wird es nothwendig, den Festungsgürtel hinauszuschieben, so dass dann der dritte Stadttheil in Angriff genommen werden kann; es ist überhaupt eine Lust zu leben (223[b]).

Ueber das Verhalten des Theodosius Andersgläubigen gegenüber sagt Sokr. V 20, er habe keinen seines Glaubens wegen verfolgt, als nur den Eunomios; diesen habe er von Konstantinopel verbannt[3], weil er Zusammenkünfte hielt und andere zu sich hinüberzuziehen suchte; allen andern habe er die Zusammenkünfte ausserhalb der Hauptstadt erlaubt, den Novatianern sogar in ihr, weil er der Ansicht gewesen sei, dass sie mit ihm desselben Glaubens seien. Die vielen Strafen, welche er den Häretikern androhte, führte er nicht aus; er wollte sie nur schrecken und zur Umkehr bestimmen[4].

b. Valentinian.

Valentinian gab alle Gesetze dieses Jahres, die erhalten sind, von Mailand aus. Er hatte nach dem Tode Gratians die Ausübung der Herrschaft selbst übernommen; das zeigt die Relatio des Symmachus in Sachen der ara Victoriae, die wie die Widerlegung des Ambrosius an ihn gerichtet ist, während im Jahre 382 die Gesandtschaft des Senates in derselben Angelegenheit sich an Gratian wandte, der auch das Edict gegen die ara Victoriae erlassen hatte. Doch pflegte Valentinian in allen wichtigen Angelegenheiten jetzt den Rath des Theodosius einzuholen, wie Ambrosius bezeugt[5]; ja die Relationen des Symmachus, die in den Jahren 384 und 385 verfasst wurden, und das Gesetz im Cod. Theod. XV 9, 1 lassen erkennen, dass Theodosius die Regierung des Westens, speciell Roms, zum Theil in seine Hände nahm.

[1] Reiske I 659—660. [2] Rede 19 S. 221[b, c] und 222[a].
[3] Vielmehr von Kalchedon; siehe unten S. 198.
[4] So Soz. VII 12 Ende. [5] Brief 17, 12.

Damals überschwemmten die Juthungen, ein alamannischer Volksstamm [1], durch Wühlereien des Maximus angelockt, Rhätien und bedrohten Italien. Bauto, ein Feldherr Valentinians, der letzthin die Alpenpässe gegen einen Einfall des Maximus in Italien mit Geschick bewacht hatte, bewog Schwärme von Hunnen und Alanen, die in Pannonien umherstreiften, in Alamannien einzufallen, um auf diese Weise die Juthungen zur Rückkehr in die Heimat zu bewegen. Dagegen protestirte Maximus, der ein Vorrücken der Hunnen nach Gallien fürchtete, und Valentinian zog es vor, um schweres Geld den Rückzug der herbeigerufenen Hunnen und Alanen zu erkaufen [2].

c. Maximus.

Maximus war damals als Mitkaiser von Valentinian anerkannt [3]; auch Theodosius erkannte ihn spätestens in diesem Jahre an [4]. Aber von Freundschaft mit den Mitkaisern konnte keine Rede sein; er bedauerte, nach dem Tode Gratians nicht gleich in Italien eingefallen zu sein; die Schuld, dass ihm dies misslungen sei, schrieb er dem Bauto und dem hl. Ambrosius zu [5]; die Auslieferung der Leiche Gratians verweigerte er und empfing den Ambrosius, der diese auf seiner zweiten Gesandtschaft zu ihm am Ende dieses oder am Anfange des nächsten Jahres forderte [6], nicht nur ungnädig, sondern vertrieb ihn zuletzt sogar [7]; Ambrosius nahm den Eindruck mit, dass Maximus schon damals an Krieg dachte [8].

II. Die römischen Beamten.

a. Die Consuln.

1. Richomeres [9]. Er war von Geburt ein Franke und schon im Jahre 378 magister militum [10]; er war ferner Heide und Freund des Libanios [11]. Gegen Ende des Jahres 383 war er von Antiochien nach Konstantinopel gekommen, wo er sein Consulat antrat [12]. Li-

---

[1] Amm. XVII 6, 1.

[2] Ambrosius, Ep. 24, 4 u. 8; Schiller (Geschichte der römischen Kaiserzeit II 405) setzt den Einfall der Juthungen ins Jahr 385.

[3] Ambrosius, Ep. 24, 1. [4] Siehe oben 383 S. 144.

[5] Ambrosius l. l. § 4 u. 5. [6] Siehe Excurs X.

[7] Ambrosius, Ep. 24, 2. 10. 12. [8] A. a. O. 13.

[9] Siehe oben 383 S. 149 und Seeck a. a. O. 135.

[10] Siehe oben 378 S. 23. [11] Libanios I 136. [12] A. a. O. 133.

banios erzählt, er habe auf die Frage des Kaisers, was ihm in Antiochien am meisten gefallen habe, den Libanios genannt und seitdem habe der Kaiser diesen noch mehr geliebt[1]. Falsch ist die Annahme, Libanios sei in Konstantinopel persönlich vor dem Consul erschienen und habe die von ihm verfasste Lobrede hier vorgetragen[2].

2. Clearchus. Er war seit dem Jahre 382 praef. urbi von Konstantinopel[3] und wird zuletzt im September 384 als solcher erwähnt[4]. Sein Nachfolger als praef. urbi war der Redner Themistios.

b. Beamte des Ostreiches.

1. Agrestius wird als proconsul Palaestinae am 31. März erwähnt[5]. Sein Vorgänger war Eucharius[6].

2. Maternus Cynegius[7], der im Jahre 383 comes sacr. larg. war, wurde praef. praet. Anfang des Jahres 384 oder schon Ende des Jahres 383 als Nachfolger des Postumianus[8] und blieb es bis zum Jahre 388. Er war entschiedener Christ und wurde vom Kaiser ausgesandt zur Zerstörung der Tempel, besonders in Aegypten[9]. Daher ist die ungünstige Schilderung, die Libanios von ihm gibt, sicher nicht zutreffend[10], umsomehr als Zosimos, der auch seine Sendung nach Aegypten erzählt[11], ihm keinen Vorwurf macht.

---

[1] A. a. O.

[2] Tillemont (Hist. V 734 note 16) und mit ihm Goyau (Chronologie S. 581) nehmen an, er habe die Rede in Konstantinopel selbst gehalten. Aber Libanios sagt nur (I 137), Richomeres und auch Theodosius hätten ihn nach Konstantinopel eingeladen, nicht aber, dass er auch hinging; er sagt sogar das Gegentheil, indem er eine damalige Aeusserung des Kaisers mittheilt, er wolle nach Antiochien reisen, um den Libanios zu sehen.

[3] Siehe oben 382 S. 123.

[4] Cod. Theod. VI 2, 9.

[5] Cod. Theod. XI 30, 42.

[6] Siehe 383 S. 148.

[7] Den Vornamen gibt die Alexandrinische Inschrift C. I. Lat. III 1, nr. 19.

[8] Postumianus wird zuletzt erwähnt am 7. November 383 (Cod. Theod. XII 1, 104), Cynegius zuerst am 18. Januar 384 (ibid. XII 13, 5 u. XV 1, 23).

[9] Siehe unten 386 II[h].

[10] Libanios II 194—195: *τοῦ δὲ ἠπατηκότος ἀνθρώπου μιαροῦ καὶ θεοῖς ἐχθροῦ καὶ δειλοῦ καὶ φιλοχρημάτου καὶ τῇ τικτόμενον αὐτὸν δεξαμένῃ γῇ δυσμενεστάτου . . . δουλεύοντος τῇ γυναικί* (sie hiess Achantia, siehe Fasti Idat. zum Jahre 388), *πάντα ἐκείνῃ χαριζομένου.* Diese Worte gelten ohne Zweifel von Cynegius, obschon er nicht genannt ist.

[11] Hist. IV 37.

3. Florentius wird als praef. Augustalis (Statthalter von Aegypten) am 20. December erwähnt [1] und blieb es bis zum Jahre 386. Sein Vorgänger war Optatus (siehe unten).

4. Icarius wurde comes Orientis als Nachfolger des Proculus [2] noch vor der Feier der Olympien, d. h. vor Juli 384 [3]. Er war der Sohn jenes berühmten Theodorus, der im Winter 370—371 von Valens wegen Zauberei in Antiochien hingerichtet wurde [4]. Jedenfalls war er am Neujahrstage 385 noch im Amte, als er im Senate zu Antiochien, wie Libanios ihm vorwirft [5], statt aller Senatoren, wie das Gesetz verlangte, nur einen umarmte und küsste.

5. Merobaudes wird als dux Aegypti erwähnt am 20. October [6]. Es war der berühmte Franke, der bis dahin mag. militum bei Gratian und im Jahre 377 wie auch im Jahre 383 Consul gewesen war [7].

6. Nebridius, nicht zu verwechseln mit dem gleichnamigen Jugendfreunde des hl. Augustinus [8], wird als comes rer. priv. [9] zuletzt erwähnt am 30. März [10]. Im Jahre 386 war er praef. urbi von Konstantinopel.

7. Optatus war am 4. Februar praef. Augustalis [11]; sein Vorgänger im Amte war Hypatius, der am 8. Mai 383 erwähnt wird [12], sein Nachfolger Florentius (s. oben). Optatus war Christ [13]; er wurde in diesem Jahre als Statthalter von Aegypten angeklagt und gefesselt über Antiochien nach Konstantinopel gebracht, wo er gegen

---

[1] Cod. Theod. IX 33, 1 u. XI 39, 9.

[2] Siehe 383 S. 149 und unten.

[3] Libanios I 139.

[4] Libanios a. a. O.; Sokr. IV 15 und Amm. XXIX 1.

[5] Libanios II 116.

[6] Cod. Theod. XI 30, 43.

[7] Siehe Excurs XV.

[8] Augustinus, Conf. IV 3 u. VII 6.

[9] Siehe 383 S. 148.

[10] Cod. Iust. XI 62, 6; auch das Gesetz ebd. XI 66, 6 ist an ihn gerichtet, aber ohne Zeitangabe.

[11] Er wird als solcher genannt in einer Extravagante, die zuerst von Sirmond herausgegeben wurde im Anhang zum Codex Theodosianus, dann von Gothofredus im Cod. Theod. VI 310, zuletzt von Hänel im Anhange zu seinen Novellae constitutiones p. 451. Sie ist vom 4. Februar datirt; da als Kaiser Valentinian, Theodosius und Arcadius angegeben werden und Bischof Timotheos von Alexandrien, der Mitte 385 starb, als lebend erwähnt wird, da ferner gegen Ende 384 Florentius praef. Aug. war (siehe oben) und es bis 386 blieb, so muss die Constitution am 4. Februar 384 gegeben sein. Ihre Echtheit wurde von Gothofredus (a. a. O.) bestritten, von Tillemont aber (Hist. V 734 note 17) siegreich, wie mir scheint, vertheidigt.

[12] Cod. Theod. XII 6, 17 u. XI 36, 27.

[13] Libanios II 394 Anm. 43, und 397 Anm. 55.

Erwarten und trotz seiner Feindschaft mit dem Consul und Stadtpräfecten Clearchus der Todesstrafe entging [1].

8. Palladius wird am 16. September als mag. offic. erwähnt [2]. Es scheint derselbe zu sein, der schon in den Jahren 381 und 382 dieses Amt bekleidet hatte [3].

9. Proculus, der seit dem Jahre 383 comes Orientis war, schied aus diesem Amte vor Juli 384 [4].

10. Stilicho. Ueber seine Sendung zu den Persern in diesem Jahre war schon die Rede [5]. Nach seiner Rückkehr wurde er mit Serena, einer Bruders- und Adoptivtochter des Theodosius, vermählt [6]. Das erste Ehrenamt, welches er dann und wohl auch noch in diesem Jahre erhielt, war das eines praepositus stabuli sacri; danach wurde er comes domesticorum [7].

11. Themistios der Redner wurde praef. urbi von Konstantinopel als Nachfolger des Clearchus [8] nach dem September dieses Jahres [9], jedenfalls aber noch in diesem Jahre [10]. Ein Nachfolger wird erst im Jahre 386 genannt [11]. Themistios stand damals in vorgerücktem Alter und hatte schon zehn Gesandtschaften im Auftrage seiner Mitbürger übernommen [12], davon eine letzthin nach Rom, wo in Uebereinstimmung mit Konstantinopel Ehrenbeschlüsse für die

---

[1] A. a. O. II 396—398. [2] Cod. Theod. VII 8, 3.

[3] Siehe oben 381 S. 86. [4] Siehe vorher ‚Icarius‘.

[5] Siehe oben S. 169.

[6] Dass die Vermählung nach seiner Sendung zu den Persern geschah, sagt Claudian XXI 51 sq., vgl. mit 69 sq.; hiermit steht seine Angabe XXIX 179 nicht im Widerspruch, wie Jeep (Ausgabe Claudians II 252) annimmt, da hier nur von einer militärischen Auszeichnung des Stilicho die Rede ist, die seiner Hochzeit vorherging und von der Claudian auch XXI 47—50 spricht, die ausserdem in einer Inschrift C. I. Lat. VI 1 nr. 1731 bezeugt ist.

[7] Claudian XXIX 190—193; C. I. Lat. VI 1 nr. 1730—1731 und dazu Jeep a. a. O. II 252. Im Gegensatz zu diesem letztern verstehe ich aber v. 193: ‚gemino mox idem cardine (oder culmine) duxit agmina‘ von seiner Stellung als magister utriusque militiae, die er bald nachher erhielt; dagegen spricht nicht v. 197—198, da es gewöhnlich mehrere magistri militum gab und hier gesagt wird, dass die ältern dem jüngern Stilicho den Vorrang liessen. Claudian hat also die Stellung Stilichos als comes domesticorum übergangen.

[8] Siehe oben S. 173. [9] Cod. Theod. VI 2, 9.

[10] Denn in der 18. Rede, die er als praef. urbi hielt, sagt er (217 [d]), dass Theodosius schon im 6. Jahre die Herrschaft führe; damit ist das Jahr 384 bezeichnet.

[11] Cod. Theod. III 4, 1. [12] Themistios, Rede 18 S. 224 [b].

Kaiser gefasst wurden[1]; er hatte zwei Statuen erhalten und war Erzieher des Arcadius[2]. Während er das Amt als praef. urbi bekleidete und zwar noch im Jahre 384 hielt er seine 17. und 18. Rede, die 17. gleich nach Antritt seines Amtes vor dem Senate im Museum[3], die 18. im Winter[4] des Jahres 384[5] auch im Senate[6] in Gegenwart des Theodosius[7] und des Arcadius[8]; die letztgenannte Rede ist eine Lobrede auf Theodosius.

12. Trifolius war comes sacr. larg., jedenfalls als Nachfolger des Cynegius[9] seit Anfang dieses Jahres und wird erwähnt am 10. Juni und 24. Juli[10]; er blieb es bis 385.

c. Beamte des Westreiches.

1. Nonius Atticus Maximus wird als praef. praet. erwähnt am 13. März[11]. Er war Christ[12]. Ob er der Vorgänger des Prätextatus im Amte ist (siehe unten) oder mit diesem gemeinschaftlich dasselbe verwaltete, ist nicht zu entscheiden. Im Jahre 397 war er Consul.

2. Aventius war praef. urbi Romae als Vorgänger des Symmachus und Nachfolger des Bassus[13], also bis zum Frühjahre oder Frühsommer dieses Jahres[14].

---

[1] A. a. O. Rede 34 Kap. 29. Näheres ist darüber nicht bekannt; ich denke an das Jahr 382 und beziehe diese Beschlüsse auf die Beendigung der Gotenkriege.

[2] A. a. O. Rede 17 S. 214 [b] und Rede 18 S. 224 [c].

[3] A. a. O. Rede 17 S. 213 [c] u. 215 [c—d]. [4] A. a. O. 221 [b—c].

[5] A. a. O. 217 [d], vgl. 223 [a]. Tillemont (Hist. V 227 art. 15) wendet dagegen ein, dass in der Rede nicht von der Geburt des Honorius (9. September 384) die Rede sei, und dass der Ausdruck ὁ ἀγαπητός (224 [b—c]), von Arcadius gebraucht, die Auffassung nahelege, dass dieser damals der einzige Sohn des Kaisers war; Hardouin (in der Erklärung dieser Stelle) tritt dieser Auffassung bei. Dagegen ist aber zu erinnern, dass an dieser Stelle nur Arcadius genannt werden konnte, weil der Redner hier das Vertrauen rühmen will, das der Vater ihm schenkte, indem er ihm den Sohn zur Erziehung übergab; in diesen Zusammenhang passte die Erwähnung des Honorius nicht hinein.

[6] Rede 18 S. 217 [b]. [7] A. a. O. 220 [c u. d]. [8] A. a. O. 224 [d] ff.

[9] Siehe 383 S. 148 und oben nr. 2.

[10] Cod. Theod. VI 30, 7 u. X 20, 11.

[11] Cod. Theod. XIII 1, 12. Dass er den Beinamen Maximus führte, zeigt die Inschrift bei de Rossi, Inscript. christ. I nr. 454.

[12] Dafür zeugt eine kupferne Lampe mit dem Monogramm Christi und der Aufschrift: ‚Noni Attici v. c. et inlustris' (de Rossi a. a. O.).

[13] Siehe 383 S. 149—150.

[14] Symmachus, Relationes 23 u. 34, bei Seeck 297, 10 sq. und 307, 29.

3. Bauto war in diesem Jahre magister militum bei Valentinian[1].

4. Marcianus wird als vicarius erwähnt am 22. März und war wahrscheinlich vicarius Italiae[2]. Unter Kaiser Eugenius fiel er vom christlichen Glauben ab, um proconsul Africae zu werden[3].

5. Vettius Agorius Prätextatus wurde praef. praet. Italiae vor dem 21. Mai dieses Jahres[4]. Er starb noch in demselben Jahre nach dem 9. September, an welchem Tage noch ein Gesetz an ihn gerichtet wurde[5], als consul designatus[6] in der Nähe von Rom[7]; bei der Nachricht von seinem Tode gerieth ganz Rom in Bewegung, und die Theatervorstellung wurde aufgehoben[8]. Prätextatus war entschiedener Heide, allen Götterculten ergeben[9]; Macrobius nennt ihn ‚sacrorum omnium praesul' und ‚princeps religiosorum' und lässt seine ‚Saturnalia' in dessen Hause feiern[10]. Dem Papste Damasus pflegte Prätextatus spöttisch zu sagen: Facite me Romanae ecclesiae episcopum, et ero protinus christianus[11]. Hieronymus versetzt ihn

---

1 Ambrosius, Ep. 57, 3.

2 Cod. Theod. IX 38, 7. Dass er über Italien stand, also zu Mailand residirte, macht Gothofredus daraus wahrscheinlich, dass dies Gesetz, das für Ostern gegeben ist, erst zwei Tage vor Ostern in Mailand erschien, also nicht zeitig genug mehr nach Rom hätte gelangen können. Man hat geglaubt (siehe Hänel zu dem Gesetz), statt Marcianus sei Marinianus zu lesen, der Mitte des vorigen Jahres vicarius Hispaniarum war: das ist aber unmöglich, weil Spanien im Jahre 384 unter Maximus stand. Corsinius (De praef. urbi 284) bezieht auf diesen Marcianus die grosse Inschrift auf einer Statue, die einem Manne dieses Namens gesetzt ist (C. I. L. VI nr. 1735): hier heisst er: consularis Siciliae, proconsul (comes?) Orientis und praef. urbi. Die Statue setzte ihm der Senat, in welchem er 30 Jahre gewirkt hatte.

3 Siehe Carmen codicis Parisini 8084, herausgegeben von Mommsen im Hermes IV 350, Vers 78: perdere Marcianum, sibi proconsul ut esset.

4 Cod. Theod. VI 5, 2. Dass er Nachfolger des Probus war und als solcher vor dem 19. Januar d. J. sein Amt nicht antreten konnte, ist eine willkürliche Annahme Seecks (a. a. O. 54, bes. Anm. 210); dieser verlegt das Gesetz im Cod. Theod. XI 13, 1 vom 19. Januar 383 ins Jahr 384, obschon es am Kopfe den Namen Gratians trägt: siehe dagegen oben 383 S. 151—152[10].

5 Cod. Iust. I 54, 5.

6 C. I. L. VI 1777 u. 1778 und Hieronymus, Contra Ioannem Hierosolymit. c. 8.

7 Symmachus, Relationes 10 u. 11.

8 Symmachus, Relatio 10; Hieronymus, Ep. 23, 3.

9 In der Inschrift C. I. L. VI 1778 werden ihm die Titel gegeben: pontifici Vestae, pontifici Solis, quindecimviro, auguri, tauroboliato . . . hierofantae.

10 Saturnalia I 11, 1 u. 17, 1.

11 Hieronymus, Contra Ioannem Hierosolymit. c. 8.

nach seinem Tode in die Hölle[1]. Sein Nachfolger im Amte war entweder Neoterius oder Principius (siehe 385).

6. Sextus Petronius Probus wird als praef. praet. erwähnt am 26. October[2]; es ist aber sehr zweifelhaft, dass er in diesem Jahre das Amt bekleidete[3].

7. Rumoridus war in diesem Jahre magister militum bei Valentinian; er war Heide[4].

8. Quintus Aurelius Symmachus, der Redner und Verfasser der erhaltenen Briefsammlung, war praef. urbi Romae zur Zeit, als er die Relatio de ara Victoriae verfasste, also im Sommer dieses Jahres[5]. Es ist anzunehmen, dass er damals das Amt noch nicht lange inne hatte, da auch unter dieser Voraussetzung die Amtsdauer seiner zwei Vorgänger insgesamt noch nicht den Zeitraum von zwei Jahren erreicht. Symmachus trat das Amt also im Frühling oder im Frühsommer an[6]; erwähnt wird er als praef. urbi zuerst am 9. November 384[7]; jedenfalls war er noch längere Zeit mit Papst Damasus zugleich im Amte[8]. Alle 41 Relationen des Symmachus stammen aus der Zeit seiner praefectura urbana[9]. Als sein Freund, der praef. praet. Prätextatus, unerwartet vor Ablauf des Jahres starb, bat er die Kaiser um Enthebung von seinem Amte, erreichte sie aber nicht[10]. In der ersten Zeit des Jahres 385 war er noch im Amte[11]; während der decennalia Valentinians aber im November 385 lebte er als Privatmann in Campanien[12]. Sein Nachfolger war Sallustius[13].

9. Vindicianus war wahrscheinlich in diesem Jahre proconsul Africae als Nachfolger des Eusignius[14] (vielleicht schon im

---

[1] Ep. 23, 2 u. 3. [2] Cod. Theod. VI 30, 6.

[3] Siehe 383 S. 151. Wenn Sokrates (V 11 Ende) seine Flucht aus Italien mit Valentinian gleich nach der Anerkennung des Maximus durch diesen erzählt, so ist daraus nicht zu schliessen, dass die Ereignisse zeitlich zusammenfallen; Sozomenos (VII 13) ist hier genauer.

[4] Ambrosius, Ep. 57, 3. [5] Ueber diese Relatio siehe unten S. 184.

[6] Seeck (a. a. O. 209) nimmt den Frühling an.

[7] Cod. Theod. IV 17, 4 u. XI 30, 44.

[8] Relatio 21, bei Seeck 295, 15. [9] Seeck a. a. O. 109—110.

[10] Relatio 10 und Seeck a. a. O. 56.

[11] Relatio 13. Nur diese Relatio spricht dafür, dass die Präfectur des Symmachus sich ins Jahr 385 hinein erstreckte; alle Gesetze, die in den Relationen erwähnt werden, gehören dem Jahre 384 an.

[12] Seeck a. a. O. S. 56 Anm. 221 und S. 121. [13] Cod. Theod. XIV 1, 2.

[14] Siehe 383 S. 150.

Jahre 382 als Nachfolger des Herasius[1]) und Vorgänger des Messianus, der im Jahre 385 dieses Amt hatte[2].

III. Religionsgesetze.

1. Prätextatus erwirkte in diesem Jahre als praef. praet. von Kaiser Valentinian ein Decret an Symmachus, den praef. urbi Romae, welches diesem auftrug, ‚cultum spoliatorum moenium investigare'. Es handelte sich um die Ornamente öffentlicher Bauwerke, insbesondere aber schien das Edict gegen die Beraubung der heidnischen Tempel gerichtet zu sein. Es liefen nun bald danach beim Kaiser Klagen ein gegen Symmachus über die Ausführung des Edictes; es seien Leute aus dem Innern der Kirchen hervorgeholt und zur Folterbank geschleppt worden, es seien ferner Priester aus entlegenen Städten herbeigeholt und ins Gefängniss geworfen worden. Die Folge davon war, dass der Kaiser ein neues, sehr ernstes Edict gegen Symmachus erliess, das in Rom sogar öffentlich bekannt gemacht wurde; hier wurde das erstere Edict zurückgenommen, Symmachus getadelt und ihm befohlen, alle, die wegen Beraubung der Tempel gefangen gehalten wurden, aus der Haft zu entlassen. Es wurde dem Symmachus aber nicht schwer, sich dagegen zu rechtfertigen; er konnte nachweisen, dass er die Ausführung des frühern Edictes überhaupt noch nicht in Angriff genommen hatte, und zwar aus Furcht vor den Anfeindungen seiner Gegner; er konnte sogar ein Schreiben des Papstes Damasus beifügen, dass kein Orthodoxer ins Gefängniss geworfen und der christlichen Religion keine Unbill zugefügt worden sei[3].

Schon bald wurde dem Symmachus eine Genugthuung zu theil. Er hatte in seinem Berichte an den Kaiser bemerkt, man sei soweit gegangen, den Kaiser selbst zu tadeln, weil er gerade ihn zum Stadtpräfecten gemacht habe. Der Kaiser antwortete darauf Ende dieses Jahres in einer Constitution, ‚es sei wie ein Sacrilegium, darüber

---

[1] Siehe 381 S. 87.

[2] Vindicianus war proconsul Africae zu der Zeit, als der hl. Augustinus in Karthago lebte, dem er eine ‚corona agonistica' aufs Haupt setzte (Augustinus, Conf. IV 3, vgl. VII 8, und Ep. 138, 3). Da nun in der zweiten Hälfte 381 Herasius, Anfang 383 Eusignius und im September 385 Messianus als proconsules Africae erwähnt werden, so ist für Vindicianus nur Raum in den Jahren 382 und 384, am meisten 384.

[3] Symmachus, Relatio 21, bei Seeck 295—296.

urtheilen zu wollen, ob der würdig sei, den der Kaiser erwählt habe'[1].

2. Gesetz des Theodosius an Optatus, den kaiserlichen Statthalter von Aegypten, über die Gerichtsbarkeit der Geistlichen, besonders des Bischofs von Alexandrien[2]. Kirchliche Streitigkeiten der Bischöfe und Cleriker und ihre kirchlichen Vergehen gehören nicht vor das weltliche, sondern vor das geistliche Forum, und zwar in Aegypten vor das des Bischofs Timotheos von Alexandrien, eines Mannes, ‚der nach dem Urtheile aller kirchlichen Personen verehrungswürdig und auch vom Kaiser bewährt befunden worden sei'.

3. Gesetz des Theodosius vom 21. Januar an den neu ernannten praef. praet. Cynegius über die Häretiker[3]. Als Häretiker werden hier genannt: die Eunomianer, Makedonianer, Arianer und Apollinaristen. Der Kaiser fordert den Cynegius auf, in Konstantinopel die Bischöfe, Diener und Lehrer dieser Secten sorgfältiger in allen Schlupfwinkeln aufzusuchen und ohne Gnade aus der Stadt zu vertreiben.

Es scheint, dass Postumianus, der Vorgänger des Cynegius, das Gesetz vom 3. September 383, welches die Zusammenkünfte und Priesterweihen der genannten vier Klassen von Häretikern verboten und ihre Cultdiener in ihre Heimat zurückzusenden geboten hatte, lässig ausgeführt hatte, und dass infolgedessen Konstantinopel selbst noch immer ein Sammelort für Cultdiener dieser Häresien geblieben war.

4. Gnadenerlass Valentinians zum Osterfeste vom 22. März an den vicarius (Italiae?) Marcianus[4]. Die Begnadigung wird ausdrücklich auf kleinere Vergehen beschränkt; es werden von ihr ausgenommen: Hochverrath, Mord, veneficium und maleficium, stuprum und adulterium, Sacrilegium, Grabschändung, Frauenraub und Falschmünzerei.

[1] Cod. Theod. I 6. 9 und Iust. IX 29, 2. Die Datirung ist an beiden Stellen verschieden, im Cod. Theod. ist der 27. April 385, im Cod. Iust. der 28. December 384 angegeben; das letztere Datum ist mit Krüger (zu Cod. Iust. l. l.) entschieden vorzuziehen, weil zu dem erstern die Erwähnung des Damasus, der Ende 384 starb, im Schreiben des Symmachus nicht passen würde.

[2] Siehe oben S. 174 über Optatus und das an ihn gerichtete Gesetz; dort sind auch die Ausgaben des Gesetzes angegeben.

[3] Cod. Theod. XVI 5, 13.

[4] Cod. Theod. IX 38, 7. Vgl. oben 381 S. 92 zum Gesetz vom 21. Juli.

5. Gesetz des Theodosius vom September dieses Jahres an den praef. praet. Cynegius über den Besitz christlicher Sklaven seitens der Juden[1]. Kein Jude darf christliche Sklaven halten, kaufen oder beschneiden; hat er das eine oder andere gethan, so sollen die Christen den Lösepreis für einen solchen Sklaven bezahlen und ihn frei machen: thut ein Jude aber das Genannte in der Zukunft, so sollen die Sklaven ihm ohne Lösepreis entzogen und ausserdem soll eine geziemende Strafe ihm auferlegt werden.

IV. Culturgesetze.

1. Gesetz des Theodosius vom Anfang dieses Jahres über die Abgaben der Provincialen[2]. Das Gesetz ist ein schönes Zeugniss von der Billigkeit und milden Fürsorge des Kaisers für seine Unterthanen. Geldleistungen sollen im Beisein der defensores einer Stadt[3] geschehen und von ihnen regelrecht quittirt werden. Leistungen in Naturalien, besonders in Getreide, dürfen nicht in Geld gefordert werden; hiermit wurde nämlich von den Behörden viel Missbrauch getrieben, wie das Gesetz ausdrücklich sagt, indem dieselben einen möglichst hohen Preis festsetzten und eintrieben. Wenn im Falle der Noth (bei Hungersnoth oder Kriegen) Getreide vom Fiscus aufgekauft wird, soll es mit dem vollen Marktpreise bezahlt werden und es soll im Gegensatz zu dem, was früher Rechtens war, nur freiwillig geleistet werden; die Bessergestellten sollen zu dieser Leistung angegangen, aber nicht gezwungen werden; die Niedrigern sollen aber ganz damit verschont werden.

2. Gesetz des Theodosius vom 18. Januar an den praef. praet. Cynegius über das Kronengeld (aurum coronarium). Es pflegte dieses bei festlichen Gelegenheiten, wie bei Kaiserproclamationen, Kaiserjubiläen und Triumphen, dem Kaiser dargebracht zu werden, und zwar entweder in wirklichen goldenen Kronen oder in andern Werthsachen oder in Geld; so gewährte der römische Senat im

---

[1] Cod. Theod. III 1, 5.

[2] Cod. Theod. XI 1, 19; 2, 4; 15, 2. Eine Adresse ist an allen drei Stellen nicht angegeben; die Unterschrift lautet: Datum pridie Kal. Febr. Beryto. Alle Herausgeber wollten hier ‚datum‘ in ‚propositum‘ ändern, da der Kaiser um diese Zeit in Konstantinopel gewesen sei; aber sicher ist das keineswegs, siehe oben S. 168.

[3] Ueber deren Amt und Aufgaben siehe Gothofredus, Cod. Theod. I 61—62.

Jahre 385 für die decennalia Valentinians 1600 römische Pfund Gold[1]. Theodosius hatte nun schon im Jahre 379 bestimmt[2], dass das Kronengeld als Ausdruck der Liebe und Dankbarkeit der Unterthanen ‚in quacumque fuerit oblata materia‘ angenommen werden solle. Im Jahre 384 erklärte er nun[3], dass keiner ‚gegen die Gewohnheit‘ zu dieser Leistung genöthigt werden könne, d. h. dass nur die Senate in den Städten (curiales seu decuriones) und die Fürsten der Schutzstaaten (satrapae)[4] dazu verpflichtet seien. Hinsichtlich der letztern bestimmte er im Jahre 387[5], dass sie das Kronengeld aus ihren eigenen Mitteln bestreiten sollten; er trug nämlich in diesem Jahre dem Satrapen von Sophene in Armenien auf, den Unterthanen zurückzuerstatten, was er zu diesem Zwecke von ihnen eingefordert hatte.

3. Gesetz des Theodosius vom 25. Juli an den römischen Senat über die Beschränkung der Ausgaben bei festlichen Veranstaltungen der Beamten[6]. Das Gesetz entsprach einer Wunschäusserung des Senates[7].

Ueber eitle Verschwendungssucht wird viel in jener Zeit geklagt; so von Ambrosius, der sagt[8], Privatleute verschleuderten bei Circus-, Theater- und Gladiatorenspielen oder auch bei Thierhetzen ihr Vermögen, um an Glanz die Obrigkeiten zu übertreffen. Dem entgegen bestimmt der Kaiser nun, kein Privatmann, d. h. keiner ausser dem Kaiser selbst[9], dürfe ganzseidene Kleider bei Wettkämpfen als Preise aussetzen. Den Gebrauch ganzseidener Kleider führte Kaiser Heliogabal in Rom ein, nachdem halbseidene schon früher in Gebrauch gewesen waren; die folgenden Kaiser gingen zum Theil von diesem neuen Aufwande wieder ab; Kaiser Tacitus verbot sogar ganzseidene Kleider[10].

Ferner bestimmte Theodosius in dem genannten Gesetze, dass ausser den consules ordinarii kein Beamter bei Antritt seines Amtes Goldstücke und elfenbeinerne Diptychen seinen Bekannten als Geschenke (solche Geschenke hiessen sportulae) geben dürfe; es sollen

[1] Symmachus, Relatio 13, bei Seeck 290. [2] Cod. Theod. XII 13, 4.
[3] Ibid. 5. [4] Ibid. 3 u. 6. [5] Ibid. 6.
[6] Ibid. XV 9, 1. [7] Symmachus, Relatio 8.
[8] De officiis II 21, 109.
[9] ‚Nulli privatorum‘; zur Erklärung siehe Gothofredus.
[10] Ueber den Luxus, der in der römischen Kaiserzeit mit seidenen Gewändern getrieben wurde, siehe Friedländer, Darstellungen aus der Sittengeschichte Roms III. Leipzig 1871, 44 u. 50—51.

nur Diptychen aus anderem Stoffe und Silbermünzen (also Denare) gegeben werden, und zwar letztere von der Art, dass ihrer 60 auf ein Pfund gehen; es soll aber freistehen, ja sogar ‚honestum' sein, dass sie noch kleiner sind.

Symmachus begrüsste diese Einschränkung des Luxus damals mit Freuden[1]; als aber im Jahre 401 sein Sohn[2] die Prätur antrat, flehte der Vater den Kaiser an, ihm die Austheilung ganzseidener Gewänder zu gestatten, und konnte sich darauf berufen, dass sie schon andern vor ihm gestattet worden sei[3].

V. Concilien.

In diesem Jahre fand eine Synode zu Bordeaux statt gegen die Priscillianisten[4]. Als Maximus siegreich in Trier eingezogen war, wandte sich an ihn Bischof Ithacius von Ossonuba, der sich einer Vorladung nach Spanien durch die Bemühungen des Bischofs Britto von Trier hatte entziehen können und so in Trier geblieben war, und erreichte, dass Schreiben abgingen an den praef. praet. Galliarum und an den vicarius Hispaniarum, denen gemäss alle Priscillianisten zu einer Synode nach Bordeaux gebracht werden sollten; dies geschah auch mit Instantius und Priscillian[5]. Unter den Bischöfen, die sich in Bordeaux versammelten, befand sich auch der hl. Martinus von Tours[6]. Die Priscillianisten wurden als Häretiker verurtheilt; Instantius wurde seines Bisthums entsetzt; Priscillian aber weigerte sich, den Bischöfen Rede zu stehen, und appellirte an den Kaiser[7]; die Synode nahm diese Appellation

[1] Symmachus, Relatio 8.

[2] Es war sein einziger Sohn und hiess Quintus Fabius Memmius Symmachus; seine Geburt fällt ins Jahr 384 (siehe Seeck a. a. O. 50—51).

[3] Symmachus, Ep. IV 8.

[4] Vgl. Sulpicius Severus, Chron. II 49, 6—7, der sagt, Ithacius habe sich an Maximus sofort nach dessen Einzug in Trier gewandt, und dieser habe dann die Synode in Bordeaux berufen. Prospers Chronik verlegt allerdings die Synode wie die Ermordung der Priscillianisten ins Jahr 385; aber den Grund dazu kann das Bestreben gegeben haben, den Bericht über die Priscillianisten nicht zu zerstückeln. Als Ambrosius Ende 384 seine zweite Gesandtschaft zu Maximus übernahm, waren die Priscillianisten schon von Bordeaux nach Trier gebracht worden (siehe Ambrosius, Ep. 24, 12).

[5] Siehe 383 S. 167 und Sulp. Sev., Chron. II 49, 6—8.

[6] Idatii chronicon ed. Mommsen XI 45.

[7] Prospers Chronik z. J. 385 und Sulp. Sev., Chron. II 49, 9. An letzterer Stelle heisst es: Priscillianus vero ne ab episcopis audiretur ad principem pro-

an. Wahrscheinlich um diese Zeit wurde zu Bordeaux eine Frau mit Namen Urbica, die Anhängerin Priscillians war, bei einem Volksauflaufe gesteinigt [1].

VI. Kirchenväter.

a. Ambrosius.

1. Leben.

Mitte oder Ende Sommer dieses Jahres wurde die *Relatio* des Symmachus über die Wiederherstellung der ara Victoriae verfasst [2], und zwar infolge eines Senatsbeschlusses [3]; sie wurde dem Kaiser Valentinian durch eine Deputation des Senates übergeben [4]. Diesen Muth gab dem Senate jedenfalls der Umstand, dass in diesem Jahre zwei hervorragende Heiden vom Kaiser zu den höchsten Reichsämtern befördert worden waren, Symmachus zur praefectura urbana und Prätextatus zur praefectura praetorio. In der Relatio wird die Zurücknahme der Verfügungen Gratians gegen das Heidenthum vom Jahre 382 verlangt [5], insbesondere Wiederherstellung der ara Vic-

vocavit. Daraus zieht Bernays (Ueber die Chronik des Sulpicius Severus, in seinen Ges. Schriften II 96—98) mit Recht den Schluss, dass Priscillian nicht von einem Urtheile der Synode appellirte, sondern die Zuständigkeit der Synode bestritt. Daraus folgt dann weiterhin, dass es sich bei der Anklage gegen ihn nicht bloss um res fidei et morum, sondern auch um wirkliche Verbrechen handelte: als solches wird maleficium besonders genannt (vgl. Sulp. Sev., Chron. II 50, 8 und Isidorus, De viris illustr. c. 2: ‚maleficiorum eius artes').

[1] Sulp. Sev., Chron. II 49, 9.

[2] Zur Zeit, als Ambrosius die Widerlegung der Relatio verfasste, ass man schon von der neuen Ernte (Ambros., Ep. 18, 22): es liegt aber noch einige Zeit zwischen der Ueberreichung der Relatio des Symmachus und der Abfassung der Refutatio des Ambrosius (ibid. 18, 1 u. 2). Nun ist die Weizenernte zwar heute im Polande Ende Juni, war aber im Alterthum einen Monat später (vgl. Nissen, Italische Landeskunde I, Berlin 1883, 400). Das Jahr der Abfassung der Relatio ergibt sich daraus, dass sie zur Zeit der praefectura urbana des Symmachus verfasst wurde (Relatio § 1 und Ambros., Ep. 57, 2); an das zweite Jahr dieser Präfectur, d. h. an das Jahr 385, kann dabei nicht gedacht werden, weil das vertraute Verhältniss des Ambrosius zum Kaiser, wie es in der Widerlegungsschrift der Relatio hervortritt, im Jahre 385 nicht mehr vorhanden war, und auch weil im Jahre 385 weder der Senat noch Symmachus nach dem, was inzwischen vorgefallen war, den Muth zu einer solchen Eingabe gehabt hätte.

Gedruckt ist die Relatio unter den Schriften des Symmachus (bei Seeck 280) und mit den Briefen des Ambrosius vor der Ep. 18.

[3] Relatio § 1. [4] Ambrosius, De obitu Valentiniani c. 19.

[5] Siehe oben 382 S. 126—127.

toriae im Sitzungssaale des Senates (§ 4) und der Privilegien und der Dotation der Vestalinnen (§ 8 und 11), ferner Rückgabe der eingezogenen Güter der Vestalinnen und der Priestercollegien (§ 13); es wird hierfür geltend gemacht, dass Gratian bei seiner Massregel übel berathen und der Missstimmung des Senates darüber unkundig gewesen sei (§ 18).

Die Verlesung der Relatio im Consistorium des Kaisers machte grossen Eindruck, so dass alle Anwesenden, selbst die Christen, dem Verlangen des Senates zu willfahren riethen [1]. Das hatte Ambrosius schon vernommen, als er sein erstes Schreiben in Sachen der Relatio an den Kaiser richtete [2]. In demselben wies er darauf hin, dass die Mehrzahl der Senatoren christlich sei und dass man diese doch nicht zwingen könne, am Altare der Victoria ihren Eid zu leisten (§ 9); er schlug weiterhin dem Kaiser vor, den Rath des Theodosius in der Sache einzuholen (§ 12), und drohte ihm, wenn er dem Verlangen des Senates nachkomme, würden ihm die Bischöfe den Eintritt in die Kirche wehren [3]; er verlangte endlich, dass ihm eine Abschrift der Relatio zugestellt werde, damit er sie Punkt für Punkt widerlege [4]. Dieses that er denn auch in einer zweiten Schrift, die er in dieser Angelegenheit verfasste [5]. Als er diese schrieb, war das Verlangen des Senates vom Kaiser schon abgewiesen worden (§ 1 und 2); daher ist die Schrift weniger für Symmachus und den Senat als für die nachgiebigen Rathgeber im Consistorium des Kaisers bestimmt [6]. Der Bemerkung der Relatio, dass der Entfernung der ara Victoriae ein unfruchtbares Jahr gefolgt sei (das Jahr 383), stellt Ambrosius in der zweiten Schrift die Thatsache entgegen, dass das neue Jahr (384) wieder ein fruchtbares sei (§ 22). Beide Schreiben des Ambrosius wurden im kaiserlichen Consistorium verlesen [7]. Symmachus hat auf beide nicht geantwortet [8].

Gegen Ende dieses Jahres unternahm Ambrosius im Auftrage des Kaisers Valentinian seine zweite Gesandtschaft zu Maximus nach Trier [9]. Es handelte sich diesmal um die Auslieferung

[1] Ambrosius, Ep. 17, 6 u. 8 und besonders De obitu Valentiniani c. 19.
[2] Gedruckt als Ep. 17 des Ambrosius (vgl. diese Ep. 17, 8 u. 10).
[3] Ep. 17, 13 und 57, 2. [4] Ep. 17, 13 und 18, 1.
[5] Gedruckt als Ep. 18 (vgl. Ep. 57, 2).
[6] Schultze, Geschichte des Untergangs des griech.-röm. Heidenthums I 243.
[7] Ep. 57, 3. [8] Paulinus, Vita Ambrosii c. 26.
[9] Ueber die Zeit dieser Gesandtschaft, die man bisher ins Jahr 386 verlegte, siehe Excurs X.

der Leiche des Kaisers Gratian. Ambrosius wurde in Trier ungnädig empfangen und zuletzt, als er sich von den antipriscillianistischen Bischöfen am Hofe fernhielt und für den Bischof Hyginus, der in die Verbannung gehen sollte, Partei ergriff, sogar vertrieben. Auf der Rückreise schrieb er dem Kaiser einen Bericht über seine Behandlung am Hofe und seine Unterredungen mit Maximus [1].

2. Schriften.

Ambrosius schrieb, wie es scheint, in diesem Jahre, jedenfalls nach dem Tode des Gratian und vor dem Lucascommentare, seine *Apologia prophetae David* [2]. Es gibt unter den Werken des Ambrosius noch eine zweite Apologia David, die aber wahrscheinlich unecht ist [3].

b. Augustinus.

Augustinus kam in diesem Jahre nach Rom ohne die Begleitung und ohne Vorwissen seiner Mutter und hielt hier Vorlesungen. Noch in demselben Jahre, wahrscheinlich im Herbste, jedenfalls vor dem 13. November, erhielt er durch Vermittlung des Stadtpräfecten Symmachus die Stelle eines öffentlichen Professors der Beredsamkeit in Mailand [4]. In Rom traf er mit seinem Landsmanne und Jugend-

---

[1] Gedruckt als Ep. 24 (vgl. besonders darin § 2. 10. 12—13.

[2] Dass die Schrift nach dem Tode Kaiser Gratians verfasst ist, zeigt die Stelle 6, 27, die allgemein vom Tode Gratians und seinen Folgen verstanden wird (so von Tillemont, Mém. X 292, den Maurinern, Ihm a. a. O. 21—22 und Joh. Bapt. Kellner, Der hl. Ambrosius Bischof von Mailand als Erklärer des Alten Testamentes 131). Der Wortlaut der Stelle scheint mir allerdings mehr dafür zu sprechen, dass sie von der Ermordung Valentinians II. zu verstehen ist; aber diese Deutung findet ihre Schwierigkeit im Lucascommentar des Ambrosius III 28, wo, wie es scheint, auf die Apologie verwiesen wird. Auch der Zusatz ‚ad Theodosium Augustum', der in mehreren Handschriften der Apologie der Ueberschrift beigefügt ist, spricht für das Jahr 394 als Jahr der Abfassung; nimmt man dieses an, so müsste man den Hinweis im Lucascommentar von einer andern Schrift des Ambrosius verstehen.

Was an der genannten Stelle der Apologie (6, 27) von der Uebermacht der Barbaren und ihren Verheerungen im Reiche gesagt ist, erklärt sich am besten von dem Einfall der Juthungen in Rhätien und der Gefahr ihres Einfalls in Italien (siehe oben S. 172); das ist der Grund, weshalb ich die Abfassung der Apologie ins Jahr 384 setzte.

[3] Tillemont, Mém. X 292 und 763—764 note 59; Ihm a. a. O. 72—73.

[4] Conf. VI 11 sagt Augustinus von sich, er habe, als er schon in Mailand war, im 30. Lebensjahre gestanden; er wurde aber geboren am 13. November und

freunde Alypius zusammen, der ihn nach Mailand begleitete[1]. Auch fiel Augustinus in Rom in eine schwere Krankheit[2]. Seine Mutter Monika traf in Mailand wieder mit ihm zusammen[3].

c. Gregor von Nazianz.

1. Leben.

Gregor lebte auf seinem Gute in Arianz[4] in mönchischer Abgeschiedenheit bis zu seinem Tode, der im Jahre 389 oder 390 erfolgte[5]. Er führte dort ein Leben der Entsagung, ohne Schuhe, ohne Herd, mit Einem Kleide, er schlief auf Stroh; fleischliche Versuchungen und schlaflose Nächte bildeten seine beständige Begleitung[6]; dabei war er noch andauernd krank[7]. Grosse Mühe gab er sich in dieser Zeit um die Erziehung des jungen Nikoboulos, dessen Mutter Alypiana seine Nichte war[8]. Der Vater Nikoboulos war reich und hochgebildet; er hatte gegen die Perser, wie es scheint unter Julian, im Felde gestanden und stand jetzt dem Präfecten in der Verwaltung der Provinz Kappadokien nahe[9]. Gregor versah den jungen Nikoboulos, als er nach Athen zu seiner geistigen Ausbildung reiste, mit Empfehlungsschreiben, zog sich aber heftige Vorwürfe eines befreundeten Rhetors in Athen, des Eustochios, zu, weil er dessen Rivalen, den Stageirios, mit der Erziehung des Jünglings betraut hatte[10]. Als später der Vater Nikoboulos starb, nahm sich Gregor der bedrängten Wittwe und ihrer Kinder fürsorglich an[11].

---

zwar nicht nach dem Jahre 354 (siehe unten 387 VI b 1); sein 30. Lebensjahr schloss also spätestens mit dem 13. November 384. Augustinus erhielt aber die Professur zur Zeit der Präfectur des Symmachus (Conf. V 13); er muss sie also vor dem 13. November 384 angetreten und kann sich in Rom nicht lange aufgehalten haben.

[1] Conf. VI 7 u. 10. [2] Conf. V 9. [3] Conf. V 8 u. VI 1.

[4] Siehe 383 S. 160.

[5] Hieronymus sagt De vir. illustr. c. 117 von Gregor: decessitque ante hoc ferme triennium sub Theodosio principe.

[6] Gregorii Naz. Opera II 924 v. 121—146.

[7] Ueber seine Krankheit verfasste er mehrere Gedichte wie nr. 71 u. 89 (Op. II 968 u. 988); auch in seinen Briefen kommt er immer wieder auf sein Leiden zurück (bes. Brief 160. 195. 196 u. 234).

[8] Op. II 1040 v. 89 und Brief 12; sie war jedenfalls die Tochter der Gorgonion, seiner einzigen Schwester (Op. II 990 carmen 90).

[9] Op. II 1042 v. 114 sqq. und Brief 196.

[10] Gregor v. Naz., Briefe 190 u. 191. [11] Brief 196.

Tief ging ihm in seiner letzten Lebenszeit das Schicksal des Priesters Sacerdos zu Herzen. Dieser hatte sich schon in seiner Jugend dem besondern Dienste Gottes, ‚der wahren Philosophie', geweiht [1] und war mit Gregor von jeher eng befreundet [2]; mit dessen Empfehlungsschreiben versehen, machte er im Jahre 383 eine Reise nach Konstantinopel [3]. Er stand im Sprengel des Bischofs Helladios von Kaisareia einem Armenhause und zugleich einem Kloster vor [4]; hier gerieth er aber, als er schon alt war, in Streit mit einem jungen Mönche, Namens Eudokios, der sehr hitzig war; die Sache artete zum Skandal aus und kam an den Bischof, der den Sacerdos seiner Aemter entsetzte. Gregor gab sich grosse Mühe, den Sacerdos, der zu ihm geflüchtet war, sowohl mit Eudokios als auch mit seinem Bischofe zu versöhnen [5]; es gelang ihm nicht, Sacerdos starb mitten in seinen Bedrängnissen, und Gregor selbst blieb nicht ohne Anfeindung, weil er für ihn Partei ergriffen hatte [6].

2. Briefe [7].

Brief 187 an den Rhetor Eudoxios; dieser unterrichtete den jungen Nikoboulos und hatte Gregor Günstiges über diesen mitgetheilt.

Brief 188 an den Rhetor Stageirios, der in Athen den Nikoboulos unterrichtete.

Brief 189 an den Sophisten Eustochios in Athen, dem er den jungen Pronoios empfiehlt.

Brief 190 an denselben Eustochios [8], der ihm Vorwürfe darüber gemacht hatte, dass er den Nikoboulos zu Stageirios geschickt hatte. Gregor nimmt den letztern in Schutz und tadelt die Eifersucht des Eustochios sehr: ein solches Benehmen sei eines Mannes in diesem Alter unwürdig und gebe den jüngern ein schlechtes Beispiel.

---

[1] Gregor v. Naz., Briefe 170. 212 u. 213. [2] Brief 170. [3] Brief 168.

[4] Brief 219. Ullmann (Gregor von Nazianz 195) spricht die Ansicht aus, beide Aemter des Sacerdos seien so zu vereinen, dass in seiner Anstalt Mönche den Dienst der Armen und Kranken besorgten. Aber dagegen spricht der Wortlaut des Briefes 219, dem gemäss beide Aemter des Sacerdos in der Weise theilbar waren, dass ihm das eine genommen, das andere belassen werden konnte.

[5] Briefe 216–220. [6] Briefe 222 u. 223.

[7] Von allen an dieser Stelle genannten Briefen lässt sich nur dies feststellen, dass sie in der letzten Lebenszeit Gregors, nach seinem Rücktritte von Nazianz, geschrieben sind; das Jahr der Abfassung ist nicht zu ermitteln.

[8] Geschrieben jedenfalls nach dem vorhergehenden Briefe.

Brief 191 an denselben; es ist die Antwort auf ein Schreiben, mit dem Eustochios den Brief Gregors[1] erwidert hatte. Eustochios hat dessen Vorwürfe schlecht aufgenommen und wirft ihm Feindseligkeit vor. Gregor nennt sich in diesem Briefe ‚kahlköpfig'.

Brief 192 an Stageirios, den er bittet, ihm den Nikoboulos zurückzugeben, damit er dem Freunde das Aergerniss benehme. Auch dem Stageirios macht Gregor die Zänkereien der Sophisten zum Vorwurfe.

Brief 197 an den hl. Gregor von Nyssa, geschrieben, um diesen über den Tod seiner Schwester Theosebia zu trösten.

Briefe 198—201 an Nemesios. Briefe 198 und 199 sind Bittschriften für Freunde, geschrieben, als Nemesios Statthalter von Kappadokien war[2]; Brief 200 ist geschrieben, als Nemesios das Amt niedergelegt hatte, 201, wie es scheint auch damals, jedenfalls zu einer Zeit, als Nemesios in der Nähe Gregors verweilte[3].

Briefe 204—206 an Adelphios, einen vornehmen jungen Mann, der sich mit Weibern verfehlte[4].

Briefe 214—223 sind geschrieben in der Angelegenheit des Sacerdos[5], zu einer Zeit, als Gregor nicht mehr im Amte war[6]. Die Briefe folgten bald aufeinander; 214 und 215 sind an Sacerdos selbst, 216—218 an seinen Gegner Eudokios gerichtet, und zwar 218, als die Antwort des Eudokios auf die Briefe 216 und 217 bei Gregor eingetroffen war; 219 und 220 sind gerichtet an den Metropoliten Helladios von Kaisareia, 221 an Homophronios,

---

[1] Brief 190.

[2] Vgl. Gregors Gedicht an ihn, Op. II 1071 v. 5—6.

[3] Dass diese Briefe im Greisenalter Gregors geschrieben sind, zeigt Brief 199 und das erwähnte Gedicht v. 37—38.

[4] Die Zeit der Briefe 207 und 208, die an Jacobus, Statthalter von Kappadokien, gerichtet sind, ist nicht bestimmbar, weil dessen Amtszeit unerkennbar ist. Die Mauriner glauben, aus der Erwähnung des Alypius auf die letzten Lebensjahre Gregors schliessen zu können; aber mit Unrecht, weil die Zeit der Präfectur des Alypius und damit auch die Abfassungszeit der Briefe Gregors 82—86 ganz unsicher ist.

[5] Siehe vorhin S. 188.

[6] Das folgt schon daraus, dass Sacerdos, als er im Jahre 383 seine Reise nach Konstantinopel machte, noch in günstigen Verhältnissen stand (vgl. die Briefe 168—170; Ullmann a. a. O. 196 nimmt allerdings das Gegentheil an). Es ergibt sich aber auch daraus, dass in den Briefen 214—223 keine Andeutung einer amtlichen Stellung Gregors oder seiner Sehnsucht nach dem Ruhestande gemacht wird.

der mit Sacerdos in derselben Anstalt lebte, 222 und 223 an Thekla, die Schwester des Sacerdos, die in klösterlicher Abgeschiedenheit lebte. Die zwei letztgenannten Briefe sind geschrieben nach dem Tode des Sacerdos, und zwar 222 gleich nach seinem Tode, 223 einige Zeit später [1].

3. Gedichte.

Die beiden Gedichte *Nicobuli ad patrem* und *Nicobuli patris ad filium* [2] behandeln die Bitte des Sohnes an den Vater, ihn zur Ausbildung in Rhetorik, Geschichte, Philosophie und Theologie eine Universität beziehen zu lassen; der Vater sagt zu und lässt die Wahl zwischen Athen, Antiochien und Alexandrien [3]. Die Gedichte sind vor den Briefen 188 und 192 geschrieben, die an den Lehrer des Nikoboulos in Athen gerichtet sind.

Das Gedicht *Ad Nemesium* [4] ist geschrieben im Greisenalter Gregors, als Nemesios Präfect von Kappadokien war [5]. Der Anfang des Gedichtes zeigt, dass Nemesios früher Sachwalter war; dass er mit Gregor eng befreundet war, zeigen dessen Briefe an ihn [6]. Gregor will in dem Gedichte den Nemesios, der damals noch Heide war, für das Christenthum gewinnen; es werden daher die Ungereimtheiten der Mythen dargelegt und die christlichen Lehren kurz entwickelt [7].

Das Gedicht 123 [8] ist eine Grabschrift auf Theosebia, die Schwester Basileios des Grossen [9].

d. Hieronymus.

1. Leben.

Hieronymus lebte seit dem Jahre 382 bei Papst Damasus in Rom [10]. Schon bald nach seiner Ankunft in Rom trat er in vertrauten Verkehr mit mehreren vornehmen römischen Frauen; er las mit ihnen die Heilige Schrift und erklärte sie; dann unterhielt er mit ihnen einen regen Briefwechsel, worin er Anleitung zur Voll-

[1] Im Briefe 223 sagt Gregor: *Καὶ γὰρ πείθομαι τὰς τῶν ἁγίων* (im Himmel) *ψυχὰς τῶν ἡμετέρων πυνθάνεσθαι.*

[2] Greg. Naz. Op. II 1037 sqq. u. 1049 sqq.

[3] Vgl. S. 1060 v. 222—230. [4] Op. II 1070 sqq.

[5] Vgl. v. 37—38 u. 327, ferner Brief 199. [6] Briefe 198—201.

[7] Vgl. v. 33—35 und 300—305. [8] Op. II 1158.

[9] Siehe zu Brief 197. [10] Siehe oben 382 S. 139.

kommenheit gab[1] und dunkle Schriftstellen oder hebräische Bibelworte ihnen erklärte[2]. Zu diesem Kreise gehörte besonders die hl. Paula; sie stammte aus der gens Furia[3], hatte die Gracchen und Scipionen zu Ahnen und war die Gemahlin des Toxotius gewesen; aus dieser Ehe stammten fünf Kinder, von denen zwei, nämlich Bläsilla und Eustochium, sich auch an Hieronymus anschlossen, die erstere aber bald starb[4]; der einzige Sohn der Paula war Toxotius[5]. Neben Paula ragte besonders hervor Marcella, die im siebenten Monate ihrer Ehe Wittwe geworden war[6], ferner ihre Schwester Asella und die Mutter Albina[7]; endlich werden gelegentlich genannt Marcellina, die vielleicht die gleichnamige Schwester des hl. Ambrosius war, und Felicitas[8].

Die Grundlagen des Mönchslebens waren in Rom durch den hl. Athanasios und seinen Nachfolger Petros während ihrer Anwesenheit daselbst gelegt worden. Sie begeisterten für das Leben des hl. Antonios und seiner Schüler in der Thebaischen Wüste zuerst die Marcella, der sich dann andere, wie Paula und Eustochium, anschlossen[9]. Hieronymus war schon eine Zeitlang in Rom gewesen, ehe er mit Paula und ihrem Hause bekannt wurde[10]. (Wie ihm dieser Verkehr zum Verhängniss wurde, siehe zum Jahr 385.)

Mit Papst Damasus blieb Hieronymus eng befreundet bis zu dessen Tode. Es ist uns allerdings nur ein Brief erhalten, den er zu Rom an den Papst richtete (Ep. 36); aber er widmete ihm seine Uebersetzung zweier Homilien des Origenes über das Hohelied und seine Evangelienrecension und sagt, Damasus habe seine Schrift contra Helvidium gelesen und gelobt[11].

---

[1] Besonders in Ep. 22 ad Eustochium.

[2] Dahin gehören die Ep. 23—30. [3] Ep. 54, 2.

[4] Ep. 39 u. 108, 3—4. In Ep. 108 gibt Hieronymus ein Lebensbild der Paula.

[5] Er war ihr jüngstes Kind (vgl. Ep. 108, 4).

[6] Ihr Leben beschrieb Hieronymus nach ihrem Tode, der im Jahre 410 erfolgte, in seiner Ep. 127 (vgl. diese § 1).

[7] Den Lebensgang der Asella schildert Hieronymus in seiner Ep. 24. Als Palladios im Jahre 405 nach Rom kam, fand er sie hier noch im Kloster vor (vgl. Palladios, Historia Lausiaca, bei Migne, Patr. graec. XXXIV 1234, c. 133). Dass sie Schwester der Marcella war, sagt Hieronymus Ep. 45, 7; auch nennt er Ep. 127, 2 Albina Mutter der Marcella und Ep. 45, 7 Mutter der Asella; die Verwandtschaft der beiden ist M. Schubach (Ueber die Briefe des hl. Hieronymus, Koblenz 1855, 15) entgangen.

[8] Ep. 45, 7. [9] Ep. 127, 5 und 46, 1. [10] Ep. 45, 3 Anf.

[11] Ep. 48, 18.

2. Briefe.

Brief 22 an Eustochium über die Pflichten der Jungfrauen. Das lange Schreiben ist eine Fundgrube herrlicher Gedanken über die christliche Vollkommenheit. Dass es in Rom verfasst wurde, steht fest [1]; die Abfassung im Jahre 384 ist wahrscheinlich [2].

Brief 23 an Marcella über den Tod Lea's, welche ‚monasterii princeps, mater virginum' gewesen war. Der Brief ist an dem Tage geschrieben, an welchem Hieronymus die Nachricht von ihrem Tode erhielt, und unmittelbar nach dem Tode des praef. praet. und designirten Consuls Vettius Agorius Prätextatus [3].

Brief 24 an dieselbe, eine Lobrede auf Asella, die Schwester der Marcella, geschrieben zwei Tage nach dem vorhergehenden Briefe. Asella hatte sich zwölfjährig dem Einsiedlerleben in einer Zelle zu Rom hingegeben und hatte es damals bis zum 50. Lebensjahre fortgeführt.

Brief 25 an dieselbe über die Gottesnamen, geschrieben kurz nachher, als er in der Erklärung der Psalmen, die er im Kreise seiner Freundinnen vortrug, bis zum 90. Psalm gekommen war [4].

Brief 26 an dieselbe über die hebräischen Wörter in der lateinischen Bibelübersetzung, besonders über alleluia und amen, geschrieben bald nach dem vorhergehenden [5].

Brief 27 an dieselbe zur Rechtfertigung gegen den Vorwurf, den man ihm machte, dass er im lateinischen Evangelientexte manches geändert habe, geschrieben gleich nach dem vorhergehenden [6].

---

[1] Ep. 52, 17; hier ist auch gesagt, dass der 52. Brief (an Nepotianus) zehn Jahre nach dem 22. Briefe geschrieben ist.

[2] Für die Zeitbestimmung kommen in Betracht: 1. die Angabe (nr. 22), dass seine Schrift gegen Helvidius schon vorlag; allerdings wissen wir über die Abfassungszeit dieser Schrift sonst nichts. 2. Als Hieronymus den Brief 22 an Eustochium schrieb, stand er dem Hause der hl. Paula schon nahe; dies war aber in der ersten Zeit seines römischen Aufenthaltes nicht der Fall (vgl. Brief 45, 3). 3. Papst Damasus wird (nr. 22) in einer Weise citirt, dass man annehmen muss, dass er damals noch lebte; er wird nämlich nach seinem Tode von Hieronymus gewöhnlich mit dem Zusatze ‚beatae memoriae' genannt (vgl. Tillemont, Mém. XII 632 note 29). Die Angabe (nr. 15), dass Bläsilla damals im 7. Monat Wittwe war, ist für die Zeitbestimmung des Briefes belanglos.

[3] Siehe über diesen oben S. 177.

[4] Als er Brief 23 schrieb, stand er an der Erklärung des 72. Psalmes.

[5] Ep. 26, 1 u. 3. [6] Vgl. den Anfang des Briefes.

Brief 28 an dieselbe über die Bedeutung des Wortes diapsalma, geschrieben bald nach Brief 26[1].

Brief 29 an dieselbe über die Bedeutung von ephod und theraphim, geschrieben zu derselben Zeit[2].

Brief 30 an Paula über die hebräischen Buchstaben im 118. Psalm, geschrieben kurz nach dem vorhergehenden[3].

Brief 31 an Eustochium über die Geschenke, die man ihm zum Todestage des hl. Petrus (29. Juni) gemacht hatte, geschrieben jedenfalls an diesem Tage, wozu auch die Erwähnung eines Korbes frischer Kirschen passt. Dass aber der Brief im Jahre 384 geschrieben ist und dass die zwei Briefe, die im 32. Briefe (nr. 1) erwähnt sind, dieser und der vorhergehende sind, ist nicht zu beweisen[4].

Brief 32 an Marcella, ein kleines Begrüssungsschreiben, verfasst wohl zu derselben Zeit wie Brief 29[5].

Brief 34 an Marcella über einige Ausdrücke im 126. Psalm, geschrieben bald nach Brief 30[6].

Brief 35 des Damasus an Hieronymus, dem jener fünf Fragen über Ereignisse des Alten Testamentes vorlegt.

Brief 36 ist die Antwort des Hieronymus auf drei dieser Fragen: die Antwort auf die zwei andern, sagt er, sei bei Tertullian und Novatian zu finden. Der Brief ist gegen Ende des Jahres 384 geschrieben[7].

---

1 Vgl. Ep. 28, 1 mit 26, 5. 2 Vgl. Ep. 29, 2 mit 26, 5.

3 Der Brief ist zu der Zeit geschrieben, als Hieronymus mit der Erklärung der Psalmen beschäftigt war, also nicht lange nach Ep. 25 (siehe oben). Dazu kommt Folgendes: Ep. 30, 14 nennt Hieronymus die Bläsilla seine tirunculа; in der Vorrede des Commentars zum Ecclesiastes aber, den er 388 oder bald darauf schrieb (siehe unten 388 VI c), sagt er: Memini me ante hoc ferme quinquennium, cum adhuc Romae essem et ecclesiastem sanctae Blaesillae legerem, ut eam ad contemptum istius saeculi provocarem sq. Also etwa fünf Jahre, ehe er diese Vorrede schrieb, war Bläsilla noch nicht seine tiruncula; sie ist es also schwerlich vor dem Jahre 384 geworden, und daher kann Ep. 30 nicht vor 384 geschrieben sein.

4 Vallarsi glaubte diesen Beweis für die Abfassung im Jahre 384 verwenden zu können.

5 Vgl. Ep. 29, 7 mit 32, 1: hier wie dort ist Hieronymus mit dem Studium des hebräischen Bibeltextes beschäftigt.

6 Siehe oben zu Ep. 30.

7 Ep. 36, 1 schreibt Hieronymus an Damasus: Didymi de spiritu sancto librum in manibus habeo, quem translatum tibi cupio dedicari. Als er diese Uebersetzung aber vollendete, war Damasus schon todt (siehe unten 388 VI c). Offenbar

Brief 37 an Marcella über den Commentar des Rheticius, des Bischofs von Autun, zum Hohenliede, den er für sehr schlecht hält; geschrieben wahrscheinlich im Jahre 384 [1].

Brief 38 an dieselbe über die Krankheit der Bläsilla, der ältern Tochter der hl. Paula. Dreissig Tage lag sie an hitzigem Fieber danieder und entschloss sich nun, der Welt zu entsagen und sich wie ihre Mutter und jüngere Schwester dem Mönchsleben zu widmen. Der Brief ist bald nach der Krankheit der Bläsilla, aber vor dem Briefe 30 geschrieben [2].

Brief 41 an dieselbe über die Lehren und Vorschriften des Montanus. Als solche werden hier aufgezählt und bekämpft: 1. Montanus ist der verheissene Paraklet. 2. Sabellianismus in der Trinitätslehre. 3. Verbot der zweiten Ehe. 4. Drei 40tägige Fastenzeiten im Jahre. 5. Die Bischöfe nehmen erst den dritten Rang in der Kirche ein (den ersten haben die Patriarchen von Pepusa in Phrygien, den zweiten die sogen. Cenones, d. h. die Frauen, denen die Montanisten active Theilnahme an der Liturgie verstatteten [3]). 6. Auf fast alle Vergehen wird Ausschluss aus der Kirche gesetzt. 7. Gott hat die Welt zuerst durch Moses und die Propheten retten wollen, und weil ihm dies nicht gelungen ist, ist er als Sohn im Fleische und zuletzt in Montanus als Heiliger Geist erschienen.

Der Brief ist geschrieben in der spätern Zeit des Aufenthaltes in Rom, also in den Jahren 384—385.

Brief 42 an dieselbe über die novatianische Auslegung des Bibeltextes, dass die Sünde gegen den Heiligen Geist nicht vergeben

---

schrieb er also daran in der letzten Lebenszeit des Damasus; in dieser Zeit sind also auch die Briefe 35 und 36 geschrieben.

[1] Im Anfange des Briefes sagt er, er habe den Commentar des Rheticius kürzlich gelesen; man kann also annehmen, dass er ihn las, als er die zwei Homilien des Origenes zum Hohenliede übersetzte; das geschah im Jahre 384 (siehe unten S. 195).

[2] Als er Brief 30 schrieb, war Bläsilla schon seine tiruncula, hatte sich also schon seiner klösterlichen Leitung unterstellt (siehe oben zu Brief 30).

[3] Mit den hier genannten Cenones wusste man nichts anzufangen, bis Hilgenfeld in seiner Ketzergeschichte des Urchristenthums sie glücklich mit den im Cod. Iust. I 5, 20 genannten *κοινωνοί* identificirte. Erst ein kleines Schriftstück, welches J. Friedrich nach dem codex lat. Monac. 5508 (diss. 8) aus dem 9. Jahrhundert in den Sitzungsberichten der bayrischen Akademie der Wissenschaften, phil.-hist. Klasse, 1895, Heft 2 S. 109–211, und fast gleichzeitig Duchesne in der Revue de Bretagne et de Vendée, 1895 janvier, veröffentlicht haben, hat gezeigt, dass sie die heiligen Frauen der Montanisten waren und priesterliche Functionen hatten.

werden könne; Novatian bezog nämlich diese Worte fälschlich nur auf die Sünde des Abfalls vom Glauben. Der Brief ist in derselben Zeit wie der vorhergehende geschrieben.

3. Sonstige Schriften.

α. Uebersetzung der zwei Homilien des Origenes über das Hohelied, dem Damasus gewidmet[1].

β. Die Schrift *Adversus Helvidium* de perpetua virginitate Mariae. Er schrieb dies Werk nach langer Weigerung ‚rogatus a fratribus, ne (Helvidius) respondendo dignus fieret, qui vinceretur'[2]. Helvidius, der zu Rom lebte, persönlich aber dem Hieronymus nicht bekannt war[3], war ein Schüler des arianischen Bischofs Auxentius zu Mailand und Bewunderer des Symmachus; Hieronymus nennt ihn ‚hominem rusticanum et vix primis quoque imbutum litteris'[4]. Helvidius wollte in seiner, in ungeschicktem Stile verfassten Schrift — sie begann mit den Worten: O tempora, o mores — beweisen, dass Maria nach der Geburt Jesu mit Joseph in ehelicher Verbindung Kinder gezeugt habe, die sogen. Brüder des Herrn[5]. Die Entgegnung des Hieronymus fiel recht derb aus[6]; sie besteht im wesentlichen in der Erklärung der Bibelstellen, die Helvidius für seine Ansicht verwendet hatte.

γ. Eine Revision des alten Itala-Textes der vier Evangelien[7] und wahrscheinlich auch der andern Schriften des Neuen Testamentes[8]. Diese Revision dürfte schon im Jahre 383 begonnen

[1] Gedruckt bei Vallarsi III 499 sqq. Das Werk folgt im Schriftenkatalog des Hieronymus (De vir. illustr. c. 135) auf Brief 36 und ist dem Damasus gewidmet; daraus ergibt sich die Abfassung in diesem Jahre.

[2] Gedruckt bei Vallarsi II 205 sqq. Die Schrift folgt im Schriftenkatalog auf die vorhergehende und ist noch zu Lebzeiten des Damasus verfasst, der sie lobte (Hieron., Ep. 48, 18). Als Hieronymus seinen 22. Brief schrieb (siehe oben S. 192), war sie schon verbreitet (Ep. 22, 22). Zöckler setzt ihre Abfassung ins Jahr 383 (a. a. O. 99); mir scheint das Jahr 384 wahrscheinlicher, weil Brief 36 des Hieronymus (siehe die vorige Anmerkung) nicht vor diesem Jahre geschrieben ist.

[3] Contra Helvidium c. 16. [4] Ibid. c. 1 und 16.

[5] Gennadius, De vir. illustr. c. 32.

[6] Vgl. besonders die Einleitung und den Schluss der Schrift.

[7] Hieronymus, Ep. 27, 1 und die Vorrede der Revision, die an Damasus gerichtet ist.

[8] Hieronymus, De vir. illustr. c. 135: novum testamentum Graecae fidei reddidi; Ep. 71, 5: novum testamentum Graecae reddidi auctoritati; vgl. auch Ep. 27, 3.

13*

worden sein; Hieronymus blieb ihretwegen in Rom nicht ohne Anfeindung [1].

δ. Eine Revision des Itala-Textes der Psalmen nach der Septuaginta, psalterium Romanum genannt. Sie ist wie die Revision des Evangelientextes dem Damasus gewidmet [2].

ε. Schon zu Rom war Hieronymus mit der Lectüre des hebräischen Textes des Alten Testamentes viel beschäftigt; er verglich diesen Text mit der Uebersetzung Aquilas, um zu sehen, ob die Synagoge aus Hass gegen das Christenthum im Hebräischen den Text geändert habe [3].

VII. Bischöfe.

1. Der römische Bischof Damasus starb am (10. oder) 11. December dieses Jahres [4]. Er war beinahe 80 Jahre alt geworden [5] und hatte 18 Jahre und zwei Monate den römischen Stuhl inne gehabt [6].

---

[1] Hieronymus, Ep. 27, 1 init.

[2] Ob diese Revision vor oder nach der der Evangelientexte gemacht ist, ist nicht zu entscheiden; die Stelle in der Vorrede zur Evangelienrecension: neque vero ego de veteri testamento disputo sq., welche nach Zöckler (Hieronymus 100 Anm. 1) zeigen soll, dass zur Zeit der Evangelienrevision das Alte Testament noch nicht von Hieronymus bearbeitet worden war, beweist dies keineswegs. Ebenso wenig beweist die Reihenfolge der Schriften in Ep. 71, 5.

[3] Ep. 29, 7 und 32, 1.

[4] Dass Damasus in der zweiten Hälfte dieses Jahres noch lebte, zeigt die 21. Relation des Symmachus (Seeck 295), wo gesagt ist, er habe sich in dieser Zeit des Symmachus in einem Briefe angenommen. Ganz falsch ist also die Nachricht des Marcellinus Comes (zum Jahre 382), er sei im October 382 gestorben. Todt war er jedenfalls am 11. Februar 385, weil an diesem Tage sein Nachfolger Siricius an den spanischen Bischof Himerius schrieb (siehe unten 385 S. 219); doch zeigt der Anfang dieses Schreibens, dass Siricius damals noch nicht lange im Amte war. Da nun in den Martyrologien die depositio des Damasus gewöhnlich auf den 11. (seltener auf den 10.) December gesetzt wird, so ist anzunehmen, dass er an diesem Tage im Jahre 384 gestorben ist. Ausdrücklich wird in Prospers Chronik sein Tod in das Jahr 384 gesetzt; zum 11. December aber stimmt das Schreiben Valentinians an Pinianus (bei Constant, Epistulae pont. Rom. I 639), in welchem der Kaiser am 23. Februar 385 diesem zur Wahl des Siricius Glück wünscht.

[5] Hieronymus, De vir. illustr. c. 103.

[6] Marcellinus Comes (zum Jahre 382) und Sokrates (VII 9) geben ihm 18 Pontificatsjahre; dass er aber etwas länger Bischof war, zeigt der Libellus precum Faustini et Marcellini c. 2 (bei Migne, Patr. lat. XIII 81—82): hiernach starb sein Vorgänger Liberius am 24. September 366, und Damasus wurde im Anfang October desselben Jahres geweiht.

Er wurde auf der via Ardeatina in der von ihm erbauten Basilika beigesetzt[1]. Es folgte ihm auf dem römischen Stuhle, und zwar vielleicht noch in demselben Jahre, der römische Presbyter Siricius[2]. Bei der Wahl des Siricius fanden auch Agitationen für Ursinus[3] statt, die aber im Volke keinen Widerhall fanden, worüber Kaiser Valentinian in einem Schreiben an Pinianus seine Befriedigung ausdrückte[4].

2. Philastrius, Bischof von Brescia, der die Acten des Concils zu Aquileja im Jahre 381 mitunterschrieb, lebte jedenfalls noch im Jahre 384[5]. Er schrieb ein Buch über die Häresien, deren er bei den Juden vor Christus 28, bei den Christen 128 annahm[6]. Er starb am 18. Juli[7], aber das Jahr ist unbekannt; doch wurde sein Nachfolger Gaudentius noch zu Lebzeiten des Ambrosius und auf dessen Betreiben gewählt und geweiht[8]. An diesen schrieb Johannes Chrysostomos in seiner Verbannung einen Brief[9]; er lebte

---

[1] So im Liber pontificalis des Anastasius. Die Nachrichten über den Tod des Damasus, wie sie in den verschiedenen Recensionen des Liber pontificalis lauten, stellte am besten zusammen Max. Ihm, Damasi epigrammata, praefatio p. 44—46.

[2] Der Liber pontificalis sagt, Siricius sei gefolgt 31 Tage nach dem Tode des Damasus (in der ersten Recension des Liber pontificalis werden 36 oder nach anderer Ueberlieferung 26 Tage genannt, in der zweiten 31; siehe Ihm a. a. O.). Die Nachricht wird bestätigt durch den genannten Brief des Valentinian an Pinianus, der zeigt, dass die Wahl des Siricius nicht glatt verlief. Da aber Siricius im Jahre 398 starb (Marc. Comes und Prosper zum Jahre 398, ausserdem der Liber pontificalis bei Migne, Patr. lat. XIII 1115), und da ferner glaubwürdig überliefert ist, er habe 15 Jahre auf dem römischen Stuhle gesessen (so Marc. Comes zum Jahre 382, ferner Sokr. VII 9 und auch das Epitaphium des Siricius bei Migne, Patr. lat. XIII 1117), so nimmt man mit Tillemont (Mém. X 788 note 1) an, er sei dem Damasus schon im Jahre 384 gefolgt, und dieses Jahr sei von den Chronisten in der obigen Angabe mitgezählt worden (so Langen, Geschichte der römischen Kirche I 611). Mir leuchtet das nicht ein; die Chronisten haben die Regierung des Siricius einfach vom Tode des Damasus an gerechnet, ohne auf das Interregnum zu achten; was aber das Epitaphium angeht, so steht die Zeit seiner Abfassung nicht fest (vgl. Tillemont a. a. O.).

[3] Siehe über diesen oben 378 S. 32.

[4] Das Schreiben, datirt vom 23. oder 24. Februar 385, ist gedruckt bei Coustant, Epistulae pontif. Rom. I 639, bei Migne, Patr. lat. XIII 593 und in der Collectio Avellana bei Wilh. Meyer a. a. O. pars I nr. 4 S. 15.

[5] Denn Augustinus sagt (Ep. 222, 2, bei Migne, Patr. lat. XXXIII 999), er habe ihn in Mailand bei Ambrosius gesehen.

[6] Augustinus l. l.; gedruckt ist das Buch bei Migne, Patr. lat. XII 1111.

[7] Gaudentius, Sermo 21, bei Migne, Patr. lat. XX 1002.

[8] Gaudentius, Sermo 16, Migne l. l. 956.

[9] Chrysostomos, Br. 184, bei Montfaucon III 703.

wahrscheinlich noch im Jahre 410 [1] und schrieb 21 Sermones, von denen der 16. über seine Ordination und der 21. über das Leben seines Vorgängers Philastrius von Bedeutung sind [2].

3. Servatius, Bischof von Maastricht, starb sehr wahrscheinlich am 13. Mai dieses Jahres [3].

VIII. Häretiker.

a. Eunomios.

Kaiser Theodosius vertrieb in diesem Jahre den Eunomios von Kalchedon [4], weil er einige seiner Palastbeamten als dessen Anhänger befunden hatte, die er gleichzeitig aus seinem Palaste entfernte [5]. Eunomios ging nach Halmyris in Mösien, südlich von den Donaumündungen, in die Verbannung [6]. Als diese Stadt von den Barbaren, die über die gefrorene Donau gekommen waren [7], eingenommen worden war, wurde ihm Kaisareia in Kappadokien als Wohnsitz angewiesen; hier aber war er missliebig, weil er früher gegen den hl. Basileios geschrieben hatte [8]. Deshalb wurde ihm endlich gestattet, sich auf seine Güter zu Dakora am mons Argaeus, unweit Kaisareia, zurückzuziehen [9]. Hier besuchte ihn um das Jahr 390 der Kirchenschriftsteller Philostorgios, der damals in Konstantinopel lebte und 20 Jahre alt war [10]. Zur Zeit, als Hieronymus seine

[1] Tillemont, Mém. X 588—589.

[2] Gedruckt bei Migne, Patr. lat. XX 827—1002.

[3] So nach einer Notiz in einer alten Maastrichter Handschrift (vgl. Acta SS. Mai III 213 und Tillemont, Mém. VIII 384); hier heisst es, er sei gestorben 384 am 13. Mai, Pfingstmontag; die letztere Angabe passt auch zum Jahre 384.

[4] Philostorgios (X 6) setzt das Ereigniss zwischen den Tod Gratians und den der Flaccilla (385). Jeep (Quellenuntersuchungen 57) nimmt mit Recht an, die Verbannung falle spätestens in den Anfang des Jahres 385.

[5] Sokr. V 20 und Soz. VII 17 geben als Grund an, Eunomios habe in Konstantinopel Versammlungen gehalten und seine Schriften vorgelesen; doch ist Philostorgios glaubwürdiger. Sozomenos irrt auch darin, dass er den Eunomios in Konstantinopel wohnen lässt; er hatte in Kalchedon ein Landgut (Philost. IX 5).

[6] Es ist offenbar die Stadt, welche im Itinerarium Antonini (ed. Parthey p. 106) Salmorude heisst (vgl. Böcking zur Notitia dignit. I 444—445).

[7] Gemeint ist wahrscheinlich hiermit von Philostorgios (X 6) der Einfall der Gruthunger im Jahre 386 (siehe 386 S. 225).

[8] Vgl. auch Philostorgios VIII 12. [9] Ibid. X 6; Sozomenos VII 17.

[10] Philostorgios X 6; nach IX 9 fällt seine Geburt wahrscheinlich in die Zeit von der Verbannung des Eunomios im Jahre 369 (vgl. IX 8) bis zu der Erhebung

Schrift De viris illustribus verfasste, also im Jahre 392, lebte Eunomios noch in Kappadokien[1]; als aber Cäsarius praef. praet. war, d. h. in den Jahren 396—397, war er todt; damals nämlich wurde auf Veranlassung des Eutrop sein Leichnam von Dakora nach Tyana übertragen, und seine Schriften wurden verbrannt[2]. Sein Tod fällt also zwischen 392 und 396.

b. Die Luciferianer.

Die luciferianischen Presbyter Faustinus und Marcellinus übergaben in diesem Jahre oder Ende des vorhergehenden Jahres dem Kaiser Theodosius persönlich in Konstantinopel ihren Libellus precum[3]. In dieser Schrift vertheidigen sie ihren katholischen Glauben und ihre Anhänglichkeit an das Nicänum und beklagen es, dass man ihnen wie einer Secte den Namen Luciferianer gegeben habe (§ 24 und 25); sie beschweren sich über Verfolgungen, die ihr Bischof Ephesius zu Rom durch Damasus (§ 23), der Priester Bonosus zu Trier (§ 21), ihr Bischof Heraklidas zu Oxyrynchos in Aegypten durch den dortigen katholischen Bischof Theodoros (§ 26—28), und die sie zu Eleutheropolis in Palästina durch den dortigen Bischof Turbo erlitten hätten (§ 29); hierhin nämlich, sowie danach auch nach Oxyrynchos war ihr Bischof Ephesius von Rom her gekommen. Sie beklagen endlich die Laxheit der Orthodoxen, die häretische Richtungen in ihrem Schosse duldeten und sündhafte Cleriker nicht absetzten[4].

---

des Demophilos auf den bischöflichen Stuhl von Konstantinopel im Jahre 370 (vgl. Sokr. IV 14).

[1] De vir. illustr. c. 120.

[2] Philostorgios XI 5. Jedenfalls hatte dieser seinen Tod noch in seinem Werke berichtet; da nun in den erhaltenen Excerpten nichts davon steht, so ist wahrscheinlich, dass der Bericht am Anfange von Buch 11 stand, der in den Excerpten verloren gegangen ist; dann fiele sein Tod ins Jahr 392.

[3] Gedruckt zuerst von Jak. Sirmond zu Paris 1650. Die spätern Ausgaben siehe oben 382 S. 140[4]. Die Zeit der Abfassung ergibt sich also: Die Schrift ist adressirt an die Kaiser Valentinian, Theodosius und Arcadius (§ 1), also nach dem Tode Gratians verfasst; die durch die Vorrede und die Schrift selbst sich hindurchziehende Polemik gegen Damasus (vgl. § 23 und 24) zeigt, dass dieser noch am Leben war; das Antwortschreiben des Kaisers ist gerichtet an Cynegius, der seit Anfang 384 praef. praet. war. Es steht nichts im Wege, mit Usener (Religionsgeschichtliche Untersuchungen 288 und Anm. 42) die Abfassung der Schrift in das Ende des Jahres 383 zu setzen; aber das Jahr 384 hat ebenso viel für sich.

[4] Libellus precum § 32: Quis enim iam timeat episcoporum impia prae-

In seinem Antwortschreiben an Cynegius[1] belobt Kaiser Theodosius ihr Schreiben und ihre Orthodoxie und bestimmt, dass sie freies Versammlungsrecht haben und dass ihre Bischöfe Gregorius und Heraklidas mit ihren Anhängern vom Staate geschützt werden sollen.

Dem Libellus precum geht in den Ausgaben[2] eine praefatio derselben Verfasser über das Schisma des Ursinus vorher, dessen Anhänger sie in Rom gewesen waren, bis sie von Damasus vertrieben wurden.

Ausserdem gibt es von Faustinus einen Tractat De trinitate[3], welcher der Kaiserin Flaccilla gewidmet, also vor dem Jahre 385 verfasst ist; dass ein solcher von Faustinus geschrieben ist, bezeugt auch Gennadius[4].

Ferner haben wir noch ein Glaubensbekenntniss[5], das den Handschriften gemäss Faustinus dem Kaiser Theodosius überreichte, und das gegen den Vorwurf des Sabellianismus und Apollinarismus gerichtet ist. Langen[6] will ihm auch die Commentare zu 13 Briefen Pauli zuschreiben, die unter dem Namen des Ambrosiaster bekannt sind und mit den Werken des Ambrosius gedruckt werden[7]. Aber abgesehen davon, dass kein äusseres Zeugniss dafür spricht, und dass Gennadius, der die Schriften des Faustinus zusammenstellt[8], von diesem Werke nichts sagt, muss auch die Erklärung zu Röm. VIII 38, welche Langen auf Damasus bezieht, anders gedeutet werden; denn es ist hier die Rede vom Antichrist, wie namentlich das Ende der Erklärung zeigt; im Commentar zu 2 Thess. II 1—4 ist aber gesagt, dass der Antichrist aus den Juden oder als ein Beschnittener kommen werde; Damasus kann es also nicht sein.

c. Die Novatianer.

Agelios, Bischof der Novatianer zu Konstantinopel, starb in diesem Jahre kurz vor der Geburt des Honorius; er hatte 40 Jahre

dicare, cum totiens commissa impietas honorata est, cum minime deicitur sacerdotio, denique cum sint alii eorum Origenistae, alii Anthropomorphitae, alii autem Apollinaris impii sectam tuentes et triplici cuneo alii adversus sanctum spiritum diversis studiis blasphemantes.

[1] Gedruckt bei Migne, Patr. lat. XIII 107.

[2] Bei Migne l. l. 81.

[3] Bei Migne l. l. 38—79.

[4] De viris illustr. c. 11.

[5] Bei Migne l. l. 79.

[6] De commentariorum in epistulas Paulinas, qui Ambrosii, et quaestionum biblicarum, quae Augustini nomine feruntur, scriptore, Progr., Bonn 1880.

[7] Gedruckt bei Migne XVII 45 sqq.

[8] De vir. illustr. c. 16.

den bischöflichen Stuhl inne gehabt[1]. Es folgte ihm Markianos, den er selbst kurz vor seinem Tode zum Bischofe geweiht hatte[2].

d. Die Priscillianisten.

Gegen die Priscillianisten wurde in diesem Jahre das Concil zu Bordeaux gehalten[3]. Der alte Bischof Hygin von Cordova, der am Hofe des Maximus weilte, wurde als Begünstiger der Priscillianisten am Ende dieses oder am Anfang des folgenden Jahres, noch vor der Hinrichtung Priscillians, ‚sine veste, sine plumario' in die Verbannung geschickt, obschon Ambrosius bei Gelegenheit seiner zweiten Gesandtschaftsreise nach Trier für ihn Fürbitte einlegte[4].

---

[1] Sokr. V 12. [2] Sokr. V 21.

[3] Siehe oben S. 183.

[4] Ambrosius, Ep. 24, 12; vgl. Sulpicius Severus, Chron. II 47, 3. Ueber die Zeit siehe Excurs X.

385.

1. Januar Mittwoch; 1. Neumond 27. Januar nachmittags; Ostern 13. April.

I. Die Kaiser.

a. Theodosius.

Theodosius brachte, wie die Gesetze zeigen, das Jahr in Konstantinopel zu. Er verlor in diesem Jahre seine erste Gemahlin Flaccilla [1], nachdem kurz vorher seine einzige Tochter Pulcheria gestorben war [2]. Der einen wie der andern hielt Gregor von Nyssa in Konstantinopel die Leichenrede [3]. Er sagt, dass Flaccilla zu Skotoumis, einem Badeorte in Thrakien, gestorben sei, von wo ihr Leichnam nach Konstantinopel übertragen wurde [4]; er lobt ihre Mildthätigkeit und orthodoxe Gesinnung [5]. Theodoret lobt ihre Sorge für die Unglücklichen und sagt, sie habe die Kranken in eigener Person gepflegt; damit habe sie Gott den Dank für die Verleihung der kaiserlichen Würde abstatten wollen [6]. Ihre strenge

---

[1] Am 9. September 384 gebar sie den Honorius; im Jahre 386 aber heiratete der Kaiser die Galla (siehe unten 386 S. 227); da nun der Kaiser im Jahre 381 die gesetzliche Wartezeit für Wittwer von zehn Monaten auf ein Jahr verlängert hatte (Cod. Theod. III 8, 1, Iust. V 9, 2), so ist anzunehmen, dass Flaccilla nicht weniger als ein Jahr vor seiner zweiten Heirat starb. Auf 385 als ihr Todesjahr deutet auch das Chronicon paschale hin, indem es zu diesem Jahre eine längere Notiz über die Heiraten und Kinder des Theodosius gibt; die Fehler in dieser Notiz berichtigt Holder-Egger im Neuen Archiv II 74 Anm. 4. Ferner sagt Theodoret (V 19), dass der Aufstand von Antiochien (im Jahre 387) einige Zeit nach dem Tode der Flaccilla war. Wenn Claudian VIII v. 157—158 sagt, sie habe den Honorius mit der Consulartoga bekleidet (er war im Jahre 386 Consul), so hat das gar keine Bedeutung; denn derselbe Schriftsteller hat kurz vorher (v. 153—156) das erste Consulat des Honorius fälschlich in das Jahr seiner Geburt gesetzt.

[2] Gregorii Nysseni Opera III 516 [b] und besonders 528 [b].

[3] Ibid. III 514—533. [4] Ibid. 527 [c] u. 528 [c].

[5] Ibid. 532—533. [6] Hist. eccl. V 18.

Rechtgläubigkeit rühmen auch Ambrosius und Sozomenos[1]. Sie hinterliess bei ihrem Tode nur zwei Kinder, nämlich Arcadius und Honorius.

b. Valentinian.

Valentinian brachte, soweit die Gesetze zeigen, die erste Hälfte des Jahres in Mailand zu. Hier nahm er am 1. Januar an der Antrittsfeier des Consuls Bauto theil, bei welcher der hl. Augustinus einen Panegyricus auf den Consul und auf den Kaiser hielt[2]. Vom 31. August bis zum 10. December war der Kaiser nachweislich in Aquileja[3]. Am 22. November feierte er die decennalia seiner Regierung, wozu der römische Senat die aussergewöhnlich grosse Summe von 1600 Pfund Gold als Jubelgabe darbrachte[4].

Die Provinz Aemilia et Liguria wurde in diesem Jahre in zwei Provinzen getheilt[5]. Das Verzeichniss der römischen Provinzen bei Polemius Silvius stammt aus diesem Jahre[6].

c. Maximus.

Ueber den Process gegen die Priscillianisten siehe unten S. 222 ff.

Maximus richtete in diesem Jahre einen Brief an Papst Siricius[7]. Diesem Schreiben ging ein anderes des Papstes vorher, welches ver-

---

[1] Ambrosius, De obitu Valentiniani c. 40; Soz. VII 6.

[2] Augustinus, Conf. VI 6 und Contra litteras Petiliani III 25, 30.

[3] Das Gesetz im Cod. Theod. XIII 1, 14 vom 4. November dieses Jahres trägt die Unterschrift Verona. An diesem Tage kann aber der Kaiser nicht in Verona gewesen sein, wenn er am folgenden Tage in Aquileja war, wie das Gesetz im Cod. Theod. XII 12, 10 angibt; denn die Entfernung beider Städte voneinander beträgt 150 römische Meilen (Itinerarium Antonini p. 128). Da mehrere Gesetze dieser Zeit in Aquileja gegeben sind, dürfte in dem erstgenannten Gesetze statt Verona zu lesen sein Aquileia.

[4] Symmachus, Relatio 13. Valentinian II. trat seine Regierung am 22. November 375 an (Sokr. IV 26 und Fasti Idat. zu diesem Jahre); als er aber seine decennalia feierte, war Symmachus nicht mehr praef. urbi; sie können also nicht, wie die quinquennalia des Arcadius im Jahre 387, ein Jahr anticipirt worden sein (vgl. Symmachus, Ep. II 47 u. 48 und dazu Seeck, Proleg. 121).

[5] Vgl. Theod. Mommsen in den Abhandlungen der Berliner Akademie vom Jahre 1862, 517.

[6] Mommsen a. a. O.

[7] Gedruckt bei Coustant I 640; bei Migne, Patr. lat. XIII 589 und in der Collectio Avellana als nr. 40 (bei Wilh. Meyer S. 41). Die Echtheit des Schreibens ist ausser Zweifel (siehe J. Bernays, Gesammelte Schriften II 99 Anm. 18). Ba-

loren gegangen ist; hier hatte der Papst den Kaiser zum Einschreiten gegen einen gewissen Agricius gebeten, der unerlaubterweise zum Presbyterat gelangt sei. Der Kaiser verspricht nun in dem Antwortschreiben, er wolle über diese Sache eine Synode aller gallischen Bischöfe veranstalten [1]. Es scheint, dass Siricius in seinem Schreiben sich auch über das Verfahren gegen die Priscillianisten beklagt hatte [2]; der Kaiser schreibt zurück, dass die Sorge um den katholischen Glauben sein Verhalten leite, und meldet, dass kürzlich die Manichäer (d. h. die Priscillianisten) durch ihr eigenes Geständniss vor Gericht scheusslicher Verbrechen überführt worden seien; die Protokolle hierüber schickt er dem Papste mit.

II. Die römischen Beamten.

a. Die Consuln.

Kaiser Arcadius zum erstenmal und Bauto. Der letztere, ein Franke von Geburt, war schon unter Gratian magister militum gewesen [3]; ob er Christ war, ist nicht zu entscheiden [4]; unter Valen-

ronius setzte das Schreiben ins Jahr 387 und mit ihm, wie es scheint, Richter (a. a. O. 646—647 u. 697 Anm. 27); da aber die Ueberführung der Priscillianisten hier dem Papste als etwas Neues gemeldet wird, ist die Abfassung im Jahre 385 als sicher zu betrachten (Wilh. Meyer a. a. O. 4 und Langen 622 setzen es in dieses Jahr).

[1] Maximus sagt in dem Schreiben, er wolle eine Versammlung der Bischöfe berufen, ‚vel qui intra Gallias vel qui intra quinque provincias commorantur'. Unter ‚Gallias' sind die nördlichen Provinzen Galliens mit der Hauptstadt Trier, unter ‚quinque provincias' die südlichen mit der Hauptstadt Arelate zu verstehen; vgl. Notitia dignitatum ed. Böcking II 53 und 474, ferner Symmachus, Ep. IV 30. Langen (a. a. O. 622) übersetzt die Stelle schlecht: ‚eine Zusammenkunft derselben aus Gallien oder den fünf Provinzen'; läge die Sache so, so hätte Langen nicht den Agricius der Trierer Kirche zuweisen dürfen.

[2] Vielleicht ist das Bruchstück, welches in den Ausgaben dem Schreiben des Maximus nach einer Corveyer Handschrift angehängt ist, ein Theil des Briefes des Papstes.

[3] Zos. IV 33.

[4] Die Lobsprüche des Zosimos über ihn (a. a. O.) sprechen dagegen. Die Entscheidung der Frage hängt von der Erklärung einer Stelle im 57. Briefe des Ambrosius (nr. 3) ab; hier heisst es: Aderat amplissimus honore magisterii militaris Bauto comes et Rumoridus, et ipse eiusdem dignitatis gentilium nationum cultui inserviens a primis pueritiae suae annis. Seeck (Proleg. zu Symm. 140 Anm. 709) findet in den Worten, dass er nicht Christ war, indem er das et ipse allein zu eiusdem dignitatis gehören lässt; zieht man es aber zu inserviens, so würde das Gegentheil sich ergeben.

tinian II. hatte er einen solchen Einfluss, dass er der eigentlich Herrschende zu sein schien[1]. Seine Tochter Eudoxia wurde später dem Kaiser Arcadius vermählt[2]. Zosimos rühmt neben seiner Kriegstüchtigkeit seine Unbestechlichkeit, in der er seinem Landsmanne Arbogast gleichstand[3]. Er starb bald nachher, jedenfalls vor dem Sommer 388[4].

b. Beamte des Ostreiches.

1. Cynegius praef. praet. seit dem Jahre 384[5].

2. Eumolpius war, wie es scheint, in diesem Jahre consularis Syriae[6].

3. Florentius wird als proconsul Palaestinae erwähnt am 25. August[7]. Sein Vorgänger war Agrestius[8].

4. Florentius praef. Augustalis seit dem Jahre 384[9].

5. Icarius comes Orientis seit dem Jahre 384[10].

6. Menander wird als vicarius Asiae am 8. Mai erwähnt[11].

7. Nebridius trat wahrscheinlich schon in diesem Jahre das Amt als praef. urbi Const. an[12].

8. Proculus wurde comes sacr. larg. nach dem 7. April d. J. als Nachfolger des Trifolius[13]; er wird als solcher erwähnt am 7. Mai 386[14].

9. Themistios, der Redner, scheint auch noch im grössten Theile dieses Jahres praef. urbi von Konstantinopel gewesen zu sein[15]. Er hielt in diesem Jahre die Reden 19 und 34. Die 19. Rede ist eine Lobrede auf Kaiser Theodosius, gehalten zu Lebzeiten der Kaiserin Flaccilla (231ᵃ), also vor Ende des Jahres 385, ferner vor dem Senate in Konstantinopel im Tempel der Musen (228ᵃ) und in Gegenwart des Kaisers (229ᵃ ᵈ). Sie preist einen Gnadenact des

[1] Ambrosius, Ep. 24, 4. [2] Zos. IV 33. [3] Ibid.

[4] Dass er vor Valentinian II. starb, sagt Zos. IV 53, 2. Beim Zuge des Theodosius gegen Maximus war er todt, da bei diesem wohl sein Unterfeldherr Arbogastes, er selbst aber nicht genannt wird; daher kann ich Seeck (Proleg. 141) nicht zustimmen, der seinen Tod ins Jahr 391 setzt.

[5] Siehe oben 384 S. 173. [6] Libanios II 113; vgl. Sievers, Libanius 167.

[7] Cod. Theod. X 16. 4. [8] Siehe oben 384 S. 173.

[9] Siehe oben 384 S. 174. [10] Siehe oben 384 S. 174.

[11] Cod. Theod. IX 39, 2. [12] Siehe unten 386 S. 229.

[13] Cod. Theod. I 10, 2. [14] Cod. Theod. VI 30, 11.

[15] Siehe oben 384 S. 175.

Kaisers, durch den er Majestätsverbrecher vom Tode befreite[1]. Die 34. Rede[2] ist eine Selbstvertheidigung über die Annahme der Stadtpräfectur gegen die Anschuldigungen eines Rhetors Pallada; der Hauptinhalt ist das Lob der Philosophie und besonders des Kaisers Theodosius. Die Rede ist gehalten an das Volk von Konstantinopel (K. 29), zur Zeit, als Themistios praef. urbi war, und zwar wahrscheinlich im Anfang des Jahres 385[3]. Da der Redner sie in eigener Angelegenheit hielt, ist sie reich an Nachrichten über sein Leben.

Themistios scheint bald nachher gestorben zu sein[4].

---

[1] Baronius (zum Jahre 388) denkt dabei an den Aufstand zu Antiochien und die Begnadigung der dabei Compromittirten. Das geht aber schon deshalb nicht, wie Hardouin in der Einleitung zu dieser Rede bemerkt, weil Flaccilla in der Rede als lebend eingeführt wird, aber 385 starb; er hätte beifügen können, dass die zum Tode Verurtheilten nach dieser Rede grossentheils nur durch Anhören gefehlt hatten (230 [a, b]), wovon bei dem Aufstand von Antiochien im Jahre 387 nichts bekannt ist. Für die Zeit der Rede kommt weiterhin in Betracht, dass der Gnadenact des Kaisers von seiner Gemahlin und von Arcadius bestätigt wurde (231 [a]): Arcadius muss also damals nicht nur Augustus, sondern auch schon in einem gewissen Alter gewesen sein (er war geboren 377). In der Rede findet sich keine Andeutung davon, dass der Redner praef. urbi war; ich würde daher die Rede in die erste Zeit des Jahres 384 setzen, wenn nicht Themistios in der 18. Rede, die er in diesem Jahre und zwar zur Zeit seiner Amtsführung hielt, sagte, dass er lange nicht über den Kaiser eine Rede gehalten habe. Dazu kommt, dass die Bemerkung 229 [d], wo von Theodosius gesagt wird: *ἀθῷον ἀφῆκας τῷ καθενδήσαντι δυστυχῶς τὸν μάταια μεριμνήσαντα*, sich ohne Zweifel auf das von Libanios I 145 erzählte Ereigniss bezieht, welches in die spätere Amtszeit des comes Orientis Icarius fiel, d. h. gegen Ende 384 oder besser Anfang 385 (vgl. Sievers, Libanius 169). Die Rede ist daher mit Tillemont (Hist. V 740 note 24) ins Jahr 385 zu setzen.

Ueber das Verbrechen, welches Theodosius begnadigte, siehe Ifland, Theodosius d. Gr. 131—132. Auch Libanios I 635 spielt auf dasselbe an.

[2] Aufgefunden und zuerst einzeln herausgegeben von Angelo Mai im Jahre 1815, dann mit den andern Reden zusammen von Ludwig Dindorf, Leipzig 1832.

[3] Themistios sagt in der Rede (K. 13): *παρακλήσεις δὲ ἐπὶ τὴν ἀρχὴν ταύτην οὐχ ἅπαξ οὐδὲ δίς, ἀλλὰ πολλάκις.* Aus dem *ταύτην* könnte man schliessen, dass der Redner das Amt damals nicht mehr inne hatte, da er sonst wohl *τήνδε* gesagt hätte; ich halte aber einen solchen Schluss für verfehlt, da Themistios in seiner 17. Rede (214 [b]) von seinem damaligen Alter sagt: *ἐκ νεότητος εἰς ταύτην τὴν ἡλικίαν.* Der Gegenstand der Rede selbst und auch eine Stelle in Kap. 14 (*καὶ εἰ μέν τις ἔροιτο τὴν αἰτίαν, δι' ἣν τότε μὲν ἀπώκνησα, νῦν δὲ οὐκ ἔτι*) sprechen dafür, dass die Rede zur Zeit seiner Präfectur gehalten ist. Sie ist aber nach der 18. Rede gehalten (vgl. 219 [d]); denn in dieser vertheidigt er sich schon gegen den Vorwurf, er habe das Amt aus Ehrgeiz angenommen (224 [a, b]). Da nun die 18. Rede gegen Ende 384 im Winter gehalten ist (siehe oben 384 S. 176), setze ich die 34. Rede in den Anfang 385; Sievers (Studien 302) setzt sie 384.

[4] Sievers, Libanius 169 Anm. 109.

10. Trifolius, seit dem vorigen Jahre comes sacr. larg., wird als solcher in diesem Jahre erwähnt am 12. März und 7. April[1]. Wahrscheinlich folgte ihm noch in demselben Jahre Proculus. Trifolius wurde im Jahre 387 oder 388 im Westreiche praef. praet.[2].

c. Beamte des Westreiches.

1. Calligonus war in diesem Jahre praepositus sacri cubiculi bei Valentinian und hatte als solcher auch die Aufsicht über die kaiserliche Tafel. Er war dem Ambrosius besonders feindlich gesinnt und drohte ihm sogar wegen seines Widerstandes gegen die Kaiserin Justina mit Tod[3]. Das Geschick ereilte ihn bald; er wurde, jedenfalls vor Mitte des Jahres 387, auf die Aussage einer Buhlerin hin enthauptet[4].

2. Ragonius Vincentius Celsus trat Ende dieses Jahres oder im folgenden Jahre das Amt als praefectus annonae für die Stadt Rom an. Im Jahre 389 setzten ihm nach Niederlegung des Amtes die mensores Portuenses aus Dankbarkeit eine Statue[5]. Sein Vorgänger war Nicetius (siehe unten).

3. Eusignius wurde praef. praet. Italiae als Nachfolger des Neoterius nach dem 10. Juli d. J., an welchem Tage sein Vorgänger zuletzt genannt wird (siehe unten); er selbst wird als praef. praet. zuerst erwähnt am 23. Januar 386[6]. Im Jahre 383 war er proconsul Africae[7]. Symmachus schrieb an ihn die Briefe IV 66—74.

4. Flavius Evodius war zur Zeit der Hinrichtung des Priscillian praef. praet. bei Maximus. Sulpicius Severus rühmt seine Schneidigkeit und Gerechtigkeit[8]. Dass er den Vornamen Flavius hatte, zeigen zwei christliche Inschriften[9].

---

[1] Cod. Theod. VI 30, 8 und I 10, 2. [2] Siehe unten 388 II b.

[3] Ambros., Ep. 20, 28 und Liber de Ioseph 6, 34.

[4] Augustinus, Contra Iulianum Pelagianum VI 14, 41. Schon daraus, dass Augustinus diese Sache erwähnt, kann man schliessen, dass sie sich zur Zeit seiner Anwesenheit in Mailand ereignet hat. Das wird gewiss aus diesen Worten des Ambrosius (De Ioseph 6, 34): minabatur aliis, ipse mox supplicio dedendus extremo.

[5] C. I. L. VI 1759; vgl. Symmachus, Relatio 23, und dazu Seeck a. a. O. 56—57.

[6] Cod. Theod. XVI 1, 4 und 4, 1. [7] Siehe oben 383 S. 150.

[8] Sulpicius Severus, Chron. II 50, 6—7 und Vita s. Martini 20, 4. Er sagt von ihm: viro acri et severo, und: vir quo nihil unquam iustius fuit.

[9] De Rossi, Inscriptiones christ. I nr. 360 u. 361.

5. Florentius (wohl derselbe wie der Florentinus, der im Jahre 395 praef. urbi Romae war[1]) wird als comes sacr. larg. am 25. November erwähnt[2], wahrscheinlich auch am 27. November[3].

6. Licinius scheint am 14. September vicarius Africae gewesen zu sein[4].

7. Messianus wird als proconsul Africae am 17. September erwähnt[5] und war wahrscheinlich Nachfolger des Vindicianus[6]. Dass er das Amt bis ins Jahr 386 hinein behielt und in diesem Jahre einzelne Manichäer verhörte und verurtheilte, sagt Augustinus[7]: er verwahrt sich an dieser Stelle dagegen, dass er durch einen Spruch des Messianus zur Flucht aus Afrika genöthigt worden sei.

8. Neoterius, früher praef. praet. Orientis[8], wird als praef. praet. Italiae erwähnt vom 1. Februar bis zum 10. Juli dieses Jahres[9]. Er verwaltete das Amt gemeinsam mit Principius und war, wie es scheint, Nachfolger des Prätextatus[10]: ihm selbst folgte im Amte Eusignius (siehe oben), wahrscheinlich noch in diesem Jahre.

9. Nicetius wird als praef. annonae erwähnt am 1. Februar[11]. Sein Nachfolger war wohl noch in diesem Jahre Celsus (siehe oben).

10. Pelagius wird als comes rer. priv. am 15. Februar erwähnt[12].

[1] Cod. Theod. VI 2, 11 und VIII 18, 7.
[2] Ibid. XI 30, 46 u. XI 36, 30.
[3] Ibid. I 10, 3; hier heisst er Florianus comes sacr. larg.
[4] An einen Licinius ist das Gesetz im Cod. Iust. XI 60, 1 gerichtet ohne Angabe seiner Stellung; über diese siehe Seeck a. a. O. 158—159.
[5] Cod. Theod. X 1, 13. [6] Siehe oben 384 S. 178.
[7] Contra litteras Petiliani III 25. 30. [8] Siehe oben 380 S. 64.
[9] Das Gesetz im Cod. Theod. VIII 5. 43 ist datirt vom 1. Februar Richomere et Clearcho cons.: es ist aber mit Seeck (a. a. O. 154 Anm. 785) zu schreiben: post consulatum Richomeris et Clearchi. Das letzte, sicher an ihn in der Eigenschaft als praef. praet. Italiae gegebene Gesetz ist das vom 10. Juli im Cod. Theod. VII 2. 2. Wahrscheinlich ist aber auch das Gesetz vom 26. Juli d. J. im Cod. Theod. II 26, 4 an ihn als praef. praet. Italiae gerichtet, obschon er hier praef. praet. Orientis genannt wird.
[10] Siehe über ihn 384 S. 176.
[11] Cod. Iust. I 23, 5. Dass er praef. annonae zu Rom war, zeigt der Inhalt dieses Gesetzes; vgl. oben 384 S. 181. Gothofredus (Chronologie des Cod. Theod. 113) wollte das praef. annonae in praef. praet. ändern, nach Tillemont (Hist. V 739 note 22) ohne allen Grund.
[12] Cod. Theod. XI 30, 45 und XI 36, 29.

Er war wahrscheinlich Nachfolger des Ammianus [1], und ihm selbst folgte vor dem 6. Juni 386 Gorgonius [2].

11. Valerius Pinianus Severus [3] war vicarius urbis Romae am 23. Februar; es ist jedenfalls derselbe, der im folgenden Jahre praef. urbi Romae wurde [4]. Er war Christ und der Sohn des Valerius Severus, der im Jahre 382 praef. urbi Romae war; verheiratet war er mit der jüngern Melania, die im Alter von 13 Jahren ihm sich vermählte, später aber nach dem Tode ihrer zwei Söhne zwanzigjährig diese Ehe löste, ihr grosses Vermögen den Armen schenkte und sich dem Klosterleben widmete [5]. Auch Pinianus entsagte noch in jungen Jahren der Welt und lebte mit 30 Mönchen in Rom zusammen, beschäftigt mit Bibellesen und Gartenbau [6].

12. Principius wird als praef. praet. Italiae zuerst erwähnt am 1. Juni [7], danach öfters bis ins nächste Jahr hinein. Er scheint der Nachfolger des Atticus gewesen zu sein [8].

13. Flavius Pisidius Romulus [9] wird als consularis Aemiliae et Liguriae erwähnt am 19. Juni [10]. Im Jahre 392 war er comes sacr. larg. [11] und im Jahre 400 praef. praet. Galliarum [12].

---

[1] Siehe oben 383 S. 149. [2] Siehe unten 386 S. 231.

[3] Ueber die Namen siehe Tomassetti, Note sui prefetti di Roma 510.

[4] Am 23. Februar wurde das Schreiben Valentinians wegen der Wahl des Papstes Siricius an ihn erlassen (gedr. bei Coustant I 639 und in der Collectio Avellana als nr. 4, bei Wilh. Meyer a. a. O. 15). Hier wird seine Stellung nicht angegeben; allein da in den ersten Monaten dieses Jahres Symmachus praef. urbi war und da Pinianus selbst diese Würde im Jahre 386 als Nachfolger des Sallustius erhielt, so ist mit Tillemont (Mém. X 788 note 2) anzunehmen, dass er das Schreiben des Kaisers als vicarius urbis erhielt, zumal auch im Jahre 378 das Schreiben des Kaisers in Sachen des Damasus und Ursinus an den vicarius urbis gerichtet war (siehe oben 378 S. 31). Ganz falsch verlegt Gothofredus (Chronologie zum Cod. Theod., Jahr 386) das Schreiben des Kaisers ins Jahr 386, wo Pinianus praef. urbi war. Cantarelli (La serie dei vicarii urbis Romae 88—89 n. 94) behandelt ihn als zweifelhaften vicarius urbis; ich halte diese seine Stellung für sicher.

[5] Schon das oben genannte Schreiben Valentinians an Pinianus lässt vermuthen, dass er Christ war. Eine bestimmte Nachricht hierüber gibt uns Palladios (in der Historia Lausiaca c. 119), der über seine Familienverhältnisse und besonders seine Gattin sich eingehend ausspricht. Ueber den Vater, Valerius Severus, siehe oben 382 S. 126.

[6] Palladios l. l. c. 119 u. 121 (bei Migne, Patr. graec. XXXIV 1228 u. 1233).

[7] Cod. Theod. IX 40, 14. [8] Siehe oben 384 S. 176.

[9] Ueber ihn und seine Vornamen siehe die Inschrift im C. I. L. VI 1731.

[10] Cod. Theod. II 4, 4. [11] Ibid. X 19, 12 und IX 45, 1.

[12] Ibid. IX 38, 10.

14. Flavius Sallustius Crispus wird als praef. urbi Romae erwähnt in zwei Gesetzen vom 11. Juni 386 [1], trat aber wahrscheinlich schon im Herbste des Jahres 385 als Nachfolger des Symmachus das Amt an [2]. (Das Weitere über ihn siehe zum Jahre 386.)

15. Quintus Aurelius Symmachus war praef. urbi Romae bis zum Herbste dieses Jahres [3]; sein Nachfolger war Sallustius (siehe oben).

III. Religionsgesetze.

1. Gnadenerlass des Valentinian zum Osterfeste vom 25. Februar an den praef. praet. Neoterius [4]. Es werden von der Begnadigung dieselben Vergehen ausgenommen wie im Gesetze Valentinians vom vorigen Jahre [5]. Doch hat der Erlass vom Jahre 385 deswegen eine besondere Bedeutung, weil hier ausdrücklich beigefügt ist, er solle auch für die folgenden Jahre gelten und es solle in diesen kein neuer Erlass abgewartet werden. Im Codex Iustinianus ist noch beigefügt, dass die Amnestie zu Ostern nur auf die einmal begangenen Verbrechen Anwendung finden solle.

2. Gesetz des Theodosius vom 25. Mai an den praef. praet. Cynegius über die Opfer zur Erforschung der Zukunft, d. h. über die blutigen Opfer überhaupt [6]. Diese werden aufs neue [7] untersagt, und zwar unter verschärften Strafen. Rauchopfer blieben noch gestattet [8].

IV. Culturgesetze.

1. Gesetz des Theodosius vom 3. Februar an den praef. praet. Cynegius über die öffentlichen Bauten [9]. Unternehmer von Staatsbauten sollen mit ihren Erben 15 Jahre für etwaige Fehler des Gebäudes, die nicht zufällige sind, haften; die Fehler sollen auf ihre Kosten ausgebessert werden.

2. Gesetz des Theodosius vom 17. Juni d. J., ergänzt durch das Gesetz vom 4. März 386, beide an den praef. praet. Cynegius,

---

[1] Cod. Theod. XIV 1, 2 und 3, 18.

[2] Seeck a. a. O. 156. [3] Siehe oben 384 S. 178.

[4] Cod. Theod. IX 38, 8, Iust. I 4, 3.

[5] Cod. Theod. IX 38, 7. [6] Ibid. XVI 10, 9, Iust. I 11, 2.

[7] Vgl. das Gesetz vom 31. December 381 im Cod. Theod. XVI 10, 7.

[8] Siehe oben 381 S. 93.

[9] Cod. Theod. XV 1, 24, Iust. VIII 12, 8.

über die Staatsfuhrwerke[1]. Einer reda dürfen nur 1000 Pfund, einem carrus nur 600 Pfund aufgeladen werden. Unter Todesstrafe wird verboten, ein Fuhrwerk, das mit Staatsgut beladen ist, noch dazu mit Privatpersonen oder Privateigenthum zu befrachten und hieraus Gewinn zu ziehen. Wagen, welche Gold oder Silber an den Hof befördern, sollen von zwei Hofbeamten (palatini) und drei Sklaven begleitet werden; die Koffer und Decken der palatini dürfen aber das Gewicht von 50 Pfund nicht überschreiten. Der Sattel mit den Zügeln des Wagenlenkers darf nicht mehr wie 60 Pfund wiegen: ein respectables Gewicht, das daraus sich erklärt, dass die Sättel (sellae) damals erst aufgekommen waren; bis dahin hatte man sich der Reitdecken bedient. Wer das bestimmte Gewicht im Sattel oder Koffer überschreitet, dessen Sattel soll in Stücke gehauen und sein Koffer dem Fiscus zugeeignet werden.

3. Gesetz des Theodosius vom 24. Juni an Cynegius über die Citherspielerinnen[2]. Der Kaiser verbietet, solche zu kaufen, zu verkaufen, zu unterrichten und sie bei Gastmählern und Schauspielen zuzulassen; sie dürfen fortan weder zum Vergnügen noch unter dem Vorgeben musikalischen Interesses verwendet werden.

Damit war die dem Alterthum eigenthümliche Sitte, sich bei Tisch der Saitenspielerinnen und Tänzerinnen zu bedienen, unter Strafe gestellt. Schon die Synode zu Laodikeia (zwischen 343 und 381) hatte den Clerikern geboten, vom Tische aufzustehen und das Gastmahl zu verlassen, wenn Schauspieler bei demselben erscheinen[3]. Gregor von Nazianz verspricht, bei einer Hochzeit zu erscheinen, verwahrt sich aber dagegen, dass der Bischof mit dem Possenreisser, Gebet mit Tanz, Psalmodie mit Flötenspiel unter ein Dach gebracht werde[4].

4. Gesetz des Theodosius vom 23. December d. J. und vom 3. September 386 an Cynegius über die Getreidelieferungen der Provincialen[5]. Die vorgeschriebenen Getreidelieferungen sollen zu den nahe liegenden Städten und Strassenstationen (mansiones), nicht in die Ferne geschehen; insbesondere soll das Getreide in Gebiete, die am Meere liegen, aus andern, die am Meere liegen, nicht aus Festlandsdistricten geliefert werden und umgekehrt, damit der Transport für die Landwirte nicht zu theuer werde. Für alle

[1] Cod. Theod. VIII 5, 47 u. 48. [2] Ibid. XV 7, 10.
[3] Canon 54; bei Hefele, Conciliengeschichte I 773.
[4] Brief 232 an Diokles. [5] Cod. Theod. XI 1, 21 u. 22.

14*

Zeiten wird hier die Forderung einer Getreidelieferung in entlegene Gegenden unter Todesstrafe gestellt. Eine Ausnahme sollen nur die Grenzgebiete des Reiches machen, wo die Verpflegung einer grössern Truppenzahl Transporte auch aus entfernten Gegenden unvermeidlich machte.

V. Concilien

(fehlen).

VI. Kirchenväter.

a. Ambrosius.

Ambrosius wehrte in diesem Jahre, und zwar in den Tagen vor dem Osterfeste, den ersten Angriff des Kaisers Valentinian und seiner Mutter Justina gegen die Kirchen in Mailand ab [1]. Ueber diese Ereignisse gab er gleich nach Ablauf derselben seiner Schwester Marcellina Bericht in seinem 20. Briefe. Zunächst wurde Ambrosius vor das kaiserliche Consistorium geladen, wo man ihn zur Abtretung einer Kirche an die Arianer bewegen wollte. Er blieb aber standhaft und fand dabei eine Stütze am Volke, das sich vor dem Palaste ansammelte und den Soldaten sich widersetzte; Ambrosius beschwichtigte es auf Bitten des Kaisers [2]. Es handelte sich dieses Mal um die basilica Portiana, die ausserhalb der Stadtmauern lag. Bald aber richteten sich die Blicke des Hofes auch auf die Basilika innerhalb der Mauern [3]. Vornehme Männer aus dem Consistorium traten mit diesem Ansinnen an Ambrosius heran; er aber wies sie ab mit den Worten: Der Tempel Gottes kann von einem Priester nicht ausgeliefert werden [4]. Am folgenden Tage, d. h. am Samstage vor Palmsonntag, wurde in der Kirche, wohin auch der praefectus (praetorio?) kam, verhandelt; man verlangte wenigstens die basilica Portiana, musste aber, da das Volk demonstrirte, abziehen [5].

[1] Ueber das Jahr und besonders über den Endtermin dieser Verfolgung siehe Excurs XI: Zeitbestimmung der zwei Angriffe der Justina gegen Ambrosius zu Mailand. Dass schon im Jahre 383 ein solcher Angriff stattfand, wie Sokrates V 11 und Sozomenos VII 13 berichten, ist nicht anzunehmen; siehe oben 383 S. 158.

[2] Ambrosius, Sermo contra Auxentium c. 29.

[3] Vgl. Ep. 20, 1. Tillemont (Mém. X 167 u. 748 note 28) versteht darunter die basilica Romana, die Ep. 21, 1 erwähnt wird; Ambrosius hatte sie gebaut und eingeweiht; sie hatte ihren Namen davon, dass sie auf dem Wege nach Rom lag.

[4] Ep. 20, 2. [5] Ep. 20, 3.

Am Palmsonntage hielt Ambrosius den Gottesdienst in der innerstädtischen Basilika; er hatte die Predigt gehalten, die Katechumenen entlassen und war gerade daran, den competentes das Symbolum mitzutheilen, als er hörte, dass ‚decani‘ vom Hofe zur äussern Basilika abgeschickt worden seien, um von dieser Besitz zu ergreifen: er fing trotzdem die Messe an[1]; das Volk aber strömte aus der Stadt zu der Kirche, die besetzt werden sollte, und griff auf dem Wege einen arianischen Priester auf, den es misshandelt hätte, wenn nicht Ambrosius ihn durch Priester und Diakonen seinen Händen entrissen hätte. Die Folge dieses Gewaltactes waren zahlreiche Verhaftungen, besonders unter den Kaufleuten; in der Karwoche, in der sonst die Gefangenen begnadigt zu werden pflegten[2], wurden in diesem Jahre die Kerker gefüllt von ‚unschuldigen Kaufleuten‘, und 200 Pfund Gold wurden während dreier Tage als Busse von ihnen eingetrieben[3].

Man verlangte von Ambrosius die Auslieferung der Basilika mit der Begründung, dass dem Kaiser alles gehöre; Ambrosius antwortete, was Gott gehöre, unterstehe nicht dem Kaiser[4]. Am Mittwoch in der Karwoche näherten sich Soldaten der basilica Portiana und auch das Volk rottete sich wieder zusammen; Ambrosius weigerte sich, das Volk zu zerstreuen, da er bloss die Pflicht habe, es nicht aufzureizen; er blieb den ganzen Tag mit dem Volke in der umstrittenen Kirche[5]. Abends ging er nach Hause, begab sich aber am Gründonnerstage vor Sonnenaufgang wieder in die Kirche und sah, wie die Soldaten diese umstellten[6]. Wie an den vorhergehenden Tagen, so hielten auch an diesem die Arianer sich zurück; es gehörte keiner von den Bürgern zu ihnen, es waren vielmehr nur Hofbeamte und die gotische Leibwache[7]. Ambrosius hielt den Gottesdienst wieder in der Portiana und bestimmte, dass die Soldaten, welche die Kirche umstellt hatten, von der Communion ausgeschlossen sein sollten[8]; als diese das hörten, kamen sie in die Kirche und mischten sich andächtig unter die Gläubigen.

---

[1] ‚Missam facere coepi‘.

[2] Einige Wochen vorher hatte dies der Kaiser auch für dieses Jahr ausdrücklich verordnet (vgl. Cod. Theod. IX 38, 8).

[3] Ep. 20, 4—6. [4] Ep. 20, 8.

[5] Es war die basilica Portiana, nicht die Hauptkirche im Innern der Stadt, wie Förster (Ambrosius 43) meint; vgl. Ep. 20, 10.

[6] Ep. 20, 10—11. [7] Ep. 20, 11—12.

[8] ‚Ut abstinerentur a communionis consortio‘; vgl. Ep. 20, 13.

Auch die Basilika in der Stadt hatte sich unterdessen mit Volk gefüllt, und dieses liess den Ambrosius bitten, dorthin zu kommen. Da wurden plötzlich hier die ‚cortinae regiae' weggenommen, ein Zeichen, dass der Kaiser auf diese Kirche verzichte; jetzt schickte Ambrosius in dieselbe Priester, die dem Volke vorlesen sollten [1]. Er selbst blieb den ganzen Tag und auch die kommende Nacht in der basilica Portiana, da die Soldaten diese umstellt hielten; man beschäftigte sich mit Psalmengesang [2]. Am Karfreitage [3] hatte der Gottesdienst schon begonnen, als die Nachricht kam, der Kaiser habe Befehl gegeben, dass die Soldaten die Kirche freigeben sollten, und dass den Kaufleuten die eingezahlte Geldsumme zurückgegeben würde; diese Nachricht wurde von den Soldaten gebracht, die nun freudig in die Kirche hineinströmten und die Altäre küssten [4].

Damit hatte die Verfolgung einstweilen ein Ende. Aber die Erbitterung gegen Ambrosius hatte am Hofe den höchsten Grad erreicht [5]. Die Kaiserin Justina suchte durch Geschenke und Versprechungen das Volk für sich zu gewinnen; sie versprach demjenigen Beförderung zu Staatsämtern, welcher den Bischof gefangen nehmen und wegschaffen würde. Ein gewisser Euthymius liess sich darauf ein und stellte schon in seinem Hause neben der Kirche einen Wagen zu dem Zwecke bereit; er wurde aber ein Jahr darauf auf demselben Wagen selbst in die Verbannung befördert [6]. Calligonus, der praepositus sacri cubiculi, sagte in der Aufregung sogar zu Ambrosius: ‚Me vivo tu contemnis Valentinianum, caput tibi tollo' [7]; auch er hat bald danach ein trauriges Ende gefunden [8].

Ambrosius schrieb wahrscheinlich in diesem Jahre auch seinen 19. Brief, an Vigilius, Bischof von Trient [9].

b. Augustinus.

Augustinus, seit dem vorigen Jahre Professor der Beredsamkeit in Mailand, hielt am 1. Januar dem Consul Bauto einen Panegyricus in Gegenwart des Kaisers Valentinian und vor vielem Volke [10].

---

[1] Ep. 20, 13 u. 20. [2] Ep. 20, 24.

[3] Es war der Karfreitag, nicht der Gründonnerstag, wie man allgemein annimmt; siehe Excurs XI.

[4] Ep. 20, 25—26. [5] Ep. 20, 27—28.

[6] Paulinus, Vita s. Ambrosii c. 12 und Sermo contra Auxentium c. 15. Dass dies 385 oder doch vor den Angriffen der Justina im Jahre 386 geschah, zeigt der Anfang von c. 13 bei Paulin.

[7] Ambros., Ep. 20, 28. [8] Siehe oben S. 207. [9] Siehe unten S. 222.

[10] Augustinus, Contra litt. Petiliani III 25, 30 und Conf. VI 6.

c. Gregor von Nazianz.

Gregor schrieb frühestens in diesem Jahre oder Ende des vorhergehenden Jahres seinen 193. Brief. Er ist gerichtet an Prokopios und betrifft die Hochzeit der hl. Olympias, an der viele Bischöfe theilnahmen, Gregor aber zu seinem Leidwesen sich nicht betheiligen konnte[1]. Prokopios vertrat, wie der Brief zeigt, bei Olympias Vaterstelle; er war aber nicht ihr Vater; denn als solchen nennt Palladios einen Seleukos, das Menologium Graecorum aber zum 28. Juli den Anysius Secundus. An die hl. Olympias sind mehrere Briefe des Chrysostomos gerichtet[2]. Prokopios hatte jedenfalls im Jahre 382 zu Konstantinopel ein Staatsamt und stand dem Kaiser nahe[3].

Zu derselben Zeit schrieb Gregor das Hochzeitsgedicht für Olympias[4].

Brief 194 an denselben Prokopios ist jedenfalls nach dem Briefe 193 geschrieben. Prokopios hatte damals seine ‚zweite Tochter' verheiratet.

Brief 195 ist gerichtet an Gregorios, der damals Statthalter der Provinz Kappadokien war. Gregor empfiehlt diesem seine Nichte, die an Nikoboulos verheiratet gewesen war, und deren Kinder; Nikoboulos ist kurz vor Abfassung des Briefes gestorben[5].

Brief 196 an Ekebolios, der ebenfalls Statthalter von Kappadokien war, ist in derselben Angelegenheit und sehr bald nach dem Tode des Nikoboulos geschrieben.

d. Gregor von Nyssa.

Gregor war zur Zeit, als der Leib der Kaiserin Flaccilla kurz nach ihrem Tode nach Konstantinopel übertragen wurde, in dieser

[1] Nach Palladios, Historia Lausiaca c. 144 (Migne, Patr. graec. XXXIV 1244), war sie die Gattin des Nebridius, eines praef. urbi von Konstantinopel, und zwar nur *πρὸς ὀλίγας ἡμέρας*; genauer sagen Nikephoros (XIII 24) und Georgios (Vita Io. Chrysostomi c. 50), sie habe mit Nebridius 20 Monate in der Ehe gelebt, und dann sei dieser gestorben. Nebridius wird als praef. urbi Constant. erwähnt am 29. Juni 386 (Cod. Theod. III 4, 1); seine Ehe mit Olympias kann also nicht vor Ende 384 geschlossen worden sein.

[2] Op. III 527 sqq. [3] Gregor v. Naz., Brief 130. [4] Op. II 1065.

[5] Nikoboulos der Vater lebte noch, als sein gleichnamiger Sohn in Athen studirte (Gregor v. Naz., Brief 190); dies kann nicht vor dem Jahre 384 geschehen sein (siehe oben 384 S. 187).

Stadt und hielt ihr die Leichenrede, die uns erhalten ist[1]. Kurz vorher hatte er daselbst die Leichenrede auf die einzige Tochter des Kaisers, Pulcheria, gehalten[2]; er brachte also einen grössern Theil dieses Jahres in Konstantinopel zu.

Er verlor in dieser Zeit seine Schwester Theosebia und ertrug diesen Verlust mit grosser Ergebung[3]. Wie Gregor von Nazianz stand auch er mit der hl. Olympias in Verkehr; sie bat ihn mündlich und schriftlich um eine Erklärung des Hohenliedes, die er denn auch schrieb und ihr widmete[4].

e. Hieronymus.

1. Leben.

Hieronymus hatte sich durch seine rücksichtslosen Anspielungen auf Missbräuche besonders im Clerus Feindschaften zugezogen[5]. Namentlich sein 22. Brief an Eustochium über die Jungfräulichkeit mit seiner schonungslosen Sittenschilderung aus dem Leben der römischen Kirche hatte Aufsehen in der Stadt gemacht; ‚alle Heiden und Feinde Gottes', sagt Rufin[6], ‚alle Apostaten und Verfolger, alles, was den christlichen Namen hasst, schrieb um die Wette das Büchlein ab, weil er darin jeden Stand und in gleicher Weise die ganze Kirche durch die schändlichsten Vorwürfe blossstellte'. Solange Damasus lebte, wagte sich die Opposition nicht hervor; aber das wurde anders unter Siricius, mit dem Hieronymus auch in der Lehre nicht ganz übereinstimmte[7]. Man sprach Verdächtigungen gegen ihn aus wegen seines vertrauten Ein- und Ausgehens im Hause der Paula; man fand es überhaupt unpassend, dass vornehme Frauen sich vom Verkehre mit der Welt zurückzogen und sogar die Stadt zu verlassen Miene machten; ihm schrieb man die Schuld daran zu, zumal eine Aeusserung von ihm bekannt wurde, dass Weiber mit Weibern und nicht mit Männern zusammen sein sollten[8]. Beim

---

[1] Op. III 524 sqq.; siehe oben S. 202. [2] Op. III 514 sqq.
[3] Gregor v. Naz., Brief 197. [4] Gedruckt Op. I 468 sqq.: vgl. p. 468.
[5] Ep. 22, 28 und Ep. 40. [6] Rufinus, Apologia in Hieronymum II 5.
[7] Im Schreiben an den spanischen Bischof Himerius vom 11. Februar d. J. (siehe unten S. 219) vertheidigt Siricius (nr. 2) den Satz, dass auch der ein bigamus und nach Pauli Ausspruch des Episkopates unwürdig sei, der eine Frau vor der Taufe und eine andere nach dieser geheiratet habe. Hieronymus war anderer Ansicht sowohl damals zu Rom als auch später; vgl. Ep. 69, 2.
[8] Ep. 27, 2 und besonders Ep. 45.

Tode der Bläsilla, der ältern Tochter Paulas, erregte sich das ganze Volk gegen das ‚genus detestabile monachorum', das mit seinem Fasten die beliebte Frau ums Leben gebracht habe; es wurden Rufe laut, die ganze Sippe aus der Stadt zu vertreiben, zu steinigen oder ins Meer zu versenken[1]; den Hieronymus aber schalt man als ‚magum ... seductorem et in terras ultimas deportandum'[2]. Andererseits wagte sich auch der Kreis der Frauen, die um Hieronymus waren, und ihr Anhang weit vor; man spottete hier über die Einfalt des Papstes Siricius, der andere nach seiner eigenen Beschränktheit beurtheile[3]. Hieronymus sah, dass seine Zeit in Rom zu Ende sei; schon früher hatte ihm die Stadt mit ihren Zerstreuungen und den Verbindlichkeiten, die sie ihm auferlegte, den Wunsch nahe gebracht, sich aufs Land zurückzuziehen[4]; jetzt beschloss er, nach Palästina überzusiedeln.

Im August 385 trat Hieronymus die Reise von Rom in den Orient an[5]. Wir haben über die Reise einen doppelten Bericht von Hieronymus selbst, den einen im dritten Buche der Apologie gegen Rufin[6], den andern im 108. Briefe, der zum Lobe der hl. Paula nach ihrem Tode geschrieben ist[7]; die hl. Paula reiste nämlich mit ihrer Tochter Eustochium zwar nicht mit ihm von Rom ab[8], reiste ihm aber noch in demselben Jahre nach und begleitete ihn wenigstens von Antiochien aus[9]. Mit Hieronymus fuhren von Rom nach Beth-

---

[1] Ep. 39, 5. [2] Ep. 54. 2. [3] Ep. 127, 9. [4] Ep. 43.

[5] Ep. 45, 2 sagt er, er habe in Rom ‚paene certe triennium' zugebracht; er kam aber im Jahre 382 hin (siehe oben 382 S. 139). Die Abreise geschah also im Jahre 385. Die genauere Zeit der Abreise und seine Begleiter gibt er Apologia in Rufinum III 22 an; hier heisst es: ‚Vis nosse profectionis meae de urbe ordinem? narrabo breviter. Mense Augusto flantibus etesiis cum sancto Vincentio presbytero et adolescente fratre et aliis monachis, qui nunc Hierosolymae commorantur, navim in Romano portu securus ascendi, maxima me sanctorum frequentia prosequente.'

[6] Cap. 22. [7] Cap. 6 sqq.

[8] Das zeigt sein Abschiedsbrief an Asella, den er bei der Abreise von Rom schrieb (Ep. 45, 7): Saluta Paulam et Eustochium, velit nolit mundus, in Christo meas.

[9] Denn Hieronymus sagt von ihr (Ep. 108, 34), sie sei im Januar 404 gestorben und habe im Mönchsleben zu Rom fünf Jahre und in Bethlehem 20 Jahre zugebracht; dies letztere stimmt nur, wenn die 20 Jahre von ihrer Abreise von Rom an zu verstehen sind und wenn diese noch im Jahre 385 geschah. Dass sie von Antiochien ab mit Hieronymus gemeinsam reiste, zeigt der Bericht über ihre Reise in Ep. 108 des Hieronymus, der mit dem über seine eigene Reise (In Rufin. III 22) übereinstimmt.

lehem: 1. sein eigener Bruder Paulinianus, der damals 15 Jahre alt war, später von Epiphanios zum Priester geweiht wurde und in Bethlehem bei Hieronymus blieb [1]; 2. der Priester Vincentius, dem Hieronymus seine Chronik widmete; auch dieser blieb bei ihm in Bethlehem [2]; 3. noch andere, die sich mit ihm dem Mönchsleben widmen wollten [3]. Sie reisten durch die Strasse von Messina an der Insel Kypros vorbei, wo sie in Salamis bei Bischof Epiphanios einkehrten; dann nach Antiochien, wo sie einige Zeit bei Bischof Paulinos blieben. Von hier reisten sie mitten im Winter und in der härtesten Kälte ab [4] (das Weitere siehe 386).

2. Briefe.

Brief 33 an Paula, ein Bruchstück aus einem Briefe an diese, erhalten im zweiten Buche der Apologie des Rufin (c. 20) und erwähnt von Hieronymus in seiner Schrift De viris illustribus (c. 54). Es werden hier einige Schriften des Origenes aufgezählt und diesen solche des Varro gegenübergestellt; ursprünglich war das Verzeichniss der beiderseitigen Schriften vollständig [5]. Die Abfassung im Jahre 385 ist sehr wahrscheinlich; sicher ist der Brief zu Rom geschrieben [6].

Brief 39 an Paula über den Tod ihrer Tochter Bläsilla. Diese starb zwanzigjährig (nr. 1), drei Monate nachdem sie sich zum Mönchsleben entschlossen hatte [7]; bei ihrem Leichenbegängnisse wurde die Mutter vor Schmerz ohnmächtig und benahm sich so, dass man im Volke sagte, nie habe eine Frau aus dem Heidenthume so die Ihrigen beweint wie sie. Im Volke ging auch das Gerede, das Fasten habe die Bläsilla getödtet, und damit warf man die Schuld auf Hieronymus und seinen ‚castitatis chorus' [8]. Der Brief ist drei bis vier Wochen nach dem Tode der Bläsilla geschrieben, wahrscheinlich im Jahre 385 [9].

---

[1] Ep. 82, 8. [2] Hieronymus, Contra Ioannem Hierosolym. c. 37.

[3] Apol. in Rufin. III 22. [4] L. l. [5] De vir. illustr. c. 54.

[6] L. l. Das Ende des Bruchstückes zeigt grosse Abneigung gegen den römischen Clerus; dieser ist auch gemeint mit den Worten: si Epicuros et Aristippos cogitetis. Der Brief ist daher eher ins Jahr 385 als ins Jahr 384 zu setzen.

[7] Vgl. nr. 6: Tantorum annorum labores ego in tribus mensibus consecuta sum.

[8] Ep. 30, 14.

[9] Der Brief ist geschrieben: 1. später als Brief 23, wie ein Vergleich der Bemerkungen in beiden über die Gemahlin des Prätextatus zeigt (vgl. 23, 3 mit 39, 2 Ende); 2. drei bis vier Monate nach Brief 38 und drei bis vier Wochen nach dem Tode der Bläsilla (vgl. nr. 3: ‚ante quattuor ferme menses' mit

Brief 45 an Asella, geschrieben von Hieronymus, als er im Begriff war, das Schiff zu besteigen (nr. 6); er will in diesem Briefe seinen Verkehr mit Paula und ihrem Hause während seines Aufenthaltes in Rom rechtfertigen.

VII. Bischöfe.

1. Der römische Bischof Siricius erliess am 11. (oder 10.) Februar d. J. ein langes Schreiben an Himerius, Bischof von Tarragona in Spanien[1]. Dieser hatte sich mit verschiedenen Anfragen an Papst Damasus gewendet, aber sein Schreiben fand bei seiner Ankunft diesen nicht mehr am Leben, und so wurde es von seinem Nachfolger beantwortet. Die Antwort trägt ein genaues Datum und pflegt als die älteste päpstliche Decretale bezeichnet zu werden[2].

Hinsichtlich der Taufe verurtheilt der Papst in diesem Schreiben die Praxis derer, welche die zur katholischen Kirche übertretenden Arianer wieder tauften, wie auch die Praxis der spanischen Bischöfe, welche willkürlich die feierlichen Taufen ‚natalitiis Christi seu apparitionis, necnon et apostolorum seu martyrum festivitatibus' spendeten; das müsse aufhören, die Massentaufen sollen nur an den Tagen vor Ostern und Pfingsten und zwar denen gespendet werden, welche sich 40 Tage vorher oder noch früher gemeldet hätten und welche durch Exorcismen und tägliches Gebet und Fasten vorbereitet worden seien. Nur Kindern und im Falle der Noth könne zu jeder Zeit die Taufe gespendet werden (nr. 1—3).

Apostaten sollen von der heiligen Eucharistie ausgeschlossen werden, jedoch wenn sie sich bekehren und ihr ferneres Leben hindurch Busse thun, am Ende ihres Lebens Aufnahme in die Kirche finden (nr. 4).

Der Bruch eines Eheverlöbnisses soll, da dieses in der Kirche den Segen des Priesters empfange, bei Gläubigen als eine Art Sacrilegium gelten (nr. 5).

---

nr. 6: ‚ego in tribus mensibus consecuta sum'. Langen (a. a. O. 626) setzt den Tod der Bläsilla ins Jahr 384.

[1] Herausgegeben von Coustant, Epistulae Pont. Rom. I 623, und von Migne, Patr. lat. XIII 1131 sqq.

[2] Langen a. a. O. 611. Die Echtheit des Schreibens, die Papebroch verdächtigt hatte, ist von Pagi (385, 4) und von Tillemont (Mém. X 789 note 3) erwiesen worden.

Rückfällige Büsser sollen zur Busse nicht wieder zugelassen werden, dürfen aber dem gesamten Gottesdienst der Gläubigen beiwohnen, jedoch nicht an der Communion theilnehmen. Da sie indessen wegen der Schwäche des Fleisches gefallen sind, sollen sie vor ihrem Tode die heilige Eucharistie empfangen dürfen (nr. 6).

Himerius hatte berichtet, dass Mönche und Nonnen ihrem heiligen Vorsatze untreu geworden seien und in unerlaubtem Umgange Kinder gezeugt hätten. Diese sollen, so wird bestimmt, von den Klöstern und vom Gottesdienste ausgeschlossen werden, und es soll ihnen erst vor dem Tode die heilige Communion gereicht werden (nr. 7).

Sehr viele Priester und Diakonen in Spanien zeugten mit ihren rechtmässigen Frauen oder auch ausserehelich Kinder und beriefen sich hierfür auf das Alte Testament, wo dies den Priestern und Leviten gestattet gewesen sei. Solche sollen, wenn sie das Geschehene bereuen, in ihrer Stellung verbleiben, aber nicht zu höhern Stufen aufsteigen können; verharren sie aber bei ihrer Berufung auf das Alte Testament, so sollen sie ‚apostolicae sedis auctoritate' für immer ihrer kirchlichen Würde entkleidet werden. Jedoch sollen in der Folgezeit alle Bischöfe, Priester und Diakonen, welche sich dieses Vergehens schuldig machen, keine Verzeihung mehr finden (nr. 8—11).

Weiterhin werden die Interstitien zwischen den einzelnen Weihen festgestellt. 30 Jahre muss man alt sein, ehe man Subdiakon werden kann; danach kann man Diakon werden, aber erst, wenn man dies fünf Jahre gewesen ist, Priester und dann nach zehn Jahren Bischof. Wer in höherem Alter getauft wird, muss, wenn er in den Dienst der Kirche treten will, sofort Exorcist oder Lector werden; er kann dann nach zwei Jahren Akoluth und Subdiakon und nach weitern fünf Jahren Diakon, im Laufe der Zeit endlich Priester und Bischof werden (nr. 13—14).

Solche, welche mehrmals oder eine Person, die nicht mehr Jungfrau war, geheiratet haben, dürfen nicht geweiht werden; dies war in Spanien von den Bischöfen bis dahin gar nicht befolgt worden. Alle bigami unter Clerikern sollen zu Laien degradirt werden; kein Cleriker darf zur öffentlichen Busse zugelassen werden; kein Laie, der öffentliche Busse gethan hat, darf Cleriker werden; aus Nachsicht wird aber gestattet, dass Büsser und bigami, welche sich bis dahin in den Clerus eingedrängt hatten, darin verbleiben können; doch sollen sie zu höhern Weihen als die, welche sie erhalten haben, nicht zugelassen werden; wenn Bischöfe fürderhin solche weihen, ‚congruam ab apostolica sede promendam esse sententiam' (nr. 12 u. 15—19).

Zum Schluss wird dem Himerius befohlen, dieses Schreiben auch an die benachbarten Bischöfe zur Nachachtung zu senden [1].

Es gibt ein Schreiben des Siricius an Anysios, den Bischof von Thessalonich, welches aus den ersten Jahren des Pontificates des Siricius stammt; das Jahr der Abfassung ist allerdings nicht zu bestimmen [2]. In Illyrien war bei Bischofswahlen viel Ungehöriges vorgekommen, und es waren infolgedessen in derselben Stadt schon mehrere Bischöfe zugleich aufgestellt worden. Daher wird dem Anysios in dem Schreiben aufgetragen, überall in Illyrien, wenn ein Bischofssitz vacant werde, entweder in eigener Person oder durch geeignete Bischöfe als Gesandte die Aufstellung eines neuen Bischofes zu besorgen oder auch einen verdienten römischen Cleriker für die Stelle zu weihen. Die Echtheit dieses letzten Zusatzes (‚vel ecclesiae Romanae clericum de clero meritum ordinare') ist verdächtig; im übrigen ist das Schreiben für echt zu halten [3].

2. Timotheos, Bischof von Alexandrien, starb in diesem Jahre [4]; er starb Sonntag den 20. Juli [5].

3. Vigilius, der später des Martertodes starb, scheint in diesem Jahre den bischöflichen Stuhl von Trient bestiegen zu haben [6]. Kurz

---

[1] Vgl. nr. 20: ‚Carthaginienses ac Baeticos, Lusitanos atque Gallicios'.

[2] Gedruckt bei Constant I 642; bei Migne, Patr. lat. XIII 1148. Constant setzt das Schreiben ins Jahr 386, Langen (Geschichte der römischen Kirche I 628) ins Jahr 385, beide ohne entscheidenden Grund.

[3] So Friedrich, Ueber die Sammlung der Kirche von Thessalonich a. a. O. 844. Er hält mehrere Schreiben dieser Sammlung (siehe meinen Excurs I) für unecht, das oben genannte aber für echt; denn sein Inhalt sei zeitgemäss und von Uebertragung einer neuen Vollmacht, die Anysios nicht schon als Bischof von Thessalonich hatte, sei darin keine Rede. Den Schluss des Schreibens aber hält Friedrich für eine Interpolation aus der Zeit des Papstes Nikolaus I., welcher die Sammlung von Thessalonich nicht nur den neubekehrten Bulgaren, sondern auch dem griechischen Kaiser Michael zur Begründung der Rechte der römischen Kirche auf Bulgarien vorlegen liess. Langen, der (a. a. O. 629) den Schlusssatz für echt hält, findet darin den Gedanken ausgesprochen, ‚dass das Heimatsrecht des römischen Clerus sich eigentlich über die ganze Erde erstrecke'. Friedrich macht dagegen geltend, es sei doch auffallend, dass kein anderer Papst in jener Zeit diese Auffassung einer andern Kirche gegenüber vertrete und dass in allen andern Schreiben dieser Sammlung der Anspruch nicht erhoben werde.

[4] Sokr. V 12. [5] Theophanes, Bonner Ausg. 110; vgl. Pagi 385, 30.

[6] In seiner Vita, welche die Bollandisten zum 26. Juni (Juni V 165—167) nach einer Handschrift des St. Maximinklosters zu Trier geben, heisst es am Ende

nach seiner Weihe schrieb er an Ambrosius und bat ihn um Belehrungen für sein bischöfliches Amt; Ambrosius antwortete in einem längern Schreiben (Brief 19), in welchem er die gewünschten Belehrungen an die Geschichte Samsons anknüpfte. Ausserdem gibt es Briefe des Vigilius an Simplicianus, den Nachfolger des Ambrosius zu Mailand, und an Johannes Chrysostomos[1].

VIII. Häretiker.

Der Process und die Hinrichtung Priscillians und seiner Anhänger in Trier fand in diesem Jahre statt[2]. Als Priscillian von der Synode zu Bordeaux an den Kaiser appellirt hatte[3], wurden alle Priscillianisten von Bordeaux nach Trier gebracht, und diesen folgten auch ihre Ankläger, nämlich die Bischöfe Idacius und Ithacius. Auch der hl. Martinus von Tours kam damals an den Hof des Maximus nach Trier; er sprach offen seine Missbilligung über das Verfahren des Ithacius aus, der seinerseits auch ihm den Verdacht des Priscillianismus anhängen wollte. Martinus bat den Kaiser, die Todesstrafe nicht über die Ketzer zu verhängen, da diese durch ihre Absetzung vom Amte schon genug verloren hätten; auch sei es un-

(nr. 11): Passus est beatus Vigilius Tridentinae civitatis episcopus Theodosii et Honorii Augustorum regnantium tempore, Stilicone consule urbis Romae, necnon Hormisdae papae sedis apostolicae. Stilicho war 400 zum erstenmal, 405 zum zweitenmal Consul; das zweite Consulat muss oben gemeint sein, da Theodosius II. erst im Jahre 402 Augustus wurde. Die Erwähnung des Hormisdas passt aber zu diesen Jahren gar nicht, und darum ist die ganze Nachricht nicht Vertrauen erweckend. Vigilius war nach Angabe seiner Vita 20 Jahre Bischof von Trient (siehe Tillemont, Mém. X 812 note 2); er scheint also 385 Bischof geworden zu sein. Jedenfalls war im Jahre 381 zur Zeit des Concils zu Aquileja noch Abundantius Bischof von Trient (siehe die Unterschriften zu den Acten dieses Concils, gedruckt hinter Ep. 8 des Ambrosius).

[1] Acta SS. Mai VII 41 u. 42.

[2] Ihr Tod wird in der Chronik Prospers und im Chronicon imperiale (Chronica minora ed. Mommsen IX 646) in das Jahr 385, in der Chronik des Idatius ins Jahr 387 gesetzt. Das letztgenannte Jahr ist schon deshalb unwahrscheinlich, weil die Synode zu Bordeaux im Jahre 384 oder spätestens 385 (siehe oben 384 S. 183) war und weil Maximus im Jahre 387 seinen Einfall in Italien machte. Das Jahr 385 wird von Sulpicius Severus gestützt, welcher (Chron. II 51, 8) sagt, dass zu der Zeit, wo er die Chronik schrieb, die Zwietracht unter den Orthodoxen, welche die Hinrichtung Priscillians verursacht hatte, schon 15 Jahre gedauert hatte; die Chronik schrieb er aber im ersten Consulate des Stilicho, d. h. im Jahre 400; vgl. Chron. II 9, 7.

[3] Siehe oben 384 S. 183.

erhört, dass ein weltlicher Richter kirchliche Angelegenheiten vor sein Forum ziehe. Er erreichte auch so viel, dass der Kaiser die Sache vertagte und ihm gelobte, es werde nichts Blutiges beschlossen werden.

Aber nach seinem Weggange erlangten Hetzer wie die Bischöfe Magnus und Rufus am Hofe Oberwasser. Dem praef. praet. Evodius wurde die Untersuchung gegen die Angeklagten übertragen; in einem doppelten Verhöre wurden die Priscillianisten auf der Folter zum Geständnisse gebracht, dass sie Zauberei getrieben, obscönen Lehren sich hingegeben und in nächtlichen Zusammenkünften mit schlechten Weibern schamlose Gebete und Gesänge vorgetragen hätten [1]; das eigentlich Belastende hiervon bei dem weltlichen Richter waren maleficium und Zauberei [2]. Die Geständnisse waren ihnen durch unmenschliche Folterqualen entlockt worden; Ithacius hatte dem ersten Verhöre als Ankläger beigewohnt; als er aber dann sah, dass die Sache einen blutigen Ausgang nehmen würde, wollte er nicht mit den Kirchengesetzen wegen Betheiligung an einem Blutgerichte in Conflict kommen und liess deshalb durch den Kaiser die Rolle des Anklägers einem gewissen Patricius, einem Fiscusbeamten, übertragen [3]. Die Priscillianisten, deren Güter schon vorher eingezogen worden waren, wurden zum Tode verurtheilt. Es wurden zu Trier hingerichtet: Priscillian selbst; dann zwei Cleriker, Felicissimus und Armenius, die erst kürzlich von der katholischen Kirche zu Priscillian übergetreten waren [4]; ferner Latronianus [5], Asarivus und der Diakon Aurelius; endlich Euchrotia, die verwittwete Gemahlin des Rhetors Delphidius zu Bordeaux, die schon zwei Jahre vorher mit ihrer Tochter Procula dem Priscillian nachgefolgt war und diesem sehr nahe stand [6].

Zwei Priscillianisten wurden auf die Scilly-Inseln westlich von

[1] Sulp. Sev., Chron. II 50; Hieron., Ep. 132 ad Ctesiphontem nr. 3.

[2] Diese Verbrechen findet Jak. Bernays (Ueber die Chronik des Sulp. Sev. II 105 Anm. 26) in diesen Worten des Sulpicius Severus (Chron. II 50, 8) ausgesprochen: nec diffitentem obscoenis se studuisse doctrinis.

[3] Sulp. Sev., Chron. II 51, 1 (vgl. Bernays a. a. O. II 108 Anm. 28 Ende); Pacatus, Paneg. in Theodosium c. 29.

[4] Der letztere wird wohl derselbe sein wie der von Hieronymus (De vir. illustr. c. 122) genannte Julianus.

[5] Von diesem, der aus Spanien stammte, sagt Hieronymus (l. l.): ‚valde eruditus et in metrico opere veteribus comparandus; exstant eius ingenii opera diversis metris edita.'

[6] Sulp. Sev., Chron. II 48, 3; Ausonius XVI 6, 35; Pacatus l. l.

England verbannt: Instantius, der als Bischof zu Bordeaux abgesetzt worden war, und Tiberianus, ein Schriftsteller aus Spanien, der später die Irrlehre verlassen hat [1]; drei andere, die sich frühzeitig von Priscillian losgesagt hatten, wurden zu zeitweiliger Verbannung in Gallien bestraft [2]: Bischof Hyginus von Cordova war schon vorher, wie es scheint, verbannt worden [3]. Bei der ganzen Sache hatte die Gewinnsucht des Maximus, der zu seinen Kriegen Geld nöthig hatte, eine wichtige Rolle gespielt und spielte sie auch weiterhin [4]. Ithacius blieb am Hofe und behielt einstweilen das unbeschränkte Vertrauen des Kaisers [5].

Priscillian hat verschiedene kleinere Schriften verfasst [6]. Ueber seine Lehre waren schon die Zeitgenossen uneinig [7]; es scheint, dass das Belastende bei ihm mehr in sittlichen Verirrungen und in übertriebener Frömmigkeit als in dogmatischen Irrlehren bestand [8]; Kaiser Maximus allerdings hielt ihn und seine Anhänger für Manichäer [9].

---

[1] Hieronymus l. l. c. 123. [2] Sulp. Sev., Chron. II 51, 1—4.

[3] Siehe oben 384 S. 201.

[4] Sulp. Sev., Dialogi III 11, 10—11, und bestimmter Pacatus c. 26.

[5] Sulp. Sev., Dialogi III 11, 1—2.

[6] Hieron., De vir. illustr. c. 121: 'edidit multa opuscula, de quibus ad nos aliqua pervenerunt. Elf dieser Tractate wurden neuerdings von Georg Schepss in einer Würzburger Handschrift aufgefunden und edirt (Corpus scriptorum ecclesiasticorum lat. XVIII, Wien 1889).

[7] Hieron., De vir. illustr. c. 121 sagt von Priscillian: Hic usque hodie a nonnullis gnosticae, id est Basilidis et Marci, de quibus Irenaeus scripsit, haereseos accusatur, defendentibus aliis non ita eum sensisse ut arguitur.

[8] Pacatus c. 29 sagt von den Priscillianisten: Exprobrabatur nimia religio et diligentius culta divinitas. Nach Sulp. Sev. (Chron. II 50, 3) hielt man alle des Priscillianismus für verdächtig, ‚quibus aut studium inerat lectionis aut propositum erat certare ieiuniis'. So verstehen wir es, dass selbst der hl. Martinus in den Verdacht dieser Irrlehre kommen konnte (Sulp. Sev., Chron. II 50, 4). Ueber die sittlichen Verirrungen schreibt Hieronymus an Ctesiphon (Ep. 132, 3): Priscillianus in Hispania pars Manichaei verbum perfectionis et scientiae tibi temere vindicantes soli cum solis clauduntur mulierculis et illud eis inter coitum amplexusque decantant; er citirt dann die Verse des Vergil, Georg. II 325—327. Philastrius (De haeres. c. 61 und 84, bei Migne, Patr. lat. XII 1176 und 1196; siehe über ihn oben 384 S. 197) nennt sie ‚abstinentes, qui et Gnosticorum et Manichaeorum particulam perniciosissimam aeque sequuntur'; er wirft ihnen auch Lüge und viehische Schändlichkeit vor.

[9] Er nennt in seinem Schreiben an Papst Siricius (Coustant, Ep. pont. Rom. I 640) die Priscillianisten Manichäer und sagt, die Untersuchung habe die ihnen zur Last gelegten Verbrechen aus ihrem eigenen Munde bestätigt. Auch in einem Gesetze vom Jahre 408 (Cod. Theod. XVI 5, 43) heissen sie Manichäer.

386.

1. Januar Donnerstag; 1. Neumond 17. Januar vormittags; Ostern 5. April.

I. Die Kaiser.

a. Theodosius.

Alle Gesetze des Theodosius aus diesem Jahre sind datirt von Konstantinopel; nur eines vom 3. September[1] ist gegeben ‚Valentiae', worunter wohl die kaiserliche Villa Melantiada nahe bei Konstantinopel zu verstehen ist[2]. Doch blieb der Kaiser nicht immer in der Nähe von Konstantinopel; bei dem Einfalle der Gruthunger kam er bis an die Donau.

In diesem Jahre nämlich und zwar im Spätsommer versuchten die Gruthunger, ein skythischer Volksstamm, über die Donau in das römische Reich einzufallen[3]. Wir haben darüber einen längern Bericht bei Zosimos und einen kürzern bei Claudian[4]; Zosimos spricht an zwei Stellen[5] über diesen Einfall und zwar so, als wenn zwei

---

[1] Cod. Theod. XI 1, 22 und XII 1, 113.

[2] Gothofredus emendirt das ‚Valentiae' in ‚Melantiae' und versteht darunter Melantiada, 18 Milien von Konstantinopel (Amm. XXXI 11, 1 und Itinerarium Antonini 138). Das am 20. Mai, angeblich in diesem Jahre erlassene Gesetz (Cod. Theod. XV 5, 2) hat die Unterschrift ‚Heracleae'; aber das Gesetz ist gerichtet an ‚Rufinus praef. praet.', der dieses Amt erst 392 antrat; das Gesetz gehört daher wohl nicht ins Jahr 386.

[3] Das Ereigniss wird ins Jahr 386 gesetzt sowohl in den Fasti Idat. (Mommsen IX 244) als auch von Claudian (VIII 627 und 636), der sagt, es sei vorgefallen im ersten Consulate des Honorius. Am 3. September gab Theodosius ein Gesetz, um den vielen Desertionen im römischen Heere zu steuern (Cod. Theod. XII 1, 113); wir können annehmen, dass dies Gesetz in die Zeit des Krieges mit den Barbaren fällt; dazu stimmt auch, dass Theodosius am 12. October wieder in Konstantinopel einzog (Fasti Idat. zum Jahre 386).

[4] De IV. consulatu Honorii (VIII) 623—635.

[5] Zos., Hist. IV 35 und 38—39.

verschiedene Ereignisse gemeint seien: es ist aber dasselbe Ereigniss[1].

Die Gruthunger hatten nahe bei den Alanen zum Don hin gewohnt[2]. Sie durchwanderten verschiedene Barbarenländer und erschienen unter Führung des Oedotheus an der Donau, zahllos und wohlbewaffnet. Das römische Heer in Thrakien stand damals unter Führung des Promotus. Dieser suchte ihnen den Uebergang über die Donau zu wehren. Nach dem Berichte des Zosimos gelang ihm dies durch eine List. Er schickte Männer, die der Sprache der Feinde mächtig waren, zu diesen; die erboten sich, den Barbaren für eine bestimmte Summe Geldes Feldherrn und Heer der Römer in die Hände zu bringen. Die Barbaren gingen darauf ein; eine mondlose Nacht wurde zum Uebersetzen über den Fluss und zum Angriff auf die Römer bestimmt; diesen aber wurde von den Ihrigen hiervon Nachricht gegeben. Die Römer stellten daraufhin ihre Flotte zur Abwehr des feindlichen Angriffes drei Schiffe tief in einer Länge von 20 Stadien am südlichen Ufer des Flusses auf. Still kamen die Feinde in der festgesetzten Nacht auf Kähnen heran; gegen ihre Erwartung stiessen sie am südlichen Ufer auf die römischen Schiffe, und es wurde ein furchtbares Blutbad unter ihnen angerichtet; diejenigen der Feinde, welche hinüberschwammen, fielen dem römischen Landheer in die Hände. Der Fluss füllte sich mit Leichen; als dann hier das Blutbad zu Ende war, setzten die Römer über und nahmen das Lager mit den Weibern und Kindern der Barbaren. Promotus rief den Kaiser herbei, der in der Nähe sich aufhielt, und zeigte ihm das Schlachtfeld. So Zosimos: Claudian fügt noch bei, der feindlichen Schiffe seien 3000 gewesen und Oedotheus selbst sei gefallen. Nach Beendigung des Krieges zog Theodosius mit Arcadius am 12. October triumphirend in Konstantinopel ein[3]; bei diesem Triumphe wurde der Wagen des Kaisers von den Elefanten gezogen, die ihm der Perserkönig im Jahre 384 zum Geschenke gemacht hatte[4].

---

[1] Das zeigt sowohl die Aehnlichkeit der beiden vermeintlichen Ereignisse, namentlich ihres Ausganges, als besonders Claudian, der den Oedotheus den Führer der Gruthunger nennt; Zosimos bezeichnet den Oedotheus als den Führer der Feinde im ersten Berichte, sagt aber nicht, dass diese Feinde Gruthunger hiessen; so nennt er vielmehr die Feinde im zweiten Berichte.

[2] Amm. XXVII 5, 6 und XXXI 3, 1.

[3] Fasti Idat. zum Jahre 386.

[4] Pacatus c. 22; vgl. Ifland, Der Kaiser Theodosius 137.

Theodosius heiratete in diesem Jahre Galla, die Tochter Valentinians I. und der Justina, die Schwester Valentinians II.[1] Sie war arianisch[2] und gebar dem Kaiser eine Tochter, die Galla Placidia[3]. Die Mutter starb im Kindbette im Jahre 394, kurz vor dem Aufbruche des Kaisers gegen den Usurpator Eugenius[4].

In diesem Jahre, wenn nicht schon im vorhergehenden, wurde Klein-Armenien in zwei Provinzen, Armenia prima und secunda, getheilt[5]. Um dieselbe Zeit, jedenfalls zwischen 381 und 386, wurden die Provinzen Cappadocia secunda und Macedonia salutaris gebildet[6].

b. Valentinian.

Valentinian war am 23. Januar in Mailand[7], am 16. Februar in Ticinum[8], am 20. April in Aquileja[9], am 6. Juni und bis zum Ende des Jahres in Mailand[10].

II. Die römischen Beamten.

a. Die Consuln.

Honorius, der Sohn des Theodosius, und Evodius, der auch in diesem Jahre wie im vorhergehenden praef. praet. des Maximus war[11].

---

[1] So Marcellinus Comes zum Jahre 386 (Mommsen XI 62): Galla, Theodosii regis altera uxor, his consulibus Constantinopolim venit. Zosimos (IV 44) setzt die Ehe mit Unrecht ins Jahr 387 oder 388, d. h. in die Zeit nach dem Einfalle des Maximus in Italien; ihm folgt Ranke (Weltgeschichte IV 190); siehe dagegen unten 387 S. 266.

[2] Philostorgios X 7.

[3] Sokrates IV 31; Philostorgios a. a. O.; Chronicon paschale zum Jahre 385. Am genauesten und jedenfalls nach einer alten Vorlage (vgl. Mommsen, Chronica minora IX 258 Anm.) gibt die Eheverhältnisse des Theodosius Paulus Diaconus an. Hist. Rom. XII 7: (Theodosio) sociata in coniugio Flaccilla fuit, ex qua Arcadium et Honorium generavit; qua defuncta Gallam, Valentiniani maioris et Iustinae filiam, Valentiniani quoque iunioris sororem, in matrimonium duxit, quae ei Placidiam peperit, cui postea de matris nomine Gallae cognomentum accessit. Dass Placidia den Beinamen Galla hatte, ist auch durch eine Inschrift bezeugt (C. I. L. XI 276).

[4] Zos. IV 57.

[5] Mommsen, Verzeichniss der römischen Provinzen, in den Abhandlungen der Berliner Akademie. Jahrg. 1862, 504.

[6] Mommsen a. a. O. 506 und 509. [7] Cod. Theod. XVI 1, 4.

[8] Ibid. XII 12, 11. [9] Ibid. XIII 5, 17. [10] Ibid. X 13, 1; VIII 8, 4.

[11] Sulp. Sev., Vita s. Martini c. 20, 4; siehe oben 385 S. 207.

b. Beamte des Ostreiches.

1. Cynegius war auch in diesem Jahre praef. praet.[1] In dieses Jahr scheint seine Sendung in den Orient und nach Aegypten zu fallen, von der Zos. IV 37 erzählt[2]. Er sollte hier die Tempel schliessen und den Opfern ein Ende machen, vielleicht (?) auch in Alexandrien eine Statue des Maximus errichten[3]. Nach Libanios hatte er auch die Aufgabe, den Zustand der Senate in den Städten zu verbessern, verlegte sich aber bei weitem mehr auf die Schliessung und Zerstörung der Tempel[4]. Ueber die Stimmung, welche seine Sendung in Aegypten verursachte, spricht Libanios im Jahre 387 in der Rede *Περὶ τῆς στάσεως*; man war, sagt er, in Alexandrien damals geneigt, den Maximus gegen Theodosius zu Hilfe zu rufen[5].

Als Cynegius nach Apameia zur Zerstörung der Tempel kam, hatte er 2000 Mann bei sich. Dort war ein Tempel des Zeus so stark, dass seine Niederlegung die grössten Schwierigkeiten machte: die Bausteine waren nämlich durch Eisen und Blei aneinander befestigt. Ein Säulengang von der Höhe des Tempels umgab diesen an allen vier Seiten. Diesen Tempel zerstörte damals Markellos, der Bischof der Stadt; er liess die Säulen untergraben und durch Gebälk stützen und dann das Gebälk in Brand stecken; er habe dabei, heisst es, den Tempel mit Weihwasser besprengt und damit das Feuer wie mit Oel genährt[6]. Dass in Apameia ein berühmter Tempel des Zeus war, bezeugt auch Libanios, der beifügt, die Stadt sei dem Gotte treu geblieben, auch als die Götterverehrung verboten war[7]. Dazu stimmt, was Sozomenos[8] über das spätere Schicksal

---

[1] Siehe oben 384 S. 173. Im Gesetze Cod. Theod. IX 1, 16 ist sein Name statt Tatianus zu setzen.

[2] Nach Cod. Theod. X 10, 19 weilte er im Anfange März 387 schon eine Zeitlang in Aegypten. Tillemont (Hist. V 732—733 note 14) setzt seine Sendung ins Jahr 384, gestützt auf Zos. IV 37; aber Zosimos sagt an dieser Stelle gar nicht, dass die Anerkennung des Maximus durch Theodosius und die Sendung des Cynegius zeitlich zusammenfallen.

[3] Diese letztere Angabe des Zosimos ist an sich wenig glaublich und wird auch dadurch verdächtig, dass man im Jahre 387 in Alexandrien daran dachte, den Maximus gegen Theodosius zu Hilfe zu rufen (Libanios I 631).

[4] Libanios II 572; vgl. Sievers, Libanius 265; Libanios bezeichnet seine Thätigkeit gegen das Heidenthum mit den Worten: *ἐν ματαίοις θορύβοις ἱστάμενος.*

[5] Libanios I 631. [6] Theodoret V 21. [7] Libanios, Brief 1053.

[8] Soz. VII 15.

des Bischofs Markellos erzählt: er sei dem Fanatismus der Heiden zum Opfer gefallen.

Im Jahre 388 kehrte Cynegius von Alexandrien nach Konstantinopel zurück und starb hier gleich darauf [1].

2. Deinias war in diesem Jahre, wie es scheint, comes Orientis [2]. Er erhielt vor dem Frühjahre 387 einen Nachfolger [3].

3. Florentius, seit dem Jahre 384 praef. Augustalis [4], wird in dieser Eigenschaft im Jahre 386 erwähnt am 18. Februar und 16. Juni [5]. Am 30. November war ihm Paulinus gefolgt.

4. Nebridius, in den Jahren 382—384 comes rer. priv. [6], wird als praef. urbi Constant. am 30. Januar und 29. Juni 386 erwähnt [7]; es scheint, dass sein Vorgänger in dieser Stellung Themistios war [8]. Als nächster praef. urbi erscheint nach Nebridius im Jahre 388 Proculus [9]. Nebridius, der mit der hl. Olympias sich in den letzten Lebensjahren Gregors von Nazianz vermählte, starb 20 Monate nach seiner Hochzeit [10].

5. Paulinus wird als praef. Augustalis am 30. November erwähnt [11] und kann erst nach dem 16. Juni dem Florentius in diesem Amte gefolgt sein [12]. Als Nachfolger wird im Jahre 388 Erytrius genannt [13].

6. Proculus [14] wird als comes sacr. larg. genannt in einem Gesetze vom 7. Mai; als aber das Gesetz bei ihm eintraf, war ihm schon Valerius gefolgt [15]. Proculus wurde im Jahre 388 praef. urbi Constantinopoli.

7. Flavius Promotus war magister peditum im Kriege gegen die Gruthunger [16]. Symmachus schrieb an ihn die Briefe III 70—73.

8. Stilicho [17] wurde in diesem Jahre, wenn nicht schon

[1] Siehe unten 388 S. 286.

[2] Libanios II 242—243; vgl. Sievers, Libanius 170 Anm. 117.

[3] Libanios I 151. [4] Siehe oben 384 S. 174.

[5] Cod. Theod. I 14, 1 und XII 1, 112.

[6] Siehe oben 382 S. 124 und 384 S. 174.

[7] Cod. Theod. XIV 12, 1 und III 4, 1; ausserdem Cod. Iust. I 43, 1.

[8] Siehe oben 384 S. 175. [9] Siehe unten 388 S. 287.

[10] Gregor v. Naz., Brief 193; Palladios, Hist. Lausiaca c. 144; siehe oben 385 S. 215.

[11] Cod. Theod. XII 6, 22. [12] Ibid. XII 1, 112. [13] Ibid. IX 11, 1.

[14] Siehe oben 385 S. 205. [15] Cod. Theod. VI 30, 11.

[16] Zosimos IV 35 und 38; über den Vornamen siehe C. I. L. VI 1759.

[17] Siehe oben 384 S. 175.

im vorhergehenden, magister peditum et equitum per Thracias[1]. Er war von jetzt an der beständige Begleiter des Kaisers[2]; im Jahre 386 kämpfte er beim Einfall der Gruthunger mit Theodosius gemeinsam gegen aufrührerische Völkerschaften am Flusse Hebrus[3].

In diesem Jahre, vielleicht schon im vorhergehenden, gebar ihm seine Gattin Serena die Maria[4].

9. Flavius Timasius wird als magister equitum erwähnt am 23. März[5]. Er war magister militum schon seit den Zeiten des Valens und der heidnischen Religion ergeben[6].

10. Tisamenus war wahrscheinlich in diesem Jahre consularis Syriae[7]. Libanios schrieb damals eine Rede gegen ihn, die an den Kaiser gerichtet ist[8].

11. Valerius wurde gegen Ende Mai comes sacr. larg. als Nachfolger des Proculus[9].

c. Beamte des Westreiches.

1. Antiochinus, an den ein Gesetz vom 22. April dieses Jahres gerichtet ist[10], war jedenfalls damals vicarius[11].

2. Benevolus war im Januar dieses Jahres memoriae magister bei Valentinian, legte aber das Amt nieder, weil er dessen Gesetze zu Gunsten der Arianer nicht schreiben wollte[12].

---

[1] Nach Zosimos V 34 hatte er, als er im Jahre 408 starb, die Stellung eines mag. militum 23 Jahre innegehabt; das führt auf das Jahr 386, und dieses wird bestätigt durch Claudian XXIX 207—209, nach welchem er die Stelle erst bei Ausbruch des Krieges mit den Gruthungern erhalten zu haben scheint. Keller (Stilicho 16) lässt sie ihn im Jahre 385 antreten.

[2] C. I. L. VI 1730—1731. [3] Claudian VII 147—148.

[4] Maria wurde 398 mit Kaiser Honorius vermählt, musste also damals nach römischem Rechte wenigstens zwölf Jahre alt sein.

[5] Cod. Theod. IV 17, 5. Ueber seinen Vornamen siehe C. I. L. VI 1759.

[6] Zos. V 8 und Seeck, Proleg. zu Symmachus 137 Anm. 686.

[7] Sievers, Libanius 170 Anm. 117.

[8] Reiske II 239; vgl. Sievers a. a. O. [9] Cod. Theod. VI 30. 11.

[10] Gedruckt als nr. 8 im Anhange zu Sirmonds Ausgabe des Cod. Theod. (bei Hänel a. a. O. 459).

[11] Denn die übrigen Erlasse dieser Zeit über die Osterbegnadigungen sind an einen praef. praet., praef. urbi oder vicarius gerichtet; die beiden erstgenannten Stellen waren aber damals anderweitig besetzt.

[12] Siehe unten zum Gesetze vom 23. Januar S. 233.

3. Eusignius wird als praef. praet. Italiae zuerst erwähnt am 23. Januar[1], trat aber wohl schon im Jahre 385 das Amt an[2].

4. Gildo, der in den Jahren 397—398 in Afrika von den Römern bekriegt wurde, wurde 12 Jahre vorher Statthalter von Mauretanien[3].

5. Gorgonius[4] wird als comes rer. priv. am 6. Juni erwähnt[5] und war jedenfalls Nachfolger des Pelagius[6]. Ein Nachfolger des Gorgonius wird erst im Jahre 389 genannt, nämlich Messianus[7].

6. Hellenius wird als vicarius urbis am 5. August erwähnt[8]; sein Vorgänger war wohl Pinianus[9].

7. Messianus[10] blieb proconsul Africae noch in dieses Jahr hinein[11].

8. Valerius Pinianus Severus, der im vorigen Jahre vicarius urbis Romae war[12], wird als praef. urbi Romae zuerst erwähnt am 6. Juli d. J.[13] und blieb es bis zum folgenden Jahre. Er war Nachfolger des Sallustius, der noch am 6. Juni im Amte war.

9. Principius, seit dem vorigen Jahre praef. praet. Italiae[14], wird zuletzt als solcher erwähnt in drei Gesetzen, welche am 3. November zu Aquileja proponirt[15], am 24. November zu Rom empfangen wurden[16]. Einen Nachfolger scheint er nicht gehabt zu haben; denn in der nächsten Zeit wird nur Eusignius und dessen Nachfolger als praef. praet. Italiae genannt.

Ein Principius wird auch zu Anfang des Jahres als magister officiorum erwähnt; es scheint aber hier eine Verwechslung mit dem gleichzeitigen praef. praet. vorzuliegen[17].

---

[1] Cod. Theod. XVI 1, 4 und 4, 1. [2] Siehe oben über ihn 385 S. 207.
[3] Claudian, De bello Gildonico (XV) 154.
[4] Symmachus nennt einen Gorgonius ‚frater meus' (Ep. 1, 39).
[5] Cod. Theod. X 13, 1. [6] Siehe oben 385 S. 208—209.
[7] Cod. Theod. IV 22, 3.
[8] Ibid. XII 11, 2; vgl. Cantarelli, La serie dei vicarii 79.
[9] Siehe oben 385 S. 209. [10] Siehe oben 385 S. 208.
[11] Augustinus, Contra litteras Petiliani III 25, 30 (Migne, Patr. lat. XLIII 362).
[12] Siehe über ihn oben 385 S. 209. [13] Cod. Theod. VI 35, 13.
[14] Siehe oben 385 S. 209.
[15] Gothofredus schlägt statt propositum vor: datum.
[16] Cod. Theod. II 8, 18; VIII 8, 3; XI 7, 13.
[17] Ibid. I 9, 2, Iust. I 31, 2. Das Gesetz wurde proponirt zu Hadrumet in Afrika, wohin doch wohl eher ein praef. praet. als ein mag. offic. entsandt wurde.

10. Flavius Sallustius Crispus wird als praef. urbi Romae erwähnt in zwei Gesetzen am 11. Juni[1]. Er war wahrscheinlich in diesem Amte Nachfolger des Symmachus seit Herbst 385[2]. Am 6. Juli wird schon sein Nachfolger Pinianus genannt[3].

An Sallustius als praef. urbi ist ein Schreiben des Kaisers Valentinian II. gerichtet über die Erweiterung der Basilika des hl. Paulus an der via Ostiensis[4]. Wenn es dem Senate und dem Volke, so heisst es hier, gut scheine, solle eine Strasse, die an der Basilika vorbeiführte und zugleich den Tiber berührte, bei dem Neubau der Kirche zur Grundfläche hinzugeschlagen werden. Das Schreiben zeigt, dass Sallustius Christ war; am Schlusse fügt der Kaiser mit eigener Hand bei: Divinitas te servet per multos annos, parens carissime atque amantissime.

III. Religionsgesetze.

1. Gesetz des Valentinian vom 23. Januar an den praef. praet. Eusignius zu Gunsten der Arianer[5]. Den Anhängern des Concils zu Ariminum (im Jahre 359) wird freies Versammlungsrecht zugesprochen. Die, welche etwas hiergegen unternehmen, sollen als Empörer, Friedensstörer und auch als Majestätsverbrecher mit dem Tode bestraft werden; ja schon denen wird Strafe angedroht, welche insgeheim gegen das Gesetz petitioniren (supplicare) wollen.

Das Gesetz ist ein Ausfluss der arianischen Gesinnung Valentinians und besonders seiner Mutter Justina. Es gewährt allerdings den Arianern nur Religionsfreiheit; aber wir hören von Ambrosius, dass der Kaiser damals viel weiter ging und dass er in dieser Beziehung eine Menge von Gesetzen erliess[6]; er stellte sich in ihnen ganz auf die Seite der Arianer, befahl unter Todesstrafe, diesen allenthalben die Kirchen auszuliefern, und bedrohte alle Beamten mit Güterconfiscation, welche die Gesetze nicht ausführen würden[7]. Und

---

[1] Cod. Theod. XIV 1, 2 und 3, 18; vgl. Tomassetti, Note sui prefetti di Roma 510 und Seeck, Proleg. zu Symmachus 156.

[2] Siehe oben 385 S. 210. [3] Cod. Theod. VI 35, 13.

[4] Gedruckt bei Baronius 386, 40 und 41 und in der Collectio Avellana bei Wilh. Meyer (Göttinger Lectionskatalog für das Sommersemester 1888) als nr. 3 S. 14—15.

[5] Cod. Theod. XVI 1, 4 und 4, 1.

[6] Ep. 21, 9 und 11; Sermo contra Auxentium c. 23.

[7] Ambrosius, Ep. 21, 11 und 12.

dass diese Gesetze auch ausgeführt wurden, sagt Ambrosius deutlich in seiner Schrift De basilicis tradendis contra Auxentium[1].

Benevolus, der kaiserliche Geheimsecretär[2], der diese Gesetze schreiben sollte, weigerte sich dessen und legte sein Amt nieder; die Gesetze schrieb darauf Auxentius, der neue arianische Bischof von Mailand[3].

2. Gesetz des Theodosius vom 26. Februar an den praef. praet. Cynegius über die Grabstätten der Martyrer[4]. Zunächst erneuert der Kaiser das alte Verbot, einen bestatteten Leichnam an eine andere Stelle zu übertragen. Daran knüpft er dann das neue Verbot, einen Martyrerleib auseinander zu nehmen und damit Handel zu treiben. Es kam also in jener Zeit häufig vor, dass man mit den Reliquien Handel trieb, womit auch noch oft Betrug verbunden war; besonders thaten das, wie der hl. Augustinus bezeugt, die Mönche[5]. Im letzten Theile des Gesetzes gibt der Kaiser die Erlaubniss, an der Grabstätte eines Heiligen zu seiner Verehrung eine Kapelle, martyrium genannt, zu errichten.

3. Gesetz des Theodosius vom 22. April an (den vicarius) Antiochinus über die Begnadigungen zur Osterzeit[6]. Die Constitution ist sehr schwülstig gehalten und legt den Verdacht der Fälschung nahe; sie preist die Milde des Kaisers und nimmt nur ‚die bekannten fünf Vergehen‘ von der Begnadigung aus; unter diesen fünf sind zu verstehen: Mord, Ehebruch, Hochverrath, Giftmischerei und Magie, endlich Falschmünzerei[7].

---

[1] Es heisst hier (nr. 16): Quo enim abibo, ubi non omnia plena gemitus sint atque lacrimarum? quando per ecclesias iubentur eici catholici sacerdotes, resistentes gladio feriri, curiales proscribi omnes, nisi mandatum impleverint.

[2] Soz. VII 13 nennt ihn: *τὸν ἐπὶ τοῖς γραμματεῦσι τῶν θεσμῶν τότε τεταγμένον*; Rufin (Hist. eccl. II 16): memoriae scriniis praesidentem; Gaudentius in der Vorrede zu seinen zehn Osterreden, die er später diesem Benignus gewidmet hat, (Migne, Patr. lat. XX 830) nennt ihn magistrum memoriae.

[3] Ambrosius, Sermo contra Auxentium c. 22.

[4] Cod. Theod. IX, 17, 7, Iust. III 44, 14.

[5] De opere monachorum c. 28 (Migne, Patr. lat. XL 575): ‚alii membra martyrum, si tamen martyrum, venditant.‘

[6] Ueber die Ausgaben des Gesetzes siehe oben S. 230[10].

[7] In dem Gesetze des Konstantius vom Jahre 353 (Cod. Theod. IX 38, 2) heisst es ähnlich: ‚exceptis quinque criminibus, quae capite vindicantur‘. In einem spätern Gesetze über die Osterfeier vom Jahre 367 werden acht, im Gesetze vom Jahre 368 dann sechs, im Jahre 381 wieder acht Vergehen von der Begnadigung ausgeschlossen (Cod. Theod. IX 38, 3–4 und 6). In all diesen Gesetzen wird den

4. Gesetz des Theodosius vom 20. Mai an den praef. praet. (Cynegius?) über die öffentlichen Spiele[1]. Höhere Beamte mit richterlicher Befugniss (also praef. praet., praef. urbi, vicarii) dürfen nur am Geburtstage und am Tage der Thronbesteigung der Kaiser[2] öffentlichen Spielen beiwohnen, d. h. sie veranstalten, mögen es scenische Aufführungen im Theater oder Wettrennen im Circus oder Thierhetzen im Amphitheater sein; sie dürfen ferner auch an den genannten Tagen nur vor Mittag den Spielen beiwohnen. Dabei dürfen Preise in Gold weder von ihnen noch von Privaten, sondern nur von Consuln ausgesetzt werden[3]. Der Zweck dieser Bestimmungen war, dass die Beamten nicht zu viele Zeit ihren Amtsgeschäften entziehen und sich zu sehr auf die Erwerbung der Volksgunst verlegen möchten, wie es damals vielfach geschah[4].

Aufs neue (das frühere Gesetz ist aber untergegangen) verbietet dann der Kaiser am Sonntage Spiele zu veranstalten, damit die Gottesverehrung unter einer solchen Feier nicht leide.

5. Gesetz des Theodosius vom 6. Juni an Florentius, den Präfecten von Aegypten, über die ἀρχιερωσύνη, d. h. die Ober-

---

obengenannten fünf Vergehen Frauenraub beigefügt. Auch in einer andern Osterverordnung derselben Sirmondschen Sammlung (nr. 7. bei Hänel 459), die an den praef. praet. Eutropius gerichtet ist, kehrt die Fünfzahl wieder: ‚exceptis his, quos quinque immanitas criminum minime patitur relaxare'. Chrysostomos erwähnt in der sechsten Homilie über die Bildsäulen (Op. II 76^{c-e}), die er in der Fastenzeit 387 hielt, einen Ostererlass des Theodosius, worin dieser alle seine Vorgänger auf dem Throne an Milde übertroffen und sogar den Wunsch geäussert habe, er möchte seine Gnade auch den Todten erweisen und diese zum Leben erwecken können. Der Ostererlass 386 enthält, wie er uns vorliegt, diesen Wunsch nicht; an Milde übertrifft er allerdings alle derartigen Erlasse Gratians und Valentinians II.

[1] Cod. Theod. XV 5, 2. Das Gesetz trägt das Jahr 386, ist aber gegeben an den praef. praet. Rufinus, der erst 392 dies Amt antrat. Entweder ist also die Adresse falsch — und dann wäre statt Rufinus zu schreiben Cynegius —, oder es ist in der Datirung ein Fehler; Gothofredus neigt mehr zu der erstern Annahme.

[2] Dass besonders an diesen Tagen Spiele veranstaltet wurden, sagt auch Ambrosius (De obitu Valentiniani c. 15); er sagt hier von Valentinian, er habe nicht einmal an diesen Tagen Spiele gestatten wollen.

[3] Vgl. hierüber das Gesetz vom 25. Juli 384 im Cod. Theod. VIII 9, 1.

[4] Libanios tadelt in der Rede Περὶ τῶν δεσμωτῶν (Reiske II 452—453) die Beamten, dass sie die Pflege der Gefangenen vernachlässigen und dafür täglich zu den Schauspielen gehen, obschon ihnen dies letztere nur für ein paar Tage im Jahre erlaubt sei, und zwar nur für den Morgen. Offenbar bezieht er sich hier auf das oben genannte Gesetz.

aufsicht über die heidnischen Tempel und Festfeiern[1]. Die Annahme dieser Stellung wird Christen ‚als ungeziemend oder vielmehr unerlaubt' untersagt.

6. Gesetz des Theodosius vom 25. Juli an Paulinus, den Präfecten von Aegypten, über die Zeugnissabgabe der Geistlichen[2]. Priester sollen ihr Zeugniss vor Gericht ablegen ohne Anwendung der Folter; bei allen unter ihnen stehenden Clerikern aber soll die Zeugnissablage ganz wie bei den Laien geschehen, d. h. mit Anwendung der Folter. Aber auch gegen einen Priester soll den streitenden Parteien die actio falsi gestattet sein, wenn Grund zu der Annahme vorliegt, er habe Wahres verschwiegen oder Falsches vor Gericht ausgesagt; denn ein Priester sei strafbarer wie ein anderer, wenn er seinen Stand entwürdigend das grössere in ihn gesetzte Vertrauen durch eine Lüge missbraucht habe.

7. Gesetz des Valentinian vom October an den praef. praet. Principius über die Heiligung des Sonntags[3]. Schon Konstantin hatte Gerichtsverhandlungen am Sonntag verboten[4]. Valentinian I. erweiterte das Verbot dahin, dass am Sonntage von Christen keine Schulden eingefordert werden dürften[5]. Noch weiter geht nun Valentinian II.; er verbietet für den Sonntag nicht nur jede Gerichtsverhandlung, sondern auch jede Verhandlung vor Schiedsrichtern, mögen diese vom Richter oder durch Compromiss der streitenden Parteien bestimmt sein; er verbietet ferner, am Sonntage von irgend jemandem, also auch von Juden und Heiden, Schulden einzuziehen; endlich sagt er, dass der Uebertreter dieses Gesetzes nicht bloss ‚notabilis', sondern auch ‚sacrilegus' sei. Der Sonntag heisst in dem Gesetze ‚solis dies, quem dominicum rite dixere maiores'.

8. Gesetz des Theodosius vom 31. December an den praef. praet. Cynegius über die Angehörigen senatorischer Familien *(curiales)*, welche Cleriker werden[6]. Es wird bestimmt, dass

---

[1] Cod. Theod. XII 1, 112.

[2] Ibid. XI 39, 10, Iust. I 3, 8. Das Gesetz ist datirt: Arcadio I. et Bautone cons., also vom Jahre 385. In diesem Jahre war aber Florentius praef. Augustalis und nicht Paulinus, der es erst nach dem 16. Juni 386 wurde. Ich halte daher mit Tillemont (Hist. V 739 note 23) dafür, dass das Gesetz ins Jahr 386 zu setzen ist.

[3] Cod. Theod. II 8, 18; VIII 8, 3; XI 7, 13, alle drei gleichlautend.

[4] Ibid. II 8, 1.

[5] Ibid. VIII 8, 1. Das Jahr des Gesetzes steht nicht fest; siehe Gothofredus und besonders Tillemont, Hist. V 672 note 8.

[6] Cod. Theod. XII 1, 115.

solche, wenn sie von öffentlichen Aemtern frei bleiben wollen, für diese aus ihrem Vermögen einen geeigneten Stellvertreter zu beschaffen haben. Im Jahre 383 hatte Theodosius bestimmt, dass die Curialen, wenn sie Cleriker werden wollen, auf ihr Vermögen zu Gunsten der Curie verzichten sollen [1]. Im Jahre 390 aber verfügte er, dass ihr Vermögen von Curiallasten befreit sein solle, wenn sie vor seinem zweiten Consulate, d. h. vor dem Jahre 388, Priester oder Diakon oder Exorcist geworden seien; wer aber nach diesem Termine in den Clerikalstand getreten sei oder treten werde, müsse sein Vermögen der Curie cediren [2].

IV. Culturgesetze.

1. Gesetz des Theodosius vom 19. Januar an den praef. praet. Cynegius über anonyme Schmähschriften [3]. Wer ein solches Schriftstück findet in einem Privathause oder auch an öffentlichen Orten und es als solches erkennt, darf es nicht liegen lassen, sondern muss es vernichten; er darf ferner einem andern weder von dem Funde selbst noch von dem Inhalte des Schriftstücks etwas mittheilen; vernichtet er das Schriftstück nicht oder verräth er etwas davon, so ist er dem Verfasser gleich zu halten und mit dem Tode zu bestrafen [4].

2. Gesetz des Theodosius vom 30. Januar an Nebridius, den praef. urbi von Konstantinopel, wodurch den gewesenen Beamten (honorati) zur Pflicht gemacht wird, sich innerhalb der Stadt des ihrem Stande entsprechenden Fahrzeuges, und zwar der carruca, eines zweispännigen Wagens, zu bedienen [5]. Manche verstanden dieses Gesetz so, als habe Theodosius den Aufwand, der mit den carrucae getrieben wurde, einschränken und sie den Beamten vorbehalten wollen; der Wortlaut des Gesetzes legt aber den Gedanken näher, Theodosius habe es mit dem Gesetze den Beamten zur Pflicht machen wollen, sich dieses Wagens in der Stadt zu bedienen.

Die activen höhern Beamten (insbesondere die praef. praet., praef. urbi, vicarii und magistri militum) bedienten sich sowohl zu

[1] Cod. Theod. XII 1, 104. Siehe über dieses Gesetz oben 383 S. 151—152, wo auch eine Bemerkung des Ambrosius über diese Einrichtung mitgetheilt ist.

[2] Cod. Theod. XII 1, 121.

[3] Genannt famosi libelli; vgl. Cod. Theod. IX 34, 9, Iust. IX 36, 1.

[4] Vgl. das Gesetz des Valens vom Jahre 365 über denselben Gegenstand (Cod. Theod. IX 34, 7).

[5] Cod. Theod. XIV 12, 1, Iust. XI 21, 1.

Rom wie zu Konstantinopel der vierspännigen Karosse (carpentum), wie auch die Kaiser, und wie die Götterbilder bei den feierlichen pompae gefahren wurden[1]. Gratian hatte für den praef. urbi von Rom ein silbernes carpentum eingeführt. Dieses fand Symmachus als praef. urbi zu pomphaft und beantragte bei Valentinian die Abschaffung desselben, die er auch erreichte[2].

3. Gesetz des Theodosius vom 23. Juni an die Provincialen über die Bestechung der Richter[3]. Wenn jemand, auch aus der untersten Klasse des Volkes, glaubt beweisen zu können, ein Richter habe aus Bestechlichkeit ein falsches Urtheil gefällt, so möge er Klage gegen ihn erheben während oder nach seiner Amtsthätigkeit. Kann er die Anklage beweisen, so wird er ‚gloria et victoria' davontragen, d. h. das falsche Urtheil wird aufgehoben, und er hat den Ruhm des Verdienstes um das Vaterland, vielleicht erhält er auch Ehrenstellen.

Eine ähnliche Bestimmung hatte schon Kaiser Konstantin im Jahre 325 getroffen, und zwar nicht nur für die Richter, sondern für alle Beamten[4]. Neu ist aber in dem Gesetze des Theodosius, dass ein Richter auch während seiner Amtsführung von einem von ihm Verurtheilten angeklagt werden kann; das war früher nicht erlaubt gewesen[5]. Dass zur Zeit des Theodosius die Bestechlichkeit der Richter sehr gross war, bezeugt Zosimos[6].

4. Gesetz des Theodosius vom 6. Juli an Cynegius über die, welche zu den Standbildern des Kaisers ihre Zuflucht nehmen[7]. Solche dürfen zehn Tage lang weder durch andere von den Standbildern entfernt werden, noch auch selbst weggehen (denn wenn sie das letztere thun, zeigen sie damit, dass kein besonders wichtiger Anlass sie zu dieser Zufluchtnahme getrieben hat). Hat Furcht vor Gewalt oder ungerechtem Urtheilsspruche sie hingeführt, so sollen sie nach jenen zehn Tagen ihr Recht finden; haben sie aber den Schritt ‚creandae invidiae causa' gethan, d. h. um ihre Feinde zu veranlassen, gegen die Standbilder durch Wort oder That sich zu vergehen, so sollen sie strenge gestraft werden.

5. Gesetz des Theodosius vom 25. October an Cynegius gegen den Wucher[8]. Wer die gesetzliche centesima, d. h. damals $12^1/_2$ % vom

---

[1] Symmachus, Ep. IX 65 und besonders X 20.
[2] L. l. X 4 und 20. [3] Cod. Theod. IX 27, 6, Iust. IX 27, 4.
[4] Cod. Theod. IX 1, 4. [5] L. l. 12. [6] Hist. IV 29.
[7] Cod. Theod. IX 44, 1, Iust. I 25, 1. [8] Cod. Theod. II 33, 2.

Kapital[1]. beim Geldleihen überschritten hat, indem er die Noth des andern missbrauchte, der soll das Zweifache, wer sie fernerhin überschreiten wird. soll das Vierfache als Strafe zahlen. Auch der Wucher scheint also damals geblüht zu haben; denn das quadruplum als Rache für den Wucher war schon im Zwölftafelgesetze festgesetzt[2]; wenn daher der Kaiser jetzt frühern Wucher bloss mit dem duplum bestraft wissen will, können wir daraus schliessen, dass die Fälle dieses Vergehens sehr zahlreich waren. Schon Konstantin hatte das alte Gesetz, über die centesima nicht hinauszugehen, erneuert[3].

6. Gesetz des Theodosius vom 28. November an Cynegius über die Naturalienlieferungen an den Staat[4]. In allen Städten und Standquartieren (mansiones) sind eherne oder steinerne Hohlmasse (modii und sextarii) und Gewichte aufzustellen, damit keiner durch ungerechtes Mass übervortheilt werde, und damit, wenn dies doch geschehe, der Thäter überführt und zur Strafe gezogen werden könne[5]. Ferner bestimmt das Gesetz genau die Zugabe (epimetrum), die bei Naturalienlieferungen vom Empfänger wegen des Verlustes gefordert werden kann, den die Producte während des Transportes erleiden; bei Weizen kann $^1/_{50}$, bei Gerste $^1/_{40}$, bei Wein und Pökelfleisch $^1/_{20}$ als Zugabe gefordert werden; in Armenien kann aber wegen der grössern Entfernung von Konstantinopel von Weizen und Gerste $^1/_{40}$, von Wein und Fleisch $^1/_{15}$ gefordert werden.

7. Gesetz des Theodosius vom 11. December an Cynegius über Ehebruch und Gattenmord[6]. Während im übrigen Sklaven zum Zeugnisse gegen ihren Herrn nicht angehalten werden konnten, hatte die lex Iulia de adulterio dies für den Fall des Ehebruchs der Gattin gestattet. Dieses Gesetz wird nun durch das neue des Theodosius in mehrfacher Weise näher bestimmt und erweitert, und zwar: 1. Nicht nur die Sklaven des Herrn, sondern auch die der Herrin sind auf der Folter zum Zeugniss zu zwingen, allerdings nur die

[1] Ueber den Zinsfuss in der Kaiserzeit und seine Berechnung siehe Marquardt, Römische Staatsverwaltung II 58—63, über die centesima das. S. 61.

[2] Cato, praefatio der Schrift De re rustica: ‚Maiores nostri sic habuerunt itaque in legibus posuerunt. furem dupli condemnari, feneratorem quadrupli.'

[3] Cod. Theod. II 33, 1. [4] Ibid. XII 6, 21. Iust. X 70, 9.

[5] Eine ähnliche Verfügung hatte Theodosius im Jahre 383 erlassen: vgl. Cod. Theod. XII 6, 19.

[6] Ibid. IX 7, 4. Inst. IX 9, 32 und 16, 9.

Sklaven, welche zur Zeit des fraglichen Ehebruchs der Herrin im Hause anwesend waren; von diesen ist aber auch keiner vom peinlichen Verhöre ausgeschlossen. 2. Auch in dem Falle, dass gegen den Herrn oder gegen die Herrin die Anklage erhoben wird, dem andern Ehetheile nach dem Leben gestrebt zu haben, soll dieselbe Folterung der beiderseitigen Sklaven in derselben Ausdehnung stattfinden. Dagegen für den Fall, dass gegen den Mann der Verdacht des Ehebruches sich erhob, blieb es auch jetzt bei dem alten Rechte: in diesem Falle war nämlich eine Folterung der Sklaven nicht gestattet.

V. Concilien.

a. Concil zu Rom.

Ueber das Concil zu Rom in diesem Jahre sind wir nur unterrichtet durch ein Schreiben des Papstes Siricius an die Bischöfe Afrikas, dessen Unterschrift lautet: Data Romae in concilio episcoporum octoginta sub die VIII. Idus Ianuarias post consulatum Arcadii Augusti et Bautonis [1]. Das Schreiben des Siricius ist uns nur erhalten in den Acten einer afrikanischen Synode zu Telepte (oft fälschlich Tele genannt), die datirt sind vom 24. Februar 418 [2]; es wurde nämlich auf dieser Synode verlesen und den Acten einverleibt. Die Echtheit des Schreibens wie auch die der genannten Acten wurde heftig bekämpft von Quesnel [3], aber vertheidigt von Tillemont [4], den Ballerini [5], ferner von Coustant [6] und von Hefele [7]. Das Schreiben kehrt in allen seinen Theilen fast wörtlich wieder in einem Briefe des Papstes Innocenz I. an Bischof Victricius von Rouen [8]. Uebrigens zeigt der Wortlaut des ersten Theiles des Schreibens, dass es ursprünglich für die italischen Kirchen bestimmt war, und dass es nur nachträglich den Bischöfen Afrikas übersandt wurde, wie es

---

[1] Gedruckt bei Coustant. Ep. Rom. pont. I 651; bei Mansi, Conc. III 670, und in der Ballerinischen Ausgabe der Werke Leos des Grossen (bei Migne, Patr. lat. LVI 726 sqq.).

[2] Die Datirung ist unsicher. Die Acten sind gedruckt bei Migne, Patr. lat. LVI 724 sqq. und bei Mansi, Conc. IV 379.

[3] In seiner Ausgabe der Werke Leos des Grossen gedruckt bei Migne l. l. 1075 und in der Ausgabe Leos durch die Ballerini III 962.

[4] Mém. X 790 note 6. [5] Opera s. Leonis Magni III 986 sqq.

[6] L. l. I 643 sqq. [7] Conciliengeschichte II² 47—48.

[8] Gedruckt bei Mansi, Conc. III 1032 sqq.

dann später Innocenz I. nach Gallien sandte[1]: auch die Einleitung desselben deutet diesen Sachverhalt an[2].

Die wichtigsten Bestimmungen dieser Synode nach dem genannten Schreiben des Siricius sind:

1. ‚Ohne Zustimmung des apostolischen Stuhles, d. h. des Primas‘ darf kein Bischof geweiht werden[3].

2. Wer nach Empfang der Taufe Kriegsdienste geleistet hat, darf nicht Cleriker werden.

3. Ein (niederer) Cleriker darf keine Wittwe heiraten: wer eine solche geheiratet hat, darf in den Clerus nicht eintreten.

4. Keiner darf einen Angehörigen einer andern Diöcese weihen oder einen dort abgesetzten Cleriker in seiner Kirche zulassen.

5. Diejenigen, welche von den Novatianern und Donatisten[4]

[1] Die erste Bestimmung des Schreibens lautet im jetzigen Texte: ‚Primum ut extra conscientiam sedis apostolicae hoc est primatis nemo audeat ordinare.‘ Bei Innocenz I. heisst dieselbe Stelle: ‚Primum ut extra conscientiam metropolitani episcopi nullus audeat ordinare.‘ Nach dem 6. Canon des Concils zu Nikäa hatte der Bischof von Alexandrien hinsichtlich der Ordinationen in Aegypten und dessen Umkreis dieselben Rechte wie der römische Bischof über die suburbicarischen Provinzen. Offenbar hatte also in dem Schreiben des römischen Concils ursprünglich gestanden ‚sedis apostolicae‘; daraus machte Siricius für Afrika ‚primatis‘ und Innocenz I. für Gallien ‚metropolitani episcopi‘; vgl. Coustant zu dieser Stelle.

[2] Hier heisst es nämlich, das Schreiben sei erlassen für die Bischöfe, die wegen Krankheit oder Altersschwäche auf dem Concile nicht erscheinen konnten; damit sind doch wohl solche Bischöfe gemeint, für die das Concil berufen war, d. h. die der römischen Kirchenprovinz.

[3] Ueber den Zusatz ‚hoc est primatis‘ und seine Entstehung vgl. oben Anm. 1 und Langen, Geschichte der römischen Kirche I 630.

[4] Der Canon (VIII) heisst: ‚Ut venientes a Novatianis vel Montensibus per manus impositionem suscipiantur ex eo quod rebaptizant. Unter den Montenses versteht Hefele (Conciliengeschichte II[2] 46 und Art. ‚Novatianisches Schisma‘ im Kirchenlexikon von Wetzer und Welte, 2. Aufl., besorgt von Kaulen, IX 549) die Novatianer selbst; er beruft sich dafür auf Epiphanios, Ancor. c. 13, wo es heisst: *Καθαροί, οἱ καὶ Ναυατιανοί, οἱ καὶ Μοντήσιοι ὡς ἐν Ῥώμῃ καλοῦνται.* Mir scheint hier bei Epiphanios eine Verwechslung vorzuliegen; denn dass die Donatisten in Rom Montenses hiessen, ist häufig und sehr zuverlässig bezeugt. So sagt Augustinus, De haeres. c. 69: ‚Isti haeretici (die Donatisten) in urbe Roma Montenses dicuntur‘; ferner Ep. 53, 2 sagt er, unter den römischen Bischöfen sei kein Donatist gewesen, und fügt bei: ‚sed ex transverso ex Africa ordinatum miserunt (die Donatisten), qui paucis praesidens Afris in urbe Roma Montensium vel Cutzupitarum vocabulum propagavit.‘ Dasselbe wird auch in einem Gesetze des Kaisers Honorius gesagt (Cod. Theod. XVI 5, 43): ‚Omnia, quae in Donatistas, qui et Montenses vocantur, . . . decreta sunt.‘ Der Name Montenses wird von Hieronymus

zur Kirche zurückkehren, sollen durch Handauflegung wieder aufgenommen werden ausser denen, welche wiedergetauft worden sind [1].

6. Es wird den Priestern und Diakonen eingeschärft, sich des ehelichen Umganges zu enthalten [2]. Das Schreiben schliesst mit der Mahnung, Milde mit Entschiedenheit zu paaren und den Fallenden die Hand zu reichen [3].

b. Concil zu Trier.

In diesem Jahre fand zu Trier ein Concil statt, dessen Theilnehmer entschieden für den anwesenden Bischof Ithacius und gegen die Priscillianisten Partei nahmen [4]. Offenbar hatte das Concil den

(Chronik zum Jahre 358) erklärt, wo er von Donatus sagt: ‚Quidam sectatores eius etiam Montenses vocant, eo quod ecclesiam Romae primam in monte habere coeperint.'

[1] Die gewöhnliche Lesart am Schlusse dieses Canons ist: ‚ex eo quod rebaptizant'. Hefele übersetzt dies (Conciliengeschichte II 46): deshalb, weil sie wiedertaufen. Aber bei dieser Uebersetzung hat der Canon keinen Sinn, und auch Hefele vermag ihm durch seine Erläuterung keinen Sinn zu geben. Die richtige Lesart gibt die Erweiterung des Canons in dem Schreiben Innocenz' I. an Victricius an, wo es heisst: ‚praeter eos, si qui forte a nobis ad illos transeuntes rebaptizati sunt; hi . . . sub longa poenitentiae satisfactione admittendi sunt'. Es ist also im Canon zu lesen: ‚extra eos, quos rebaptizant'.

[2] Quesnel hat das ‚suademus' an dieser Stelle beanstandet, da die Enthaltung vom ehelichen Umgange nicht Rath, sondern Gebot war. Aber suadere heisst hier ‚einschärfen', wie es gleich danach erklärt wird: ‚Qua de re hortor, moneo, rogo, tollatur hoc opprobrium.'

[3] Langen hält (a. a. O. 631) diesen Schluss für einen Zusatz, der ‚nicht von Siricius, sondern etwa auf Antrag eines andern Synodalmitgliedes beigefügt worden sei'. Mir scheint diese Vermuthung ganz unzutreffend; nach den ernsten Worten, die vorangegangen sind, war ein versöhnlicher Schlusssatz im Munde eines christlichen Bischofes sehr natürlich; die Erklärung aber, die Langen für diesen Schlusssatz gibt, ist ganz unbefriedigend.

[4] Sulpicius Severus, Dial. III 11—13 und Vita s. Martini c. 20. Es wird gestritten, ob die Synode im Jahre 385 oder 386 war; Ihm (a. a. O. 8) setzt sie mit Hefele (Conciliengeschichte II 44) ins Jahr 385; Rettberg (Kirchengeschichte Deutschlands I 195), Mansi (Conc. III 673 und 683) und Richter (a. a. O. 637) nehmen das Jahr 386 an. Ich halte die letztere Annahme für die richtige. Denn die Zusammenkunft des hl. Martinus mit Maximus, von der Sulpicius Severus in der Vita s. Martini (c. 20) spricht, ist offenbar dieselbe wie die Dial. III 13, 6 erwähnte; an beiden Stellen ist die Veranlassung seiner Reise dieselbe, und jedesmal sind verschiedene Bischöfe am Hofe anwesend; dazu wird an letzterer Stelle ausdrücklich gesagt, Martinus habe seitdem ganz zurückgezogen gelebt. Nun war aber damals mit Martinus zur kaiserlichen Tafel geladen ‚praefectus

Zweck, dem Kaiser Maximus eine Indemnitätserklärung für die Hinrichtung der Priscillianisten, insbesondere für die Verletzung des bischöflichen Charakters zu geben[1].

VI. Kirchenväter.

a. Ambrosius.

1. Leben.

Ambrosius hatte in diesem Jahre den arianischen Bestrebungen des Hofes gegenüber einen schweren Stand. Zunächst erhielt er zu Anfang des Jahres auf Betreiben der Kaiserin Justina einen Gegenbischof zu Mailand in der Person eines gewissen Mercurinus, eines Goten, der sich jetzt nach dem arianischen Vorgänger des Ambrosius Auxentius nannte[2]. Er hatte allerdings nur wenige Anhänger[3] und taufte diese wieder[4]. Dann erschienen am 23. Januar Gesetze, welche den Arianern alle Kirchen zusprachen und schwere Strafen über die Beamten verhängten, welche diese Gesetze nicht ausführen würden[5]. Ein kaiserlicher notarius begab sich zu Ambrosius mit der Auf-

---

idemque consul Evodius' (Vita s. Martini 20, 4); damit ist aber das Jahr 386 gegeben, wo Evodius Consul war.

Man wende nicht ein, dass es eher glaublich ist, der Kaiser habe gleich nach der Hinrichtung Priscillians Tribunen nach Spanien geschickt, um die Güter der übrigen Priscillianisten einzuziehen und ihnen selbst das Leben zu nehmen, als erst ein Jahr später (Dial. III 11, 4). Der Kaiser verfügte dies auf Drängen der Trierer Synode, nahm aber die Massregel auf Bitten des Martinus zurück (l. l. 13, 1), ein Beweis, dass sie eine nachträgliche und nicht von vornherein beabsichtigte war.

Aber eine ernste Schwierigkeit erhebt sich für das Jahr 386 aus Sulpicius Severus, Dial. III 13, 5—6, wo steht, Martinus habe nach dem Trierer Concil noch 16 Jahre gelebt. Martinus starb im Jahre 400 oder wahrscheinlicher 397 (Tillemont, Mém. X 799 ss. note 12); die 16 Jahre passen also weder zu 386 noch zu 385 und es ist daher die Zahl XVI in XIV oder XII zu emendiren.

[1] Jak. Bernays, Gesammelte Schriften II 109.

[2] Ambrosius, Contra Auxentium c. 22. Jedenfalls war er schon zum Bischofe gemacht vor der Gesetzgebung am 23. Januar dieses Jahres (Cod. Theod. XVI 1. 4), deren Seele er war (Contra Auxent. c. 22); doch war er, als Ambrosius seinen 21. Brief schrieb (kurz nach dem 23. Januar), noch nicht lange Bischof, da in diesem Schreiben seine Anerkennung als Bischof als neue Frage behandelt wird. Da er im 20. Briefe nicht erwähnt wird, ist es zweifellos, dass er Ostern 385 noch nicht ernannt war.

[3] Ambrosius, Ep. 21, 8. [4] Sermo contra Auxent. c. 37.

[5] Siehe oben ‚Religionsgesetze' S. 232.

forderung, Laienrichter zu ernennen, die dann in Vereinigung mit andern, von Auxentius ernannten Richtern zwischen diesem und Ambrosius verhandeln sollten, worauf der Kaiser entscheiden werde. Ambrosius lehnte das entschieden ab, erklärte sich aber damit einverstanden, dass seine Sache von einer Versammlung von Bischöfen untersucht, oder dass sie nach alter Sitte vor dem Volke in der Kirche verhandelt und von diesem entschieden werde; dem Wunsche des Kaisers zu entsprechen und seinen Posten zu verlassen, schien ihm Verrath an seiner Herde [1].

Der Hauptsturm brach in den Wochen vor Ostern los, also zu derselben Zeit wie im vorigen Jahre. Als Ambrosius am Palmsonntage seinen Sermo contra Auxentium de basilicis tradendis [2] in der basilica Portiana ausserhalb der Stadtmauern [3] sprach, war er schon viele Tage und Nächte mit dem Volke in der Kirche eingeschlossen von Soldaten, die die Kirche umstellt hielten und in diese einzudringen versuchten, dabei allerdings lässig verfuhren [4]. Man wollte ihn selbst damals in der Kirche ergreifen [5]; ja es ging das Gerede, man habe ihn zum Tode verurtheilt und Leute gedungen, ihn zu tödten [6]; dabei wollte der Kaiser auch wieder wie im vorigen Jahre eine Kirche für sich haben [7]. Die ganze Stadt war in diesen Wochen in der grössten Aufregung, von der uns der hl. Augustinus in seinen Confessiones ein anschauliches Bild gibt [8]. Damals führte Ambrosius den Wechselgesang der Psalmen unter Betheiligung des ganzen Volkes, ferner die Sitte, Hymnen zu singen, besonders zum Lobe der Trinität, in der Kirche zu Mailand ein; im Morgenlande war der Brauch schon früher; er hat sich von Mailand aus im Abendlande rasch verbreitet [9].

Die Wuth der Verfolgung dauerte fort bis zur Auffindung der Reliquien der Martyrer Gervasius und Protasius [10]. Wir haben über dieses Ereigniss einen genauen Bericht des Ambrosius, den er gleich danach an seine Schwester geschrieben hat [11]; ausserdem gedenkt Augustinus mehrmals dieses Ereignisses, und

[1] Ambrosius, Ep. 21.

[2] Contra Auxent. c. 8 und 19; vgl. Excurs XI: Zeitbestimmung der zwei Angriffe der Justina auf Ambrosius zu Mailand.

[3] Siehe oben 385 S. 212 und Paulinus, Vita s. Ambrosii c. 13.

[4] Paulinus l. l.; Contra Auxent. c. 10. [5] Contra Auxent. c. 15.

[6] L. l. c. 16. [7] L. l. c. 30. [8] Conf. IX 7.

[9] Contra Auxent. c. 34; Augustinus l. l.; Paulinus l. l.

[10] Augustinus l. l. [11] Ep. 22; vgl. nr. 1.

16*

zwar besonders des Wunders, welches damals geschah und dessen Zeuge er war [1]. Die Auffindung geschah am 19. Juni [2] in der basilica Felicis et Naboris [3]; von hier wurden die Reliquien in die von Ambrosius erbaute, eben eingeweihte basilica Ambrosiana übertragen [4] und hier unter dem Hauptaltare geborgen [5]. Ambrosius war durch eine Vision auf den Ort, wo die Reliquien ruhten, aufmerksam gemacht worden, nachdem das Volk schon bei der Einweihung der Ambrosiana den Wunsch geäussert hatte, sie möchte durch einen Schatz von Reliquien geschmückt werden [6]. Er liess an der bezeichneten Stelle vor den cancelli der Kirche der hl. Nabor und Felix nachgraben und fand eine Urne und darin ‚mirae magnitudinis viros duos, ossa omnia integra, sanguinis plurimum'; das geschah am 17. Juni [7]. Am 18. wurden die Leiber in die Ambrosiana übertragen; dabei wurde ein Blinder, der als solcher in der ganzen Stadt bekannt war, durch Berührung mit dem Zeuge, welches die Reliquien umhüllte, geheilt; es war ein Metzger mit Namen Severus. der sein Geschäft wegen seines Uebels hatte aufgeben müssen; durch einen Führer war er herbeigeholt worden und konnte ohne Führer davongehen; er lebte seitdem in der Kirche, in der er geheilt worden war [8]. Die Arianer läugneten das Wunder und sagten, es sei eine abgekartete Sache gewesen [9].

Am folgenden Tage — es war der 19. Juni, ein Freitag — fand die feierliche depositio der Martyrer statt, wobei Ambrosius, wie auch am vorhergehenden Tage, eine Anrede hielt [10]. Der Kaiser war bei diesen Ereignissen in Mailand anwesend [11]. Am Hofe spottete

[1] Conf. IX 7; De civitate dei XXII 8, 2; Retract. I 13, 7; Sermo 286 in die natali s. Gervasii et Protasii 5, 4 (Migne, Patr. lat. XXXVIII 1299).

[2] Die Verehrung dieser Heiligen wurde nach ihrer Auffindung in Afrika eingeführt, und es wurde dafür der Tag ihrer Auffindung, nicht der der Einführung ihrer Verehrung in Afrika bestimmt (Augustinus, Sermo 286, 5, 4); im Martyrologium von Karthago und in andern Martyrologien, wie auch in dem römischen, wird aber der 19. Juni als Tag ihrer translatio angegeben. Dass die Auffindung im Sommer geschah, sagt Ambrosius in der Erklärung des 118. Psalmes (6, 16).

[3] Ambros., Ep. 22, 2; Paulinus l. l. 14.

[4] Ambros., Ep. 22, 1 und 2; Augustin., Conf. l. l.

[5] Ambros., Ep. 22, 13. [6] Ambros., Ep. 22, 1; Augustin., De civ. dei l. l.

[7] Ambros., Ep. 22, 2 und 14.

[8] Ambros., Ep. 22, 2 und 17; Augustinus an den angeführten Stellen; Paulinus, Vita Ambrosii c. 14, der auffallend mit Augustinus, Sermo 286, 5, übereinstimmt.

[9] Ambros., Ep. 22, 17; Paulinus l. l. 15. [10] Ambros., Ep. 22, 14.

[11] Augustin., De civ. dei XXII 8, 2.

man über das Geschehene, liess sich aber doch durch die allgemeine Begeisterung des Volkes für Ambrosius bewegen, die Verfolgung desselben einzustellen [1].

2. Briefe.

Brief 21 ist ein Schreiben des Ambrosius an Kaiser Valentinian, worin er es ablehnt, zum Consistorium zu kommen und Schiedsmänner zu ernennen, die zwischen ihm und dem arianischen Bischof Auxentius entscheiden sollen. Das Schreiben ist verfasst nach dem Gesetze vom 23. Januar [2] und kurz vor dem Sermo contra Auxentium, d. h. vor Palmsonntag dieses Jahres [3].

Brief 22 ist gerichtet an seine Schwester und erstattet ihr Bericht über die Auffindung und Uebertragung der Martyrer Gervasius und Protasius; er ist kurz nach diesem Ereignisse, d. h. nach dem 19. Juni, geschrieben [4].

Brief 23 ist ein Schreiben an die Bischöfe der Provinz Aemilia über den Tag des nächstjährigen Osterfestes. Ambrosius, an den in dieser Angelegenheit auch viele Bischöfe der römischen Kirchenprovinz sich gewandt hatten (nr. 8), entscheidet sich für den 25. April als Tag des Osterfestes, da der 14. Nisan auf Sonntag den 18. April falle; diese Angabe passt nur auf das Jahr 387. Da nun die Zeit des Osterfestes am Epiphanietage in den Kirchen angesagt zu werden pflegte [5], so ist anzunehmen, dass das Schreiben des Ambrosius noch im Jahre 386 verfasst ist. Die römische Kirche feierte Ostern im Jahre 387 am 21. März [6]; dasselbe lässt sich auch für die Kirche

[1] August., Conf. IX 7; Paulinus l. l.

[2] Cod. Theod. XVI 1, 4; vgl. Ep. 21, 9 und 11.

[3] Vgl. Ep. 21, 18: ‚Atque utinam imperator non denuntiasses, ut quo vellem, pergerem', mit Contra Auxent. c. 1: ‚per tribunos me vidistis aut audistis imperiali mandato esse conventum, ut quo vellem, abirem hinc'; vgl. ferner Ep. 21, 9 Anf. und 17 mit Contra Auxent. c. 3.

[4] Siehe oben S. 243.

[5] Hefele, Conciliengeschichte II 83 und Mansi, Conc. III 776; vgl. Hefele a. a. O. II 780.

[6] Ideler, Handbuch der mathematischen und technischen Chronologie II 254, und die Zeitzer Ostertafel bei Mommsen in den Abhandlungen der Berliner Akademie, Jahrg. 1862, 560, wo es heisst: ‚tantum ut XII. Kal. Apriles, quod Latini elegerant, refutetur'. Falsch gibt diese Ostertafel an, Theophilos von Alexandrien habe das Osterfest dieses Jahres auf den 18. April gesetzt. Die Occidentalen wollten Ostern nie nach dem 21. April, die Orientalen nie vor dem 22. März feiern (Ideler II 199 und 245). Vgl. ferner zu dieser Frage Krusch, Der 84jährige

zu Antiochien in Syrien aus einer Stelle der dritten Rede des Chrysostomos adversus Iudaeos folgern [1]. In Mailand galt der neunzehnjährige Ostercyklus wie in Alexandrien, von dem man annahm, dass die Synode zu Nikaia ihn anerkannt habe; in Rom aber und bei den Lateinern überhaupt war ein vierundachtzigjähriger Ostercyklus in Brauch, und zwar war mit dem Jahre 382 ein neuer begonnen worden [2].

Die Zeit der Briefe 25 und 26 ist nicht zu bestimmen; ohne Grund werden sie allgemein in die Jahre 385—388 gesetzt [3]. Sie sind gerichtet an einen gewissen Studius, der im zweiten Briefe Irenäus genannt wird und der bei Ambrosius angefragt hatte, ob sich die Todesstrafe mit den Grundsätzen des Evangeliums vertrage. Ambrosius antwortet, von Häretikern sei die Frage verneint worden, er selbst bejahe sie, halte aber die Milde für schöner.

3. Abhandlungen.

Der *Sermo contra Auxentium* de basilicis tradendis wurde am Palmsonntage dieses Jahres gehalten [4].

Frühestens in der zweiten Hälfte dieses Jahres, wahrscheinlich

Ostercyklus 53. 54 und 76. Dass in Alexandrien Ostern wirklich im Jahre 387 am 25. April gefeiert wurde, lehrt ein Brief des alexandrinischen Bischofs Proterios an Papst Leo I. (bei Krusch a. a. O. 273).

[1] Chrysost., Op. I 613 c. d; siehe Excurs XIII.

[2] De Rossi, Inscriptiones christianae urbis Romae I 89.

[3] Man berief sich auf Ep. 26, 3, wo man eine Hinweisung finden wollte auf den Process der Priscillianisten im Jahre 385; so Tillemont (Mém. X 233 art. 63), die Mauriner (zu d. Stelle) und Ihm (a. a. O. 46). Man nahm also an, dass die Briefe nach diesem Process geschrieben seien; andererseits müssten sie vor 389 verfasst sein, weil an der genannten Stelle die Ithacianer als noch zur Kirche gehörig erwähnt würden. Aber dieser Beweisgang hat keinen festen Boden, weil die Stelle Ep. 26, 3 zu dunkel ist; es wird hier nur gesagt, in ältester Zeit habe man auf Grund der Erzählung des Evangelisten Johannes über die Ehebrecherin dahin geneigt, die Anklage auf Tod und die Verhängung der Todesstrafe zu missbilligen; seitdem aber selbst Bischöfe solche Anklagen bei öffentlichen Gerichten erhoben hätten, sei die Frage verwickelter geworden. Aber der Fall, dass Bischöfe Todesstrafe beantragten, ist jedenfalls schon vor dem Priscillianistenprocess vorgekommen; der Gedanke an diesen wird sogar geradezu ausgeschlossen durch den Ausdruck ‚criminum gravissimorum‘ (solche erkannte Ambrosius bei den Priscillianisten nicht an; vgl. Ep. 24, 12) und noch mehr durch die Unterscheidung, welche zwischen den Bischöfen gemacht wird, dass die einen nur anklagten, die andern geradezu Todesstrafe beantragten.

[4] Siehe oben S. 243 und Excurs XI.

aber in spätern Jahren, schrieb Ambrosius die drei Bücher *De officiis*, die er seinem Clerus widmete[1]. In die Bücher sind Reden eingewoben[2]; sie bestehen aber nicht ganz aus Reden[3].

Auch die Erklärung des ersten Psalmes schrieb Ambrosius frühestens in der zweiten Hälfte dieses Jahres[4].

b. Augustinus.

1. Leben.

Die Bekehrung des hl. Augustinus zum Christenthume geschah ‚etwa 20 Tage vor den Ferien der Weinlese', d. h. höchst wahrscheinlich im August 386[5]. Er harrte in seinem Lehramte bis zum Beginn dieser Ferien aus und begab sich dann von Mailand auf das Landgut Cassiciacum, das seinem Freunde Verecundus gehörte

---

[1] Dass Ambrosius diese Bücher seinem Clerus, den er mit ‚filii' bezeichnet, widmete, zeigen Stellen wie I 7, 23 und II 6, 25. Dass er sie nach der Zeit der Angriffe der Justina gegen ihn, also nach Sommer 386 schrieb, zeigt die Stelle I 18, 72: alter Arianae infestationis tempore fidem deseruit. Eine weitere chronologische Fixirung der Schrift ist nicht möglich; man hat zwar geglaubt (so Ihm a. a. O. 26), aus den Worten II 29, 150: ‚recens exemplum ecclesiae Ticinensis proferam sq.', das Jahr 386 erschliessen zu können, weil bei dem hier erwähnten Ereigniss der Kaiser in Ticinum anwesend war, was nach Cod. Theod. XII 12, 11 am 15. Februar 386 der Fall war; aber soll denn der Kaiser bloss dieses eine Mal in Ticinum gewesen sein, einer Stadt, die nur 4½ deutsche Meilen (Itin. Anton. 340) von Mailand entfernt war? Ferner wird von Seeck (Proleg. zu Symm. 119) und Ihm (a. a. O. 26—27) das, was III 7, 49 von einer Hungersnoth erzählt wird, die ‚proxime' zu Rom geherrscht habe, auf die Hungersnoth des Jahres 383 bezogen; aber mit Unrecht, vgl. meinen Excurs VIII. Aus der Art, wie Ambrosius I 18, 72 von der Ariana infestatio spricht, schliesse ich, dass die Bücher De officiis eine geraume Zeit nach dieser infestatio geschrieben sind.

[2] Vgl. I 3, 13: audistis hodie lectum, und I 8, 25: dum legimus hodie evangelium.

[3] Vgl. I 7, 23: neque improvido ad vos filios meos scribens huius psalmi prooemio usus sum.

[4] In der Einleitung dieses Werkes sagt er (nr. 9), dass die Psalmen in der Kirche von allen gemeinsam, selbst von den Frauen gesungen würden; damit ist die Zeit nach den Angriffen der Justina auf ihn gegeben.

[5] Augustinus, Conf. IX 2. Ueber das Jahr siehe Excurs XI. Die feriae autumnales oder vindemiales waren nicht in allen Provinzen zu gleicher Zeit; sie werden in gotischer Zeit angegeben als liegend zwischen dem 23. August und 13. October oder auch 17. September bis 18. October (Gothofredus zu Cod. Theod. II 8, 2); im Polande waren sie jedenfalls später als im übrigen Italien (Nissen, Italische Landeskunde 400).

und bei der Stadt lag; Verecundus hatte eine christliche Frau, wurde aber selbst erst in einer Krankheit getauft zur Zeit, als Augustinus in Rom verweilte; er starb damals auch[1]. Auf diesem Landgute lebte Augustinus bis etwa zum Beginn der Fastenzeit des Jahres 387[2] zusammen mit seiner Mutter Monika, seinem Sohne Adeodatus, seinem Bruder Navigius und seinen Freunden: als solche werden genannt sein Jugendfreund Alypius, den er zu Rom getroffen hatte, und Romanianus, den Augustinus als sehr reich und als Landsmann und Jugendfreund bezeichnet[3]; Augustinus hatte diesen früher mit sich in den Manichäismus gezogen[4]; die beiden trafen sich wieder in Mailand, wohin Romanianus in Geschäftsangelegenheiten gekommen war, und erneuerten die alte Freundschaft[5]; Romanianus wurde wenigstens später Christ[6]. Ferner war bei Augustinus Licentius, der Sohn des vorher Genannten; er war der Poesie besonders ergeben[7]; dann Trygetius, welcher früher Kriegsdienste geleistet hatte und sich jetzt besonders für Geschichte begeisterte[8]; endlich Nebridius aus Karthago[9].

2. Schriften.

Die drei Bücher *Contra Academicos* begann Augustinus ,paucis igitur diebus transactis, posteaquam in agro vivere coepimus'[10]; als er aber den letzten Abschnitt dieses Werkes (III 20) schrieb, stand er, wie er hier sagt, im 33. Lebensjahre; dieser Theil ist also nach dem 13. November 386 geschrieben[11]. Diese Schrift ist die erste, die Augustinus nach seiner Bekehrung schrieb[12]; sie ist gerichtet an Romanianus und handelt über die Erkenntniss der Wahrheit; das erste Buch ist eine Unterredung zwischen Licentius und Trygetius über die Frage, ob die Glückseligkeit in der Erkenntniss oder in

---

[1] Augustinus, Conf. IX 3 und De ordine I 2, 5.

[2] Denn man musste sich wenigstens 40 Tage vor der Taufe melden und ,exorcismis cotidianisque orationibus atque ieiuniis' auf dieselbe vorbereiten (so Papst Siricius in seinem Briefe an Himerius vom 11. Februar 385 nr. 3, bei Migne, Patr. lat. XIII 1135; vgl. oben 385 S. 219).

[3] Conf. VI 14. [4] Contra Academicos I 1, 3. [5] Conf. l. l.

[6] Ep. 32, 3. [7] Contra Acad. II 7, 19 und De ordine I 2, 5.

[8] De ordine l. l. und Contra Acad. I 1, 4.

[9] Siehe über ihn zum Jahre 389 unter ,Augustinus'.

[10] Contra Acad. I 1, 4.

[11] Denn auch beim Tode seiner Mutter stand Augustinus im 33. Lebensjahre (Conf. IX 11); er war aber am 13. November geboren (De beata vita 1, 6).

[12] Retractationes I 1, 1.

der Erforschung der Wahrheit bestehe; im zweiten werden die Lehrsätze der neuern Akademie erklärt, und im dritten wird gezeigt, dass die Wahrheit im Gegensatze zur Lehre der Akademie erkennbar ist.

Die Schrift *De beata vita* entstand ‚non post libros de Academicis, sed inter illos‘. Sie gibt den Inhalt einer dreitägigen Disputation wieder, welche bei Gelegenheit von Augustins Geburtstage (am 13. November) stattfand [1]. Sie ist gewidmet dem Manlius Theodorus, ‚vir et ingenio et eloquentia et ipsius insignibus muneribusque fortunae et quod ante omnia est mente praestantissimus‘, der auch Christ war [2].

Die zwei Bücher *De ordine* sind ebenfalls geschrieben ‚inter illos, qui de Academicis scripti sunt‘ [3], und sind gerichtet an Zenobius, einen Freund des Augustinus, welcher den Anstoss zu diesem Werke gegeben hatte, aber bei der Disputation, die den Inhalt dieser Bücher bildet, abwesend gewesen war [4]. An ihn schrieb Augustinus zu derselben Zeit seinen zweiten Brief.

Die zwei Bücher *Soliloquia* sind auch nach dem 13. November 386 auf dem Landgute bei Mailand geschrieben [5]. Das Werk ist unvollendet geblieben; das erste Buch handelt über die Erfordernisse, die an den gestellt werden, welcher die Wahrheit erkennen will, das zweite über die Unsterblichkeit [6].

Damals schrieb Augustinus auch ‚an den abwesenden Nebridius‘ [7], womit wahrscheinlich sein dritter und vierter Brief gemeint ist, die an Nebridius gerichtet sind.

c. Gregor von Nazianz.

Gregor schrieb wahrscheinlich in diesem Jahre seinen 102. Brief an Kledonios, worin er die orthodoxe Lehre gegen die Apollinaristen darlegt und die Lehren des Apollinarios bekämpft [8].

---

[1] L. l. I 2.

[2] L. l. und De ordine I 9, 31; genauer handelt über ihn Seeck, Proleg. zu Symmachus 149 sqq.

[3] Retract. I 3 und De ordine I 2, 5.

[4] De ordine I 7, 20.

[5] Conf. IX 4; Retract. I 4; Soliloquia I 10, 17.

[6] Retract. I 4, 1 und 5, 1.

[7] Conf. IX 4.

[8] Der Brief wurde von den Maurinern und von Tillemont (Mém. IX 723 note 55) ins Jahr 382 gesetzt. Dagegen hat Dräseke in seinem Aufsatz: ‚Gregorios von Nazianz in seinem Verhältniss zum Apollinarismus‘ (in Theol. Studien

d. Hieronymus.

Hieronymus brach mit seinen Begleitern, zu denen jetzt auch Paula und Eustochium gehörten, unter Führung des Bischofs Paulinos mitten im Winter 385/86 in grimmiger Kälte von Antiochien auf[1]. Sie reisten an Sarepta und Tyros vorbei nach Kaisareia und Joppe, von hier landeinwärts nach Nikopolis, das früher Emmaus hiess, dann über Gabaon nach Jerusalem. Hier bot der Proconsul der hl. Paula Wohnung im Prätorium an, die diese aber ausschlug. Hieronymus mit seiner Begleitung besuchte die heiligen Stätten in Jerusalem und sah eine Säule, die das Gewölbe einer Kirche stützte und von Blut geröthet war, an der angeblich der Herr gegeisselt worden war. Dann ging es nach Bethlehem[2]. Von hier reiste er mit seiner Begleitung durch Samaria nach Galiläa und sah Sebaste oder Samaria, Nazareth, Kana, Naim und den See Genesareth[3]. Dann unternahm er auf Bitten der hl. Paula und mit dieser und ihrer Tochter eine Reise nach Aegypten; er kam an Hebron vorbei durch das Ländchen Gessen nach Alexandrien, wohin es ihn zog, um den alten blinden Didymos kennen zu lernen; er blieb 30 Tage bei ihm und bewog ihn, einen Commentar zum Propheten Osee zu schreiben; Didymos that dies in drei Büchern und widmete ihn dem Hieronymus[4]. Von hier ging die Reise nach Pelousion zu den

---

und Kritiken, Jahrg. 1892, 507—509) das Jahr 386 wahrscheinlich gemacht. Er weist zunächst hin auf die Stelle des Briefes (p. 94 c), wo Bischof Damasus *μακάριος* genannt wird; dieser Ausdruck werde, wie an einer Menge von Stellen gezeigt wird, fast ausschliesslich von Verstorbenen gebraucht; auch Hieronymus spricht, wie ich beifügen kann, von Damasus nach dessen Tode immer mit dem Zusatze: beatae memoriae oder sanctae memoriae (z. B. Ep. 48, 18). Dann verweist Dräseke auf die Stelle 97 a: *εἰ γὰρ πρὸ τριάκοντα τούτων ἐτῶν ἡ πίστις ἤρξατο, τετρακοσίων σχεδὸν ἐτῶν γεγονότων, ἀφ' οὗ Χριστὸς πεφανέρωται, κενὸν ἐν τοσούτῳ χρόνῳ τὸ εὐαγγέλιον ἡμῶν* . . . Jedenfalls versteht er die Stelle richtig, wenn er sie auf den Anfang des Apollinarismus bezieht; das glaubt er aber nur so zu können, dass er *τριάκοντα* in *δέκα* ändert und als Anfangstermin dieser zehn Jahre das Jahr 376 annimmt, in welchem des Apollinarios Hauptschrift erschien: *Ἀπόδειξις περὶ τῆς θείας σαρκώσεως τῆς καθ' ὁμοίωσιν ἀνθρώπου.* So kommt er auf das Jahr 386 für die Entstehung des Briefes. Der zweite Beweis bleibt wegen der Textänderung sehr problematisch.

[1] Siehe über seine Reise nach Antiochien oben 385 S. 217—218.

[2] Ep. 108, 8—9. [3] Ep. 108, 12—13.

[4] Hieron., De vir. illustr. c. 109; Ep. 84. 3; Vorrede des Commentars zum Ephesierbrief (Vall. VII 539—540) und zum Propheten Osee (Vall. VI Anf.). Dass er 30 Tage in Alexandrien blieb, sagt Rufinus, Apologia II 12.

Mönchen der Nitrischen Wüste; hier sahen sie den Bischof Isidoros von Pelousion, die Mönche Makarios, Arsenios, Serapion und Tausende von andern und betraten ihre Zellen [1]. Wegen der Sommerhitze — es war der Sommer 386 — bestiegen sie in Pelousion ein Schiff und kamen nach Majuma bei Gaza und von hier nach Bethlehem. Hier wohnte Paula drei Jahre in einem engen Hause und baute dann ein Kloster für Männer und drei für Frauen, ausserdem Pilgerhospize an der Strasse [2].

Ueber die kirchliche Stellung des Hieronymus zu Bethlehem sagt Sulpicius Severus: ‚Ecclesiam loci illius (Bethlehem) Hieronymus presbyter regit; nam parochia est episcopi, qui Hierosolymam tenet.' Derselbe sagt über die Thätigkeit des Hieronymus in Bethlehem: ‚Totus semper in lectione, totus in libris est; non die, non nocte requiescit; aut legit aliquid semper aut scribit.' [3]

Paula und Eustochium schrieben, als sie sich dauernd in Bethlehem niedergelassen hatten, also wahrscheinlich in der zweiten Hälfte 386, einen Brief an Marcella in Rom, um auch diese nach Bethlehem zu ziehen; der Brief ist erhalten unter den Briefen des Hieronymus [4].

e. Johannes Chrysostomos.

Chrysostomos wurde in diesem Jahre, vielleicht schon im vorhergehenden, von Bischof Flavian in Antiochien zum Priester geweiht und übernahm das Predigtamt in der Stadt [5]. Schon gleich nach seiner Weihe hielt er über diese eine uns erhaltene Rede an das Volk [6]; es war das erste Mal, dass er überhaupt öffentlich sprach [7]. Und schon in diesem Jahre entfaltete er eine gewaltige Predigtthätigkeit. Manche seiner Reden sind kurz; er machte dann seinem Bischofe Platz, der gleich nach ihm das Wort ergriff, wie Chryso-

---

[1] Ep. 108, 14. [2] Ep. 108, 14 und 19. [3] Dial. I 8 und 9.

[4] Ep. 46; vgl. nr. 10 Auf.

[5] Siehe über ihn oben 381 S. 115 und seine 16. Homilie über die Bildsäulen (Op. II 162 [e]). Nach Sokr. VI 3 wäre er von Evagrios, dem Nachfolger des Paulinos, geweiht worden; aber dazu stimmt weder der Zeitpunkt seiner Weihe, da Paulinos erst 388 starb, noch der Umstand, dass Chrysostomos ausgesprochenerweise den Flavian als seinen Bischof betrachtete (vgl. z. B. die 3. und 21. Rede über die Bildsäulen).

[6] Op. I 436 sqq.

[7] L. l. 437 [e]: *καίτοι μηδέπω πρότερον τούτων ἁψαμένους τῶν παλαισμάτων, ἀλλ' ἀεὶ μετὰ τῶν ἀκροατῶν ταττομένους καὶ τῆς ἀπράγμονος ἀπολαύοντας ἡσυχίας.*

stomos oft bezeugt[1]. In der Fastenzeit dieses Jahres hielt er die acht ersten Sermones in Genesim[2], zu unterscheiden von den 67 Homilien über denselben Gegenstand[3], und zwar hielt er den ersten Sermo über die Genesis am Tage vor der Fastenzeit[4]. Das Hauptthema seiner Reden aber in diesem Jahre und bis ins nächste Jahr hinein war der Kampf gegen die Anomöer für die Wesensgleichheit des Sohnes[5]. Die erste Rede gegen die Anomöer hielt er Ende August oder Anfang September dieses Jahres; er unterbrach aber dann den Gegenstand, um einen Redefeldzug zu eröffnen gegen die vielen Angehörigen seiner Gemeinde, welche sich von der jüdischen Festfeier des Monats thishri fortreissen liessen, am jüdischen Posaunenfeste und besonders am grossen Versöhnungstage in die Synagoge gingen und das strenge Fasten mitmachten, am Laubhüttenfeste sich sogar nicht entblödeten, mit den Juden nackten Fusses auf dem Markte zu tanzen[6]. In den drei Reden, welche Chrysostomos in diesem Jahre gegen die Juden, d. h. die judaisirenden Christen hielt, warnt er die Christen öfters vor den jüdischen Aerzten; die Juden waren nämlich damals als Aerzte gesucht und forderten zur Heilung vielfach Beobachtung des jüdischen Ritus[7]. Fünf Jahre nach dem Tode des Bischofs Meletios von Antiochien, wahrscheinlich an seinem Todestage (d. h. gegen Ende Mai), ist die Homilie auf diesen Bischof gehalten[8].

Zum zweitenmal unterbrach Chrysostomos die Reden gegen die Anomöer im December, um sich einer Angelegenheit zu widmen, die,

[1] So in der Rede auf den Martyrer Philogonios I 497 [b], wo er es dem Bischofe überliess, über den Martyrer zu sprechen, selbst aber auf das kommende Weihnachtsfest überging; dann auch in der Weihnachtsrede selbst II 362 [e].

[2] Op. IV 645 sq. [3] Op. IV 1 sq.

[4] Vgl. IV 645 [b]. Dass diese Sermones gleich nach seiner Priesterweihe gehalten sind, zeigt der Anfang des zweiten Sermo (IV 651 [b–c]).

[5] Ueber die Zeit und Reihenfolge dieser und der folgenden Reden siehe Excurs XIII: Die Predigtthätigkeit des Chrysostomos bis zum Aufstande in Antiochien 387.

[6] Op. I 590 [b] und 605 [a].

[7] Usener, Religionsgeschichtliche Untersuchungen I 228.

[8] Op. II 518, vgl. 518 [b]. Montfaucon nimmt an, die Rede sei am Tage der Translation des Meletios von Konstantinopel nach Antiochien im Jahre 387 gehalten; als solcher wird im Martyr. Rom. der 12. Februar angegeben. Montfaucon gibt als Grund an, am fünften Jahrestage des Todes habe Chrysostomos nicht sagen können: *καὶ γὰρ πέμπτον ἔτος ἤδη παρέδραμεν* seit seinem Tode; das will mir aber absolut nicht einleuchten, ich meine, die Aeusserung passe gerade am besten auf den Todestag.

wie er sagt, ihm schon lange Herzenssache gewesen war, nämlich einer festlichern Begehung des Weihnachtsfestes [1]. Schon am 20. December, dem Gedächtnisstage des Philogonios, eines frühern Bischofs von Antiochien und Martyrers, lenkte er die Rede auf das kommende Fest hin, das er die *μητρόπολις* aller Feste nennt [2]; er mahnt zu einer würdigen Abendmahlsfeier am Weihnachtsfeste, die gerade, wie er hier ausführt, an den grössten Festen hinsichtlich der Vorbereitung und Andacht zu wünschen liess [3]. In der Weihnachtspredigt selbst [4] am 25. December konnte er seiner Freude über einen zahlreichen Kirchenbesuch Ausdruck geben; er sagt in dieser Rede, es sei noch nicht zehn Jahre her, dass das Fest in Antiochien bekannt sei [5]; es sei von Rom herübergekommen und sei im Occident von Thrakien bis nach Gades schon früher als ein bekanntes und hervorragendes Fest gefeiert worden [6]; der eigentliche Gegenstand der Rede ist der Versuch, zu beweisen, Christus sei wirklich am 25. December geboren worden.

f. Kyrillos von Jerusalem.

Kyrillos, Bischof von Jerusalem, ‚lebte nach oftmaliger früherer Verbannung noch acht Jahre unter Kaiser Theodosius in Ruhe und hinterliess bei seinem Tode bloss die Catecheses, die er in seiner Jugend geschrieben hatte'; er starb also im Jahre 386 [7]. Sein Nachfolger war jener Johannes, mit dem der hl. Hieronymus sich später verfeindete [8]; dieser wirft dem Johannes vor, er habe früher häretische Gesinnungen gehabt und habe insbesondere die Gottheit des Heiligen Geistes nicht zugestehen wollen [9].

VII. Bischöfe und Mönche.

1. Der Papst Siricius erliess bald nach dem auf der römischen Synode dieses Jahres an die Bischöfe Afrikas gerichteten

---

[1] Op. I 497 [e] und II 354 [c]. [2] Op. I 497 [b].

[3] Op. I 499 [d–e]. Ueber das Abendmahl drückt sich Chrysostomos hier noch dunkel aus und fügt bei: *ἴσασιν οἱ μεμυημένοι τὰ λεγόμενα* (498 [b]).

[4] Op. II 354 sqq.

[5] Usener (a. a. O. 223) nimmt an, es sei damals überhaupt zum erstenmal in Antiochien gefeiert worden; siehe dagegen meinen (oben genannten) Excurs gegen Ende.

[6] Op. II 355 und Usener a. a. O. 218 ff.

[7] Hieronymus, De vir. illustr. c. 112.

[8] Chronicon imperiale, bei Mommsen IX 648.

[9] Hieron., Contra Ioannem Hierosolymitanum c. 8 (Vall. II 414—415).

Schreiben [1] ein neues Schreiben, das heute die Aufschrift trägt: Siricius papa orthodoxis per diversas provincias [2]. Man hat gesagt, in dieser Aufschrift nenne sich zum erstenmal ein römischer Bischof papa [3]; aber zweifellos rührt die Ueberschrift nicht von Siricius selbst her [4]. Das Schreiben wendet sich gegen den überhandnehmenden Missbrauch der voreiligen Ordinationen, dass Laien, ohne die niedern Kirchenämter durchlaufen zu haben, auf ihre Verdienste im Staats- oder Kriegsdienste hin zu Diakonen oder sogar zu Bischöfen geweiht würden, und dass man zu den Weihen unbekannte Mönche zulasse, die von einer Kirche zur andern wanderten [5].

2. Felix wurde in diesem Jahre wenige Tage nach der Synode in Trier gegen die Priscillianisten zum Bischofe von Trier als Nachfolger des Britton [6] geweiht. Er gehörte zur Partei der Ithacianer, mit der am Tage seiner Weihe der hl. Martin von Tours, damals in Trier anwesend, in Gemeinschaft trat. Ueber seinen Charakter sagt Sulpicius Severus: sanctissimi sane viri et vere digni, qui meliore tempore sacerdos fieret [7].

Jonas, ein Armenier und gewesener Soldat, gründete sich auf einem Berge in Thrakien eine Zelle; hier schloss sich ihm im Jahre

---

[1] Siehe oben S. 239.

[2] Gedruckt bei Coustant I 659; Mansi III 667; Migne, Patr. lat. XIII 1164. Die Zeit des Schreibens ergibt sich aus nr. 3, wo unzweifelhaft auf das römische Synodalschreiben dieses Jahres nr. 2 und 3 Bezug genommen wird.

[3] So de Mas Latrie, Trésor de chronologie, Paris 1889, Spalte 1039.

[4] Das zeigen die Worte ‚per diversas provincias', die ohne Zweifel in der Adresse des Siricius bestimmter lauteten.

[5] Die Stelle des Schreibens (nr. 3): ‚Etiam de longinquo veniant ordinandi, ut digni possint et plebis et nostro iudicio comprobari', ist, wie mir scheint, von Coustant und auch von Langen (Geschichte der römischen Kirche I 632 Anm.) missverstanden worden; der erstere denkt dabei an das römische Patriarchat, Langen dagegen an das ganze Abendland und fügt bei: ‚Siricius will es nur als die sicherste Garantie einer Bischofswahl bezeichnen, wenn sie in Rom selbst für kirchlich befunden worden.' Mir scheint, dass die Stelle mehr nach dem Zusammenhang erklärt werden muss; Siricius hat vorher gesagt, es würden Leute zu Bischofsstühlen ‚seinen Ohren ingerirt', welche unannehmbar seien; herumziehende Mönche, deren Leben und Taufe er nicht kenne, wolle man zu Diakonen und selbst zu Bischöfen haben; an der bestrittenen Stelle sagt er dann, sie mögen kommen, woher sie wollen, auch aus der Ferne, und mögen in Rom längern Aufenthalt nehmen, damit er und das Volk sich ein Urtheil bilden könne; wenn das geschehen sei, werde er sie weihen.

[6] Siehe über diesen oben 383 S. 134 und 166.

[7] Sulpicius Severus, Dial. III 13, 2; vgl. Garenfeld, Die Trierer Bischöfe, und oben S. 241—242.

386 der zwanzigjährige hl. Hypatios an. Damals gab es in Konstantinopel nur ein Kloster, nämlich das des Abtes Isaak; in Phrygien waren wenige Kirchen und keine Klöster [1].

VIII. Häretiker

a. Die Arianer.

Demophilos, der arianische Bischof von Konstantinopel, starb in diesem Jahre, und es folgte ihm Marinos, der vorher arianischer Bischof in Thrakien war und nicht lange mehr lebte. Zu dessen Zeit theilte sich die Secte in zwei Theile; denn die Arianer riefen gegen Marinos, den sie früher selbst aufgestellt hatten, den Bischof Dorotheos von Antiochien, einen Mann von 98 Jahren [2], herbei und machten ihn zu ihrem Bischofe. Als dieser lehrte, die erste Person könne erst nach der Existenz des Sohnes Vater genannt werden, hielt Marinos, erbittert über das Geschehene, zäh an der entgegengesetzten Lehre fest, der Vater sei immer Vater gewesen; so entstand eine Spaltung der Arianer, ‚die 35 Jahre gedauert hat, nämlich bis zum Jahre 419‘ [3]. Die Anhänger des Marinos hiessen Psathyriani, weil ein ψαθυροπώλης, d. h. Backwarenhändler, nämlich der Syrer Theoktistos, diese Lehre besonders verfocht. Ihrer Partei hing auch Selenas, ein Gotenbischof, der Nachfolger des Ulfilas, an; mit diesem, der der gotischen und griechischen Sprache mächtig war, schlossen sich fast alle Goten den Psathyrianern an, weshalb diese auch Gothici hiessen [4]. Ferner gehörte zu dieser Partei Agapios, den Marinos zum Bischofe von Ephesos machte; mit diesem gerieth er aber später in Streit, und das gab den Anlass, dass viele Geistliche der Secte sich des Streites müde den Orthodoxen anschlossen. Die Vereinigung der beiden arianischen Secten zu Konstantinopel erfolgte im Jahre 419 auf Betreiben des Consuls Plinthas, der selbst den Psathyrianern angehörte; in den übrigen Städten aber blieben die Secten getrennt bis zu den Zeiten, wo Sokrates und Sozomenos schrieben [5].

---

[1] Callinicus, De vita s. Hypatii (ed. seminarii philologorum Bonnensis sodales) p. 58, 16 sqq., 60, 10 sqq. und index s. v. μοναστήριον.

[2] Er starb 119 Jahre alt im Jahre 407, nach Sokr. VII 6.

[3] Aus dieser genauen Zeitangabe bei Sokr. V 23 sollte man den Schluss ziehen, dass die Spaltung der Arianer 384 oder 385 ausbrach. Aber die Zahl 35 scheint bei ihm nur runde Summe zu sein, da V 12 von ihm das Jahr 386 bestimmt angegeben wird; jedenfalls war die Spaltung nicht später als 386.

[4] Soz. VII 17. [5] Sokr. V 12 und besonders 23; fast ebenso Soz. VII 17.

b. Die Manichäer.

Messianus, Proconsul in Afrika, führte in diesem Jahre auf Antrag von Christen mehrere Manichäer ins Verhör, unter denen wahrscheinlich auch der manichäische Bischof Faustus war, mit dem Augustinus in Verkehr trat. Sie wurden auf eine Insel verbannt, aber schon bald nachher begnadigt[1].

c. Die Priscillianisten[2].

Die Bischöfe dieser Synode hielten ganz zu Ithacius und bestimmten den Kaiser Maximus, tribuni cum iure gladii nach Spanien zu entsenden, um die Häretiker aufzuspüren und ihnen Gut und Leben zu nehmen. Am Tage nach dieser Anordnung des Kaisers erschien der hl. Martinus vor den Thoren Triers und erhielt trotz der Gegenbemühungen der Bischöfe Einlass in die Stadt und Zutritt zum Hofe: er kam, um Fürbitte einzulegen für zwei hervorragende Anhänger Gratians, den comes Narses und den praeses Leucadius, die der Hinrichtung im Kerker entgegensahen; ausserdem wollte er die beabsichtigte Absendung der Tribunen hintertreiben. In letzterer Hinsicht fand er beim Kaiser Widerstand, weil diesen der Gewinn für den Staatsschatz anlockte; dazu kam, dass die Bischöfe, deren Gemeinschaft Martinus mied, den Kaiser bestürmten, ihm die Thüre zu weisen, weil sein Trotz sie in den Augen des Volkes herabsetzte. Der Kaiser versuchte es bei Martinus mit Zureden; als dies nichts fruchtete, gab er Befehl, die beiden Verurtheilten im Kerker hinzurichten. Martinus musste nachgeben, wenn er nicht alles verlieren wollte; er trat mit den Ithacianern in Gemeinschaft und nahm, wenn auch mit Widerstreben, die Einladung zur kaiserlichen Tafel an; so erreichte er sowohl die Begnadigung der zwei Gefangenen als auch die Zurücknahme der Entsendung der Tribunen. Aber trotzdem konnte Martinus den Aerger darüber nicht verwinden, dass er sich in die Reihe der Ithacianer begeben hatte; er mied seitdem alle Versammlungen der Bischöfe[3].

---

[1] Augustinus, Contra Faustum Manichaeum V 8 und Contra litteras Petiliani III 25, 30.

[2] Ueber die Synode zu Trier gegen die Priscillianisten in diesem Jahre siehe oben S. 241—242.

[3] Sulp. Sev., Dial. III 11—13.

In Spanien blieb die Sache der Priscillianisten lebendig, ja sie erhielt durch die Hinrichtung Priscillians einen neuen Aufschwung. Hierhin wurden auch die Leiber Priscillians und der übrigen Führer der Secte übertragen und glänzend bestattet; die Hingerichteten galten als Martyrer, und bei Priscillian schwören wurde als die heiligste Form des Eides betrachtet. Aber in Gallien bewirkte erst der Fall des Maximus im Jahre 388 den Sturz der Bischöfe Ithacius und Idacius, die am meisten gegen die Priscillianisten gearbeitet hatten[1].

[1] Sulp. Sev., Chronica II 51. 5—10.

387.

1. Januar Freitag; 1. Neumond 6. Januar mittags; Ostern in Alexandrien, Mailand und wo der 19jährige Cyklus galt, am 25. April, zu Rom und auch in Antiochien am 21. März wie bei den Juden [1].

I. Die Kaiser.

a. Theodosius.

Theodosius gab alle Gesetze dieses Jahres, die erhalten sind, von Konstantinopel aus.

Sein Sohn Arcadius feierte am 16. (oder 19.) Januar, d. h. nach Ablauf von vier Jahren seiner Regierung, die quinquennalia [2]. Wahrscheinlich feierte Theodosius damals gleichzeitig seine decennalia [3].

Zur Zeit, als man in Antiochien der Entscheidung des Theodosius über den Aufstand in dieser Stadt (siehe unten) entgegensah, kam eine persische Gesandtschaft ins römische Reich [4]. Es scheint, dass damals der im Jahre 384 mit Persien geschlossene Friede erneuert wurde [5]. Vielleicht fällt auch ins Jahr 387 die

---

[1] Ueber die Osterfeier dieses Jahres, besonders zu Rom, Mailand und Alexandrien, siehe den (23.) Brief des Ambrosius an die Bischöfe der Provinz Aemilia und meine Bemerkungen dazu oben 386 S. 245, ferner Ideler, Handbuch der mathematischen und technischen Chronologie II 254—255. Was Antiochien angeht, so nimmt Tillemont (Hist. V 745 note 28) als selbstverständlich an, dass auch hier Ostern am 25. April war, ebenso auch Usener (Religionsgeschichtl. Untersuchungen I 237); dagegen spricht aber klar eine Stelle bei Chrysostomos, siehe Excurs XIII.

[2] Fasti Idat. zum Jahre 387. Die Chronik des Idatius (bei Mommsen XI 45) setzt die Feier ins Jahr 386.

[3] Libanios II 2 und die Fasti Idat. a. a. O. (Mommsen IX 244), wo es heisst: ‚His cons. quinquennalia Arcadius Augustus propria cum Theodosio Augusto patre suo editionibus ludisque celebravit die XVII. Kal. Febr.' Zwar trat damals Theodosius erst sein neuntes Regierungsjahr an, aber seine quinquennalia hatte er schon im Jahre 383 gefeiert; siehe oben zu diesem Jahre S. 146.

[4] Libanios I 651. [5] A. a. O. 676 und oben 384 S. 169.

Gesandtschaft des Sporakios, von der Laurentios Lydos berichtet, sie habe durch Gewandtheit der Rede und die Macht des Geldes die Ruhe im Osten herstellen sollen [1]. Jedenfalls zahlten die Perser zu Anfang des Jahres 389 den Römern Tribut [2].

Der Aufstand zu Antiochien in Syrien.

Der Aufstand zu Antiochien war in diesem Jahre [3]. Wir sind über denselben vorzüglich unterrichtet durch vier Reden des Libanios, die er aus Anlass desselben verfasst hat [4], und durch 19 Reden des Chrysostomos über die Bildsäulen, die zur Zeit des Unglückes der Stadt bis zur Ankunft des kaiserlichen Gnadenedictes von ihm daselbst gehalten wurden [5]. In neuerer Zeit ist nach gründlichen Vorarbeiten Tillemonts [6] der Aufstand von A. Hug in Winterthur

---

[1] Laurentios Lydos III 53. Ifland (Der Kaiser Theodosius 154) setzt die Gesandtschaft ins Jahr 387; möglich ist aber auch, dass sie wie die des Stilicho im Jahre 384 war.

[2] Pacatus c. 22.

[3] Siehe hierüber und zur Chronologie der einzelnen Ereignisse den Excurs XIV: Zeitbestimmung des Aufstandes in Antiochien und der 21 Reden des Chrysostomos über die Bildsäulen.

[4] Es sind folgende Reden: *Περὶ τῆς στάσεως* I 626; *Ἐπὶ ταῖς διαλλαγαῖς* I 653; *Πρὸς Καισάριον μάγιστρον* I 678; *Πρὸς Ἑλλέβιχον* II 1. Dazu kommt noch eine fünfte Rede: *Κατὰ τῶν πεφευγότων* II 296, die aber geschichtlich werthlos ist. Die erste dieser Reden ist durchaus so abgefasst, als wenn Libanios sie selbst vor dem Kaiser vorgetragen oder ihm doch überreicht hätte; vgl. z. B. die Stelle I 627: ‚Alter und viele meiner Hausgenossen und Freunde riethen mir, zu Hause zu bleiben: aber ich war überzeugt, dass mein Alter zu einer doppelt so langen Reise stark genug wäre, wenn die Götter es wollten u. s. w.' Er hat aber, wie seine andern Reden unzweideutig zeigen, diese Reise nicht gemacht. Hug (siehe unten) nimmt nun an (S. 175—176), Libanios habe die Reise machen wollen und in dieser Absicht die Rede verfasst, er habe dann aber, als Bischof Flavian sich zur Reise nach Konstantinopel erbot, die seinige unterlassen. Aber schwerlich hat Libanios die Rede in den wenigen und dazu sehr aufgeregten Tagen verfasst, welche zwischen dem Aufstande und der Abreise Flavians lagen; er hat sie später verfasst und vielleicht dem Cäsarius, als dieser von Antiochien zum Kaiser zurückkehrte, mitgegeben; die Absicht, nach Konstantinopel zu reisen, wie sie in der Rede ausgeführt wird, ist also eine reine Fiction des Redners, wie Tillemont richtig vermuthet hat. Libanios mag ja anfangs eine solche Absicht gehabt haben; diese hat er dann zu der Zeit, als er die Rede schrieb, als noch vorhanden dargestellt, obschon er sie längst aufgegeben hatte.

[5] In den Ausgaben (Op. II 1 sqq.) stehen 21 Reden über die Bildsäulen; aber die 1. ist vor dem Aufstande, die 19. in späterer Zeit gehalten; siehe Excurs XIV.

[6] Histoire V 262—283 (art. 30—38) und 741—753 (note 27—32).

zum Gegenstande einer Monographie gemacht worden[1]: auf ihn gehen alle spätern Darstellungen, wie die von Sievers[2] und Ifland[3], zurück und schliessen sich seinen Resultaten rückhaltlos an. Als Dauer des ganzen Ereignisses werden von Libanios 34 Tage angegeben, womit jedenfalls die Zeit vom Ausbruche der Empörung bis zur Ausfertigung des kaiserlichen Gnadenedictes gemeint ist[4].

Den Anlass zur Aufregung der Stadt gab ein kaiserlicher Erlass, welcher der Stadt eine ausserordentliche Steuer auflegte theils für allgemeine Staatsbedürfnisse, theils als Kronengeld für die Feier der Quinquennalien des Arcadius und der Decennalien des Theodosius[5]. Die Menschen, welche bei der Verkündigung des Decretes im Amtshause[6] zugegen waren, meistens höher gestellte Personen, wurden bestürzt, flehten zu Gott um Hilfe und machten gleichzeitig dem Stadtoberhaupte[7] unter Thränen Vorstellungen, indem sie auf die Unerschwinglichkeit der Steuer hinwiesen: darauf gingen sie ruhig auseinander. Aber jetzt rotteten sich andere aus dem niedern Volke zusammen und zogen zum Hause des Bischofs Flavian; als sie diesen nicht zu Hause antrafen, zogen sie sich unter Schmähreden zurück[8]. Sie kamen lärmend zu der Säulenhalle vor dem Amtshause, dann zu einer öffentlichen Badeanstalt und schnitten hier die Seile entzwei, an denen die Lampen hingen; gegen Bilder der Kaiser-

---

[1] Antiochia und der Aufstand des Jahres 387 n. Chr.; gedruckt zuerst im Gymnasialprogramm von Winterthur 1863, dann in Hugs Studien aus dem klassischen Alterthume, 1. Heft, Freiburg und Tübingen 1881, 133—200.

[2] Das Leben des Libanius 172 ff.

[3] Der Kaiser Theodosius 141 ff.

[4] Libanios II 269: *Αἱ μὲν γὰρ τῶν κακῶν ἐκείνων ἡμέραι τέτταρες ἐγένοντο καὶ τριάκοντα.* Man ist geneigt, diesen Zeitraum zu verstehen vom Ausbruche des Aufstandes bis zur Ankunft des kaiserlichen Gnadenedictes in der Stadt; aber die Homilien des Chrysostomos zeigen, dass der Aufstand vor der Fastenzeit ausbrach und dass 40 Tage nach Beginn der Fastenzeit das erlösende Wort des Kaisers noch nicht in der Stadt eingetroffen war. Wenn also Libanios sich nicht geirrt hat, muss man als terminus ad quem die Zeit der Ausfertigung des Gnadenedictes in Konstantinopel annehmen.

[5] Libanios I 636 und II 2.

[6] Jedenfalls war das hier genannte *δικαστήριον* das Amtshaus des comes Orientis; so auch Hug 158 Anm. 1.

[7] Griechisch *ἄρχων*. Ob es der comes Orientis oder der consularis Syriae war, ist nicht zu entscheiden, da beide *ἄρχων* heissen, und zwar bei Libanios jener *ἡ μείζων ἀρχή*, dieser *ἡ ἐλάττων ἀρχή*. Sievers (Libanius 263) denkt mehr an den consularis Syriae.

[8] Libanios I 637 und II 3.

familie, die an den Wänden waren, stiessen sie Schmähungen aus und bewarfen sie mit Steinen; so zertrümmerten sie einzelne derselben. Endlich wandten sie sich auf der Strasse gegen die ehernen Standbilder des Theodosius, der Kaiserin Flaccilla, der zwei Söhne und des Vaters des Kaisers; diese stürzten sie um, indem sie ihnen Seile um den Hals legten; dann zerlegten sie dieselben in Stücke, schleppten sie durch die Stadt und überliessen sie schliesslich der Jugend zum Spielzeug[1]. Darauf wurde das Haus eines Mannes in Brand gesteckt, der sich für die Bezahlung der Steuer ausgesprochen hatte; schon war man im Begriffe, auch den Kaiserpalast anzuzünden, als sich endlich der Befehlshaber der Bogenschützen, der sich wie alle Vornehmen der Stadt bis dahin bang zurückgehalten hatte, zum Einschreiten ermannte und die Bande auseinandertreiben liess. Gegen Mittag war die Ruhe in der Stadt wiederhergestellt; es war kurz vor der siebenwöchentlichen Fastenzeit, Ende Januar[2].

Sofort gingen die Behörden gegen die Personen, welche man beim Brandstiften angetroffen hatte, und gegen andere, die als Betheiligte denuncirt wurden, mit Strenge vor, und zwar um so rühriger, je schlaffer sie sich vorher benommen hatten. Die Schuldigen wurden ins Gefängniss gelegt und bald nachher theils durchs Schwert, theils durch Feuer, theils durch wilde Thiere ums Leben gebracht, darunter selbst Kinder; die Mütter konnten nicht einmal ihrer Trauer darüber Ausdruck geben, weil sie fürchten mussten, dann als Mitschuldige angesehen zu werden[3]. Eine anschauliche Schilderung des Terrorismus, wie er in jenen Tagen in der Stadt herrschte, gibt uns Chrysostomos in der zweiten Homilie: Häscher ziehen durch die Strassen, die Einwohner schliessen sich in ihre Häuser ein und fragen täglich einander: wer wurde heute abgeführt und wie wurde er getödtet? Schon damals begann man auch aus Furcht vor der Rache des Kaisers aus der Stadt auszuwandern; das dauerte in den nächsten Wochen fort und wurde so allgemein, dass Chrysostomos kurz vor der Ankunft der kaiserlichen Commissare aus Mangel an Zuhörern seine Vorträge einstellen musste[4], und dass in den umliegenden Dörfern wegen der grossen Menschenmenge Hungersnoth entstand[5]. Auch die Philosophen, ‚der kynische Auswurf', flohen[6];

---

[1] Libanios I 657 und II 3—4. [2] A. a. O. II 5 und Excurs XIV.
[3] Libanios I 641—642 und Chrysostomos Hom. III p. 45[b—c].
[4] Hom. II p. 21[b—c] und 22[a—c]; XI p. 115[b]. [5] Libanios I 650.
[6] Hom. XVII p. 173[b].

Libanios aber wetteiferte mit Chrysostomos, den Muth der Zurückgebliebenen zu beleben [1]. Unter dem Pöbel, welcher am Aufruhr nächstbetheiligt war, waren jedenfalls Schauspieler und Tänzer die Hauptthäter gewesen; Chrysostomos sagt wiederholt, Fremde und verkommene Menschen seien die Schuldigen [2]. Die Erregung über die neue Steuer war allerdings allgemein gewesen, und die Vornehmen hatten wenigstens dadurch gefehlt, dass sie ihre Klagen nicht in geordneter Weise dem Statthalter vortrugen, durch ihre verzweifelte Stimmung den Aufruhr förderten und bei demselben unthätig zusahen [3].

Aller Blicke waren jetzt auf den Kaiser gerichtet, von dem man das Aeusserste befürchtete [4]. Schon am Tage des Aufruhrs gingen Boten zu Pferde, von den Behörden entsandt, an ihn ab; sie fanden allerdings in den nächsten Tagen wegen der schlechten Wege Hindernisse und mussten sich Wagen nehmen [5]. Da entschloss sich Bischof Flavian trotz seines hohen Alters, trotz der winterlichen Jahreszeit und trotzdem seine einzige Schwester todkrank daniederlag, zur Reise nach Konstantinopel [6]. Seine Hoffnung, den Kaiser gnädig zu stimmen, gründete sich vornehmlich auf das bevorstehende Osterfest; denn an diesem Feste hatte der Kaiser in frühern Jahren eine so weitgehende Amnestie bewilligt, dass er sogar das Bedauern ausgesprochen hatte, die Todten nicht mehr zum Leben erwecken zu können [7]. Wie es scheint, reiste Flavian gerade vor Beginn der Fastenzeit, einige Tage nach dem Aufruhre ab [8]. Die Hoffnung, er werde die von den Behörden entsandten Boten noch einholen, erfüllte sich nicht; mitten auf dem Wege traf er schon die Abgesandten des Kaisers [9]. Es waren dies der magister officiorum Cäsarius und der magister militiae Hellebichus; sie kamen zur Untersuchung des Geschehenen [10], hatten aber auch unumschränkte

---

[1] Libanios II 269. [2] Hom. II p. 24 [c]; XVII p. 174 [e] und 175 [c].

[3] Hom. V p. 63 [e]; Libanios I 639 und II 3.

[4] Hom. II p. 23 [a]. [5] Hom. VI p. 75 [c, e].

[6] Hom. III p. 35 [a, b]; XXI p. 215 [a–d].

[7] Hom. VI p. 76 [c–d] und XXI p. 219 [d–e].

[8] Da Chrysostomos in der zweiten Homilie, welche er wenige Tage nach dem Aufruhre hielt (22 [b]), die Reise Flavians nicht erwähnt, obschon er hier alles Mögliche zusammenstellt, um das Volk zu trösten, so nimmt man mit Recht an, dass Flavian damals noch nicht abgereist war. Die 3. Homilie, gehalten bei Beginn der Fastenzeit, fängt mit der Besprechung der Abreise des Bischofs an.

[9] Hom. VI p. 76 [a–b] und XXI p. 216 [b].

[10] Hom. XVII p. 172 [a]; XXI p. 216 [b]; Libanios I 681—682.

Vollmacht zur Bestrafung aller Schuldigen[1]. Zugleich brachten sie ein Schreiben des Kaisers mit, worin über die Stadt folgende Strafen verhängt wurden: 1. Schliessung aller Theater, des Amphitheaters und des Cirkus; 2. Schliessung der öffentlichen Bäder; 3. Aufhebung der Getreidespenden an die Armen; 4. Antiochien solle seinen Rang als *μητρόπολις* verlieren und der Stadt Laodikeia unterstellt sein[2].

Die kaiserlichen Commissare kamen am Montag der dritten Fastenwoche an und wurden unter grossem Zulauf in die Stadt geleitet[3]. Es folgte eine schlaflose Nacht der Bevölkerung und am folgenden Tage eine Voruntersuchung im Absteigequartier der Commissare, die nur den Rath betraf und ziemlich milde gehandhabt wurde, so dass man dann in der folgenden Nacht schon mehr den Schlaf finden konnte[4]. Der dritte Tag, also der Mittwoch, war für das eigentliche Gericht bestimmt, das im Amtsgebäude (*δικαστήριον*) abgehalten wurde. Gegen die Gewohnheit begann es nicht um Mitternacht oder beim Hahnenschrei, sondern erst bei Tagesanbruch; doch liess man, um die Form zu wahren und mehr Eindruck zu machen, die Lampen brennen[5]. Die Untersuchung selbst wurde

---

[1] Hom. XIII p. 135 [d—e]; Libanios I 681: *ἐπὶ βασάνῳ τε καὶ κρίσει τῶν πεπραγμένων;* ausserdem I 151 und II 11, 9—11. Sievers (Leben des Libanius 180) glaubt, damit ständen drei andere Stellen im Widerspruch, nämlich I 665 und 671 und II 16; Libanios habe überhaupt in spätern Reden (wie I 151) es als sein Verdienst gerühmt, die kaiserlichen Gesandten dahin gebracht zu haben, die Entscheidung dem Kaiser zu überlassen, während er in den Reden, die er zur Zeit der Katastrophe hielt, behaupte, wohl gewusst zu haben, dass der Kaiser sich das Endurtheil vorbehalten habe. Dies letztere will Sievers an jenen drei Stellen ausgesprochen finden; aber wie mir scheint, mit Unrecht. Denn I 666 (nicht 665) ist nur gesagt, Cäsarius und Hellebichus hätten keine Vollmacht zur Verzeihung gehabt, sondern nur die Zuflucht zur Gnade des Kaisers. An der zweiten Stelle (I 671) sagt Libanios von sich, er habe gerufen, dem Kaiser werde alles mitgetheilt werden und er werde keinen tödten; so gut aber, wie dieses letztere nur Vermuthung und Hoffnung war, die er aus seiner Kenntniss der weichen Natur des Kaisers schöpfte, ebenso gut kann auch das erstere nur eine Hoffnung gewesen sein, welche die Person der zwei Commissare und vielleicht auch eine Andeutung von ihrer Geneigtheit dazu ihm gegeben hatten. An der dritten Stelle (II 16) heisst es allerdings: *οὐ γὰρ ἤστην οὗτός τε καὶ ὁ κοινωνὸς ἀποκτεῖναι κυρίω;* aber das heisst doch nur: sie waren thatsächlich nicht die Entscheidenden; es schliesst aber nicht aus, dass sie selbst die Entscheidung dem Kaiser vorbehielten, wie denn auch gleich danach ausdrücklich von ihnen gesagt wird: *ψήφῳ βασιλέως ἐφυλαξάτην τὴν τομήν.*

[2] Chrysost., Hom. XIV p. 149 [d] sqq.; XVII p. 175 [e] sqq.; Libanios I 655; Theodoret V 19.

[3] Libanios II 9. [4] A. a. O. I 682 und II 12—13. [5] A. a. O. II 13.

strenge genug geführt; wir haben eine genaue Schilderung der Situation vor und in dem Gerichtshause in der 13. Homilie des Chrysostomos, der an diesem Tage sich selbst im Gerichtshause einfand und in der genannten Homilie wenige Tage später dem Volke die traurigen Eindrücke schilderte, die er damals empfangen hatte. Draussen vor der Thüre des Gerichtshauses stand eine grosse Volksmenge in lautloser Stille, da der eine dem andern nicht traute und seine Gefühle vor ihm nicht verrathen wollte; im Hofe standen Soldaten mit Schwertern und Keulen, um die Ruhe aufrecht zu halten: drinnen im Hause sassen die Commissare mit ihren Beisitzern, unter denen auch Libanios war; es fielen Geisselstreiche, um die Angeklagten zu Geständnissen zu bringen, man drohte selbst mit der Folter[1]. Eine grosse Anzahl von Mönchen, welche die benachbarten Berge bewohnten, hatten sich vor dem Gerichtshause eingefunden, um für die Stadt Fürbitte einzulegen; ihr Anerbieten, mit den Commissaren nach Konstantinopel zu reisen und den Kaiser selbst anzuflehen, wiesen diese zurück, nahmen aber eine Bittschrift von ihnen an[2]. Dass die beiden Richter trotz ihrer strengen Amtsmiene im Herzen für die Angeklagten Mitleid fühlten, sagen sowohl Chrysostomos wie Libanios[3]. Das Ende war, dass am Abende dieses Tages die Rathsherren in Ketten über den Markt ins Gefängniss abgeführt wurden, und dass an den Thüren ihrer Häuser das Siegel angelegt wurde, ihre Frauen also ein anderweitiges Unterkommen suchen mussten[4]. Die schliessliche Entscheidung behielten die Commissare dem Kaiser vor, und Cäsarius reiste am Abende des nächsten Tages, mit vielen Bittschriften versehen, zu diesem ab, während Hellebichus in Antiochien zurückblieb[5]. Die gefangenen Rathsherren waren in einem engen, unbedeckten Raume zusammengepfercht;

---

[1] Chrysost., Hom. XIII p. 133—135; Libanios II 15—16.

[2] Chrysost., Hom. XVII p. 172—174; Theodoret, Hist. eccl. V 19 und Religiosa historia 13 (Migne, Patr. gr. LXXXIII 403); der letztere nennt unter den Mönchen den heiligen ‚Gerstenesser' Makedonios, der die kaiserlichen Commissare auf offener Strasse anhielt und es erreichte, dass sie von ihren Pferden stiegen und die Aufträge anhörten, die er ihnen an den Kaiser mitgab. Makedonios war von Bischof Flavian, also nach 381, gewaltsam zum Priester geweiht worden; der Bischof lockte ihn vom Berge hinab in die Kirche und weihte ihn; der Mönch aber verstand die Ceremonien nicht, und als man sie ihm erklärte, schlug er mit seinem Stock nach dem Bischof und den Umstehenden in dem Glauben, er müsse jetzt seinen Berg verlassen; das aber brauchte er nicht (l. l. 1401).

[3] Chrysost., Hom. XIII p. 135[a]; Libanios II 14 und 18.

[4] Chrysost., Hom. XIII p. 135[d]—136[d].

[5] Libanios I 685 Ende; 686; II 17.

Hellebichus erleichterte ihre Lage, indem er gestattete, dass die Zwischenmauer zwischen dem Gefängnisse und dem Rathhause abgebrochen wurde und dass ihnen damit nicht nur ein gedeckter Aufenthaltsort, sondern auch die Möglichkeit verschafft wurde, in den grossen Gärten des Rathhauses sich zu ergehen [1]. Hier besuchte sie Chrysostomos [2] und auch Libanios; der letztere fand sie in heiterer Stimmung [3].

Cäsarius legte den Weg von Antiochien nach Konstantinopel mit grösster Eilfertigkeit zurück und stellte sich schon am sechsten Tage nach seiner Abreise, also gegen Mitte der vierten Fastenwoche, nach Mittag dem Kaiser vor [4]. Schon vor ihm war Bischof Flavian in Konstantinopel angekommen. Chrysostomos erzählte in seiner 21. Homilie am Osterfeste dem Volke, der Bischof habe schon in seiner ersten Audienz vom Kaiser die Zusage vollständiger Begnadigung erwirkt; er will das allerdings nicht vom Bischofe selbst, sondern von einem andern erfahren haben, welcher der Audienz beigewohnt hatte [5]. Was dieser dem christlichen Bischofe zuschreibt, ganz dasselbe schreibt der Heide Libanios dem Cäsarius zu; er sei dem Kaiser zu Füssen gefallen, habe ihm das Protokoll der Untersuchung vorgelesen, ihm die Bittschriften überreicht und erzählt, was die Stadt gelitten habe und wie sie schon genügend gestraft sei [6]. Wir können annehmen, dass sowohl Flavian wie Cäsarius ihren Antheil an der Umstimmung des Kaisers gehabt haben; dieser wird dem Flavian sich gnädig gezeigt, die definitive Entscheidung aber bis zur Ankunft des Cäsarius vertagt haben; nach dieser gewährte er der Stadt vollständige Amnestie. Chrysostomos erzählt [7], der kaiserliche Gnadenbrief sei dem Flavian zur Uebermittlung nach Antiochien übergeben worden, dieser aber habe ihn auf dem Wege einem andern

---

[1] Libanios II 19—20. [2] Hom. XXI p. 214 d. [3] Libanios II 20.

[4] Libanios I 686. Nach dem Itinerarium Antonini (139—147) und Hierosolymitanum (571—581; vgl. auch Tabula Peutingeriana, segm. IX) betrug die Entfernung von Antiochien bis Konstantinopel auf der grossen Heerstrasse über Tarsos und Ankyra 800 römische oder 160 deutsche Meilen, die ein gewöhnlicher Reisender in 30—40 Tagen (Itin. Hierosol. l. l.) zurücklegte; ebenso viel wird ein Heer gebraucht haben (Judeich, Die Schlacht von Adrianopel, in: Deutsche Zeitschrift für Geschichtswissenschaft VI 1 [1891] 7 Anm. 4). Wenn Cäsarius diese Strecke in sechs Tagen zurücklegte, so muss er täglich 25—30 deutsche Meilen abgemacht haben, eine Leistung, die bei seinem Alter sich nur begreifen lässt, wenn er, wie auch Libanios I 687 berichtet, in diesen Tagen auf allen Schlaf verzichtete und nicht einmal Kleider und Schuhe wechselte.

[5] Hom. XXI p. 222 e und 223. [6] Libanios I 689. [7] Hom. XXI p. 223 d.

eingehändigt, der schneller reiste, damit die Stadt um so eher aus Angst und Noth befreit werde; nach Libanios [1] aber hat Cäsarius einen seiner Vertrauten mit dem genannten Gnadenbrief von Konstantinopel nach Antiochien entsandt.

Am 40. Tage nach Beginn der Fastenzeit war der kaiserliche Gnadenerlass in Antiochien noch nicht angekommen; es waren aber doch schon günstige Gerüchte dorthin gedrungen [2]. Endlich kam das Schreiben an und wurde am Abende dem Hellebichus übergeben; dieser konnte kaum den nächsten Morgen abwarten, wo er es im *δικαστήριον* vorlas [3]. Das Schreiben war ausführlich; es zählte die Vortheile einzeln auf, die der Stadt zurückgegeben wurden. Sofort wurden die Gefangenen befreit, und dann wurde ein Freudenfest gehalten [4]. Zum Osterfeste war auch Flavian in der Stadt eingetroffen; Chrysostomos hielt an diesem Tage seine letzte Homilie (die 21.) über die Bildsäulen.

b. Valentinian.

Valentinian brachte die erste Hälfte des Jahres, wie die Gesetze zeigen, in Mailand zu; auch zur Zeit, als Maximus sich zum Einfall in Italien anschickte, war er in dieser Stadt [5]. Von hier zog er sich dann vor Maximus nach Aquileja zurück [6]. Als Maximus auch hierhin eilte, floh er mit seiner Mutter Justina und seinem praef. praet. Probus zu Schiff nach Thessalonich [7]. Hierhin kam Theodosius zu ihm, um ihn zu trösten [8]. Zosimos erzählt, Theodosius habe damals die Schwester Valentinians, Galla, die mit dem Bruder nach Thessalonich gekommen sei, erst kennen gelernt, um ihre Hand gebeten und dafür als Gegengabe den Krieg gegen Maximus versprochen; Gibbon [9], Ranke [10] und Ifland [11] halten diese Erzählung für glaubwürdig, während Tillemont [12] und Richter [13] sie verwerfen und die Vermählung des Theodosius mit Galla ins Jahr 386 setzen; ich stimme den beiden letztern durchaus bei [14].

---

[1] Libanios I 691. [2] Hom. XX p. 210 b. [3] Libanios II 23—24.
[4] Libanios I 671 und II 24. [5] Theodoret V 14. [6] Zosimos IV 42.
[7] Sokr. V 11; Soz. VII 13; Zos. IV 43.
[8] Zos. a. a. O.; Philostorgios X 18; Theodoret V 15.
[9] Geschichte des allmählichen Sinkens u. s. w. V 351.
[10] Weltgeschichte IV 190.
[11] Der Kaiser Theodosius 153—154, besonders Anm. 49.
[12] Histoire V 740 note 25. [13] Das weströmische Reich 697 Anm. 39.
[14] Die Erzählung des Zosimos macht den Eindruck einer Anekdote und ent-

Nach Theodoret[1] hätte Theodosius dem Valentinian, ehe dieser nach Thessalonich kam, geschrieben, es sei nicht zu verwundern, dass der Tyrann ihn überwältige, da dieser den Glauben vertheidige, er selbst ihn aber bekämpft habe. Und bei Suidas[2] ist uns ein Bruchstück einer Rede erhalten, die angeblich Theodosius an Valentinian vor dem Zuge gegen Maximus hielt, um ihn zur Orthodoxie, der Maximus seine Erfolge verdanke, zurückzuführen, was ihm denn auch gelungen sei. Wenn aber Ranke[3] in diesem religiösen Gegensatz den Grund sieht, dass Theodosius seinen Schwager nicht sofort, sondern erst im folgenden Jahre in sein Reich zurückführte, so irrt er jedenfalls; es war eben die Art des Theodosius, langsam und mit gehöriger Vorbereitung zu Werke zu gehen; das zeigte sich besonders 394 im Kriege gegen Eugenius, den er zwei Jahre im Westreiche schalten liess.

c. Maximus.

Maximus richtete nach Theodoret[4], ehe er in Italien einfiel, ein Schreiben an Valentinian und drohte ihm mit Krieg, wenn er seinen Kampf gegen den orthodoxen Glauben nicht aufgebe. Auch Rufin[5] spricht von diesem Schreiben und fügt bei, Maximus habe sich damit als rechtmässigen Regenten erweisen und die Gehässigkeit der Tyrannis von sich abweisen wollen. Das Schreiben ist erhalten[6]; es wird darin erinnert an die Gesetze Valentinians gegen die Orthodoxen vom Jahre 386 und an die Einschliessung des Ambrosius in der Kirche zu Mailand, ferner an den Untergang der arianischen Stadt Mursia (Esseck) in Illyrien, der ein offenbares Gottesgericht sei; es wird endlich hingewiesen auf die Orthodoxie Valentinians I. und der Sohn ermahnt, diesem Beispiele zu folgen; aber eine Drohung mit Krieg, wie Theodoret angibt, ist in dem Schreiben nicht zu finden. Uebrigens kann das Schreiben auch dem Jahre 386 an-

spricht ganz der ausgesprochenen Tendenz dieses Schriftstellers, den Theodosius als Schlemmer und Weichling zu brandmarken. Entscheidend aber ist, dass Marcellinus Comes (siehe oben 386 S. 227 [1]) die Heirat des Theodosius mit Galla ausdrücklich ins Jahr 386 setzt und dass Philostorgios (X 7) sie vor dem Zusammentreffen des Theodosius mit Justina zu Thessalonich erzählt.

[1] Hist. eccl. V 15. [2] S. v. Οὐαλεντινιανός. [3] Weltgeschichte IV 190.

[4] Hist. eccl. V 14. [5] Hist. eccl. II 16.

[6] Es ist erhalten als nr. 39 der Collectio Avellana, gedruckt bei Wilh. Meyer (Göttinger Lectionskatalog für das Wintersemester 1888—1889) 39—41, ferner bei Baronius 387 und Mansi, Conc. III 673.

gehören [1]; ein Grund, an seiner Echtheit zu zweifeln, ist nicht vorhanden [2].

Nach Zosimos [3] erlangte Maximus die Oeffnung der Alpenpässe für seinen Einfall in Italien durch eine List. Valentinian hatte den Syrer Domninos, einen Vertrauten, an ihn geschickt, um das Bündniss mit ihm zu befestigen und um Hilfe zu erbitten gegen die Barbaren, welche Pannonien bedrohten. Maximus empfing den Gesandten mit ausgesuchter Liebenswürdigkeit und gab ihm eine Menge Geschenke für Valentinian; er schickte auch einen Theil seines Heeres mit ihm, als er zurückkehrte. Aber heimlich folgte er ihm mit allen übrigen Truppen nach und fand so den Weg nach Italien geöffnet; es war der Weg durch die Kottischen Alpen [4].

Im Herbste 387 kam Maximus in Italien an [5]; am 17. September war er noch nicht bis Mailand gekommen [6]. Er konnte gute Aufnahme in Italien hoffen; hatte ihn doch sogar das Volk in Alexandrien öffentlich im Theater herbeigerufen [7]. Sofort schickte er Truppen gegen Aquileja, wohin Valentinian sich mit seiner Mutter geflüchtet hatte; die Stadt scheint sich ihm auch nach dem Abzuge

[1] Richter (Das weströmische Reich 646—647 und 697 Anm. 27) setzt es Ende 386 oder Anfang 387. Förster (Ambrosius 284 Anm. 63) ist der Ansicht, dass das Schreiben vor der zweiten Gesandtschaft des Ambrosius an Maximus verfasst ist; er setzt diese Gesandtschaft ins Jahr 386 und zwar in das Ende dieses Jahres, und man muss sagen, dass unter dieser Voraussetzung das Schreiben nicht nach der Gesandtschaft verfasst sein kann; denn nach der schnöden Art, wie Maximus damals den Ambrosius behandelte und ihn zuletzt sogar vom Hofe vertrieb, konnte er nicht in einem Schreiben an Valentinian den väterlich besorgten, treuherzigen Ton anschlagen, wie er es in dem uns erhaltenen Schreiben thut, und noch weniger konnte er dem Kaiser sein Verhalten gegen Ambrosius zum Vorwurf machen. Aber die zweite Gesandtschaft des Ambrosius war in Wahrheit Ende des Jahres 384 (siehe Excurs X), und das Schreiben des Maximus, das hier in Frage steht, ist ein neuer Beweis dafür, dass sie im Jahre 386 nicht gewesen sein kann.

[2] Tillemont (Mém. X 750 note 33) bestreitet seine Echtheit wegen der zweiten Gesandtschaft des Ambrosius, die auch er 386 setzt. Der Einwand fällt weg, wenn diese zweite Gesandtschaft ins Jahr 384 gesetzt wird; siehe die vorige Anmerkung.

[3] Hist. IV 42—43. [4] Pacatus, Paneg. in Theod. c. 30.

[5] Nach Sulpicius Severus (Vita s. Martini c. 20, 9) kam er etwa ein Jahr vor seinem Tode nach Italien; er starb aber Ende Juli oder August 388.

[6] Das zeigt eine Inschrift bei Labus, Mon. Ambros. p. 6.

[7] Libanios I 631. Die Nachricht zeigt, wie wenig Glauben die Angabe des Zosimos IV 37 verdient, Theodosius habe durch den praef. praet. Cynegius in Alexandrien eine Statue des Maximus errichten lassen.

Valentinians nach Thessalonich bald ergeben zu haben. Längern Widerstand leistete Aemona (heute Laibach)[1]. Campanien gehorchte am 22. November noch dem Valentinian[2]; Rom kam im Januar 388 in den Besitz des Maximus[3].

Nach seinem Einfalle in Italien schickte Maximus wegen des Geschehenen eine Gesandtschaft an Theodosius, die dieser dilatorisch behandelte[4].

II. Die römischen Beamten.

a. Die Consuln.

Kaiser Valentinian zum drittenmal und Eutropius[5].

b. Beamte des Ostreiches.

1. Cäsarius war, als er vom Kaiser nach Antiochien wegen des dortigen Aufstandes entsendet wurde, mag. offic.[6] und hatte

---

[1] Zosimos IV 45 und Pacatus c. 37; der letztere rühmt den Widerstand Aemonas und sagt damit indirect, dass Aquileja solchen nicht leistete. Wenn Goyau (Chronologie zum Jahre 388) bemerkt, Tillemont (Hist. V 286) lasse Aquileja im Jahre 388 eingenommen werden, so ist das ein Irrthum Goyaus.

[2] Das zeigt ein Feriale, d. h. eine Fest- und Ferienordnung, der Provinz Campanien vom 22. November 387 (im C. I. L. X 1 nr. 3792 und bei Mommsen, Epigraphische Analekten, in: Berichte der königl. sächs. Gesellsch. der Wiss. 1850, 62 ff.); hier steht, dass an dem genannten Tage, welcher der Geburtstag Valentinians war, zu seinem Wohle feierliche Gelübde gemacht wurden; vgl. auch de Rossi, Inscript. christ. I 163. Interessant ist dies Feriale besonders deswegen, weil kein einziges Götterfest in demselben angemerkt ist, sondern nur Natur- und politische Feste (vgl. Schultze, Geschichte des Untergangs u. s. w. I 254—255); es lautet:

III. Non. Ian. vota.
III. Id. Febr. genialia.
Kal. Mai. lustratio ad flumen Casilino.
III. Id. Mai. rosaria amphitheatri.
VIII. Kal. Aug. lustratio ad flumen ad iter Dianae.
VI. Kal. Aug. profectio ad iter Averni.
Id. Oct. vindemia Accrusiae.

[3] Siehe unten 388 S. 284[3].

[4] Sokr. V 12. Nach Zos. IV 44 hat vielmehr Theodosius eine Gesandtschaft an Maximus wegen des Einfalles in Italien geschickt; im Gegensatz zu Ifland (Der Kaiser Theodosius 152) halte ich aber diese Darstellung für weniger glaubhaft als die des Sokrates.

[5] Siehe über diesen oben 380 S. 63.

[6] In der Ueberschrift der Lobrede des Libanios auf ihn heisst er *μάγιστρος*

dies Amt noch im Jahre 389 inne[1]. Er war damals schon alt[2]. Libanios preist in seiner Lobrede auf ihn seine Einsicht, Tapferkeit und Güte[3].

2. Cynegius war auch in diesem Jahre praef. praet. und verweilte in Aegypten[4].

3. Dexter, dem Hieronymus seine Schrift De viris illustribus widmete, wird als comes rer. priv. am 3. Juli erwähnt[5]. Er war Christ und Sohn des Bischofs Pacianus von Barcelona[6]. Bis zum Jahre 402 bekleidete er auch noch die praefectura praetorii[7].

4. Gaddanas wird als Satrap von Sophene erwähnt am 14. Juni[8].

5. Hellebichus, welcher schon im Jahre 383 als comes et magister utriusque militiae erwähnt wird[9], wurde in dieser Eigenschaft im Jahre 387 von Theodosius nach Antiochien wegen des Aufstandes geschickt[10] und blieb hier wenigstens bis kurz vor Ostern dieses Jahres[11]. Gleich danach wurde er vom Kaiser an den Hof zurückgerufen, versprach aber in Antiochien, bald wiederzukommen[12]. In Konstantinopel, wo er Mitglied des Senates war[13], angekommen, blieb er mit Libanios in Briefwechsel[14]. Ein Brief Gregors von Nazianz an ihn[15] zeigt, dass er Christ und diesem, als er in Konstantinopel verweilte, wohl befreundet war. Libanios preist in der Lobrede, die er in diesem Jahre auf ihn schrieb, besonders seine Menschenfreundlichkeit[16]. Die Stellung eines magister militum behielt er bis ins nächste Jahrhundert hinein[17].

6. Hilarius wurde zum proconsul Palaestinae nach Ostern dieses Jahres ernannt[18]. Im Herbste 385 bekleidete diese Stelle Florentius[19].

(Libanios I 678); Theodoret V 19 erklärt das genauer: *Καισάριος ὁ τῶν βασιλείων ἡγούμενος, μάγιστρον δὲ οἱ Ῥωμαῖοι καλοῦσι τὸν ταύτην ἔχοντα τὴν ἀρχήν.*

[1] Cod. Theod. VIII 5, 49. [2] Libanios I 686. [3] A. a. O. 679. 686. 689.

[4] Siehe oben 384 S. 173 und 386 S. 228. [5] Cod. Iust. VII 38, 2.

[6] Hieronymus, De vir. illustr. c. 106 und 132.

[7] Id., Apologia adversus Rufinum II 23.

[8] Cod. Theod. XII 13, 6. Ueber diese Provinz, die in Grossarmenien lag, siehe Strabo XI 12, 3 und 4.

[9] Siehe oben 383 S. 148. [10] Theodoret V 19: *στρατηγὸν τηνικαῦτα ὄν.*

[11] Siehe oben 226. [12] Libanios II 26 und Brief 816.

[13] Libanios, Brief 843. [14] Brief 787. [15] Brief 225.

[16] Libanios II 7—9 und 18—19. [17] Zos. V 47.

[18] Zos. IV 41. [19] Cod. Theod. X 16, 4.

c. Beamte des Westreiches.

1. Eusignius, praef. praet. Italiae seit 386[1], wird als solcher am 19. Mai 387 zuletzt erwähnt[2]. Sein Nachfolger scheint Probus zu sein, der als praef. praet. Italiae mit Valentinian im Herbste dieses Jahres nach Thessalonich floh (siehe unten).

2. Licinius, der im Jahre 385 vicarius Africae war[3], war vielleicht im Anfange des Jahres 387 comes sacr. larg.[4]

3. Merobaudes, der Consul des Jahres 383[5], ferner magister militum und Freund Gratians gewesen war, wurde kurz vor dem Ende des Jahres 387, nachdem er für das Jahr 388 zum Consul designirt worden war, durch Maximus zum Selbstmord genöthigt[6].

4. Valerius Pinianus Severus, praef. urbi Romae seit dem Jahre 386[7], wird als solcher noch erwähnt am 22. Januar und 10. September 387[8]. Ihm folgte im Amte zu Anfang des folgenden Jahres Julianus Rusticus[9].

5. Sextus Petronius Probus[10] war in der zweiten Hälfte dieses Jahres praef. praet. Italiae, wahrscheinlich als Nachfolger des Eusignius (siehe oben), und floh als solcher mit Valentinian und seiner Mutter von Italien nach Thessalonich[11]. Sein Nachfolger war Trifolius, der im Juni 388 erwähnt wird[12].

III.—V. Religions- und Culturgesetze, ferner Concilien
(fehlen).

---

[1] Siehe oben 386 S. 231.
[2] Cod. Theod. XI 30, 48. [3] Siehe oben 385 S. 208.
[4] Symmachus, Ep. IV 70 und V 76; dazu Seeck, Proleg. 159.
[5] Siehe oben 383 S. 147.
[6] Siehe Excurs XVI: Das Todesjahr des Merobaudes.
[7] Siehe oben 386 S. 231.
[8] Cod. Theod. XIII 3, 13 und VI 28, 4.
[9] Siehe unten 388 S. 288. [10] Siehe über ihn oben 383 S. 151.
[11] Sokr. V 11 und Soz. VII 13 gegen Ende. Sokrates weicht von Sozomenos darin ab, dass er irrthümlicherweise den Probus als praef. praet. sofort nach der Anerkennung des Maximus durch Valentinian, also schon im Jahre 384, nach Thessalonich fliehen lässt.
[12] Siehe unten 388 S. 289.

VI. Kirchenväter.

a. Ambrosius.

1. Briefe.

Die Zeit der Briefe 27—33, geschrieben an Irenäus, der Priester war und wahrscheinlich der Kirche zu Mailand angehörte[1], ist gänzlich unbestimmbar; ohne stichhaltigen Grund setzen die Mauriner sie ins Jahr 387[2].

Die Briefe 34—36 und 43—44 sind gerichtet an Orontianus, der von früh auf Cleriker gewesen und von Ambrosius selbst zum Priester oder Diakon geweiht worden war[3]. Brief 35 ist, wie sein Anfang zeigt, bald nach Brief 34 geschrieben; wahrscheinlich ist auch Brief 36 bald auf Brief 35 gefolgt[4]. Dass Brief 44 beinahe gleichzeitig mit Brief 43 geschrieben ist, geht daraus hervor, dass sie beide über das Hexaemeron handeln.

Brief 36 ist jedenfalls nach der zweiten Verfolgung des Ambrosius durch Justina verfasst (vgl. nr. 4), also nach Mitte des Jahres 386; dasselbe ist mithin auch von den Briefen 34 und 35 zu sagen.

Die Briefe 37 und 38 sind gerichtet an Simplicianus. Dieser war Priester[5], wurde von Ambrosius wie ein Vater verehrt[6] und

[1] Das zeigt Ep. 28, 2 und der Umstand, dass Ambrosius sich gewöhnlich am Ende der Briefe Vater des Irenäus nennt.

[2] Ambrosius sagt in der Schrift De benedictionibus patriarcharum 11, 55: ‚omne enim sanctum primogenitum, sicut alibi demonstravimus.' Hiermit kann verwiesen sein auf De Cain et Abel II 2, 7, aber auch auf Ep. 33, 3—7; denn an beiden Stellen wird der genannte Gedanke ausgeführt; aus dieser Stelle lässt sich also nichts für die Abfassungszeit des 33. Briefes folgern, auch abgesehen davon, dass die Abfassungszeit jener zwei Schriften über das Alte Testament selbst unsicher ist. Die Mauriner glauben ferner eine Verwandtschaft zu erkennen zwischen den Briefen 27 und 38, von denen letzterer ganz über den Reichthum handelt (siehe bei Migne, Patr. lat. XVI 858); ich finde von dieser Verwandtschaft nichts. Ebensowenig ist in dem, was Ambrosius Ep. 27, 16—17 über die Leiden des Christen sagt, eine Erinnerung an die Anfeindungen der Justina, und in dem, was er Ep. 29, 18 über die unsichere Lage der Herrscher sagt, eine Hinweisung auf den Tod Gratians irgendwie zuverlässig zu erkennen.

[3] Ep. 70, 25.

[4] Denn Brief 36 folgte (nach nr. 1) unmittelbar auf einen andern Brief mit gleicher Adresse; dieser andere Brief ist der 35., da die Stelle des Römerbriefes (VIII 26), über die nach Ep. 36, 2 Orontianus Auskunft verlangt hatte, die Fortsetzung der in Ep. 35, 13—14 behandelten Stelle ist.

[5] Gennadius, De vir. illustr. c. 36. [6] Augustinus, Conf. VIII 2.

wurde später sein Nachfolger auf dem bischöflichen Stuhle zu Mailand[1]. Brief 38 ist bald nach Brief 37 geschrieben[2]; der letztere aber ist bald nach der Schrift des Ambrosius De Iacob et beata vita verfasst[3], also nach dem Jahre 387[4].

Brief 59 ist gerichtet an einen Bischof Severus, der wahrscheinlich Bischof von Neapel war[5]. Er ist geschrieben im 54. Lebensjahre des Ambrosius[6], d. h. im Jahre 387 oder 394, sehr wahrscheinlich im erstern[7].

2. Abhandlungen.

Frühestens in der Fastenzeit dieses Jahres — sonst ist die Zeit ganz unbestimmt — hielt Ambrosius die Reden an das Volk, aus denen seine Schrift *De Elia et ieiunio* zusammengesetzt ist. Ohne

[1] Siehe über ihn Tillemont, Mém. X 397 ss.

[2] Das zeigt eine Vergleichung des Endes von Ep. 37 mit dem Anfang von 38.

[3] Die Mauriner finden (Migne, Patr. lat. XVI 860) zwischen Ep. 37 und der Schrift des Ambrosius De Iacob et beata vita eine solche Verwandtschaft in Sprache und Inhalt, dass sie deshalb beide in dieselbe Zeit setzen. Ihm (Studia Ambros. 47—48) bestreitet diese Verwandtschaft mit Recht. Dennoch glaube ich, dass Ep. 37 bald nach der genannten Schrift geschrieben ist; denn in Ep. 37, 3 wird von den Reden, welche in der genannten Schrift zusammengestellt sind, wie von solchen gesprochen, die dem Adressaten noch gegenwärtig sind, und in Ep. 37, 7 wird wiederum auf diese Schrift verwiesen; weniger Werth lege ich darauf, dass Ep. 37, 5 Anf. denselben Gedanken wie De Iacob I 31 Anf. enthält.

[4] Siehe Excurs XII nr. 5.

[5] Vgl. den Anfang des Briefes 59 und die Vita dieses Bischofs bei den Bollandisten 30. April (p. 767 sqq.), ferner Tillemont, Mém. X 253.

[6] Ep. 59, 4.

[7] Tillemont (Mém. X 253), die Mauriner und Ihm (a. a. O. 54) setzen den Brief ins Jahr 394, Baronius aber setzt ihn 387; jene nämlich verstehen die Worte des Briefes (nr. 3): ‚nos autem obiecti barbaricis motibus et bellorum procellis in medio versamur omnium molestiarum freto' von dem Kriege mit Eugenius, dieser von dem Einfalle des Maximus in Italien. Die letztere Auffassung sagt mir mehr zu. Denn hätte Ambrosius den Brief im Jahre 394 geschrieben, so wäre er nur 56 Jahre alt geworden, da er 397 am 4. April starb. Nun schrieb er aber sein Hexaemeron als ‚senex' (Hex. IV 5, 20) und ‚veteranus sacerdos' (Ep. 45, 1); diese Ausdrücke hätte er aber wohl nicht gebrauchen können, wenn er, wie jene annehmen, im Jahre 340 geboren wäre, selbst wenn er das Hexaemeron in seiner letzten Lebenszeit verfasst hätte. Ich bin daher geneigt anzunehmen, Ep. 59 sei Ende des Jahres 387 oder Anfang 388 geschrieben, und dementsprechend, Ambrosius sei 333 oder 334 geboren. Diese Ansicht wird bestätigt durch die häufigen Hinweise des Ambrosius in seinen spätern Briefen auf sein Greisenalter und durch seine senile Schreibweise in diesen Briefen (z. B. 45, 1; 47, 2; 48, 7; 50, 16).

Grund setzen Tillemont und die Mauriner diese Schrift in die Zeit nach dem Tode des Maximus [1].

Ebenso schrieb Ambrosius frühestens in diesem Jahre, wahrscheinlich aber einige Jahre später, die drei Bücher *De officiis* an seinen Clerus, ein Seitenstück zu dem gleichlautenden Werke Ciceros [2]. Auch diese Schrift ist aus Anreden erwachsen [3]. Das Wort officium war damals in der Kirchensprache wenig gebräuchlich; Ambrosius leitet es von efficere ab [4].

b. Augustinus.

1. Leben.

Augustinus kehrte einige Zeit vor seiner Taufe, wahrscheinlich 40 Tage vor Ostern dieses Jahres [5], vom Landgute Cassiciacum nach Mailand zurück, um sich zur Taufe zu melden und auf diese vorzubereiten [6]. Getauft wurde er vor Ostern [7], also jedenfalls Kar-

[1] Das Büchlein besteht aus Anreden an das Volk (vgl. Stellen wie 15, 53: 19, 70; 21, 77). Dass diese Reden vor Ostern in der Fastenzeit gehalten sind, zeigt ihr Gegenstand und deutlich auch die Stelle 1, 1. Der Hymnengesang war zu der Zeit, als die Reden gehalten wurden, in der Mailänder Kirche schon üblich (vgl. 15, 55: Hymni dicuntur et tu citharam tenes, psalmi canuntur et tu psalterium sumis aut tympanum); er wurde aber bekanntlich um Ostern 386 eingeführt. Tillemont (Mém. X 292) und die Mauriner schlossen aus 17, 62 (Bibamus, inquiunt, opto salutem imperatorum), dass damals mehrere Kaiser in Italien anwesend waren, und kommen so auf die Zeit nach dem Tode des Maximus; aber solange es mehrere Kaiser überhaupt im römischen Reiche gab, trank man gewiss ebenso gut auf das Wohl der Kaiser, wie man für ihr Wohl betete und seine Gesuche gewöhnlich an die Kaiser, nicht an den einzelnen Kaiser adressirte (vgl. die Relationen des Symmachus).

[2] De offic. I 7, 24. Für die Zeit der Abfassung ist der einzige sichere Anhaltspunkt die Stelle I 18, 72: alter Arianae infestationis tempore fidem deseruit; damit ist das Jahr 386 bezeichnet, welches, wie ich aus der Art dieses Ausdruckes schliesse, einige Jahre vor der Zeit der Abfassung dieser Schrift liegen dürfte. Auch weist Förster (a. a. O. 93—94) mit Recht darauf hin, dass der ganze Charakter dieser Schrift eine gereiftere Erfahrung des Verfassers erkennen lässt. Für das Jahr 391, in das er mit den Maurinern die Abfassung setzt, lässt sich nichts anführen.

[3] De offic. I 3, 13: audistis hodie lectum; ebenso I 3, 15; I 7, 23; I 8, 25 sqq.

[4] Ibid. I 8; vgl. Augustinus, Ep. 82, 21: quia non tam usitatum est in ecclesiasticis libris vocabulum officii, quod Ambrosius noster non timuit, qui suos quosdam libros utilium praeceptionum plenos de officiis voluit appellare.

[5] Conf. IX 6 und der Brief des Siricius an Bischof Himerius in Spanien c. 2 nr. 3 bei Migne, Patr. lat. XIII 1135.

[6] Wie diese Vorbereitung zu geschehen habe, lehrt der genannte Brief des Siricius (l. l.). [7] Possidius, Vita s. Augustini c. 1.

samstag den 24. April. Bald danach trat er mit den Seinigen die Rückreise nach Afrika an; auf dieser starb bei Ostia seine Mutter Monika und wurde hier begraben [1]. Augustinus scheint nach ihrem Tode noch über ein Jahr in Rom geblieben zu sein [2].

2. Schriften.

Augustinus schrieb nach seiner Rückkehr nach Mailand, aber vor seiner Taufe, folgende Werke:

α. Ein Buch *De immortalitate animae* zur Ergänzung seiner Soliloquia, die unvollendet geblieben waren [3].

β. Ein Buch *De grammatica*, das ihm aber verloren ging [4]; ein Auszug daraus ist erhalten [5].

γ. Er begann die sechs Bücher *De musica*, die aber erst in Afrika vollendet wurden [6].

In Rom schrieb er:

δ. Zwei Bücher *De moribus ecclesiae catholicae et de moribus Manichaeorum* gegen die Manichäer; die Schrift wurde erst in Afrika vollendet [7].

ε. Das Buch *De quantitate animae*, d. h. über den Ursprung und besonders die Immaterialität der Seele [8].

ζ. Drei Bücher *De libero arbitrio*, deren zweites und drittes er erst als Priester zu Hippo vollendete [9].

c. Gregor von Nazianz.

Gregor schrieb in diesem Jahre seinen 202. Brief an Nektarios, Bischof von Konstantinopel, über die neuerdings hervortretende Rührigkeit der Häretiker [10]. Arianer, Makedonianer, Eu-

---

[1] Conf. IX 8. Augustinus stand bei ihrem Tode noch im 33. Lebensjahre (Conf. IX 11); sie starb also vor dem 13. November.

[2] Denn er kam erst nach dem Tode des Maximus nach Afrika (Contra litteras Petiliani III 25, 30).

[3] Retractationes I 5; gedruckt bei Migne, Patr. lat. XXXII 1021 sqq.

[4] Retract. I 6.

[5] Gedruckt bei Migne XXXII 1385 sqq.

[6] Retract. I 6; gedruckt bei Migne XXXII 1081 sqq.

[7] Retract. I 7 und De moribus II 20, 74; gedruckt bei Migne XXXII 1300.

[8] Retract. I 8, 1; gedruckt bei Migne XXXII 1035.

[9] Retract. I 9, 1; gedruckt bei Migne XXXII 1221 sqq.

[10] Der Brief Gregors ist im Jahre 387 geschrieben. Denn 1. Eunomios wird in demselben τὸ ἐγκόλπιον ἡμῶν κακόν genannt, lebte also damals in Kappadokien; er wurde 384 nach Mösien und dann, als die Barbaren hierhin kamen, d. h. im

nomios und besonders die Apollinaristen würden wieder übermüthig, schreibt er; sie hielten sogar Versammlungen, und der Kaiser lasse alles geschehen; er bittet sodann den Nektarios, beim Kaiser dieserhalb vorstellig zu werden. Um ihm das Gefährliche des Apollinarismus zu zeigen, theilt Gregor einen Abschnitt aus einem Werke des Apollinarios, das ihm in die Hände gefallen sei, wörtlich mit; hier wird gelehrt, dass der Sohn auch seiner menschlichen Natur nach ewig und dass er auch seiner Gottheit nach sterblich sei; Christus habe keinen Geist (νοῦς) gehabt, sondern die Gottheit habe die Stelle des Geistes in ihm vertreten. Den grössten Theil dieses Briefes Gregors hat Sozomenos in seine Kirchengeschichte aufgenommen[1]. Es scheint, dass Theodosius durch seine zweite Gemahlin Galla, eine Arianerin, die er im Jahre 386 heiratete, lässiger gegen die Häretiker geworden war, und dass diese nicht zögerten, die veränderte Lage auszunutzen.

d. Hieronymus.

Hieronymus, der seit dem Jahre 386 in Bethlehem lebte, schrieb im Jahre 387 (event. auch 388) rasch hintereinander in dem Zeitraume eines halben Jahres seine Commentare zu den Briefen Pauli an Philemon, an die Galater, an die Ephesier und an Titus, die er der Paula und Eustochium widmete[2]. Zur Zeit, als er den

---

Jahre 386, nach Kappadokien verbannt (siehe oben 384 S. 193). 2. Wir haben aus der ersten Hälfte des Jahres 388 zwei Gesetze, die dem von Gregor gerügten Treiben der Häretiker, besonders dem der Apollinaristen, entgegentreten (Cod. Theod. XVI 5. 14 und 15); diese können als der Niederschlag der Bemühungen Gregors und des Nektarios betrachtet werden.

[1] Soz. VI 27. Die Schrift des Apollinarios, von der Gregor in dem Briefe ein Stück mittheilt, ist nach Dräseke (Gregorios von Nazianz und sein Verhältniss zum Apollinarismus 512) keine andere als die, welche er schon in seinem ersten Briefe an Kledonios im Jahre 382 benutzte, die christologische Hauptschrift des Apollinarios, nämlich: *Ἀπόδειξις περὶ τῆς θείας σαρκώσεως τῆς καθ' ὁμοίωσιν ἀνθρώπου.* Die Schrift ist verloren, aber aus Bruchstücken wohl bekannt.

[2] In der Vorrede zum Galatercommentar (Vallarsi VII 367—368) wird gesagt, dass der Commentar zum Philemonbriefe kurz vorher geschrieben wurde. Auf den Galatercommentar folgte aber schon nach wenigen Tagen der Ephesiercommentar, wie die Vorrede zu diesem sagt (Vallarsi VII 540). Auf den Ephesiercommentar muss wiederum sehr bald der Tituscommentar gefolgt sein, da er in diesem letztern sagt (zu Tit. I 11; Vallarsi VII 704): Et nos ante paucos menses tria volumina in epistulae ad Galatas explanatione dictavimus. Alle vier Commentare folgten sich also in Zeit eines halben Jahres.

Galatercommentar schrieb, erhielt er von Rom die Nachricht vom Tode der Albina, der Mutter der Marcella, der also auch in dieses Jahr fällt [1].

e. Johannes Chrysostomos.

Chrysostomos setzte im Beginn dieses Jahres seinen im vorigen Jahre begonnenen Redekampf gegen die Anomöer fort [2]; er unterbrach diesen aber bald durch eine Rede gegen einen kleinen Theil der antiochenischen Gemeinde, welcher, quartodecimanisch gesinnt, die Fastenzeit nach dem jüdischen Osterfeste zu datiren pflegte [3]. Gegen diese weist der Redner hin auf die Bestimmung des Nicänums, Ostern an einem Sonntage zu feiern, und mahnt zur Eintracht; dabei gibt er zu, dass die Sitte, die er bekämpft, früher in der antiochenischen Kirche allgemein gewesen sei [4].

Chrysostomos hatte seine Vorträge gegen die Anomöer beendigt [5] und einen neuen Cyklus von Predigten begonnen, in denen er gegen die Unsitte des leichtfertigen Schwörens angehen wollte, als ein Ereigniss eintrat, welches ihm Gelegenheit gab, sich als Redner und

---

Das Jahr der Abfassung ergibt sich also: In der Apologie des Hieronymus gegen Rufinus heisst es (I 22): Decem et octo ferme anni sunt, ex quo istos dictavi libros; gemeint sind die drei Bücher des Ephesiercommentars (Vallarsi in der Vita s. Hieronymi cap. 18 nr. 3 Ende will das decem et octo emendiren in quindecim wegen einer Bemerkung des Rufin im zweiten Buch seiner Invectivae gegen Hieronymus, der Ephesiercommentar des Hieronymus sei ‚ante quindecim ferme annos' geschrieben; ich habe diese Worte trotz mehrmaliger Durchsicht des genannten zweiten Buches Rufins nicht auffinden können, sie stehen auch nicht im ersten Buche; aber auch wenn sie echt sind, ist eine Aenderung nicht nothwendig wegen des sowohl bei Hieronymus als auch angeblich bei Rufin beigefügten ‚ferme'). Die Apologie des Hieronymus ist aber geschrieben etwa zehn Jahre vor dem Tractat ‚De viris illustribus' (Apol. II 23); dieser Tractat aber wurde vollendet im vierzehnten Regierungsjahre des Theodosius (Hieron., Ep. 47, 3), d. h. im Jahre 392. So ergibt sich für die Abfassung der neutestamentlichen Commentare das Jahr 387 oder eventuell auch 388; das Jahr 386 ist wegen der geschichtlichen Ereignisse (der Reisen des Hieronymus) ausgeschlossen.

[1] Vorrede zum Galatercommentar, bei Vallarsi VII 367—368.

[2] Siehe oben 386 S. 251—253 und Excurs XIII: Die Predigtthätigkeit des Chrysostomos bis zum Aufstande in Antiochien 387.

[3] Dritte Rede gegen die Juden, Op. I 606, besonders [d].

[4] Op. I 608 [a] und 609 [b].

[5] Es sind im ganzen zwölf Reden gegen die Anomöer erhalten (Op. I 444 bis 557), von denen aber die zwei letzten später zu Konstantinopel gehalten worden sind.

auch als christlichen Priester in seiner ganzen Grösse zu zeigen: es war der Aufstand in Antiochien, einige Tage vor Beginn der Fastenzeit, d. h. gegen Ende Januar 387[1]. Der Verlauf des Aufstandes und der Ereignisse, die sich an denselben anknüpften, dabei auch die Thätigkeit des Chrysostomos während dieser Ereignisse ist oben (S. 259 ff.) eingehend dargestellt worden. Chrysostomos hielt damals seine Reden über die Bildsäulen; es werden ihrer 21 gezählt; aber die erste, mit der er den Gegenstand vom Schwören begann, ist kurz vor dem Aufstande und die 19. ist bald nach Ostern 387 gehalten; sie hat mit dem Aufstande nichts zu thun und ist nur deswegen in diese Reihe von Reden hineingesetzt worden, weil sie, wie die meisten von diesen, das leichtfertige Schwören zum Hauptgegenstande hat[2].

Am Sonntage vor Christi Himmelfahrt dieses Jahres hielt Chrysostomos diese 19. Homilie über die Bildsäulen an Landleute, welche zahlreich nach Antiochien gekommen waren. Dann folgte zunächst die Erklärung des Gleichnisses von den zehntausend Talenten; nach dieser hielt er die fünf Reden über Anna, die Mutter Samuels, deren vierte unmittelbar vor und fünfte unmittelbar nach Pfingsten gesprochen wurde[3].

Im Herbste dieses Jahres[4] nahm Chrysostomos den im vorigen Jahre eröffneten Kampf gegen die jüdische Festfeier des Monats *thishri* mit vermehrter Kraftanstrengung auf[5]. Er hatte im vorigen Jahre mit seinen drei Reden gegen sie wenig Erfolg gehabt[6]. Dieses Mal hielt er vier Reden (4—7), die erste vor dem Neumonds- oder Posaunenfeste, die zweite am Tage vor dem wichtigsten Feste, dem grossen Versöhnungstage, die dritte am Versöhnungstage selbst, die vierte vor dem Laubhüttenfeste. Es kam ihm vor allem darauf an zu zeigen, dass die jüdischen Festfeiern an den Tempel zu Jerusalem gebunden waren, dass sie in der babylonischen Gefangenschaft nicht begangen worden seien und dass sie jetzt um so weniger begangen werden könnten, als keine Hoffnung mehr sei,

[1] Ostern wurde nämlich in diesem Jahre zu Antiochien nicht am 25. April, sondern am 21. März gefeiert; siehe Excurs XIII.

[2] Ueber die Zeit und Reihenfolge dieser 21 Reden siehe Excurs XIV: Zeitbestimmung des Aufstandes in Antiochien und der 21 Reden des Chrysostomos über die Bildsäulen.

[3] Ueber die Zeit und Reihenfolge dieser Reden siehe Excurs XV nr. 1.

[4] Vielleicht des folgenden Jahres, siehe Excurs XIII.

[5] Siehe oben 386 S. 252.

[6] Op. I 674^{d-e}; 679^{b}.

dass der Tempel wieder aufgebaut werde. Dieser Beweis schien dem Redner so durchschlagend und mochte wohl auch schon am Posaunenfeste so viel Wirkung erzielt haben, dass er am Anfange seiner zweiten Rede erklärte, sein Kampf mit den Juden habe das Ziel erreicht, das Siegeszeichen sei aufgerichtet, der Kampfpreis sei errungen und den Juden der Mund geschlossen [1]. Er sprach an diesem zweiten Tage so lange, dass er heiser wurde; trotzdem unterliess er es am folgenden Tage, dem Versöhnungsfeste, nicht, den Kampf fortzusetzen [2]. Nach dem Laubhüttenfeste hielt er dann zur Abspannung seiner Zuhörer, an deren Aufmerksamkeit namentlich die siebente Judenrede grosse Anforderungen gestellt hatte, die Homilie über den 41. Psalm [3].

Kurz vor diesem zweiten Cyklus von Judenreden hatte Chrysostomos eine Abhandlung über die Gottheit Christi gegen Juden und Heiden verfasst, in der er den neuen Kampf gegen die Juden schon ankündigte [4].

VII. Bischöfe.

Eulogios, Bischof von Edessa, starb am Karfreitag dieses Jahres. Sein Nachfolger scheint Kyros gewesen zu sein; dieser wenigstens war im August 394 in Edessa Bischof [5].

[1] Op. 627 [e] u. 628 [c].
[2] Siehe die Ueberschrift der 6. Judenrede, Op. I 649.
[3] Op. V 130; vgl. 131 [a] und Excurs XIII nr. 1.
[4] Gedruckt Op. I 558 sqq.; vgl. 582 [b] und unten Anhang II 10.
[5] Chronicon Edessenum in Assemani Bibliotheca orientalis I 399.

388.

1. Januar Samstag; 1. Neumond 25. Januar vormittags; Ostern 9. April.

I. Die Kaiser.

a. Theodosius.

Theodosius war Mitte März in Thessalonich[1] und auch noch am 30. April[2]; er scheint den ganzen Winter hier bei seinem kaiserlichen Schwager und seiner Schwiegermutter Justina zugebracht zu haben[3]. Vor seinem Auszuge gegen Maximus schickte er zu dem Mönche Johannes in der ägyptischen Wüste, der im Rufe stand, die Zukunft vorhersagen zu können; er soll dem Kaiser damals den Sieg und zwar einen wenig blutigen geweissagt haben[4]. Zum Kriege gegen Maximus traf der Kaiser umfassende Vorbereitungen; er hatte schon jahrelang im stillen dafür gerüstet[5]; scharenweise strömten ihm auf die Kunde vom bevorstehenden Feldzuge die Barbaren zu, Goten, Hunnen und Alanen vom Kaukasus, Taurus und Ister her, und zwar freiwillig, rein von Ruhmsucht angelockt; denn eine Aushebung war in diesen Gegenden nicht angeordnet worden[6]. Doch war, wie Orosius berichtet[7], das Heer des Theodosius kleiner als das des Maximus. General der Cavallerie war Promotus, der Infanterie Timasius[8]; auch die Franken Richomeres und Arbogastes hatten ein Commando im

---

[1] Cod. Theod. III 7, 2, Iust. I 9, 6. [2] Cod. Theod. IX 11, 1.

[3] Denn auch gegen Ende des vorigen Jahres war er in dieser Stadt, siehe oben 387 S. 266.

[4] Augustinus, De civitate dei V 26, 1 und De cura pro mortuis gerenda 17, 21 (bei Migne, Patr. lat. XL 607); ferner Rufinus, Hist. eccl. II 32; Theodoret V 24; Palladios, Hist. Lausiaca 43 (bei Migne, Patr. gr. XXXIV 1107).

[5] Zosimos IV 37, 5.

[6] Pacatus c. 32 und 33; auch Ambrosius, Ep. 40, 22, sagt, das Heer des Theodosius sei bunt gemischt gewesen.

[7] Hist. VII 35 [8] Zos. IV 45.

Heere[1]. Dass Gildo, der 386 Statthalter von Mauretanien geworden war[2], schon damals die Heeresfolge verweigert habe, wird von Ludwig Jeep behauptet[3], ist aber nicht anzunehmen; die Thatsache bezieht sich vielmehr auf den Krieg mit Eugenius[4].

Als Theodosius sich im Juni mit dem Heere in Bewegung setzte, liess er seinen Sohn Arcadius in Konstantinopel zurück[5], sicherlich auch seine Gemahlin Galla[6]; Valentinian und vielleicht auch Justina begleiteten ihn[7]. Am 14. Juni war der Kaiser bis Stobi vorgerückt, einer Stadt am Flusse Axius[8]. Von hier erliess Valentinian an diesem Tage ein Edict gegen die Häretiker[9]; der Druck der Verhältnisse und der Einfluss des Mitkaisers hatten ihn also gründlich von seinen arianischen Neigungen abgebracht. Ein ähnliches Gesetz gab zwei Tage später Theodosius in derselben Stadt[10]. Am 21. Juni war er bis Scupi gekommen, das an demselben Flusse Axius liegt und die Hauptstadt der Provinz Dardania war; es ist das heutige Uskub[11]. Wenn Zosimos Glauben verdient[12], so hatte Maximus einen Verrath im Heere des Theodosius angezettelt und die Germanen durch grosse Versprechen dahin gebracht, dass sie den Kaiser ermorden wollten; die Sache wurde aber ruchbar, die Verschworenen flohen in die Sümpfe Makedoniens, wo sie aufgesucht und grösstentheils getödtet wurden.

Zwei Schlachten entschieden den Krieg[13]. Die erste war

---

[1] Philostorgios X 8. [2] Siehe oben 386 S. 231.

[3] Ausgabe Claudians II 235.

[4] Claudian (De bello Gildonico v. 241—247) sagt, Gildo habe allein den Kaiser Theodosius im Bürgerkriege nicht unterstützt, weder mit Schiffen noch mit Soldaten. Jeep bezieht diese Worte auf den Krieg mit Maximus und beruft sich dafür auf v. 245, wo gesagt ist, die Goten hätten den Kaiser wohl unterstützt. Das war allerdings im Kriege mit Maximus der Fall (Zos. IV 39 und Pacatus c. 32); aber auch im Kriege mit Eugenius wurde Theodosius von vielen Barbaren jenseits des Ister unterstützt, die ihm freiwillig folgten und sogar die Hauptstärke seines Heeres ausmachten (Sokr. V 25). Jeep hätte sich eher auf Pacatus c. 38 berufen können, wonach Afrika auf der Seite des Maximus stand. Ich halte dafür, dass Claudian an der bezeichneten Stelle den Krieg mit Eugenius meint; denn schwerlich hätte Theodosius den Gildo bis 398 in seiner Stellung belassen, wenn er sich schon 388 feindselig gegen ihn benommen hätte.

[5] Sokr. V 12. [6] Marcellinus Comes zum Jahre 390.

[7] Siehe Excurs XVII. [8] Strabo VIII 8, 4.

[9] Cod. Theod. XVI 5, 15. [10] Ibid. XVI 4, 2.

[11] Ibid. XII 1, 119 und Böcking zur Notitia dignit. I 229.

[12] Hist. IV 45.

[13] Pacatus c. 40. Ausserdem wurde Maximus auf oder bei Sicilien besiegt, nach Ambrosius, Ep. 40, 23.

bei Siscia an der Sau in Pannonien; obschon die Römer vom Marsche ganz ermüdet waren, durchschwammen sie den Fluss und griffen die Feinde mit Ungestüm an; diese flohen, und Feld und Fluss füllten sich mit Leichen; auch Andragathius, der feindliche Oberfeldherr, fand hier im Flusse seinen Tod [1]. Auf diese Ueberrumpelung bei Siscia folgte eine zweite und zwar regelrechte Schlacht; sie war, wie Ambrosius sagt [2], bei Petavio, dem heutigen Pettau in Steiermark an der Drau, östlich von dem alten Aemona; gewöhnlich hiess es Poetovio [3]. Der Anführer der Feinde war hier Marcellinus, der Bruder des Maximus. Die Römer näherten sich dem feindlichen Heere gegen Abend, griffen aber erst am folgenden Morgen an; die Schlacht dauerte bis gegen Abend; die Römer blieben in musterhafter Ordnung, das feindliche Heer löste sich in wilde Flucht auf; ein grosser Theil desselben ergab sich dem Theodosius und wurde in dessen Heer eingereiht; auch die feindlichen Vorräthe fielen dem Theodosius in die Hände [4]. Die Stadt Aemona (heute Laibach), die Maximus lange belagert hatte [5], empfing den Theodosius mit höchster Begeisterung [6]. Maximus war unterdessen unschlüssig und kam endlich zu dem thörichten Entschluss, sich in Aquileja mit den Seinigen einzuschliessen [7]. Und nicht minder war es Verblendung, wenn er aus dieser Stadt mit dem kleinen ihm treugebliebenen Heere einen Ausfall machte; er wurde dabei gefangen genommen; die Offiziere des Theodosius beraubten ihn seiner Herrscherinsignien und führten ihn vor den Kaiser; hier wurde er gezwungen einzugestehen, dass er fälschlich vorgegeben habe, er stehe mit Theodosius im Bunde, womit er viele Soldaten für sich gewonnen hatte. Als der Kaiser schon zur Gnade hinneigte, schleppten die Soldaten den Maximus fort und tödteten ihn drei römische Meilen vor Aquileja [8]. Als Tag seines Todes wird bald der 28. Juli, bald der 27. oder 28. August angegeben; eine Entscheidung darüber ist nicht möglich, doch ist

[1] Siehe Excurs XVII: Der Tod des Maximus und Andragathius im Jahre 388; ferner Pacatus c. 34; auch Ambrosius (l. l.) nennt Siscia als Ort des Sieges.

[2] Ep. 40, 23. [3] Siehe Itin. Anton. 261—262.

[4] Pacatus c. 35 und 36; Ambrosius l. l.

[5] Schiller (Geschichte der römischen Kaiserzeit II 406) nimmt an, dass er sie auch eingenommen habe; aber das sagt Pacatus c. 37, der allein hierüber berichtet, nicht.

[6] Pacatus c. 37. [7] Ibid. 42; Ambrosius l. l.; Zosimos IV 46.

[8] Ueber seine letzten Schicksale, die von allen neuern Bearbeitern anders wie hier dargestellt werden, siehe Excurs XVII. Ueber die Stelle seines Todes vgl. Prospers Chronik und die Fasti Idat. zum Jahre 388.

das erstere Datum wahrscheinlicher [1]. Die Anhänger des Maximus erhielten Verzeihung, wozu wohl auch die Fürbitte des Ambrosius beigetragen hat [2]; nur einzelne Vertraute und die Mauren, die ihm als Leibwache nach Aquileja gefolgt waren, wurden hingerichtet [3]. Theodosius sorgte sogar für die hinterlassenen Töchter des Besiegten und gewährte dessen Mutter ein Jahresgehalt [4].

Arbogastes wurde jetzt mit Truppen nach Gallien geschickt gegen Victor, den Sohn des Maximus, der, allerdings noch sehr jung, vom Vater als Regent in jenen Gegenden zurückgelassen worden war. Victor wurde besiegt und getödtet [5] noch im Laufe dieses Jahres [6].

Theodosius war am 22. September noch in Aquileja [7], am 10. October aber in Mailand [8], wo er bis zum nächsten Jahre blieb. Durch Gesetz vom 22. September erklärte er alle in Italien von Maximus ertheilten Würden für ungiltig, jedoch mit der Massgabe, dass die vor der Tyrannis erhaltenen Würden den Betreffenden gewahrt bleiben sollten [9]. Desgleichen wurden durch Gesetz vom 10. October alle von Maximus für Italien erlassenen Verfügungen und die richterlichen Entscheidungen, die er gegen die Gesetze gefällt hatte, aufgehoben [10]. Beide Gesetze wurden im Januar 389 auf Gallien ausgedehnt [11].

Symmachus hatte zur Zeit der Herrschaft des Maximus über Rom diesem einen panegyricus vorgetragen und wurde deswegen nach dem Falle des Maximus des Hochverrathes angeklagt. Er suchte

[1] Der 28. Juli wird in den Fasti Idat. und in der Chronik des Idatius zum Jahre 388 (Mommsen IX 244 und XI 45) angegeben; der 27. August steht bei Sokr. V 14, der 28. August in den Fasti Vindobonenses priores (Anonymus Cuspiniani, bei Mommsen IX 298); Holder-Egger nimmt an (Neues Archiv I 328), die Ravennater Reichsannalen hätten den 28. Juli angegeben, und hält diesen Tag für den wirklichen Todestag.

[2] Ambrosius, Ep. 40, 25. [3] Pacatus c. 45. [4] Ambrosius, Ep. 40, 32.

[5] So Zosimos IV 47 und der codex Hauniensis der Chronik Prospers (bei Mommsen, Chron. minora IX 298), während Marcellinus Comes (zum Jahre 388) sagt, er sei bei Aquileja getödtet worden. Dass er noch ein Kind war, sagen Gregor von Tours (Hist. Franc. II 9) und Aurelius Victor (Epitome 48, 6).

[6] Cod. Theod. XV 14, 8; dies Gesetz vom 14. Januar 389 ist an einen von Theodosius eingesetzten praef. praet. Gall. gerichtet und handelt über die von Maximus in Gallien verliehenen Titel. Ferner sagt Prosper (zum Jahre 388): ‚eodem anno'.

[7] Cod. Theod. XV 14, 6. [8] Ibid. 7.

[9] Cod. Theod. XV 14, 6 und Pacatus c. 45, besonders des letztern Worte: ‚nullius praeterita dignitas imminuta'.

[10] Cod. Theod. XV 14, 7. [11] Ibid. 8.

Schutz in einer Kirche der Novatianer; der novatianische Bischof Leontius legte beim Kaiser Fürbitte für ihn ein und erwirkte auch seine Begnadigung; auch früher hatte sich ja der Kaiser den Novatianern, die an der Gleichheit des Sohnes festhielten, günstig gezeigt. Symmachus verfasste jetzt eine Vertheidigungsschrift für Theodosius [1].

b. Valentinian.

Valentinian begleitete den Theodosius auf seinem Feldzuge gegen Maximus (siehe vorher).

In der zweiten Hälfte dieses Jahres starb Justina, die Mutter Valentinians [2].

c. Maximus.

Maximus brachte im Januar dieses Jahres Rom in seinen Besitz [3]. Symmachus war schwach genug, damals eine Lobrede auf ihn zu verfassen und ihm vorzutragen [4].

---

[1] Sokr. V 14. Dieser verlegt die Flucht des Symmachus in die Zeit der Anwesenheit des Theodosius in Rom, also ins Jahr 389. Diese Zeit ist an sich unwahrscheinlich und wird auch dadurch ausgeschlossen, dass Symmachus zu Anfang 389 mit der Abfassung einer Lobrede auf Theodosius beschäftigt war (Symmachus, Ep. II 13 und Seeck, Proleg. 57). Sokrates nennt diese Schrift einen ἀπολογητικὸς λόγος, Symmachus selbst (Ep. II 31) eine ‚panegyrici defensio'.

[2] Nach Soz. VII 14 Ende starb sie vor dem Einzuge des Theodosius in Rom und vor der Ordnung der Verhältnisse Italiens durch ihn; dazu stimmt die Nachricht der Chronica Gallica (bei Mommsen IX 648), sie sei gestorben, ehe ihr Sohn Valentinian sein Reich von Theodosius zurückerhielt. Denselben Sinn wird wohl die Angabe des Rufin (Hist. eccl. II 17) haben, sie sei während des Zugs des Theodosius gegen Maximus gestorben. Unglaubwürdig, wie so oft, ist also Zosimos, wenn er IV 47 sagt, sie habe dem Valentinian noch zur Seite gestanden, als Theodosius ihm sein Reich wieder übergeben hatte. Ebensowenig Glauben verdient die Nachricht des Zosimos (IV 45), Theodosius habe sie vor seinem Feldzuge gegen Maximus mit ihrer Tochter Galla nach Rom geschickt (siehe dagegen Excurs XVII).

[3] In einer römischen Inschrift vom 10. Januar dieses Jahres werden noch als Consuln Theodosius und Merobaudes genannt (de Rossi, Inscriptiones christ. I 162—163 nr. 370); am folgenden Tage dagegen wird Maximus als Consul genannt, und derselbe wird am 17. Januar in Rom als Augustus und Consul bezeichnet (de Rossi l. l. 163 nr. 371 und 372, ferner p. 576). Am 20. Januar wird aber wieder in einer Inschrift in Rom datirt: ‚post consulatum Valentiniani III.' (l. l. nr. 373). Es scheint also, dass um Mitte Januar Maximus in Rom noch nicht allgemein als Herrscher anerkannt war.

[4] Sokr. V 14; vgl. Seeck, Proleg. 57.

Zur Zeit seiner Herrschaft über Rom vernahm Maximus, dass die Christen dort eine Synagoge in Brand gesteckt hätten; er erliess deswegen gegen sie ein Strafedict, welches die Christen verstimmte und ihnen für den kommenden Krieg als ein Unheil verheissendes Zeichen erschien[1].

Ueber den Tod des Maximus siehe oben S. 282. Den Charakter des Maximus darf man nicht nach der Schilderung des Pacatus in seiner Lobrede auf Theodosius beurtheilen, wo der Rhetor an vielen Stellen ihn als einen in jeder Beziehung grausamen, geizigen und treulosen Tyrannen darstellt. Viel glaubwürdiger ist Sulpicius Severus, der von ihm sagt: alias sane bonus, depravatus consiliis sacerdotum[2]; er meint hier die Bischöfe Ithacius und Idacius. Auch Orosius nennt ihn einen ‚vir strenuus et probus atque Augusto dignus' und findet an ihm nur zu tadeln, dass er gegen seinen Fahneneid den Purpur annahm[3]. Für den hl. Martinus war Maximus sehr begeistert und noch mehr seine Gemahlin[4]. Seinen Geiz tadelt auch Sulpicius Severus und sagt, er könne nur durch seine Geldnoth, in die ihn seine Kriege brachten, entschuldigt werden[5]. Sein Geiz war es jedenfalls auch, der ihm das blutige Vorgehen gegen die Priscillianisten eingab.

d. Ausserrömische Geschichte.

In diesem Jahre, genauer in dem persischen Jahre, welches mit dem 16. August 388 begann, kam in Persien nach dem Tode Schâpûrs III. zur Regierung sein Bruder Vararam oder Bahrâm IV., welcher elf Jahre regierte und in dem persischen Jahre starb, welches mit dem 13. August 399 begann. Sein Tod erfolgte dadurch, dass ihn einige Uebelthäter überfielen und einer von ihnen ihn mit einem Pfeile erschoss. Seine Regierung war sehr wohlthätig und den Römern und Christen freundlich[6].

---

[1] Ambrosius, Ep. 40, 23. [2] Dial. III 11, 2. [3] Hist. VII 34.

[4] Sulpicius Severus, Vita s. Martini c. 20 und Dial. III 13 und 14.

[5] Dial. III 11, 10—11.

[6] Nöldeke, Aufsätze zur persischen Geschichte 102, und besonders: Aus der arabischen Chronik des Tabari 71—72 und 418. Ueber seinen Tod spricht auch, allerdings unter dem Namen Sapor, der Dichter Claudian, In Eutrop. II 474 sqq. Siehe auch Mösinger, Mon. Syr. II 67.

II. Die römischen Beamten.

a. Die Consuln.

Zum Consul für dieses Jahr ernannte sich Theodosius, der es zum zweitenmal war; neben ihm wurde der General Merobaudes designirt, der es zum drittenmal sein sollte. Der letztere starb aber vor Antritt seines Consulates[1]; an seine Stelle trat Cynegius, der praef. praet. des Ostreiches seit 384; aber auch dieser starb in den ersten Monaten dieses Jahres (siehe unten). In mehreren christlichen Inschriften der Stadt Rom wird Maximus als consul iterum bezeichnet, und das kann sich nur auf das Jahr 388 beziehen[2]; nachdem also Maximus sich im Januar Roms bemächtigt hatte[3], zwang er dieses, ihn als Consul anzuerkennen. Sein erstes Consulatsjahr ist völlig unbekannt.

b. Beamte des Ostreiches.

1. Arbogastes, ein Franke, der spätere Mörder Valentinians, war magister militum im Heere des Theodosius[4]. Er war es im Jahre 380 bei Gratian gewesen[5].

2. Cäsarius mag. offic.[6]

3. Maternus Cynegius, seit 384 praef. praet. und seit 386 mit der Zerstörung der heidnischen Tempel in Kleinasien und Aegypten beschäftigt[7], ausserdem Consul im Jahre 388, starb in den ersten Monaten dieses Jahres zu Konstantinopel kurz nach seiner Rückkehr aus Aegypten[8]. Sein Leib wurde unter grosser Theilnahme des

[1] Siehe Excurs XVI: Das Todesjahr des Generals Merobaudes.

[2] De Rossi, Inscriptiones christ. urbis Romae I nr. 371. 374 und 375. In nr. 371 wird am 11. Januar datirt: ‚Magno Maximo iterum consule'; das ‚iterum consule' fehlte allerdings in dem zuerst gefundenen Stücke der Inschrift und wurde von de Rossi vermuthet; später fand sich ein neues Stück desselben Steines, worauf der Zusatz deutlich steht (l. l. p. 576). In nr. 374 und 375 steht: ‚Magnus Maximus cons. II.'

[3] Siehe oben S. 284.

[4] Philostorgios X 8.

[5] Siehe oben 380 S. 65. Zur Charakteristik des Mannes siehe Eunapios, Fragm. 53 (bei Müller) und Richter a. a. O. 510—511.

[6] Siehe oben 387 S. 269.

[7] Siehe oben 384 S. 173 und 386 S. 228.

[8] Zosimos IV 45 sagt, er sei auf dem Rückwege (*κατὰ τὴν ὁδοιπορίαν*) von Aegypten gestorben; die Fasti Idatiani dagegen (bei Mommsen IX 244) lassen ihn zu Konstantinopel sterben; dass das letztere richtig ist, zeigt Libanios II 572: *οὕτω μὲν εἶδε τὸν Νεῖλον, οὕτω δὲ πάλιν τὸν Βόσπορον.*

Volkes am 19. März in der Apostelkirche beigesetzt und wurde ein Jahr danach von seiner Frau Achantia auf dem Landwege nach Spanien übertragen [1]. Sein Nachfolger als praef. praet. war Tatianus [2].

4. Erytrius wird als praef. Augustalis erwähnt am 30. April [3] und war wahrscheinlich Nachfolger des Paulinus [4]. Erst im Anfange 390 wird sein Nachfolger Alexander erwähnt [5].

5. Proculus, 383 comes Orientis und 384—386 comes sacr. larg. [6], wurde in den ersten Monaten 388 nach dem Tode des Cynegius praef. urbi von Konstantinopel [7]. Die Nachricht von seiner Ernennung traf ihn zu Pagrai, einem festen Platze bei Antiochien in Syrien [8]. Mit ihm wie mit seinem Vater Tatianus stand Libanios damals in regem Briefwechsel [9]. Er blieb im Amte bis 392, wo Rufin ihn stürzte und tödten liess [10].

6. Flavius Promotus, der 386 magister peditum war [11], war auf dem Zuge gegen Maximus magister equitum [12]. Im Jahre 389 war er Consul.

7. Richomeres, der Consul des Jahres 384 [13], war magister militum im Heere des Theodosius auf dem Zuge gegen Maximus [14].

8. Tatianus, früher comes Orientis und praef. urbi von Konstantinopel, wurde praef. praet. in den ersten Monaten dieses Jahres, und gleichzeitig wurde sein Sohn Proculus (siehe oben) praefectus urbi von Konstantinopel [15]. Er stammte aus Ly-

---

[1] Fasti Idat. l. l. (zum Jahre 388). [2] Zosimos l. l.

[3] Cod. Theod. IX 11, 1. [4] Siehe oben 386 S. 229.

[5] Cod. Theod. XIII 5, 18. [6] Siehe oben 383 S. 149 und 384 S. 175.

[7] Zosimos IV 45; vgl. im folgenden ‚Tatianus'. Er wird in den Gesetzen als praef. urbi zuerst erwähnt am 23. Januar 389 (Cod. Theod. IV 4, 2).

[8] Libanios, Brief 909; Strabo XVI 2 p. 751.

[9] Vgl. z. B. die Briefe 857 und 909—910 des Libanios.

[10] Zos. IV 52. [11] Siehe über ihn oben 386 S. 229.

[12] Zos. IV 45. [13] Siehe über ihn oben 384 S. 172—173.

[14] Philostorgios X 8.

[15] So Zosimos IV 45, dessen Angabe bestätigt wird durch Libanios, Br. 909. In letzterem wünscht Libanios dem Tatian Glück wegen seiner Beförderung zu einer hohen Stellung, durch welche den Städten, besonders den durch ihn geretteten, eine grosse Gnade von den Göttern verliehen worden sei; es wird ferner gesagt, seinem Sohne Proculus sei gleichzeitig eine Würde zu Theil geworden, die, wie man allgemein angenommen habe, dem Vater zum zweitenmal zugedacht gewesen sei. Durch diesen Brief, der zweifellos die von Zosimos erwähnte Beförderung von Vater und Sohn betrifft, erfahren wir zugleich, dass der Vater früher

kien[1]; hier verweilte er auch, als ihn die Ernennung zu dem neuen Amte traf[2]. Dass er Heide war, zeigen die Lobsprüche, die Zosimos ihm spendet[3], und auch eine Stelle bei Libanios[4]. Libanios stand mit ihm und mit seinem Sohne in regem Briefverkehr; er spendet ihnen wegen ihrer spätern Amtsführung hohes Lob[5], hatte aber früher über ihre Thätigkeit als comes Orientis ganz anders geurtheilt[6]. Tatian blieb im Amte bis zum Jahre 392, wo Rufin ihn stürzte und in seine Heimat verbannte[7].

9. Flavius Timasius, der 386 magister equitum war[8], fungirte im Kriege gegen Maximus als magister peditum[9]. Gegen Ende des Jahres verweilte er als magister peditum et equitum am Hofe des Theodosius[10] und wurde für das Jahr 389 zum Consul ernannt.

c. Beamte des Westreiches.

1. Julianus Rusticus wurde in diesem Jahre, wohl sicher im Januar, als Rom an Maximus fiel[11], durch diesen praef. urbi Romae und starb während seiner Amtszeit[12]. Sein Nachfolger war der Geschichtschreiber Sextus Aurelius Victor[13].

---

praef. urbi von Konstantinopel war. Dass Vater und Sohn früher auch comes Orientis waren, sagt Libanios II 467.

Wenn im Cod. Theod. XVI 5, 16 am 9. August 388 Cynegius noch als praef. praet. genannt wird, so ist hier jedenfalls mit Gothofredus an seine Stelle Tatianus zu setzen.

[1] Das ist klar gesagt Cod. Theod. IX 38, 9, welche Stelle Gothofredus richtig, Pagi 392, 9 falsch erklärt, während Tillemont (Hist. V 761—763 note 50) sich nicht entscheiden kann. So erhält auch eine Aeusserung des Libanios (III 216—217) ihre Erklärung, wo es von denen, welche Spottlieder auf Tatianus und seinen Sohn machten, heisst: *λύκους ἐπαφιέντες τοῖς Λυκίοις*; vgl. Sievers, Leben des Libanius 266.

[2] Das sagt Zosimos (a. a. O.): *ἀναδεικνύει τῆς αὐλῆς ὕπαρχον ἐν τῇ πατρίδι*. Dasselbe hat er gerade vorher gesagt: *μετακαλέσας τοίνυν ἐκ τῆς Ἀκυληΐας Τατιανόν*; denn hier ist ohne jeden Zweifel statt Aquileja, das damals in den Händen des Maximus war, Lykien gemeint. Ich finde in dieser Stelle nicht die Schwierigkeiten, von denen Sievers (Libanius 267) spricht.

[3] Hist. IV 45 und 52.

[4] Lib. II 203: *ἄνδρα ὑμνοῦντα θεοὺς πρός τε τοὺς ἄλλους καὶ πρὸς σέ* (vgl. Sievers a. a. O.).

[5] Vgl. z. B. die Briefe 760. 790. 817 und 909.

[6] Contra Florentium II 467. [7] Siehe unten 392 I[a].

[8] Siehe oben 386 S. 230. [9] Zos. IV 45. [10] Ambrosius, Ep. 41, 27.

[11] Amm. XXVII 6, 2; vgl. Tomassetti, Note sui prefetti di Roma 511. Fälschlich lässt Seeck (a. a. O. 125) ihn schon 387 das Amt antreten; Rom kam erst 388 in die Hände des Maximus; siehe oben S. 284.

[12] Amm. l. l. [13] Siehe über diesen unten 389 S. 305.

2. Trifolius, welcher in den Jahren 384—385 im Ostreiche comes sacr. larg. war[1], wird als praef. praet. Italiae zuerst erwähnt am 14. Juni 388[2] und zuletzt am 19. Januar 389[3]. Sein Vorgänger war Probus[4], der seitdem bis zu seinem baldigen Tode als Privatmann lebte[5].

III. Religionsgesetze.

1. Gesetz des Theodosius vom 10. März an den praef. praet. Cynegius über die Häretiker, besonders die Apollinaristen[6]. Es wird allen Häretikern und speciell den Apollinaristen der Aufenthalt in den Städten, die Weihe von Cultdienern und das Zusammenkommen ‚in publicis vel in privatis ecclesiis' verboten: ihren Vorstehern wird der Name ‚Bischof' abgesprochen; der Zutritt zum Kaiser wird ihnen allen untersagt; doch wird der Aufenthalt an abgelegenen Orten gestattet.

Vier Jahre lang hatte damals, wie es scheint, die Gesetzgebung gegen die Häretiker geruht, und die frühern Gesetze gegen sie waren allmählich ausser Anwendung gekommen, namentlich die scharfen Gesetze der Jahre 383 und 384[7]. Darüber werden wir belehrt durch einen Brief Gregors von Nazianz an Bischof Nektarios von Konstantinopel[8]; aus diesem ersehen wir, dass die Arianer und Apollinaristen um das Jahr 387 frei Versammlungen hielten, die Makedonianer ihren Vorstehern den Namen Bischof beilegten, und dass Eunomios in seiner Verbannung in Kappadokien offen Propaganda trieb; besonders aber das kecke Auftreten der Apollinaristen ganz in der Nähe Gregors bewog diesen, dem Nektarios die Bitte vorzutragen, beim Kaiser über dieses Treiben vorstellig zu werden. Es ist nicht zweifelhaft, dass das obige Gesetz das Resultat dieser Bemühungen ist; werden doch in demselben die Apollinaristen besonders genannt, und wird auch der Klage Gregors entsprechend der Titel Bischöfe den Häretikern abgesprochen.

Der Ausdruck im Gesetze ‚communio sanctorum' für die Gemeinschaft der Gläubigen erinnert an das apostolische Symbolum.

[1] Siehe oben 384 S. 176.
[2] Cod. Theod. XVI 5, 15. Dass er über Italien gesetzt war, zeigt das an ihn gerichtete Gesetz Cod. Theod. XIV 1, 3.
[3] Cod. Theod. XIV 1, 3. [4] Siehe oben 387 S. 271.
[5] Seeck a. a. O. 104. [6] Cod. Theod. XVI 5, 14.
[7] Ibid. XVI 5, 12 und 13. [8] Brief 202; siehe oben 387 S. 275—276.

2. Gesetz des Theodosius vom 13. März an Cynegius über die Ehen zwischen Christen und Juden[1]. Kaiser Konstantius hatte im Jahre 339 verfügt[2], dass ein Jude unter Todesstrafe keine Christin ehelichen dürfe. Theodosius geht in dem Gesetze weiter: Weder ein Jude solle eine Christin, noch ein Christ eine Jüdin heiraten; geschehe es, so solle es als Ehebruch gelten und der Thäter entsprechend gestraft werden; ausserdem solle in diesem Falle die Anklage nicht bloss von Verwandten, wie beim Ehebruch[3], sondern von jedem Beliebigen erhoben werden können[4].

Anlass zu diesem Gesetz gab jedenfalls die Gefahr des Abfalles vom Glauben, welche solche Ehen mit sich brachten; aus demselben Grunde hatte der Kaiser im Jahre 384 den Juden verboten, christliche Sklaven zu halten[5].

3. Gesetz des Valentinian, gegeben zu Stobi in Makedonien am 14. Juni im Lager des Theodosius, an den praef. praet. Trifolius gegen die Häretiker[6]. Diesen wird verboten, Versammlungen und Predigten zu halten, Altäre zu errichten und die heiligen Geheimnisse zu feiern; dem Trifolius wird aufgetragen, durch zuverlässige Männer die Häretiker in Schranken zu halten, die Schuldigen den Gerichten zu übergeben und aufs strengste nach den frühern Gesetzen zu bestrafen.

Ohne Zweifel sollen durch dieses Gesetz das frühere vom 23. Januar 386 und die andern, welche Valentinian um dieselbe Zeit zu Gunsten der Arianer auf Betreiben seiner Mutter Justina erlassen hatte[7], aufgehoben und es soll der alte Zustand, wie er vorher war, wiederhergestellt werden. Es ist auch nicht zweifelhaft, dass das neue Gesetz eine Frucht der religiösen Einwirkung des Theodosius auf den jungen Kaiser war, von der auch die Schriftsteller berichten[8].

4. Gesetz des Theodosius vom 16. Juni an den praef. praet. Tatianus, ebenfalls gegeben zu Stobi auf dem Zuge gegen Maximus, über öffentliche Religionsgespräche und religiöse Vorträge[9]. Dreierlei Reden werden für die Folge unter Strafe gestellt:

[1] Cod. Theod. III 7, 2 und IX 7, 5 gleichlautend. [2] Ibid. XVI 8, 6.

[3] Nach dem Gesetze des Konstantin vom Jahre 326 (Cod. Theod. IX 7, 2).

[4] Das Gesetz ist zu Thessalonich erlassen; Gothofredus schliesst daraus, Bischof Acholios, der den Theodosius getauft hatte, habe den Anstoss dazu gegeben; darin irrt er, da Acholios schon 383 gestorben war; siehe oben S. 165.

[5] Cod. Theod. III 1, 5. [6] Ibid. XVI 5, 15.

[7] Ibid. XVI 1, 4; siehe oben 386 S. 232.

[8] Theodoret V 15 und Rufinus, Hist. eccl. II 17. [9] Cod. Theod. XVI 4, 2.

öffentliche Gespräche über Religion (disceptare de religione), öffentliche Anreden über religiöse Gegenstände (tractare), dem Volke in Religionssachen Vorschläge machen (consilii aliquid deferre). Jedenfalls wollte Theodosius bei seinem Aufbruche in den Westen durch das Gesetz einer Verschärfung der religiösen Gegensätze vorbeugen; wie begründet diese Befürchtung war, zeigt der Aufstand der Arianer, der noch in diesem Jahre in Konstantinopel ausbrach und bei dem das Haus des Bischofs Nektarios in Brand gesteckt wurde [1]. Der Kaiser sagt auch deutlich genug in dem Gesetze, dass solche religiöse Disputationen damals häufig waren. Vielleicht hatte er schon früher ein ähnliches Gesetz erlassen [2].

5. Verfügung des Theodosius vom 9. August [3] gegen die Arianer, welche das falsche Gerücht ausgestreut hatten, der Kaiser habe ein ihnen günstiges Gesetz erlassen; es wird erklärt, ein solches Gesetz sei nicht erlassen, und wer weiterhin die Kunde von demselben verbreite, solle als ‚falsi reus' bestraft werden [4].

Auch diese Verfügung spricht wie die vorhergehende für die Rührigkeit, mit der die Arianer die Abwesenheit des Kaisers in der Hauptstadt auszunutzen suchten.

IV. und V. Culturgesetze und Concilien

(fehlen).

VI. Kirchenväter.

a. Ambrosius.

1. Briefe.

Brief 39 ist gerichtet an Faustinus, der über den Tod seiner Schwester trauerte. Baronius [5] und ihm folgend die Mauriner und Ihm [6] setzen die Abfassung des Briefes in die Zeit bald nach 387, indem sie annehmen, dass die Verwüstungen südlich vom Po, von denen in nr. 3 die Rede ist, von Maximus herrührten. Jedoch diese Annahme hat ihre grossen Bedenken; ein anderweitiger Anhaltspunkt zur Zeitbestimmung des Briefes ist aber nicht vorhanden [7].

---

[1] Siehe unten S. 295. [2] Soz. VII 6; siehe 381 S. 89.

[3] Sie ist gerichtet an den praef. praet. Cynegius und zwar von Konstantinopel aus; beides stimmt nicht, wenn die Zeitangabe richtig ist.

[4] Cod. Theod. XVI 5, 16. [5] Annal. 387, 59. [6] Studia Ambros. 48.

[7] Von Kämpfen des Maximus südlich vom Po ist nirgendwo etwas überliefert, und da Valentinian beim Einfalle des Maximus sofort Italien räumte, ist

Die Briefe 40 und 41 sind zu Mailand am Ende des Jahres 388, vielleicht auch im Anfange des nächsten Jahres geschrieben[1]. Veranlassung und Gegenstand dieser Schreiben sind folgende:

In Kallinikon, einer reichen Handelsstadt am Euphrat in der Provinz Osroene[2], war auf Anstiften des dortigen Bischofes eine jüdische Synagoge verbrannt worden; in derselben Stadt war von Mönchen, deren Procession zu einem Heiligthume der makkabäischen Martyrer[3] von gnostischen Valentinianern gestört worden war, in der Aufregung ein Heiligthum (fanum, lucus) dieser Secte angezündet worden. Der Commandant der Truppen im Orient[4] berichtete darüber an Kaiser Theodosius, und dieser verfügte, dass der Bischof zum Wiederaufbau der Synagoge angehalten und dass gegen die Mönche mit Strafen eingeschritten werden solle[5]. Zur Zeit, als diese Verfügung erlassen wurde, befand sich Ambrosius in Aquileja; er ging sofort nach seiner Rückkehr nach Mailand dagegen an, indem er an den Kaiser ein Schreiben richtete[6], worin er ent-

---

es auch nicht wahrscheinlich, dass Maximus südlich vom Po Festungen theilweise zerstörte und die Gegend von Bononia bis Placentia zur Einöde machte. Es wird uns überhaupt von keiner andern Stadt berichtet, dass sie Maximus bei seinem Einfalle in Italien Widerstand leistete, als von Aemona in Illyrien (Pacatus c. 37); wenn man sich auf Pacatus c. 25: ‚Quid ego referam vacuatas municipibus suis civitates?' beruft, so ist doch dagegen zu bemerken, dass es sich hier um Städte Galliens handelt, wie das Ende von c. 24 zeigt. Aber auch aus der Zeit des Eugenius sind solche Verwüstungen südlich vom Po nicht überliefert. Mir scheint daher, dass der von Ambrosius erwähnte Verfall der Städte und die Verwüstung der Gegend südlich vom Po eine Folge der Vernachlässigung der Menschen, vielleicht auch von Erdbeben und andern Katastrophen, nicht aber das Werk eines Krieges jener Zeit war, und für diese Annahme spricht auch der Wortlaut der Stelle bei Ambrosius: Placentia veterem nobilitatem ipso adhuc nomine sonans, ad laevam Apennini inculta miseratus et florentissimorum populorum castella considerabas sq.

[1] Ueber Ort und Zeit der Abfassung dieser Briefe siehe Excurs XVIII.

[2] Ammianus XXIII 3, 7 nennt es munimentum robustum et commercandi opimitate gratissimum; Theodoret, Relig. hist. 26: *φρούριον μέγιστον*. Nach Zos. III 13 lag es an der Strasse von Karrhai nach Kirkesion. Ob es dasselbe ist wie das auf Befehl Alexanders d. Gr. gegründete Nikephorion an der Mündung des Belichas in den Euphrat, ist zweifelhaft; siehe Böcking, zur Notitia dignit. I 397.

[3] Dies Fest wird am 1. August gefeiert; das Datum passt zu den übrigen Zeitangaben des 40. Briefes.

[4] Dieser nämlich ist unter dem hier von Ambrosius genannten comes Orientis zu verstehen; siehe Gothofredus zu Cod. Theod. XVI 8, 9.

[5] Ambros., Ep. 40, 6. 13. 16; 41, 1; Paulinus, Vita s. Ambrosii c. 22.

[6] Ep. 40.

schieden den kaiserlichen Erlass verurtheilt und sagt, er werde ebenso von den übrigen Bischöfen verurtheilt. Dankbar erkennt er in diesem Schreiben an, dass der Kaiser auf seine Bitte hin viele von Verbannung, Kerker und Todesstrafe befreit habe, womit gewiss Anhänger des Maximus gemeint sind. Er schliesst mit der Drohung, wenn er jetzt nicht gehört werde, werde er dem Kaiser in der Kirche entgegentreten [1]. Wahrscheinlich durch dieses Schreiben veranlasst, zog der Kaiser die Sentenz gegen den Bischof in Kallinikon zurück, hielt aber die Strafe gegen die Mönche aufrecht [2]. Als er darauf in die Kirche kam, hielt Ambrosius eine Anrede vor ihm über die Sünderin im Evangelium [3] mit Anspielungen auf die Angelegenheit von Kallinikon. Nach deren Beendigung hatte er eine Unterredung mit dem Kaiser, bei welcher dieser die Massregelung der Mönche vertheidigen wollte und dabei von dem General Timasius unterstützt wurde. Den letztern fertigte Ambrosius ziemlich unsanft ab, und als er dann in den Kaiser drang, gab dieser nach und versprach, die Untersuchung gegen die Mönche fallen zu lassen. Die Unterredung fand in einem Nebengebäude der Kirche statt; nach ihrer Beendigung schritt Ambrosius zur Opferhandlung [4]. Gleich danach schrieb er an seine Schwester den Brief 41, in welchem er die Anrede, die er vor dem Kaiser in der Kirche gehalten hatte (nr. 2—26), und danach auch seine Unterredung mit dem Kaiser (nr. 27 und 28) wörtlich mittheilt.

2. Abhandlungen.

Ambrosius schrieb in diesem Jahre oder bald danach die zehn Bücher zur Erklärung des Lucas-Evangeliums, deren Abfassung bisher ins Jahr 386 gesetzt wurde, ferner die lange Erklärung des 118. Psalmes [5].

Frühestens im letzten Theile dieses Jahres schrieb er die vier Bücher *De interpellatione Iob et David* [6].

---

[1] Ambros., Ep. 40, 25. 27. 33.

[2] Ambros., Ep. 41, 27. Nach dem Gesagten ist Ifland, Der Kaiser Theodosius 170, zu berichtigen.

[3] Luc. VII 36 ff. [4] Ambros., Ep. 41, 27 und 28.

[5] Siehe Excurs XII: Die Commentare des Ambrosius zu einzelnen Theilen des Pentateuchs nr. 5.

[6] Dass das Werk nach dem Falle des Maximus geschrieben ist, zeigt die Stelle IV 8, 24: Exemplum accersamus de saeculo: vide quemadmodum in civitatibus bonorum principum imagines perseverent, deleantur imagines tyrannorum;

b. Augustinus.

Augustinus reiste kurz nach dem Tode des Maximus von Italien nach Afrika [1]. Alypius begleitete ihn; sie waren damals, wie Augustinus erzählt, zu Karthago Zeugen der wunderbaren Heilung des Innocentius, eines vornehmen Mannes [2].

c. Hieronymus.

Hieronymus schrieb in diesem Jahre (ev. auch 389) den Commentar zum Prediger Salomons [3].

Gleich danach — das Jahr ist nicht zu ermitteln, jedenfalls vor dem Jahre 392 [4] — schrieb er: *Liber quaestionum Hebraicarum in Genesim* [5], *Liber de locis Hebraicis* [6], *Liber de nominibus Hebraicis* [7]. Die Ausarbeitung des ersten dieser drei Werke zog sich längere

---

die Stelle kann aber auch von den Standbildern des Eugenius erklärt werden. Tillemont (Mém. X 294) und die Mauriner setzen die Abfassung um das Jahr 383, indem sie die genannte Stelle auf den Tod Gratians beziehen und erklären, nach dem Aufstande zu Antiochien 387, bei welchem die Bildsäulen des Theodosius und seiner Familie umgestürzt wurden, habe Ambrosius nicht mehr diese Worte niederschreiben können. Ganz mit Unrecht; denn die in Antiochien umgestürzten Statuen wurden sofort wieder aufgerichtet, und selbst wenn das nicht geschehen wäre, hätte dieser einzelne Fall die Wahrheit des allgemeinen Gedankens, welchen Ambrosius an der Stelle ausspricht, nicht erschüttert. Vgl. ferner unten S. 310.

1 Augustinus, Contra litteras Petiliani III 25, 30.

2 De civ. dei XXII 8, 3.

3 Bei Vallarsi III 381 sqq. In der Vorrede zu diesem Commentar sagt Hieronymus: ‚Memini me ante hoc ferme quinquennium, cum adhuc Romae essem et ecclesiastem sanctae Blaesillae legerem, ut eam ad contemptum istius saeculi provocarem sq.' Bläsilla entschloss sich aber zum Mönchsleben infolge einer Krankheit Ende des Jahres 384 (siehe meine Bemerkungen zu den Briefen 30 und 38 des Hieronymus, oben S. 193 und 194). Demgemäss schrieb er den Commentar zum Prediger um das Jahr 389. Was mich bestimmt, ihn eher 388 als 389 zu setzen, ist eine weitere Bemerkung des Hieronymus in der Apologia contra Ioannem Hieros. c. 17 (Vall. II 424): ‚Ante annos ferme decem in commentariis ecclesiastae et in explanatione epistulae ad Ephesios arbitror sensum animi mei prudentibus explicatum'; nach dieser Stelle schrieb er den Commentar zum Prediger fast gleichzeitig mit dem zum Ephesierbriefe, den er eher 387 als 388 geschrieben hat (siehe oben 387 S. 276); in seinem Schriftenkataloge (De vir. illustr. c. 135) lässt er denn auch auf den Commentar zum Philemonbriefe, der gleichzeitig mit dem zum Ephesierbriefe geschrieben ist (siehe oben 387 a. a. O.), sofort den zum Prediger folgen.

4 De vir. illustr. c. 135. 5 Vall. III 301 sqq. 6 Vall. III 121 sqq.

7 Vall. III 1 sqq.

Zeit hin; es wurde schon begonnen vor dem Lucascommentare und erst vollendet nach den letztgenannten Schriften[1].

Gleichzeitig schrieb Hieronymus auch die Uebersetzung einer Schrift des Didymos über den Heiligen Geist, die er schon zu Rom bei Lebzeiten des Damasus angefangen hatte und diesem widmen wollte[2].

d. Johannes Chrysostomos.

Chrysostomos hielt wahrscheinlich schon in diesem Jahre, vielleicht erst in den folgenden, sicher aber zu Antiochien, die 67 Homilien über die Genesis, die er am Sonntage vor der Fastenzeit begann und in der Osterzeit nach der 32. Homilie durch eine Menge anderer Reden, besonders die über den Anfang der Apostelgeschichte, unterbrach. Kurz vor den Homilien über die Genesis wurden die zweite und dritte, ferner die fünfte und sechste über Ozias und Isaias VI 1 gehalten[3].

VII. Bischöfe und Mönche.

1. Johannes, Einsiedler der ägyptischen Wüste, stand in dieser Zeit in hohem Ansehen. Kaiser Theodosius schickte an ihn vor dem Zuge gegen Maximus, um ihn über den Ausgang dieses Krieges befragen zu lassen[4].

2. Das Haus des Bischofs Nektarios von Konstantinopel wurde nach dem Aufbruche des Theodosius gegen Maximus im Sommer dieses Jahres bei einem Aufstande der Arianer von diesen in Brand gesteckt. Veranlassung zu dem Aufstande gab das falsche Gerücht, der Kaiser habe im Kriege eine Niederlage erlitten. Kaiser Arcadius, der damals in der Hauptstadt verweilte, legte bei seinem Vater Fürbitte für die Thäter ein und erlangte ihre Begnadigung[5].

---

[1] In der Vorrede zum Liber de nominibus Hebr. sagt er: libros enim Hebraicarum quaestionum nunc in manibus habeo; desgleichen in der Vorrede zum Lucascommentar: praetermisi paululum Hebraicarum quaestionum libros.

[2] Vgl. die Vorrede dieser Schrift bei Vallarsi II 105. Die Schrift steht im Schriftenkataloge zwischen dem Liber de nominibus Hebraicis und dem Lucascommentare.

[3] Siehe über die Zeit dieser Reden Excurs XV nr. 3; Tillemont (Mém. XI 578—579 note 35) und etwas schwankender Montfaucon setzten sie ins Jahr 395.

[4] Siehe die Belege oben S. 280[4].

[5] Sokr. V 13; Soz. VII 14; Ambros., Ep. 40, 13.

3. Palladios, der spätere Bischof von Helenopolis in Bithynien, der Verfasser der Historia Lausiaca, kam in diesem Jahre nach Alexandrien [1]. Er lebte jedenfalls noch in Aegypten beim Tode des berühmten Mönches Evagrios [2], der im Anfange des Jahres 399 starb [3]. In Begleitung des Palladios, als er nach Aegypten kam, befand sich die hl. Jungfrau Silvia, die Schwester des spätern Consuls Rufinus. Sie war aus Aquitanien über Konstantinopel nach Jerusalem gekommen und blieb daselbst drei Jahre; von Jerusalem unternahm sie in dieser Zeit eine Reihe von Pilgerfahrten, darunter zwei nach Aegypten. Ihre Pilgerfahrten beschrieb sie auf ihrer Rückreise, die sie, wie es scheint, im Jahre 389 antrat, zu Konstantinopel für die Jungfrauen ihrer Heimat, deren Kloster sie angehörte. Von dieser Schrift ist ein grosses, höchst interessantes Bruchstück erhalten und wurde jüngst herausgegeben unter dem Titel: Silviae peregrinatio ad loca sancta; andere Stücke dieser Schrift sind enthalten in dem Itinerarium de locis sanctis des Petrus Diaconus aus dem zwölften Jahrhundert [4].

4. Paulinos, Bischof von Antiochien, starb in diesem Jahre oder bald darauf [5]. Sein Nachfolger war Evagrios, der von Paulinos ohne Assistenz zweier anderer Bischöfe geweiht worden war. Als Evagrios im Jahre 398 starb, wurde ihm auf Betreiben des Bischofs Flavian, der eine Gesandtschaft unter Führung des Bischofs Akakios von Beroia nach Rom schickte, kein Nachfolger mehr gesetzt und damit erlosch das Meletianische Schisma [6].

5. Theophilos, Bischof von Alexandrien, benahm sich während des Krieges des Theodosius mit Maximus zweideutig. Er schickte den Priester Isidoros mit zwei Briefen und Geschenken nach Italien mit dem Auftrage, den einen Brief je nach dem Ausfalle des Krieges mit den Geschenken dem Sieger zu übergeben. Allein die Briefe wurden dem Isidor durch seinen Lector entwendet und die Sache wurde ruchbar, weshalb Isidor schleunigst nach Alexandrien zurückkehrte [7].

---

[1] Hist. Laus. c. 1. [2] Ibid. c. 86. [3] Tillemont, Mém. X 379.

[4] Peregrinatio Silviae, herausgegeben von Gamurrini, Rom 1887. Ueber die Zeit ihrer Abfassung und der Pilgerfahrt überhaupt siehe unten Excurs XXI.

[5] So Tillemont, Mém. X 530; er stützt sich auf Sokr. V 15 und Soz. VII 15, die den Tod des Paulinos erzählen nach dem Siege über Maximus. Theodoret V 23 erzählt ihn nach dem Aufstande von Antiochien und vor der Kaisererhebung des Eugenius, die 392 war.

[6] Sokr., Soz. und Theodoret a. a. O. [7] Sokr. VI 2.

6. Valerianus, Bischof von Aquileja, scheint gegen Ende dieses Jahres gestorben zu sein [1]. Sein Nachfolger war Chromatius [2].

VIII. Häretiker und Heiden.

Libanios schrieb in diesem Jahre oder spätestens bis Mitte des Jahres 391 seine lange Schutzrede für die Tempel (Ὑπὲρ τῶν ἱερῶν) [3].

[1] Nach Ep. 41, 1 weilte Ambrosius gegen Ende des Jahres, als Theodosius schon in Mailand war, in Aquileja. Da Italien damals noch sehr unter den Nachwehen des Krieges mit Maximus litt, liegt die Vermuthung nahe, dass dieser Besuch des Ambrosius in Aquileja durch den Tod des dortigen Bischofs veranlasst war (so auch Tillemont, Mém. VIII 401). Valerianus hatte dem Concil in Aquileja 381 präsidirt.

[2] Tillemont a. a. O. 402 und 775 note 9.

[3] Gedruckt bei Reiske II 155 ff. Tillemont, Hist. V 734 note 16 verlegt die Rede ins Jahr 384 und nimmt an, Libanios habe sie in diesem Jahre selbst vor dem Kaiser in Konstantinopel gehalten; aber Libanios war damals gar nicht in Konstantinopel (siehe oben 384 S. 173 [2]). Sievers (Libanius 192 Anm. 26) sagt, die Rede sei zwischen 385 und 391 verfasst; aber das Gesetz, welches die Rauchopfer in den Tempeln gestattete, kann ebensogut das Gesetz Cod. Theod. XVI 10, 7 vom Jahre 381, wie das Cod. Theod. XVI 10, 9 vom Jahre 385 sein. Das von Libanios auf S. 194—195 (bei Reiske) Gesagte ist ohne Zweifel von Cynegius zu verstehen; dieser war also bei Abfassung der Rede schon todt; er starb aber 388 (siehe oben S. 286). Dagegen war das Gesetz gegen das Betreten der Tempel vom 17. Juni 391 (Cod. Theod. XVI 10, 11) zur Zeit der Abfassung der Rede noch nicht erlassen (vgl. S. 163 bei Reiske).

389.

1. Januar Montag; 1. Neumond 13. Januar nachmittags; Ostern 1. April.

I. Die Kaiser.

Theodosius.

Theodosius brachte mit Valentinian die erste Hälfte des Jahres in Mailand zu; hier feierte er auch am 19. Januar seine decennalia [1]. Am 13. Juni hielt er mit Valentinian und Honorius, den er von Konstantinopel hatte kommen lassen, seinen feierlichen Einzug in Rom [2]; in seinem Gefolge waren damals Stilicho, der Franke Richomeres [3] und, wie es scheint, auch der mag. offic. Rufinus [4]. In der Curie fand die Begrüssung durch den Senat statt; auch stellte Theodosius auf den alten rostra dem Volke seinen Sohn vor; er machte ferner dem Volke Geldgeschenke und gab Spiele. Von mehreren Seiten wird rühmend erwähnt, dass der Kaiser öfters ohne militärische Begleitung und zu Fuss sowohl die öffentlichen Gebäude besichtigte als auch vornehmen Privatleuten Besuche machte; auf das Volk machte diese Einfachheit seines Auftretens einen sehr günstigen Eindruck [5]. Theodosius war schon eine Zeitlang in Rom,

---

[1] Siehe die Gesetze im Cod. Theod. Die decennalia erwähnt eine spanische Inschrift im C. I. L. II nr. 483.

[2] Das Datum geben die Fasti Idat. und Vindobonenses priores (bei Mommsen IX 245 und 298); Marcellinus Comes gibt den Juni an (bei Mommsen XI 62). Ueber den römischen Aufenthalt handeln Sokr. V 14; Soz. VII 14; Pacatus c. 47; Claudian, VI. cons. Hon. 35—68. Die Betheiligung des Honorius an dem Triumphzuge erklärt Güldenpenning (Der Kaiser Theodosius d. Gr. 174—175) aus der Absicht des Theodosius, nicht immer den ganzen Westen dem Valentinian zu belassen, sondern Italien und Afrika für Honorius abzuzweigen; aber dieser Gedanke dürfte wegen der Jugend des Honorius, der damals fünf Jahre alt war, entschieden abzuweisen sein.

[3] Symmachus, Ep. III 55 und Libanios, Brief 891. Ueber Stilicho s. unten.

[4] Symmachus, Ep. III 84.

[5] Pacatus c. 47 und Claudian, VI. cons. Hon. 58—63.

als der Rhetor Latinius Pacatus Drepanius, ein Gallier von der Küste des Oceans und Freund des Ausonius, vor ihm im Senate den erhaltenen Panegyricus hielt [1]; er behandelt darin besonders das Treiben des Maximus in Gallien und den Krieg des Theodosius gegen ihn [2]; als Belohnung für die Rede erhielt er das Proconsulat über Afrika [3].

Theodosius scheint auch im römischen Senate damals eine Rede gegen das Heidenthum gehalten zu haben, um sein Auftreten gegen die ara Victoriae zu rechtfertigen [4]. Ferner wandten sich damals, wie es scheint, mehrere Bischöfe auf einer Synode an ihn in Sachen des Schismas zu Antiochien [5].

Gewisse öffentliche Dienste wurden in Rom zwangsweise von Körperschaften verrichtet. Wer in einer solchen geboren war, war zeitlebens an diesen Dienst gebunden und hiess manceps. Die mancipes suchten sich natürlich ihrem Dienste nach Möglichkeit zu entziehen und erlangten diese Befreiung auch oft durch ein kaiserliches Privileg. Infolgedessen schmolzen die Körperschaften immer mehr zusammen; darum hatte schon Symmachus als praef. urbi im Jahre 384 die Bitte um Ergänzung der mancipes salinarum an die Kaiser gerichtet [6]. Theodosius trat bei seiner Anwesenheit in Rom dieser Angelegenheit näher; durch eine Verordnung an den Stadtpräfecten Albinus bestimmte er, dass solche Privilegien ungiltig sein und dass die mancipes aus kleinern Körperschaften, welche ihre Bedeutung und Beschäftigung verloren hätten, ergänzt werden sollten [7]. In ähnlicher Weise regenerirte er damals zu Rom die Körperschaft der Schweinehalter (suarii oder porcinarii), welche zum Unterhalte des

---

[1] Gedruckt bei Bährens in den Panegyrici latini, Leipzig 1874, nr. 12, p. 217. Ueber seine Heimat spricht er c. 2; die Zeit, wann er den Panegyricus hielt, ergibt sich aus c. 47. Ausonius widmete ihm mehrere Werke; er nennt ihn bald Pacatus, bald Drepanius (Gedicht 20 und 23); der volle Name des Rhetors ist in der Ueberschrift seines Panegyricus erhalten.

[2] Panegyricus auf Theod. c. 24—46. [3] Siehe unten S. 305.

[4] Zos. IV 59 gibt eine Rede wieder, die, wie er sagt, Theodosius nach Besiegung des Eugenius im Jahre 394 im römischen Senate gegen das Heidenthum hielt. Aber Theodosius war im Jahre 394 gar nicht in Rom (siehe unten 394 I). Prudentius sagt (Contra Symmachum I 410 sqq.), dass bei dem Aufenthalte des Theodosius in Rom die Götterverehrung wie mit einem Schlage hier aufhörte; auch er meint, wie besonders Vers 410 zeigt, die angebliche zweite Anwesenheit des Kaisers in Rom.

[5] Theodoret V 23. [6] Relatio 34 (bei Seeck p. 306 sq.).

[7] Cod. Theod. XII 16, 1.

Volkes beizutragen hatten; sie hatten von Gratian das Privileg der Befreiung von Gemeindediensten (munera sordida) erhalten; dies bestätigte ihnen Theodosius und verfügte, dass sie ihre Ländereien nicht verkaufen dürften, wenn nicht die Käufer selbst in ihre Körperschaft einträten[1]. Diejenigen mancipes, die in grossen unterirdischen Stuben das Brod für die Spenden an die Plebs bereiteten, hatten manchmal neben ihren Etablissements Schenken und Bordelle angelegt und trieben hier eine Art Menschenfang; zufällig gerieth ein Soldat des Kaisers in eine solche Räuberhöhle hinein und brachte das Treiben an den Tag, wonach der Kaiser dagegen einschritt[2].

Zur Zeit der Anwesenheit der Kaiser in Rom stand mehrere Wochen lang ein glänzender Komet einem Schwerte ähnlich am Himmel; natürlich gab diese Erscheinung zu allerlei Unglücksahnungen Anlass[3]. Auch eine persische Gesandtschaft erschien damals vor Theodosius und huldigte ihm[4]. Stilicho hatte den Kaiser nach Rom begleitet; während seines römischen Aufenthaltes gebar ihm seine Gemahlin Serena den Eucherius[5].

Am 1. September verliess Theodosius die Stadt auf der via Flaminia[6]. Er war am 3. September in dem sonst unbekannten Valentia, am 6. September in Forum Flaminii, 100 Milien von Rom entfernt[7]; den Rest des Jahres brachte er in Mailand zu[8]. Dem Valentinian übergab er die Regierung des gesamten Westreiches, was die Schriftsteller für ein Zeichen seiner besondern Grossmuth ansehen[9]; es ist aber anzunehmen, dass Valentinian jetzt nach dem Tode seiner Mutter noch mehr wie früher bei seinen Regierungshandlungen den Theodosius zu Rathe zog[10].

[1] Cod. Theod. XIV 4, 5—6. [2] Sokr. V 18.

[3] Am eingehendsten handelt über die Erscheinung Philostorgios X 9, der sie in die Zeit setzt, da Theodosius in Rom war; aus ihm schöpft Marc. Comes zum Jahre 389; die Fasti Vindobon. priores (Mommsen IX 298) und ein späterer Zusatz zu Prospers Chronik (Mommsen IX 498) geben das Jahr 390. Nach Philostorgios stand das Gestirn 40, nach den Fasti Vindob. 30, nach Marc. Comes 26 Tage am Himmel.

[4] Claudian XXVIII 69—72. [5] Ibid. XXIV 74 und XXVIII 176—179.

[6] Marc. Comes und Fasti Vindobon. priores zum Jahre 389.

[7] Cod. Theod. VIII 5, 49 und IX 35, 5.

[8] In zwei Gesetzen vom 14. Juni und 8. November (Cod. Theod. IV 22, 3 und VI 26, 5) heisst es zwar: datum Treveris; aber ohne Zweifel ist hier zu emendiren: acceptum.

[9] Augustinus, De civ. dei V 26; Zos. IV 47; Theodoret V 15.

[10] Ambrosius, Ep. 17, 2. Güldenpenning (a. a. O. 174 Anm. 49) citirt Orosius

Die Zerstörung des Serapeions in Alexandrien.

Der Aufstand in Aegypten, welcher zu der Zerstörung des Serapeions führte, war sehr wahrscheinlich in diesem Jahre [1]. Ueber diese Ereignisse sind wir am besten durch Rufin unterrichtet [2], der den Serapistempel selbst gesehen hatte [3]; dann durch Sokrates [4], der darüber Kunde erhalten hatte von seinen Lehrern, den Grammatikern Helladios und Ammonios, die in jenen Wirren von Alexandrien nach Konstantinopel geflohen waren und hier lehrten [5]; den Rufin und Sokrates benutzte Sozomenos [6]; den Sozomenos und vielleicht auch den Rufin dann wieder Theodoret [7]; ausserdem sprechen über das Ereigniss Eunapios [8] und Suidas [9].

Bischof Theophilos erbat sich vom Kaiser einen verfallenen Tempel des Bakchos, um ihn in eine christliche Kirche zu verwandeln; dieser gewährte die Bitte. Bei der Ausbesserung des Gebäudes entdeckte man in seinem Innern Höhlen, welche zu den Mysterien gedient hatten, und der Bischof versäumte nichts, um das Lächerliche und Verbrecherische des heidnischen Cultus allen vor die Augen zu bringen; er liess sogar die phalloi öffentlich über den Markt tragen. Das entflammte die Wuth der Heiden, die zwar in der Minderzahl, aber verwegen waren; besonders die Philosophen hetzten das Volk auf und unter ihnen am meisten Olympios aus Kilikien, der auch Priester des Serapis war, ein Mann von stattlichem Wuchse und hinreissender Beredsamkeit, der die Jugend für den alten Götterglauben zu entflammen wusste [10]; er tröstete die Heiden bei der Zerstörung der Götterbilder mit dem Gedanken, dass die Bilder nur vergängliche Materie seien, dass aber höhere Kräfte in ihnen wohnten, die jetzt in den Himmel entwichen. So wurde ein Aufstand erregt, der mehrere Tage dauerte; die Heiden benutzten dabei als Stützpunkt den Tempel des Serapis, aus dem sie Mord- und Plünderungszüge in die Stadt unternahmen. Dieser Tempel,

VII 35, 1 falsch, indem er das Wort ‚solus' einsetzt; dieses Wort fehlt in den bessern Handschriften und in der Ausgabe Zangemeisters.

[1] Siehe Excurs XIX. [2] Hist. eccl. II 22—30. [3] Ibid. II 4.

[4] Hist. eccl. V 16—17.

[5] Helladios lehrte besonders unter Theodosius II.; ein Verzeichniss seiner Schriften gibt Suidas s. v. *Ἑλλάδιος*; über das von Helladios verfasste Lexikon spricht auch Photios, Cod. 145.

[6] Hist. eccl. VII 15. [7] Hist. eccl. V 22. [8] Vita Aedesii p. 44—45.

[9] Sub v. *Σάραπις* und *Ὄλυμπος* (sic!). [10] Suidas s. v. *Ὄλυμπος*.

von Alexander d. Gr. erbaut, lag auf einer Anhöhe in Alexandrien, umgeben von einem marmorenen Säulengange und von einer Menge von Nebengebäuden, die er alle überragte; die Wände im Innern waren mit goldenen, silbernen und ehernen Platten belegt; hier stand auch die Bildsäule des Serapis, so kolossal gross, dass sie mit der linken Hand die eine, mit der rechten die andere Wand berührte; der Tempel war in seiner Grossartigkeit nur dem Kapitol in Rom zu vergleichen [1]. Bei dem genannten Aufstande wurden wenige Heiden, aber viele Christen getödtet oder verwundet; Palladios rühmte sich später, damals neun Menschen erschlagen zu haben. Die Behörden hatten anfangs alles geschehen lassen, wahrscheinlich weil sie mit den Heiden sympathisirten; dann suchten sie diese zu beruhigen, aber ohne Erfolg, und berichteten daher an den Kaiser; es waren Romanus, der Commandant der Garnison, und Euetius oder Evagrius, der praefectus Augustalis [2]. Der Kaiser entschied, dass für die Getödteten keine Rache genommen werden sollte, dass aber der Herd des Uebels zu entfernen sei, d. h. dass alle Tempel in der Stadt zerstört werden sollten. Damit war der Widerstand der Heiden zu Ende; Olympios soll schon vorher, weil er im Tempel das Wort Alleluja singen hörte, dessen Untergang geahnt und sich nach Italien geflüchtet haben [3]. Das Serapeion wurde bis auf den Grund zerstört; die Götterbilder, Geräthe und Kostbarkeiten wurden eingeschmolzen und für die Armen verwendet; doch soll auch die Habsucht einzelner Christen dabei befriedigt worden sein [4]. Dem grossen hölzernen Serapisbilde spaltete ein Soldat den Kopf zum Entsetzen der Heiden, die dabei den Zusammensturz des Himmels befürchteten; den Kopf trug man im Festzuge durch die Stadt; der Rumpf, in dessen Innern Mäuse sich eingenistet hatten, wurde zersplittert und auf einem Scheiterhaufen verbrannt. Auch hieroglyphische Inschriften fand man in dem Tempel, welche die Christen wegen der oft darin vorkommenden Kreuzesform zu ihren Gunsten deuteten. An der Stelle des Serapeions wurde eine Kirche erbaut, die nach dem Kaiser Arcadius benannt wurde. Auch die übrigen Tempel in Alexandrien und in ganz Aegypten wurden jetzt zerstört

[1] Rufinus II 23; Amm. XXII 16, 12; Suid. s. v. *Σάραπις*.

[2] Eunapios nennt ihn Euetius, vielleicht ist aber hier Erytrius zu lesen (vgl. Cod. Theod. IX 11, 1); Sozomenos gibt Evagrius.

[3] Suidas s. v. *Ὄλυμπος*; Soz.; Augustinus, De divinatione daemonum 1, 1 (Migne, Patr. lat. XL 581).

[4] Eunapios a. a. O.

oder in christliche Kirchen verwandelt, wobei sich besonders die Mönche hervorthaten [1].

II. Die römischen Beamten.

a. Die Consuln.

1. Flavius Timasius [2] hatte schon seit den Zeiten des Valens die Stellung eines magister militum inne [3], zeichnete sich mit Promotus in den Kriegen der Jahre 386 und 388 aus und wurde ohne Zweifel wegen dieser Verdienste mit ihm zum Consulat befördert. Er war Heide; das lässt sich daraus schliessen, dass er gegen Ambrosius auftrat [4] und dass Zosimos ihn sehr lobt [5].

2. Flavius Promotus [6] war ein Mann, der über alle Habsucht erhaben und dem Staate wie seinem kaiserlichen Herrn aufrichtig ergeben war. Wie hoch der Kaiser ihn achtete, geht daraus hervor, dass er seine Kinder mit den zwei Söhnen des Promotus zusammen erziehen liess [7]. Ueber sein unglückliches Ende siehe unten z. J. 391.

b. Beamte des Ostreiches.

1. Cäsarius, seit dem Jahre 387 mag. offic., zuletzt erwähnt am 3. September 389 [8]. Vor dem 8. März 390 folgte ihm Rufinus [9].

---

[1] Rufinus II 26 und 28; Eunapios a. a. O. 45. Die Art, wie es bei der Zerstörung der Tempel herzugehen pflegte, geisselt Libanios, Περὶ τῶν ἱερῶν (Reiske II 164): ‚Die Schwarzröcke (μελανειμονοῦντες), die da mehr essen als die Elefanten, durch die Menge der Becher aber, die sie leeren, denen beikommen, die das Trinken mit Liedern begleiten, und ihre Trunkliebe unter einer künstlich erzeugten Bleichheit verbergen, stürzen mit Stangen, Steinen und Eisen oder auch ohne dieses zu den Tempeln. Dann werden die Dächer eingerissen, die Mauern umgestürzt, die Bilder herabgerissen, die Altäre zerstört und die Priester müssen schweigend den Tod leiden. Von dem einen geht's zum andern, zum dritten und so fort . . . . Und viele, die sonst Feinde sind, thun sich nun zusammen zu tausend Bosheiten, fragen einander, was sie ausgerichtet haben, und halten es für Schande, nicht das grösste Unrecht begangen zu haben. Sie schreiten aber über die Felder dahin wie Giessbäche und vernichten mit den Tempeln die Aecker, kommen zu den Scheunen und Ställen der Landleute und gehen weg wie von der Eroberung einer Stadt.' Uebrigens machten es die Heiden, wo sie die Macht dazu hatten, nicht besser; vgl. Augustinus, Ep. 90 und 91.

[2] Die Vornamen der Consuln gibt die Inschrift C. I. L. VI 1759: Fl. Timasio et Fl. Promoto vv. cc. conss.

[3] Zos. V 8. [4] Ambros., Ep. 41, 27. [5] Zos. V 9.

[6] Siehe über ihn vorher unter Timasius. [7] Zos. IV 51 und V 3.

[8] Cod. Theod. VIII 5, 49. [9] Ibid. X 22, 3.

2. Euetius oder Eventius war wahrscheinlich in diesem Jahre praef. Augustalis [1]; sein Vorgänger war Erytrius [2], sein Nachfolger vor dem 18. Februar 390 Alexander [3].

c. Beamte des Westreiches.

1. Caeionius Rufius Albinus als praef. urbi erwähnt vom 17. Juni 389 bis zum 24. Februar 391 [4], höchst wahrscheinlich in diesem Amte Nachfolger des Sextus Aurelius Victor (siehe unten). Man betrachtet ihn als Christen, obschon er als Theilnehmer des Saturnaliengespräches bei Macrobius erscheint [5]; ganz klar ist die Sache aber nicht. Er lebte noch im Jahre 416 [6].

2. Arbogastes unternahm in diesem Jahre einen Rachezug über den Rhein gegen die Franken, die im vorigen Jahre die römischen Legionen unter Nannenus und Quintinus auf der rechten Rheinseite vernichtet hatten [7]. Er verlangte von den Frankenkönigen Markomeres und Sunno Rückgabe der Beute und Auslieferung der Urheber des Krieges; in einer Unterredung mit ihnen erreichte er auch seinen Zweck; er erhielt Geiseln und bezog dann zu Trier die Winterquartiere [8]. Dass Valentinian den Zug mitmachte, wie man gewöhnlich [9] annimmt, ist sehr unwahrscheinlich [10].

3. Claudius als consularis Tusciae erwähnt am 2. Mai [11]; er war der Vater des Dichters Claudius Rutilius Namatianus [12]; wahr-

---

[1] Eunapios, Vita Aedesii p. 44.

[2] Wenn er nicht mit diesem identisch ist; siehe Excurs XIX. Ueber Erytrius siehe oben 388 S. 287.

[3] Cod. Theod. XIII 5, 18.

[4] Ibid. XVI 5, 18; 10, 10 und öfters; die Vornamen in der Inschrift C. I. L. VI 3791.

[5] Nach Photios (Cod. 230) schrieb nämlich Ambrosius an einen gewissen Albinus, unter dem man sich nur den obengenannten denken kann, einen libellus; vgl. Seeck, Proleg. 180—181, und Tomassetti, Note sui prefetti di Roma 511.

[6] Rutilius Namatianus, De reditu suo I 167.

[7] Gregor von Tours II 9, nach Sulpicius Alexander. [8] A. a. O.

[9] So Gothofredus zu Cod. Theod. VI 26, 5; Tillemont, Hist. V 309; v. Wietersheim, Geschichte der Völkerwanderung IV 140.

[10] Valentinian war gegen Mitte des Jahres drei Monate in Rom. In dem Gesetz Cod. Theod. VI 26, 5, Inst. I 48, 3 und XII 19, 2, datirt: ‚8. Nov., Trier', ist wohl statt datum zu lesen: acceptum.

[11] Cod. Theod. II 4, 5.

[12] Wenigstens war der Vater des Dichters consularis Tusciae; vgl. De reditu suo I 579 sqq.

scheinlich ist er auch mit dem Claudius identisch, der im Jahre 396 praef. urbi von Konstantinopel war[1].

4. Constantinus als praef. praet. Galliarum zuerst am 14. Januar, zuletzt am 8. November erwähnt[2], wahrscheinlich Nachfolger des Evodius, der im Jahre 386 unter Maximus das Amt bekleidete. Im Jahre 382 war er vicarius dioecesis Ponticae[3]. Dem Constantinus folgte wahrscheinlich vor dem 2. März 390 Neoterius[4].

5. Messianus, der im Jahre 385 proconsul Africae war, wird als comes rer. priv. am 14. Juni 389 erwähnt[5].

6. Latinius Pacatus Drepanius wird als proconsul Africae am 4. Februar 390 erwähnt[6], erhielt aber die Stelle jedenfalls schon im Jahre 389, nachdem er dem Theodosius den Panegyricus vorgetragen hatte[7].

7. Trifolius (siehe 388) als praef. praet. Italiae zuletzt erwähnt am 19. Januar[8]. Sein Nachfolger war wohl Polemius (siehe 390).

8. Sextus Aurelius Victor[9], der Geschichtschreiber, dessen Werk De Caesaribus erhalten ist, gebürtig aus Afrika[10], war nach Amm. XXI 10, 6 unter Julian consularis Pannoniae secundae und ‚multo post‘ urbi praefectus. Das letztere war er zu einer Zeit, als Theodosius in Italien die Herrschaft führte[11], und zwar höchst wahrscheinlich als Nachfolger des Julianus Rusticus[12] nach Besiegung des Maximus und als Vorgänger des Albinus, also von September 388 bis spätestens Juni 389[13].

---

[1] Cod. Theod. VI 26, 8. Nach De reditu suo I 585 bekleidete der Vater des Dichters die Präfectur.

[2] Cod. Theod. XV 14, 8 und VI 26, 5. Die Schreibweise in den Handschriften schwankt zwischen Constantius, Constantianus und Constantinus; das Richtige gibt die Inschrift einer Mauer, die er später in Konstantinopel baute (C. I. L. III 1, 734); hier trägt er den Titel ὕπαρχος.

[3] Siehe oben 382 S. 123. [4] Cod. Theod. X 18, 3; siehe unten 390 S. 322.

[5] Cod. Theod. IV 22, 3. [6] Ibid. IX 2, 4. [7] Siehe oben S. 299.

[8] Cod. Theod. XIV 1, 3.

[9] Die Vornamen gibt die Inschrift C. I. L. VI 1186: Theodosio pio victori semper Augusto Sex. Aur. Victor v. c., urbi praef., iudex sacrarum cognitionum.

[10] Nach De Caes. XX 6 war er Landsmann des Septimius Severus.

[11] Siehe die angegebene Inschrift. [12] Siehe oben 388 S. 288.

[13] Beherrscher von Italien war Theodosius nach der Besiegung des Maximus und des Eugenius, der Idee nach auch nach der Ermordung Valentinians II. An diese letztere Zeit, d. h. an das Jahr 392, denkt Tomassetti (Note sui prefetti 512); er nimmt also an, dass Victor als praef. urbi Nachfolger des Alypius war, der

III. Religionsgesetze.

1. Gesetz des Theodosius vom 5. Mai an den praef. praet. Tatianus über die Eunomianer[1]. Diese werden für intestabel in dem Sinne erklärt, dass sie weder selbst ein Testament machen noch in einem Testamente berücksichtigt werden können; die letztere Bestimmung soll sogar für die Vergangenheit gelten. Alle ihre Güter sollen daher nach ihrem Tode dem Fiscus anheimfallen.

Dieses Gesetz wurde durch ein anderes vom 20. Juni 394 wieder aufgehoben[2]. Das letztere Gesetz ist an Rufinus, den Nachfolger des Tatianus, gerichtet, und zwar zu der Zeit, als der Kaiser den Zug gegen Eugenius antrat; man kann mit Gothofredus annehmen, dass nicht nur die Kriegsgefahr den Kaiser gegen die Feinde im Innern milder stimmte, sondern dass auch Rufinus den Häretikern freundlicher gegenüberstand als Tatianus, an den auffallend viele Gesetze gegen die Ketzer gerichtet sind.

In demselben Gesetze vom 5. Mai 389 scheint Theodosius den Eunomianern auch das ius militandi, d. h. das Recht, am Hofe und im Heere Beamtenstellungen zu bekleiden, genommen zu haben[3].

Kaiser Arcadius hat schon bald nach seinem Regierungsantritt, am 15. März 395, das Gesetz des Theodosius vom 5. Mai durch einen an denselben praef. praet. Rufinus gerichteten Erlass in seinem ganzen Umfange wiederhergestellt; alle Strafen, welche sein Vater gegen die hartnäckigen Ketzer festgesetzt habe, besonders die gegen ‚die treulose Gesinnung und verfluchte Secte‘ der Eunomianer, sollen bestehen bleiben, Vergünstigungen aber, die er ihnen in der Hoffnung auf Besserung gewährt habe, sollen wegfallen, insbesondere

---

am 14. Juli 391 das Amt hatte. Ich kann ihm darin nicht beistimmen; denn Ammian schrieb sein 22. Buch vor der Zerstörung des Serapeions (XXII 16, 12), also sicher vor Mitte 391 (siehe Excurs XIX); demnach ist das 21. Buch und darin die Bemerkung über Victors Präfectur vorher geschrieben. Ich setze daher diese mit Tillemont (Hist. V 302) in die Jahre 388—389.

[1] Cod. Theod. XVI 5, 17. Sie werden im Gesetze zur Schande spadones (Castrirte) genannt.

[2] Cod. Theod. XVI 5, 23.

[3] Eine solche Verfügung des Theodosius wird nämlich in einem Gesetze des Arcadius erwähnt (Cod. Theod. XVI 5, 29). Auch ein anderes Gesetz des Theodosius von demselben 5. Mai 389 (Cod. Theod. VIII 4, 16) spricht von solchen, denen das Recht des Kriegsdienstes genommen ist, und bestimmt, dass sie davon keine finanziellen Vortheile haben sollen.

sollen die Eunomianer nicht mehr das ius militandi und testandi haben [1].

Nach dem Tode des Rufinus wurde dann diese Verfügung gegen die Eunomianer zum zweitenmal beseitigt [2]. Es ist also leicht begreiflich, dass der Eunomianer Philostorgios in seiner Kirchengeschichte auf Rufinus schlecht zu sprechen ist [3].

2. Gesetz des Theodosius und Valentinians II. vom 17. Juni an den praef. urbi Romae Albinus gegen die Manichäer [4]. Es wird diesen der Aufenthalt auf dem ganzen Erdkreise, speciell in der Stadt Rom, unter Todesstrafe verboten; sie sollen nicht das Recht haben, Testamente zu machen, und ihre Güter sollen dem Volke anheimfallen. Schon Valentinian I. hatte den Manichäern im Jahre 372 das Recht zu Versammlungen genommen [5], und Theodosius nahm ihnen 381 das Testirrecht [6]; das Gesetz vom Jahre 389 will ihnen insbesondere den Aufenthalt in Rom verbieten.

3. Gesetz des Theodosius vom 6. September an den praef. praet. Tatianus, welches alle körperlichen Strafen für die Fastenzeit vor Ostern verbietet mit der Begründung, dass in dieser die Befreiung der Seelen (absolutio animarum) erwartet werde [7]. Das Gesetz verfügt dasselbe für den Orient, was im Jahre 380 derselbe Kaiser für Makedonien bestimmt hatte [8].

4. Gesetz des Theodosius vom 26. November an denselben Tatianus, welches den Bischöfen, Priestern, Diakonen, Lectoren und überhaupt den Clerikern der verschiedenen Secten den Aufenthalt in Konstantinopel und dessen Vororten verbietet [9]. Das Gesetz ist eine Erneuerung des Gesetzes vom 21. Januar des Jahres 384 [10] mit der Verschärfung, dass die Häretiker auch von den Vororten Konstantinopels ausgeschlossen werden sollen; es scheint, dass das frühere Gesetz nicht genügend zur Ausführung gekommen war.

---

[1] Cod. Theod. XVI 5, 25.

[2] Ibid. XVI 5, 27. Das Gesetz ist an Cäsarius praef. praet., der dem Rufinus nach dem 27. November 395 in dieser Stellung folgte, gerichtet, aber datirt: VIII. Kal. Iul. Olybrio et Probino cons. Dies Datum ist jedenfalls falsch; es ist wohl mit Gothofredus Ian. statt Iul. zu schreiben.

[3] Philostorgios XI 3. [4] Cod. Theod. XVI 5, 18.

[5] Ibid. XVI 5, 3. [6] Ibid. XVI 5, 7. [7] Ibid. IX 35, 5.

[8] Ibid. IX 35, 4. [9] Ibid. XVI 5, 19.

[10] Ibid. XVI 5, 13.

20*

IV. Culturgesetze.

1. Gesetz des Theodosius vom 28. April an den praef. praet. Tatianus, welches das frühere Verbot einschärft, von den Provincialen gegen deren Willen die Darbringung von Geschenken zum Zwecke der Gratulation bei festlichen Gelegenheiten zu verlangen [1]. Dieses frühere Verbot ist vielleicht das vorhergehende Gesetz vom 2. Februar 383 [2]; hier werden als festliche Gelegenheiten aufgezählt: glücklicher Ausgang einer Schlacht, Ende eines Krieges, Antritt des Consulates und persönliche Anwesenheit des Kaisers [3].

2. Gesetz des Theodosius und Valentinian II. vom 7. August an den praef. urbi Romae Albinus über die Gerichtsfeiertage [4]. Der Anfang des Gesetzes zeigt, dass es sich um eine Beschränkung dieser Feiertage handelt: ‚Alle Tage sollen Gerichtstage sein, nur folgende sollen fortan als Feiertage (feriae) gelten.‘ Es folgt die Aufzählung dieser Feiertage, deren 125 sind, so dass 240 Gerichtstage im Jahre übrig bleiben. Jene 125 sind:

a. Je ein Monat Sommer- und Herbstferien, jene wegen der Hitze, diese zum Einsammeln der Herbstfrüchte. Diese Ferien lagen, wie die dem Gesetze beigegebene interpretatio sagt, in den einzelnen Provinzen verschieden, wie ja auch die Ernte nicht überall zu gleicher Zeit war; nach der interpretatio dauerten sie später vom 24. Juni bis 1. August und vom 23. August bis 1. October; im Westgotenreiche [5] war ihre Dauer gesetzlich bestimmt vom 18. Juli bis 18. August und vom 17. September bis 18. October.

b. ‚Die hergebrachten Tage bei Beginn des Jahres‘; es sind dies der letzte December, der 1. und der 3. Januar, an denen die Gelübde für das Wohl der kaiserlichen Familie gemacht wurden [6].

c. Die Gründungstage Roms und Konstantinopels, d. h. der 21. April und 11. Mai.

d. Der Ostertag und die sieben vorhergehenden und nachfolgenden, zusammen also 15 Tage [7].

---

[1] Cod. Theod. VIII 11, 5. [2] Ibid. VIII 11, 4.

[3] Oder Errichtung seines Standbildes (so Gothofredus).

[4] Cod. Theod. II 8, 19, Iust. III 12, 6 und 7.

[5] Siehe Gothofredus zu dem Gesetze im Cod. Theod.

[6] Ueber diesen Festtag siehe Genaueres bei Marquardt, Römische Staatsverwaltung III 256—257.

[7] Siehe darüber auch Chrysost., Hom. XXX über die Genesis, Op. IV 294 [d].

e. Die Sonntage des Jahres.

f. Die Geburts- und Krönungstage der Kaiser. Zur Zeit Justinians waren noch hinzugekommen: der Weihnachts- und Epiphanietag und der Tag des Todes der Apostel[1].

3. Gesetz des Theodosius und Valentinian II. an denselben Albinus über die Behandlung der Zauberer[2]. Es wird bestimmt, dass Zauberer (malefici) als hostes publici gelten sollen. Als solche wurden sonst alle Majestätsverbrecher, Deserteure und Strassenräuber angesehen, und es war erlaubt, sie auf eigene Faust ohne Process zu tödten[3]. Das soll nun, wie der Kaiser erklärt, für Zauberer nicht gelten; man soll sie vor Gericht ziehen, aber nicht selbst tödten; thue man das letztere, so solle man das eigene Leben verwirkt haben. Als Grund gibt das Gesetz an: Wer einen solchen tödtet, zieht sich damit den Verdacht zu, ihn entweder aus Privatfeindschaft aus dem Wege geräumt zu haben oder ein Mitschuldiger des andern zu sein und ihn getödtet zu haben, damit er nicht als Zeuge auftreten könne. Das Gesetz nimmt besonders Bezug auf die Wagenlenker auf der Rennbahn (agitatores); diese bedienten sich vielfach der Zauberei, um ihren Gegner zu Fall zu bringen[4]; daher kam es vor, dass einer seinen Rivalen auf der Rennbahn tödtete unter dem Vorgeben, dieser habe ihn verzaubert. Solchem Unwesen will das Gesetz steuern.

V. Concilien

(fehlen).

VI. Kirchenväter.

a. Ambrosius.

1. Abhandlungen.

Ambrosius schrieb frühestens in diesem Jahre die Erklärung der Psalmen 45, 47, 48 und 61. Die Erklärung dieser vier

Am 27. Mai 392 wurde verfügt, dass an diesen 15 Tagen auch alle ‚actus publici et privati' ruhen sollten (Cod. Theod. II 8, 21). Zur Zeit Justinians war auch die Eintreibung der Schulden und die Getreideversorgung für diese 15 Tage verboten (Cod. Iust. III 12, 6).

[1] Vgl. das Gesetz im Cod. Iust. [2] Cod. Theod. IX 16, 11, Iust. IX 18, 9.

[3] Cod. Theod. VII 18, 14: Cuncti etenim adversus latrones publicos desertoresque militiae ius sibi sciant pro quiete communi exercendae publicae ultionis indultum; ibid. IX 14, 2 gegen die Strassenräuber; Tertullianus, Apologeticum c. 2: In reos maiestatis et publicos hostes omnis homo miles est.

[4] Amm. XXVI 3, 3; XXVIII 1, 27.

Psalmen unterscheidet sich von der der andern durch grosse Kürze, die zum Ende eines Psalmes hin immer mehr zunimmt; man kann daher annehmen, dass Ambrosius jeden Psalm in je einer Rede abmachte, und ebenso, dass diese Reden zeitlich nicht weit auseinanderliegen [1].

Auch schrieb er frühestens in diesem Jahre, vielleicht schon gegen Ende des vorhergehenden Jahres, die vier Bücher *De interpellatione Iob et David* [2]. Im Anschlusse an Job c. 6—14 schildert Ambrosius im ersten Buche und im Anschlusse an den 41. und 42. Psalm im zweiten Buche das Glück der Gottlosen; im dritten und vierten Buche zeigt er dann nach Job c. 21—27 und nach dem 72. Psalm, dass dieses Glück nur ein scheinbares ist.

2. Briefe.

Ambrosius schrieb in diesem oder im folgenden Jahre die Briefe 43 und 44 an Orontianus [3]. Sie handeln über sein eben verfasstes Hexaemeron [4]; der erstere beantwortet die Anfrage des Orontianus, warum Gott den Menschen erst nach allen Thieren erschaffen habe, eine Frage, die im Hexaemeron übergangen worden war; der zweite handelt über die Bedeutung der Siebenzahl.

---

[1] Die Zeit der Abfassung ergibt sich 1. daraus, dass in Luc. III 15 eine Erklärung des 48. Psalmes in Aussicht gestellt wird; 2. dass in Psalm. 61, 26 die zweite Gesandtschaft an Maximus (Ende 384) erwähnt wird; 3. dass an derselben Stelle vom Tode des Maximus die Rede ist in den Worten: et ad tempus adsumpta patientia vindicta paululum comperendinata est. Falsch setzt daher Förster (Ambrosius 96) die Abfassung der Erklärung des 61. Psalmes in die Zeit von 384—385 und Kellner (Der hl. Ambrosius 131) die Abfassung aller vier Erklärungen 387—388.

[2] Vgl. IV 8, 24: ‚Exemplum accersamus de saeculo: vide quemadmodum in civitatibus bonorum principum imagines perseverent, deleantur imagines tyrannorum.' Man kann hierbei mit Kellner (a. a. O. 126) an Maximus und Eugenius denken. Die Mauriner setzen das Werk ins Jahr 383, indem sie das bonorum principum imagines auf den 383 ermordeten Gratian beziehen; ausserdem berufen sie sich auf II 6, 24, wo von psaltae die Rede ist, die mit dem Aufkommen des allgemeinen Hymnen- und Psalmengesanges ausser Gebrauch gekommen seien. Aber ich möchte annehmen, dass der Gebrauch der psaltae später noch bestehen blieb. Auch die weitere Bemerkung der Mauriner, Ambrosius habe nach dem Umstürzen der kaiserlichen Statuen zu Antiochien im Jahre 387 nicht mehr von der Fortdauer der Standbilder guter Fürsten sprechen können, ist hinfällig; denn das genannte Ereigniss stand ganz vereinzelt da und die umgestürzten Standbilder wurden sofort wieder aufgerichtet.

[3] Ueber diesen siehe oben 387 zu den Briefen 34—36 S. 272.

[4] Dessen Abfassungszeit siehe in Excurs XII nr. 1.

Um dieselbe Zeit schrieb er **Brief 45** an Sabinus[1], Bischof von Placentia[2], über das Paradies und den Sündenfall.

Die Zeit des **Briefes 46** an Sabinus ist nicht zu bestimmen; die Mauriner setzen ihn ohne haltbaren Grund in die Jahre 389 bis 390; nur so viel lässt sich sagen, dass Brief 46 nach dem fünften Buche De fide geschrieben ist[3].

Die **Briefe 47—49** an Sabinus gehören zeitlich zusammen[4]; dass sie aber in der Reihenfolge verfasst sind, in der sie in den Sammlungen stehen[5], ist nicht zu erweisen. Die Mauriner setzen auch die Abfassung dieser Briefe in die Jahre 389—390; Ihm[6] hält das für unbegründet; ich möchte aber den Maurinern recht geben[7].

Brief 50 an Chromatius ist ganz um dieselbe Zeit geschrieben wie die Briefe 47—49[8]. Er behandelt die Geschichte des Propheten

---

[1] Der Anfang des Briefes ,lecto hexaemero' zeigt, dass das Hexaemeron damals kürzlich entstanden war. Auch nennt sich Ambrosius an derselben Stelle veteranus sacerdos. Ausserdem hat der Brief grosse Verwandtschaft mit Ep. 43; vgl. z. B. 45, 16 Anf. mit 43, 11 und besonders 45, 17 mit 43, 14—15.

[2] Dass Sabinus Bischof war, zeigt Ep. 48, 7, wo er mit frater angeredet wird; ausserdem wird er in der Ueberschrift des 58. Briefes und in dem Citate aus dem 46. Briefe bei Leo d. Gr. (Ep. 165 bei Migne, Patr. lat. LIV 1159) episcopus genannt. Ein Sabinus ep. Placentinus unterzeichnete aber das Protokoll des Concils von Aquileja 381.

[3] Vgl. Ep. 46, 3 mit De fide V 8, 100 und besonders 102: ut tu, cum legis et patrem et dominum, intellegas patrem filii et dominum creaturae.

[4] Vgl. Ep. 47, 2: ,Nobis autem, quibus curae est, senilem sermonem familiari usu ad unguem distinguere' mit 48, 7: ,Placet iam, quod senibus usu facilius est, cotidiano et familiari sermone epistulas texere'; ferner 47, 4: ,Interludamus epistulis, quarum eiusmodi usus est, ut disiuncti locorum intervallis affectu adhaereamus, in quibus inter absentes imago refulget praesentiae' mit 49, 1: ,quoniam tibi quoque placuit nostrarum usus epistularum, in quibus quidam inter absentes praesentium sermo est'.

[5] Dies nimmt Ihm an (a. a. O. 50 Anm. 278). [6] A. a. O. 50—51.

[7] Denn auch diese Briefe sind im Greisenalter des Ambrosius geschrieben (vgl. 47, 2 und 48, 7); ferner steht Ep. 47 dem Briefe 45 sehr nahe, so nahe, dass ich glaube, dass er unmittelbar nach diesem geschrieben ist.

[8] Ihm (a. a. O. 51) hält die Zeit dieses Briefes für ganz ungewiss; auch die Mauriner finden keine andere Zeitbestimmung in dem Briefe als den Hinweis auf das Greisenalter des Ambrosius in nr. 16. Aber eben in dieser nr. 16 finden sich ganz deutlich Anklänge an den 47. Brief; man vergleiche 50, 16: ,ego autem assumpsi epistulas familiari sermone adtexere redolentes aliquid de patrum moribus', mit 47, 5: ,iam si ut hortaris aliquid et de veteribus scripturis redoleat in epistulis', und 50, 16: ,malo inquam hallucinari tecum verbis senilibus . . . quam concitationibus deflare aliquid' mit 47, 2: ,nobis autem, quibus curae est, senilem sermonem familiari usu ad unguem distinguere . . ., ut non deflare aliquid videamur'.

Balaam. Dass unter dem Adressaten der Bischof von Aquileja zu verstehen ist, der als Priester die Acten des Concils zu Aquileja im Jahre 381 unterschrieb, kann nicht bezweifelt werden [1].

b. Augustinus.

1. Leben.

Augustinus kam zu Anfang dieses oder zu Ende des vorhergehenden Jahres, nachdem er sich auf der Rückkehr von Italien zu Karthago eine Zeitlang aufgehalten hatte (siehe 388), in seine Vaterstadt Tagaste und blieb hier ‚beinahe drei Jahre' bis zu seiner Priesterweihe [2]. Er verkaufte sein kleines Erbe und vertheilte den Erlös unter die Armen [3]; darauf lebte er in stiller Zurückgezogenheit mit seinen Freunden, und zwar in der Stadt Tagaste selbst, nicht auf dem Lande, nahm sich aber auch gelegentlich der Angelegenheiten seiner Mitbürger an [4]. Mit ihm lebten zusammen Alypius und Evodius, die ihn aus Italien begleitet hatten [5], ferner Severus, der ungefähr gleichzeitig mit Augustinus Bischof und zwar von Mileve wurde [6]. Auch seine Landsleute Romanianus und Licinianus standen damals mit Augustinus in Verkehr [7], am meisten aber Nebridius; dieser, nahe bei Karthago geboren, war nach Mailand zu ihm gekommen, um mit ihm gemeinsam nach der Wahrheit zu forschen, und wurde mit ihm getauft; nach Afrika zurückgekehrt, lebte er mit den Seinigen zusammen und bekehrte diese alle [8]; da er zur Zeit der Zurückgezogenheit Augustins diesen nicht oft genug sehen konnte, wechselte er Briefe mit ihm; dahin gehören die Briefe 5—14 des Augustinus, theils von diesem, theils von Nebridius an ihn geschrieben; sie handeln fast ausschliesslich über Fragen der platonischen Philosophie. Nebridius starb kurz nachher [9].

2. Abhandlungen.

Augustinus schrieb in dieser Zeit:

De Genesi contra Manichaeos, zwei Bücher, zur Vertheidigung des alttestamentlichen Gesetzes. In dieser Schrift bemüht er sich im

[1] Siehe über ihn oben 388 S. 297. [2] Possidius, Vita s. Augustini c. 3.
[3] Ep. 157, 39. [4] Ep. 5. [5] Conf. IX 8. [6] Ep. 31, 9 und 84, 1.
[7] Ep. 5 und 10, 1; der erstere war schon in Italien bei ihm gewesen, siehe oben 386 S. 248.
[8] Conf. VI 10, 17 und IX 3, 6. [9] Conf. IX 3, 6; vgl. Ep. 10, 1.

Gegensatz zu seinen frühern Schriften gegen die Manichäer, auch für Ungelehrte verständlich zu sein [1].

Die zu Mailand begonnenen sechs Bücher *De musica* wurden vollendet [2].

De magistro, eine Unterredung mit seinem Sohne Adeodatus zum Beweise, dass Gott unser einziger Lehrer ist [3]. Adeodatus war zur Zeit der Unterredung 16 Jahre alt; da er bei seiner Taufe im Frühlinge 387 ‚fast 15 Jahre alt' war [4], ist anzunehmen, dass die Schrift Anfang 389, wenn nicht schon Ende 388 entstanden ist.

De vera religione will zeigen, dass die wahre Religion nur in der katholischen Kirche zu finden sei und dass Gott mit der Vernunft erkannt werden könne. Auch diese Schrift ist grossentheils gegen die manichäische Lehre von der Substantialität des Bösen gerichtet [5]. Alypius schickte die Schrift bald nach ihrem Entstehen mit vier andern gegen die Manichäer an Paulin von Nola [6].

3. Briefe.

Ausser den Briefen 5—14 an Nebridius (siehe oben) schrieb Augustinus in dieser Zeit zu Tagaste:

Brief 15 an Romanianus in Tagaste, Begleitschreiben zur Schrift De vera religione, die eben fertig geworden war und ihm gewidmet wurde. Augustinus hatte dem Romanianus in Mailand die Schrift in Aussicht gestellt [7].

Briefe 16—17 sind wahrscheinlich in dieser Zeit geschrieben, der erstere von dem heidnischen Grammatiker Maximus zu Madaura an Augustinus, der zweite von Augustinus an Maximus [8]; sie behandeln die christliche Gottes- und Martyrerverehrung in ihrem Gegensatze zur heidnischen Götterverehrung.

Brief 18 an Cälestinus, dem Augustinus seine neuverfassten Schriften gegen die Manichäer eingesandt hatte, ohne sie zurückzuerhalten.

---

[1] Retract. I 10; De Genesi ad litteram VIII 5; De Genesi contra Manichaeos I 1.

[2] Retract. I 6 und 11. [3] L. l. 12. [4] Conf. IX 6, 14.

[5] Retract. I 13, 1 und Ep. 162, 2.

[6] Paulinus, Ep. 4, 1 und 2; Augustinus, Ep. 27, 4.

[7] De vera rel. 7, 12; vgl. Contra Academicos II 3, 8.

[8] Es findet sich in den Briefen keine Spur von einer kirchlichen Stellung Augustins; auch ist die heidnische öffentliche Götterverehrung, die 391 verboten wurde, noch in Uebung.

Die Zeit der Briefe 19 und 20, welche die Mauriner in diesen Lebensabschnitt des Augustinus setzen, ist nicht zu bestimmen.

c. Hieronymus.

Hieronymus schrieb in diesem oder im folgenden Jahre seine Uebersetzung der 39 Homilien des Origenes über das Lucasevangelium[1]. Kurz danach verfasste er eine Erklärung der Psalmen 10—16, die verloren gegangen ist[2].

VII. Bischöfe.

1. Mit dem Tode des Maximus hatte die Partei der Mörder Priscillians[3] ihren Halt am Hofe verloren; Bischof Idacius verzichtete freiwillig auf sein Bisthum, hat es aber später wieder übernommen. Bischof Ithacius wurde am heftigsten angefeindet und zuletzt angeklagt; seine Berufung auf Maximus als Hauptthäter nützte ihm nichts, er wurde abgesetzt und aus der kirchlichen Gemeinschaft ausgeschlossen; dies geschah im Jahre 389[4]. Damit war aber der Streit keineswegs zu Ende; in Spanien waren die Pris-

---

[1] Die Uebersetzung steht im Schriftenkatalog des Hieronymus (De vir. illustr. c. 135) hinter der Uebersetzung der Schrift des Didymos De spiritu sancto (siehe 388 S. 295). Sie wurde ferner später als der Lucascommentar des Ambrosius verfasst, der um das Jahr 388 entstand (siehe oben S. 293); denn Hieronymus motivirt in der Vorrede die Uebersetzung auch damit, dass von links her ein Rabe laut krächze und sich über die Farbe aller Vögel lustig mache, während er selbst ganz schwarz sei. Dass hiermit Ambrosius und sein Lucascommentar gemeint sei, behauptet Rufinus (Apol. II 23); in dieser Auffassung, sagt er, stimmten alle überein und er besitze einen Brief des Hieronymus, in welchem die Beziehung dieser Worte auf andere abgewiesen, auf Ambrosius aber der Verdacht hingelenkt werde. Dass Ambrosius wirklich gemeint war, dürfte nicht zu bezweifeln sein; beide Männer hatten ganz verschiedene exegetische Grundsätze, und es ist auch nicht bekannt, dass ein anderer damals einen Commentar zum Lucasevangelium schrieb. Schon die zweideutige Auslassung des Hieronymus De vir. illustr. lässt seinen Gegensatz zu Ambrosius klar erkennen; er sagt hier c. 124: de quo quia superest, meum iudicium subtraham, ne in alterutram partem aut adulatio in me reprehendatur aut veritas. Und Rufin kommt oft darauf zu sprechen, wie ‚unwürdig und hässlich‘ Hieronymus den Ambrosius, einen so verdienten Mann, ‚zerfleischt‘ habe (Apol. II 22. 23. 43).

[2] De vir. illustr. c. 135. [3] Siehe oben 385 S. 223 und 386 S. 256.

[4] Sulpicius Severus, Chron. II 51, 5—6; Prospers Chronik zum Jahre 389. Ueber des letztern Angabe, dass auch Bischof Ursacius abgesetzt worden sei, siehe Excurs XXIII nr. 4.

cillianisten mächtig; aber auch in Gallien dauerte die Uneinigkeit unter den Bischöfen fort und führte wiederholt zu Synoden [1]. Führer der Ithacianer war seit der Absetzung des Ithacius Bischof Felix von Trier [2].

2. Um diese Zeit [3] fand Bischof Markellos von Apameia in Syrien den Martertod durch die Heiden, als er zu Aulon nahe bei Apameia mit Hilfe von Soldaten einen Göttertempel zerstörte. Markellos war Nachfolger des Bischofs Johannes, der unter Valens eine schwere Stellung hatte, dessen Tod aber noch überlebte [4]. Nachfolger des Markellos war im Jahre 393 Agapetos, der früher als Einsiedler in der Gegend von Apameia gelebt hatte [5].

[1] Sulp. Sever. l. l.; Ambrosius, De obitu Valentiniani c. 25.

[2] Concil von Turin, can. 6 (bei Mansi, Conc. III 862).

[3] Sozomenos VII 15 erzählt dies zugleich mit der Zerstörung des Serapeions.

[4] Theodoret V 4 und 21.

[5] A. a. O. IV 28 und V 27.

390.

1. Januar Dienstag; 1. Neumond 3. Januar früh; Ostern 21. April.

I. Die Kaiser.

Theodosius.

Theodosius und Valentinian brachten das Jahr in Mailand zu; doch waren sie vom 23. August bis zum 8. September in Verona [1]. Arcadius vertrieb bei der Abwesenheit seines Vaters seine Stiefmutter Galla aus dem Palaste zu Konstantinopel [2].

In diesem Jahre schickte der römische Senat eine zweite Gesandtschaft [3] nach Mailand an Kaiser Theodosius mit der Bitte um Wiederherstellung des Altars der Victoria. Der Kaiser schwankte. Ambrosius trat ihm heftig entgegen, hatte aber zunächst keinen Erfolg; doch nahm ihm auch der Kaiser sein entschiedenes Auftreten nicht übel, weil er zugestehen musste, dass der Bischof nur die Sache der Kirche, nicht seinen Vortheil verfocht. Ambrosius hielt sich jetzt mehrere Tage vom Hofe fern und erreichte endlich seinen Zweck: die Gesandtschaft wurde abgewiesen [4].

---

[1] Cod. Theod. XVI 2, 28 und VIII 5, 19.

[2] So Marcellinus Comes zum Jahre 390.

[3] Die erste Gesandtschaft war 384 an Valentinian, siehe S. 171 und 184.

[4] Ambrosius, Ep. 57, 4. Die Verhandlungen fanden zu Mailand statt; bei der Anwesenheit des Kaisers in Rom im vorigen Jahre hatte der Senat nicht den Muth zu dieser Bitte gehabt, weil Symmachus sich zu enge an Maximus angeschlossen hatte und durch dessen Fall blossgestellt worden war. Das ist auch der Grund, weshalb die Gesandtschaft wohl nicht im Jahre 389 gewesen sein kann, wie Güldenpenning (a. a. O. 173) annimmt; Sievers (Studien 471) verlegt sie sogar ins Jahr 388, was ganz undenkbar ist. Sehr wahrscheinlich ist es, dass die Designation des Symmachus zum Consul Ende 389 dem Senate den Muth zu dem neuen Versuche gab.

Das Blutbad zu Thessalonich.

Das Blutbad zu Thessalonich und die Busse des Theodosius zu Mailand waren in diesem Jahre [1]. Wir sind über diese Ereignisse unterrichtet durch Rufinus II 18, Sozomenos VII 24, Theodoret V 17, Paulinus, Vita Ambrosii c. 24, Augustinus, De civ. dei V 26 und besonders durch den 51. Brief des Ambrosius, den er in dieser Angelegenheit an Theodosius schrieb. Ueber den Werth dieser Berichte ist man sehr getheilter Ansicht; während Güldenpenning [2] dem des Paulinus den grössten Werth beilegen will, meint Förster [3], dass die meisten ältern und neuern Darstellungen zu sehr von Paulinus abhängig seien. Der einfachste und zuverlässigste Bericht ist jedenfalls der des Rufinus; ich zweifle nicht, dass Sozomenos diesen benutzt hat, allerdings nicht

[1] Baronius (392, 2—3) setzte das Blutbad ins Jahr 390; ihm folgten darin unter Anerkennung seiner Beweisführung Gothofredus (Chronologie des Cod. Theod. zum Jahre 390), Tillemont (Mém. X 209), Clinton (Fasti Rom. zum Jahre 390), Ihm (Stud. Ambros. 51—52), Förster (Ambros. 64) und Güldenpenning (Der Kaiser Theodosius 183 Anm. 4); dagegen setzte es neuerdings Seeck (Proleg. 117 Anm. 579) ins Jahr 389. Die Quellen schwanken hinsichtlich der Zeit; im Chronicon Gallicum (Mommsen IX 648) steht das Ereigniss hinter dem Tode des Maximus; in dieselbe Zeit setzen es Paulinus (Vita Ambros. c. 24), Rufinus (II 18) und Theodoret (V 17). Dagegen setzt Sozomenos (VII 24) es hinter den Tod des Eugenius, d. h. nach dem Jahre 394. Das Jahr 390 scheint mir das richtige zu sein. Denn 1. war Rufinus zur Zeit der Busse des Theodosius mag. offic.; als solcher wird er aber zuerst erwähnt am 8. März 390 (Cod. Theod. X 22, 3) und blieb es bis 392, wo er praef. praet. wurde; im Jahre 389 war Cäsarius praef. praet. und wird am 3. September erwähnt (Cod. Theod. VIII 5, 49). Zwar behauptet Seeck (Proleg. 116), Rufinus habe schon 382 die Stelle als mag. offic. angetreten; er schliesst das aus dem Briefe III 81 des Symmachus, den er ins Jahr 382 verlegt; aber dieser Brief, in dem von einer Beförderung des Flavianus und Rufinus die Rede ist, kann auch im Jahre 390 geschrieben sein, und dass es thatsächlich so ist, folgt daraus, dass Rufinus nicht wohl im Jahre 382 mag. offic. geworden sein kann; denn er hätte dann gegen alle Gewohnheit zehn Jahre dieses Amt innegehabt, und ausserdem wird auch Palladius, der im Anfang 282 mag. offic. war, als solcher noch erwähnt im Jahre 384 (Cod. Theod. VII 8, 3); ferner wird Cäsarius im Jahre 389 als mag. offic. genannt (Cod. Theod. VIII 5, 49; wollte jemand dieses Gesetz, wie Gothofredus in der Chronologie zum Jahre 389 vorschlägt, mit den Gesetzen XI 1, 22 und XII 1, 113 verbinden, zu denen es aber seinem Inhalte nach nicht passt, so würde die Schwierigkeit nicht verringert werden). 2. Nach Theodoret dauerte die Busse des Theodosius acht Monate und endigte mit dem Weihnachtsfeste; es ist aber nicht anzunehmen, dass der Kaiser während seiner Busszeit den Triumph in Rom hielt; das wäre aber geschehen, wenn die Busse 389 gewesen wäre. 3. Im December 390 war Theodosius wirklich in Mailand nach Cod. Iust. I 40, 9.

[2] A. a. O. 183 Anm. 4. [3] A. a. O. 286 Anm. 83.

diesen allein, und dass Sozomenos hier wieder wie so oft dem Theodoret vorgelegen hat; das letztere geht klar daraus hervor, dass Theodoret den Eintritt des Theodosius in das Presbyterium der Mailänder Kirche, den Sozomenos nur äusserlich an die Busse des Theodosius anreiht, auch innerlich mit derselben verknüpft. Der Bericht des Theodoret ist jedenfalls wie der breiteste, so auch der legendenhafteste.

Die Stadt Thessalonich scheint damals über das Treiben der einquartierten römischen Soldaten in grösster Missstimmung gewesen zu sein [1]; die Räubereien der germanischen Flüchtlinge in der Umgebung der Stadt mögen diese Einquartierung veranlasst haben [2]. Ein kleiner Umstand genügte unter diesen Verhältnissen, um einen Aufstand zu erregen. Ein beliebter Wagenlenker war wegen einer unsittlichen That von dem Stadtcommandanten Botherich ins Gefängniss geworfen worden; das Volk verlangte ihn zurück für die bevorstehenden Circusspiele, und da ihm nicht willfahrt wurde, revoltirte es, wobei Botherich selbst ums Leben kam und auch andere Beamte misshandelt wurden [3]. Die Nachricht davon versetzte den Kaiser Theodosius, der damals in Mailand war, in grossen Zorn; Ambrosius legte Fürbitte für die unglückliche Stadt ein, vielleicht machte ihm auch der Kaiser eine beschwichtigende Zusage [4]; aber durch seine Rathgeber aufgestachelt, zu denen auch der mag. offic. Rufinus gehörte [5], erliess er nachher den Befehl, an der ganzen Stadt eine exemplarische Strafe zu vollziehen. Er hat den Befehl bald darauf widerrufen, aber es war schon zu spät [6]. Das Volk in Thessalonich wurde zu einem Schauspiel in den Circus berufen und strömte, nichts Böses ahnend, dahin; aber während des Spieles umzingelten Soldaten den Platz, stürzten sich auf ein gegebenes Zeichen in die Menge und schlachteten schonungslos alles hin, Männer, Weiber und Kinder,

---

[1] Theophanes zum Jahre 384 p. 113; Kedrenos 554; Moses von Chorene, Geschichte Grossarmeniens, übersetzt von M. Lauer III 37.

[2] Zos. IV 48—49. [3] Sozomenos und Theodoret.

[4] So sagen Augustinus und Paulinus, aber der Wortlaut im Briefe des Ambrosius nr. 6 scheint mir dagegen zu sprechen, besonders die Worte: ‚quod revocare non potui, ne fieret' und: ‚quod ante atrocissimum fore dixi, cum toties rogarem'; auch würde er wohl in dem Briefe an den Kaiser, in welchem er diesen zur Busse bestimmen will, den Vorwurf der Wortbrüchigkeit ihm nicht erspart haben.

[5] Theodoret nennt den Rufinus; Ambrosius, De obitu Theod.: peccatum suum, quod ei aliorum fraude obrepserat; Augustinus l. l.: tumultu quorundam, qui ei cohaerebant.

[6] Ambrosius, Ep. 51, 3.

auch Fremde, die ganz unbetheiligt an dem Frevel der Stadt waren; drei Stunden dauerte das Morden, und 7000 Menschenleben fielen als Opfer[1].

Die erste Kunde von der Schreckensthat kam nach Mailand zu der Zeit, als hier eine Synode wegen der Ithacianer versammelt war[2]. Ein Schrei des Entsetzens ging durch die Versammlung, und alle Bischöfe waren der Ansicht, dass das Vergehen öffentliche Sühne seitens des Kaisers erheische[3]. Dieser war damals nicht in der Stadt, kehrte aber bald dahin zurück; Ambrosius wich ihm aus, angeblich, weil Krankheit ihm das Bedürfniss der Ruhe auferlegte — er war auch in Wahrheit sehr angegriffen —, mehr aber deshalb, weil er einen harten Zusammenstoss mit dem Kaiser fürchtete und ihm Zeit zur Beruhigung lassen wollte[4]. Aus der Ferne schrieb er ihm einen Brief (51) und zwar eigenhändig (nr. 14). Nur mit schwerem Herzen, so beginnt er, sei er dieses Mal gegen seine Gewohnheit dem Kaiser aus dem Wege gegangen; dann zeichnet er freimüthig dem Kaiser sein eigenes Bild; er lobt seine Frömmigkeit und milde Gesinnung, tadelt aber seine aufbrausende Heftigkeit, die, wenn sie von andern aufgestachelt werde, keine Grenzen kenne (nr. 1 u. 4). Darauf vergleicht er sich selbst mit Nathan, der vor den König David trat und sprach: Der Mann bist du; er fordert das Bekenntniss Davids: Ich habe dem Herrn gesündigt (nr. 7); dass ein Mensch sündige, sei nicht zu verwundern; aber tadelnswerth sei es, wenn er seine Fehler nicht einsehe und sich vor Gott nicht demüthige; denn nur durch Thränen und Busse könne die Sünde getilgt werden (nr. 9 u. 11); endlich warnt er den Kaiser, ungesühnt dem Gottesdienste beizuwohnen, er möge zu der einen Sünde nicht eine neue hinzufügen; sollte er aber doch das Verbotene thun wollen, so werde er, der Bischof, nicht wagen, das Opfer darzubringen (nr. 12—14). Paulin und Theodoret berichten, der Kaiser sei dennoch nach Rückkehr des Ambrosius zur Thüre der Kirche gekommen und habe Ein-

[1] Die Spätern, wie Kedrenos und Moses von Chorene, sprechen sogar von 15000; Theodoret nennt 7000; die drei Stunden gibt Paulinus an. Sozomenos sagt, die Zahl der zu Mordenden sei vom Kaiser vorgeschrieben worden, woraus Güldenpenning (185) macht, jeder Soldat habe seine bestimmte Zahl morden müssen; er hat dabei aber das *ὡς ἐπιλείποντος τοῦ ἀριθμοῦ οὐκ ἀκίνδυνον σφίσιν ἔφασαν* missverstanden.

[2] Der Wortlaut bei Ambros., Ep. 51, 6, zeigt, dass die Synode noch nicht beisammen war, als der Strafbefehl des Kaisers erlassen wurde; danach ist Förster 65 zu verbessern.

[3] Ambrosius, Ep. 51, 6. [4] Ibid. 51, 4—5.

lass begehrt, der Bischof aber habe vor versammeltem Volke seinen Purpur ergriffen und ihn vom Eintritt zurückgehalten; nach Paulin wies der Kaiser dabei auf David hin, der Mord und Ehebruch begangen habe und doch vom Gottesdienste nicht ausgeschlossen worden sei; der Bischof aber habe damals den klassischen Ausspruch gethan: ‚Wenn du ihm in der Sünde gefolgt bist, dann folge ihm auch in der Busse.' Ich halte diesen Hergang für unwahrscheinlich[1]; der Kaiser konnte in dem Briefe des Ambrosius mit aller Deutlichkeit lesen, dass sein Versuch aussichtslos sein werde, und er kannte den unbeugsamen Sinn seines bischöflichen Freundes zur Genüge.

Was den weitern Verlauf der Sache angeht, so steht fest, dass der Kaiser öffentlich in der Kirche Busse gethan hat; er hat sich nach Ablegung seiner kaiserlichen Insignien vor allem Volke in der Kirche zu Boden geworfen, seine Sünde unter Thränen bekannt und um Verzeihung gefleht; das Volk hat gerührt mit ihm geweint und gefleht. Das erzählt Ambrosius selbst[2], und übereinstimmend mit ihm erzählen es Rufin und Augustin. Rufin und Sozomenos berichten auch, er habe die ihm zur Busse bestimmte Zeit innegehalten und sich in dieser Zeit des kaiserlichen Schmuckes enthalten. Diese Zeit wird von Theodoret angegeben; es waren acht Monate, die mit dem Geburtsfeste des Herrn endigten; an diesem wurde nach Theodoret der Kaiser wieder zum Sacrament in der Kirche zugelassen. Ich sehe keinen Grund, an der Zuverlässigkeit dieser Angaben zu zweifeln. Um so entschiedener aber muss ich mich gegen die weitern Bemerkungen Theodorets erklären, die man bisher allgemein völlig unbeanstandet hingenommen hat[3]. Theodoret erzählt nämlich breit mit Einflechtung mehrerer Reden, der Kaiser habe sich acht Monate lang zur Kirchenbusse nicht entschliessen können; dann habe Rufin am Weihnachtsfeste einen Versuch zur Versöhnung bei Ambrosius gemacht; der aber habe abgelehnt und erklärt, er werde, wenn der Kaiser Gewalt brauche, sein Leben einsetzen; der Kaiser sei dem Rufin nachgegangen und habe in der Mitte des Weges dessen Bescheid entgegengenommen; trotzdem sei der Kaiser zu dem Bischofe gekommen, der als Ausdruck seiner Busse den Erlass des Gesetzes von den 30 Tagen Strafaufschub von ihm verlangt habe; der Kaiser habe sich dazu verstanden, darauf von Ambrosius die Absolution

[1] So auch Förster a. a. O. 68. [2] De obitu Theod. c. 34.

[3] So Tillemont, Mém. X 216 ss.; Güldenpenning 187–188; Ihm 52 und zum Theil Förster 67–68.

empfangen und sich in der Kirche reumüthig zu Boden geworfen. Beim Opfergang, so erzählt Theodoret weiter, blieb der Kaiser im Presbyterium der Kirche zurück, um hier die Communion zu empfangen; Ambrosius aber liess ihm melden, dieser Platz sei für den Clerus bestimmt und der Purpur verleihe nicht das Priesterthum; der Kaiser entschuldigte sich, er habe das nur gethan, weil er in Konstantinopel es gewohnt sei, innerhalb der cancelli zu bleiben, und ging dann demüthig zu dem Platz für die Laien zurück. Diese Erzählung des Theodoret steht in offenem Widerspruch mit Rufin und Sozomenos, die beide sagen, der Kaiser habe im Angesichte der Kirche Busse gethan und sich in der ganzen ihm bestimmten Zeit des kaiserlichen Schmuckes enthalten; nach ihnen fällt also die öffentliche Verdemüthigung des Kaisers in den Anfang, nicht an das Ende der acht Monate; man kann es auch für sicher halten, dass der Kaiser keine acht Monate mit der Busse gezögert hat. Was dann Theodoret von dem Stehenbleiben des Kaisers innerhalb der cancelli erzählt, ist ganz albern; es setzt voraus, dass der Kaiser damals zum erstenmal in der Kirche zu Mailand erschien oder doch das Abendmahl empfing; auch ist völlig durchsichtig, dass Theodoret dieses aus Sozomenos geschöpft hat, der es unmittelbar nach der Busse des Kaisers erzählt, ohne es aber mit dieser in innern Zusammenhang zu bringen. Und wenn Theodoret den Kaiser dem Rufin ungeduldig nachgehen und auf halbem Wege die ablehnende Antwort des Ambrosius entgegennehmen lässt, so weist er ihm damit eine etwas gar gewöhnliche, ja kindliche Rolle zu. Auch das Gesetz von den 30 Tagen hat Theodoret dem Sozomenos entlehnt; die Verhandlungen über dies Gesetz wurden aber jedenfalls nicht erst am Weihnachtsfeste geführt. Meiner Ansicht nach können wir den weitschweifigen Ausführungen Theodorets als historische Wahrheit nur das entnehmen, dass der Kaiser acht Monate sich des Sacramentes enthielt und am Weihnachtsfeste zu diesem wieder zugelassen wurde.

Rufin, Sozomenos und Theodoret erzählen, Kaiser Theodosius habe bei Gelegenheit seiner Kirchenbusse auch ein Gesetz erlassen, durch das ähnlichen Vorkommnissen wie dem von Thessalonich für die Folgezeit vorgebeugt werden sollte. Den Inhalt des Gesetzes gibt am ausführlichsten Theodoret an: Kaiserliche Decrete über Hinrichtung und Güterconfiscation, die als Ausfluss augenblicklicher Aufwallung erscheinen, sollen die Ausführungsbeamten 30 Tage lang nach ihrer Ausfertigung liegen lassen und dann dem Kaiser wieder zur Bestätigung vorlegen. Wir haben im Cod. Theod. ein Gesetz genau desselben Inhalts, das Gratian angeblich im Jahre 382 erliess [1]. Gothofredus und Baronius [2] wollten die Ueber- und Unterschrift dieses Gesetzes so verändern, dass es dem Jahre 390 angehöre; aber eine solche gewaltsame Aenderung hat den Spätern fast ausnahmslos nicht gefallen [3], und ganz mit Recht. Es ist anzunehmen, dass das Gesetz des Gratian mit dessen Tode ausser Uebung kam und dass es von Theodosius im Jahre 390 erneuert wurde.

II. Die römischen Beamten.

a. Die Consuln.

Valentinian zum vierten Male und Neoterius. Der letztere war im Jahre 380 praef. praet. Orientis und 385 praef. praet. Italiae gewesen. Auch im Jahre 390 war er praef. praet. und wird als solcher am 2. März und 28. Mai erwähnt [4]; nach Seeck war er in diesem Jahre wieder über Italien gesetzt [5]; ich halte es aber für wahrscheinlicher, dass er praef. praet. Galliarum als Nachfolger des Constantinus war [6]. Den Antritt seines Consulates feierte er in Mailand und lud den Symmachus dazu ein [7]. Er lebte noch im Jahre 399 [8].

b. Beamte des Ostreiches.

1. Alexander als praef. Augustalis am 18. Februar erwähnt [9]. Sein Vorgänger war wahrscheinlich Eventius [10], sein Nachfolger vor dem 16. Juni 391 Evagrius [11].

2. Proculus (siehe 389), praef. urbi von Konstantinopel, er-

[1] Siehe oben 382 S. 130. [2] Ann. eccl. 390, 27.

[3] So Tillemont, Mém. X 221 und Hist. V 721 note 20; Pagi 390, 5—9; Güldenpenning 188; Ihm 52; Schiller, Geschichte der römischen Kaiserzeit II 413. Merkwürdigerweise hat Seeck (Proleg. 117 Anm. 579) die Ansicht des Gothofredus wieder aufgenommen; seine Behauptung aber, dass Flavianus, an den das Gesetz vom 18. August 382 gerichtet ist, im Jahre 382 noch nicht im Amte war, hat Seeck nicht erwiesen.

[4] Cod. Theod. X 18, 3 und VI 29, 7.

[5] Seeck (Proleg. 154 Anm. 786) folgert dies daraus, dass Neoterius in Mailand sein Consulat antrat. Wäre er aber über Italien gesetzt gewesen, so hätte Italien damals zwei praef. praet. gleichzeitig gehabt, nämlich ausser ihm auch den Polemius.

[6] Siehe über diesen oben 389 S. 305. [7] Symmachus, Ep. V 38.

[8] Ibid. Ep. VI 36. [9] Cod. Theod. XIII 5, 18.

[10] Siehe oben 389 S. 304. [11] Cod. Theod. XVI 10, 11.

richtete im Circus einen Obelisken[1]. Dieser sollte schon zur Zeit des Konstantius von Alexandrien nach Konstantinopel geschafft werden; inzwischen starb dieser Kaiser, und Julian erneuerte die Forderung, die damals von den Alexandrinern jedenfalls erfüllt wurde[2]. Doch blieb der Obelisk in Konstantinopel bis zum Jahre 390 unaufgerichtet.

3. Rufinus wird am 8. März als mag. offic. erwähnt[3]; er war es wohl schon längere Zeit, vielleicht schon seit 382[4]. Er blieb in dieser Stellung, bis er 392 praef. praet. wurde[5]. Er war Kelte von Geburt und genoss das unbeschränkte Vertrauen des Kaisers, was ihn immer übermüthiger machte[6]. Seine Schwester Silvia, welche in der Heimat einem Kloster angehörte, hatte kurz vorher über Konstantinopel eine dreijährige Pilgerreise nach Jerusalem gemacht[7].

4. Severinus als comes rer. priv. erwähnt am 4. Juni[8]; vor dem 15. April 391 wurde er comes sacr. larg.[9] Libanios richtete in seiner Amtszeit die Briefe 797 b und 919 an ihn[10].

5. Siburius war in dieser Zeit consularis Palaestinae; er war der Sohn jenes Siburius, der 379 praef. praet. Gall. war. Mit beiden stand Libanios in Briefwechsel[11].

6. Tatianus praef. praet. (siehe 388).

---

[1] Marcellinus Comes zum Jahre 390: obeliscus in circo positus est. Das Jahr wird bestätigt durch die lateinisch-griechische Aufschrift des Obelisken, worin gesagt ist, er sei errichtet worden nach Besiegung der Tyrannen ‚indice sub Proclo'; die Tyrannen sind Maximus und Victor; das ‚Proclo' ist in eine Rasur hineingeschrieben, es wurde jedenfalls nach dem Falle des Proculus 392 ausradirt, nach Wiederherstellung seines Andenkens aber im Jahre 395 (Cod. Theod. IX 38, 9) wieder eingesetzt. Die Inschrift lautet (C. I. L. III 1, 737; C. I. Gr. IV 8612): *Κίονα τετράπλευρον ἀεὶ χθονὶ κείμενον ἄχθος | μοῦνος ἀναστῆσαι Θευδόσιος βασιλεὺς | τολμήσας Πρόκλῳ ἐπεκέκλετο· καὶ τόσος ἔστη | κίων ἠελίοις ἐν τριάκοντα δύω;* auf der andern Seite: ‚Difficilis quondam dominis parere serenis | iussus et exstinctis palmam portare tyrannis | — omnia Theodosio cedunt subolique perenni —| ter denis sic victus ego domitusque diebus | indice sub Proclo superas elatus ad auras.'

[2] Iulianus, Ep. 58. [3] Cod. Theod. X 22, 3.

[4] Siehe oben 382 S. 125[1].

[5] Zos. IV 51; Theodoret V 18; besonders Ambrosius, Ep. 52, 1.

[6] Zos. a. a. O. [7] Siehe oben 388 S. 296. [8] Cod. Theod. IX 27, 7.

[9] Ibid. I 10, 4; das Gesetz zeigt, dass er im Ostreiche amtirte.

[10] Der erstere Brief macht sehr wahrscheinlich, dass Severinus noch mit Cynegius zusammen im Amte war, also schon im Jahre 387.

[11] Vgl. die Briefe 882 an den Vater, 901 und 908 an den Sohn; ferner Sievers, Leben des Libanius 269.

c. Beamte des Westreiches.

1. Caeionius Rufius Albinus praef. urbi Romae (siehe 389).

2. Orientius war vicarius urbis Romae zwischen Mai und August dieses Jahres. Sein Vorgänger und Nachfolger sind unbekannt[1].

3. Latinius Pacatus Drepanius als proconsul Africae am 4. Februar erwähnt[2]. Ausonius widmete ihm zur Zeit seines Proconsulates die Gedichte Ludus septem sapientum (XX) und Technopaegnion 1 (XXVII 1); das letztere ist wahrscheinlich schon früher verfasst und ihm erst später gewidmet worden[3].

4. Polemius als praef. praet. Italiae et Illyrici erwähnt am 16. Januar[4]. Wahrscheinlich war er Nachfolger des Trifolius (siehe 388); ihm selbst folgte vor dem 11. Mai 391 Flavianus[5].

5. Sextus Petronius Probus, der im Jahre 387 praef. praet. Italiae war, lebte noch in diesem Jahre[6], starb aber kurz nachher[7].

III. Religionsgesetze.

1. Gesetz des Theodosius vom 18. Februar an den praef. Augustalis Alexander zu Gunsten der Juden[8]: Nicht die Juden und Samariter schlechthin sollen zur functio navicularia, d. h. zur Gratisbeförderung der Staatslasten, insbesondere der Naturalien, nach Rom und Konstantinopel herangezogen werden, sondern nur die reichern,

[1] An ihn ist ein Gesetz des Theodosius gerichtet, das nach der einen Form, in der es erhalten ist, am 14. Mai in atrio Minervae, nach der andern (im Cod. Theod. IX 7, 6) am 6. August in foro Traiani proponirt wurde; siehe Hänel zu diesem Gesetz im Cod. Theod. und Bullettino della commissione archeologica di Roma, serie III, Roma 1890, 43.

[2] Cod. Theod. IX 2, 4; siehe oben 389 S. 305.

[3] Schenkl, Praef. zu Ausonius 16—17.

[4] Cod. Theod. XV 1, 26 und 28, ausserdem Cod. Iust. I 40, 9 vom 23. December d. J., wo aber Krüger statt datum setzen will: acceptum. Aber warum? Doch nicht etwa, weil Seeck (Proleg. 117) den Flavian die praefectura Italiae schon im Jahre 389 antreten lässt? Siehe gegen diese Annahme Seecks unten 391 S. 337[9]. Man kann, wie mir scheint, ohne Bedenken annehmen, dass Polemius am 23. December 390 noch im Amte war.

[5] Cod. Theod. XI 30, 11.

[6] Paulinus, Vita s. Ambrosii c. 25.

[7] Denn als Ammianus den letzten Theil seines Geschichtswerkes schrieb, war er schon todt (Amm. XXVII 11, 2).

[8] Cod. Theod. XIII 5, 18.

so dass die armen und die, welche einen kleinen Handel treiben, befreit sind.

2. Gesetz des Theodosius vom 21. Juni an den praef. praet. Tatianus über die Diakonissen[1]: Zu Diakonissen dürfen nur Wittwen genommen werden, die nach dem Gebote Pauli[2] wenigstens 60 Jahre alt sind[3] und Kinder haben[4]. Für ihre Kinder muss die Diakonisse, wenn es nothwendig ist, einen Vormund bestellen. Was ihr Vermögen angeht, so soll sie die Verwaltung ihrer Immobilien geeigneten Leuten übertragen; über die Einkünfte aus diesen hat sie uneingeschränktes Verfügungs- und Testirrecht; dagegen darf sie, wenn sie stirbt, die Immobilien selbst weder einem Cleriker noch einer Kirche noch den Armen vermachen; thut sie es doch, so gilt es als nicht geschehen, und die sonstigen Erben, ja sogar die, welche Legate bekommen, haben Anspruch darauf; auch Fideicommisse zu Gunsten der Cleriker haben keine Geltung. Ihre Mobilien (Hausrath, Sklaven, Juwelen, Gold und Silber) darf die Diakonisse selbst verwalten, darf aber auch diese nicht den Clerikern oder der Kirche vermachen. Diese letztere Beschränkung hinsichtlich der Mobilien hat der Kaiser zwei Monate später wieder aufgehoben[5].

Ferner wird bestimmt, dass die Diakonissen das Haar nicht abschneiden dürfen; der Kaiser beruft sich dafür auf das göttliche Gesetz[6]; schneiden sie es ab, so sollen sie von der Thüre der Kirche ferngehalten werden[7]; Bischöfe, welche solche zum Kirchendienste zulassen, sollen, auch wenn sie nicht selbst ihnen den Rath, das Haar abzuschneiden, gegeben haben, abgesetzt und am Eintritt in die Kirche gehindert werden.

3. Gesetz des Theodosius vom 27. Juni an den praef. praet. Tatianus über die Curialen, welche Cleriker werden[8]. Im Jahre 386 hatte der Kaiser bestimmt[9], dass Cleriker, welche aus dem Curialstande hervorgehen, aus ihrem Vermögen einen Stell-

---

[1] Cod. Theod. XVI 2, 27, Iust. I 3, 9. [2] 1 Tim. V 9.

[3] Das allgemeine Concil zu Kalchedon, Canon 15, setzte 40 Jahre fest; vgl. Hefele, Conciliengesch. II 519.

[4] Vgl. auch Soz. VII 16.

[5] Cod. Theod. XVI 2, 28, Gesetz vom 23. August.

[6] Gewiss ist 1 Kor. XI 10 u. 15 gemeint. Schon früher hatte die Synode zu Gangra in Canon 17 bestimmt, dass ein Weib, welches in vermeintlicher Askese die Haare abschneidet, die ihr Gott zur Erinnerung an ihre Unterwürfigkeit gegeben hat, Anathema sei; vgl. Hefele a. a. O. I 786.

[7] Soz. VII 11. [8] Cod. Theod. XII 21, 121. [9] Ibid. XII 1, 115.

vertreter zur Verwaltung städtischer Aemter einsetzen sollen. Diese Verordnung wird durch das neue Gesetz also modificirt: Jeder Curiale, welcher vor dem Jahre 388 Priester, Diakon oder Exorcist geworden ist, soll frei von Curiallasten sein; wer aber später diese Weihen erhalten hat, muss sein ganzes Vermögen der Curie cediren.

Wir sehen aus diesem Gesetz, dass damals die Bestimmung des Konstantius vom Jahre 361[1] noch in Kraft war, dass Bischöfe von Curialverpflichtungen ganz frei waren.

Das Gesetz vom 27. Juni 390 wurde vom Kaiser am 28. Juli 391 erneuert mit dem Zusatze, dass die Söhne der Cleriker, die selbst nicht Cleriker würden, der Curie zu dienen hätten[2]. Ueber die Zustände der Curien in dieser Zeit siehe unten z. J. 392 (IV).

4. Gesetz des Theodosius vom 3. September an den praef. praet. Tatianus, welches den Mönchen das Wohnen in der Einöde fern von den Städten zur Pflicht macht[3]. Jedenfalls hat das tumultuarische Auftreten der Mönche in den Städten, wie z. B. 387 bei dem Aufstande in Antiochien, ferner ihr öfteres Eingreifen in das gesetzliche Strafverfahren[4] zu dieser Verfügung Anlass gegeben. Sie wurde übrigens schon am 17. April 392 durch ein neues Gesetz, das an denselben Tatianus gerichtet war[5], ganz aufgehoben; hier gewährt der Kaiser den Mönchen freien Aufenthalt in den Städten unter Aufhebung des frühern Verbotes, zu welchem er durch die ungerechten Vorstellungen der Richter veranlasst worden sei.

IV. Culturgesetze.

1. Gesetz des Theodosius, gegeben zu Anfang dieses Jahres an den vicarius urbis Romae Orientius, gegen das Laster der Päderastie[6]: Die Schuldigen sollen öffentlich vor dem Volke verbrannt werden.

Früher hatte Konstantius[7], gerade wie die Bibel[8], die einfache

---

[1] Cod. Theod. XII 1, 49. [2] Ibid. XII 1, 123.

[3] Ibid. XVI 3, 1: ‚Quicumque sub professione monachi reperiuntur, deserta loca et vastas solitudines sequi atque habitare iubeantur.‘

[4] Cod. Theod. IX 40, 16. [5] Ibid. XVI 3, 2.

[6] Ibid. IX 7, 6. Das Gesetz ist ausserdem in einer längern Recension in der Collectio legum Mosaicarum erhalten, abgedruckt bei Gothofredus und Hänel mit dem Gesetz des Cod. Theod.; bemerkenswerth ist hier die Einleitung: ‚Non patimur urbem Romam virtutum omnium matrem diutius effeminati in viros pudoris contaminatione foedari.‘

[7] Cod. Theod. IX 7, 3. [8] 3 Mos. XX 13.

Todesstrafe auf dies Vergehen gesetzt. Wie sehr das Laster zu Antiochien in dieser Zeit noch allgemein war, so dass es sogar bei öffentlichen Gastmählern geübt wurde, zeigt eine Rede des Libanios[1].

2. Gesetz des Theodosius vom 21. Januar an den praef. praet. Tatianus in betreff der Vormundschaft der Mütter über ihre Kinder[2]: Nach dem Tode des Vaters kann die Mutter die Vormundschaft über ihre Kinder erlangen, wenn a. sie selbst damit einverstanden ist; b. kein gesetzlicher Vormund vorhanden ist, oder wenn er körperlich oder geistig zur Uebernahme der Vormundschaft zu schwach ist; c. die Mutter verspricht, keine weitere Ehe einzugehen; thut sie dieses dennoch, so sollen die Güter des neuen Ehegatten den Stiefkindern als Pfand dienen.

3. Gesetz des Valentinian vom 4. April an den praef. urbi Romae Albinus und an den praef. praet. Polemius über die Errichtung von Neubauten durch die Staatsbeamten[3]. Die Bauwuth der Beamten ist ein charakteristisches Zeichen der Theodosianischen Zeit; sie hatte unerschwingliche Ausgaben und die Vernachlässigung der ältern Bauwerke zur Folge. Der Kaiser erklärt daher, es komme mehr darauf an, die ältern Bauten in Stand zu halten, als neue in Angriff zu nehmen; er verfügt, dass der, welcher einen unnöthigen Neubau mit Staatsmitteln beginne, ihn auf seine Kosten weiterführen und ausserdem zehn Pfund Gold als Strafe zahlen solle.

Ein ähnliches Gesetz gab Theodosius am 27. Februar 393 für Konstantinopel[4]; hier fügte er zu dem Obigen hinzu, dass zu einem bewilligten Neubau ältere Gebäude nur dann, wenn sie weniger als 50 Pfund Silber (= 250 solidi) werth seien, niedergelegt werden dürften; ständen sie höher im Preise, so sei eigens die Erlaubniss des Kaisers einzuholen. Im nächsten Jahre bestimmte Theodosius[5], dass auf öffentlichen Gebäuden von den Beamten nicht ihr eigener Name statt des der Kaiser angebracht werden dürfe.

Von Neubauten des Theodosius sei hier die neue Mauer um Antiochien erwähnt, durch welche ein grosser Theil der Gebäude ausserhalb der Stadt in diese einbezogen wurde[6].

---

[1] *Περὶ τῶν ἐν ταῖς ἑορταῖς κλήσεων* III 108, vgl. 112 und 114—115.
[2] Cod. Theod. III 17, 4, Iust. V 35, 2
[3] Cod. Theod. XV 1, 27 u. 28.
[4] Ibid. XV 1, 29 und 30, Iust. VIII 11, 9.
[5] Cod. Theod. XV 1, 31.
[6] Malalas, Chron. 346.

V. Concilien.

a. Concil zu Karthago.

Ein Concil in Karthago fand am 16. Juni dieses Jahres unter dem Vorsitze des dortigen Bischofs Genethlius statt. Es wurde gehalten in der Basilika der hl. Perpetua; von den Theilnehmern werden ausser dem Vorsitzenden fünf mit Namen und Sitz angegeben, nämlich Bischof Epigonius von Bulla Regia [1], Numidius von Maxula [2], Felix ‚ep. Selemselitanus', Victor ‚ep. Abdiritanus' oder ‚Abziritanus' und Victor von Putput oder Pupput [3]. Die 13 Canones des Concils sind erhalten [4]. Wir erfahren aus denselben, dass kurz vorher zu Karthago ein grösseres Concil stattgefunden hatte [5]. Die Canones bestimmen:

Bischöfe, Priester und Diakonen sollen, da sie die heiligen Geheimnisse berühren, sich des ehelichen Umganges enthalten (2). Die Consecration des Chrismas und die Jungfrauenweihe soll dem Priester überhaupt nicht zustehen; die Reconciliation der Büsser darf er bei Lebensgefahr des Sünders nach eingeholter Specialerlaubniss des Bischofs vornehmen (3 und 4). Die Errichtung neuer Bischofssitze

[1] Auf dem Wege von Karthago nach Hippo; vgl. Itiner. Ant. 43.

[2] Bei Karthago; vgl. ibid. 58.

[3] Auf dem Wege von Karthago nach Hadrumet; ibid.

[4] Gedruckt bei Mansi an zwei Stellen nach verschiedenen Recensionen, in denen ausser den Zeitangaben die Namen variiren, III 691 sqq. und 867 sqq. Ueber die Zeit des Concils ist viel gestritten worden; in der Vorrede zu den Canones wird nämlich als Jahr angegeben: Valentiniano Aug. III. et Neoterio v. c. cons.; emendirt man hier III in IV, so ist es das Jahr 390. In der schlechtern Recension der Canones aber, welche Mansi an zweiter Stelle gibt, steht: Valentiniano IV. et Theodosio v. c. cons.; diese lag dem Baronius vor, und da hier auch Aurelius, Bischof von Karthago, und Alypius, Bischof von Tagaste, als Interlocutoren auftreten, so ist es begreiflich, dass Baronius das Jahr 390 verwarf und sich für 425 entschied, wo Theodosius XI. und Valentinian I. Consuln waren (zum Jahre 397 nr. 45). Pagi (397, 24 sqq.) und besonders Marca (Dissertatio de veteribus collect. canonum c. 5) klärten den Irrthum auf. Genethlius nämlich, unter dem das Concil gehalten wurde, ist der Vorgänger des Aurelius auf dem Stuhle zu Karthago (Augustinus, Ep. 44, 5, 12). Aurelius präsidirte der grossen Synode zu Hippo im Jahre 393 als Bischof von Karthago; da nun in den Kalendarien der 7. Mai dem Genethlius geweiht ist, muss dessen Tod in die Jahre 391 und 392 fallen, wenn, wie anzunehmen ist, das Concil unter Genethlius am 16. Juni 390 war.

[5] Dass es im Jahre 389 war, wie Hefele II 49 annimmt, ist in den Canones 1—2 nicht gesagt.

soll nur mit Genehmigung des bisherigen Bischofs und an Orten, wo die Zahl der Gläubigen sehr gewachsen ist, geschehen (5). Anklagen gegen Bischöfe und Priester sollen von übelbeleumundeten Personen nicht angenommen werden (6). Bischöfe, Priester und Cleriker, welche einen anderswo Excommunicirten in die Kirche aufnehmen, sollen selbst excommunicirt sein (7). Ein von seinem Bischofe excommunicirter Priester kann an die benachbarten Bischöfe appelliren; thut er das nicht und hält private Zusammenkünfte zur Darbringung des Opfers, so soll er dem Anathem verfallen und aus der Stadt vertrieben werden (8). Priester, welche ohne Befragen des Bischofs bald hier bald dort functioniren (agenda agere oder agenda celebrare), sollen abgesetzt werden (9). Nach Bestimmungen früherer Concilien soll ein Bischof nur von zwölf Bischöfen, ein Priester von seinem eigenen Bischofe mit fünf andern, ein Diakon von seinem eigenen Bischofe mit zwei andern gerichtet werden (10). Kein Bischof darf in eine fremde Diöcese hinübergreifen (11). Ohne Zustimmung des Primas (d. i. des Metropoliten) darf kein Bischof ordinirt werden, wenn auch noch so viele Bischöfe zugegen sind (12).

b. Concil zu Mailand.

Zu der Zeit, als die erste Kunde vom Blutbad in Thessalonich nach Mailand kam, war hier eine Synode ‚wegen der Ankunft der gallischen Bischöfe‘ [1]. Jedenfalls handelte es sich um die Ithacianer, an deren Spitze damals Bischof Felix von Trier stand. Denn dass die gallischen Bischöfe in Sachen der Priscillianisten in diesen Jahren sehr uneinig waren und öfters Synoden hielten, sagen Sulpicius Severus [2] und auch Ambrosius in der Leichenrede auf Valentinian II. (nr. 25); ferner spricht eine Turiner Synode, die nach dem Tode des Ambrosius gehalten wurde, in ihrem sechsten Canon [3] von Schreiben des Ambrosius und des römischen Bischofs, denen gemäss die gallischen Bischöfe nur dann zur kirchlichen Gemeinschaft zugelassen werden sollten, wenn sie die Gemeinschaft mit Felix von Trier aufgäben. Aus der angeführten Stelle der Leichenrede lässt sich schliessen, dass das Schreiben des Ambrosius in dieser Sache vor dem Jahre 392 verfasst ist.

[1] Ambrosius, Ep. 51, 6. [2] Chron. II 51, 7 sqq.
[3] Mansi, Conc. III 862; Hefele, Conciliengesch. II 51—52 und 85.

c. Synoden zu Side und Antiochien.

Die Synoden zu Side in Pamphylien und zu Antiochien gegen die Messalianer werden von Hefele[1] und mit Vorbehalt auch von Tillemont[2] ins Jahr 390 gesetzt; sie waren auch in dieser Zeit, wenngleich das bestimmte Jahr nicht zu ermitteln ist[3].

Die Messalianer, wegen ihres anhaltenden Gebetes auch Euchiten und wegen ihrer Visionen Enthusiasten genannt, lehrten, dass jedem Menschen von Geburt an ein Teufel innewohne, der nur durch Gebet, nicht durch die Taufe ausgetrieben werden könne und der in diesem Falle durch Ausspucken ausfahre. Sie arbeiteten nicht und verschliefen den Theil des Tages, den sie nicht auf das Gebet verwendeten. In ihren Visionen glaubten sie den Vater, Sohn und Geist leibhaftig zu sehen. An ihrer Spitze stand damals Adelphios, ein Laie; sie fanden Verbreitung in Armenien, Syrien und Pamphylien. Auf der Synode zu Side wurden sie von 25 Bischöfen unter Vorsitz des Amphilochios von Ikonion verurtheilt; die Synode richtete ein Schreiben an Bischof Flavian von Antiochien, und dieser schloss sie auf einer Synode zu Antiochien, wo drei Bischöfe und 30 Priester und Diakonen anwesend waren, aus der Gemeinschaft aus, obschon sie Umkehr versprachen; man traute eben ihrer Bekehrung nicht[4]. Noch die Nachfolger des

---

[1] A. a. O. II 48. [2] Mém. VIII 534.

[3] Ueber diese Synoden und die Messalianer handeln Photios (Cod. 52) und Theodoret (Hist. eccl. IV 11 und gleichlautend Haer. fab., bei Migne, Patr. gr. LXXXIII 430—431). Von den Synoden selbst spricht nur Photios, aber so bestimmt, dass ein Zweifel an ihrer Existenz ausgeschlossen scheint (den Hefele a. a. O. 49 zulässt). Baronius (383, 39) und Mansi (III 651) setzen die Synoden ins Jahr 383, und die Reihenfolge, in der Theodoret (Hist. eccl. IV 11) von der Secte spricht, kann weit eher für diese Zeit als für das Jahr 390 geltend gemacht werden. Für die Zeit um 390 spricht aber folgendes: Auf der Synode zu Antiochien waren nach Photios auch die Bischöfe Bizos von Seleukeia und Maruthas *τοῦ Σουφαρηνῶν ἔθνους* anwesend; der erstere von diesen war auch auf dem Concil zu Konstantinopel im Jahre 394 (Mansi III 851); in dem zweiten erkenne ich den Bischof Maruthas von Martyropolis in Armenien, über den im Jahre 404 Chrysostomos an Olympias schrieb in einer Weise, dass man annehmen muss, er habe damals noch gelebt (Ep. 14, bei Montfaucon III 600[c–d] und Anm. c); Martyropolis lag nämlich nahe bei Amida in Sophene (Böcking, zur Notitia dignit. I 407). Jedenfalls waren die Concilien zu Lebzeiten des Flavian und des Amphilochios, d. i. zwischen 381 und 404 (vgl. Tillemont, Mém. IX 626, und Egli, Altchristliche Studien 31).

[4] Nach Theodoret wandten sich die Häretiker, nachdem sie aus Syrien ver-

Chrysostomos zu Konstantinopel erliessen in Sachen der Messalianer Schreiben an die Bischöfe Pamphyliens [1].

VI. Kirchenväter.

a. Ambrosius.

Ambrosius schrieb spätestens in diesem Jahre, zwischen 380 und 390, die zwei Bücher De paenitentia gegen die Novatianer [2]. Entschieden betont er I 2, 7, dass nur die Priester der katholischen Kirche, nicht die der Häresie, die Macht der Sündenvergebung haben. Für schwerere Vergehen genügt die Busse des einzelnen nicht, sondern die ganze Gemeinde muss mitflehen [3]. Auch geheime Vergehen unterliegen einer solchen öffentlichen Busse [4]; doch ist damit noch nicht ein specificirtes öffentliches Bekenntniss gefordert. Unter dem confiteri peccata, versteht Ambrosius bald die demüthige Erinnerung an die geschehenen Sünden [5], bald die Selbstanklage vor Gott [6], bald das Schuldbekenntniss in der Gemeinde [7]; an den Stellen

---

trieben worden waren, nach Pamphylien; damit soll wohl gesagt sein, dass das Concil in Antiochien vor dem in Side war, und das nimmt auch Tillemont an, gestützt auf Theodoret (Mém. VIII 798 note 2); ich halte es aber doch für besser, den genauern Angaben des Photios zu folgen.

[1] Photios a. a. O.

[2] In der Erklärung des 37. Psalmes, die frühestens 395 geschrieben ist (siehe unten 395 VI [a] 1), heisst es im Anfange: ‚de paenitentia duos iam dudum scripsi libellos.' Andererseits ist die Schrift nicht in den ersten Jahren seines Episkopates verfasst nach II 8, 73: quia et ego laborem aliquem pro sancta ecclesia tua suscepi. Wenn sich Ambrosius II 8, 74 senior nennt, so folgt daraus nichts, da es im Gegensatz zu adulescentula steht. Ebensowenig lässt sich aus seinen häufigen Hinweisen auf sein früheres Weltleben und die darin begangenen Sünden schliessen (z. B. II 8, 67 und 72—73); ein solcher Hinweis findet sich ebenso De offic. I 1, 4, und es ist auch sehr begreiflich, dass Ambrosius, wenn es sich um Busse handelte, vor allem seiner im Weltdienste zugebrachten Lebensjahre gedachte.

[3] Vgl. I 15, 80; 16, 90; 17, 92: ‚Si satis ad condemnationem est obiurgatio, quae fit a pluribus, satis est quoque ad remissionem peccati obsecratio, quae fit a pluribus.' Dann II 10, 91—92, besonders aber I 10, 45: ‚cui satis est, si pro levioribus delictis deum precetur, graviorum veniam iustorum orationibus reservandam putet.' Unter iusti sind hier nicht, wie die Benedictiner annehmen, bloss die Priester zu verstehen, sondern das ganze christliche Volk; das zeigt die Stelle I 15, 80 klar.

[4] Siehe I 16, 90. [5] So II 6, 40—41. [6] So II 7, 52—53.

[7] So II 10, 91.

II 1, 5 und 10, 91[1] kann es von der geheimen Beichte vor dem Priester verstanden werden.

Auch schrieb Ambrosius in diesem Jahre Brief 51 über das Blutbad in Thessalonich an Theodosius.

b. Gregor von Nazianz

starb in diesem oder im folgenden Jahre, über 90 Jahre alt[2].

[1] ‚Et nos ergo non erubescamus fateri domino peccata nostra; pudor est, ut unusquisque crimina sua prodat, sed ille pudor agrum suum arat.‘ Die zweite Stelle: ‚cum te non pudeat peccata tua homini, quem lateas, confiteri.‘

[2] Hieronymus, De vir. illustr. c. 117: ‚decessitque ante hoc ferme triennium.‘ Nach Suidas (s. v. *Γρηγόριος*) starb er im 13. Regierungsjahre des Theodosius, d. i. im Jahre 391.

391.

1. Januar Mittwoch; 1. Neumond 21. Januar nachmittags; Ostern 6. April.

I. Die Kaiser.

Theodosius.

Theodosius kehrte in diesem Jahre aus Italien nach Konstantinopel zurück. Er verweilte bis zum 15. April in Mailand [1], war am 11. Mai in Concordia, 31 Milien westlich von Aquileja [2], am 27. Mai zu Vincentia oder Vicentia zwischen Verona und Patavium [3], vom 16. Juni bis 14. Juli zu Aquileja [4] und kam dann von hier nach Thessalonich.

Als er im Jahre 388 gegen Maximus zu Felde zog, gelang es diesem, durch Bestechungen einen Theil der Barbaren im römischen Heere für sich zu gewinnen; aber der geplante Verrath wurde ruchbar, und die Schuldigen flüchteten sich in die Sumpfgegenden und Gebirgswaldungen Makedoniens. Der Kaiser liess sie hier aufsuchen und viele von ihnen tödten; ein Theil aber blieb verborgen [5]. Diese benutzten den Aufenthalt des Kaisers in Italien, um sich zu Räuberbanden zu organisiren; sie schweiften des Nachts in Makedonien und Thessalien umher, plünderten in den Dörfern und auf den Landstrassen und zogen sich dann des Morgens immer wieder in ihre Verstecke zurück. Die Bedrängniss der Bewohner jener Gegenden wurde so gross, dass der Kaiser am 1. Juli 391 von Aquileja ein Edict an die Provincialen erliess, worin er gegen das Herkommen den Privatleuten gestattete, Waffen zu tragen und jeden Räuber, namentlich die aus dem Soldatenstande, auf dem Lande und auf den Landstrassen (also nicht in den Städten) niederzuschlagen [6]. Als

---

[1] Cod. Theod. I 10, 4. [2] Ibid. XI 39, 11; Itiner. Ant. 126.
[3] Cod. Theod. VII 1, 13. [4] Ibid. XVI 10, 11 und XIV 2, 2.
[5] Zos. IV 45. [6] Cod. Theod. IX 14, 2.

nun der Kaiser auf dem Rückzuge aus Italien mit seinem Heere nach Thessalonich kam, gab er sich alle Mühe, die Schlupfwinkel der Räuber aufzusuchen; er nahm persönlich, wie Zosimos erzählt, mit fünf auserlesenen Reitern an dieser Jagd theil, und es gelang ihm auch, in einer Herberge einen Spion der Räuber aufzufangen und ihn zu einem Geständniss zu bringen. Die Barbaren wurden jetzt in ihrem sumpfigen Versteck angegriffen und zum Theil niedergemacht; der andere Theil wagte noch einen nächtlichen Angriff auf das Lager des Kaisers, wo man siegestrunken Mahlzeit gehalten und sich dem Schlafe überlassen hatte; rechtzeitig kam noch Promotus mit neuen Truppen an und rettete den Kaiser und das Lager; nur wenige Barbaren entgingen jetzt dem Tode und zogen sich in die Sümpfe zurück [1].

Theodosius zog am 10. November in Konstantinopel ein [2] und brachte den Rest des Jahres hier zu. Wahrscheinlich betrat er die Stadt durch ‚das goldene Thor', das er zum Andenken an den Sieg über Maximus hatte bauen lassen [3].

II. Die römischen Beamten.

a. Die Consuln.

1. Flavius Tatianus [4], der seit 388 praef. praet. Orientis war. Libanios schrieb zur Zeit seines Consulates an ihn Brief 1040 und wohl auch 940. Dem Briefe 1040 entnimmt Sievers [5], dass Libanios damals wegen des Todes seines Sohnes Kimon in Trauer war, und setzt daher diesen Tod Ende 390; ich kann im Briefe 1040 eine solche Andeutung nicht finden; doch starb Kimon um diese Zeit [6].

---

[1] Zos. IV 48 und 49.

[2] So Sokr. V 18; falsch gibt das Chron. pasch. den 18. Februar an. Nach den Gesetzen Cod. Theod. XIII 9, 4 und XII 1, 123 wäre der Kaiser schon am 18. und 28. Juli in Konstantinopel gewesen; aber ohne Zweifel ist hier das ‚datum Constantinopoli' zu emendiren (so auch Güldenpenning a. a. O. 194 Anm. 2).

[3] C. I. L. III 1, 735: ‚Haec loca Theodosius decorat post fata tyranni. | Aurea saecla gerit, qui portam construit auro.' Der hier genannte Sieg über den Tyrannen ist wahrscheinlich der über Maximus, da der Kaiser den über Eugenius nicht lange überlebte.

[4] Den Vornamen siehe C. I. L. X 37 und bei De Rossi, Inscr. christ. urbis Romae I nr. 395.

[5] Leben des Libanius 201.

[6] Er kam nach Konstantinopel, als Tatianus schon praef. praet. war, d. h.

2. Quintus Aurelius Symmachus. Als er im Herbste 390 zum Consul designirt wurde, hoffte er den ältern Flavianus als Collegen zu erhalten, erhielt aber den Tatianus[1]. Viel Sorge machten ihm schon vor Antritt seines Consulates die Spiele, die er dem Volke geben sollte[2]. In den ersten Monaten des Consulates erschien er vor Theodosius in Mailand, um ihm Dank zu sagen. Nachdem er im Consistorium einen Panegyricus auf den Kaiser vorgetragen hatte, benutzte er die Gelegenheit, um sich noch einmal des Altars der Victoria anzunehmen; das Schwanken des Kaisers in dieser Angelegenheit im vorigen Jahre und die Verleihung des Consulates machten ihm Hoffnung. Aber er sah sich gänzlich getäuscht; der Kaiser stand fest auf der Seite des Ambrosius und liess den Redner sofort von seinem Angesichte entfernen und noch an demselben Tage auf einem gewöhnlichen Reisewagen 100 Milien weit von Mailand wegbringen[3].

b. Beamte des Ostreiches.

1. Evagrius als praef. Augustalis am 16. Juni erwähnt[4], Nachfolger des Alexander (siehe 390). Vor dem 5. März 392 folgte ihm Potamius[5].

2. Proculus praef. urbi (siehe 388).

3. Flavius Promotus (siehe 386 und 388) begleitete als magister militum den Theodosius bei seiner Rückkehr aus Italien und that sich bei Thessalonich im Kampfe mit den Wegelagerern hervor[6]. Seine patriotische Gesinnung war unanfechtbar[7], und der Kaiser ehrte sie, indem er seine Söhne zusammen mit den zwei Söhnen des Promotus erziehen liess[8]. Mit Libanios und Symmachus stand er in Briefwechsel, mit letzterem in intimer Freundschaft[9]. Zu Rufinus aber stand er schlecht und gab ihm sogar damals eine Ohrfeige, weil er im Consistorium ein freieres Wort gegen ihn gesprochen

---

frühestens 388 (Libanios, Brief 878); er blieb aber nicht lange in der Hauptstadt und starb bald nach seiner Rückkehr in Antiochien (Sievers a. a. O. 197—199).

[1] Symmachus, Ep. II 62 und 64. [2] Ep. IX 65 und 149.

[3] Prosper, De promiss. dei III 38, 2. Die Einwendungen, die Güldenpenning gegen diese Thatsache erhebt (a. a. O. 172 Anm. 44), sind ganz bedeutungslos; von einer eigentlichen Verbannung des Symmachus ist überhaupt bei Prosper nicht die Rede.

[4] Cod. Theod. XVI 10, 11. [5] Ibid. I 20, 2. [6] Zos. IV 49.

[7] Zos. IV 51. [8] Zos. V 3.

[9] Libanios, Brief 786; Symmachus, Ep. III 74—80.

hatte. Das wurde ihm aber zum Verderben; der Kaiser wurde nämlich durch die Kunde davon so aufgebracht, dass er drohte, wenn man den Neid gegen Rufin nicht aufgebe, werde man bald den Kaiser kennen lernen. Promotus wurde für eine Zeitlang vom Hofe weggeschickt, um die Soldaten in Thrakien einzuüben; hier wurde er von Bastarnern oder Goten niedergehauen, die im Hinterhalte lagen; wenn gesagt wird [1], Rufin habe sie dazu angestiftet, so ist das falsch [2]. Promotus starb, ehe Rufin zum Consul für 392 designirt wurde [3]. Seine Stelle in Thrakien scheint Stilicho erhalten zu haben [4].

4. Richomeres am 27. Mai als magister utriusque militiae erwähnt [5]. Als Theodosius in den Osten zurückkehrte, blieb Richomeres zunächst zum Schutze des Valentinian im Westen; er war mit Arbogastes wohlbefreundet; aber noch vor dem Tode Valentinians [6] kam er zu Theodosius in das Ostreich [7].

5. Romanus als comes Aegypti am 16. Juni erwähnt [8]. Wahrscheinlich war er schon seit 389 in dieser Stellung [9].

6. Rufinus mag. offic. (siehe 390).

7. Severinus (siehe 390) als comes sacr. larg. am 15. April erwähnt [10]. Vor dem 20. Februar 392 folgte ihm Romulus [11].

8. Flavius Timasius (siehe 389) begleitete den Kaiser als mag. milit. von Italien nach Konstantinopel [12]. Auch er stand wie Promotus in feindlichem Verhältnisse zu Rufinus, erhielt sich aber die Gunst des Kaisers [13]. Sein Sinn war ganz auf Ehre und Reich-

---

[1] Zos. IV 51; Claudian III 317; XXI 94—96 und XXIX 231—235.

[2] Zosimos sagt, Rufin habe die Barbaren bewogen, ihm einen Hinterhalt zu legen; Claudian dagegen, Rufin habe die Barbaren zu einem Einfall ins römische Gebiet angeregt. Beides wird falsch sein; denn wenn Claudian dem Rufin nicht die directe Schuld am Tode des Promotus beimisst, können wir annehmen, dass eine solche nicht vorhanden war, da Claudian bei seiner Abneigung gegen Rufin sie nicht verschwiegen hätte. Wenn aber Claudian den Rufin die Barbaren aufwiegeln lässt, so ist das die bekannte Verleumdung; so soll ja Rufin nach Claudian im Jahre 395 sowohl die Goten wie die Hunnen zu einem Einfall ins römische Gebiet bewogen haben.

[3] Zos. IV 52.

[4] So nimmt Birt an in den Proleg. zu Claudian 27 Anm. 4.

[5] Cod. Theod. VII 1, 13.

[6] Nicht nach dessen Tode, wie Seeck, Proleg. 135, annimmt.

[7] Zos. IV 54. [8] Cod. Theod. XVI 10, 11. [9] Siehe Excurs XIX.

[10] Cod. Theod. I 10, 4. [11] Ibid. X 19, 12. [12] Zos. IV 49.

[13] Ibid. IV 51.

thum gerichtet; wie in den Waffen zeichnete er sich auch im Trinken aus, wobei er die Nacht zum Tage machte [1]. Nach dem Tode des Theodosius war er gegen Arcadius und seine Berather rücksichtslos, bis er im Jahre 396 gestürzt und nach Oasis in Aegypten verbannt wurde [2].

c. Beamte des Westreiches.

1. Caecionius Rufius **Albinus** (siehe 389) als praef. urbi zuletzt am 24. Februar erwähnt [3]. Vor dem 14. Juli folgte ihm Alypius [4].

2. Faltonius Probus **Alypius** [5], im Jahre 378 vicarius Africae, wird als praef. urbi erwähnt am 14. Juli [6] und war als solcher dem Albinus (siehe oben) nach dem 24. Februar gefolgt. Mit Symmachus und Ambrosius stand er in Briefwechsel [7].

3. Virius Nicomachus **Flavianus** wird als praef. praet. Italiae zuerst am 11. Mai erwähnt [8] und blieb es bis zu seinem Tode im Jahre 394. Dasselbe Amt hatte er schon unter Gratian 382—383 bekleidet (siehe 382). Ganz mit Unrecht behauptet Seeck, dass er seine zweite Präfectur schon im Jahre 389 angetreten habe [9]. Er war entschiedener Anhänger der Götterreligion [10] und drohte kurz

---

[1] Eunapios, Fragm. 70 bei Müller. [2] Zos. V 9—10.

[3] Cod. Theod. XVI 10, 10. [4] Ibid. XIV 2, 2.

[5] Die Vornamen siehe in den Inschriften C. I. L. VI 1185 und 1713.

[6] Cod. Theod. XIV 2, 2.

[7] Symmachus, Ep. VII 66—71; Ambrosius, Ep. 89.

[8] Cod. Theod. XI 39, 11 = XVI 7, 4 und 5.

[9] Seeck, Proleg. 117, besonders Anm. 579; ihm ist Schultze, Gesch. des Unterg. I 286, gefolgt. Seeck stützt sich besonders auf das Gesetz vom Jahre 382 über die 30 Tage (Cod. Theod. IX 40, 13), das er in die Zeit des Blutbades von Thessalonich verlegt, und zwar setzt er es ins Jahr 389; es war aber 390 (siehe oben 390 S. 317 ff.). Uebrigens wurde das Gesetz 382 erlassen und nicht 389 oder 390 (siehe oben 390 S. 321—322); damit fällt diese Grundlage der Beweisführung Seecks. Er beruft sich ferner auf Symmachus, Ep. II 31 an Flavian; als dieser geschrieben wurde, war jedenfalls Flavian am Hofe des Theodosius; Seeck will (S. 122) beweisen, dass der Brief 389 geschrieben sei; er kann aber ebensogut 390 oder 391 geschrieben sein; denn die blosse Erwähnung der ,tyrannicorum temporum gesta' beweist noch nicht, dass der Brief im nächsten Jahre nach diesem geschrieben sei. Wenn endlich Flavian schon im Jahre 389 praef. praet. Italiae geworden wäre, so wären im Jahre 390 drei praefecti praet. Italiae gleichzeitig gewesen, nämlich ausser ihm noch Polemius und Neoterius (über diesen siehe auch Seeck 154), was doch kaum anzunehmen ist.

[10] Carmen Parisinum v. 78 sqq., herausgegeben von Mommsen im Hermes

vor seinem Tode im Falle des Sieges des Eugenius die Kirche von Mailand zum Stalle zu machen[1]; besonders in der Opferschau war er wohlbewandert und legte grossen Werth darauf[2]. Auch literarisch trat er vielfach hervor[3].

4. Magnillus als vicarius Africae erwähnt am 19. Juni[4]; er blieb es bis ins Jahr 393 hinein[5]. Er war ein Verwandter des Symmachus und dessen wie des Romanus (siehe oben) intimer Freund[6]. Nach Niederlegung seines Amtes wurde er angeklagt, aber freigesprochen[7].

III. Religionsgesetze.

1. Gesetz des Theodosius und Valentinian II. vom 24. Februar an den praef. urbi Romae Albinus gegen das Betreten der heidnischen Tempel[8]: Es wird verboten, sich durch Schlachten der Opferthiere zu beflecken, die Tempel zu betreten und die Götterbilder anzubeten. Dann werden die Strafen bestimmt für die höhern Beamten, welche in der Stadt oder auf der Reise im Vertrauen auf ihre Amtsgewalt es wagen, einen Tempel zu betreten; die höchsten Beamten (vicarii, proconsules) sollen in diesem Falle 15 Pfund Gold, die consulares (z. B. Aemiliae et Liguriae) 6 Pfund, die correctores (z. B. Apuliae) und praesides (z. B. Dalmatiae) 4 Pfund als Strafe zahlen. Dieselbe Strafe soll auch ihr Dienstpersonal (officium) treffen, wenn es seinem Herrn nicht Widerstand leistet.

Ebendasselbe, was in diesem Gesetze für Rom bestimmt war, verfügte Theodosius am 16. Juni für Aegypten[9].

2. Gesetz des Valentinian II. vom 11. Mai an den praef. praet. Flavianus gegen die Apostaten[10]. Gegen diese, welche, wie das

IV 350. Dieses Gedicht, in einem Pariser Codex erhalten, wendet sich gegen die Restauration des Heidenthums in Rom unter Eugenius und beschäftigt sich besonders mit Flavianus.

[1] Paulinus, Vita s. Ambrosii c. 31.

[2] Rufinus II 33; Soz. VII 22. In den Saturnalien des Macrobius hat er eine Rolle (Sat. III 1—9).

[3] Seeck, Proleg. 115. [4] Cod. Theod. X 17, 3.

[5] Denn Symmachus, Ep. V 20, hofft, dass er zu den ludi quaestorii seines Sohnes im December 393 nach Italien zurückgekehrt sein werde; vgl. Seeck, Proleg. 58 und 153.

[6] Symmachus, Ep. II 20 und 66. [7] Ep. III 34 und IX 122.

[8] Cod. Theod. XVI 10, 10. [9] Ibid. XVI 10, 11.

[10] Ibid. XVI 7, 4 und 5 und 5, 20; Cod. Iust. I 7, 3.

Gesetz sagt, den heiligen Glauben verrathen und die Taufe entweihen, werden strengere Strafen als früher bestimmt[1]: a. Sie sollen nicht nur, wie schon früher festgesetzt war, in jeder Weise intestabel, d. h. unfähig zu erben und zu vererben, sondern auch unfähig sein, Zeugniss abzulegen. Der Kaiser bemerkt, er würde sie verbannt haben, wenn er es nicht für eine empfindlichere Strafe hielte, unter Menschen zu leben und doch des Umganges mit ihnen beraubt zu sein. b. Alle Hoffnung auf Rehabilitation soll ihnen genommen sein, auch wenn sie Busse thun: denn ‚wohl kommt man Gefallenen und Irrenden[2] zu Hilfe, Verworfenen aber, welche die heilige Taufe entweihen, kann die Busse nicht helfen'. c. Sie sollen alle ihre Würden, sowohl verliehene als ererbte, verlieren und für immer ehrlos sein, so dass sie nicht einmal dem gewöhnlichsten Volke beizuzählen seien.

Auch der hl. Cyprian war der Ansicht, dass wohl alle andern Sünder und die Häretiker, nicht aber Apostaten zur öffentlichen Busse und Absolution zugelassen werden könnten[3].

3. Gesetz des Valentinian II., verkündet zu Rom am 20. Mai, gegen die Häretiker[4]: Sie dürfen sich weder in den Städten noch in den Dörfern versammeln. Gothofredus nimmt an, dass das Gesetz besonders gegen die Manichäer gerichtet ist[5].

IV. Culturgesetze.

1. Gesetz des Theodosius vom 11. März an den praef. praet. Tatianus gegen den Verkauf der eigenen Kinder[6]. Dem Missbrauche, aus Mangel an Lebensmitteln die eigenen Kinder in

---

[1] Siehe oben 383 das Gesetz vom 21. Mai (S. 153).

[2] Gothofredus versteht darunter Katechumenen, die abfallen; man versteht es aber besser von den Gläubigen, welche andere Sünden als Apostasie begehen; das zeigt der folgende Ausdruck: paenitentiae, quae solet aliis criminibus prodesse.

[3] Ep. 55 ad Antonianum nr. 29: Apostatae vero et desertores vel adversarii et hostes et Christi ecclesiam dissipantes, nec si occisi pro nomine foris fuerint, admitti secundum apostolum possunt ad ecclesiae pacem, quando nec spiritus nec ecclesiae tenuerunt unitatem.

[4] Cod. Theod. XVI 5, 20.

[5] Vgl. das Gesetz vom Jahre 389 im Cod. Theod. XVI 5, 18. Liest man in dem Gesetze (Cod. Theod. XVI 5, 20) mit Gothofredus und den meisten andern vicinis statt vicis, so bezweckt das Gesetz die Ausweisung der Häretiker, speciell der Manichäer, aus der Nachbarschaft Roms, d. h. aus dem Gebiete der praefectura urbana (Umkreis von 100 Milien um die Stadt).

[6] Cod. Theod. III 3, 1.

die Sklaverei zu verkaufen, war schon Konstantin entgegengetreten: er hatte sogar die Gelder des Fiscus für unbemittelte Unterthanen, welche zu diesem Mittel ihre Zuflucht zu nehmen beabsichtigten, sowie auch zum Loskauf der verkauften Kinder zur Verfügung gestellt[1]. Theodosius bestimmte, dass verkaufte Kinder von ihren Herren ohne Lösepreis freizulassen seien.

2. Gesetz des Theodosius vom 27. Mai an den magister utriusque militiae Richomeres[2]. Den Soldaten, deren Standlager an Flüssen ist, wird verboten, im Angesichte des Lagers nackt im Flusse zu stehen und die Pferde zu reinigen; denn dadurch werde das Wasser untrinkbar und das Schamgefühl verletzt; daher solle das Waschen und Schwimmen der Thiere unterhalb des Lagers geschehen[3].

V. Concilien.

a. Das Concil zu Capua

fand zu Ende dieses oder im Anfange des nächsten Jahres statt[4]. An demselben nahmen im wesentlichen nur abendländische

---

[1] Cod. Theod. XI 27, 1 und 2. [2] Ibid. VII, 1, 13, Iust. XII 35, 12.

[3] Gothofredus versteht unter dem ,vagus natatus animalium' das Umherschwimmen im Wasser ,nach Art der Thiere'; er versteht also das Gesetz vom Schwimmen der Soldaten. Aber diese Auffassung ist unhaltbar, wie mir scheint, weil sie dem Wortlaute Gewalt anthut.

[4] An diesem Termine ist nach den Darlegungen Tillemonts (Mém. X 753 à 754 note 41) nicht zu zweifeln. Ein kaiserliches Edict hatte dem Bischofe Flavian von Antiochien befohlen, sich auf dem Concil einzufinden; er kam aber nicht (Ambrosius, Ep. 56, 4); statt dessen kam er nach Konstantinopel und entschuldigte sich bei der Aufforderung des Kaisers, nach Rom zu gehen, damit, dass es Winter sei (Theodoret V 23). Unter Rom ist an dieser Stelle Italien zu verstehen; das geht auch daraus hervor, dass Theodoret an derselben Stelle von einer zweiten Anwesenheit des Kaisers in Rom spricht, die lange nach der ersten gewesen sei; hier ist zweifellos der Zug gegen Eugenius im Jahre 394 gemeint, bei welcher Gelegenheit der Kaiser aber nicht nach Rom kam. (Auch im Chron. pasch. zum Jahre 394 ist unzweifelhaft unter Rom Italien zu verstehen.) Flavian kann aber erst nach dem 10. November 391 beim Kaiser in Konstantinopel gewesen sein, da dieser erst an diesem Tage in die Stadt einzog. Gemeint muss also der Winter 391—392 in der obigen Aeusserung des Flavian sein. Der Winter 392—393 kann es nicht sein, weil in diesem die Verhältnisse in Italien wegen der Kaisererhebung des Eugenius für ein Concil zu unsicher waren; auch hatte der Kaiser das Concil, zu dem ihn die abendländischen Bischöfe gedrängt hatten, wohl noch selbst in Italien ausgeschrieben.

Bischöfe theil[1]; doch war es zahlreich besucht[2] und wird in Canon 48 des Codex canonum ecclesiae Africanae eine plenaria synodus genannt[3]. Von den beiden Bischöfen von Antiochien, die besonders eingeladen waren, war Flavian nicht, Evagrios wahrscheinlich wohl erschienen[4].

Erster Gegenstand der Berathungen war die Beilegung des Meletianischen Schismas in Antiochien. Diese Angelegenheit hatten die abendländischen Bischöfe dem Theodosius zur Zeit seiner Anwesenheit in Italien wiederholt und angelegentlich ans Herz gelegt und endlich bei ihm die Berufung der Synode durchgesetzt[5]. Da aber Flavian nicht persönlich erschien, konnte seine Sache nicht entschieden werden; man gab allen orientalischen Bischöfen die Kirchengemeinschaft ausser den beiden in Antiochien; über diese sollte Theophilos von Alexandrien unter Beisitz der ägyptischen Bischöfe richten, da diese im Schisma keine Partei ergriffen hatten[6]. Zu einer solchen Entscheidung der Aegyptier ist es aber nicht gekommen, wenigstens hatte sie keinen Erfolg; denn Flavian wandte sich persönlich an den Kaiser in Konstantinopel, betonte seine Rechtgläubigkeit und die Correctheit seines sittlichen Wandels, protestirte gegen eine eventuelle Entscheidung der Aegyptier zu seinen Ungunsten und appellirte an ein allgemeines Concil[7]. Der Kaiser liess ihn beruhigt heimkehren. Theophilos von Alexandrien theilte dem Ambrosius brieflich diese Schwierigkeiten des Einigungswerkes mit, und dieser ersuchte ihn in dem erhaltenen Briefe 56, persönlich den Flavian aufzusuchen. Es hat nichts genützt, und die Folge war, dass nun auch die Aegyptier gegen Flavian Partei ergriffen. Dessen Sache aber hatte dadurch einen neuen Halt bekommen, dass sein Rivale Evagrios uncanonisch geweiht worden war, nämlich noch bei Lebzeiten seines Vorgängers Paulinos, und zwar von diesem ohne Zuziehung zweier anderer Bischöfe. Erst im Jahre 398 wurde das Schisma in Antiochien nach dem Tode des Evagrios beigelegt[8].

An zweiter Stelle beschäftigte sich das Concil mit der Irrlehre des Bonosus, der Metropolit von Sardika war[9]. Wir sind hier-

[1] Das lässt sich schon daraus schliessen, dass es im Winter war.

[2] Ambrosius, Ep. 56, 3: frustra ergo tantorum sacerdotum fusus labor.

[3] Mansi, Conc. III 738. [4] Ambrosius, Ep. 56, 4. [5] Theodoret V 23.

[6] Ambrosius, Ep. 56, 2 und 6. [7] Ep. 56, 3. [8] Theodoret a. a. O.

[9] Man könnte zweifeln, ob er Bischof von Naissus in Dacia Mediterranea (dem heutigen Nisch in Serbien) oder Metropolit von Sardika (dem heutigen Sofia) war. Für das erstere scheint der 21. Brief des Papstes Innocenz I. (bei Mansi,

über nur durch ein Schreiben unterrichtet, welches mit den Briefen des Ambrosius gedruckt wird, von diesem aber nicht herrühren kann[1]; gewöhnlich wird es dem Papste Siricius zugeschrieben[2], und wohl mit Recht; denn es ist ebenso rhetorisch gehalten und reich an Anaphoren wie die Briefe dieses Papstes. Aus diesem Schreiben erfahren wir, dass die Synode von Capua die Entscheidung über Bonosus einem kirchlichen Canon gemäss den Bischöfen der benachbarten Kirchenprovinz, nämlich dem Anysios von Thessalonich und den makedonischen Bischöfen, übertragen hatte. Die Entscheidung scheint diesen nicht leicht geworden zu sein, da sie sich an Siricius wandten, um dessen Ansicht zu erfahren. Der aber lehnte es mit aller Bestimmtheit ab, eine Entscheidung zu treffen, da dieses denen zustehe, welchen die Synode es übertragen habe (nr. 1—2). Wir erfahren ferner, dass Bonosus sich brieflich an Ambrosius in Mailand mit der Anfrage gewandt hatte, ob er, falls er als Bischof abgesetzt werde, sich mit Gewalt in seiner Kirche halten solle; Ambrosius hatte davon abgerathen (nr. 2). Dass es thatsächlich zur Verurtheilung des Bonosus gekommen ist, zeigen die Briefe Innocenz' I.[3].

Conc. III 1057; bei Migne, Patr. lat. XX 519 ist es der 16. Brief) zu sprechen, worin der Papst sagt, er habe früher an Bischof Marcianus von Naissus und benachbarte Bischöfe über die Cleriker von Naissus geschrieben, die Bonosus geweiht habe. Für das letztere spricht eine Stelle des Marius Mercator (Dissertatio de XII anathematismis Nestorii, ed. Garnier II, Paris 1673, 128): Ebionem philosophum secutus Marcellus Galata est, Photinus quoque et ultimis temporibus Sardicensis Bonosus. Heutzutage folgt man allgemein der letztern Ansicht, nachdem man früher wohl an zwei verschiedene Irrlehrer Bonosus gedacht hat (siehe dagegen Ceillier, Histoire générale des auteurs sacrés V 709—710). Ich bin derselben Meinung; denn zunächst hätte das Concil zu Capua wohl nicht dem Metropoliten von Thessalonich, sondern dem von Sardika, unter dem Naissus stand, die Entscheidung über einen Bischof von Naissus übertragen; ferner heisst es im 22. Briefe Innocenz' I. c. 5 (bei Mansi III 1061—1062; bei Migne, Patr. lat. XX 531 sqq.), dass Bonosus eine Menge Cleriker und zwar an vielen Orten (‚passim et sine ulla discussione') ordinirt habe.

[1] Gedruckt zwischen dem 56. und 57. Briefe des Ambrosius, ferner bei Coustant I 679, bei Migne, Patr. lat. XIII 1176, und bei Mansi III 674. Dass das Schreiben von Ambrosius nicht herrühren kann, zeigt nr. 2).

[2] Zuerst von Holstenius in seiner römischen Ausgabe; ihm folgten Tillemont (Mém. X 755—756 note 45), Coustant, Langen (a. a. O. 639) und Friedrich (Die Sammlung der Kirche von Thessalonich a. a. O. 785). Die Mauriner denken an einen andern italischen Metropoliten.

[3] Ep. 21 und 22, 5, bei Mansi, Conc. III 1057 und 1061—1062.

Ueber die Lehre des Bonosus erfahren wir aus dem Schreiben des Siricius nur, dass er annahm, Maria habe nach der Geburt Jesu mit Joseph noch andere Kinder gezeugt. Der Papst sucht diese Lehre zu widerlegen [1]. Von spätern Schriftstellern hören wir, dass Bonosus auch in der Trinität irrte und insbesondere die Gleichwesenheit des Sohnes läugnete; seine Lehre wird nämlich von Marius Mercator [2], Augustinus [3], Gennadius [4] und dem zweiten Concil zu Arles [5] der Lehre des Photinos gleichgestellt [6]. Man kann annehmen, dass zur Zeit des Concils zu Capua die Lehre des Bonosus in diesem Punkte noch nicht ausgesprochen häretisch war und dass sie sich später weiter entwickelte; dass aber doch die Anfänge der Irrlehre auch in der Trinität schon vorhanden waren, möchte ich aus Kap. 11 und 12 der Schrift des Ambrosius De institutione virginis schliessen, die damals gegen Bonosus verfasst wurde: in dem genannten Theile dieser Schrift wird nämlich die Einheit der Trinität bewiesen.

Die von Bonosus vor seiner Verurtheilung geweihten Cleriker sollten, wenn sie zur Kirche zurückkehrten, nach einem Schreiben des Papstes Innocenz I. in ihrer kirchlichen Stellung belassen werden [7]. Bonosus hat aber auch nach seiner Verurtheilung noch viele Cleriker geweiht; Anysios von Thessalonich und seine Suffragane hatten auch diese zu kirchlichen Verrichtungen zugelassen; Papst Innocenz I. aber will in seinem Schreiben davon nichts wissen, sofern die Betreffenden nicht sofort nach ihrer Weihe die Partei des Bonosus verlassen haben [8].

Nach Canon 48 im Codex canonum ecclesiae Africanae [9] hat das Concil von Capua auch bestimmt, dass keine ,rebaptizationes, reordinationes vel translationes episcoporum' stattfinden sollten. Ich nehme an, dass diese Verordnung im Zusammenhange mit der Sache des Bonosus erlassen wurde [10].

---

[1] Langen a. a. O. 640 schliesst daraus, dass der Papst auf die übrigen Lehren des Bonosus nicht eingeht, dass es hierbei sich um verwickelte Fragen gehandelt habe, die aus der Ferne nicht leicht entschieden werden konnten.

[2] L. l. [3] Ep. 242 an Elpidius.

[4] De vir. illustr. c. 14: Contra Photiniacos, qui nunc Bonosiaci dicuntur.

[5] Canon 17, bei Hefele, Conciliengesch. II 300.

[6] Siehe über diese Irrlehre Schwane, Dogmengeschichte der patristischen Zeit, Münster 1869, 193—194, und Hefele a. a. O. I 635.

[7] Ep. 21, bei Mansi III 1057. [8] Ep. 22, 5, bei Mansi III 1061—1062.

[9] Mansi III 738.

[10] Vgl. Canon 17 des zweiten Concils zu Arles, nach welchem die Anhänger

b. Die novatianische Synode zu Sangaron

in Bithynien (nahe am Meere bei Hellenopolis), von der Sokr. V 21 und Soz. VII 18 berichten, wird in dieses Jahr gesetzt[1]. Den Vorsitz führte hier Bischof Markianos[2]. Es wurde der sogenannte *κανὼν ἀδιάφορος* erlassen, nach welchem die verschiedene Feier des Osterfestes kein Grund zu Spaltungen sein sollte. Ein Theil der Novatianer nämlich unter Führung des Priesters Sabbatios feierte das Osterfest mit den Juden.

VI. Kirchenväter.

a. Ambrosius.

Ambrosius schrieb kurz vor oder nach dem Concil zu Capua[3] das Buch *De institutione virginis*[4] an Eusebius. Dieser, ein vornehmer Mann, oder was mir wahrscheinlicher scheint, Bischof zu Bononia und dem Ambrosius verwandt, hatte ihm seine Enkel, die Kinder des Faustinus, zum Theil zur Erziehung anvertraut[5]. Von diesen nahm Ambrosia zu Mailand den Schleier; zur Feier

---

des Bonosus nicht wiedergetauft werden sollen, und was im 21. Brief Innocenz' I. über die Reordination des Rusticius gesagt ist.

[1] So Mansi, Conc. III 699. Man hat keinen andern Grund dafür, die Synode in dieses Jahr zu setzen, als die Reihenfolge der Erzählung bei Sokrates. Der Ort heisst bei Sokrates *Ἄγγαρον*, bei Sozomenos *Σάγγαρον*; ohne Zweifel hat er seinen Namen vom Flusse Sangarios.

[2] Siehe oben 384 S. 201. [3] Siehe oben S. 340 ff.

[4] Die Zeit der Abfassung ergibt sich aus 5, 35: ‚Fuerunt, qui eam (Mariam) negarent virginem perseverasse; hoc tantum sacrilegium silere iam dudum maluimus; sed quia causa vocavit in medium, ita ut eius prolapsionis etiam episcopus argueretur, indemnatum non putamus relinquendum.' Hier ist offenbar von der Irrlehre des Bonosus als einer damals verbreiteten die Rede. Auf dieselbe Zeit führt die Aeusserung 2, 15, er habe über die Virginität schon ‚frequentibus libris' gehandelt, und die Erwähnung seines Lucascommentars in 6, 42 (vgl. In Lucam II 1—6; über die Abfassungszeit dieses Commentars siehe Excurs XII).

[5] Ueber die Person des Eusebius, besonders über seinen Sohn Faustinus und dessen Kinder belehren die Briefe 54 und 55 (siehe unten 392 S. 382). Ein Eusebius ep. Bononiensis unterzeichnete das Protokoll des Concils zu Aquileja 381; auch wird er im Martyrologium Romanum am 26. September genannt. Gegen die Mauriner und Ihm (a. a. O. 29) möchte ich behaupten, dass es dieser Bischof war, welchem Ambrosius die Schrift widmete und die Briefe schrieb. Dass der Adressat dem Ambrosius verwandt war, schliesse ich daraus, dass er und seine Nachkommen dem Ambrosius nicht nur sehr nahe standen, sondern dass auch zwei seiner Enkel den Namen des Ambrosius trugen (Ambrosius, Ep. 55).

ihrer Einsegnung verfasste Ambrosius die Schrift, in der er fast ausschliesslich die Jungfrauschaft Marias gegen die Irrlehre des Bonosus vertheidigt: im letzten Kapitel hält er eine Anrede an Ambrosia, wahrscheinlich dieselbe, welche er bei ihrer Einsegnung gesprochen hatte [1].

b. Augustinus.

1. Leben.

Augustinus wurde wahrscheinlich zu Anfang dieses Jahres in Hippo zum Priester geweiht [2]. Er hatte kirchliche Würden so gescheut, dass er überall dorthin nicht ging, wo man einen neuen Bischof suchte. Nach Hippo kam er, weil er hier einen Freund für sein Kloster zu gewinnen hoffte [3]; es war das ein kaiserlicher Commissar, ein guter Christ, der hoffte, wenn er den Augustinus höre, sich zum Verlassen der Welt entschliessen zu können [4]. Augustinus hatte kein Bedenken, diese Reise zu machen, da Hippo in Valerius einen Bischof besass. Der scheint aber sein Augenmerk sofort auf ihn geworfen zu haben; denn der Name Augustins wurde in den Kirchen Afrikas schon damals mit Ehren genannt, nicht nur wegen seiner Gelehrsamkeit, sondern auch weil er sein Vermögen preisgegeben hatte [5]; dazu kam, dass Valerius, der als Grieche in der lateinischen Rede nicht gewandt war, sich einen Priester wünschte, dem er das Predigtamt übertragen könne [6]. Als nun Augustinus arglos in die Kirche kam und Valerius dem Volke erklärte, dass er eines Priesters bedürfe, ergriff das Volk den Augustinus, der

[1] Die Mauriner nehmen an (Migne, Patr. lat. XVI 303), dass die Schrift, abgesehen von den zwei ersten Kapiteln, nichts anderes als die Anrede ist, welche Ambrosius bei der Einsegnung der Ambrosia gehalten hat. Das ist aber unglaublich, da die Schrift einen durchgängig polemischen Charakter hat, der sich für jene Feierlichkeit in keiner Weise eignete; auch spricht die Stelle 2, 15 dagegen. Wohl kann das letzte Kapitel, da es eine Ermahnung an die Jungfrau und ein Gebet für sie enthält, bei jener Feier gesprochen worden sein.

[2] In der Zurückgezogenheit zu Tagaste brachte er beinahe drei Jahre zu, die von Ende 388 oder Anfang 389 an zu zählen sind (siehe oben 389 S. 312). Er wurde aber höchst wahrscheinlich im Anfange des Jahres Priester, da er kurz nach Antritt seiner Stellung seinen Bischof in Ep. 21, 3–4 um einen Urlaub ‚velut usque ad pascha' zum Studium der Heiligen Schrift bat. Ausgeschlossen ist aber auch nicht, dass er erst zu Ende 391 oder Anfang 392 Priester wurde.

[3] Sermo 355, 2. [4] Possidius, Vita s. August. c. 3. [5] Ep. 126, 7.

[6] Possidius l. l. c. 5.

‚als Knecht dem Herrn nicht zu widerstreben' wagte und sich, allerdings unter Thränen, weihen liess [1].

Die Stadt Hippo Regius, an der Nordküste Afrikas zwischen Karthago und Cirta gelegen, von ersterem 218, von letzterem 94 Milien entfernt [2], das heutige Bona, war eine starke Festung; hielt sie doch eine vierzehnmonatliche Belagerung der Vandalen aus [3]. Schon bald nach seiner Priesterweihe erbat sich Augustinus von seinem Bischofe einen Urlaub bis Ostern zur Stärkung seiner angegriffenen Gesundheit und besonders zum Studium der Heiligen Schrift, deren Kenntniss ihm in seinem neuen Amte mehr, wie er früher gemeint hatte, nothwendig schien. Er that das, nachdem er es zunächst durch seine Freunde versucht hatte, durch seinen 21. Brief [4]. Wir können also annehmen, dass er erst mit Ostern seine volle priesterliche Thätigkeit aufnahm. Sie hat gedauert bis zu seiner Bischofsweihe, die Weihnachten 396 war [5]. Bischof Valerius übertrug dem neuen Priester die Aufsicht über die Täuflinge [6]. An diese hielt Augustinus im Anfange seiner Wirksamkeit zu Hippo, wahrscheinlich noch im Jahre 391, um Ostern die *Sermones* 214 und 216 [7]. Der Bischof übertrug ihm ferner das Predigtamt mit der Vollmacht, es auch in seiner Gegenwart auszuüben, was sonst in den afrikanischen Kirchen, wie auch an manchen andern Stellen, nicht Brauch war [8].

Augustinus wünschte auch als Priester das asketische Leben im Kreise seiner alten Freunde fortzusetzen. Sein Bischof kam seinem Wunsche entgegen und überliess ihm einen Garten nahe bei der Kirche. Hier war bald ein Kloster erstanden [9]. Unter denen, die mit Augustinus in diesem Kloster zusammenlebten, waren zunächst Alypius, Evodius und Severus, die von Tagaste herüberkamen [10], dann sein Biograph Possidius [11] und Profuturus [12]. Possidius

[1] Sermo 355, 2 und Ep. 21, 2. [2] Itin. Ant. 42—44.

[3] Possidius c. 28. [4] Vgl. diesen nr. 2 und 4.

[5] Siehe Excurs XXIII nr. 3. [6] Ep. 26, 3 Vers 27.

[7] Siehe deren Anfänge.

[8] Possidius c. 5; Augustinus, Ep. 41, 1; Hieronymus, Ep. 52, 7: Pessimae consuetudinis est in quibusdam ecclesiis tacere presbyteros et praesentibus episcopis non loqui, quasi aut invideant aut non dignentur audire.

[9] Sermo 355 nr. 2; Possidius c. 5.

[10] Siehe oben 389 S. 312. Dass Alypius zu ihm übersiedelte, zeigt Ep. 22, 1; über Severus vgl. Ep. 31, 9; Evodius unterredet sich mit ihm in den zwei letzten Büchern De libero arbitrio, die Augustinus als Priester verfasste.

[11] Praefatio zur Vita s. Augustini. [12] Ep. 28, 1 und 158, 9.

berichtet (c. 11), dass zehn von seinen dortigen Genossen, die er kenne, Bischöfe geworden seien; die Namen gibt er nicht an, es waren unter andern: Alypius, der um das Jahr 394 Bischof in Tagaste wurde; Evodius, Bischof von Uzala[1]; Severus, der etwa gleichzeitig mit Augustinus Bischof wurde, und zwar in Mileve[2]; Possidius, der im Jahre 397 Bischof von Calama als Nachfolger des Megalius wurde[3]; Profuturus, der um das Jahr 394 Bischof von Cirta wurde[4], und bald nachher starb[5], jedenfalls aber im Jahre 397 noch lebte[6]; wahrscheinlich auch dessen Nachfolger Fortunatus, mit dem Augustinus eng befreundet war[7].

Es scheint, dass damals die klösterlichen Genossenschaften in Afrika in raschem Zunehmen begriffen waren. Paulinus von Nola begrüsst in einem Briefe[8] an Alypius vom Jahre 395 die Brüder in den Klöstern zu Karthago, Tagaste und Hippo; in Hippo gab es sogar später neben dem Kloster des Augustinus nachweislich noch zwei andere für Männer[9], ausserdem eines für Frauen, dem seine Schwester eine Zeitlang vorstand[10]. Augustinus verlangte von seinen Klostergenossen, dass keiner Privateigenthum habe, wie er selbst keines hatte[11]. Er machte übrigens mit manchen schlechte Erfahrungen[12] und sagt, dass manchmal ein guter Mönch ein schlechter Cleriker werde[13].

2. Abhandlungen.

Augustinus schrieb als Priester in diesem oder im folgenden Jahre:

De utilitate credendi an einen Freund Honoratus[14]. Augustinus hatte ihn früher zum Manichäismus verleitet, in dem er noch immer verharrte; er will nun in dieser Schrift, und zwar möglichst populär (nr. 10), den Vorwurf, den die Manichäer den Katholiken machten, entkräften, es sei thöricht zu glauben vor der erlangten wissenschaftlichen Erkenntniss, dass die Glaubenslehren wahr seien und

---

[1] Ep. 158. [2] Ep. 31, 9.

[3] Megalius war Primas von Numidien; in einem Schreiben, das auf dem Concil zu Karthago am 28. August 397 verlesen wurde, nannte sich Crescentianus Primas; dass er dieses geworden war, war vorher auf dem Concil noch nicht bekannt (Mansi, Conc. III 915); also war Megalius kurz vorher gestorben.

[4] Ep. 28, 1 und 71, 1. [5] Ep. 71, 1. [6] Ep. 38, 2.

[7] Ep. 115 und 116. [8] Ep. 3, 6. [9] Sermo 356, 10 und 15.

[10] Ep. 211; Possidius c. 26. [11] Sermo 355, 2; 356, 13 und 15.

[12] Ep. 85; 209, 8 und 10. [13] Ep. 60, 1.

[14] Gedruckt bei Migne, Patr. lat. XLII 65.

der Glaube selbst vernünftig sei [1]. Es scheint, dass Augustinus mit seinen Bemühungen an Honoratus Erfolg hatte [2].

De duabus animabus gegen die Manichäer, die lehrten, dass es in jedem Menschen eine gute und eine schlechte Seele gebe. Diese Schrift ist nach der vorher genannten verfasst [3].

3. Briefe.

Brief 21 an Bischof Valerius, bald nach der Priesterweihe des Augustinus zu Anfang des Jahres geschrieben; es ist das Bittschreiben um Urlaub bis Ostern zum Zwecke eingehendern Schriftstudiums (siehe oben).

Brief 22 an Aurelius, Bischof von Karthago. Dieser hatte bald nach seiner bischöflichen Weihe [4] an Augustinus geschrieben, sich in sein Gebet empfohlen und ihm Glück gewünscht, dass Alypius ihm nach Hippo gefolgt war (nr. 1). Augustinus antwortet in Brief 22, in welchem er voll heiligen Eifers und Freimuthes dem Bischofe unter Berufung auf Röm. XIII 13—14 zwei Uebelstände in der Kirche vorstellt und ihn bittet, die Abhilfe derselben in die Hand zu nehmen.

In Afrika herrschte noch die Unsitte, in den Kirchen zu Ehren der Martyrer und auf den Begräbnissstätten zum Troste der Abgestorbenen an einzelnen Tagen des Jahres Schmausereien mit Trinkgelagen zu veranstalten [5]. Dieser Missbrauch, sagt Augustinus, sei im grössten Theile Italiens und auch sonst fast überall von den Bischöfen mit Erfolg bekämpft worden, in einigen Kirchen auch gar nicht aufgekommen [6]. Aurelius wird dann gebeten, sei es in dieser Angelegenheit die Berufung eines Concils zu veranlassen, sei es in Karthago selbst mit der Abstellung des Missbrauchs den Anfang zu

[1] Nr. 2 und Retract. I 14. [2] Ep. 140, 83.

[3] Migne l. l. 93; vgl. Retract. I 15.

[4] Gegen Mitte 391, vielleicht 390; siehe unten S. 353.

[5] Siehe über diesen Brauch und seine Abschaffung in Hippo Ep. 29. Ein solches Fest hiess laetitia (Ep. 29, 2). Ohne Zweifel wurde auch der 22. Februar, an dem die Heiden die caristia für die Verstorbenen feierten, in dieser Weise festlich begangen; siehe Preller, Römische Mythologie II³ 98—99.

[6] Nur in der Kirche des hl. Petrus in Rom hielt er sich länger; hier fanden fast alltäglich Gelage statt; vgl. Ep. 29, 10. So versammelte Pammachius beim Tode seiner Gemahlin Paulina die Armen Roms in der basilica s. Petri in der Weise, dass die Kirche bis zu ihrem Vorplatze angefüllt war, und speiste sie mit Brod und Fleisch; vgl. Paulinus von Nola, Ep. 13, 11.

machen; Augustinus hat gute Hoffnungen in der Sache, da Aurelius schon als Diakon zu Karthago gegen den Missbrauch geeifert habe (nr. 2—5); er empfiehlt aber, demselben mit Güte und durch Belehrung, nicht mit Gewalt, entgegenzuarbeiten und einfache Gaben an die Armen ohne Unterschied an die Stelle der Mahlzeiten für die Verstorbenen zu setzen, und spricht die Ansicht aus, dass solche Gaben den Verstorbenen in der Ewigkeit nützen würden[1]. Wir können aus diesem Theile des Briefes schliessen, dass der 29. Canon des Concils zu Hippo im Jahre 393 das besondere Werk des Augustinus und Aurelius war; er lautet: Bischöfe und Cleriker sollen in den Kirchen keine Mahlzeiten halten, ausser um Gäste nöthigenfalls zu erquicken; dann soll aber kein Volk zugelassen werden[2].

Der zweite Uebelstand waren Streitigkeiten, von denen Augustinus sagt, dass sie besonders im Clerus häufig seien (nr. 7). Am Schlusse des Briefes erklärt er, er habe über sein Leben viel Trauriges mitzutheilen, wolle es aber lieber mündlich thun.

Brief 23 an den donatistischen Bischof Maximinus ist, wenn nicht in diesem Jahre, so doch während seines Presbyterates von Augustinus geschrieben. Maximinus war wahrscheinlich Bischof von Siniti im Gebiete des katholischen Bisthums Hippo[3] und scheint später katholisch geworden zu sein[4]. Augustinus, der früher gehört hatte, dass Maximinus nicht wiedertaufe, erhielt in Abwesenheit seines Bischofs die Nachricht, dass jener zu Mutugenna[5] im Bisthum Hippo einen Diakon, der zu den Donatisten übergetreten war, wiedergetauft habe. Sofort schrieb er an ihn und bat ihn um Darlegung des Falles und Rechtfertigung der Wiedertaufe; er theilt ihm mit, er werde diesen Brief und das Antwortschreiben Maximins dem Volke in der Kirche vorlesen.

c. Hieronymus.

Hieronymus schrieb wahrscheinlich in diesem Jahre, vielleicht schon im vorhergehenden, die Lebensbeschreibung des gefangenen Mönches Malchus und die des Einsiedlers Hilarion[6]. Damit nahm

[1] Nr. 6: Oblationes pro spiritibus dormientium, quas vere aliquid adiuvare credendum est.

[2] Hefele, Conciliengesch. II 58.

[3] Ep. 105, 4; De civ. dei XXII 8, 11.

[4] In Ep. 105, 4 ist von einem Maximinus zu Siniti die Rede, der von den Donatisten zu den Katholiken übergetreten war.

[5] Den Namen der Stadt siehe auch Ep. 173, 7.

[6] Vallarsi II 13 sqq. Hieronymus setzt diese zwei Vitae in seinem Schriften-

er eine seiner frühesten Arbeiten wieder auf; denn schon während seines Aufenthalts in der Wüste Chalkis hatte er das Leben des Einsiedlers Paulus beschrieben [1]. Die beiden Vitae des Malchus und Hilarion sollten nur die Vorläufer einer umfassenden Kirchen- und Heiligengeschichte sein [2], die aber nie zu stande gekommen ist.

Die Geschichte des Malchus hatte Hieronymus während seines Aufenthaltes in der Chalkidischen Wüste aus dessen eigenem Munde gehört. Malchus lebte in dieser Wüste als Mönch, nachdem er vorher auf einer Reise von Beroia nach Edessa von sarazenischen Räubern gefangen genommen worden und nach längerer Gefangenschaft ihnen entronnen war. Hilarion stammte aus der Gegend von Gaza im Philisterlande und lebte daselbst meistens in der Einöde bei Majuma; er kam aber auch zum hl. Antonios nach Aegypten, später nach Sicilien und Kypros und starb hier im Jahre 371, 80 Jahre alt [3]; sein Leib wurde gestohlen und nach Majuma übertragen. Das Leben des Hilarion hatte Bischof Epiphanios von Salamis in einem Briefe beschrieben, der viel gelesen wurde [4]. Hieronymus behandelt besonders eingehend seine Bussübungen und seine Wunder: selbst aus Thieren trieb er Teufel aus (c. 23).

Vor Ende dieses Jahres vollendete Hieronymus seine kritische Revision der lateinischen Uebersetzung des Alten Testamentes nach dem hexaplarischen Texte der Septuaginta [5].

Den Anstoss zu dieser grossen Arbeit gab ohne Zweifel dem Hieronymus die Auffindung eines Exemplars der Hexapla des Origenes; er fand dieses höchst wahrscheinlich zu Anfang seines Aufenthaltes

---

katalog (De vir. illustr. c. 135) hinter die Uebersetzung der 39 Homilien des Origenes zu Lucas und den Commentar zu Psalm 10—16; diese zwei Schriften verfasste er 389, eventuell auch 390 (siehe oben 389 S. 314); ferner sagt er in der Vorrede zur Vita Malchi: ,Diu tacui, silere quippe me fecit, cui meus sermo supplicium est'; so kommen wir auf das Jahr 391, eventuell auch 390.

[1] Er nennt diese Schrift im Schriftenkatalog an erster Stelle.

[2] Vorrede zur Vita Malchi. [3] Tillemont, Mém. VII 781 note 6.

[4] Hieronymus, Vorrede zur Vita Hilarionis.

[5] Apologia adv. Rufin. II 24: ,Egone contra LXX interpretes aliquid sum locutus, quos ante *annos plurimos* diligentissime emendatos meae linguae studiosis dedi?' So schrieb er im Jahre 395. Aehnlich Ep. 71, 5: ,LXX interpretum editionem .... ante annos plurimos diligentissime emendatam studiosis tradidi.' Ausserdem ist zu bedenken, dass Hieronymus, als er im Jahre 392 die Schrift De vir. illustr. verfasste, schon einen grossen Theil des Alten Testamentes aus dem Hebräischen übersetzt hatte (c. 135); es ist aber anzunehmen, dass er diese Arbeit erst nach Vollendung der LXX-Revision begann.

in Palästina, also 386, in der Bibliothek des Martyrers Pamphilos zu Kaisareia; es war das entweder das Original oder eine Abschrift des Pamphilos; Hieronymus schrieb sich aus ihr den Text der LXX und der Uebersetzungen ab, welche Quinta, Sexta und Septima hiessen [1]. Von dieser Revision des Hieronymus sind erhalten: die Uebersetzung der Psalmen, psalterium Gallicanum genannt, weil sie in den gallischen Kirchen Eingang fand, dann die des Buches Job, von der auch Augustinus in einem Briefe an Hieronymus spricht [2], und die Prologe zu den Schriften Salomons und zur Chronik [3]. Man nimmt allgemein als sicher an, dass Hieronymus nicht nur diese, sondern das ganze Alte Testament nach der Hexapla verbesserte; denn er sagt wiederholt, dass er die Septuaginta verbessert hat [4]. Aber ich halte das keineswegs für gesichert; denn De viris illustr. c. 135 sagt Hieronymus: ‚*vetus testamentum* iuxta Hebraicum transtuli‘, obschon er damals (im Jahre 392) erst einen kleinen Theil des Alten Testamentes aus dem Hebräischen übersetzt hatte. Uebrigens wurde ihm der grösste Theil der genannten Revision zu seinen Lebzeiten betrügerischerweise entwendet [5]. Er hatte in all diesen Texten die kritischen Zeichen des Origenes angewendet, nämlich den Obelos (÷) für die Zusätze der LXX, die im hebräischen Texte fehlten, und den Asteriskos (※) für die Stücke, welche Theodotion nach dem Hebräischen in die LXX eingefügt hatte [6].

d. Johannes Chrysostomos.

Chrysostomos hielt am Karfreitag den 4. April die Rede De coemeterio et cruce und dann am 20. April die auf die Martyrinnen Berenike, Prosdoke und Domnina [7].

[1] De vir. illustr. c. 54 und 75; Comment. in Titum III 9: ‚Unde et nobis curae fuit, omnes veteris legis libros, quos vir doctus Adamantius in hexapla digesserat, de Caesariensi bibliotheca descriptos ex ipsis authenticis emendare.‘ Aus den letzten Worten schliesst Zöckler (a. a. O. 180 Anm. 2), Hieronymus habe das von Origenes selbst geschriebene Exemplar vor sich gehabt. Das liegt aber nicht darin. Nach De vir. illustr. c. 75 sollte man eher an eine Abschrift des Pamphilos denken. [2] Ep. 71, 3. [3] Alle gedruckt im 10. Bande Vallarsis.

[4] Vgl. ausser den obigen Stellen noch die Vorrede der Uebersetzung der Schriften Salomons aus dem Hebräischen (Vallarsi IX 1295): ‚Si cui sane LXX interpretum magis editio placet, habet eam a nobis olim emendatam‘; vgl. ferner Ep. 112, 19. [5] Ep. 134, 2.

[6] Vgl. die erhaltenen Vorreden der LXX-Revision des Hieronymus; ausserdem Augustinus, Ep. 71, 3, und die Begründung bei Hieronymus, Ep. 112, 19.

[7] Op. II 397 und 634. Vgl. Excurs XV nr. 6.

e. Paulinus von Nola.

Spätestens in diesem Jahre, aber auch nicht lange vorher zog sich Paulinus, der spätere Bischof von Nola, nachdem er zu Bordeaux durch Bischof Delphinus die Taufe empfangen hatte, mit seiner Gemahlin Therasia nach Spanien zurück [1]. Er war im Jahre 378 consul suffectus, dann wahrscheinlich 379 consularis Campaniae gewesen [2]; danach zog er sich nach Aquitanien zu seiner Mutter zurück [3]. Von dort ging er nach Spanien und heiratete hier die Therasia, eine sehr reiche und fromme Frau [4]; er kehrte dann wieder nach Gallien zurück und wohnte zu Ebromagus zwischen Tolosa und Narbo in herzlichem Verkehr mit Ausonius und Sulpicius Severus [5]. In Vienne lernte er damals beim hl. Martinus von Tours auch den Bischof Victricius von Rouen kennen [6]. Endlich empfing er von Bischof Delphin die Taufe in der Absicht, sich von nun an vom weltlichen Leben zurückzuziehen, ohne damit einstweilen dem ehelichen Leben und seinen Besitzthümern zu entsagen; er ging mit seiner Frau nach Spanien [7]. In Spanien blieb er wenigstens vier Jahre [8]. Er hielt sich meistens diesseits des Ebro auf, gewöhnlich auf seinen Villen zu Barcelona, Tarragona und Saragossa [9]. Seine langgehegten Hoffnungen auf Nachkommenschaft fanden hier Erfüllung: er erhielt einen Sohn Celsus, der getauft wurde, aber schon bald starb und zu Complutum, dem heutigen Alcala, begraben wurde [10].

Ueber den Eintritt Paulins ins Mönchthum und in den Priesterstand siehe unten zu den Jahren 394 und 395.

VII. Bischöfe und Mönche.

1. Amphilochios, Bischof von Ikonion, bat den Kaiser Theodosius, die Versammlungen der Arianer in den Städten zu untersagen. Der Kaiser hielt das für zu streng. Als der Bischof ein

[1] Siehe Excurs XXIII nr. 1 und 4; ferner Paulinus, Ep. 3, 4. Gewöhnlich wird seine Taufe in die Zeit vor 390 gesetzt; vgl. Tillemont, Mém. XIV 721 note 3, und Buse, Paulinus von Nola I 140.

[2] Siehe oben 378 S. 24 und Buse a. a. O. 91—92.

[3] Carmen XXI v. 397—398.

[4] Ibid. 399—403; Ambrosius, Ep. 58, 2; Gregor von Tours, De gloria confessorum c. 110.

[5] Carmen XXI 404—407; Ep. 11, 14.

[6] Ep. 18, 9.

[7] Carmen XXXII 153 sq.; Ep. 5, 4.

[8] Siehe Excurs XXIII nr. 2.

[9] Carmen X 231—233; Ep. 1, 10; Ausonius, Ep. 24, 57—59.

[10] Carmen XXXI 601—607.

anderes Mal vor ihm erschien, grüsste er zwar den Kaiser, seinen Sohn Arcadius aber, der ebenfalls Augustus war und neben ihm stand, grüsste er nicht und antwortete dem Kaiser, der das übel nahm, ebenso müsse auch Gott Vater denen zürnen, die seinen Sohn Jesus lästern. Sofort erliess der Kaiser ein Gesetz, das die Versammlungen der Häretiker verbot. So erzählt Theodoret V 16[1]. Auch Rufin II 19 sagt, dass Theodosius nach seiner Rückkehr aus dem Occident sich mit besonderem Eifer auf die Austreibung der Häretiker und die Uebergabe der Kirchen an die Orthodoxen verlegte.

2. Aurelius bestieg in diesem oder im folgenden Jahre den bischöflichen Stuhl von Karthago, nachdem sein Vorgänger Genethlius am 7. Mai gestorben war[2].

3. Delphinus, Bischof von Bordeaux, taufte in diesem Jahre oder kurz vorher den Paulin von Nola[3].

4. Der Einsiedler Makarios von Aegypten starb in diesem Jahre[4]. Er war 90 Jahre alt, von denen er 60 in der Wüste zugebracht hatte[5]. Er hinterliess Briefe und Homilien, die erhalten sind[6].

5. Nektarios, Bischof von Konstantinopel, schaffte, wie es scheint, in diesem Jahre den Busspriester ab, und ihm folgten darin fast alle Bischöfe des Orients. Veranlassung dazu gab eine Dame, welche beichtete, dass sie mit einem Diakon sich vergangen habe, während sie die vom Busspriester ihr auferlegten Gebete in der Kirche verrichtete. Diese Sache wurde bekannt, der Diakon degradirt und das Aergerniss so gross, dass der Patriarch das ganze Institut des Busspriesters aufhob. Mit dem Busspriester fiel für den Orient das öffentliche Busswesen völlig weg, dazu auch das Bekenntniss, wenigstens das öffentliche; das geheime, wenn es über-

---

[1] Das Ereigniss fand, wie Theodoret sagt, nach der Rückkehr des Kaisers vom Zuge gegen Maximus statt, also Ende 391 oder Anfang 392.

[2] Siehe oben 390 S. 328[4]. Nach Augustinus, Ep. 22, die bald nach der Bischofsweihe des Aurelius und nach der Priesterweihe des Augustinus geschrieben ist, trat er erst 391 die Stelle an.

[3] Siehe Paulinus, Ep. 3, 4, und Excurs XXIII nr. 4.

[4] Makarios starb ein Jahr früher, als Palladios in die dortige Wüste kam (Hist. Laus. c. 19—20). Palladios kam nach Alexandrien im Jahre 388 (ibid. c. 1); hier blieb er drei Jahre, kam dann zu den nitrischen Mönchen und im folgenden Jahre in die innere Wüste (siehe unten S. 354).

[5] Hist. Laus. c. 19.

[6] Gedruckt bei Migne, Patr. gr. XXXIV.

haupt in Konstantinopel in Gebrauch war, wurde hier seltener und war einstweilen nicht mehr gefordert [1].

6. Palladios, der spätere Bischof von Helenopolis [2], kam in diesem Jahre von Alexandrien zu den Mönchen der nitrischen Wüste, die auf einem Berge wohnten. Diese Wüste beherbergte damals 5000 Mönche, während Palladios in Alexandrien 2000 Mönche angetroffen hatte [3]. Er blieb ein Jahr hier; im Jahre 392 zog er sich tiefer in die Wüste Aegyptens zurück und blieb hier acht oder neun Jahre [4].

7. Siricius, Bischof von Rom, erliess in diesem Jahre ein Schreiben an Bischof Anysios von Thessalonich in der Angelegenheit des Bonosus [5].

Ich füge diesem Schreiben an Anysios hier das letzte erhaltene Schriftstück des Siricius an, das an die gallischen Bischöfe gerichtet ist [6]. Man hat gezweifelt, ob es von Siricius oder von Innocenz I. ist; Coustant schreibt es [7] dem Siricius zu, weil es in Sprache und Inhalt dessen Schreiben ähnlich sei; Langen stimmt ihm darin bei [8]. Die Zeit, in der das Schreiben erlassen wurde, ist nicht bestimmt zu ermitteln. Es enthält folgende Weisungen:

Jungfrauen, welche den Schleier genommen haben, und auch solche, welche bloss das Gelübde der Keuschheit gemacht haben und dann fleischlich sich vergehen, müssen öffentliche Busse thun, und zwar die erstern mehr Jahre als die letztern (nr. 1).

Bischöfe, Priester und Diakonen müssen sich des ehelichen Umganges enthalten (nr. 2).

Wer sich nach der Taufe mit fleischlichen Vergehen befleckt hat, kann nicht Cleriker werden (nr. 3).

Zur Osterzeit können Priester und Diakonen die Taufe spenden, auch in Gegenwart des Bischofs; zu anderer Zeit aber, wenn Krankheit es erfordert, können es nur die Priester (nr. 4).

Wer ein weltliches Amt bekleidet hat, kann, da er sich damit befleckt hat, erst dann zum Altardienste gelangen, wenn er eine

[1] Sokr. V 19; Soz. VII 16. Siehe den Excurs XX.

[2] Siehe über ihn oben 388 S. 296.

[3] Hist. Laus. c. 7. Tillemont (Mém. XI 645 note 3) möchte das Jahr 390 vorziehen.

[4] Hist. Laus. c. 20 und Tillemont a. a. O.

[5] Coustant I 679; siehe oben S. 342.

[6] Constant, Ep. 10 Siricii; Mansi, Conc. III 1134.

[7] Gegen Sirmond und Labbe. [8] A. a. O. 641.

Zeitlang Busse gethan hat. Schon das Concil zu Nikaia habe (Canon 1) bestimmt, dass Verschnittene gar nicht und gewesene Beamte nicht voreilig zum Priesterthum zugelassen werden sollten[1].

Man darf die Schwester seiner Frau und seines Oheims nicht heiraten.

Laien dürfen nicht zu Bischöfen geweiht werden.

Bischöfe, welche ihre Sitze wechseln, sind als Ehebrecher anzusehen (nr. 5).

Cleriker, welche von ihrem Bischofe abgesetzt sind, dürfen in einer andern Kirche nicht einmal zur Laiencommunion zugelassen werden; ein Bischof, der solches thut, kann mit dem apostolischen Stuhle nicht mehr in Gemeinschaft stehen.

In einer fremden Diöcese darf man nicht weihen; noch weniger dürfen excommunicirte Laien in einer andern Diöcese geweiht werden (nr. 6).

In Rom wurde zwischen 390 und 395 die Basilika der hl. Petronilla auf dem Cömeterium der Domitilla gebaut[2].

---

[1] In Wahrheit wurde diese Bestimmung erst vom Concil zu Sardika (Can. 10) erlassen.

[2] De Rossi, Bullettino di archeologia cristiana, Roma 1877, 129.

392.

1. Januar Donnerstag; 1. Neumond 11. Januar vormittags; Ostern 28. März.

I. Die Kaiser.

a. Theodosius.

Theodosius brachte nach den Gesetzen das Jahr in Konstantinopel zu.

Wohl in diesem Jahre, der Ueberlieferung nach am 19. Februar, übertrug der Kaiser eine Reliquie, die als Haupt Johannes des Täufers in der Umgegend von Kalchedon verehrt wurde, über den Bosporos in eine grosse Kirche, die er in der Vorstadt Hebdomon, 7 Milien von Konstantinopel entfernt[1], erbaut hatte[2]. Die zweite Auffindung eines Hauptes Johannes des Täufers geschah im Jahre 452 zu Emesa[3].

Unter den Gotenführern, welche am Hofe des Theodosius weilten und von ihm oft zu Tisch geladen wurden, trat um diese Zeit, als die Gesandtschaft des Eugenius am Hofe erschien (siehe unten), ein Zwiespalt offen hervor, der schon lange im stillen unter ihnen

---

[1] Soz. VII 24.

[2] Die Thatsache ist überliefert im Chronicon paschale und ist entnommen der eingehenden Darstellung des Soz. VII 21. Im Chron. pasch. ist sie ins Jahr 391 verlegt; da aber Theodosius in diesem Jahre bis in den November hinein nicht in Konstantinopel war, dürfte das Jahr 392 anzunehmen sein, zumal die Erzählung bei Sozomenos unmittelbar vor der über die Ermordung Valentinians steht. Das Datum im Chron. pasch. (19. Februar) ist dasselbe wie das der spätern Auffindung der Reliquie und scheint mir von dieser auf das frühere Ereigniss übertragen zu sein.

[3] Sie wurde beschrieben von dem Priester Markellos; aus dessen Bericht, der von Dionysius Exiguus ins Lateinische übertragen wurde, schöpfen sowohl Marcellinus Comes als auch das Chron. pasch. zum Jahre 453. Dass aber das Jahr 452 anzunehmen ist, zeigen die an beiden Stellen beigefügten genauern Zeitbestimmungen des Ereignisses; vgl. du Cange zu Chron. pasch. 453 und Pagi 452, 10.

bestanden hatte. Die eine Partei war den Römern zugethan und entschlossen, den ihnen geleisteten Fahneneid zu halten; an ihrer Spitze stand Fravitta, der spätere Consul und Besieger des Gainas, ein damals noch junger Mann; er war der Abstammung nach Gote, aber an Gesinnung ‚Hellene‘, allem Betrug und aller Unwahrheit abgeneigt. Um sich fester an das römische Reich zu binden, heiratete er eine Römerin. Heide ist er sein ganzes Leben geblieben. Die andere Partei war römerfeindlich und hielt den den Römern geleisteten Eid für nicht verbindlich, weil man früher dem eigenen Volk den Eid geleistet habe. An ihrer Spitze stand Erioulphos oder Prioulphos, eine sehr aufgeregte, rohe Natur. Bei einem Gastmahle, das der Kaiser gab, kamen in vorgerückter Stunde die Gegensätze zum offenen Ausdruck; die beiden Gotenführer setzten auch draussen auf der Strasse den Streit noch fort, und dabei stiess Fravitta den Erioulphos nieder [1].

Process gegen Tatianus und Proculus.

Tatianus und sein Sohn Proculus waren seit dem Jahre 388 im Amte, jener als praef. praet., dieser als praef. urbi. Sie verwalteten ihre Aemter unbestechlich und pflichtgetreu [2]. Selbst Libanios, der ihre frühere Amtsführung sehr scharf verurtheilt hatte [3], wusste später nicht Rühmliches genug von ihnen zu melden; er lobt den Tatian wegen der geschickten Auswahl der Beamten und seiner Fürsorge für den Handel [4]; er feiert seine Milde, dass er nie einen gekränkt hatte, und dass er auf seine Bitten selbst solchen in Antiochien Gnade werden liess, die sich schwer gegen ihn vergangen hatten und deren Begnadigung bei vielen Anstoss erregte [5]. Proculus aber hatte in Antiochien als comes Orientis für Strassen und öffentliche Gebäude viel gethan [6], und das mochte wohl der Grund sein, dass man ihn zum Stadtpräfecten von Konstantinopel machte.

Wenn wir Zosimos [7] und Claudian [8] glauben wollen, so waren Vater und Sohn völlig unschuldig an dem Geschick, welches sie im

[1] Zos. IV 56; Eunapios, Fragm. 60 bei Müller; vgl. über Fravitta noch Zos. V 20 und Philostorgios XI 8.

[2] Zos. IV 52.

[3] Er sagt z. B. von Proculus, als dieser im Jahre 384 sein Amt als comes Orientis niederlegte und Antiochien verliess: ‚Mir schien es, als wenn die Seelen der von ihm Hingemordeten ihn wie bellende Hunde verfolgten‘ (Lib. I 137—138).

[4] Brief 790. [5] Brief 1046. [6] Brief 771. [7] Zos. IV 52.

[8] In Rufin. I 234—249.

Jahre 392 auf Betreiben des Rufin traf. Alle Schuld trifft hier den Rufin, der sie mit seinem Hasse verfolgte; beide Schriftsteller heben auch die Eilfertigkeit hervor, mit der Rufin gegen sie im Gegensatz zu seiner sonstigen Schlaffheit verfuhr. Dass aber Tatianus und Proculus thatsächlich Grund zu berechtigten Klagen gegeben haben, lernen wir aus den Gesetzen jener Zeit [1]. Tatian hatte Unschuldige geächtet und theils hinrichten, theils ihrer Güter berauben lassen; diese Güter wurden nach seinem Sturze ihren frühern Besitzern oder deren Anverwandten zurückgestellt [2]. Er hatte ferner die Naturalabgaben der Provincialen ungesetzlich erhöht, was auch später rückgängig gemacht wurde [3]. Der Bauwuth waren Vater und Sohn ergeben; nach ihrem Sturze wird bestimmt, dass der Bau neuer öffentlicher Gebäude nicht in Angriff genommen werden solle, ehe die begonnenen vollendet seien [4]; dass gerade Tatian in diesem Punkte am meisten gefehlt hatte, ersehen wir aus den Lobsprüchen, die Libanios ihm spendet für die unter seiner Präfectur errichteten grossen Gebäude und öffentlichen Bäder, die seinen Namen noch nach seinem Tode verherrlichen würden [5]. Auch neue Abgaben hatte Tatian den Senatoren in Antiochien aufgelegt, z. B. zur Heizung der Thermen und für die öffentlichen Spiele [6]. Proculus scheint den Rath der Decurionen in Konstantinopel in Verwirrung gebracht zu haben, und Tatian hatte seine Massregeln in dieser Beziehung auf andere Städte ausgedehnt; denn nach ihrer Absetzung wird bestimmt, dass nur solche aus dem Rathe der Decurionen in den grossen Senat eintreten könnten, welche ihre Pflichten in jenem erfüllt hätten und ihre Güter zur Beschaffung eines Stellvertreters zur Verfügung stellten; auch solle, wenn jemand drei Söhne habe, nur einer von diesen in den Senat eintreten können [7].

---

[1] Güldenpenning (a. a. O. 204 Anm. 30) will ihre Schuld auch daraus ableiten, dass Claudian diese Angelegenheit in seiner Anklageschrift gegen Rufin nur andeutungsweise behandele. Dem ist aber nicht so; denn Claudian spricht mit den Worten: ‚causis fallacibus instat‘ (v. 238) und in den folgenden deutlich ihre Unschuld aus.

[2] Cod. Theod. IX 42, 12—13.

[3] Cod. Theod. XI 1, 23; alle drei Gesetze (siehe die vorige Anmerkung) sind von demselben Tage; aber die Handschriften schwanken zwischen prid. Id. Ian. und Iun.; aus innern Gründen ist Ian. vorzuziehen.

[4] Cod. Theod. XV 1, 29 und 30.

[5] Brief 1040; über die Bauten des Proculus siehe Brief 771.

[6] Cod. Theod. VI 3, 1 und XII 1, 131.

[7] Cod. Theod. XII 1, 130 und 132. Gothofredus hält es für zweifelhaft, ob

Gegen Mitte des Jahres 392 wurde Tatianus als praef. praet. abgesetzt und angeklagt; seine Stelle erhielt Rufinus [1]; dieser hatte auch den Vorsitz im Gerichte über ihn. Proculus merkte die Gefahr und entzog sich der Untersuchung durch die Flucht [2]. Rufin fürchtete ihn; er gab dem Vater das eidliche Versprechen, das angeblich auch der Kaiser bekräftigte, er werde ihm Indemnität und Ehrenstellen am Hofe verschaffen [3], und so brachte er diesen dahin, dass er durch ein Schreiben den Sohn zurückrief; aber sofort nach seiner Rückkehr wurde Proculus verhaftet. Nach langen Verhandlungen beschloss das Gericht, dass Tatianus in seine Heimat Lykien in die Verbannung gehen [4], Proculus aber hingerichtet werden solle. Der Kaiser schickte sofort, nachdem er das Todesurtheil vernommen hatte, einen Boten, der die Begnadigung überbrachte. Der kam zu spät; Rufin hatte, um dem zuvorzukommen, die Todesstrafe sofort in Sykai, einer Vorstadt von Konstantinopel [5], an Proculus vollziehen lassen [6]; das geschah am 6. December [7].

Rufins Rachsucht war noch nicht befriedigt; selbst Lykien, die Heimat des Tatian und sein jetziger Aufenthaltsort, wurde seinetwegen gestraft; die Provinz wurde für infam und ihre Einwohner wurden für ämterunfähig erklärt; nach dem Sturze Rufins wurde

---

die letztgenannte Bestimmung eine Vergünstigung oder Beschränkung für die Decurionen sein solle; dass das erstere der Fall ist, und dass das Gesetz 132 dem Rathe der Decurionen aufhelfen will, lehrt das Gesetz 130. Alle sieben zuletzt erwähnten Gesetze sind nämlich von demselben Datum und im Codex an den praef. urbi Aurelianus gerichtet; sie waren aber, da sie zum Theil auch das ganze Ostreich, speciell Antiochien, betreffen, jedenfalls auch an Rufinus gerichtet; vgl. Gothofredus zu Cod. Theod. XII 1, 131.

[1] Tatianus wird als praef. praet. zuletzt am 30. Juni 392 erwähnt, Rufinus zuerst am 26. August (Cod. Theod. XII 1, 127 und VIII 6, 2).

[2] Er wird als praef. urbi zuletzt am 25. Juni erwähnt (Cod. Theod. XIV 17, 10).

[3] Eunapios, Fragm. 59 bei Müller.

[4] Nach Asterios (Hom. in festum Kalendarum, bei Migne, Patr. gr. XL 224 ad 225) war auch er zum Tode verurtheilt worden und der Strick war schon um seinen Hals gelegt, als die Begnadigung des Kaisers eintraf. Die Hom. in fest. Kal. des Asterios wurde im Jahre nach dem Tode Eutrops, also im Jahre 400, gehalten; vgl. p. 225: ὁ δὲ τοῦ παρελθόντος ἐνιαυτοῦ sq.

[5] So Stephanos von Byzanz; sie hiess später Iustinianai; es ist das heutige Pera und Galata jenseits des Goldenen Hornes.

[6] Zos. IV 52.

[7] Chron. pasch. zum Jahre 393; es geschah, wie die Gesetze zeigen, im Jahre 392.

diese Strafe im Jahre 396 wieder aufgehoben[1]. Zur Zeit, als dies letztere geschah, scheint Tatian schon todt gewesen zu sein[2]. Tatian war schon hochbetagt, als er in die Verbannung ging[3]; er war ‚unbesiegt und von löwenartiger Gesinnung‘[4].

b. Valentinian II.

Valentinian lebte in diesem Jahre und wohl schon seit dem Weggange des Theodosius in Vienne. Er scheint sich nicht sehr um die Herrschaft bekümmert zu haben; denn beinahe kein Gesetz ist uns aus dieser Zeit von ihm erhalten. Mit Arbogastes, der seit dem Jahre 389 in Gallien, wie es scheint, die Herrschaft geführt hatte, kam er bald in Conflict[5]. Theodosius mag es gut gemeint haben, als er bei seinem Abschiede dem jungen Kaiser den Franken ‚als eine gerade und unerschütterliche Säule zum Schutze gegen die Einflüsse der Höflinge‘ zur Seite stellte[6]; aber er hat ihm damit den Untergang bereitet. Arbogastes stützte sich auf die Barbaren, besonders auf die Franken; das ganze Militär war ihm unbedingt ergeben, und auch die Civilbeamten neigten ihm zu[7]. Er trat verschiedenen Massregeln des Kaisers entgegen, und dieser gab nach, da ihm die Macht fehlte, schrieb aber wiederholt an Theodosius und bat ihn um Abberufung des ihm unbequemen Mannes. Die Spannung wurde so arg, dass der Kaiser einst vom Throne herab dem Arbogastes seine Absetzung überreichte; der aber zerriss das Papier mit den Worten: ‚Die Gewalt, die du mir nicht gegeben hast, kannst du mir auch nicht nehmen.‘[8] Philostorgios erzählt[9], der Kaiser habe einmal im Zorne dem neben ihm stehenden Trabanten den Speer abnehmen wollen, um den Arbogastes zu durchbohren, der Trabant aber habe ihn

[1] Cod. Theod. IX 38, 9. Pagi 392, 9 versteht falsch unter dem im Gesetze genannten Tatian einen andern Lykier.

[2] Vgl. das genannte Gesetz und Asterios l. l.; nach letzterem war er im Jahre 400 todt.

[3] Claudianus, In Ruf. I 238; Libanios, Brief 942; Asterios l. l.

[4] Asterios l. l. [5] Zos. IV 53, 1—2.

[6] Suidas s. v. Ἀβρογάστης (sic!) nach Eunapios.

[7] Gregor von Tours II 9: ‚Militaris rei cura Francis satellitibus tradita, civilia quoque officia transgressa in coniurationem Arbogastis, nullusque ex omnibus sacramentis militiae obstrictis reperiebatur, qui familiari principis sermoni aut iussis obsequi auderet.‘ Zos. IV 53, 3.

[8] Zos. IV 53; Johannes von Antiochien, Fragm. 187.

[9] Philost. XI 1.

zurückgehalten, und der Kaiser habe sich vor Arbogastes damit entschuldigt, dass er sich selbst habe durchbohren wollen, weil er trotz seiner kaiserlichen Würde seinen Willen niemals durchsetzen könne. Es kam dahin, dass der Kaiser in seinem Palaste zu Vienne wie ein Privatmann, ja wie ein Gefangener lebte, und dass keiner ihn anzureden oder ihm zu gehorchen wagte aus Furcht vor Arbogastes [1]. Harmonius, der Sohn des frühern Consuls Taurus, wurde unter dem Purpurmantel des Kaisers, zu dem er seine Zuflucht genommen hatte, ermordet [2]. Wie die Germanen, so scheinen auch die Heiden von Arbogastes begünstigt worden zu sein; das können wir daraus schliessen, dass der römische Senat in diesem Jahre, nicht lange vor dem Tode des Kaisers [3], eine neue Gesandtschaft — es war die dritte [4] — in Sachen der ara Victoriae an ihn schickte. Auch jetzt war ein grosser Theil des Consistoriums der Bitte des Senates günstig gesinnt; der Kaiser aber blieb fest und das ohne directes Dazwischentreten des Ambrosius [5]. Jedenfalls hat diese Weigerung dazu beigetragen, seinen Untergang zu beschleunigen [6].

Ueber die letzten Schicksale des Kaisers sind wir am besten durch die Leichenrede des Ambrosius auf ihn unterrichtet; nach dieser müssen die übrigen Quellennachrichten erklärt werden.

Valentinian machte allerlei Pläne, um seiner unerträglichen Lage zu entgehen. Dem Theodosius schrieb er, er werde, wenn er ihm nicht zu Hilfe komme, zu ihm nach Konstantinopel fliehen [7]. Am meisten aber setzte er seine Hoffnung auf Ambrosius; nach dessen Ankunft sehnte er sich schon längere Zeit vor seinem Tode, und zwei Tage vor seinem Tode schickte er einen Eilboten an ihn ab und liess ihn bitten, zu ihm zu kommen [8]; unterdessen machte er auch wieder den Plan, selbst nach Italien zu reisen, und fand einen passenden Vorwand zu einer solchen Reise in den Barbarenschwärmen,

---

[1] Gregor von Tours II 9. [2] Johannes von Antiochien a. a. O.

[3] Nicht am Tage vor seinem Tode, wie Hassebrauk (Zur Gesch. d. Kaisers Theodosius 15) missverständlich die Worte des Ambrosius, De obitu Val. c. 52: ‚qui ante diem mortis templorum privilegia denegavit' erklärt.

[4] Siehe oben 384 S. 171 und 390 S. 316.

[5] Ambrosius l. l. und Ep. 57, 5. Wie Förster (a. a. O. 69) sagen kann, dass der Senat sich auch dieses Mal wieder besonders durch den Einfluss des Ambrosius getäuscht sah, verstehe ich nicht; Ambrosius selbst sagt Ep. 57, 5, dass er abwesend war und an den Kaiser auch nicht geschrieben hatte.

[6] Diesen Zusammenhang heben auch Ranke (Weltgeschichte IV 197—198 und 200) und Schultze (Gesch. des Unterg. I 281) hervor.

[7] Zos. IV 53. [8] De obitu Val. c. 23 und 26.

welche sich den Grenzen Italiens näherten [1]. Der Kaiser hatte schon lange gemerkt, dass er in Lebensgefahr schwebe: in den letzten Tagen hatte er förmlich Todesangst; er liess den Ambrosius bitten, eiligst zu kommen, um ihm die Taufe zu spenden, und wartete in fieberhafter Ungeduld auf seine Ankunft [2]. Ambrosius hatte von der Lebensgefahr des Kaisers nichts gewusst, da er lange keinen Brief von ihm erhalten hatte; jetzt begab er sich sofort auf den Weg und war schon in den Alpen, als er die Nachricht von seinem Tode empfing [3]. Die Quellennachrichten über die Ursache des Todes des Kaisers weichen sehr voneinander ab; viele sagen, er sei erwürgt worden [4]; Prosper berichtet in seiner Chronik, der Kaiser habe sich selbst entleibt; Sozomenos [5] stellt beide Versionen nebeneinander; am richtigsten gibt wohl Rufin [6] die Auffassung der Mitwelt wieder, er sagt: ‚Aus Gründen, die auch jetzt noch unbekannt sind, endete er sein Leben mit dem Stricke; einige sagen, dass die Ränke des Arbogastes die That veranlasst haben, und dieses war durchweg die öffentliche Meinung.' Für uns unterliegt es keinem Zweifel, dass der Kaiser ermordet worden ist; wir entnehmen dies den Andeutungen des Ambrosius, der bemerkt, er habe die Gefahren nicht gewusst, in denen der Kaiser schwebte, und hätte schon bei seiner Abreise von Mailand, wenn er nachgedacht hätte, den Ausgang vorhersehen können. Vor allem aber fragen wir: Wie konnte der Kaiser sich selbst tödten, ohne die Ankunft des Ambrosius abzuwarten, der er stündlich entgegensah, und wie konnte er sich selbst tödten, ohne die Taufe empfangen zu haben, nach der er so sehnsüchtig verlangte? [7] Von Ambrosius erfahren wir auch, was den Tod des Kaisers beschleunigte: Arbogastes fürchtete für einige seiner Freunde; Valentinian machte ihm dieserhalb wohl Versprechen, aber man traute ihnen nicht; Arbogastes warf ferner Verdacht auf einzelne Anhänger des Kaisers, und dazu gehörten auch dessen Schwestern [8]. Der Kaiser berief den Ambrosius, damit dieser für seine Zusagen Bürgschaft leiste und ihm so der Weg nach Italien geöffnet werde; Arbogastes aber wollte ihn nicht abreisen lassen [9]. In dieser verwickelten Lage erschien

[1] De obitu Val. c. 22—23. [2] Ibid. c. 26. [3] Ibid. c. 25 und 26.

[4] So Zos. IV 54; Sokr. V 25; Philost. XI 2; Oros. VII 35, 10; Chron. imperiale, bei Mommsen IX 650; Chronik des Idatius, bei Mommsen XI 45; Marcellinus Comes zum Jahre 391.

[5] Soz. VII 22. [6] Hist. eccl. II 31. [7] De obitu Val. c. 25 und 26.

[8] Ibid. c. 27. 35. 50.

[9] Ibid. c. 27. 63 und besonders 2: Haec causa mortis (quod Romano voluit subvenire imperio), quae plena laudis.

der Tod des Kaisers als das geeignetste Mittel, um grösseres Uebel zu vermeiden [1].

Zweifellos ging der Mord von Anhängern des Arbogastes aus: es fragt sich aber, ob dieser ihn direct veranlasst hat. Man nimmt heute allgemein an, dass die Zeitgenossen richtig urtheilten, wenn sie Arbogastes als den Mörder bezeichneten [2]. Dagegen ist aber doch zu bemerken, dass Ambrosius ihn nirgends des Mordes beschuldigt, auch nicht in dem Schreiben [3], das er wegen des Begräbnisses des ermordeten Kaisers an Theodosius richtete, ja selbst nicht in den Schriften, die er nach dem Untergange des Arbogastes und Eugenius verfasste; wohl nannte er ihn damals barbarus latro und ihn und den Eugenius infideles et sacrilegi [4]; in der Leichenrede auf Valentinian spricht er sogar sehr rücksichtsvoll von Arbogastes und gibt zu, dass dieser Gründe hatte, die Abreise des Kaisers von Vienne nicht zu wünschen [5]. Und doch können wir sicher sein, dass Ambrosius den Arbogastes nicht geschont hätte, wenn er von seiner Schuld überzeugt gewesen wäre. Güldenpenning meint [6], Ambrosius habe sich so vorsichtig ausgedrückt mit Rücksicht auf Theodosius, weil er nicht gewusst habe, wie dieser sich jetzt zu Arbogastes stellen würde; aber Förster sagt ganz richtig [7], dass keine menschliche Rücksicht den Ambrosius von der Nennung des Mörders abgehalten hätte, wenn ihm dieser bekannt gewesen wäre. Wir können uns also das Schweigen des Ambrosius nur so erklären, dass er von der Schuld des Arbogastes nicht überzeugt war. Und doch war er über die Umstände des Todes des Kaisers wohl unterrichtet und kannte auch einen Ausspruch, den dieser gerade vor seinem Tode that [8]. Darum halte ich dafür, dass die directe Mitbetheiligung des Arbogastes an dem Morde weder damals zu erweisen war noch es heute ist; es ist gut möglich, dass solche aus der Umgebung des Kaisers, denen seine Abreise zum Verderben werden konnte, sich gegen sein Leben verschworen und ihn tödteten; in diesem Sinne

---

[1] Ibid. c. 57: ut octavo decimo regni sui anno imminentis mali acerbitatem quasi iustus evaderes.

[2] So Förster a. a. O. 70; Ranke, Weltgesch. IV 199; Schiller, Gesch. der röm. Kaiserz. II 408; Güldenpenning 211—212; Hassebrauk 16 Anm. 1; Gibbon, übers. von Sporschil V 377. Vgl. Joh. von Antiochien, Fragm. 187 (Müller, Fragm. hist. graec. IV 609); Zos. IV 54; Philost. XI 1—2.

[3] Ep. 53.

[4] Ep. 61 an Theodosius nr. 1 und Erklärung des 36. Psalmes nr. 25.

[5] De obitu Val. c. 25 und 27.

[6] A. a. O. 213.

[7] A. a. O. 286 Anm. 87.

[8] De obitu Val. c. 26 und 50.

konnte Orosius sagen, dass die Ränke des Arbogastes seinen Tod veranlasst haben. In der Gesandtschaft, welche gegen Ende des Jahres Eugenius um Anerkennung an Theodosius absandte, waren, wie Rufin berichtet [1], auch Bischöfe, und diese bezeugten, dass Arbogastes unschuldig sei.

Was die Art angeht, in der der Kaiser ums Leben kam, so erzählt Philostorgios [2], er sei um Mittag, als das Dienstpersonal beim Essen sass und er sich an einer abgelegenen Stelle des Palastes am Rhoneflusse erging, von Häschern erfasst worden; sie hielten ihm die Kehle zu und erstickten ihn; dann hingen sie ihn an seinem Halstuche auf, um den Schein zu erwecken, er habe sich selbst getödtet. Ganz so stellen auch Orosius und Bischof Epiphanios von Salamis [3] die Sache dar, und wir haben keinen Grund, uns den Hergang anders zu denken, wenn wir nicht etwa mit Sokrates [4] annehmen wollen, Kammereunuchen hätten den Kaiser im Schlafe erdrosselt. Nach Zosimos [5] hätte Arbogastes den Kaiser mit eigener Hand vor den Mauern von Vienne in Gegenwart von Soldaten niedergeschlagen; dass das falsch ist, ist nicht im mindesten zu bezweifeln.

Der Tod des Kaisers erfolgte am 15. Mai dieses Jahres, dem Samstage vor Pfingsten [6]. Er starb nach der Berechnung des Ambrosius [7] im 18. Jahre seiner Regierung; da er am 22. November 375, am sechsten Tage nach dem Tode seines Vaters, auf den Thron gekommen war [8], hatte er thatsächlich gerade $16^1/_2$ Jahre regiert [9]. Er war bei seinem Tode 20 Jahre alt [10]. Die Leiche wurde vorläufig am Pfingsttage in Vienne beigesetzt [11], dann aber nach Mai-

---

[1] Hist. eccl. II 31. [2] Hist. eccl. XI 1.

[3] De ponderibus et mensuris nr. 20, bei Dindorf IV 25.

[4] Hist. eccl. V 25. [5] Hist. IV 54.

[6] Epiphanios a. a. O.: ‚Valentinian der Jüngere wurde, wie die Rede geht, ganz unerwartet erdrosselt in seinem Palaste aufgefunden an den Iden des Mai, am Tage vor Pfingsten, am Sabbat. Am Pfingsttage selbst wurde er begraben; es war damals in Aegypten der 21. des Monates Pachon, bei den Griechen der 21. des Monates Artemision, bei den Römern a. d. XVII. Kal. Iun.‘ Bei Marcellinus Comes (zum Jahre 391) ist also statt Id. Martiis zu schreiben Id. Maiis.

[7] De obitu Val. c. 57.

[8] Sokr. IV 26; Idatius, Descr. consulum zum Jahre 375.

[9] Ambrosius zählt nach Consulatsjahren und nimmt das erste und letzte als ganzes.

[10] So Philostorgios XI 1. Als er zur Regierung kam, war er vier Jahre alt; vgl. Amm. XXX 10, 4; Philost. IX 16; Zos. IV 19: πέμπτον ἄγοντα μόλις ἐνιαυτόν.

[11] Epiphanios a. a. O.

land übertragen; hier blieb sie aber noch zwei Monate unbeerdigt, weil man auf eine Anweisung des Theodosius wartete; als diese endlich eintraf, fand die Beerdigung im Hochsommer, gegen Ende Juli oder Anfang August, statt [1]; Ambrosius hielt dabei die Leichenrede, die erhalten ist.

Charakter Valentinians II.

Die arianische Gesinnung und Abneigung gegen den Ambrosius, welche der Kaiser früher durch die Beeinflussung seiner Mutter gehabt hatte, legte er nach der Besiegung des Maximus und dem Tode seiner Mutter vollkommen ab; die Liebe zu Ambrosius war es sogar, die ihn der Gnade der Taufe beraubt hat, da er vor seinem Tode die Taufe verschob, um sie aus den Händen des Ambrosius zu empfangen [2]. Ebenso entsagte er seiner frühern Vorliebe für Circusspiele und Thierhetzen; nicht einmal an den Geburtstagen der Kaiser sah er später den Spielen zu, und einmal liess er die Thiere alle tödten [3]. In Bezug auf das weibliche Geschlecht wusste er sich zu beherrschen; als die junge Welt in Rom durch die Reize einer schönen Schauspielerin fast von Sinnen kam, liess er das Weib zwar an den Hof bringen, schickte es aber wieder zurück, ohne es gesehen zu haben [4]. Er heiratete erst kurz vor seinem Tode [5]. Gegen seine zwei Schwestern Justa und Grata, die unvermählt blieben, war er sehr liebenswürdig [6]; die dritte Schwester, Galla, war seit dem Jahre

---

[1] Ambrosius, Ep. 53 an Theodosius und De obitu Val. c. 49. An ersterer Stelle heisst es (nr. 5): ‚Et ipsis igitur (den Schwestern Valentinians) consuletur et carissimis exuviis, si acceleretur sepultura, ne aestivo penitus solvantur calore; vix enim superiorem aestatem transegimus.' Die Worte scheinen zu besagen, dass die Leiche erst im Sommer 393 beerdigt wurde. Allein dies kann man nicht annehmen, da einerseits das Beileidschreiben des Theodosius an seine Schwägerinnen doch nicht ein Jahr auf sich warten lassen konnte, andererseits Ambrosius in Ep. 53 den Tod des Valentinian als ein noch neues Ereigniss behandelt; dazu kommt, dass die Leiche nach De obitu Val. c. 49 in Mailand damals jedenfalls erst zwei Monate war. Es ist daher das superiorem aestatem (als Gegensatz zu posteriorem aestatem) im Sinne von superiorem aestatis partem gleich Frühsommer oder Hochsommer zu erklären; Ambrosius wünscht, dass die Leiche nicht durch die Hitze des Nachsommers ganz aufgelöst werde. Güldenpenning (213 Anm. 1) scheint die Worte so zu verstehen, als wenn zur Zeit des Begräbnisses der Sommer vorüber gewesen wäre (vgl. auch Tillemont, Hist. V 760 note 48); das dürfte den Sinn des Ambrosius nicht treffen wegen des ‚ne aestivo penitus solvantur calore'.

[2] Ambrosius, Ep. 53, 2. [3] De obitu Val. c. 15; Philost. XI 1.

[4] De obitu Val. c. 17. [5] Ibid. c. 38 u. 74. [6] Ibid. c. 36 und Sokr. IV 31.

386 mit Theodosius verheiratet. Bei den Berathungen im Consistorium entwickelte er verständige, durch keine Rücksichten auf Personen beeinflusste Ansichten [1], und dass er bei seinem Urtheile auch unter starkem Drucke der Gegenpartei zu verharren wusste, zeigt seine zweimalige Ablehnung der Wiederherstellung der ara Victoriae (in den Jahren 384 und 392). Auch Eunapios [2] rühmt seine Gerechtigkeit und seinen Mannesmuth, Sozomenos [3] ausserdem seine leibliche Schönheit. Philostorgios [4] sagt, er sei sehr jähzornig gewesen; wenn er dabei bloss an den Auftritt mit Arbogastes denkt, den er erwähnt, so ist seine Behauptung schlecht begründet, da der Uebermuth des Franken wohl auch jeden andern tief getroffen hätte. Nach alledem ist es begreiflich, dass sein frühes, trauriges Ende bei allen, selbst bei seinen Feinden und den Barbaren, aufrichtiges, bei vielen sehr grosses Bedauern fand [5].

c. Eugenius.

Eugenius scheint ein Römer von Geburt gewesen zu sein [6]. Er war lateinischer Grammatiker und zugleich Rhetor und leitete in Rom eine Schule. Wahrscheinlich kam er durch seinen Gönner, den Franken Richomeres, an den Hof; hier brachte er es durch seine Gelehrsamkeit und seine einnehmenden Umgangsformen zur Stellung eines magister scriniorum, d. h. des Vorstehers einer kaiserlichen Kanzlei [7]. Als im Jahre 391 Richomeres mit Theodosius den Occident verliess, empfahl er den Mann seinem Landsmanne Arbogastes als zuverlässigen Gehilfen; aus dieser Zeit datirt sein vertrautes Verhältniss zu Arbogastes [8].

---

[1] De obitu Val. c. 16. [2] Bei Suidas s. v. Ἀβρογάστης.

[3] Hist. eccl. VII 22. [4] A. a. O.

[5] De obitu Val. c. 3: Nec tamen flendi admonitio necessaria; flent omnes, flent et ignoti, flent et timentes, flent et inviti, flent et barbari, flent et qui videbantur inimici.

[6] Symmachus (Ep. III 60 und 61) nennt ihn frater meus.

[7] Sokrates V 25 nennt ihn ἀντιγραφεύς, Philostorgios XI 2 μάγιστρος. Von Wietersheim IV 525—526 will nichts davon wissen, dass er, wie Philostorgios sage, Minister oder Oberkammerherr gewesen sei; er scheint den Ausdruck des Philostorgios misszuverstehen. Nach Cod. Theod. VI 11 gab es vier magistri scriniorum nebeneinander, nämlich: mag. memoriae, epistularum, libellorum und epistularum graecarum. Es steht nichts der Annahme im Wege, dass Eugenius eine von diesen vier Stellen bekleidete.

[8] Zos. IV 54; Johannes von Antiochien, Fragm. 187.

Diesen Mann, der bis dahin eine bescheidene Rolle gespielt hatte, auch nicht nach Höherem strebte und persönlich ehrenhaft war, entschloss sich Arbogastes nach Beseitigung des Valentinian auf den Thron zu setzen. Wir können es dem Zosimos glauben, dass Eugenius auf diesen Plan nur widerwillig einging [1]; er war auch nur vorgeschoben, da Arbogastes die eigentliche Macht selbst behalten wollte [2]. Als Kaiser nahm Eugenius den Vornamen Flavius an [3]. Er war Christ [4]; doch legte er auch Werth auf die heidnische Opferschau, zumal diese mit günstigen Prophezeiungen für seine Zukunft nicht kargte [5]; in seiner Politik wollte er es beiden Religionen recht machen, er wollte die Heiden gewinnen, ohne es mit den Christen zu verderben. Auch zu Theodosius stellte er sich freundlich und erkannte ihn wie seinen Sohn Arcadius als Mitkaiser an [6]; ferner liess er für das laufende Jahr die Consuln Arcadius und Rufinus bestehen [7], ernannte sich allerdings für das folgende Jahr neben Theodosius selbst zum Consul. Um seine Anerkennung als Augustus zu erlangen, schickte er eine Gesandtschaft an Theodosius; unter diesen Gesandten waren ausser Rufinus aus Athen auch Bischöfe, die bezeugten, dass Arbogastes den Tod Valentinians nicht veranlasst habe [8]. Theodosius entliess die Gesandten mit ausweichender, aber freundlicher Antwort; Eugenius konnte aber nicht im Zweifel sein, dass der Kaiser nur Zeit gewinnen wolle; dieser seinerseits begann die Rüstungen zum Kriege [9].

Auch an Ambrosius richtete Eugenius gleich nach seiner Erhebung auf den Thron ein Schreiben, und als er keine Antwort er-

---

[1] Seine Erhebung zum Augustus wird in den Fasti Vindobonenses priores (Mommsen IX 298) auf den 22. August gesetzt. Dies Datum ist sicher falsch; alles spricht dafür, dass die Erhebung des Eugenius unmittelbar auf die Ermordung Valentinians folgte; diese Ermordung wird in den genannten Fasti fälschlich auf den 10. August gesetzt.

[2] Orosius VII 35. [3] De Rossi, Inscr. chr. urbis Romae I nr. 413 p. 181.

[4] Der Brief des Ambrosius an ihn (Ep. 57) zerstreut jeden Zweifel hierüber, besonders nr. 8: ‚Quomodo offeres dona tua Christo?' Auch Soz. VII 22 deutet es an: *οὐχ ὑγιῶς διακείμενος ἐπὶ τὸ δόγμα τῶν χριστιανῶν.* Philostorgios XI 2 hält ihn für einen Heiden.

[5] Sozomenos a. a. O.; Rufinus II 33.

[6] So in der officiellen Urkunde bei Orelli nr. 1128.

[7] Das zeigt eine Inschrift vom 8. October d. J. bei de Rossi, Inscr. I nr. 401 p. 175.

[8] Zos. IV 55; Rufinus II 31.

[9] Zos. IV 57; Johannes von Antiochien, Fragm. 187.

hielt, bald darauf ein zweites. Ambrosius würdigte ihn wiederum keiner Antwort: er hat dies später, als Eugenius nach Italien kam, damit entschuldigt, dass er vorhergesehen habe, Eugenius würde den Tempeln die von Gratian ihnen entzogenen Einkünfte zurückgeben [1]; wir gehen aber keinesfalls fehl, wenn wir annehmen, dass die Art, wie Eugenius auf den Thron gekommen war, ihm Grund genug war, um sich von ihm fernzuhalten.

Es scheint, dass Italien sich sofort an den Usurpator anschloss; denn eine Grabinschrift vom 25. October dieses Jahres besagt, dass Campanien ihm in dieser Zeit gehorchte [2]; dass auch Rom zu ihm hielt, ersehen wir daraus, dass er in mehreren römischen Inschriften des Jahres 393 als Consul genannt wird [3]. Afrika aber blieb dem Theodosius treu [4].

Der römische Senat machte unter Eugenius seinen vierten und fünften Versuch, die Wiederherstellung der *ara Victoriae* und der Priestereinkünfte zu erlangen. Er schickte zweimal hintereinander nach Gallien eine Gesandtschaft an ihn, jedenfalls schon in diesem Jahre, und merkwürdig genug, der Tyrann schlug jedesmal die Bitte ab; dann aber machte er — ein charakteristisches Zeichen seiner Halbheit — den Petenten als Privatpersonen die Tempelgüter zum Geschenke [5]. Ambrosius sah das als ein Sacrilegium an [6]; in Rom aber war es das Signal zu einer regelrechten Restauration des Heidenthums, die uns in einem christlichen Gedichte jener Zeit, das in einer Pariser Handschrift erhalten ist, anschaulich geschildert wird [7]. Aegyptische Priester erschienen wieder in der Stadt zum Dienste der Nilgottheiten; die Procession der Kybelegläubigen zog wieder durch die Strassen, und Senatoren begleiteten den Wagen der Göttin; sogar die unzüchtigen Spiele der

---

[1] Ambrosius, Ep. 57, 11.

[2] Die Inschrift steht bei de Rossi, Ann. dell' inst. arch. 1849 p. 304 und C. I. L. X 1, 4492; sie ist datirt: ‚VIII. Kal. Nov. d. n. Eugenio Aug. primi'; der Verfasser zog diese ungewöhnliche Art der Datirung (1. Jahr des Eugenius) der mittels der eponymen Consuln vor.

[3] Siehe unten 393 S. 391.

[4] Cod. Theod. XII 1, 133 und IX 7, 9. Die letztere Verfügung ist an Gildo, den mag. militum in Afrika, gerichtet.

[5] Ambrosius, Ep. 57, 6 und 8; es ist nicht nöthig, mit Schultze (a. a. O. I 287) hierbei an eine dritte Gesandtschaft des Senates zu denken.

[6] Ep. 61, 2.

[7] Herausgegeben von Mommsen im Hermes IV 350 und erläutert von de Rossi, Bull. di archeol. crist. 1868 p. 49 sgg. und 61 sgg.

Flora lebten wieder auf, und der Sühnegang amburbium, den Rom seit den Zeiten Aurelians nicht mehr gesehen hatte, wurde wieder eingeführt. Die Seele dieser heidnischen Mache war der praef. praet. Flavianus, der selbst in die Mithrashöhle hinabstieg, um die heiligen Weihen zu empfangen, und der die Staatsämter mit Vorliebe Renegaten verlieh [1].

Zu Ende dieses Jahres, im scharfen Winter, unternahm Arbogastes einen Zug gegen die Franken in der Hoffnung, dass sie in den unbelaubten Wäldern nicht leicht ein Versteck finden würden. Er ging bei Köln mit einem Heere über den Rhein und zog zur Lippe hin, wo die Brukterer und Chamaven wohnten [2]; nach Verwüstung dieser Gegend zog er östlich weiter, sah aber keine Feinde als einzelne Ampsivarier und Chatten unter Anführung des Frankenhäuptlings Markomeres, welche die nahen Hügel besetzt hatten; wahrscheinlich zog er von hier sofort wieder zurück [3].

II. Die römischen Beamten.

a. Die Consuln.

Arcadius zum zweiten Male und Flavius Rufinus [4]. Der letztere folgte als praef. praet. Orientis dem Tatianus zwischen dem 30. Juni und 26. August [5] und blieb es bis zum Jahre 395. Vorher, seit dem Jahre 390, war er mag. offic.

Während seiner Amtszeit als praef. praet. ist Rufinus auch einmal in Antiochien gewesen, wo er dem Libanios die grösste Ehre erwies und einen ganzen Tag bei ihm zubrachte [6].

b. Beamte des Ostreiches.

1. Abundantius, der Consul des Jahres 393, als mag. utriusque militiae am 31. Juli erwähnt [7].

[1] Schultze, Geschichte des Unterganges I 288—290.

[2] Tacitus, Germ. 33, und die Commentare dazu.

[3] Gregor von Tours, Hist. Franc. II 9, nach Sulpicius Alexander.

[4] Den Vornamen siehe in den Inschriften bei de Rossi, Inscript. christ. I nr. 399 und 403 p. 174 und 176.

[5] Cod. Theod. XII 1, 127 und VIII 6, 82.

[6] Libanios, Briefe 445 und 1328. Mit Sievers (S. 202) ist anzunehmen, dass hier nicht der Aufenthalt in Antiochien im Jahre 395 gemeint ist, wo Rufin den Lukianos daselbst misshandelte.

[7] Cod. Theod. XII 1, 128.

2. Aurelianus, als praef. urbi zuerst am 27. Februar 393 erwähnt[1], trat jedenfalls diese Stelle schon im Sommer oder Herbste 392 als Nachfolger des Proculus (siehe unten) an. Er wird zuletzt am 8. December 393 erwähnt[2]. Im Jahre 396 war er praef. praet.[3] und im Jahre 400 Consul.

3. Hypatius praef. Augustalis (siehe unten Potamius).

4. Martinianus oder Marcianus als comes Orientis am 10. November erwähnt[4]; vor dem 30. December 393 folgte ihm Infantius[5]. Martinianus war im Anfange des Jahres 396 comes sacr. larg.[6]

5. Philoxenus als vicarius Thraciarum am 3. April erwähnt[7].

6. Potamius als praef. Augustalis zuerst am 5. März erwähnt[8]; danach wird am 9. und 14. April Hypatius als solcher genannt[9], der auch im Jahre 383 diese Stellung gehabt hatte, dann wieder vom 22. Juni bis zum 30. Juli Potamius[10]. Sein Vorgänger war Evagrius (siehe 391); sein Nachfolger ist unbekannt.

7. Proculus, seit dem Jahre 388 praef. urbi, zuletzt am 25. Juni 392 als solcher erwähnt[11], am 6. December hingerichtet (siehe oben S. 357 ff.).

8. Flavius Pisidius Romulus, im Jahre 385 consularis Aemiliae et Liguriae, als comes sacr. larg. am 20. Februar und 18. October 392 erwähnt[12], in dieser Stellung Nachfolger des Severinus, der am 15. April 391 erwähnt wird[13]. Augustinus schrieb an Romulus Brief 247, der zeigt, dass er Christ war; auch mit Symmachus stand er in Briefwechsel[14], war aber viel jünger als dieser[15].

9. Stilicho unternahm im Beginn dieses Jahres als mag. militum in Thrakien einen Rachezug gegen die Bastarner an den Donaumündungen, um den Tod des Promotus[16] zu rächen. Er vernichtete diese ganze Völkerschaft[17]. Als dann Hunnen, Alanen und Goten

---

[1] Cod. Theod. I 1, 3 und öfters. [2] Ibid. XII 1, 138. [3] Ibid. IV 2, 1.

[4] Ibid. II 1, 7 und III 15, 1. [5] Cod. Iust. I 9, 7.

[6] Cod. Theod. VII 6, 4. Der von Suidas s. v. Μαρκιανός Erwähnte ist ein anderer.

[7] Cod. Theod. XII 1, 124. [8] Ibid. I 20, 2.

[9] Ibid. XI 36, 31 und XIII 5, 20. [10] Ibid. XII 1, 126 und VIII 5, 51.

[11] Ibid. XIV 17, 10. [12] Ibid. X 19, 12 und IX 45, 1.

[13] Ibid. I 10, 4. [14] Symmachus, Ep. VIII 38 und 62; IX 62.

[15] Ibid., Ep. VIII 57. [16] Siehe oben 391 S. 336.

[17] So Claudian XXI 96: ‚Bastarnas una potuit delere ruina' und 104: ‚inferiis

ihnen zu Hilfe kamen, vernichtete er auch diese zum Theil; den andern Theil schloss er am Hister in einem Thale ein; an der Hinmetzelung der Eingeschlossenen hinderte ihn ein Mandat des Kaisers, das der argwöhnische Rufin veranlasst hatte; um die Gunst der Germanen sich zu erhalten, untersagte der Kaiser den weitern Kampf und befahl ihm, einen Vergleich mit den Eingeschlossenen abzuschliessen[1].

10. Tatianus, seit dem Jahre 388 praef. praet., nach dem 30. Juni 392 abgesetzt[2], gegen Ende des Jahres nach Lykien verbannt; er starb hier vor dem Jahre 396 (siehe oben S. 357 ff.). Sein Nachfolger als praef. praet. war Rufinus (siehe oben S. 369).

11. Victorius als proconsul Asiae öfters erwähnt, zuerst am 24. April 392[3], zuletzt am 15. April 394[4].

c. Beamte des Westreiches.

1. Apodemius wird als praef. praet. Italiae, Illyrici, Africae in Diensten des Theodosius zuerst am 28. Juli 392 und zuletzt am 9. Juni 393 erwähnt[5] und war ohne Zweifel von ihm nach dem Tode Valentinians II. und nach dem Uebergange Flavians zur Partei des Eugenius als dessen Nachfolger eingesetzt worden[6]. Dieselbe Stellung hatte er schon im Jahre 390 bekleidet; er hatte sie damals an Flavian abtreten müssen. Die Annahme Tillemonts[7] und Hänels[8], er sei praef. praet. nur über Illyricum orientale gewesen, ist ganz hinfällig[9].

---

gens tota datur'. Richter (De Stilichone et Rufino 13), Keller (Stilicho 22) und Güldenpenning (Kaiser Theodosius d. Gr. 202) nehmen an, er habe einen Theil der Bastarner vernichtet, einen Theil aber eingeschlossen und dann entlassen. Allein diese Angabe des Claudian (III 316—322 und XXI 106 sqq.) bezieht sich nicht auf die Bastarner, sondern auf die Hunnen u. s. w., die jenen nachträglich zu Hilfe kamen. Dass die Bastarner ganz untergingen, sagt Claudian klar an den zwei zuerst genannten Stellen.

[1] Claudian III 316—322; XXI 106—115. [2] Cod. Theod. XII 1. 127.

[3] Ibid. XI 31, 8. [4] Ibid. XVI 5, 22.

[5] Ibid. XII 12, 12 und XI 30, 51.

[6] In dem Gesetze Cod. Theod. XIII 5, 21, das angeblich am 16. Februar 392 an ihn als praef. praet. erlassen wurde, ist, wie schon die Reihenfolge der Gesetze zeigt, das Datum zu emendiren; wahrscheinlich ist der 15. Februar 393 zu setzen.

[7] Hist. V 763 note 51. [8] Zu Cod. Theod. XIII 5. 21 Anm. 1.

[9] Denn 1. wurde Illyricum orientale erst im Jahre 395 vom Westreiche

24*

2. Arbogastes mag. militum unter Valentinian und danach unter Eugenius (siehe oben S. 360 ff.).

3. Flavianus der Aeltere, seit dem Jahre 391 praef. praet. Italiae (siehe 391), behielt diese Stellung auch unter Eugenius bis zu seinem Tode im Jahre 394. Er verstand sich besonders auf die Opferschau, und weissagte dem Eugenius, das Schicksal habe ihm den Sieg über Theodosius und die Wiederherstellung der heidnischen Religion vorherbestimmt [1].

4. Magnillus vicarius Africae (siehe 391).

III. Religionsgesetze.

1. Gesetz des Theodosius vom 9. April an den praef. Augustalis Hypatius über die Intercession der Cleriker und Mönche bei der Execution der Verbrecher [2]. Bei fünf Verbrechen, welche als die grössten galten (Mord, Ehebruch, Zauberei, Giftmischerei und Frauenraub), stand denen, welche derselben überführt worden waren oder ein Schuldbekenntniss ablegten, keine Appellation an den höhern Richter zu [3]. Der Kaiser bestimmt nun, dass ein Richter und auch seine Kanzlei, wenn sie solchen die Appellation gestatten und auf den Urtheilsspruch die Execution nicht folgen lassen, an den Fiscus je 30 Pfund Gold als Strafe zahlen sollen. Unter derselben Strafandrohung wird dann beigefügt, dass die Urtheilsvollstreckung auch nicht durch die Intercession der Bischöfe, Cleriker oder des Volkes aufgehalten werden dürfe; denn bei denen dürfe die Strenge nicht gemildert werden, welche die öffentliche Sicherheit rebellisch und trotzig gestört hätten.

Aus einem im Jahre 398 von Arcadius erlassenen Gesetze [4] ersehen wir, dass besonders die Mönche eine solche Strafvollstreckung oft zu hindern suchten und dass es dabei schon zu förmlichen Strassenkämpfen kam. Eine solche fast tumultuarische Intercession der Mönche und Cleriker nach dem Aufstande in Antiochien erzählt Chrysostomos [5]. Ambrosius empfiehlt [6] seinen Clerikern die Inter-

abgezweigt (siehe Excurs I); 2. wird seine Stellung in den Handschriften übereinstimmend angegeben das eine Mal mit praef. praet. Illyrici et Africae, das andere Mal mit praef. praet. Illyrici et Italiae; die erste dieser zwei Bezeichnungen passt gut für jene Zeit, weil Italien in den Händen des Eugenius war.

[1] Rufin. II 33 und Soz. VII 22. [2] Cod. Theod. XI 36, 31.
[3] Ibid. XI 36, 1 und 7. [4] Ibid. IX 40, 16. [5] Op. II 172 u. 175 [a].
[6] De offic. II 21, 102.

cession, wenn sie ohne Auflauf geschehen kann und wenn weniger Schuld als Willkür und Parteilichkeit die Verurtheilung bewirkt haben.

Denselben Gegenstand behandelte Theodosius einen Monat früher in einem Gesetze vom 13. März 392 an den praef. praet. Tatianus [1]. Es kam vor, dass Richter oder ihre Kanzlei (officium) die Strafvollstreckung aussetzten unter dem Vorgeben, Cleriker hätten ihnen den Schuldigen entrissen oder dieser habe appellirt, in Wahrheit aber, weil sie sich hatten bestechen lassen. Der Kaiser verbietet das unter schweren Strafen: Höhere Beamte (proconsules, comites Orientis, praefecti Augustales und vicarii) und ihre Kanzleien sollen, wenn sie dem Aufschub der Strafe nicht thätlichen Widerstand entgegensetzen, mit je 30, die gewöhnlichen Provinzvorsteher in diesem Falle mit 15 Pfund Gold bestraft werden.

Kaiser Arcadius hat diese Bestimmungen im Jahre 398 bestätigt und verschärft [2].

2. Gesetz des Theodosius vom 17. April an den praef. praet. Tatianus zu Gunsten der Juden [3]. Es kam vor, dass solche Juden, welche durch die Vorsteher der Judengemeinde (primates) aus der Gemeinschaft ausgestossen worden waren [4], durch die weltliche Obrigkeit, und zwar entweder durch ein erschlichenes kaiserliches Edict oder durch die Statthalter, gewaltsame Wiederaufnahme suchten. Den Klagen, welche die Juden hierüber an den Kaiser brachten, gab dieser Gehör; er verbietet in dem Gesetze eine Wiederaufnahme in die Synagoge, wenn sie gegen den Willen der jüdischen Kirchenbehörde geschieht.

Wir erfahren aus dem Gesetze auch, dass die höchsten geistlichen Würdenträger bei den Juden, die patriarchae, unter denen die primates standen, den Titel inlustres trugen, gerade wie die höchsten Staatsbeamten, z. B. die praefecti praetorio. Im Jahre 429 wurde den Juden nach dem Tode des Gamaliel keine Neuwahl eines Patriarchen mehr gestattet, so dass sie seitdem nur unter primates standen [5].

3. Gesetz des Theodosius von demselben 17. April an den praef. urbi Proculus, welches die Cirkusspiele an Sonntagen verbietet [6]. Nur die Geburtstage der Kaiser können, so wird bei-

---

[1] Cod. Theod. IX 40, 15. [2] Ibid. IX 40, 16.
[3] Ibid. XVI 8, 8. [4] Der technische Ausdruck dafür ist proiecti.
[5] Cod. Theod. XVI 8, 29. [6] Ibid. II 8, 20.

gefügt, wenn sie auf einen Sonntag fallen, durch Cirkusspiele gefeiert werden[1]. Das Gesetz wurde im Jahre 399 erneuert mit dem Zusatze, dass von da ab auch Theaterspiele und jede Art von Schauspielen an Sonntagen verboten sein sollten[2].

4. Gesetz des Theodosius vom 15. Juni an den praef. praet. Rufinus gegen die Weihen der Häretiker[3]. Jeder Häretiker, der einen andern zum Cleriker weiht, und jeder, der eine solche häretische Weihe an sich vollziehen lässt, ferner auch jeder Häretiker, der eine solche Weihe früher empfangen hat und sich als Cleriker gerirt, wird mit zehn Pfund Gold bestraft. Der Ort, wo die Weihe vollzogen wird, verfällt dem Fiscus; ist sie ohne Wissen des Besitzers geschehen, so soll der Miether oder Verwalter, wenn er Freigeborener (ingenuus) ist, zehn Pfund an den Fiscus bezahlen, und das soll auch für Pächter und Verwalter kaiserlicher und staatlicher Domänen gelten; wenn er aber Freigelassener ist (servili faece descendens), so soll er gegeisselt und (auf irgend eine Insel oder in die Bergwerke) deportirt werden.

Dieses Gesetz wird öfters von Augustinus im Kampfe mit den Donatisten erwähnt[4]. Die Väter des Concils zu Karthago im Juni 404 baten den Kaiser Honorius, die Bestimmung von den zehn Pfund Gold und ebenso das Gesetz von der Intestabilität[5] auch auf die Donatisten anzuwenden, wenigstens dann, wenn erschwerende Umstände vorlägen[6]; ihre Bemühungen hatten Erfolg[7].

5. Gesetz des Theodosius vom 18. Juli an den praef. Augustalis Potamius[8]; es verhängt die Strafe der Verbannung über den, welcher ein zweites Mal, nachdem er schon einmal vorbestraft ist, den katholischen Glauben beunruhigt.

Das frühere Gesetz, auf welches in diesem Gesetze verwiesen wird, dürfte das im Cod. Theod. vorhergehende, im Jahre 388 gegebene sein, welches öffentliche Disputationen über Glaubenssachen verbietet.

6. Gesetz des Theodosius vom 18. October an den comes sacr. larg. Romulus über das Asylrecht der Kirchen[9]. Wenn ein

[1] Diese Ausnahme wurde im Jahre 409 wieder beseitigt (Cod. Theod. II 8, 25).
[2] Cod. Theod. II 8, 23. [3] Ibid. XVI 5, 21.
[4] Contra epistulam Parmeniani I 12, 19; Contra Cresconium III 47, 51; Ep. 88, 7.
[5] Cod. Theod. XVI 5, 17.
[6] Augustinus, Ep. 185, 7, 25; Mansi III 795; Hefele II 131.
[7] Cod. Theod. XVI 5, 38 und 39. [8] Ibid. XVI 4, 3. [9] Ibid. IX 45, 1.

Staatsschuldner in eine Kirche flieht, so soll er aus derselben hervorgezogen werden; wenn aber der Bischof oder die Cleriker ihn verborgen halten oder in Schutz nehmen, so sollen sie selbst die Schuldsumme bezahlen.

Es ist dies das älteste Gesetz, das wir über das Asylrecht der Kirchen besitzen. Eine Menge von Beispielen aus der Zeit des Theodosius zeugt davon, wie oft von diesem Rechte Gebrauch gemacht wurde[1]. Wegen mancher Missbräuche gingen die Kaiser allmählich zu seiner Einschränkung über; besonders geschah dies unter Eutropius im Jahre 398[2].

7. Gesetz des Theodosius vom 8. November an den praef. praet. Rufinus gegen das Heidenthum[3]: Niemand, ob hoch oder niedrig, darf den sinnlosen Götterbildern ein Opferthier schlachten oder im geheimen seinen Lar durch Feuer, seinen Genius durch Wein oder seine Hausgötter durch Wohlgerüche verehren, Lichter anzünden, Weihrauch auflegen, Kränze aufhängen. Insbesondere: 1. Wenn jemand ein Opferthier schlachtet oder die dampfenden Eingeweide beschaut, soll er als Majestätsverbrecher gelten, und die Anklage gegen ihn soll allen freistehen, auch wenn seine Zukunftsfragen sich nicht auf das Wohl der Herrscher beziehen; ‚denn es genügt zum Verbrechen, die Gesetze der Natur selbst zu zerreissen, Unerlaubtes zu erforschen, das Ende eines fremden Lebens zu suchen, die Hoffnung auf den Untergang eines andern zu wecken'. 2. Wer die von Menschenhand gemachten Götterbilder mit Weihrauch oder durch einen mit Binden geschmückten Baum oder durch einen aus Rasen gemachten Altar verehrt, der soll als Religionsverletzer mit Verlust des Hauses oder des Besitzthums bestraft werden, in welchem er seinen heidnischen Aberglauben ausgeübt hat; ‚denn alle Plätze, wo Weihrauch gedampft hat, sollen unserem Fiscus verfallen, wenn sie Eigenthum der Räuchernden waren'. 3. Wenn aber jemand in öffentlichen Heiligthümern oder in fremden Häusern oder auf fremden Aeckern einen derartigen Opferdienst verrichtet, so soll er mit 25 Pfund Gold bestraft werden, und der Besitzer, wenn er Kenntniss von der That hatte, soll derselben Strafe verfallen[4]. Schliess-

[1] So von Symmachus im Jahre 388, von den Soldaten des Eugenius im Jahre 394 und von der Frau und den Töchtern Rufins im Jahre 395.

[2] Cod. Theod. IX 45, 3 und 40, 16. [3] Ibid. XVI 10, 12.

[4] Schultze (Gesch. des Unterganges I 278) versteht das Gesetz falsch, wenn er übersetzt: ‚So verfällt der Besitzer, wenn es ohne sein Wissen geschehen ist,

lich werden Strafbestimmungen gegen die Richter und Verwaltungsbeamten der einzelnen Städte erlassen, welche die Bestrafung bezw. die Anzeige solcher Verbrechen unterlassen; die Leiter der Provinzen aber sollen 30 Pfund Gold als Busse zahlen, wenn sie die Bestrafung der Unterbeamten in diesem Falle versäumen.

Man kann dieses Gesetz den Grabgesang des Heidenthums nennen. Es ist, abgesehen von den Verordnungen Konstantins des Grossen, das einschneidendste aller Gesetze gegen das Heidenthum; jede Art von heidnischer Religionsübung wird hier verboten, nicht nur die blutigen Opfer, die schon lange untersagt waren, sondern auch die Rauchopfer in den Tempeln, ja selbst jede private Ausübung der Religion im geheimsten Winkel des Hauses; das Heidenthum wird für völlig rechtlos erklärt. Zwar sind die Strafbestimmungen nicht so gross, wie sie unter Konstantius waren, der ja auch die Opfer verbot; aber deswegen wurden sie wohl auch ernster genommen und durchgeführt. Und dass der Kaiser in seiner Strenge nicht nachliess, zeigt ein Ereigniss in Aegypten. Der Nil war nicht genügend ausgetreten, und das Volk schrieb dies dem Umstande zu, dass dem Gotte nicht die gewohnten Opfer dargebracht wurden; der Präfect, der einen Aufstand befürchtete, berichtete an den Kaiser; dieser aber erklärte, die Treue gegen Gott sei mehr werth als die Hoffnung auf eine reiche Ernte. Bald danach trat denn auch reichliche Ueberschwemmung ein und bewog viele Heiden, den Göttern zu entsagen[1].

IV. Culturgesetze.

1. Gesetz des Theodosius vom 9. April an den praef. praet. Tatianus über die öffentliche Sicherheit[2]. In allen Gegenden, in denen Räuber hausen, sollen Defensoren angestellt und die bewährtesten Leute dazu genommen werden; ihre Aufgabe ist es zu wachen, dass die Gesetze gehandhabt und die Verbrecher bestraft werden, und dass nicht durch Connivenz der Vornehmen und Beamten die Verbrechen sich mehren.

Die defensores durften keine Strafen selbst verhängen, sondern hatten nur das Recht, die niedere Bevölkerung gegen die Mächtigen

einer Strafe von 25 Pfund Gold; wenn er dagegen Mitwisser des Verbrechens ist, trifft ihn dieselbe Strafe wie den Opferer'.

[1] Soz. VII 20; vgl. Schultze a. a. O. 279.

[2] Cod. Theod. I 20, 3, Iust. I 55, 6.

dadurch zu schützen, dass sie Rechtsverletzungen bei den zuständigen Richtern zur Anzeige brachten[1].

Dass Theodosius sich Mühe gab, der öffentlichen Unsicherheit zu steuern, zeigt besonders das am 1. Juli 391 an die Provincialen erlassene Gesetz[2], das jedem das Recht verlieh, einen nächtlichen Räuber auf den Landstrassen oder in den Dörfern ohne weiteres niederzuschlagen.

2. Gesetz des Theodosius vom 30. Juni an denselben Tatianus über die Curialen[3]. Den im Amte ergrauten Curialen, welche in ihrer Curie den ersten Platz einnehmen, wird der Rang der Räthe dritter Klasse (comitiva tertii ordinis) und damit die Befreiung von Folter und Peitschenhieben zuerkannt. Da die so Ausgezeichneten in der Folgezeit den Provincialstatthaltern oft den Gehorsam verweigerten, drohte ihnen Arcadius in einem Gesetze vom 29. December 395 den Verlust ihrer Würde an[4].

Der Stand der Curialen, der früher der angesehenste in den Städten gewesen war, war seit dem 2. Jahrhundert immer mehr heruntergekommen. Die Curien wurden nicht mehr wie früher durch die abtretenden Beamten ergänzt, sondern nur aus den possessores, welche senatorischen Census besassen; sie hatten ausser der Verwaltung der Stadt die schwere Last, die Steuern einzutreiben, und hafteten für die Steuern den Staatsbeamten mit Leib und Vermögen. Infolgedessen suchten sie sich auf alle Weise ihrer Lage zu entziehen, durch Eintritt in den Clerus oder ins Heer oder durch die Flucht; sie hatten dazu um so mehr Ursache, als ihr Stand im Mannesstamme erblich war und auf alle Söhne in deren 18. Lebensjahre überging. Kaiser Theodosius hat eine Menge von Gesetzen erlassen[5], theils um den Austritt aus den Curien zu erschweren und die Flüchtigen zurückzuführen, theils um den Besitzstand der Curialen zu schützen, theils, wie das obige Gesetz, um ihnen Ehrenvortheile zuzuwenden[6]. Aus solchen Erwägungen erklärt sich auch die Strenge des Kaisers gegen manche Priester, die er, nachdem sie 30 Jahre und darüber im Kirchendienste gewesen waren, diesem entzog und zur Curie zurückwies, ohne auf den Unwillen der Bischöfe hierüber Rücksicht zu nehmen[7].

---

[1] Cod. Theod. I 20, 2 und Marquardt, Röm. Staatsverw. I 522—523.
[2] Cod. Theod. IX 14, 2. [3] Ibid. XII 1, 127. [4] Ibid. XII 1, 150.
[5] Gesammelt im Cod. Theod. XII 1.
[6] Marquardt a. a. O. 511—512; Güldenpenning, Kaiser Theod. d. Gr. 237—238.
[7] Ambrosius, Ep. 40, 29.

3. Gesetz des Theodosius vom 10. September an den praef. praet. Rufinus gegen das crimen peculatus, d. h. die Veruntreuung von Staatsgeldern und Beraubung der Provincialen[1]. Auf dieses Vergehen wird hier die Todesstrafe gesetzt, während früher immer nur eine Geldstrafe und zwar die des quadruplum bestimmt war.

Das Gesetz bezeugt nicht nur die Fürsorge des Kaisers für seine Unterthanen, sondern auch die Raubsucht der Beamten in jener Zeit.

4. Gesetz des Theodosius vom 7. December an denselben Rufinus gegen den Ehebruch[2]: Bei der Anklage auf Ehebruch soll keine zeitweise Verzögerung durch eine Gegenklage der Frau auf Herausgabe der Mitgift oder Rückgabe einer Leihsumme statthaben.

Im nächsten Jahre bestimmte der Kaiser[3]: Wenn die Anklage auf Ehebruch in Ermangelung vollgiltiger Beweise auf Grund der zwischen den beiden Delinquenten obwaltenden Verwandtschaft, die gegen den Verdacht des Ehebruches spricht, abgewiesen worden ist, soll eine später zwischen ihnen geschlossene Ehe sie des Ehebruchs überführen, und dann sind sie als geständige oder überführte Ehebrecher zu bestrafen.

Auch diese Bestimmung, die eine Neuerung des Theodosius ist, zeigt seinen Eifer für die Besserung der sittlichen Verhältnisse.

V. Concilien.

Die Synode zu Mailand gegen Jovinian, deren Schreiben an Papst Siricius erhalten ist[4], wurde bisher von allen ins Jahr 390 gesetzt[5], war aber fast sicher erst im Jahre 392[6].

[1] Cod. Inst. IX 28, 1.

[2] Cod. Theod. IX 7, 7, Inst. IX 9, 32.

[3] Cod. Theod. IX 7, 8, Inst. IX 9, 33.

[4] Gedruckt als Ep. 42 des Ambrosius und bei Coustant I 669.

[5] So Pagi 390, 10; die Mauriner zu Ambrosius, Ep. 42; Coustant zum 7. Briefe des Siricius (p. 662); Zöckler, Hieronymus 197; Ihm, Studia Ambros. 49—50; Hefele II 50; Langen, Gesch. der röm. Kirche I 634—635.

[6] Coustant beruft sich für das Jahr 390 darauf, dass in dem Schreiben der Mailänder Synode gesagt sei (nr. 13), Jovinian und seine Anhänger hätten sich zu Mailand an Kaiser Theodosius gewandt. Das steht nun aber in dem Schreiben gar nicht; vielmehr wird hier gesagt, Theodosius habe die Secte der Manichäer verurtheilt; damit ist aber das zu Rom am 17. Juni 389 gegebene Gesetz (Cod. Theod. XVI 5, 18) gemeint. Im Gegentheil lässt sich daraus, dass weder in dem Schreiben des Mailänder Concils noch in dem Briefe des Siricius in dieser Angelegenheit (bei Coustant I 663) eine Andeutung von dem Aufenthalte eines Kaisers

Der Synode ging ein Schreiben des Papstes Siricius voraus[1], worin mitgetheilt wird, dass er mit seinem gesamten Clerus den Jovinian und acht Anhänger desselben als Ketzer excommunicirt habe. Die Irrlehre hatte nämlich in Rom solchen Eindruck gemacht, dass mehrere ältere Jungfrauen, die sich dem Mönchsstande gewidmet hatten und in gutem Rufe standen, sich zur Ehe entschlossen[2]. Siricius sagt in seinem Schreiben (nr. 4), seit der Apostel Zeiten seien schon viele Häresien in der Kirche gewesen, aber noch nie hätten ‚solche Hunde' durch ihr Bellen soviel zu schaffen gemacht wie diese

in Italien oder von dem Einschreiten desselben gegen Jovinian die Rede ist, der Schluss ziehen, dass damals kein Kaiser in Italien war, und das war im Jahre 392, nicht aber in den vorhergehenden Jahren der Fall. Ein positiver Beweis aber für das Jahr 392 ergibt sich also: Hieronymus schrieb seine zwei Bücher gegen Jovinian Ende 392 oder Anfang 393 (siehe unten S. 383); er schrieb sie auf Veranlassung des Pammachius, der ihm von Rom aus die commentarioli Jovinians zugeschickt hatte. Diese commentarioli wurden aber ebenso von vornehmen Römern dem Siricius übergeben und gaben ihm die Veranlassung zur Verurtheilung Jovinians und zu seinem Schreiben an die Mailänder Kirche in dieser Sache (Coustant l. l. nr. 5). Es ist aber nicht anzunehmen, dass Pammachius diese commentarioli zwei Jahre lang dem Hieronymus vorenthalten und erst dann zur Widerlegung zugeschickt habe, als die Irrlehrer längst zu Rom und zu Mailand verurtheilt worden waren; es ist dies um so weniger anzunehmen, als Hieronymus in seinen zwei Büchern gegen Jovinian diese Verurtheilung nicht erwähnt, wohl aber in einer spätern Schrift (Adversus Pelagianos III 1). Die Abfassung der Schrift des Hieronymus gegen Jovinian und die Mailänder Synode waren also höchst wahrscheinlich fast gleichzeitig.

Dazu kommt noch ein anderer Umstand, der bisher ganz übersehen worden ist. In seiner Schrift De institutione virginis handelt Ambrosius fast ausschliesslich über die Jungfrauschaft Marias, die er gegen die Irrlehre des Bonosus vertheidigt; diese Schrift verfasste er Ende 391 oder im Jahre 392 (siehe oben 391 S. 344). In derselben wird aber durchaus kein Werth darauf gelegt, dass Maria als Jungfrau auch geboren habe; nirgendwo begegnet uns der Satz Jovinians, dass Maria als Jungfrau wohl empfangen, nicht aber geboren habe; im Gegentheil werden Empfängniss und Geburt hinsichtlich der Jungfrauschaft als gleich behandelt (vgl. c. 5 und 6). Daraus ergibt sich mit voller Klarheit, dass bei der Abfassung dieser Schrift die Irrlehre Jovinians noch nicht bekannt geworden war.

Man hat allgemein angenommen, dass die Mailänder Synode gegen die Ithacianer vom Jahre 390 mit der gegen Jovinian identisch sei (siehe oben 390 S. 329; Ihm a. a. O. 50). Das ist aber schon deshalb unwahrscheinlich, weil die erstere Synode durch die Ankunft der gallischen Bischöfe in Mailand (Ambrosius, Ep. 51, 6), die gegen Jovinian aber durch dessen Ankunft und das Schreiben des Siricius veranlasst wurde.

[1] Gedruckt vor dem 42. Briefe des Ambrosius, ferner bei Coustant I 663 und bei Migne, Patr. lat. XIII 1168.

[2] Augustinus, Retract. II 22; De haeresibus c. 82.

Feinde des Glaubens, die nicht wie die andern Häretiker einzelne Lehren angriffen, sondern den ganzen Inhalt des Alten und Neuen Testamentes verdrehten und durch heuchlerische Rede viele Christen verführten.

Die Mailänder Synode beantwortete dieses Schreiben mit einem Gegenschreiben, als dessen Verfasser Ambrosius leicht zu erkennen ist. Aus der Ueber- und Unterschrift desselben ergeben sich zehn Bischöfe als Theilnehmer der Synode, deren Sitze aus den Acten des Concils zu Aquileja 381, dem sie der Mehrzahl nach beiwohnten, zu erschliessen sind. Das Schreiben der Mailänder Synode wurde dem Papste von den drei Priestern, welche sein Schreiben nach Mailand gebracht hatten, überbracht. Es wird darin mitgetheilt, dass die Irrlehrer auch nach Mailand gekommen waren, hier aber nicht nur von der Synode desavouirt, sondern auch von der Bevölkerung gemieden und förmlich aus der Stadt getrieben wurden (nr. 12—13). Bemerkenswerth ist in dem Schreiben der Satz über das apostolische Symbolum (nr. 5): ‚quod ecclesia Romana intemeratum semper custodit et servat'.

Die Lehren des Jovinian, welche Hieronymus in seinen zwei Büchern gegen ihn der Reihe nach bekämpft, waren diese vier[1]: 1. Jungfrauen, Wittwen und Verheiratete stehen an Würde und himmlischem Lohne einander gleich. 2. Die im rechten Glauben Getauften können von Satan nicht mehr versucht werden und nicht sündigen[2]. 3. Enthaltsamkeit in Speisen ist nicht verdienstlicher als der Genuss derselben mit Danksagung. 4. Es gibt für alle, welche in der Taufgnade sterben, keinen Gradunterschied im himmlischen Lohne.

Die erste dieser vier Lehren machte am meisten Aufsehen, und Hieronymus widmete ihr das ganze erste Buch; sie findet sich auch sowohl im Schreiben des Siricius als in dem des Ambrosius. In diesem letztgenannten Schreiben ist ausserdem noch von der dritten der vier Lehren die Rede; die zwei andern werden gar nicht berührt. Dafür wird aber in dem Schreiben des Ambrosius und in dem der Mailänder Synode sehr eingehend eine fünfte Lehre des Jovinian bekämpft: Maria habe als Jungfrau wohl empfangen, aber nicht ge-

[1] Adv. Iovin. I 3.

[2] Hieronymus sagt bald: non posse subverti (I 3), bald: non posse tentari (II 1); gemeint ist an beiden Stellen, dass sie nicht sündigen können; das ergibt sich aus Hieronymus, Adv. Pelag. III 1, und Augustinus, De haeres. c. 82.

boren. Dass Jovinian auch dieses gelehrt hatte, ergibt sich aus Augustinus, De haeresibus c. 82[1]; an dieser Stelle ist auch gesagt, Jovinian habe mit den Stoikern gelehrt, alle Sünden seien gleich gross.

Die Irrlehre des Jovinian hatte ein frühes Ende und fand im Clerus gar keinen Anhang[2].

VI. Kirchenväter und Kirchenschriftsteller.

a. Ambrosius.

1. Abhandlungen.

Ambrosius schrieb Ende Juli oder Anfang August seine *Consolatio de obitu Valentiniani*[3]. Man betrachtet diese Schrift als die Grabrede auf den Kaiser; das ist sie aber ihrer Einleitung nach nicht[4]; da aber die Zeit ihrer Abfassung mit der der Beisetzung des Kaisers fast zusammenfällt[5] und die Sprache sehr rhetorisch gehalten ist, so ist nicht daran zu zweifeln, dass die Schrift aus der Grabrede erwachsen ist, wie ja viele Schriften des Ambrosius seinen Reden ihren Ursprung verdanken.

2. Briefe.

Brief 42 gegen die Irrlehre des Jovinian[6].

Brief 52 an Titianus, den Ambrosius seinen filius nennt, geschrieben in dessen Privatangelegenheiten im Spätsommer 392[7].

Brief 53 an Kaiser Theodosius, geschrieben unmittelbar vor der Beisetzung Valentinians II. in Mailand, d. h. Ende Juli, nachdem vom Kaiser ein Schreiben an die Schwestern des Verstorbenen über dessen Beisetzung eingelaufen war.

---

[1] Migne, Patr. lat. XLII 45—46.

[2] Augustinus l. l. Ueber die Irrlehre Jovinians vgl. die Monographie von Lindner: De Ioviniano et Vigilantio purioris doctrinae quarto et quinto saeculo antesignanis, Lips. 1839.

[3] Siehe über sie oben S. 361 ff.

[4] Vgl. nr. 1: Etsi incrementum doloris sit, id quod doleas scribere, . . . signare aliquid de Valentiniani iunioris ultimis cordi fuit.

[5] Ambrosius, Ep. 53, 5 Ende.

[6] Siehe oben S. 378 ff.

[7] Der Brief ist geschrieben, als Rufinus eben praef. praet. geworden war (nr. 1). Zu verwundern ist, dass die Mauriner diesen Titianus mit dem praef. praet. Tatianus, dem Vorgänger des Rufinus, verwechseln.

Briefe 54 und 55 an Eusebius, einen reichen Bürger oder, was wahrscheinlicher ist, den Bischof von Bononia, dem auch die Schrift De institutione virginis [1] gewidmet ist. Die zwei Briefe sind frühestens in diesem Jahre geschrieben [2] und handeln über die Enkel des Eusebius, die Kinder des Faustinus, deren Obhut Ambrosius übernommen hatte.

b. Augustinus

hielt am 28. und 29. August seine Disputation mit dem Manichäer Fortunatus in den balneae Sossii zu Hippo in Gegenwart des Volkes. Die Unterredung wurde von Notaren aufgenommen und ist erhalten [3]. Fortunatus unterlag und zog es vor, die Stadt zu verlassen; auch viele andere Manichäer bekehrten sich [4].

c. Epiphanios.

1. Leben.

In diesem Jahre erschien Epiphanios, Bischof von Salamis auf Kypros, in Jerusalem [5]. Er machte dem Bischofe Johannes Vorhaltungen über seinen Origenismus, was dieser allerdings später geläugnet hat [6]; dann predigte er öffentlich in der Auferstehungskirche gegen Origenes, wobei Johannes durch Gebärden sein Missfallen vor dem Volke zu erkennen gab und endlich durch den Archidiakon dem Redner sagen liess, er solle aufhören zu sprechen. Von der Auferstehungskirche zog man zur Kreuzkirche; das Volk umdrängte den Epiphanios, hielt ihm die Kinder zum Segnen hin und küsste seine Füsse, so dass er beinahe nicht weitergehen konnte, zum grossen Aerger des Bischofs Johannes. Dieser letztere redete in der Kreuzkirche bis nach Mittag über den Anthropomorphismus, worauf Epiphanios aufstand und sagte, auch er verurtheile geradeso den Anthropomorphismus, aber nicht minder müsse man auch die

---

[1] Siehe oben 391 S. 344.

[2] Die Briefe sind geschrieben, nachdem Ambrosia, die Enkelin des Eusebius, sich schon als Jungfrau dem Herrn zu Mailand geweiht hatte (vgl. Ep. 54, 2: ad sanctam sororem, und 55, 1: spiritalem nutrivit columbam); das geschah aber Ende 391 oder Anfang 392 (siehe oben 391 S. 344–345).

[3] Gedruckt bei Migne, Patr. lat. XLII 111; vgl. Retract. I 16.

[4] Possidius, Vita s. Augustini c. 6.

[5] Ueber die Zeit siehe Excurs XXIV nr. 2.

[6] Hieronymus, Contra Ioan. Hierosol. c. 10.

Lehren des Origenes verdammen. Diese Worte wurden mit allgemeinem Gelächter und mit Beifallsbezeigungen aufgenommen[1]. Das Verhältniss der beiden Bischöfe zu einander wurde immer gespannter; endlich machte sich Epiphanios auf den Weg nach Bethlehem zum Kloster des Hieronymus, das damals, wie es scheint, 400 Bewohner zählte[2]. Hier bat man ihn, nach Jerusalem zurückzukehren; dies that er auch am Abende, aber schon gegen Mitternacht verliess er Jerusalem wieder[3].

2. Schriften.

Epiphanios verfasste in diesem Jahre die Schrift *Περὶ μέτρων καὶ σταθμῶν*[4]. Der griechische Text ist im zweiten Theile sehr verstümmelt, wie die von Lagarde herausgegebene syrische Version zeigt. Der erste Theil behandelt den Canon und die Uebersetzungen des Alten Testamentes, der zweite die Maasse und Gewichte, welche in der Bibel vorkommen. Nach der Vorrede des syrischen Textes[5] verfasste Epiphanios das Buch auf Bitten eines persischen Priesters zu Konstantinopel, wohin er von den Kaisern in kirchlichen Angelegenheiten berufen worden war.

d. Hieronymus.

Hieronymus schrieb gegen Ende dieses oder im Anfange des nächsten Jahres seine zwei Bücher *Adversus Iovinianum*[6]. Jovinian war Mönch in Rom, wohlbeleibt, schwelgerisch und stutzerhaft aufgeputzt[7]. Ueber seine Lehren siehe oben S. 380. Er trug sie in Rom mündlich vor und entwickelte sie auch in einer Schrift (commentarioli); diese schickte Pammachius, ‚vir omnium nobilium christia-

---

[1] L. l. c. 11. [2] Palladios, Hist. Lausiaca c. 118.

[3] Hieronymus, Contra Ioan. Hierosol. c. 14.

[4] Er berechnet (177 [b], bei Dindorf IV 25) die Regierungsdauer der römischen Kaiser bis zum Jahre 392, wo Arcadius zum zweitenmal und Rufinus Consuln waren. Auch die peinlich genaue Angabe des Todesdatums Valentinians II. (siehe oben S. 364 [6]) spricht für dieses Jahr.

[5] Vgl. Dindorfs Ausgabe IV, praef. 4.

[6] Das Werk wird von Hieronymus in seinem Schriftenkatalog De vir. illustr. c. 135 nicht erwähnt, ist also später als dieser verfasst. In der Einleitung zum Jonascommentar (Vall. VI 387—388) folgt es gleich auf die Schrift De vir. illustr.

[7] Adv. Iovin. I 40: ‚Iste formosus monachus, crassus, nitidus, dealbatus et quasi sponsus semper incedens.' Vgl. Augustinus, De haeres. c. 82, und Ambrosius, Ep. 42, 9.

nissimus et christianorum nobilissimus'[1], der Gemahl der Paulina, einer Tochter der hl. Paula[2], von Rom dem Hieronymus nach Bethlehem zur Widerlegung zu. Die Widerlegung wurde dem Hieronymus nicht leicht, da die Schrift in barbarischer Sprache, schwülstig und fehlerhaft verfasst und äusserst schwer zu verstehen war[3]. Hieronymus fasste die Lehren seines Gegners in vier Thesen zusammen und bekämpfte sie der Reihe nach: die erste über den Werth der Jungfräulichkeit im ersten Buche, die drei andern (über die Möglichkeit der Sünde in den Gerechtfertigten, über die Enthaltsamkeit und über die Verschiedenheit des himmlischen Lohnes) im zweiten Buche. Aus II 37 ersehen wir, dass Jovinian geradezu gesagt hatte: ,Nolite timere fornicationem'; auch hatte er das gemeinsame Baden von Männern und Frauen empfohlen (II 36).

Als Hieronymus um das Jahr 406 gegen Vigilantius schrieb, war Jovinian schon todt[4]; daher ist das angeblich im Jahre 412 gegen ihn erlassene Gesetz[5], das ihn mit Verbannung bestraft, entweder unecht oder in eine frühere Zeit zu setzen[6].

Hieronymus schrieb ferner in diesem Jahre das Buch *De viris illustribus* oder De scriptoribus ecclesiasticis[7] an seinen Freund Dexter, den spätern praefectus praetorio[8]. Das Werkchen sollte eine Nachbildung der gleichgenannten Schrift des Sueton sein[9] und behandelt in 135 Kapiteln alle christlichen Schriftsteller, griechische und lateinische, von den Aposteln an, mit Einschluss der häretischen und auch des Juden Philo und des Seneca, bis auf das 14. Regierungsjahr des Theodosius[10]. An letzter Stelle gibt Hieronymus einen Katalog seiner eigenen bis dahin verfassten Schriften. Die Schrift, welche als ein Abriss der Patristik oder als eine theologische Literaturgeschichte bezeichnet werden kann und jedenfalls eine sehr verdienstliche Leistung ist, war wie die meisten Werke des Hieronymus flüchtig hingeschrieben[11]; Athenagoras ist ganz übergangen; einzelne

[1] Ep. 57, 12. [2] Ep. 66, 1—2. [3] Adv. Iovin. I 1.

[4] Adv. Vigil. c. 1. [5] Cod. Theod. XVI 5, 53.

[6] Siehe Zöckler, Hieronymus 197—198, besonders 198 Anm. 2; Tillemont, Mém. X 753 note 40; Langen, Gesch. der röm. Kirche I 638 Anm.

[7] Ueber die Titel siehe Hieronymus, Ep. 112 an Augustinus c. 3; er tadelt den Titel ,Epitaphium', den man wohl dem Werke gab, aus dem Grunde, weil auch Lebende darin behandelt seien.

[8] Apologia adv. Rufinum II 23 und oben 387 S. 270.

[9] Siehe die Vorrede. [10] Siehe die Vorrede; ferner c. 135 und Ep. 47, 3.

[11] In der Vorrede zum zweiten Buche des Ephesiercommentars gesteht er, dass er es zuweilen an einem Tage bis zu 1000 Zeilen bringe.

hervorragende Schriftsteller wie Cyprian werden kurz abgethan; die chronologische Ordnung ist nur im allgemeinen beobachtet. Augustinus vermisste manche Schriftsteller und wünschte, dass bei den Häretikern auch ihre häretischen Lehren gekennzeichnet worden wären[1]. Als Quelle ist für die ältere Zeit die Kirchengeschichte des Eusebios benutzt, wie Hieronymus in der Vorrede selbst sagt; daneben schreibt er, namentlich für das vierte Jahrhundert, nach eigener Kenntniss der Literaturwerke; eine eigentliche Vorarbeit hatte er nicht. Das Buch wurde, ohne Zweifel schon gleich nach seinem Erscheinen, von Sophronius, der aus Bethlehem stammte und im Jahre 392 bereits eine Anzahl Schriften des Hieronymus übersetzt hatte, ins Griechische übertragen; diese Uebertragung ist erhalten[2].

Als Hieronymus das Buch De viris illustribus in diesem Jahre verfasste, hatte er schon einen Theil des Alten Testamentes aus dem Hebräischen ins Lateinische übersetzt; diesen meint er, wenn er in dem genannten Buche sagt (c. 135): ‚Vetus (testamentum) iuxta Hebraicum transtuli.‘ Dahin gehören zunächst die vier Bücher der Könige; denn deren Uebersetzung hat er mit einem Prolog versehen über die 22 Buchstaben des hebräischen Alphabetes und die dementsprechende Zahl der canonischen Bücher des Alten Testamentes, den er als galeatum principium für dieses ganze Uebersetzungswerk bezeichnet[3]. Dann folgte die Uebersetzung der 16 Propheten und des Psalters[4]. Es leidet keinen Zweifel, dass zu diesen 16 Propheten auch Daniel gehörte: nennt er ihn doch in Brief 53, 7 ausdrücklich: ‚extremus inter quattuor prophetas‘; die Bedenken, die Vallarsi dagegen vorbringt[5], kommen nicht in Betracht.

Auch hatte Hieronymus schon vor Vollendung der Schrift De viris illustribus, aber erst in diesem Jahre, Commentare zu fünf von den kleinen Propheten (Michäas, Nahum, Habakuk, Sophonias und Aggäus) verfasst und theils der Paula und Eustochium,

[1] Ep. 40, 9.

[2] Gedruckt mit dem Original des Hieronymus bei Vallarsi II 821; das Original, d. h. die Schrift De vir. illustr. selbst, wurde zuletzt von Bernoulli, Freiburg 1895, kritisch herausgegeben.

[3] Vallarsi IX. Vgl. auch die Worte: ‚Lege ergo *primum* Samuel et Malachim meum‘ und Ep. 49, 3.

[4] De vir. illustr. c. 134 und Ep. 49, 3.

[5] Vita s. Hieronymi c. 21; er beruft sich darauf, dass die Juden und auch Hieronymus in der Vorrede zu Samuel, wo er den jüdischen Canon wiedergibt, den Propheten zu den Hagiographa zählen.

theils seinem Freunde, dem Bischofe Chromatius von Aquileja, gewidmet [1]. Von diesen fünf Commentaren ist der zu Habakuk zuletzt geschrieben [2].

e. Johannes Chrysostomos

hielt spätestens in diesem Jahre die Lobrede auf seinen frühern Lehrer, den Bischof Diodoros von Tarsos. Diodor hatte einige Tage vorher, als er, von einer Krankheit eben genesen, zu Antiochien verweilte, den Chrysostomos öffentlich zu dessen Leidwesen gelobt und ihn mit Johannes dem Täufer verglichen. Chrysostomos wirft dieses Lob auf Diodor selbst zurück; er preist seine asketische Lebensweise, seine apostolische Armut und seine mehrmaligen Verbannungen, die er für Christus ertragen habe, und sagt, dass er wie kein anderer ein neuer Johannes Baptista geworden sei [3].

f. Rufinus.

Tyrannius Rufinus, der Jugendfreund des Hieronymus, war mit der hl. Melania im Jahre 371 von Rom nach Aegypten gefahren [4]. Von hier begab sich Melania im Jahre 374 nach Jerusalem [5]; Rufin folgte ihr erst nach sechsjährigem Aufenthalte in Aegypten im Jahre 377 [6]. Hier nahm er bei Melania in deren Kloster auf dem Oelberge Wohnung, wo 60 Jungfrauen waren und die Fremden beherbergten [7]. Die Priesterweihe hatte er damals noch nicht empfangen, und auch als Palladios ihn in diesem Kloster sah [8], war er noch nicht Priester;

[1] De vir. illustr. c. 135 und die Vorrede zum Jonascommentar; dieser wurde, wie in der Vorrede gesagt wird, ‚triennium circiter' nach den Commentaren zu jenen fünf Propheten geschrieben und nach Ep. 60 über den Tod des Nepotianus; dieser Tod kann aber erst Ende 395 oder 396 erfolgt sein; vgl. Seeck, Proleg. 137.

[2] Vorrede zum dritten Buch In Amos prophetam.

[3] Die Rede steht Op. III 747. Das Todesjahr Diodors ist nicht genau zu ermitteln; dem Concil zu Konstantinopel 381 wohnte er bei; dagegen erschien auf dem Concil zu Konstantinopel 394 sein Nachfolger Phalerios (Mansi, Conc. III 851): als Hieronymus im Jahre 392 De vir. illustr. c. 119 schrieb, scheint er schon todt gewesen zu sein.

[4] Ueber das Jahr siehe die Vita Rufini von Vallarsi bei Migne, Patr. lat. XXI 87.

[5] Hieronymus, Chronik zum Jahre 374. [6] Rufinus, Apologia II 12.

[7] Palladios, Hist. Lausiaca c. 118, der seinen Aufenthalt in Jerusalem falsch auf 27 Jahre schätzt; besser gibt Paulinus von Nola (Ep. 29, 6) ‚quinque lustra' an.

[8] Palladios l. l.: man nimmt, wenn auch ohne rechten Grund, das Jahr 387 dafür an.

er war es aber wohl im Jahre 393[1]. Mit Hieronymus hielt er enge Freundschaft, bis die Sache des Origenes, der Rufinus ganz ergeben war, die Eintracht störte. Dieser Streit wurde zuerst angeregt durch einen gewissen Uterbius, einen wüthenden Antiorigenisten, der sowohl von Hieronymus als auch von Rufinus eine bestimmte Erklärung gegen Origenes verlangte; Hieronymus gab sie ihm, während Rufinus ihm den Zutritt zu seiner Zelle verweigerte[2]. Als nun im Jahre 392 Bischof Epiphanios nach Jerusalem kam und hier gegen Origenes predigte, war es neben Bischof Johannes besonders Rufinus, der ihn dabei verlachte[3]. Epiphanios schied zwar von ihm in Frieden[4], hielt ihn aber doch für einen Origenisten und gab dem auch im folgenden Jahre in seinem Briefe an Johannes von Jerusalem Ausdruck[5].

VII. Bischöfe.

1. Der römische Bischof Siricius schrieb zu Anfang dieses Jahres einen uns erhaltenen Brief in Sachen des Bonosus an Bischof Anysios von Thessalonich[6].

2. Diodoros, Bischof von Tarsos, starb, wie es scheint, vor diesem Jahre, sicher vor 394[7]. Er war Lehrer des Chrysostomos gewesen[8].

3. Theodoros wurde Ende 392 oder Anfang 393 Bischof von Mopsuestia[9].

VIII. Häretiker.

1. Eunomios, der Stifter der nach ihm genannten arianischen Secte, starb in diesem Jahre (oder 396)[10]. Damals schieden aus den Eunomianern in Konstantinopel zwei neue Secten aus, nämlich die Anhänger des Theophronios, der lehrte, dass Gott in seinem Wissen

[1] Hieron., Ep. 51, 6. [2] Hieron., Apol. adv. Ruf. III 33.

[3] L. I. 23; vgl. Contra Ioan. Hierosol. c. 11. [4] Apol. adv. Ruf. III 33.

[5] Hieronymus, Ep. 51, 6: ‚Te autem frater (schreibt Epiphanios) liberet Deus et sanctum populum Christi, qui tibi creditus est, et omnes fratres, qui tecum sunt, et maxime Rufinum presbyterum ab haeresi Originis.'

[6] Gedruckt zwischen dem 56. und 57. Briefe des Ambrosius und bei Coustant I 663. Ueber Verfasser, Inhalt und Zeit des Briefes siehe oben 391 S. 341 ff.

[7] Siehe oben S. 386[3] und Tillemont, Mém. VIII 803—804 note 3 und 4.

[8] Hieronymus, De vir. illustr. c. 129 und Chrysostomos III 747[a].

[9] Er war 36 Jahre Bischof (nach Theodoret V 39) und starb 428 (siehe Otto Fridolin Fritzsche, bei Migne, Patr. gr. LXVI 13—14).

[10] Siehe oben 384 S. 199.

veränderlich sei, und die des Eutychios, der im Gegensatz zu den andern annahm, dass der Sohn den Tag des Gerichtes kenne[1]. Sokrates berichtet auch, dass die beiden nicht auf die Trinität, sondern auf den Tod Christi tauften; dagegen sagen Philostorgios[2] und Theodoret[3], die Eunomianer hätten alle so getauft und darum nur einmal untergetaucht; Theodoret fügt noch bei, sie hätten nur den Oberkörper untergetaucht, ja später nur den Kopf mit Wasser begossen.

2. Bei den Donatisten in Afrika folgte, wie es scheint, in diesem Jahre auf dem bischöflichen Stuhle zu Karthago dem Parmenianus, der das Haupt der Secte gewesen war, Primianus[4]. Schon bald nach seiner Weihe excommunicirte dieser den Diakon Maximianus, und das gab den Anlass zum Concil von Karthago, das gegen Ende dieses oder wahrscheinlicher im Anfange des nächsten Jahres stattfand[5].

[1] Sokr. V 24 und eingehender Soz. VII 17.

[2] Hist. eccl. X 4. [3] Haereticae fabulae IV, fab. III.

[4] Dass er unmittelbar auf Parmenian folgte, zeigt Augustinus, Contra epistulam Parmeniani III 3, 18.

[5] Siehe über dieses Concil unten 393 S. 398 ff.

393.

1. Januar Samstag; 1. Neumond 29. Januar früh; Ostern 17. April.

I. Die Kaiser.

a. Theodosius.

Theodosius brachte dieses Jahr in Konstantinopel zu. Er vollendete in demselben das nach ihm genannte Forum in Konstantinopel und feierte dessen Einweihung. Im folgenden Jahre am 1. August wurde auf demselben Forum eine Kolossalstatue des Kaisers errichtet [1].

b. Honorius.

Honorius wurde am 10. Januar dieses Jahres auf dem campus Hebdomi nahe bei der Kirche Johannes des Täufers vor Konstantinopel [2] von seinem Vater Theodosius zum Augustus ausgerufen [3]. Die Sonnenfinsterniss, welche nach Marcellinus Comes am Tage dieser Kaiserproclamation gewesen sein soll, war vielmehr Sonntag den 20. November; richtig aber gibt Marcellinus für dieselbe die dritte Tagesstunde an, also 9 Uhr vormittags [4]. Nach einer griechischen Inschrift [5] ist es sehr wahrscheinlich, dass Honorius vorher schon zum Cäsar gemacht worden war.

---

[1] Chronicon paschale zu den Jahren 393 und 394.

[2] Auf demselben Platze war früher Arcadius Augustus geworden.

[3] Ueber den Tag siehe Excurs XXII.

[4] Nach den Fasti Vindobonenses priores (Mommsen IX 298) war sie Sonntag den 27. October; aber der 27. October war in Wahrheit ein Donnerstag. Der richtige Tag (20. November) ist nirgendwo überliefert, sondern nur durch Berechnung gefunden worden. Ueber die Sonnenfinsterniss siehe de Rossi, Bullettino di arch. 1867 p. 18 sgg. und Petavius, Chronol. p. 756; über das in den Annalen überlieferte Datum vgl. auch Holder-Egger im Neuen Archiv I 348.

[5] C. I. Gr. von Boeckh III nr. 4350 und der Zusatz p. 1163.

c. Eugenius.

Eugenius erneuerte in der ersten Hälfte dieses Jahres mit Arbogastes den von letzterem Ende des Jahres 392 unternommenen Zug gegen die Franken jenseits des Rheines [1]. Es gelang, mit den Fürsten der Alemannen und Franken die früher mit den Römern geschlossenen Bündnisse [2] wiederherzustellen [3]. Ohne Zweifel sollte dieser Zug dem Eugenius für die geplante Reise nach Italien an der Grenze Ruhe schaffen und zugleich ihm germanische Söldner für den Krieg gegen Kaiser Theodosius gewinnen [4].

Darauf, jedenfalls nicht vor dem Frühlinge dieses Jahres, zog Eugenius nach Italien [5]. Ambrosius wich ihm in Mailand aus und begab sich nach Bononia, Faventia und von hier nach Florenz [6]; aus der Ferne richtete er dann ein Schreiben an den Usurpator (Brief 57), worin er seine Abwesenheit damit rechtfertigte, dass dieser den Tempeln die ihnen von Gratian entzogenen Einkünfte wiedergegeben hatte [7].

II. Die römischen Beamten.

a. Die Consuln.

Kaiser Theodosius zum dritten Male und Abundantius. Der letztere stammte ἀπὸ τῆς ἐν Θρᾴκῃ Σκυθίας, hatte seit Gratians Zeiten im Heere gedient und wurde unter Theodosius magister militum [8]. Als comes und magister utriusque militiae wird er am 31. Juli 392 und am 29. Juli 393 erwähnt [9]. Im Jahre 396 wurde er auf Betreiben des Eutropius nach Sidon und gleich darauf nach Pityos im Kolcherlande verbannt, wo er bis zu seinem Ende blieb [10].

---

[1] Siehe oben 392 S. 369. [2] Siehe oben 389 S. 304.

[3] Gregor von Tours II 9 und Paulinus, Vita s. Ambros. c. 30.

[4] v. Wietersheim, Gesch. der Völkerw. IV 145—146.

[5] Im Winter 392—393 unternahm er mit Arbogastes seinen Zug gegen die Franken. Ferner ersehen wir aus Ambrosius, Ep. 57, dass er von Gallien aus zweimal an Ambrosius schrieb und dass dieser auch noch vor seiner Ankunft in Italien ein Bittschreiben an ihn richtete (nr. 11—12). Darauf hat schon Tillemont, Mém. X 756 note 48, hingewiesen; aber der Hauptbeweis ist ihm entgangen. Dieser ergibt sich aus den Worten des Ambrosius: ‚in primordiis imperii tui' (Ep. 57, 11); hier stellt nämlich Ambrosius die primordia der Herrschaft des Eugenius in Gegensatz zu seinem Zuge nach Italien.

[6] Paulinus l. l. c. 27. [7] Siehe oben 392 S. 368. [8] Zos. V 10.

[9] Cod. Theod. XII 1, 128 und VII 4, 18.

[10] Zos. a. a. O.; Hieron., Ep. 60, 16; Asterios, Hom. in festum Kalendarum, bei Migne, Patr. gr. XL 224.

An Stelle des Abundantius wird in verschiedenen römischen Inschriften und in einer griechischen, zu Mailand gefundenen, Inschrift Eugenius als Consul neben Theodosius genannt; Eugenius hatte also der Regel gemäss für das erste Jahr seiner Herrschaft das Consulat angenommen. Keine römische Inschrift nennt den Abundantius [1].

b. Beamte des Ostreiches.

1. Addäus als comes et magister utriusque militiae per Orientem erwähnt am 12. Januar und 29. September 393 [2] und am 3. October 395 [3]; wenn er am 31. December 393 comes domesticorum genannt wird [4], so ist damit kein Wechsel seiner Stellung bezeichnet. Libanios schrieb an ihn in dieser Zeit den Brief 982. Vielleicht ist er auch der comes Orientis militarium partium, der nach Ambrosius, Brief 40, 6, im Jahre 388 in Sachen der Synagoge zu Kallinikon an den Kaiser berichtet hatte [5].

2. Aurelianus praef. urbi (siehe 392).

3. Infantius folgte dem Martinianus (siehe 392) als comes Orientis zwischen dem 10. November 392 und 30. December 393 [6]. Er war der Sohn des Modestus, der zuerst comes Orientis, dann unter Julian praef. urbi Constant. war und zuletzt unter Valens im Jahre 369 praef. praet. wurde [7].

4. Martinianus comes Orientis seit dem Jahre 392; vor dem 30. December 393 folgte ihm Infantius (siehe vorher).

5. Latinius Pacatus Drepanius als comes rer. priv. am 12. Januar erwähnt [8].

6. Flavius Rufinus praef. praet. (siehe 392).

7. Theodotus als mag. offic. zuerst erwähnt am 27. October [9]; wahrscheinlich war er schon Mitte des Jahres 392 dem Ru-

---

[1] Als Consul wird Eugenius genannt bei de Rossi, Inscr. christ. I nr. 410—417, p. 179—182; bei Orelli nr. 5591; C. I. Gr. von Boeckh IV nr. 9874.

[2] Cod. Theod. I 7, 2 und 5, 10; XVI 8, 9.

[3] Ibid. VI 24, 6.

[4] Ibid. VI 24, 5.

[5] Ueber die Zahl der magistri militum im Orient und Occident zu damaliger Zeit siehe Ranke, Weltgeschichte IV 215 Anm.

[6] Cod. Theod. II 1, 7, Iust. I 9, 7.

[7] Libanios, Brief 906; vgl. Sievers, Leben des Libanius 229—231.

[8] Cod. Theod. IX 42, 13; vgl. Cod. Iust. XI 67, 1. Siehe über ihn oben 389 S. 305.

[9] Cod. Theod. VII 8, 4.

finus in dieser Stellung gefolgt. Er war noch am 27. Februar 394 im Amte[1], trat aber vor dem 21. Mai 395 die Stelle dem Marcellus ab, um praef. urbi Constant. zu werden[2].

8. Victorius proconsul Asiae (siehe 392).

c. Beamte des Westreiches.

1. Apodemius (siehe 392) als praef. praet. Illyrici et Italiae zuletzt am 9. Juni erwähnt[3].

2. Flaccianus[4] folgte als proconsul Africae auf Paternus (siehe unten) zwischen dem 16. März und 7. October[5]; ihm selbst folgte Marcianus (siehe 394).

3. Flavianus der Aeltere praef. praet. bei Eugenius (siehe 391 und 392).

4. Gildo als comes et magister utriusque militiae per Africam am 30. December erwähnt[6].

5. Magnillus vicarius Africae noch in dieses Jahr hinein (siehe 391).

6. Aemilius Florus Paternus war am 16. März proconsul Africae[7]. Damals schrieb Ambrosius seinen Brief 60 an ihn, aus dem wir ersehen, dass Paternus Christ war. Schon vor dem 7. October folgte ihm im Amte Flaccianus[8]. Im Jahre 397 war Paternus comes sacr. larg.[9]

7. Silvanus als dux et corrector limitis Tripolitani am 27. März erwähnt[10]. Vielleicht ist es derselbe, der im Jahre 405 comes rer. priv. war[11].

---

[1] Cod. Theod. VII 1, 14.

[2] Ibid. VI 28, 5; Cod. Iust. XII 21, 2. [3] Cod. Theod. XI 30, 51.

[4] Die Handschriften und Ausgaben haben falsch Flavianus oder Flavius; die richtige Lesart gibt Augustinus, De civ. dei XVIII 23, 1.

[5] Cod. Theod. X 19, 14 und I 12, 4; Augustinus l. l.

[6] Cod. Theod. IX 7, 9.

[7] Dass er proconsul Africae war, zeigt die afrikanische Inschrift C. I. L. VIII 1412: ‚proconsulatibus Aemilii Flori Paterni, viri clarissimi sq.' Das Gesetz Cod. Theod. X 19, 14 vom 16. März 393 ist an ihn gerichtet, und da er hier in richterlicher Stellung erscheint, ist mit Seeck, Proleg. 157, anzunehmen, dass er an diesem Termine proconsul Africae war.

[8] Cod. Theod. I 12, 4. [9] Seeck a. a. O. [10] Cod. Theod. XII 1, 133.

[11] Ibid. V 14, 6.

8. Quintus Fabius Memmius Symmachus[1], der einzige Sohn des Redners Symmachus, bekleidete als Knabe gegen Ende dieses Jahres in Rom die Quästur, zu deren Verherrlichung der Vater im December dem Volke glänzende Spiele gab[2]. Mit dem Falle des Eugenius im Jahre 394 war jedenfalls auch die Quästur, wenn sie bis dahin überhaupt gedauert hat, zu Ende.

III. Religionsgesetze.

1. Gesetz des Theodosius vom 29. September an Addäus, den magister utriusque militiae per Orientem, zu Gunsten der Juden[3]. Am Anfange wird gesagt, es sei hinlänglich bekannt, dass die Juden eine durch Gesetz erlaubte Secte seien. Daher sei der Kaiser sehr erzürnt darüber, dass ihre Versammlungen an einigen Orten verboten und dass Synagogen von übereifrigen Christen zerstört und beraubt worden seien; solche Ausschreitungen müssten streng geahndet werden.

Man ist sehr versucht, dieses Gesetz mit dem Ereignisse von Kallinikon in Verbindung zu bringen, wo der Bischof eine Synagoge angezündet und der ‚comes Orientis militarium partium' darüber an den Kaiser berichtet hatte[4]. Allein dies Ereigniss fiel in die Zeit der Anwesenheit des Theodosius in Italien, d. h. in die Jahre 388—391, während das Gesetz vom Jahre 393 und von Konstantinopel datirt ist[5].

2. Gesetz des Theodosius vom 30. December an den comes Orientis Infantius[6]. Den Juden wird verboten, mehrere Frauen zugleich zu haben.

IV. Culturgesetze.

1. Gesetz des Theodosius vom 29. Juli an alle Generäle zum Schutze der Provincialen gegen die Uebergriffe der

---

[1] Die Vornamen siehe C. I. L. VI 1699.

[2] Er bekleidete die Quästur zu Lebzeiten des ältern Flavian (Symmachus. Ep. II 81) als parvulus (ibid. V 22). Der Vater gab damals zur Feier der Quästur Gladiatorenspiele und gab sich viele Mühe, Thiere dafür aus Afrika und aus dem Norden herbeizuschaffen (l. l. II 46 und 76—78); überhaupt handeln seine Briefe aus dieser Zeit fast nur von Spielen und Festgeschenken. Die ludi quaestorii waren aber stets im December (Mommsen, Röm. Staatsrecht II² 522).

[3] Cod. Theod. XVI 8, 9.

[4] Das that Gothofredus (zu dem Gesetz); vgl. Ambrosius, Ep. 40.

[5] Siehe oben 388 S. 392—393.

[6] Cod. Iust. I 9, 7.

Soldaten[1]. Kein Soldat darf statt der Lebensmittel Geld von den Provincialen verlangen; hat er auf die Lebensmittel verzichtet, um Geld zu bekommen, so soll er beides verlieren. Auch darf nichts zur Verpflegung (salgamum), wie Holz, Oel oder Polster, von den Quartiergebern verlangt werden. Selbst den Offizieren war es verboten, solche Dinge zu fordern[2].

2. Gesetz des Theodosius vom 9. August an den praef. praet. Rufinus über hochverrätherische Reden[3]. Schmähungen gegen die Person des Kaisers und gegen das Glück der Zeiten sollen nicht mehr von den Statthaltern bestraft, sondern zur Kenntniss des Kaisers gebracht werden, damit dieser je nach der Persönlichkeit der Schuldigen entscheide, ob Nachsicht oder Strafe eintreten solle.

Das Gesetz ist ein herrliches Denkmal von der edeln und christlichen Gesinnung des Kaisers und besonders von der oft an ihm gerühmten φιλανθρωπία; denn a. würden die Statthalter, um sich dem Kaiser gefällig zu zeigen, solche Vergehen jedesmal energischer gestraft haben; b. macht der Kaiser einen Zusatz, der erkennen lässt, dass er nur selten solche Majestätsbeleidigungen zu ahnden gewillt war; er sagt: ‚Wenn sie aus Leichtsinn hervorgehen, so muss man sie übersehen; wenn sie in der Aufregung oder in Verzweiflung (insania) geschehen, so ist Mitleid am Platze; geschehen sie aber mit Ueberlegung (iniuria), so soll Gnade walten.‘

3. Gesetz des Theodosius vom 21. September an denselben Rufinus über die Kleider der Schauspielerinnen[4]. Es werden diesen gewisse Kleider kostbarer Art und Schmucksachen untersagt, theils um sie von den anständigen Frauen zu unterscheiden, theils um den übermässigen Aufwand der Beamten bei Ausstattung der Schauspielerinnen zu verhindern. Untersagt werden ihnen: a. Edelsteine; b. seidene Gewänder, in die Figuren von Menschen und Thieren eingewirkt waren (sigillata serica); c. mit Gold durchwebte, d. halbpurpurne Gewänder (crustae). Ganzpurpurne Kleider zu tragen, war schon jedem Privatmanne verboten. Erlaubt werden den Schauspielerinnen im Gesetze carrirte seidene Gewänder und Goldschmuck an Hals, Armen und Gürtel.

4. Gesetz des Theodosius vom 28. September an denselben Rufinus über die Stellung der Frauen[5]. Frauen können nur

---

[1] Cod. Theod. VII 4, 18 und 9, 3.
[2] Ibid. VII 9, 2.
[3] Ibid. IX 4, 1; Cod. Iust. IX 7, 1.
[4] Cod. Theod. XV 7, 11.
[5] Ibid. II 12, 5.

ihre eigene Sache vor Gericht vertreten und können für andere Personen nicht interveniren.

Im Jahre vorher hatte der Kaiser bestimmt, dass die Frauen die Ehrenstellung und den Gerichtsstand ihrer Männer haben sollten [1].

V. Concilien.

a. Concil zu Hippo.

Am 8. October dieses Jahres fand zu Hippo im secretarium der basilica pacis unter dem Vorsitze des Bischofs Aurelius von Karthago ein grosses Concil statt, das Possidius sogar ein Plenarconcil von ganz Afrika nennt [2]. Die Beschlüsse dieses Concils sind uns als breviarium, d. h. in abgekürzter Gestalt, unter den Acten des dritten Concils zu Karthago im Jahre 397 erhalten; die Bischöfe der provincia Byzacena [3] hatten nämlich diesem letztgenannten Concil ein Schreiben mit einem Auszuge aus den Beschlüssen von Hippo unterbreitet und um deren Erneuerung gebeten; dieses Schreiben wurde zu Karthago verlesen und mit dem Auszuge den Acten des Concils einverleibt. Der Text dieses breviarium, das bis dahin auch nur wieder im Auszuge bekannt und gedruckt war [4], wurde erst von den Ballerini ans Licht gebracht und nach vier Handschriften im dritten Bande ihrer Ausgabe der Werke Leos des Grossen veröffentlicht; ferner wurde von ihnen durch eine Vorrede seine Echtheit gegen alle Einwendungen gesichert [5]. Auch Augustinus wohnte als Priester dem Concile von Hippo bei und hielt auf Wunsch der Bischöfe vor ihnen die erhaltene Rede De fide et symbolo zur Erklärung des Glaubensbekenntnisses [6].

Zunächst wurde auf dem Concil das Symbolum von Nikaia erneuert, aber ohne den Zusatz von Konstantinopel. Dann erliess das Concil vier vollständig und 37 abgekürzt erhaltene Canones. Unter jenen vier sind bemerkenswerth:

Alle afrikanischen Kirchen sollen hinsichtlich des Osterfestes sich nach der Kirche zu Karthago richten, und zwar soll der Bischof

---

[1] Cod. Theod. II 1, 7.

[2] Vita s. Aug. c. 7. Das Datum des Concils ist erhalten im Codex canonum ecclesiae Africanae, bei Mansi III 731.

[3] Diese wurde nebst Numidien unter Diocletian von der alten proconsularischen Provinz Afrika abgezweigt; vgl. Böcking zur Notitia dign. II 451—452.

[4] Bei Mansi III 894.

[5] Abgedruckt bei Mansi III 909. [6] Siche unten S. 402.

von Karthago jährlich schriftlich den Metropoliten den Tag des Osterfestes kundgeben (can. 1)[1].

Die Provinz Mauretania Sitifensis darf einen eigenen Primas (Metropoliten) haben. Bei Streitigkeiten, wer Primas einer Provinz sei, entscheidet der Bischof von Karthago[2]. Ueberhaupt soll ohne Wissen des Bischofs von Karthago kein episcopus primae sedis aufgestellt werden, und der aufgestellte kann von diesem stets zur Verantwortung gezogen werden (can. 3 und 4)[3].

Von den 37 abgekürzten Canones seien erwähnt:

Nur Leute von 25 Jahren, die in der Heiligen Schrift wohl bewandert sind, dürfen zu Clerikern geweiht werden. Auch keine Jungfrau von geringerem Alter darf consecrirt werden (can. 1).

Dem Leichnam Verstorbener sollen Abendmahl und Taufe nicht gespendet werden (can. 4).

Jährlich soll ein allgemeines afrikanisches Concil gehalten werden, zu dem jedes Provincialconcil drei, Tripolis aber wegen der Armut seiner Bischöfe nur einen Gesandten schicken soll (can. 5).

Ein Bischof ist bei dem Primas seiner Provinz anzuklagen und soll suspendirt sein, wenn er vor diesem in 30 Tagen nach Empfang der Vorladung nicht erscheint. Erscheint er vor dem Generalconcil nicht, so soll er excommunicirt sein und darf auch mit seiner Gemeinde nicht communiciren (can. 6—7).

Ueber einen angeklagten Priester soll sein Bischof mit fünf, über einen angeklagten Diakon mit zwei Nachbarbischöfen, über einen andern Cleriker allein entscheiden (can. 8).

Wenn ein Cleriker seinen Streitgegenstand an ein weltliches Gericht bringt, so soll er bei einer Criminalsache abgesetzt werden, bei einer Civilsache aber den errungenen Vortheil verlieren, wenn er im Amte bleiben will; denn der Apostel befiehlt, dass selbst die Streitigkeiten der Laien an die Kirche zu bringen sind (can. 9).

Die Söhne von Bischöfen und Clerikern sollen von weltlichen Schauspielen fern bleiben und sich mit Heiden, Häretikern und Schismatikern nicht verheiraten (can. 11 und 12).

[1] Mansi III 919 und VIII 646; auf dem afrikanischen Concil vom Jahre 525 wurde nämlich dieser Beschluss erwähnt.

[2] In Afrika hafteten die Metropolitanrechte nicht an bestimmten Städten, sondern standen dem jedesmal der Ordination nach ältesten Bischofe einer Provinz zu; es konnte aber über die Anciennität leicht Streit entstehen. Nur Karthago war immer Metropole; vgl. Hefele, Conciliengesch. I 182.

[3] So im Concil zu Karthago vom Jahre 525, bei Mansi VIII 646.

Bischöfe und Cleriker dürfen niemandem, der nicht katholischer Christ ist, etwas testamentarisch vermachen, selbst nicht, wenn er ihnen verwandt wäre (can. 14).

Bischöfe, Priester und Diakonen sollen nicht durch ein Geschäft ihren Unterhalt suchen, das sie zu Reisen nöthigt oder sonst von ihren kirchlichen Verrichtungen abhält (can. 15).

Mit Clerikern dürfen nur verwandte Frauen zusammenwohnen (can. 16).

Keiner soll zum Bischof, Priester oder Diakon geweiht werden, wenn er nicht alle seine Hausgenossen zu katholischen Christen gemacht hat (can. 17).

Keiner darf geweiht werden, der nicht durch eine Prüfung der Bischöfe oder durch das Zeugniss des Volkes bewährt worden ist (can. 20).

Am Altare soll das Gebet immer an den Vater, nicht an den Sohn gerichtet werden (can. 21).

Kein Cleriker darf Zinsen nehmen (can. 22).

Bei dem Sacramente des Leibes und Blutes Christi soll nur Brod und mit Wasser vermischter Wein geopfert werden. Wenn am höchsten Feste des Jahres Honig und Milch für die Neugetauften am Altare geopfert werden, so sollen diese Gaben ihren eigenen Segen haben und vom Sacramente des Leibes und Blutes des Herrn unterschieden sein (can. 23).

Unverheiratete Cleriker dürfen niemals ohne Begleitung eine Jungfrau oder Wittwe besuchen; niedere Cleriker dürfen dieses auch nicht ohne Erlaubniss der Bischöfe und Priester (can. 24).

Cleriker dürfen keine Wirtshäuser besuchen, ausser auf Reisen (can. 26).

Bischöfe dürfen ohne Erlaubniss des Metropoliten nicht übers Meer reisen und sollen von diesem dann auch die litterae formatae haben. Das soll vom Concile den Bischöfen jenseits des Meeres mitgetheilt werden (can. 27).

Die Geheimnisse des Altares sollen nur von Nüchternen gefeiert werden, ausser am Gründonnerstage. Wenn aber am Nachmittage Gedächtnisse der Verstorbenen stattfinden, sollen diese bloss in Gebeten bestehen, wenn die Theilnehmer nicht mehr nüchtern sind (can. 28).

Bischöfe und Priester sollen in den Kirchen keine Mahlzeiten halten, ausser um Gäste zu erquicken; wenn dieses aber geschieht, soll wenigstens das Volk möglichst fern gehalten werden (can. 29)[1].

---

[1] Ueber die Bedeutung und Veranlassung dieses Canons siehe oben 391 S. 348—349.

Priester sollen ohne Erlaubniss ihres Bischofs Büsser nicht absolviren, ausser im Nothfalle und bei Abwesenheit des Bischofs. Demjenigen, dessen Vergehen in der ganzen Gemeinde bekannt ist, sollen nur vor der Apsis (also öffentlich) die Hände aufgelegt werden (can. 30).

Schauspielern und Apostaten, die wieder zu Gott zurückkehren, soll die Absolution nicht verweigert werden (can. 33)[1].

Ein Priester darf Jungfrauen nicht ohne Erlaubniss des Bischofs, das Chrisma aber niemals consecriren (can. 34).

Cleriker dürfen sich in keiner fremden Stadt aufhalten, wenn nicht der dortige Bischof oder die Cleriker die Gründe dazu gebilligt haben (can. 35).

Nur canonische Schriften dürfen in der Kirche als heilige Schriften gelesen werden. Das Concil gibt dann die canonischen Schriften einzeln an; es sind dieselben, welche heute als solche in der Vulgata aufgeführt werden. Doch soll die transmarinische Kirche über die Gutheissung dieses Canons befragt werden. An den Gedächtnisstagen der Martyrer dürfen auch ihre Acten verlesen werden (can. 36).

Frühere Concilien haben beschlossen, dass donatistische Cleriker, welche zur Kirche übertreten, nur als Laien aufgenommen werden sollen. Das Concil zu Hippo lässt dagegen wegen des Mangels an Clerikern zwei Ausnahmen zu: Cleriker, welche niemals wiedergetauft haben oder welche mit ihrer ganzen Gemeinde übertreten, sollen ihren clerikalen Rang behalten können. Doch soll auch hierüber die transmarinische Kirche befragt werden. Ferner will man den Siricius und Ambrosius[2] darüber zu Rathe ziehen, ob Donatisten, welche als Unmündige von Donatisten getauft worden sind, wenn sie später übertreten, zum Altardienste zugelassen werden sollen (can. 37).

b. Donatistische Concilien zu Karthago und Kabarsussi.

In diesem Jahre fanden in Afrika ferner zwei Concilien der Donatisten gegen Bischof Primianus[3] statt, das eine zu Karthago im Anfange dieses oder schon am Ende des vorhergehenden Jahres, das andere zu Kabarsussi am 24. Juni[4].

---

[1] Eine strenge Auffassung hinsichtlich der Apostaten hat Cyprian; siehe oben 391 S. 393[3].

[2] Statt Ambrosius steht im breviarium von 397 Simplicianus.

[3] Siehe über diesen donatistischen Bischof oben 392 S. 388.

[4] Dass das zweite Concil am 24. Juni 393 war, steht in dessen Synodal-

Primianus hatte bald nach seiner Weihe den Diakon Maximianus, einen Verwandten des Donatus, excommunicirt. Deswegen kamen zu Karthago 43 donatistische Bischöfe mit Maximianus zusammen; Primianus hatte aber die Kirchthüren von den weltlichen Behörden besetzen lassen, so dass die Erschienenen einen andern Versammlungsort aufsuchen mussten[1]; durch eine dreimalige Gesandtschaft luden sie den Primianus zu ihrer Versammlung ein, boten ihm auch an, dass sie, wenn er dieses vorziehe, zu ihm kommen würden: Primianus aber erschien nicht, weil er die Einladenden für eine Partei, nicht für die Vertretung der ganzen donatistischen Gemeinde hielt. Deshalb ging man auseinander und behielt die Entscheidung einer zu berufenden Plenarsynode vor[2].

Diese grössere Synode versammelte sich zu Kabarsussi in der provincia Byzacena. Das Synodalschreiben derselben, erlassen am 24. Juni, theilt Augustinus mit eigenen Zusätzen in seiner Erklärung des 36. Psalmes, sermo 2, nr. 20 mit. Die Adresse des Schreibens heisst: ‚Sanctissimis fratribus atque collegis per universam Africam'; es ist unterschrieben von 53 Bischöfen, deren Sitze angegeben sind, und dann folgt die Bemerkung: ‚omnes numero 53'. Diese Bemerkung kann weder vom Concil noch von Augustinus herrühren; es ist eine spätere Randbemerkung, die in den Text gerathen ist[3]. Es waren in Wahrheit mehr als 100 Bischöfe auf dem Concile anwesend[4]; Augustinus liess aber, wie mir scheint, bei der Verlesung des Actenstückes in der zweiten Rede über den 36. Psalm nur einen Theil der über 100 Namen vortragen, weil es ihm besonders auf die Namen zweier Bischöfe ankam, gegen die er später seine Polemik richtete, nämlich auf Felicianus von Mussita und Prätextatus von Assurita[5]. Primianus war wieder nicht erschienen. Das Concil

---

schreiben (bei Augustinus, In psalm. 36, sermo 2, nr. 20); das erste Concil war nicht lange vorher.

[1] Augustinus l. l.

[2] Augustinus l. l. nr. 19; Contra Cresconium IV 5, 7 und 7, 8.

[3] Denn einerseits waren solche Bemerkungen unter den Unterschriften nicht gebräuchlich, und andererseits sind unter den 39 Namen der Theilnehmer des Concils, die am Kopfe des Schreibens stehen, nicht weniger als zehn, die in den Unterschriften nicht vorkommen; vgl. Tillemont, Mém. VI 723—724 note 36.

[4] Augustinus, In psalm. 36, sermo 2, nr. 23: ‚centum vel quot fuerunt, qui damnaverunt a parte Maximiani Primianum'; ferner Contra Cresc. IV 6, 7: ‚centum et amplius'.

[5] Ferdinand Ribbeck in seiner Schrift: Donatus und Augustinus (S. 215) erklärt die Zahl 53 so, dass nur diese Bischöfe von den 100 dem Beschlusse des

schloss ihn wegen einer Reihe von Verbrechen aus der donatistischen Gemeinschaft aus; unter anderem heisst es in dem Synodalschreiben, er habe bald nach seiner Weihe die Priester von Karthago gezwungen, gegen vier unschuldige Diakonen, darunter Maximianus, einzuschreiten, und als diese sich weigerten, habe er selbst den Maximianus excommunicirt; er habe ferner incesti zur Communion zugelassen [1] und einen Priester Fortunatus in eine Cloake werfen lassen, weil dieser einem Kranken die Taufe gespendet habe. Das Concil erklärt ferner, dass die Cleriker, die sich vom Tage dieses Decretes an bis zum Weihnachtsfeste nicht von Primianus lossagen würden, auch excommunicirt sein sollten, und dass Laien, die bis Ostern des folgenden Jahres an ihm festhielten, nur durch Kirchenbusse wieder Zulassung zur Kirchengemeinschaft erlangen könnten.

Nachdem Primianus abgesetzt worden war, erhob das Concil an seiner Stelle den Maximianus auf den bischöflichen Stuhl von Karthago. Dessen Weihe wurde gleich darauf zu Karthago selbst in Gegenwart des Clerus und von zwölf Bischöfen vorgenommen [2]. Damit war die Spaltung unter den Donatisten besiegelt; die Anhänger des Maximianus [3] tauften die von Primianus bereits Getauften wieder [4].

Concils zugestimmt hätten. Das widerspricht aber den klaren Worten Augustins, der sagt (z. B. De haeres. c. 69), dass alle 100 Bischöfe zustimmten, und ist auch an sich sehr unwahrscheinlich.

[1] Es waren die sogenannten Claudianisten; vgl. Contra Cresc. IV 11.

[2] Dieser Thatbestand wird von Augustinus deutlich angegeben De haeresibus c. 69: ‚Sed apud Carthaginem Maximianus contra Primianum ab eiusdem erroris centum fere episcopis ordinatus et a reliquis trecentis decem cum eis duodecim, qui ordinationi eius etiam praesentia corporali interfuerunt, atrocissima criminatione damnatus sq.' Das ‚ordinatus' heisst hier nicht geweiht, sondern bestellt, wie es denn auch Contra Cresc. III 13, 16 durch ‚constitutus' ersetzt ist. Alle 100 Bischöfe wählten also, aber nur 12 wohnten der Weihe bei.

Schwieriger ist die Frage zu beantworten, ob die Weihe auf dem Concile oder zu Karthago stattgefunden hat. Der Zusatz ‚apud Carthaginem' in der obigen Stelle scheint für Karthago zu entscheiden; aber er verliert seinen Werth dadurch, dass an derselben Stelle das Concil zu Bagai, wo 310 Bischöfe anwesend waren, auch nach Karthago verlegt wird; ebenso gut nämlich wie Bagai könnte auch Kabarsussi mit ‚apud Carthaginem' gemeint sein. Für mich ist aber der Umstand, dass nur 12 Bischöfe der Weihe beiwohnten, Beweis genug, dass diese nicht am Orte des Concils, sondern zu Karthago stattfand; es kommt noch hinzu, dass nach einer andern Stelle bei Augustinus (Contra Cresc. III 52, 58) die übrigen Bischöfe der Weihe nicht beiwohnen konnten und dass ihr ferner wohl der Clerus von Karthago anwohnte (ibid. 53, 59).

[3] Sie hiessen Maximianenser oder Maximianisten; beide Ausdrücke kommen bei Augustinus vor. [4] Augustinus, Ep. 53, 3.

VI. Kirchenväter.

a. Ambrosius.

1. Leben.

Ambrosius begab sich beim Einzuge des Eugenius in Italien von Mailand weg und kam über Bononia und Faventia nach Florenz, wo er bis gegen den 1. August 394 blieb[1]. In Florenz wohnte er in dem Hause des Decens, eines vornehmen Christen, dessen kleinen Sohn Pansophius er zuerst von der Besessenheit befreit, bald danach auch vom Tode erweckt haben soll[2]; er selbst erwähnt diese Ereignisse nicht. In derselben Stadt weihte er auch eine Basilika und schenkte ihr die Reliquien der Martyrer Vitalis und Agricola, welche er in Bononia durch eine Vision entdeckt und mit sich nach Florenz gebracht hatte[3]. Zur Einweihung dieser Kirche, welche eine Wittwe Juliana gebaut hatte, war er von den Florentinern eingeladen worden.

2. Abhandlungen.

Gleich nach seiner Ankunft in Florenz schrieb Ambrosius die *Exhortatio virginitatis;* es ist die Rede, welche er bei der Einweihung der Kirche der Martyrer Vitalis und Agricola daselbst hielt[4]; im Namen der Mutter, der Wittwe Juliana, hielt er an deren drei Töchter und ihren Sohn eine Ermahnung zur Jungfräulichkeit[5] und schloss diese mit einem Weihegebete ab.

3. Briefe.

Brief 57, geschrieben an Eugenius bei dessen Einzuge in Italien[6].

Die Briefe 60 und 84, welche von den Maurinern ins Jahr 393 gesetzt wurden, gehören viel eher dem Jahre 396 an[7]. Der

---

[1] Paulinus, Vita s. Ambrosii c. 27 und 31. [2] L. l. c. 28.

[3] L. l. c. 29.

[4] Exhort. 1, 1—2 und 7—8; Paulinus l. l. c. 29. Ihm (Studia Ambros. 30) lässt es zweifelhaft, ob die Anrede 393 oder 394 bis zum 1. August gehalten ist. Das geht aber nicht an; denn die Einweihung der Kirche war gleich nach der Ankunft des Ambrosius in Florenz; vgl. Exhort. 1, 1: ‚Nec vero huc dirigebam iter, sed quia petitus a vobis sum, debui mecum deferre, quae aliis parabantur.‘

[5] Exhort. 2, 1—2. [6] Siehe oben S. 390.

[7] Als die Briefe geschrieben wurden, verwaltete Paternus ein hohes Staatsamt (Ep. 60, 8); er war aber im Jahre 393 proconsul Africae (siehe oben S. 392) und gegen Ende 396 comes sacr. larg. am Hofe des Honorius (Seeck, Proleg. 155—157). Wahrscheinlich ist unter dem ‚amplissimum honorem‘ des Briefes dies letztere Amt

erstere ist an Paternus gerichtet, der damals ein hohes Staatsamt bekleidete (nr. 8), der andere an seinen Sohn Cynegius; beide Briefe behandeln dieselbe Angelegenheit. Der Vater wollte nämlich den Sohn mit seiner Enkelin gegen dessen Willen verheiraten; Ambrosius räth von dieser Ehe entschieden ab und beruft sich dafür auf das göttliche Gesetz und auf ein Gesetz des Theodosius, das Ehen zwischen Geschwisterkindern verbiete [1].

b. Augustinus.

1. Augustinus hielt auf Bitten der Bischöfe, die auf dem Concile zu Hippo in diesem Jahre versammelt waren, vor ihnen eine Rede *De fide et symbolo*, in der er die einzelnen Artikel des Glaubensbekenntnisses erläuterte. Er gab dieselbe dann auch auf Ansuchen seiner Freunde heraus [2], jedoch ohne das Symbolum selbst seinem Wortlaute nach mitzutheilen; dies war nämlich verboten oder doch nicht Brauch; es sollte das Symbolum nur im Herzen, nicht geschrieben aufbewahrt werden [3].

In der Zeit von diesem Concil bis zu seiner bischöflichen Weihe, die gegen Ende des Jahres 396 war, schrieb er ferner:

2. *De Genesi ad litteram.* In diesem Werke wollte er eine wörtliche Auslegung der Genesis geben, nachdem er früher in den zwei Büchern De Genesi contra Manichaeos sie allegorisch erklärt hatte. Er kam aber nur bis zum 26. Vers des ersten Kapitels und legte hier die Arbeit nieder, weil sie ihm zu schwer für seine Kräfte schien. Er hat dieselbe Arbeit später neu aufgenommen und in den zwölf Büchern De Genesi ad litteram die Genesis vom Anfang bis zum Sündenfall einschliesslich erklärt [4].

3. *De sermone domini in monte*, zwei Bücher, eine Erklärung der Bergpredigt [5]. Er sagt hier II 26, dass man in Afrika täglich

---

zu verstehen; denn alles spricht dafür, dass Paternus, als die Briefe geschrieben wurden, in Oberitalien verweilte (Ep. 60, 3).

[1] Ep. 60, 3 und 8. In der Heiligen Schrift steht von einem solchen Gesetze nichts. Auch das Gesetz des Theodosius ist verloren, es wird aber in zwei andern Gesetzen erwähnt, nämlich in einem Gesetze des Arcadius vom Jahre 396 und in einem des Honorius vom Jahre 409 (Cod. Theod. III 12, 3 und 10, 1).

[2] Gedruckt bei Migne, Patr. lat. XL 181.

[3] Retract. I 17; Sermo 212, 2.

[4] Retract. I 18. Beide Werke gedruckt bei Migne, Patr. lat. XXXIV 219 sqq.

[5] Retract. I 19, bei Migne, Patr. lat. XXXIV 1229.

das Abendmahl empfange, was in den orientalischen Kirchen nicht geschehe; auch in Rom und in Spanien war es Brauch, dass die Gläubigen täglich communicirten [1].

4. *Psalmus contra partem Donati*, eine Geschichte und Widerlegung des Donatismus, rhythmisch geschrieben zum Auswendiglernen und Singen für das gewöhnliche Volk. Das Werk ist ein sogen. Abecedarius, weil die einzelnen Theile nacheinander mit den Buchstaben des Alphabetes beginnen [2].

5. *Contra epistulam Donati*, eine Widerlegung der Behauptung, die Donatus in einem Briefe dargelegt hatte, dass nur die von Donatisten gespendete Taufe giltig sei [3]. Dies Werk ist verloren.

6. *Contra Adimantum Manichaei discipulum*, eine Widerlegung einer Schrift des Adimantus, dass das Alte dem Neuen Testamente widerspreche und daher nicht von demselben Gott inspirirt sein könne [4].

7. *Expositio quarumdam propositionum ex epistula ad Romanos*, 84 Erklärungen von Stellen des Römerbriefes, die Augustinus vor seinen Freunden vorgetragen hatte und auf ihre Bitten niederschrieb. In der 60. und 61. propositio behauptet er, dass der Anfang des Heiles vom Glauben ausgehe, und dass dieser unser eigenes, nicht Gottes Werk sei, ein Satz, den die Semipelagianer mit Recht für ihre Lehre ausbeuteten und den er später selbst in der Schrift De praedestinatione sanctorum (nr. 7) als irrig aufgegeben hat [5].

8. *Expositio epistulae ad Galatas*, eine fortlaufende Erklärung des Galaterbriefes [6].

9. *Epistulae ad Romanos inchoata expositio*, der Anfang einer zusammenhängenden Erklärung des Römerbriefes, die aber über die zwei ersten Verse nicht hinauskam [7].

10. *De diversis quaestionibus octoginta tribus*, 83 Erörterungen über die verschiedensten Gegenstände, die er seit seiner Taufe mit seinen Freunden auf deren Bitten angestellt hatte und nach seiner Bischofsweihe zu einem Buche sammelte [8].

---

[1] Hieronymus, Ep. 48, 15 und besonders Ep. 71, 6; an der erstern Stelle will Hieronymus diese Sitte weder loben noch tadeln.

[2] Retract. I 20, bei Migne, Patr. lat. XLIII 23.

[3] Retract. I 21. [4] Retract. I 22, bei Migne XLII 129.

[5] Retract. I 23, bei Migne XXXV 2063.

[6] Retract. I 24, bei Migne XXXV 2105.

[7] Retract. I 25, bei Migne XXXV 2087.

[8] Retract. I 26, bei Migne XL 11.

26 *

c. Epiphanios.

Epiphanios weihte in diesem Jahre den Paulinian, den Bruder des Hieronymus, zum Priester[1]. Da Bischof Johannes von Jerusalem drohte, er werde über diesen Eingriff in seine Rechte bei den übrigen Kirchen Klage erheben, so verfasste Epiphanios ein Rechtfertigungsschreiben, das uns in einer freien Uebersetzung des Hieronymus[2] erhalten ist. Hieronymus fertigte diese Uebersetzung an auf Bitten des Mönches Eusebius von Cremona, der in seinem Kloster lebte und des Griechischen ganz unkundig war, bat ihn aber, dieselbe ganz für sich zu behalten; aber ‚ein falscher Mönch' entwendete sie nach anderthalb Monaten dem Eusebius, und so wurde sie öffentlich bekannt[3].

Das Schreiben des Epiphanios zerfällt in drei Theile. In dem ersten rechtfertigt er die Weihe des Paulinian (nr. 1 und 2); den Vorwurf des Johannes, dass Paulinian zur Weihe zu jung gewesen sei[4], übergeht er wohl deshalb, weil er ihm zu nichtig erschien. Im zweiten Theile (nr. 3—8) warnt er den Johannes vor dem Origenismus und zählt acht Irrthümer des Origenes auf. Im dritten Theile (nr. 9) rechtfertigt er sich wegen einer That, welche man ihm zum Vorwurf machte. Er hatte nämlich auf einer Reise, welche er mit Johannes von Jerusalem gemacht hatte, in Bethel an der Thüre einer Kirche einen Vorhang gefunden, auf dem sich ein Bild Christi oder eines Heiligen befand. Diesen Vorhang zerriss Epiphanios, weil nach der Lehre der Heiligen Schrift in der Kirche kein Bild eines Menschen sein dürfe; er versprach aber, für den zerrissenen einen neuen Vorhang zu schicken, und diesen sandte er nun zugleich mit dem Rechtfertigungsschreiben dem Bischof Johannes ein.

d. Hieronymus.

1. Leben.

Das monasterium peregrinorum zu Bethlehem, in welchem Hieronymus lebte, stand nicht unter der Jurisdiction des Bischofs Johannes von Jerusalem. Dieser war dem Kloster nicht gewogen.

---

[1] Siehe darüber unten S. 405. [2] Gedruckt als Ep. 51 des Hieronymus.

[3] Hieronymus, Ep. 57, 2; siehe Excurs XXIV nr. 2 über die Zeit der Abfassung des Schreibens des Epiphanios.

[4] Hieronymus, Ep. 82, 8.

seitdem im Jahre 392 Bischof Epiphanios von Salamis, verstimmt über den Origenismus des Johannes, Jerusalem verlassen und in Bethlehem Aufnahme gefunden hatte[1]. So kam es, dass das Kloster, das sich von Johannes und seinem Clerus fern hielt, für die kirchlichen Functionen keinen Priester hatte; die Priester Hieronymus und Vincentius, welche daselbst wohnten, wollten ihr Priesterthum nicht ausüben. Um dem Uebelstande abzuhelfen, weihte Epiphanios im Jahre 393[2] zu Eleutheropolis in einer Kirche, welche neben einem Kloster kyprischer Mönche, das alte genannt, lag, den Paulinianus, den Bruder des Hieronymus, zum Diakon und gleich darauf zum Priester; er liess ihn nämlich durch mehrere Diakonen ergreifen, und als er sich sträubte, ihm den Mund zuhalten, und so weihte er ihn[3]. Bischof Johannes betrachtete das als einen Eingriff in seine Rechte, um so mehr, als er, wie er behauptete, dem Epiphanios durch den Abt Gregorius hatte melden lassen, er möge keinen weihen, was Epiphanios ihm denn auch zugesagt habe; Epiphanios und Gregorius sagten allerdings später, sie wüssten nichts davon[4]. Johannes klagte auch darüber, dass Paulinian als Sklave und ohne genügendes Alter geweiht worden sei; er war damals 26 bis 27 Jahre alt[5]. Diese zwei Vorwürfe sucht Hieronymus in seinem 82. Briefe an Theophilos von Alexandrien zu entkräften und sagt daselbst auch zur Rechtfertigung des Weiheactes, Eleutheropolis gehöre nicht zur Jurisdiction des Bischofs von Jerusalem (nr. 6—8).

2. Uebersetzungen.

Von seiner Bibelübersetzung aus dem Hebräischen stellte Hieronymus in diesem Jahre, wenn nicht schon im vorhergehenden, das Buch Job fertig[6], das er theils aus dem Hebräischen, theils aus dem Arabischen und Syrischen ins Lateinische übertrug. Um hierzu im stande zu sein, nahm er bei einem gelehrten Juden zu Lydda für schweres Geld besondern Unterricht[7]. In der Vorrede zum Buche Job wie in vielen andern erwähnt er die Vorwürfe, welche man ihm wegen der Uebersetzungen aus dem Hebräischen machte, in der genannten Vorrede insbesondere den Vorwurf, dass er das

---

[1] Siehe oben 392 S. 383. [2] Siehe Excurs XXIV nr. 2.
[3] Hieronymus, Ep. 51, 1 und 82, 8. [4] Id., Ep. 51, 2.
[5] Denn als Hieronymus im Jahre 397 (nicht 399, wie Vallarsi annimmt; siehe Excurs XXIV nr. 3) den 82. Brief schrieb, war er schon 30 Jahre alt.
[6] Ep. 49, 4. [7] Vorrede zu Job; ferner In Habacuc II 15.

Ansehen der LXX untergrabe. Auch Augustinus billigte diese Uebersetzungen aus dem Hebräischen nicht, weil sie die Kluft zwischen den griechischen und lateinischen Kirchen erweiterten, weil ferner die Verschiedenheit der Uebersetzungen im Volke Verwirrung stifte, und weil wegen Unkenntniss des Hebräischen fast kein Christ im stande sei, über die Vorzüge und die Zuverlässigkeit der Uebersetzungen vor den Griechen Rechenschaft zu geben[1].

Die Uebersetzung der drei Schriften Salomons verlegt Zöckler[2] in das Ende dieses Jahres, aber mit Unrecht und ohne allen Grund; sie ist wahrscheinlich erst 398 geschrieben[3].

3. Briefe.

Brief 47 an Desiderius, frühestens, aber auch höchst wahrscheinlich in diesem Jahre geschrieben[4]. Desiderius lebte in Rom und war durch Stellung und Beredsamkeit ausgezeichnet (c. 1). Seine Schwester Serenilla hatte sich dem Mönchsleben gewidmet (c. 2). Er hat später, wie er in Aussicht gestellt hatte, den Hieronymus in Bethlehem thatsächlich besucht[5]. Man kann annehmen,

---

[1] Ep. 71, 3—5. [2] A. a. O. 183—184.

[3] In der Vorrede der Uebersetzung dieser drei Schriften sagt Hieronymus: ‚Itaque longa aegrotatione fractus ne penitus hoc anno reticerem et apud vos mutus essem, tridui opus nomini vestro consecravi.' Eine Krankheit des Hieronymus im Jahre 393 ist unbekannt; Aeusserungen, wie die in Ep. 49, 4, welche gegen Ende 393 niedergeschrieben wurde, schliessen eine solche geradezu aus. Aber eine lange Krankheit machte er zu Anfang 398 durch, als er erst kurz vor Ostern wieder arbeitsfähig wurde (Ep. 71, 5 und 73, 10; Vorrede zum Matthäuscommentar); es ist das nicht, wie Vallarsi (Vita s. Hieronymi c. 21 und Anm. zur Vorrede der Schriften Salomons) annimmt, dieselbe Krankheit, von der Hieronymus in den Vorreden zum 2. und 3. Buche des Amoscommentars spricht; denn diese überstand er, wie hier klar gesagt ist, im Jahre 406. Diese letztere Krankheit kann aber für die Zeitbestimmung der Uebersetzung der drei Schriften Salomons nicht in Frage kommen, da 398 die Uebersetzung des ganzen Alten Testamentes ausser dem Octateuch fertig war (Ep. 71, 5). Mir scheint daher die Uebersetzung der drei Schriften Salomons im Jahre 398 entstanden zu sein, zumal in dem regen Briefwechsel der vorhergehenden Jahre nie von einer Krankheit des Hieronymus die Rede ist.

[4] Hieronymus erwähnt hier (c. 3) seine Schrift De viris illustr., die Desiderius in Rom von Marcella erhalten und in der er ein Verzeichniss seiner Schriften finden könne. Der Brief dürfte also bald nach dieser Schrift verfasst sein, weil in spätern Jahren das Schriftenverzeichniss des Hieronymus, wie es in dieser Schrift steht, für Desiderius sehr unvollständig gewesen wäre.

[5] Ep. 72 Ende.

dass es der gallische Priester Desiderius war, der dem Hieronymus später die Schrift des Vigilantius einsandte[1], dem ferner Hieronymus die Uebersetzung des Pentateuchs[2] und Sulpicius Severus seine Vita s. Martini[3] gewidmet haben, und an den Paulinus von Nola seinen 43. Brief richtete; aber erweisen lässt sich das nicht[4]. Wenn es derselbe ist, so hatte er die Priesterweihe noch nicht erhalten, als Hieronymus den Brief 47 an ihn schrieb (c. 1).

Auch die Briefe 48 und 49 an Pammachius sind wahrscheinlich noch in diesem Jahre geschrieben und wurden zusammen abgeschickt. Pammachius war mit Hieronymus in Rom befreundet, er war sogar sein Mitschüler gewesen, hatte ihm aber nach Bethlehem nicht geschrieben, bis er ihm die commentarioli Jovinians hierhin zusandte; er war ein ‚vir eruditus et nobilis' und besonders in der Heiligen Schrift bewandert[5]. Die zwei Briefe behandeln die Schrift des Hieronymus Adversus Jovinianum[6], die in Rom das grösste Aufsehen gemacht hatte wegen ihrer energischen Verfechtung der Virginität. Papst, Bischöfe, Clerus, Mönche und Volk eiferten gegen Hieronymus und gegen Pammachius, der für die Schrift eingetreten war; Pammachius wollte infolgedessen die ausgegebenen Exemplare wieder einziehen, was ihm aber nur theilweise gelang[7]. Hieronymus schickte ihm nun ein langes Vertheidigungsschreiben seines Werkes gegen Jovinian, das als Brief 48 gedruckt wird; er nennt es selbst apologeticum[8]; Brief 49 ist ein Begleitschreiben dazu.

Brief 50 an Domnio ist bald nach dem vorhergehenden, also wohl Ende des Jahres 393 oder Anfang des Jahres 394, geschrieben. Auch Domnio lebte in Rom; Hieronymus nennt ihn ‚Lot nostri temporis' und ‚sanctus pater'[9]. Er hatte dem Hieronymus ein Verzeichniss von solchen Stellen in dessen Büchern gegen Jovinian eingesandt, die am meisten Anstoss erregten (c. 3); er meldete ihm auch, dass besonders ein Mönch, der früher Advocat gewesen und in klassischer Rede geübt war, in den Häusern der Vornehmen und auf den Strassen

---

[1] Contra Vigilantium c. 3. [2] Siehe die Vorrede zu diesem.

[3] Siehe die Vorrede.

[4] Vallarsi (zu Ep. 47) hält es für erwiesen. [5] Ep. 48, 1; 49, 3; 50, 3.

[6] Siehe über diese oben 392 S. 383—384; sie ist Ende 392 oder Anfang 393 geschrieben.

[7] Ep. 48, 2; 49, 2 und 3; 50, 4.

[8] Vorrede zum Jonascommentar; die Stelle zeigt auch, dass die zwei Briefe bald nach den Büchern Adv. Iovin. verfasst sind.

[9] Ep. 47, 3 und 49, 4.

solche Stellen in der Schrift angreife. Hieronymus überschüttet nun in seiner gewohnten Weise den Mönch mit Schimpfworten und fordert ihn auf, eine Gegenschrift zu verfassen oder ihm, wie Pammachius gethan habe, brieflich seine Bedenken mitzutheilen und um Auskunft zu bitten; zum Schluss betheuert er noch einmal, dass er die Ehe nicht verurtheile, sondern wünsche, dass alle, die sich nicht enthalten können, heiraten. Er gesteht in diesem Briefe ein, dass er ein schlechtes Latein schreibe [1], wie er im vorhergehenden Briefe bemerkt hatte, dass für eine Uebersetzung der Heiligen Schrift das Volkslatein geeigneter sei als die elegante Sprache [2].

Brief 51, eine freie Uebersetzung des Briefes des Epiphanios von Salamis an Bischof Johannes von Jerusalem in Sachen des Origenismus, ist in diesem Jahre geschrieben [3].

[1] ‚Absque usu latinae linguae, semigraeculum barbarumque' (c. 2).
[2] Ep. 49, 4. [3] Siehe oben S. 404 und Excurs XXIV nr. 2.

394.

1. Januar Sonntag; 1. Neumond 18. Januar nachmittags; Ostern 2. April.

I. Die Kaiser.

a. Theodosius und Eugenius.

In seiner gewohnten Weise hatte Theodosius die Rüstungen gegen Eugenius nicht übereilt; sie fielen der Hauptsache nach in den Winter der Jahre 393—394[1]. Gildo, der Befehlshaber der Truppen in Afrika, schickte keine Hilfstruppen und begann damit seinen Abfall von Rom[2]. Am meisten eiferte für den Rachezug Galla, die zweite Gemahlin des Theodosius, die den Tod ihres Bruders Valentinian II. tief betrauerte[3]; den Zug selbst erlebte sie nicht mehr, da sie gerade vor dem Aufbruche des Kaisers starb[4]; der Kaiser betrauerte sie nur einen Tag[5].

Auch vor diesem Feldzuge wie vor dem gegen Maximus liess Theodosius den Einsiedler Johannes in der thebaischen Wüste über den Ausgang befragen. Diesmal schickte er zu ihm den später allmächtigen Palasteunuchen Eutropius; die Antwort lautete, der Kaiser werde einen blutigen Sieg gewinnen, nach dem Siege aber in Italien sterben[6]. Rufinus erzählt[7] von Bittgängen, die der Kaiser vor seinem Aufbruche in Konstantinopel veranstaltete; bei seiner Abreise besuchte er die Kirche Johannes' des Täufers, die er vor Konstantinopel erbaut hatte[8].

---

[1] Philostorgios XI 2.

[2] Claudianus, De bello Gild. 240 sqq.; siehe oben 388 S. 281[4].

[3] Zos. IV 55. [4] Zos. IV 57.

[5] Eunapios, Fragm. 61 bei Müller.

[6] Rufinus, Hist. eccl. II 32 und Hist. monach. 1; Soz. VII 22; Theodoret V 24; Palladios, Hist. Laus. c. 42; Prospers Chronik zum Jahre 394; Augustinus, De cura pro mortuis gerenda 17 (Migne, Patr. lat. XL 607).

[7] Hist. eccl. II 33. [8] Soz. VII 24.

Zum Oberfeldherrn im Kriege wurde Timasius ernannt, dem Stilicho unterstellt war [1]. Besonders stark waren auf diesem Zuge die Barbaren von jenseits des Hister im römischen Heere vertreten, es waren ihrer mehr als 20000; sie standen unter Führung des Gainas, des Saul und des comes domesticorum Bacurius [2].

Theodosius brach Ende Mai von Konstantinopel auf; er war am 30. Mai zu Herakleia und am 20. Juni zu Adrianopel [3]. Seine beiden Söhne liess er in Konstantinopel zurück [4] und legte die Regierung daselbst in die Hände des Rufinus [5].

Auch Eugenius und Arbogastes hatten emsig gerüstet, römische Besatzungen und barbarische Hilfsvölker zur Mithilfe herangezogen; besonders die Gallier und Franken waren zahlreich in ihrem Heere; an Zahl allerdings war dieses den Streitkräften des Theodosius nicht gleich [6]. Sie liessen die Pässe der Julischen Alpen befestigen [7] und zum Zeichen der Vorherrschaft des Heidenthums auf den dortigen Höhen vergoldete Juppiterstatuen aufstellen [8]. Um den 1. August begaben sie sich von Mailand weg auf den Kriegsschauplatz; in Mailand waren sie vom Eintritte in die Kirche ausgeschlossen und ihre Opfergaben zurückgewiesen worden; die Folge war, dass sich ihre Erbitterung also steigerte, dass sie beim Auszuge aus der Stadt drohten, sie würden im Falle ihres Sieges die dortige Kirche zum Stalle machen und die Cleriker zum Waffendienste zwingen [9]. Man glaubte aber des Sieges sicher zu sein; denn Flavianus, der praef. praet. und Consul dieses Jahres, der sich auf die Opferschau gut verstand, hatte ihn in sichere Aussicht gestellt [10].

Ueber den Zusammenstoss der beiden feindlichen Heere berichten am eingehendsten Rufinus II 33, Zosimos IV 58, Orosius VII 35 und Theodoret V 24. Zur Controlle ihrer Angaben sind sehr wichtig

---

[1] Zos. IV 57; Johannes von Antiochien, Fragm. 187.

[2] Jordanes, Getica c. 28; Zos. a. a. O.

[3] Cod. Theod. XV 7, 12; XVI 5, 23. Zwar sind zwei Gesetze im Juli dieses Jahres zu Konstantinopel gegeben (Cod. Theod. XV 1, 31; XVI 5, 24); aber das zweite rührt, wie sein Inhalt zeigt, von Arcadius her, und dasselbe ist daher auch vom erstern anzunehmen.

[4] Sokr. V 25; Soz. VII 24; Philostorgios XI 2; Claudianus, III. cons. Honor. 78 sqq.; Rufinus II 34. Falsch melden Zos. IV 58 und Marcellinus Comes zum Jahre 394, er habe den Honorius auf dem Zuge mitgenommen.

[5] Zos. IV 57. [6] Orosius VII 35, 11—12.

[7] Claudianus I 105 sqq. und VII 89 sqq.

[8] Augustinus, De civ. dei V 26. [9] Paulinus, Vita s. Ambrosii c. 31.

[10] Rufinus II 33.

Augustinus, De civitate dei V 26, und besonders Ambrosius, Brief 61 und In psalmum 36, 25. Ich lege den meisten Werth auf den Bericht des Orosius, der in allen Einzelheiten glaubwürdig und dabei sehr bestimmt ist [1].

Gegen Erwarten bemächtigte sich Theodosius mit leichter Mühe der Alpenpässe und zerstreute die hier aufgestellte feindliche Besatzung [2]. Hier scheint Flavianus seinen Posten gehabt zu haben; es wird wenigstens berichtet, dass der erste Misserfolg im Kriege ihm so sehr den Muth benahm, dass er noch vor der Hauptschlacht den Tod suchte; er wurde an derselben Stelle begraben [3]. Die Entscheidungsschlacht fand am Flusse Frigidus statt [4], heute Wippach genannt, einem Nebenflusse des Isonzo, ungefähr ebenso weit von Aquileja wie von Aemona (Laibach) entfernt, also auf demselben Gelände wie die Schlacht gegen Maximus. Es scheint, dass die Schlacht zwei Tage dauerte [5]. Am ersten Tage kamen vor allem die Barbaren unter Gainas ins Gefecht, die zum Angriff vorgeschickt wurden; der Stoss misslang, obschon der comes Bacurius sich selbst dem Tode weihte; 10000 Goten bedeckten am Abende das Schlachtfeld [6]. Nach diesem Misserfolg riethen die Feldherren dem Theodosius, die Fortsetzung des Krieges auf den nächsten Frühling zu verschieben; er selbst zweifelte noch und brachte die Nacht schlaflos in einer Kapelle auf einer Anhöhe im Gebete zu [7]. Am nächsten Morgen — es war der 6. September [8] — wurde der Angriff erneuert. Als die Soldaten noch zögerten, stieg Theodosius vom Pferde, ging vor ihren Reihen her und rief: ‚Wo ist der Gott des Theodosius?‘ [9] Zwei Um-

[1] Hassebrauk (a. a. O. 21) gibt dem Theodoret den Vorzug, aber mit Unrecht, da Theodoret hier wie oft viel sagenhaftes Beiwerk hat und die Theile der Schlacht gar nicht auseinanderhält.

[2] Zosimos, Orosius und Sozomenos VII 24.

[3] Rufinus; Ambrosius, De obitu Theod. c. 4; Carmen cod. Parisini v. 111.

[4] Sokr. V 25; Philostorg. XI 2; Claudianus, III. cons. Honor. 99.

[5] Zwei Tage unterscheiden Zosimos und Theodoret, und zwar unabhängig voneinander; Orosius (nr. 19) deutet sie an.

[6] Orosius, Theodoret und Zosimos.

[7] Orosius und Theodoret; Kedrenos I 567. Rufinus verlegt recht dramatisch das Gebet des Kaisers in die Schlacht selbst und schildert, wie er, auf einer Anhöhe stehend, sich im Angesichte beider Heere betend auf die Erde warf und so die Seinigen zu neuem Muthe entflammte.

[8] Sokr. V 25; Fasti Vindobon. priores (Mommsen IX 298).

[9] Ambrosius, De obitu Theod. c. 17. Nach Joh. von Antiochien, Fragm. 187, wäre der Angriff des Theodosius an diesem Tage schon um die dritte Nachtwache

stände verschafften dieses Mal dem Kaiser den Sieg. Zunächst war es ein gewaltiger Sturm, welcher von der Seite des Theodosius her auf die Feinde herabfuhr, die von ihnen geschleuderten pila auf sie selbst zurückdrehte und die des kaiserlichen Heeres um so schwerer auffallen liess; er machte, dass die Feinde die Schilde nicht mit den Händen halten konnten und sich an ihren eigenen Waffen verwundeten. Alle, die christlichen sowohl wie die heidnischen Schriftsteller sprechen übereinstimmend von diesem Sturme; die christlichen halten ihn für ein Wunder, und Ambrosius stellt den Sieg des Theodosius den Siegen eines Moses, Josue und David an die Seite [1]. Der andere Umstand war, dass Arbitio, der mit einer feindlichen Abtheilung insgeheim die Höhen besetzt hielt, um dem Kaiser in den Rücken zu fallen, während der Schlacht verrätherische Verbindungen mit Theodosius anknüpfte und zu ihm überging, nachdem ihm und den Seinigen das Verbleiben in ihren Chargen zugesichert worden war [2]. So wurde man der Feinde Herr, deren eine Masse getödtet wurde; Eugenius wurde gefangen und die Hände auf den Rücken gebunden vor Theodosius geschleppt; diesem warf er sich demüthig zu Füssen, aber ein Soldat schlug ihm das Haupt ab, das man dann auf einer Stange umhertrug, um seinen Anhängern die letzte Hoffnung zu nehmen; diese gingen denn auch fast alle zu Theodosius über und begrüssten ihn als Augustus [3]. Arbogastes wollte keine Gnade; er floh in das Gebirge, und da er sah, dass man ihm auf der Spur war, tödtete er sich am 8. September [4]. Den Truppen des Eugenius, die sofort nach der Schlacht zu ihm übergingen, gewährte Theodosius Verzeihung, ja er liess sie an den Geschenken theilnehmen,

---

gemacht worden und wäre nur eine Ueberrumpelung der schlafenden Feinde gewesen; ähnlich auch Zosimos, beide nach Eunapios.

[1] Ambrosius, Ep. 61, 2 und 62, 4; In psalmum 36, 25. An der letztgenannten Stelle fällt der Ausdruck auf: ‚Adhuc hostis deerat'; das sieht so aus, als wenn der Sturm vor der Schlacht gewesen wäre; aber dieses wird weder von einem andern berichtet, noch stimmt es zu der vorhergehenden Darstellung des Ambrosius. Ferner sprechen über den Sturm: Augustinus, De civ. dei, nach Augenzeugen; Sokrates; Sozomenos; Theodoret; Orosius und Claudianus, III. cons. Honor. 93—98. Zosimos IV 58 und Joh. von Antiochien, beide nach Eunapios, machen aus dem Sturm eine Sonnenfinsterniss, die zur Zeit der Schlacht eingetreten wäre; eine solche war aber damals nicht; die einzige Sonnenfinsterniss im Jahre 394 war eine partielle am 16. April gegen Abend.

[2] Orosius, Sozomenos und Ambrosius, In psalm. 36, 25.

[3] Zosimos, Rufinus, Sokrates und Sozomenos.

[4] Zosimos und Sokrates.

die er an das Heer nach dem Siege vertheilte[1]. Auch die Anhänger des Eugenius, die in christlichen Kirchen Schutz suchten, erhielten auf Fürbitte des Ambrosius Verzeihung[2]; unter diesen waren auch die Söhne des Flavianus, die vollständig begnadigt wurden; doch wurde diesen der Wunsch nahegelegt, dass sie jetzt Christen werden möchten[3]; ja Theodosius bedauerte sogar in einem Schreiben an den Senat den Tod des Flavianus selbst, der ihm die Möglichkeit genommen hätte, ihn zu begnadigen[4]; der dem Vater gleichnamige Sohn des Flavianus erhielt im Jahre 399 die praefectura urbana[5]. Diejenigen, welche unter Eugenius ein Amt verwaltet hatten, galten zwar zunächst als infam und verloren damit auch die Würden und Titel, welche sie zuvor gehabt hatten; aber durch ein Gesetz des Honorius vom Mai 395 wurde die Makel von ihnen genommen, und es wurden ihnen die vor der Tyrannis erlangten Ehren wieder zugesprochen[6]; es war das die Erfüllung eines Wunsches, den Theodosius noch vor seinem Tode geäussert hatte[7].

Sofort nach seinem Siege schrieb Theodosius an Ambrosius und machte ihm von dem Geschehenen Mittheilung[8]. Aus Frömmigkeit enthielt er sich aber eine Zeitlang der Eucharistie wegen des in der Schlacht vergossenen Blutes; er empfing sie erst wieder nach der Ankunft seiner Kinder, in der er ein Zeichen der göttlichen Gnade sah[9]; es waren das Honorius, den er von Konstantinopel kommen liess und den Serena, die Frau des Stilicho und Nichte des Theodosius, begleitete[10], und vielleicht auch Placidia, die Schwester des Honorius; Arcadius blieb in Konstantinopel[11].

Es ist eine Streitfrage, ob Theodosius auch jetzt wieder wie im Jahre 389 nach Rom gekommen ist. Zosimos sagt bestimmt, er sei nach Rom gezogen und habe im Senate eine Rede für den Anschluss an das Christenthum gehalten[12]. Auch Theodoret V 23

[1] Zosimos und Claudianus VIII 16—18.

[2] Siehe unten S. 422. [3] Augustinus l. l.; Symmachus, Ep. IV 4 und 19.

[4] Ambrosius, De obitu Theod. c. 4; Inschrift bei Orelli nr. 5593: ‚Divi avi nostri venerationem esse, si eum, quem vivere nobis servarique vobis — quae verba eius apud vos fuisse plerique meministis — optavit.

[5] Symmachus, Ep. IV 4. [6] Cod. Theod. XV 14, 11—12.

[7] Ambrosius, De obitu Theod. c. 5. [8] Ambrosius, Ep. 61.

[9] Ambrosius, De obitu Theod. c. 34.

[10] Claudianus III 111—130 und XXVIII 90—95.

[11] Rufinus II 34 und Ambrosius, De obitu Theod. c. 54 und 55; das Chronicon paschale zum Jahre 394 berichtet das Gegentheil.

[12] Hist. IV 59; auch V 38 spricht er davon.

lässt ihn ein zweites Mal nach Rom kommen. Noch mehr aber spricht eine Inschrift [1] dafür, nach der er nach dem Siege über Eugenius an den Senat in Rom eine Rede hielt und dabei ehrenvoll den ältern, in der Schlacht gefallenen Flavianus erwähnte. Endlich sagt Prudentius [2], der Kaiser sei nach Besiegung zweier Tyrannen nach Rom gekommen und hier gegen den Götzendienst aufgetreten [3]. So nehmen denn auch de Rossi [4] und Schiller [5] eine zweite Anwesenheit des Kaisers in Rom an, und neuerdings hat sich auch Schultze [6] dafür ausgesprochen; die Worte der Inschrift: ‚quae verba apud vos fuisse plerique meministis', setzen, wie er meint, diesen Aufenthalt in Rom im Jahre 394 bestimmt voraus; ebenso urtheilt auch Ranke [7]. Aber, wie mir scheint, haben Tillemont [8], Pagi [9], Sievers [10] und Güldenpenning [11] recht gethan, wenn sie trotz alledem die zweite Anwesenheit des Theodosius in Rom läugneten [12].

---

[1] Bei Orelli nr. 5593; siehe oben S. 413 [4]. [2] Contra Symmachum I 410.

[3] Offenbar ist hier Zosimos benutzt; daher kommt Prudentius in dieser Frage nicht weiter in Betracht.

[4] Bullettino di arch. crist. VI, 1868, 70.

[5] Geschichte der römischen Kaiserzeit II 435.

[6] Geschichte des Untergangs I 295. [7] Weltgeschichte IV 203.

[8] Hist. V 767—768 note 57. [9] Critica 395, 6. [10] Studien 331—332.

[11] Theodosius d. Gr. 229 Anm. 41.

[12] Gegen die Anwesenheit in Rom spricht nämlich Claudian an zwei Stellen: VI. cons. Honor. 388—395, wo er sagt, bis zum Jahre 404 seien die Kaiser in 100 Jahren nur dreimal in Rom gewesen (das waren Konstantin im Jahre 312, Konstantius 357 und Theodosius 389), und v. 424—425, wonach Honorius seit seiner Knabenzeit, d. h. seit dem Jahre 389 bis zum Jahre 404, nicht nach Rom kam. Noch wichtiger ist, dass Theodosius nach Besiegung des Eugenius noch längere Zeit in der Nähe des Schlachtfeldes, besonders in Aquileja, blieb (Ambrosius, Ep. 62), dass eine Gesandtschaft des römischen Senates ihn hier um die Designirung der Consuln Olybrius und Probinus anging (Claudianus I 113 sqq.), dass Theodosius auch nach dem Siege über Maximus mehr wie ein halbes Jahr bis zu seiner Reise nach Rom verstreichen liess und daher in höherem Alter diese Reise schwerlich sehr beschleunigt hat. Dazu kommt endlich, dass alle drei obengenannten Belege, welche die Anwesenheit des Kaisers in Rom beweisen sollen, sehr wenig Beweiskraft haben; denn Zosimos, abgesehen von seiner sonstigen Unzuverlässigkeit, lässt ihn in Rom bei dieser Anwesenheit den Honorius zum Augustus machen, was ganz falsch ist (siehe 393 S. 389); die Rede, die er ihn in Rom gegen das Heidenthum halten lässt, ist, wenn sie überhaupt gehalten worden ist, ins Jahr 389 zu setzen. Theodoret aber scheint unter Rom an dieser Stelle den Occident im allgemeinen zu verstehen, wie es auch das Chronicon paschale zum Jahre 394 thut und wie es bei den Griechen öfters geschieht (so heisst umgekehrt der Kirchenschriftsteller Eusebios von Kaisareia bei Paulinus von Nola, Ep. 3 nr. 3, Eusebius Constantinopolitanus). Der Passus der Inschrift endlich (Orelli nr. 5593) kann sich

b. Arcadius.

Arcadius, der von seinem Vater Theodosius in Konstantinopel zurückgelassen worden war, blieb hier bis zum Ende des Jahres [1]. Dass er am 6. November in Tyros war, wie ein Gesetz angibt, ist nicht anzunehmen [2].

In Konstantinopel wurden in diesem Jahre die Thermen des Arcadius vollendet. In der Zeit vom September bis zum November waren in der Umgegend von Konstantinopel auf dem europäischen Festlande viele Erdbeben [3].

II. Die römischen Beamten.

a. Die Consuln.

Arcadius III. und Honorius II. Beide wurden im Machtgebiete des Eugenius nicht anerkannt; hier erscheint in mehreren christlichen Inschriften als einziger Consul der ältere Nicomachus Flavianus, der seit dem Jahre 391 praef. praet. war und vor der Schlacht am Frigidus fiel (siehe oben S. 411) [4]. Nach der Besiegung des Eugenius nahm man auch in Italien die eponymen Consuln an [5].

b. Beamte des Ostreiches.

1. Addäus comes domesticorum et magister utriusque militiae per Orientem (siehe 393).

2. Bacurius, ein Gotenführer im Heere des Theodosius, zeigte in der Schlacht am Frigidus sich heldenhaft und fand hier den Tod.

sehr wohl auf ein von Theodosius an den Senat gerichtetes und in der Curie verlesenes Schreiben beziehen; Ranke allerdings (a. a. O.) hält diese Deutung für unannehmbar. Die Emendation, welche Ludwig Jeep (praefatio zu Claudianus p. 14) zu der Stelle des Zosimos macht — er will ἐπιδημήσας in ἐπιδημήσων ändern —, halte ich für ganz verfehlt.

[1] Cod. Theod. XV 1, 31 und XVI 5, 24.

[2] Cod. Theod. V 13, 34: datum Tyro metropoli; hier ist acceptum zu setzen, wie ganz ähnlich im Gesetze Cod. Theod. VII 13, 11 vom 15. Mai 382 dieselbe Unterschrift zweifellos zu verbessern ist.

[3] Marcellinus Comes zum Jahre 394.

[4] So bei de Rossi, Inscr. christ. I nr. 419—421 p. 183—184, und in einer Inschrift, die Ugonius im Cod. Vatic. Reg. 2076 p. 521 anführt. Vgl. auch Carmen codicis Parisini v. 26 und 112.

[5] Das zeigt die Inschrift bei de Rossi nr. 422 p. 184. Eine christliche Inschrift vom 17. September (Bull. di arch. crist. 1868 p. 65) hat noch den Flavianus.

Er stammte aus Iberien am Kaukasus und war dort gotischer Heerkönig; später wurde er bei Theodosius comes domesticorum und Befehlshaber der Truppen in Palästina, wo er den Kirchenschriftsteller Rufinus von Aquileja kennen lernte. Er war Christ und nach dem übereinstimmenden Zeugnisse des Zosimos und Rufinus ausgezeichnet sowohl als Mensch wie als Soldat; Zosimos rühmt seine Rechtschaffenheit und Kriegstüchtigkeit, Rufinus seine Religiosität, Wahrheitsliebe, Treue und Körperkraft[1].

3. Gainas, Gotenführer bei Theodosius auf dem Zuge gegen Eugenius; er war Gote und Arianer[2].

4. Richomeres (siehe 391) starb in diesem Jahre zur Zeit der Kriegsvorbereitungen; Theodosius beabsichtigte, ihm in diesem Kriege die Führung der Reiterei zu übertragen[3].

5. Flavius Rufinus praef. praet. (siehe 392); Theodosius liess ihn bei seinem Abzuge als Berather des Arcadius in Konstantinopel zurück[4].

6. Saul, Führer der Alanen auf dem Zuge gegen Eugenius. Er war Heide und wird später noch in der Schlacht bei Pollentia als Heerführer erwähnt[5].

7. Stilicho, mag. militum seit dem Jahre 386 (siehe daselbst), war auf dem Zuge gegen Eugenius zweiter Anführer[6]; von besondern Verdiensten desselben in diesem Kriege wird nichts gemeldet.

8. Theodotus (siehe 393) als mag. offic. zuletzt am 27. Februar erwähnt[7]; vor dem 21. Mai 395 wurde er praef. urbi (siehe 395).

9. Flavius Timasius (siehe 391) Oberanführer auf dem Zuge gegen Eugenius[8].

10. Victorius (siehe 392) als proconsul Asiae am 15. April zuletzt erwähnt. Vor dem 3. September 395 folgte ihm Aurelianus[9].

c. Beamte des Westreiches.

1. Basilius, als praef. urbi zuerst am 5. März 395 erwähnt[10], trat die Stelle jedenfalls schon im Jahre 394 als Nachfolger des

[1] Rufinus I 10 gegen Ende und II 33; Zos. IV 57.
[2] Zos. a. a. O.; Theodoret V 32. [3] Zos. IV 55. [4] Zos. IV 57.
[5] Oros. VII 37, 2; Zos. IV 57. [6] Zos. a. a. O. [7] Cod. Theod. VII 1, 14.
[8] Zos. a. a. O. [9] Cod. Theod. XVI 5, 22 und 28. [10] Ibid. VII 24, 1.

jüngern Flavianus nach der kurzen interimistischen Verwaltung des Pasiphilus (siehe unten) an.

2. Nicomachus Flavianus der Jüngere, Sohn des Consuls und praef. praet. Flavianus (siehe oben), Schwiegersohn des Redners Symmachus, wurde unter Eugenius praef. urbi Romae[1]. Nach dessen Falle floh er in eine christliche Kirche und erhielt von Theodosius Verzeihung unter der Bedingung, dass er Christ werde; auch die Güter seines Vaters erhielt er zurück[2]; seine Stelle aber verlor er, die zunächst provisorisch Pasiphilus verwaltete; im Jahre 399 aber erscheint er wieder als praef. urbi[3]. Im Jahre 383 war er proconsul Asiae gewesen (siehe S. 148).

3. Marcianus, im Jahre 384 vicarius Italiae (siehe S. 177), war zur Zeit des Eugenius und zwar in diesem Jahre proconsul Africae[4]. Sein Nachfolger war Herodes (siehe S. 452).

4. Fabius Pasiphilus[5] wurde von Theodosius nach seinem Siege nach Rom und Unteritalien geschickt, um hier als stellvertretender praef. praet. et urbi die Verhältnisse zu ordnen[6].

III. Religionsgesetze.

1. Gesetz des Theodosius vom 15. April an den proconsul Asiae Victorius, welches sowohl die Wahl der Bischöfe als deren Bestätigung durch den Metropoliten den Häretikern verbietet[7]. Das Gesetz ist nur eine Neueinschärfung früherer Gesetze des Theodosius[8] für das proconsularische Asien, das besonders von Häretikern heimgesucht war[9].

---

[1] Symmachus, Ep. IV 4 und VII 104, beide aus dem Jahre 399.

[2] Augustinus, De civ. dei V 26; Symmachus, Ep. IV 19.

[3] Siehe Symmachus l. l. und C. I. L. VI 1783: ‚praef. urbi saepius'.

[4] Carmen codicis Parisini 8084, edirt von Mommsen im Hermes IV 350, v. 86. Da im Jahre 393 zwei andere proconsules Africae genannt werden, ist Marcianus ins Jahr 394 zu setzen.

[5] Der Vorname findet sich in den Inschriften C. I. L. X 1, 1692 und 1694; vielleicht aber ist dafür der damals gewöhnliche Vorname Flavius zu setzen, wie denn auch in der erstern Inschrift leba für laeva steht.

[6] Vgl. die Inschrift C. I. L. X 1, 1692 (Orelli nr. 6478): ‚Fabius Pasiphilus v. c. agens vicem praefectorum praet. et urbi'; vgl. ferner Cod. Theod. II 1, 8, wo das Datum jedenfalls falsch ist; man nimmt an, dass hier statt VIII. Id. zu schreiben ist: VIII. Kal.

[7] Cod. Theod. XVI 5, 22. [8] Ibid. XVI 5, 12—13. [9] Ibid. XVI 1, 3.

2. Gesetz des Arcadius vom 9. Juli an den praef. praet. Rufinus gegen die Häretiker[1]. Es werden ihnen die Verbote des Theodosius eingeschärft[2], Versammlungen zu halten und sie zu besuchen, im Glauben zu unterrichten oder sich unterrichten zu lassen und Religionsdiener zu weihen. Zuletzt wird der Nachsicht der Beamten die Schuld dafür zugeschrieben, dass die Verwegenheit der Häretiker wachse. Es scheint also, dass der Weggang des Theodosius von Konstantinopel zum Kampfe mit Eugenius für manche Beamte ein Anlass gewesen war, gegen die Häretiker grössere Nachsicht zu üben.

IV. Culturgesetze.

Gesetz des Theodosius vom 29. Juni an den praef. praet. Rufinus über die Schauspieler[3]. Das Gesetz zerfällt in drei Theile: 1. Die Bilder von Pantomimen, Wagenlenkern und Schauspielern dürfen in öffentlichen Säulenhallen und überhaupt an solchen öffentlichen Orten, wo Bilder der Kaiser sich zu befinden pflegen, nicht angebracht werden, da ein solcher Ort durch die Bilder ‚unehrbarer Personen' verunehrt würde. Sie dürfen wohl am Eingange des Cirkus und im Proscenium des Theaters aufgestellt werden. 2. Schauspielerinnen dürfen öffentlich nicht die Kleidung gottgeweihter Jungfrauen tragen. Diese bestand im Kopfschleier und in einem grauen oder schwarzen Gewande. 3. Christliche Frauen und Jünglinge dürfen sich dem Schauspielpersonal nicht zugesellen. Schauspielerinnen, die christlich wurden, waren schon seit langer Zeit vom Bühnendienste entbunden[4].

V. Concilien.

a. Donatistisches Concil zu Bagai.

Die Partei des donatistischen Bischofs Primianus von Karthago[5] versammelte sich in diesem Jahre zu Bagai in Numidien[6]. Das

[1] Cod. Theod. XVI 5, 24. [2] Ibid. XVI 5, 11—12.
[3] Ibid. XV 7, 12; Cod. Iust. XI 41, 4.
[4] Gesetz vom Jahre 381, siehe oben S. 91. [5] Siehe oben 393 S. 399—400.
[6] Dass der Ort in Numidien lag, geht daraus hervor, dass Primianus sich besonders auf die numidischen Bischöfe stützte (Augustinus, In psalm. 36, sermo 2, nr. 19 und 22). Jedenfalls ist das oft genannte Vaga südwestlich von Utika (Sallustius, Iugurtha 29, 4, und Plutarch, Marius 8), nicht Vaga bei Leptis minor an der Syrte gemeint (Böcking zur Notitia dignit. II 521—522 und Tillemont, Mém. VI 111—112).

Synodalschreiben dieser Synode wurde am 24. April erlassen[1]; es lässt sich restituiren aus den zahlreichen Bruchstücken, die uns bei Augustinus erhalten sind[2]. An dem Concile nahmen 310 meistens numidische Bischöfe theil[3]; unter ihnen war auch Primianus selbst, der über seine Gegner mit zu Gerichte sass. Maximianus aber, sein Gegenbischof, war nicht erschienen, ja nicht einmal eingeladen worden[4]; er wurde mit den zwölf Bischöfen, die ihn geweiht hatten, und mit den assistirenden Clerikern von Karthago excommunicirt[5]. Seinen Anhängern wurde eine Frist von acht Monaten, also bis zum Weihnachtsfeste, gesetzt, in der sie, ohne eine Busse tragen zu müssen, zur Kirchengemeinschaft zurückkehren konnten; die von den Schismatikern Getauften sollten aber nicht wiedergetauft werden[6].

Von den Verfolgungen, die nach Ablauf dieser Frist über die Gegenpartei kamen, rollt uns Augustinus ein Gemälde auf[7]. Die Kirche Maximians wurde von einem fanatischen Volkshaufen dem Erdboden gleichgemacht. Am 2. März 395 stellten die Priester von Mussita beim Proconsul Herodes zu Karthago den Antrag, dass die Bischöfe Felicianus von Mussita und Prätextatus von Assurita von ihren Sitzen vertrieben werden sollten; man setzte die Forderung durch, aber da die Vertreibung nicht gelang, nahm man die beiden Bischöfe mit allen Ehren in die Gemeinschaft auf[8]. An Stelle des Bischofs Salvius von Mambresa, eines ehrwürdigen Greises, wurde noch vor Weihnachten des Jahres 394 Restitutus geweiht[9]; dessen Anhänger verlangten vom Proconsul die Austreibung des Salvius; der Greis aber, der sehr beliebt war, bot den Verfolgungen Trotz und hielt sich an seiner Stelle, erlitt aber schwere Misshandlungen[10].

b. Concil zu Karthago.

Am 26. Juni dieses Jahres fand zu Karthago unter Vorsitz des Bischofs Aurelius eine Synode statt, von der wir nur dieses wissen,

---

[1] Contra Cresconium III 56, 62.

[2] Zusammengestellt nach dem Cardinal Noris deutsch bei Ribbeck, Donatus und Augustinus S. 221 ff., lateinisch bei Mansi, Conc. III 858.

[3] Contra Cresc. III 53, 59; In psalm. 36, sermo 2, nr. 22 und 23.

[4] Contra Cresc. IV 6, 7 und 7, 8—9.

[5] Ibid. III 52, 58 und 53, 59.

[6] Ibid. III 56, 62 ad 58, 64; Contra epist. Parm. III 21.

[7] Contra Cresc. III 59, 65 sqq.

[8] Ibid. III 56, 62 und IV 4.

[9] Ep. 108, 4, 13.

[10] Contra Cresc. IV 4, 5 und 49, 59.

dass Bischöfe hier ausgewählt wurden, die als Gesandte zu einem Concil nach Adrumet gehen sollten[1].

c. Concil zu Konstantinopel.

Am 29. September (?) dieses Jahres[2] fand zu Konstantinopel unter dem Vorsitze des Nektarios ein Concil statt[3]. Von den Bischöfen, welche theilnahmen, werden 19 mit Namen und Sitz angegeben; es wird aber beigefügt, dass noch viele andere Bischöfe und der ganze Clerus (von Konstantinopel) anwesend waren.

Von den Berathungsgegenständen ist uns nur einer bekannt, nämlich die Verhandlung über die beiden Bischöfe Bagadios und Agapios, welche um den bischöflichen Stuhl von Bostra in Arabien stritten. Bagadios war von nur zwei Bischöfen, die nunmehr schon todt waren, abgesetzt worden. Man fand dieses Verfahren auf der Synode in Widerspruch mit Canon 4 des allgemeinen Concils zu Nikaia, nach welchem zu einer Bischofsweihe wenigstens drei Bischöfe der Kirchenprovinz unter Zuziehung des Metropoliten nothwendig seien, und beschloss, dass künftig ein Bischof nur von der Provincialsynode und nicht schon von drei Mitbischöfen abgesetzt werden könne[4].

Man kann auch annehmen, dass dieses Concil jene Versammlung von Bischöfen ist, die Rufinus zur Einweihung der von ihm erbauten grossen Kirche der Apostel Petrus und Paulus in Kalchedon veranstaltete; Rufinus liess sich bei dieser Gelegenheit taufen[5].

---

[1] Mansi, Conc. III 853; Hefele, Conciliengesch. II 65.

[2] Dies Datum, welches man bisher unbedenklich hingenommen hat, erscheint mir sehr verdächtig; denn am 6. September dieses Jahres war die Schlacht am Frigidus, und schwerlich wird man unter den unsichern Verhältnissen vor der Schlacht ein Concil berufen haben; dass aber das Concil vor dem 6. September hätte berufen werden müssen, geht daraus hervor, dass Bischöfe aus dem fernsten Osten theilnahmen. Vielleicht ist der 29. October anzunehmen.

[3] Hergenröther (Photius I 37—38) wundert sich, dass die anwesenden Patriarchen von Antiochien und Alexandrien sich den Vorsitz des Nektarios gefallen liessen. Ich meine aber, dass das zweite allgemeine Concil zu Konstantinopel 381 in seinem dritten Canon diese Rangordnung festgesetzt hat, indem es dem Bischofe von Konstantinopel *τὰ πρεσβεῖα τῆς τιμῆς μετὰ τὸν τῆς Ῥώμης ἐπίσκοπον* zuerkannte.

[4] Mansi III 851; Hefele II 65.

[5] Palladios, Hist. Laus. c. 12, bei Migne, Patr. gr. XXXIV 1034 [c]; siehe über diese Kirche unten 395 S. 442.

d. Concil zu Nîmes.

Am 1. October dieses Jahres fand zu Nimes ein gallisches Nationalconcil statt, dessen Synodalschreiben erhalten ist[1]. Das Schreiben ist adressirt: ‚Episcopis per Gallias et septem provincias', d. h. an die Bischöfe aller 17 gallischen Provinzen[2].

Anwesend waren 21 Bischöfe; die Namen werden angegeben, nicht aber die Sitze, deren nur folgende zu bestimmen sind: Felix, Bischof von Nimes[3]; Eusebius, Bischof von Vence[4]; Modestus, der vierte Bischof von Meaux, und Melanius, Bischof von Troyes[5]. Als Aufgabe des Concils wird angegeben: Hebung der Aergernisse in den Kirchen und Herstellung der Einheit; es handelte sich also jedenfalls vor allem um die Partei der Ithacianer; doch ist von diesen in den erhaltenen Beschlüssen keine Rede. Diese Beschlüsse sind: 1. Es kommen viele aus dem Orient mit Begleitschreiben[6] von zweifelhafter Unterschrift, die sich als Priester oder Diakonen ausgeben und collectiren; die sollen zum Altardienste nicht zugelassen werden. 2. Frauen sollen zu Levitendiensten nicht verwendet werden. Das ist gegen die Priscillianisten gerichtet. 3. Anderwärts excommunicirte Cleriker und Laien sollen von keinem Bischof zur Gemeinschaft zugelassen werden[7]. 4. Kein Bischof darf über einen Cleriker einer andern Diöcese richten[8]. 5. Bettelnden Pilgern braucht nichts

---

[1] Gedruckt zum erstenmal von Ignatius Roderique zu Köln im ersten Bande seiner Correspondance des savans nach einer Handschrift aus dem 6. Jahrhundert, die früher zu Köln war und jetzt zu Darmstadt aufbewahrt wird; dann von Knust im Bulletin de la société de l'histoire de France 1839; endlich von Hefele im zweiten Bande seiner Conciliengeschichte S. 62—64, vgl. 61. Dass die Synode zu Lebzeiten des hl. Martinus war, sagt auch Sulpicius Severus, Dial. II 13, 7.

[2] Ueber diese und besonders die septem provinciae siehe die Notitia dignit. II 13—14 und die Erklärung Böckings dazu 472—473.

[3] Er wurde im Anfang des 5. Jahrhunderts von den Vandalen gekreuzigt; siehe Gallia christiana I Anhang 136—137.

[4] L. l. III 1212.

[5] Hefele II 64. Was über die andern Bischöfe von Hefele 63—64 zusammengestellt wird, ist recht problematischer Natur; so wird gesagt, Syagrius sei vielleicht der erste Bischof von Tarbes gewesen; ein Syagrius in dieser Stellung wird aber als Theilnehmer des concilium Illiberitanum vom Jahre 305 genannt (Gall. christ. I 1225). Ferner wird von Adelphius gesagt, er sei vielleicht Bischof von Limoges gewesen; ein solcher wird aber vielmehr in das Jahr 276 gesetzt (Gall. christ. II 501).

[6] Apostolia = epistolia; vgl. allgemeines Concil von Kalchedon, actio 15, can. 11, bei Hefele II 516, ferner ebd. 134.

[7] Ebenso der 7. Canon von Karthago 390.

[8] Vgl. Canon 11 von Karthago 390.

gegeben zu werden. 6. Diakonen, welche in andere Diöcesen reisen, sollen Empfehlungsschreiben (apostolia) nur von ihrem Bischof ausgestellt werden[1]. 7. Die letzte Bestimmung handelt vom Freilassen der Sklaven, ist aber schwer verständlich. Es wird darin gesagt, dass den Kirchen oft Vorwürfe gemacht werden, weil sie solche in Schutz nehmen, welche von ihren Herren bei deren Lebzeiten oder durch Testament freigelassen werden. Wie es scheint, wird nun bestimmt, dass die, welche Sklaven in Schutz nehmen, die nach dem Tode ihrer Herren gegen deren Willen ihren Dienst verlassen, excommunicirt sein sollen, und dass Sklaven, welche Katechumenen sind, nur dann in Schutz genommen werden sollen, wenn sie sich taufen lassen.

VI. Kirchenväter.

a. Ambrosius.

1. Leben.

Ambrosius kehrte um den 1. August dieses Jahres von Florenz nach Mailand zurück, von dem er sich beiläufig ein Jahr, nämlich solange Eugenius sich dort aufhielt, ferngehalten hatte[2]. Um die Begnadigung der Eugenianer, welche in einer Kirche Zuflucht gesucht hatten, von Theodosius zu erlangen, richtete er nicht nur zwei Schreiben an diesen[3], sondern kam auch selbst zu ihm nach Aquileja; er gestand zwar, dass er etwas Grosses verlange, erreichte aber seine Absicht leicht; ja der Kaiser warf sich ihm zu Füssen und bekannte, dass er den Sieg den Verdiensten und Gebeten des Bischofs verdanke. Nachdem er nach Mailand wieder zurückgekehrt war, traf am folgenden Tage auch der Kaiser in dieser Stadt ein[4].

2. Abhandlungen.

Die Schrift *De Nabuthe Iezraelita* gegen die Bedrückungen der Armen durch die Habsucht der Reichen wird von den Maurinern, den Ballerini, von Förster[5] und Kellner[6] den letzten Lebensjahren des Ambrosius, speciell dem Jahre 394 zugeschrieben. Man beruft sich dafür auf Paulinus, Vita s. Ambrosii c. 41, der sagt, Ambrosius

---

[1] So auch Canon 13 von Kalchedon 451, bei Hefele II 518, und Canon 13 von Orleans, ebd. 757.

[2] Ambrosius, Ep. 61, 2. [3] Ep. 62, 1—3.

[4] Paulinus, Vita s. Ambros. c. 31 und 32.

[5] Ambrosius, Bischof von Mailand 95. [6] A. a. O. 122.

habe gegen Ende seines Lebens viel über die besonders bei den Reichen und auch schon beim Clerus zunehmende Habsucht geklagt; zu Gunsten des Jahres 394 führt man an, dass sich keine Andeutung vom Tode des Theodosius in der Schrift findet. Aber diese Gründe sind nicht beweisend; von dem Geize der Beamten ist in derselben nicht einmal besonders die Rede [1]. Ihre Abfassungszeit ist daher nicht zu bestimmen.

Ebenso unsicher ist die Abfassungszeit der Schrift *De Tobia* gegen den Wucher [2]. Die Schrift ist aus Reden erwachsen [3]. Unter Wucher, der verboten ist, versteht Ambrosius jede Art von Zinsnehmen [4] unter Freunden, und zu den letztern rechnet er alle Gläubigen und alle Einwohner des Römerreiches; nur gegen Feinde, die man bekriegen und tödten kann, hält er das Zinsnehmen für erlaubt mit Berufung auf Deuteronomion XXIII 20 [5].

3. Briefe.

Brief 61 an Theodosius, geschrieben kurz nach dem Siege über Eugenius im September. Der Kaiser hatte dem Ambrosius sofort von dem Siege brieflich Mittheilung gemacht und die Ansicht durchblicken lassen, Ambrosius sei nicht in Mailand anwesend. Dieser antwortet ihm, er sei früher von Mailand weggegangen, nur um dem Usurpator auszuweichen, und sei sofort nach dessen Abzug um den 1. August dorthin zurückgekehrt. Deutlich wird in dem Briefe gesagt, dass Ambrosius niemals mit Eugenius zusammengekommen ist; dies wird bestätigt durch Paulin [6], der angibt, dass Ambrosius solange in Florenz blieb, bis Eugenius von Mailand gegen Theodosius aufbrach. Ambrosius war also beinahe ein Jahr von Mailand abwesend.

---

[1] Man glaubte, dieser werde 14, 61 behandelt; das trifft aber nicht zu, da hier nur das Glück der Reichen, Vornehmen und Mächtigen dem der Armen entgegengestellt wird.

[2] In Ep. 19 an Vigilius vom Jahre 385 behandelt Ambrosius (nr. 4 und 5) dasselbe Thema von Tobias und vom Wucher, ohne jener Schrift Erwähnung zu thun; daraus schliessen Förster (S. 87) und Kellner (S. 123), dass jene Schrift vor diesem Briefe, Ihm (S. 20), dass sie nach demselben verfasst ist; das letztere dürfte das Richtige sein.

[3] Vgl. 1, 1 und 23, 88.

[4] Vgl. 14, 49: ‚Quodcumque sorti accedit, usura est; quod velis ei nomen imponas, usura est.‘

[5] Vgl. 15, 51: ‚Ergo ubi ius belli, ibi etiam ius usurae; frater autem tuus omnis, fidei primum, deinde Romani iuris est populus.‘

[6] Vita s. Ambros. c. 27—28 und 31.

Am Schlusse des Briefes bittet er den Kaiser, die Anhänger der Gegenpartei zu begnadigen, besonders die, welche sich früher nicht durch Anschluss an Maximus compromittirt hätten. Der Brief wurde dem Kaiser durch einen seiner Kammerdiener überbracht [1].

Bald danach schickte Ambrosius durch seinen Diakon Felix einen zweiten Brief an den Kaiser, der verloren gegangen ist. Gleich darauf schickte er durch den ‚tribunus et notarius' Johannes, der später praef. praet. wurde, einen dritten Brief, nämlich Brief 62 [2]. In diesem handelt es sich um die Begnadigung der Eugenianer, welche in eine Kirche geflohen waren; Ambrosius bittet darum und beruft sich darauf, dass Theodosius seinen Sieg nach der Weise der Heiligen des Alten Testamentes, eines Moses und David, mit Hilfe Gottes errungen habe und dafür als Gegendienst Gott dem Herrn die Begnadigung der Feinde schulde.

b. Augustinus.

1. Augustinus schrieb in diesem oder im folgenden Jahre Brief 28 an Hieronymus [3]. Alypius hatte als Priester den Hieronymus in Bethlehem besucht und dem Augustinus über ihn Mittheilung gemacht. Dieser nahm daraus Anlass, an Hieronymus zu schreiben; er lobt seine Bibelrevision nach der LXX und seine Uebersetzung von Homilien des Origenes, tadelt aber seine Erklärung von Galater II 14, wo Hieronymus [4] den Tadel, den Paulus dem Petrus ausspricht, als eine Verstellung darstellt, als wenn Paulus das Verfahren des Petrus im Herzen gebilligt, äusserlich aber getadelt habe. Dieser Brief des Augustinus, den der Priester Profuturus dem Hieronymus überbringen sollte, kam damals nicht in dessen Hände, weil Profuturus gar nicht abreiste, und wurde ihm erst im Jahre 403 von Augustinus übersandt [5].

---

[1] Ep. 62, 2.

[2] Ep. 62, 2 und 3 und Paulinus l. l. c. 31. Sievers (Studien 329) versteht die Worte des Paulinus so, als habe vielmehr Theodosius den Johannes an Ambrosius geschickt; das ist ohne Zweifel falsch wegen des Zusatzes ‚ad tuitionem eorum'.

[3] Gedruckt auch unter den Briefen des Hieronymus als Ep. 56. Der Brief wurde geschrieben, als Alypius schon Bischof war, oder, wie es scheint, eben erst geworden war (c. 1), als aber Augustinus noch Priester war (Hieron., Ep. 104, 2). Alypius wurde aber Bischof von Tagaste im Jahre 394 oder 395; siehe unten 395 S. 465.

[4] Galatercommentar lib. I (Vall. VII 410).

[5] Ep. 40, 8 und 71, 2.

2. Um dieselbe Zeit verfasste Augustinus die Schrift *De mendacio*, um zu beweisen, dass die Lüge unter allen Umständen unerlaubt sei[1]. Die sehr unverständlich geschriebene Abhandlung gefiel dem Augustinus von Anfang an nicht, weshalb er sie vernichten wollte und nicht herausgab; da er aber, als er im Jahre 420 eine neue Schrift Contra mendacium verfasst hatte[2], in jener erstern einiges fand, was in der zweiten fehlte und richtig war, liess er sie neben der andern bestehen[3].

c. Hieronymus.

1. Uebersetzungen.

Hieronymus schrieb in diesem Jahre oder im Anfange des folgenden Jahres die Uebersetzung des Esdras und Nehemias aus dem Hebräischen[4].

2. Briefe.

Brief 52 an Nepotianus über die Lebensweise der Cleriker und Mönche, wahrscheinlich in diesem Jahre geschrieben[5]. Nepotianus, der gegen Ende des Jahres 395 starb[6], hatte früher im Palaste gedient, war dann zum Mönchsleben übergegangen und hatte die Priesterweihe empfangen; als Priester stand er seinem Oheim, dem Bischofe Heliodor von Altinum, bis zu seinem frühen Tode bei. Mit Hieronymus war er ausnehmend befreundet und liess ihm nach seinem Tode sein priesterliches Gewand als Andenken überbringen[7]. Er hatte bald nach seiner Priesterweihe den Hieronymus um eine Anleitung zum priesterlichen Leben gebeten; diese Bitte wurde ihm durch Brief 52 des Hieronymus erfüllt. Der Brief ist dem 22. Briefe an Eustochium ganz ähnlich; beide sind eine Anleitung zur Askese,

---

[1] Retract. I 27. Gedruckt bei Migne, Patr. lat. XL 487. Am Ende der Schrift (c. 43) wendet er sich gegen die, welche sagen, Paulus habe, als er dem Petrus entgegentrat, im Herzen anders geurtheilt, als er gesprochen habe. Damit ist offenbar der Galatercommentar des Hieronymus gemeint (siehe oben S. 424); die Schrift fällt also ungefähr in die Zeit, in der Augustinus den Brief 28 an Hieronymus schrieb. Dazu stimmt, dass die Schrift in den Retractationes unter den vor der Bischofsweihe verfassten an letzter Stelle steht.

[2] Bei Migne, Patr. lat. XL 517. [3] Retract. l. l.

[4] In der Vorrede stellt er die Schrift De optimo genere interpretandi, d. h. Ep. 57, in Aussicht; diese ist aber 395 geschrieben.

[5] Der Brief ist zehn Jahre nach dem Briefe 22 an Eustochium über die Jungfrauschaft entstanden (nr. 17); über diesen siehe oben 384 S. 192.

[6] Ep. 60, 16. [7] Ep. 60, 9—10 und 13.

der 22. für Jungfrauen, der 52. für Mönche. In Brief 52 theilt Hieronymus mit, dass er schon ergraut sei und an Appetitlosigkeit leide (nr. 1 und 6). Auch sagt er hier (nr. 6), dass das kaiserliche Gesetz, das die Cleriker erbunfähig machte[1], durch Fideicommisse umgangen werde.

Brief 54 an Furia[2]. Diese, welche in Rom lebte, eine Tochter der Titiana[3], Schwiegertochter des Probus, der 371 Consul war, und Schwester des verstorbenen Gatten der Bläsilla, einer Tochter der hl. Paula[4], hatte dem Hieronymus, den sie von Angesicht nicht kannte, mitgetheilt, dass sie nach dem soeben erfolgten Tode ihres Gemahls eine neue Heirat verschmähe und ein zurückgezogenes Leben führen wolle. Hieronymus belobt sie natürlich wegen dieses Entschlusses, wenn er auch voraussieht, dass man ihn deswegen in den patricischen Familien Roms wieder als Verführer verschreien werde (nr. 2). Als Muster für ihr Leben stellt er ihr die Eustochium hin, die das ganze Alte und Neue Testament im Herzen trage, die Nächte beim Scheine der Lampe durchwache, Fasten als Spiel und Gebet als Labsal ansehe (nr. 13).

Die Zeit des Briefes 55 an Amandus, Priester zu Bordeaux[5], der gewöhnlich[6] ins Jahr 394 gesetzt wird, ist unbestimmbar; nur so viel lässt sich sagen, dass er wohl vor dem Matthäuscommentar, also vor Ende des Jahres 398, geschrieben ist[7]. In diesem Briefe,

[1] Auch Ambrosius, Ep. 18, 15, spricht von diesem Gesetz.

[2] Die Zeit des Briefes ergibt sich aus nr. 18: ‚Scio me ante hoc ferme biennium edidisse libros contra Iovinianum.‘ Diese Bücher gab er Ende 392 oder Anfang 393 heraus.

[3] Seeck (Proleg. 129—130) schliesst aus Hieronymus, Ep. 54, 6, dass der Vater der Furia Decimius Hilarianus Hilarius war, der im Jahre 396 die praefectura praetorio bekleidete. Er findet aber ein Bedenken hiergegen darin, dass Hieronymus den Vater consularis nennt, da doch Hilarius nie Consul gewesen sei; er will daher bei Hieronymus an der Stelle proconsularis statt consularis lesen. Dies Bedenken kann ich beseitigen; denn in Ep. 57, 3 nennt Hieronymus auch den Hesychius einen vir consularis, obschon ein Consul dieses Namens unbekannt ist; es ist also anzunehmen, dass auch ein gewesener Proconsul bei Hieronymus consularis heisst.

[4] Vgl. nr. 1 und 2 und Ep. 123, 18.

[5] An diesen schrieb auch Paulinus von Nola in den Jahren 394—395 seine Briefe 2 und 36.

[6] So Vallarsi und Zöckler a. a. O. 223.

[7] Vallarsi schliesst daraus, dass der Brief in c. 135 der Schrift De vir. illustr. nicht erwähnt ist, dass er nach dieser geschrieben wurde. Der Beweis ist nicht stichhaltig, weil viele Briefe, auch solche, die Erklärungen biblischer Stellen sind, in diesem Kapitel übergangen sind. Vielleicht aber kann man daraus, dass

der einige biblische Stellen behandelt, bestreitet Hieronymus, dass eine Frau, deren Mann Ehebruch getrieben hat, bei dessen Lebzeiten eine neue Ehe eingehen könne (nr. 3).

Brief 59 an Marcella zur Beantwortung ihrer Fragen über einige Bibelstellen ist frühestens in diesem Jahre geschrieben [1].

d. Gregor von Nyssa

wird unter den Theilnehmern des Concils zu Konstantinopel in diesem Jahre genannt. Tillemont nimmt an, dass er auf diesem Concile die Rede *In suam ordinationem* gehalten habe [2], in der übrigens seine Weihe gar nicht behandelt wird [3]. Bardenhewer setzt diese Rede ins Jahr 381 [4]. Beide Ansichten beruhen auf der Voraussetzung, dass die Rede zu Konstantinopel gehalten ist. Aber diese Voraussetzung trifft schwerlich zu, da p. 44^{c-d} von der Anwesenheit einer Anzahl mesopotamischer Mönche die Rede ist; denn es ist nicht ersichtlich, was diese im Jahre 381 oder 394 zum Concil nach Konstantinopel geführt habe. Die Rede scheint mir daher im Greisenalter Gregors auf einer Synode in Kleinasien oder in Antiochien gehalten worden zu sein [5].

In dieselbe Zeit setzt Tillemont die *Epistula ad Flavianum* gegen Bischof Helladios von Kaisareia [6], aber ohne genügenden Grund [7].

Hieronymus bei Erklärung von Matth. VI 34 nicht auf seinen Matthäuscommentar verweist, schliessen, dass dieser damals noch nicht vorlag.

[1] Vgl. nr. 2: ‚Quantum autem dictanti subito occurrit, in secundo volumine contra Iovinianum super hoc capitulo disputantem me novi.‘ Der Brief wurde also eine Zeitlang nach der Schrift gegen Jovinian geschrieben, d. h. nach Ende 392 oder Anfang 393.

[2] Gedruckt Op. II 40.

[3] Mém. IX 733—734 note 4. Als Grund gibt er an, dass Gregor die Rede in einer Versammlung von Bischöfen und in einer Kirche hielt zu einer Zeit, als er schon ‚grau‘ war und seine Stimme zitterte (p. 40^{d} und prooem.).

[4] Patrologie 277.

[5] Gregor war im Jahre 394 höchstens 64 Jahre alt (Tillemont, Mém. IX 740 note 14; vgl. 738 note 11).

[6] Gedruckt Op. III 645. Vgl. Tillemont, Mém. IX 738 note 9.

[7] Nur so viel lässt sich sagen, dass der Brief (nach p. 645e) wenigstens ein Jahr nach dem Tode des Bischofs Petros von Sebaste, des Bruders des Basileios, geschrieben ist; wann aber starb Petros? Tillemont meint, nicht vor 392; denn die hl. Olympias, die von Kaiser Theodosius ihre Güter erst nach dessen Rückkehr vom Zuge gegen Maximus, d. h. nicht vor Ende 391, zurückerhielt, habe dem Petros Ländereien geschenkt nach Palladios, Dialogus de vita s. Chrys. (Op.

e. Paulin von Nola.

Paulin von Nola schrieb nach dem 6. September, aber noch vor dem Ende dieses Jahres, einen Panegyricus auf Kaiser Theodosius, worin er besonders dessen Sieg über Eugenius feierte[1].

Gegen Ende dieses Jahres[2] entschloss er sich während seines Aufenthaltes in Spanien, dem Weltleben und der ehelichen Gemeinschaft zu entsagen und in Mönchskleidung einsam zu leben. Sofort begann er mit dem Verkaufe seiner zahlreichen Güter, deren Erlös den Armen zufloss; auch seine Gemahlin liess ihre Güter auf andere umschreiben und schloss sich im Mönchsleben ihm an[3]. Veranlassung zu diesem Schritte gab ihm der plötzliche Tod seines Bruders, der ermordet wurde zu einer Zeit, als er in unglückliche Geschäfte verwickelt war; er war zwar von Bischof Delphinus getauft worden; aber dennoch war Paulin über sein Seelenheil voll Sorge. Dazu kam Paulin durch diesen Todesfall selbst in Gefahr, sein Leben und seine Güter zu verlieren, da der Rector der Provinz nun gegen ihn vorging. Allerdings ging diese Gefahr glücklich vorüber; aber der unglückliche Tod des Bruders und die eigene Lebensgefahr hatten ihm das Irdische ganz verleidet[4]. In solcher Stimmung schrieb er damals Brief 35 an Delphinus und 36 an dessen Priester Amandus, die ihm ihre Theilnahme ausgedrückt hatten. Auch nachdem er den Entschluss zum Mönchsleben gefasst hatte, blieb er einstweilen in Spanien. Hier empfing er in dieser Zeit den 24. und 25. Brief seines Lehrers Ausonius aus Gallien, der ihm bittere Vorwürfe darüber machte, dass er ‚traurig und dürftig Einöden bewohne und einsam die Kämme der Alpen durchirre‘, wie einst der geistesumnachtete Bellerophontes die Gemeinschaft der Menschen geflohen sei. Paulin antwortete darauf mit seinen Gedichten 10 und 11[5].

Chrys. XIII 65[d]—66[a]). Aber Palladios sagt das nicht, da seine Worte: *τί δεῖ καὶ λέγειν οἷς καὶ κτήματα ἀγρῶν καὶ χρήματα ἐδωρήσατο* sich nicht auf die an der Stelle vorher genannten Personen beziehen.

[1] Gennadius, De vir. illustr. c. 48. Ueber die Zeit der Abfassung siehe Excurs XXIII nr. 4.

[2] Siehe oben 391 S. 352 und Excurs XXIII nr. 4. Alle andern setzen das Ereigniss in die Zeit der Jahre 392—393; vgl. Tillemont, Mém. XIV 724 note 9, und Buse, Paulin von Nola I 160.

[3] Paulin, Carmen XXI 424—428; Ambrosius, Ep. 58, 1—2; Hieronymus, Ep. 58, 2.

[4] Paulin, Carmen XXI 416—425. [5] Siehe Excurs XXIII nr. 2.

VII. Bischöfe und Mönche.

1. Johannes Cassianus, der Verfasser der Conlationes, kam spätestens in diesem Jahre, frühestens im Jahre 385 zu den Mönchen nach Aegypten[1]. Er verliess Aegypten, ehe Johannes Chrysostomos von Konstantinopel verbannt wurde, also vor Ende des Jahres 403[2].

2. Der Einsiedler Johannes von Lykopolis, den Kaiser Theodosius sowohl vor dem Kriege mit Maximus als vor dem mit Eugenius hatte befragen lassen, starb gegen Ende des Jahres 394 oder im Jahre 395, wahrscheinlich am 27. März 395[3].

3. Um diese Zeit stand Theotimos, Bischof von Tomoi in Skythien, bei den Barbaren bis zum Gebiete der Hunnen hin in hohem Ansehen, so dass die Hunnen ihn den Gott der Römer nannten. Er war philosophisch wohl gebildet und schrieb Tractate in der Form von Dialogen[4].

4. Am 22. August dieses Jahres wurden die Gebeine des Apostels Thomas in die grosse ihm zu Edessa erbaute Kirche gebracht. Bischof war damals daselbst Kyros[5].

---

[1] Nach Conl. 18 cap. 7 kam er nach Aegypten, als Valens schon todt war; nach Conl. 10 cap. 2 war, als er dort weilte, Theophilos Bischof in Alexandrien; dieser wurde aber 385 Bischof. Nach Conlat. 24 cap. 26 lebte, als Cassian in Aegypten war, noch der Einsiedler Johannes von Lykopolis (siehe unten).

[2] Cassianus, Contra Nestorium VII 31. Vgl. auch Petschenig, Vorrede zur Ausgabe der Werke Cassians, im Wiener Corpus script. eccles. latin. XVII 6—8.

[3] Rufinus (Hist. monach. c. 1 Ende) erzählt, Johannes habe ihm, d. h. dem Bischofe Petronius von Bononia, in dessen Namen er schrieb (vgl. Gennadius, De vir. illustr. c. 41), gesagt: ‚Hoc tamen scire vos volo, quod hodierna die victoriae religiosi principis Theodosii Alexandriae nuntiatae sunt de Eugenio tyranno' und habe hinzugefügt, jetzt müsse auch Theodosius bald sterben. Rufin fährt dann fort: ‚Cumque profecti ab eo fuissemus, haec ita gesta esse ad fidem comperimus, ut ipse praedixerat; post dies autem paucos insecuti sunt nos quidam fratres adnuntiantes nobis, quod ipse sanctus Ioannes in pace requieverit.' Bezieht man das ‚ita gesta esse' auch auf den Tod des Theodosius, so fiele der Tod des Johannes ins Jahr 395 und wahrscheinlich auf den 27. März, an welchem Tage sein Gedächtniss gefeiert zu werden pflegte, wie die Kalendarien zeigen; bezöge der Ausdruck sich aber bloss auf die Nachricht vom Siege über Eugenius, so fiele der Tod Ende 394; so Tillemont, Mém. X 720 note 5. Man muss jedoch das ‚post dies paucos' nur nicht zu enge fassen, es können Monate damit gemeint sein.

[4] Soz. VII 25 und Hieron., De vir. illustr. c. 131.

[5] Chronicon Edessenum, in: Assemani, Bibliotheca orient. I 399; hier ist das Jahr 705 der seleukidischen Aera angegeben.

395.

1. Januar Montag; 1. Neumond 7. Januar nachmittags; Ostern 25. März.

I. Die Kaiser.

a. Theodosius.

Theodosius hatte durch die Anstrengungen in den Kriegen seine Gesundheit geschwächt. Als er während seines Aufenthaltes zu Mailand in eine Krankheit fiel, liess er schleunigst seinen Sohn Honorius von Konstantinopel zu sich kommen. Als derselbe angekommen war, erholte er sich wieder und liess zur Feier des Sieges über Eugenius Cirkusspiele halten. Diesen wohnte er vor dem Frühstück selbst bei; nachher aber fühlte er sich unwohl und liess daher seinen Sohn den Vorsitz bei den Spielen führen. In der folgenden Nacht starb er; es war der 17. Januar[1].

Das Alter des Theodosius wird ganz verschieden angegeben. Sokrates, Sozomenos[2], Theophanes und Kedrenos geben ihm 60 Jahre, das Chronicon paschale 65, Aurelius Victor 50 Jahre. Es schwankt also zwischen 50 und 60 Jahren; die kleinere Zahl wird durch die Nachricht des Ammian[3] empfohlen, der sagt, Theodosius habe im Jahre 375 den ersten Flaumbart gehabt[4].

Am 40. Tage nach dem Tode des Kaisers, d. h. am 25. Februar[5], hielt ihm Ambrosius zu Mailand die Leichenrede in Gegenwart des Honorius und des Heeres[6]. Er sucht hier den Honorius darüber zu trösten, dass es ihm wegen der Regierungspflichten nicht möglich war, die Leiche nach Konstantinopel zu begleiten[7]. Danach

[1] Sokr. V 26 und Chron. pasch. zum Jahre 394.

[2] Sokr. VI 1 und Soz. VIII 1. [3] Amm. XXIX 6, 15.

[4] Tillemont (Hist. V 726—727 note 2) gibt ihm mit Recht 50 Jahre.

[5] Nicht am 26. Februar, wie man gewöhnlich sagt, z. B. Tillemont, Mém. X 769, und Güldenpenning, Kaiser Theodosius 232.

[6] Ambrosius, De obitu Theod. nr. 3. 10. 54. [7] Ibid. nr. 54—55.

wurde die Leiche nach Konstantinopel gebracht und hier von Arcadius am 8. November feierlich beigesetzt [1]. Der Dichter Claudian lässt den Kaiser zum Sternbilde am Himmel werden [2]; auch der Beiname divus wurde ihm gegeben [3].

Nach dem Tode des Theodosius wurde sein Reich unter seine zwei Söhne getheilt. Dabei wurde Illyricum orientale, d. h. die ganze Balkanhalbinsel bis zur Donau ausser Pannonien und Dalmatien, welches bisher zum Westreiche gehört hatte, dem Ostreiche zugetheilt [4]. Die Theilung sollte aber keine endgiltige sein; vielmehr sollten die beiden Reichshälften nach der Idee des Theodosius nur Ein Reich darstellen, das von zwei Mittelpunkten aus regiert werde [5].

Das Christenthum stand um diese Zeit in hohem Ansehen. Allgemein sah man in dem Untergange des Heiden Eugenius ein Gottesgericht und einen Triumph der Orthodoxie des Theodosius. Daher wandelten auch dessen zwei Söhne in der Gesetzgebung ganz auf den strenggläubigen Wegen ihres Vaters. Die Heiden sahen ihre letzte Hoffnung vernichtet und wandten sich zahlreich der Kirche zu. Dasselbe thaten auch die Häretiker, besonders die in sich selbst gespaltenen Arianer und Eunomianer. Die Makedonianer hatten schon seit den Zeiten des Konstantius keinen eigenen Bischof mehr. Ungeschwächt blieben nur die Novatianer, die gut zusammenhielten; die Gesetze gegen die Häretiker trafen sie nicht, weil sie in der Trinitätslehre orthodox waren; dazu hatten sie damals vorzügliche Bischöfe [6].

Charakter des Theodosius und seiner Zeit.

Ueber die Persönlichkeit des Theodosius war schon oben wiederholt die Rede [7]. Zur Ergänzung diene noch folgendes, wobei besonders Claudian und Ambrosius als Vorlage dienen.

---

[1] Sokr. VI 1; Chron. Edess., bei Assemani I 399; das Chron. pasch. gibt den 9. November an.

[2] Claudianus, III. cons. Honor. 172 sqq.

[3] Inschrift bei Orelli nr. 1134.

[4] Der beste Beweis dafür ist, dass Arcadius in diesem Jahre dem Stilicho den Aufenthalt in Thessalien verbot und dass dieser gehorchte; vgl. Claudianus, In Rufin. II 161. Siehe auch Excurs I.

[5] Orosius VII 36, 1; Marcellinus Comes zum Jahre 395: ‚Arcadius et Honorius germani utrumque imperium divisis tantum sedibus tenere coeperunt.‘ Dem Marcellinus Comes folgt Jordanes, Romana (ed. Mommsen p. 41).

[6] Sokr. VI 1; Soz. VIII 1.

[7] Zu den Jahren 379 und 384 (oben S. 40 und 170), an letzterer Stelle nach Themistios.

In der Grabrede auf den Kaiser preist Ambrosius seine Frömmigkeit, die ihn in seiner letzten Krankheit zu Mailand antrieb, sich mehr nach den Verhältnissen der Kirchen als nach seinem körperlichen Zustande zu erkundigen (nr. 12 und 35); dann seine Milde, die immer um so grösser war, je mehr er vorher gezürnt hatte, und die ihn noch auf dem Sterbebette das Gesetz dictiren liess, dass die im letzten Krieg Compromittirten vollständig begnadigt werden sollten (nr. 5 und 13). Die Milde, die der Kaiser nach der Besiegung des Maximus und Eugenius gegen seine Feinde bewies, bewundert auch Claudian: ‚Er zog es vor, den niedergeworfenen Feind nicht zu verhöhnen . . .; mit den Waffen legte er auch den Hass nieder.‘ [1] Des letztern Ausdrucks bedient sich auch Pacatus [2]; selbst Zosimos [3] muss diesen Edelmuth anerkennen, und in unserer Zeit hat Gibbon, dem die Politik des Theodosius sonst keineswegs zusagt, ihn als beispiellos bezeichnet [4]. Claudian rühmt auch, ganz wie Pacatus [5], die Leutseligkeit und Herablassung, die der Kaiser besonders bei seinem Aufenthalte in Rom im Jahre 389 gegen die Bürger zeigte, indem er mit ihnen scherzte und einzelne zu Fuss in ihren Häusern aufsuchte. Ambrosius hinwiederum preist seine Demuth, die er besonders in seiner Busse nach dem Ereigniss von Thessalonich an den Tag legte und in der er Vorwürfe besser als Schmeicheleien zu ertragen verstand (nr. 28 und 34). Dass der Kaiser zum Jähzorne neigte, sagen alle einstimmig [6]. Oft wird in jener Zeit erwähnt, dass die Beamten und besonders die Richter sehr bestechlich waren [7]; man kann aber nicht sagen, dass Theodosius daran schuld war; das Römerreich war eben im Zustande der Auflösung, und der Kaiser war den zu oft wechselnden Beamten gegenüber recht machtlos. Unter Valens war es in dieser Beziehung nicht besser gewesen [8], und nach dem Tode des Theodosius war unter den allmächtigen Ministern Rufin und Eutrop geradezu alles käuflich.

Claudian nennt die Zeit des Theodosius das goldene Zeitalter [9]; in Inschriften aus jener Zeit ist die Rede von der beatitudo tem-

[1] Claudianus VIII 112—115. [2] Panegyr. in Theod. c. 45.

[3] Hist. IV 58. [4] Geschichte des Sinkens u. s. w. V 374.

[5] Claudianus XXVIII 58—64; Pacatus c. 47. Diese wie die vorher bemerkte Uebereinstimmung zeigt, dass Claudian den Pacatus benutzt hat.

[6] Ambrosius, Ep. 51, 1; Claudianus XXIX 134—138; Aurelius Victor, Epitome 48, 13.

[7] Z. B. Cod. Theod. IX 27, 6; Joh. Chrysostomos, Hom. 16 über die Bildsäulen II 164 [a]; Claudianus III 176—180.

[8] Cod. Theod. I 16, 9 und 13. [9] Claudianus III 51.

porum[1]; Symmachus spricht von bona tempora, die damaligen Gesetze von bonum saeculum[2]. Man kann in dieses Lob einstimmen; der Kaiser war von dem besten Willen beseelt und regierte nach aussen kraftvoll und im Innern so milde, als die Zeitverhältnisse es gestatteten. Der einzige, der die Zeit und den Kaiser schwarz gemalt hat, ist Zosimos oder vielmehr Eunapios; wir verstehen das: es ist der Unmuth des von Theodosius tödtlich getroffenen Heidenthums, der hier die Farbe geliefert hat; wir wissen auch, dass Zosimos eine äusserst unzuverlässige Quelle ist[3]. Ebenso begreifen wir es, dass der Eunomianer Philostorgios auf Theodosius mit getheilten Gefühlen blickte; auch er spricht einmal[4], wie Zosimos es häufig thut[5], von den Ausschweifungen des Kaisers, über die sonst in den Quellenschriften nicht geklagt wird. Nicht mit Unrecht hat die Nachwelt dem Theodosius den Beinamen des Grossen gegeben.

b. Arcadius.

Arcadius brachte das ganze Jahr, wie die Gesetze zeigen, in Konstantinopel zu. Er war geboren im Jahre 377[6] und wurde erzogen von dem Rhetor Themistios[7], gemeinsam mit den Söhnen des Generals Promotus[8] und mit ihrem Vetter, einem gewissen Nebridius[9]. Am 19. Januar 383 war er zum Augustus gemacht worden[10] und wurde von seinem Vater bei dessen Abzuge gegen Eugenius zum Verweser des Ostreiches bestellt unter Leitung des praef. praet. Rufinus. Arcadius war klein und schmächtig von Gestalt, von schlaffem Wesen, das sich in seinem trägen Sprechen und seinen zu Boden gesenkten Blicken aussprach, das gerade Gegenstück des Rufinus[11]. Seine Frömmigkeit wird gerühmt[12]. Er war unkriegerisch

[1] Orelli nr. 68, 6579 und 6478.

[2] Symmachus, Ep. II 31; Cod. Theod. X 10, 19.

[3] Siehe die Quellenübersicht S. 9. [4] Hist. eccl. XI 2.

[5] Z. B. Hist. IV 28 und 33.

[6] Er starb am 1. Mai 408 im Alter von 31 Jahren, nach Kedrenos S. 334.

[7] Siehe oben 384 S. 176. [8] Zos. V 3.

[9] Hieronymus, Ep. 79, 5. Nach Güldenpenning (Geschichte des oströmischen Reiches unter den Kaisern Arcadius und Theodosius II. S. 23 Anm. 7) war das nicht der Sohn des bei Ammian oft erwähnten Nebridius (z. B. Amm. XX 9, 5 und XXVI 7, 4), sondern der Enkel, vielleicht der Cod. Theod. V 11, 2 erwähnte vicarius Asiae.

[10] Siehe oben 383 S. 146.

[11] Philostorgios XI 3; dazu stimmt das πρᾶος καὶ ἡσύχιος des Sokr. VI 23.

[12] Soz. IX 1; Hieronymus (Ep. 123, 17) nennt ihn ‚religiosissimus'.

und nahm an keiner der vielen Schlachten seiner Zeit persönlich theil; das blieb er, wie sehr auch Synesios von Kyrene ihn in der Rede Περὶ βασιλείας, die er im Jahre 399 vor ihm hielt, immer wieder aufforderte, aus dem Palaste herauszutreten, sich unter die Soldaten zu mischen und die kriegerischen Uebungen mitzumachen; mit erstaunlicher Freimüthigkeit wirft Synesios ihm hier sein Zuhausesitzen vor, mit dem er seine Würde zu conserviren glaubte[1]. Am 27. April 395 heiratete der Kaiser auf Betreiben des Palasteunuchen Eutropius gegen den Willen des Rufinus die Eudoxia, eine Tochter des Franken Bauto, der im Jahre 385 Consul gewesen war[2].

Zusätze: 1. Die Goten.

Alarich, geboren auf der Insel Peuke am Ausfluss der Donau[3], war mit Theodosius gegen Eugenius zu Felde gezogen[4], hatte aber schon damals Neigungen zur Selbständigkeit gezeigt[5]. Er stammte aus dem Geschlechte der Balthen, das nach dem der Amaler bei den Goten das angesehenste war, und hatte schon früh wegen seiner Kühnheit den Beinamen Baltha, d. h. der Kühne, von den Seinigen erhalten[6]. Nach dem Tode des Theodosius machten ihn die Westgoten, d. h. der Theil der Goten, der im römischen Reiche angesiedelt war, zu ihrem Könige[7], und das bedeutete den Krieg und Abfall von der römischen Botmässigkeit; gleichzeitig — das Eis auf der Donau war noch nicht aufgegangen — kamen neue Gotenschwärme von der andern Seite der Donau herüber und verstärkten Alarichs Scharen[8].

Die Beweggründe dieser Gotenerhebung sind nicht recht aufgeklärt. Alarich war mit den Goten, welche in der Schlacht am Frigidus gewesen waren, soweit sie nicht in der Schlacht gefallen waren, in die Heimat zurückgekehrt; hier finden wir ihn im Anfange des Jahres 395. Gainas, der die Goten in der Schlacht anführte, scheint damals magister militum über römische Soldaten geworden zu sein[9]. Nach einer solchen Stellung strebte auch Alarich, sie wurde ihm aber vorenthalten[10]. Ausserdem berichtet Jordanes[11],

---

[1] Περὶ βασιλ. c. 9. 10. 13. 14.
[2] Chron. pasch. zum Jahre 395; siehe unten S. 441.
[3] Claudianus XXVIII 105. [4] Zos. V 5; Sokr. VII 10.
[5] Claudianus l. l. 106—107. [6] Jordanes, Getica c. 29.
[7] Ibid. [8] Claudianus, In Rufin. II 26—28. [9] Zos. V 7.
[10] Zos. V 5. [11] A. a. O.

Rufinus habe zu Anfang des Jahres den Goten die gewohnten Subsidiengelder verweigert; bei dem Uebermuthe und der Kopflosigkeit, die damals am oströmischen Hofe das Regiment führten, ist das gut möglich und um so leichter begreiflich, wenn man an den viel gerügten Geiz des Rufinus denkt; ich halte es darum nicht für angebracht, mit v. Wietersheim[1] und Birt[2] diese Nachricht in Zweifel zu ziehen. Die Goten erhoben sich also, in ihrem Nationalstolze tief gekränkt; der Tod des Theodosius und das jugendliche Alter seiner Söhne, dazu das Herüberfluthen ihrer Volksgenossen von jenseits der Donau, vielleicht auch der gleichzeitige Einfall der Hunnen in Asien machten ihnen Muth. Mit Recht sagt v. Eicken[3], der Kampf zwischen Westgoten und Römern müsse mehr, als es bisher geschehen sei, als ein Rassenkrieg von beiden Seiten aufgefasst werden; so lässt sich auch die Vorenthaltung der römischen Subsidien noch besser begreifen, es war der Ausdruck des erwachenden römischen Nationalstolzes. Die nächste Absicht Alarichs war wohl der selbständige Besitz einer römischen Provinz im Verhältniss der Bundesgenossenschaft zu Rom[4]. Die Erhebung der Goten fand im Februar oder März statt[5]. Dass Rufinus sie verrätherischerweise zur Empörung gegen die Römer aufgestachelt habe, ist eine plumpe Verleumdung Claudians[6].

Die Goten zogen zunächst auf Konstantinopel los[7]. Schrecklich waren die Verwüstungen, welche sie auf der ganzen Halbinsel, vom Schwarzen Meere bis zu den Dinarischen Alpen, anrichteten; sie trieben das Vieh auf und bezeichneten ihren Weg mit Blut und Brand[8]. Als sie vor Konstantinopel erschienen, fanden sie diese

---

[1] Geschichte der Völkerwanderung IV 182.

[2] Prolegomena zur Ausgabe Claudian p. 29.

[3] Der Kampf der Westgoten und Römer unter Alarich, Leipzig 1876, 66 u. 68.

[4] So auch Pallmann, Gesch. der Völkerw. I 201.

[5] Denn Stilicho setzte sich schon bei Beginn des Frühlings gegen sie von Mailand aus in Bewegung (Caudianus, In Rufin. II 101—104).

[6] Die Nachricht steht bei Claudianus l. l. II 24—26 und 53; diesem entnahmen sie Zos. V 5 und Marcellinus Comes zum Jahre 395. Die Aeltern, wie Tillemont (Hist. V 426) und Gibbon (Gesch. VI 59), hielten sie für wahr; sie wurde aber siegreich angefochten von Richter (De Stilichone et Rufino, Diss., 29—38); ihm folgten alle Neuern, wie Koch (Rhein. Museum XLIV 599) und Güldenpenning (Gesch. des oström. Reiches 38).

[7] Ueber diesen Zug sind wir nur durch Claudianus, In Rufin., II 54—100, unterrichtet. Eine Andeutung macht auch Sokr. VII 10.

[8] Claudianus l. l. II 36—53.

Stadt, in der sich auch Rufinus mit dem Kaiser befand, im Vertheidigungszustand; Besatzung stand auf den Mauern, und der Hafen war durch eine Kette von Schiffen gesperrt[1]. Zu einer regelrechten Belagerung kam es nicht; doch wurden die Felder vor der Stadt mit Ausnahme der des Rufinus verwüstet. Dieser begab sich wiederholt ins feindliche Lager und legte dabei, um dem nationalen Stolze der Barbaren zu schmeicheln, gotische Tracht an. Er bewog den Alarich zum Abzuge, die Bedingungen kennen wir nicht[2]; dass er den Alarich auf einen Einfall in das weströmische Illyrien hingewiesen habe, wie Richter annimmt[3], ist weder aus den folgenden Ereignissen noch aus den Quellen zu erschliessen[4]. Die Goten zogen westwärts durch Makedonien nach Thessalien; es war eben Sommer geworden[5].

Auf die Kunde von dem Zuge der Goten entschloss sich Stilicho, dem Ostreiche Hilfe zu bringen. Mit den weströmischen Truppen und den oströmischen, welche noch in Italien zurückgeblieben waren, kam er bis nach Thessalien, und zwar auf dem Landwege über die Julischen Alpen und durch Pannonien[6]. Alarich zog seine Streitkräfte zusammen und bezog ein befestigtes Lager in einer Ebene hinter seiner Wagenburg, und Stilicho lagerte nicht weit von ihm; da erhielt dieser von Konstantinopel die Weisung, die oströmischen Truppen hierhin zu entsenden und mit den weströmischen nach Italien zurückzugehen. Rufinus hatte den Arcadius zu diesem thörichten Schritte bewogen, ohne Zweifel aus Eifersucht gegen Stilicho und aus Furcht vor einem Uebergewichte des Westens[7]. Zum grossen Leidwesen seiner Truppen gehorchte Stilicho; er entliess die Oströmer unter Führung des Gainas und trat den Rückzug an[8].

Jetzt konnte Alarich leicht seinen Marsch nach Griechenland fortsetzen; es geschah, wie es scheint, im September[9]. Zwar stellten sich ihm die Thessaler an der Mündung des Peneios entgegen und verursachten ihm einen Verlust von 3000 Mann[10]; aber den

---

[1] Claudianus I. I. 55—60. [2] L. I. 70 sqq. [3] De Stilichone 50—52.

[4] Die Stellen Sokr. VII 10, Philost. XII 2 und Hieron., Ep. 60, 16, die Richter anführt, lassen den Schluss nicht zu.

[5] Claudianus, In Rufin. II 101—102.

[6] Claudianus, Stilicho II 124 und 191—195. Der Beweis v. Wietersheims IV 532—534, Stilicho habe den Seeweg gewählt, ist von den Spätern nicht anerkannt worden; vgl. Koch im Rhein. Museum XLIV 602 und Güldenpenning a. a. O. 44.

[7] Claudianus, In Rufin. II 100—195. [8] Ibid. 195—227; Zos. V 7.

[9] Koch a. a. O. 606. [10] Sokr. VII 10.

Pass der Thermopylen räumte Gerontius, der hier mit einer oströmischen Besatzung stand [1], und Antiochus, der Statthalter Griechenlands, machte ihm so wenig Schwierigkeiten, dass Zosimos ihn des Verrathes bezichtigen kann [2]. Ueberall wurden die Aecker verwüstet, Städte gingen in Flammen auf, die Männer wurden getödtet, Weiber und Kinder und ungeheure Beute fortgeschleppt. Böotien hatte so zu leiden, dass es noch Jahrzehnte hindurch verödet lag: Theben allerdings blieb verschont, weil seine Mauern einer Erstürmung zu trotzen schienen, eine Belagerung aber zu lange aufgehalten hätte [3]. Alarich eilte dann nach Athen; er nahm den Peiraius und schnitt der Stadt die Zufuhr ab. Zosimos erzählt [4], Alarich habe damals ein Gesicht gehabt, worin er die Athene Promachos und den Achilles schaute, wie er den Tod des Patroklos an den Troern rächte, und sei dadurch veranlasst worden, der Stadt einen billigen Vergleich zu bewilligen und ohne Schädigung aus Attika abzuziehen, nachdem er mit wenigen Begleitern die Stadt Athen betreten, daselbst ein Bad genommen, mit den Prytanen gespeist und Geschenke empfangen habe. So harmlos war nun allerdings sein Verweilen in und vor Athen nicht, und die angeblichen Geschenke waren jedenfalls nicht klein und freiwillig, wiewohl zugegeben werden kann, dass der Anblick der altehrwürdigen Stadt auch auf sein Barbarenherz nicht ohne Eindruck blieb [5]. Nachdem dann auch der eleusinische Tempel in Flammen aufgegangen war, zog er über den Isthmos und nahm Megaris, Korinth, Argos und endlich

---

[1] Nach Eunapios, Vita Maximi p. 52—53, hätten Mönche durch Verrath den Pass in die Hände Alarichs gebracht.

[2] Gerontius und Antiochus hatten zu wenig Truppen; Verrath ist daher nicht anzunehmen; vgl. Koch a. a. O. 604 Anm. 3 und Güldenpenning a. a. O. 50. v. Wietersheim (Gesch. der Völkerw. IV 186) denkt sogar an eine geheime, verrätherische Instruction des Rufinus.

[3] Zos. V 5. [4] Zos. V 6.

[5] Andere Nachrichten passen nämlich nicht zu der Angabe des Zosimos. Am meisten fällt da in die Wagschale eine Bemerkung, die Hieronymus im Jahre 396 niederschrieb (Ep. 60, 16): ‚Quid putas nunc animi habere Corinthios, Athenienses, Lacedaemonios, Arcadas cunctamque Graeciam, quibus imperant barbari?‘ Er rechnet also zu den unterworfenen Städten Theben nicht, wohl aber Athen und bezeichnet die gotische Herrschaft über diese Stadt als eine unheilvolle. Und Claudian (In Rufin. II 191) lässt die Mütter Athens in Fesseln abgeführt werden. Auch Eunapios (Vita Maximi p. 52) spricht von dem Untergange von ganz Hellas und von dem Aufhören der eleusinischen Mysterien infolge des Goteneinfalls. Philostorgios endlich sagt (XII 2), dass Alarich τὰς Ἀθήνας εἶχεν.

Sparta, das letztere angeblich durch Verrath der Stadtobrigkeit [1]. Die Eroberung des Peloponnes fällt wahrscheinlich schon in den Anfang des folgenden Jahres [2]. Stilicho war unterdessen nach Salonä an der dalmatischen Küste zurückgegangen, um hier die Weiterentwicklung der Dinge abzuwarten [3].

2. Die Hunnen.

Der erste Einfall der Hunnen in das römische Reich war in diesem Jahre [4]. Sie kamen aus den Steppen jenseits des Kaukasus durch die Pforte am Kaspischen Meere und ergossen sich mit ihren Reiterschwärmen durch Armenien nach Syrien, wo sie Antiochien belagerten, nach Mesopotamien im Osten und nach Kappadokien im Westen bis nach Kilikien hin. Hier überall erschienen sie ganz unerwartet und berannten wie Antiochien, so auch die blühenden Städte am Halys, Kydnos und Euphrat. Sie schonten nicht Religion, nicht Stellung noch Alter, auch nicht den Säugling; sie nahmen die Klöster in Besitz und färbten die Flüsse mit menschlichem Blute. Auch Phönikien und Palästina geriethen in die grösste Bestürzung; Tyros wünschte sich in die Zeiten vor Alexander zurück, wo die Insel noch nicht mit dem Festlande verbunden war; Jerusalem besserte eiligst seine Mauern aus; Hieronymus bestieg mit den gottgeweihten Jungfrauen ein Schiff und fuhr am Gestade auf und ab, weniger

---

[1] Zos. V 6.

[2] Koch, Claudian und die Ereignisse der Jahre 395—398, Rhein. Museum XLIV 607. Zos. V 7 lässt die Eroberung Griechenlands durch Alarich noch zu Lebzeiten Rufins geschehen; er ist aber hier ganz unzuverlässig, schweisst z. B. die zwei Feldzüge Stilichos nach Griechenland in den Jahren 395 und 396 zu einem einzigen zusammen.

[3] Güldenpenning, Gesch. des oström. Reiches 45.

[4] Sokr. VI 1 und Soz. VIII 1 sprechen davon nach der Erzählung vom Tode des Theodosius. Aber viel wichtiger zur Zeitbestimmung sind die Mittheilungen des Hieronymus. Er sagt Ep. 77, 8, dass zur Zeit ihres Einfalles das römische Heer durch die Bürgerkriege in Italien zurückgehalten wurde. Das war von Mitte 394 bis November 395 der Fall; Valesius (zu Soz. VIII 1) setzte den Einfall daher 394; aber mit Recht entschieden sich Pagi (395, 11) und Clinton für 395. Denn Hieronymus spricht von dem Einfalle noch an einer zweiten Stelle, und zwar in Ep. 60, 16; hier berichtet er, er sei ‚anno praeterito‘ geschehen. Der Brief 60 kann aber nicht vor 396 geschrieben sein; das zeigt schon die Art der Erwähnung des Todes des Rufinus, noch mehr aber der Satz nr. 16: ‚Timasius praecipitatus repente de altissimo dignitatis gradu evasisse se putat, quod Oase vivit inglorius.‘ Timasius wurde nämlich erst unter der Herrschaft des Eutropius gestürzt; vgl. Suidas s. v. Τιμάσιος.

besorgt vor den Stürmen als vor den furchtbaren Barbaren. Diese hatten sich für ihren Einfall einen geeigneten Zeitpunkt ersehen; noch stand das Heer des Ostreiches fern in Italien; Addäus aber, der magister militiae an der Ostgrenze, blieb unthätig, weil seine Streitkräfte nicht ausreichten[1].

Wie die Hunnen zurückgetrieben worden sind, ist in den Quellen nicht berichtet. Die Annahme, dass Rufinus, erbittert über den Einfluss des Eutropius und die Heirat des Arcadius mit Eudoxia, sie in das römische Reich gelockt habe, ist zurückzuweisen[2].

3. Rufinus.

Flavius Rufinus stammte aus Elusa in Aquitanien (Euse in der Gascogne)[3]. Es war eine stramme, stattliche Figur; aus seinen Augen leuchtete das Feuer seiner Seele, und in der Rede war er gewandt[4]. Sein Feind, der Dichter Claudian, rühmt seine Geschicklichkeit in der Kunst der Verstellung[5]. Auch Eunapios spricht von seinem Scharfsinn und seiner Verschlagenheit[6]. Seine rücksichtslose Geldsucht trat besonders zur Zeit seiner unumschränkten Herrschaft nach dem Tode des Theodosius an den Tag; da verkaufte er die Aemter an den Meistbietenden, liess sich bei Processen bestechen und begünstigte das Denunciantenthum, das ihm die Güter vieler Reichen in den Schoss warf[7]. Mit Ambrosius war er befreundet[8]; Libanios preist seine Gerechtigkeit und hält ihn für mehr als einen

---

[1] Hieron., Ep. 60, 16 und 77, 8; Claudianus, In Rufin. II 28—35; Josue Stylites in seiner syrischen Chronik aus dem Ende des 5. Jahrhunderts (in: Assemani, Bibl. orient. I 262): ‚Persae a Romanis non semel auxilium contra barbaros postularunt et praesertim cum Hunni orientem sub Honorio et Arcadio invasissent totamque Syriam anno Graecorum 707 proditione Rufini patricii et ignavia Addaei militiae orientalis praefecti occupassent.'

[2] Diese Behauptung findet sich bei Claudianus, In Rufin. II 25—26 und 53, und wird von Sokr. VI 1, Soz. VIII 1 und von Josue Stylites (siehe oben) wiederholt. Tillemont (Hist. V 425 und 772 note 3) und Gibbon (VI 59) hielten sie für wahr, gerade wie die andere Behauptung Claudians (siehe oben S. 435), Rufinus habe den Goteneinfall in diesem Jahre herbeigeführt; entschieden bekämpft wurde sie zuerst von Richter (De Stilichone 32—34), dem sich Koch (Rhein. Museum XLIV 598) und Birt (Vorrede zu Claudian 28) anschlossen, während v. Wietersheim (Gesch. der Völkerw. IV 184) zu Tillemonts Auffassung zurückkehrte.

[3] Claudianus, In Rufin. I 137. [4] Philost. XI 3. [5] Claudianus l. l. 97—99.

[6] Fragm. 63 bei Müller.

[7] Eunapios a. a. O.; Claudianus l. l. 187 sqq.; Zos. V 1. Auch Hieronymus (Ep. 60, 16) spricht von seinem unersättlichen Geize.

[8] Ambrosius, Ep. 52.

Menschen[1]; Symmachus lobt den Theodosius, dass er diesen Mann an sich heranzog; nach seinem Sturze nennt er allerdings den Rufinus einen ergrauten Spitzbuben und sein Vermögen, das im Jahre 396 confiscirt wurde, einen Weltraub[2].

Wann Rufinus an den Hof des Theodosius kam, steht nicht fest; Seeck[3] nimmt das Jahr 382 dafür an. Sicher war er im Jahre 390 magister officiorum und wurde im Jahre 392 praefectus praetorio, was er bis zu seinem Tode blieb[4]. Im Jahre 394 legte Theodosius bei seiner Abreise von der Hauptstadt die Leitung der Regierung und die Oberaufsicht über seinen Sohn Arcadius in seine Hände. Nach dem Tode des Theodosius schaltete er in dieser Stellung mit unumschränkter Willkür[5]. Was alles man ihm zutraute, geht daraus am besten hervor, dass man ihm nachsagte, er habe die Goten und Hunnen zu ihrem Einfalle in die römischen Provinzen aufgestachelt; welche Macht er aber am Hofe hatte, zeigt die Thatsache, dass auf sein Betreiben Arcadius dem Stilicho den Kampf in Thessalien gegen Alarich untersagte. So konnte in ihm der Plan reifen, dem Kaiser seine eigene Tochter zum Weibe zu geben und auf diese Weise dem Stilicho ebenbürtig zu werden. Diesen Gedanken sprach er zwar nur unter vertrauten Freunden aus; aber sein Rivale am Hofe, der Palasteunuche Eutropius, hatte seine Absichten durchschaut und setzte alle Hebel in Bewegung, sie zu durchkreuzen[6].

Zu Anfang des Jahres 395 sah sich Rufinus zu einer Reise nach Antiochien veranlasst. Er hatte den Lucianus, den Sohn jenes Florentius, der im Jahre 367 praef. praet. Galliarum war[7], zum comes Orientis gemacht, wofür dieser ihm seine Güter cedirte. Lucianus war ausserordentlich rechtlich gesinnt, so dass er sogar den Eucherius, den Oheim des Kaisers Theodosius und Consul des Jahres 381[8], bei einer ungerechten Forderung abwies. Eucherius beklagte sich darüber beim Kaiser, und dieser machte dem Rufinus Vorwürfe, dass er den Lucianus ihm zu einer solchen Stellung empfohlen hätte. Den Rufinus verdross das sehr, wahrscheinlich deswegen am meisten, weil er die Vermittlung des Eucherius für sein Heiratsproject benutzen wollte; so beschloss er, diesem eine eclatante Genugthuung

[1] Ep. 1028[b]. [2] Ep. III 81 und VI 14.
[3] Proleg. 139; siehe aber oben 382 S. 125[1].
[4] Siehe oben 390 S. 323 und 392 S. 369. [5] Eunapios, Fragm. 62.
[6] Zos. V 1 und 3. [7] Cod. Theod. XIII 10, 5; Amm. XXVII 7. 7.
[8] Siehe oben 381 S. 85. Zos. V 2 nennt ihn θεῖος, d. i. Oheim des Arcadius, er war aber in Wahrheit dessen Grossoheim.

zu verschaffen. Ohne jemandem etwas zu sagen, reiste er mit wenigen Begleitern nach Antiochien ab und kam in der Nacht hier an; er zog den Lucianus vor seinen Richterstuhl und liess ihn mit Bleikugeln zu Tode geisseln. Diese That versetzte die Stadt in die grösste Aufregung; um den Sturm zu beschwichtigen, liess er daselbst eine Säulenhalle neben dem kaiserlichen Palaste bauen [1].

Als Rufinus von Antiochien nach Konstantinopel zurückgekehrt war, betrieb er mit allem Eifer sein Heiratsproject. Aber Eutropius war ihm zuvorgekommen. Dieser hatte den Blick des Kaisers auf die Eudoxia gelenkt, eine schöne und kraftvolle Jungfrau, die Tochter des Franken Bauto, der im Jahre 385 Consul gewesen war. Sie wurde nach dem Tode des Vaters in Konstantinopel im Hause des Generals Promotus zusammen mit dessen Söhnen erzogen; diese Söhne des Promotus aber waren die Gespielen des Arcadius gewesen. Erzieher der Eudoxia war Pansophos, der spätere Bischof von Nikomedien; jedenfalls war sie also im Christenthume schon unterrichtet. Diese Jungfrau nun näherte Eutropius ganz hinter dem Rücken des Rufinus dem Kaiser an und trug ihr schliesslich in öffentlichem Aufzuge das Hochzeitsgewand und Diadem aus der kaiserlichen Schatzkammer zu [2]. Die Vermählung fand am 27. April 395 statt [3]. Damit war der Einfluss des Eutropius am Hofe gesichert, die Feindschaft aber zwischen ihm und Rufinus eine tödtliche.

Noch vor Ablauf des Jahres fand die Laufbahn des Rufinus ein jähes Ende. Als die oströmischen Truppen unter Führung des Gainas, welche Stilicho in Thessalien auf Befehl des Arcadius entlassen hatte, vor Konstantinopel angekommen waren, begab sich Gainas zum Kaiser, um ihm die Ankunft der Truppen zu melden mit der Bitte, sie in herkömmlicher Weise zu begrüssen. Der Kaiser ritt mit den höchsten Hofbeamten, darunter Rufinus, den Truppen entgegen vor die Stadt; diese zogen auf dem campus Hebdomi bei der Kirche Johannes des Täufers, welche Theodosius gebaut hatte [4], an ihm vorüber, umringten auf ein von Gainas gegebenes Zeichen den Rufinus, der zur Seite des Kaisers stand, zogen die Schwerter, und als einer von ihnen ihn durchbohrte, zerstückelten die andern die Leiche Glied um Glied. Seinen Kopf trug man auf einem Spiesse

---

[1] Die Erzählung findet sich bei Zos. V 2, eine Beziehung darauf auch bei Claudianus, In Rufin. I 241 sqq.; vgl. Koch im Rhein. Mus. XLIV 595—596. Ueber die Säulenhalle siehe auch Evagrios, Hist. eccl. I 18.

[2] Zos. V 3. [3] Chron. pasch. zu diesem Jahre. [4] A. a. O.

durch die Stadt, dazu die rechte Hand, wobei man, um seine Habgier zu verhöhnen, die Vorübergehenden um ein Almosen ansprach[1]. Das geschah am 27. November[2]. Keine Hand regte sich für den Allgewaltigen; auch der Kaiser that nichts, ihn zu rächen. Die That war ohne Zweifel ein Ausfluss der Wuth der Soldaten gegen Rufinus und ein Sympathiebeweis für Stilicho; dass aber Stilicho und Eutropius, wie Zosimos angibt[3], ihre Hand dabei im Spiele hatten, ist nur Vermuthung und unwahrscheinlich[4].

Rufins Leiche wurde bei der Kirche der Apostel Petrus und Paulus begraben, welche er als praefectus praetorio drei Milien von Kalchedon am Meere in einer Vorstadt erbaut hatte; die Vorstadt hiess früher ad quercum[5], wurde aber jetzt Rufinianai genannt; die Kirche erhielt den Namen ἀποστολεῖον und war von Rufinus mit Reliquien der Apostelfürsten beschenkt worden, die er von Rom erhalten hatte. Neben dieser Kirche hatte Rufinus auch ein Kloster erbaut, welches er ägyptischen Mönchen übergab; nach seinem Tode entflohen diese; in dem verlassenen und, wie es hiess, von einem Dämon bewohnten Gebäude liess sich um das Jahr 400 der heilige Einsiedler Hypatios mit zwei Begleitern für einige Jahre nieder[6].

Die Frau und die Tochter Rufins flohen nach seinem Tode in eine Kirche und erhielten von Eutropius die Erlaubniss, nach Jerusalem zu segeln, wo sie den Rest ihres Lebens zubrachten[7]. Seine Güter wurden im Jahre 396 eingezogen[8]. Eine Schwester des Rufinus war die heilige Jungfrau Silvia, welche in den Jahren 386—389 in Jerusalem lebte und diese ihre Pilgerfahrt in der erhaltenen Peregrinatio Silviae zu Konstantinopel beschrieben hat[9].

[1] Zos. V 7; Hieron., Ep. 60, 16. [2] Das Datum gibt nur Sokr. VI 1.

[3] Hist. V 8.

[4] Claudianus, In Rufin. II 324—417; Zos. V 7; Sokr. und Soz. a. a. O.; Marc. Comes zum Jahre 395; Asterios, Hom. in fest. Kalend., bei Migne, Patr. gr. XL 224.

[5] Es ist die Stelle, wo im Jahre 403 die berühmte Synode gegen Chrysostomos stattfand.

[6] Ueber diese Dinge sind wir unterrichtet durch die Vita s. Hypatii des Kallinikos, die früher schlecht von Papebroch (Acta SS. Iuni III 308—349), jetzt vorzüglich von den Mitgliedern des Bonner philologischen Seminars (Leipzig 1895) in der Bibl. Teubneriana edirt wurde; vgl. diese Ausgabe p. 65 und besonders 66 und den Index daselbst s. v. Ῥουφινιαναί und Ῥουφῖνος; vgl. ferner Soz. VIII 17 und die Vita s. Auxentii bei Migne, Patr. gr. CXIV 1405 a u. c.

[7] Zos. V 8. [8] Symmachus, Ep. VI 14; Cod. Theod. IX 42, 14.

[9] Herausgegeben von Gamurrini, Rom 1887. Siehe über die Pilgerin und ihr Werk Excurs XXI.

4. Eutropius.

Ueber Eutropius sind wir am eingehendsten durch die zwei Bücher des Claudian gegen ihn unterrichtet, von denen das erste zur Zeit seines Consulates im Jahre 399, das zweite nach seinem Sturze geschrieben ist. Geboren im fernen Osten, wurde er schon in früher Jugend castrirt und diente nacheinander vielen Herren [1]. Seine Beförderung zum Palasteunuchen am Hofe zu Konstantinopel verdankte er dem General Abundantius, dem Consul des Jahres 393, dem er später zum Verderben wurde [2]. Das Vertrauen des Theodosius besass er in dem Masse, dass dieser ihn im Jahre 394 vor seinem Zuge gegen Eugenius zu dem Einsiedler Johannes in Aegypten sandte, den er über den Ausgang des Krieges befragen sollte [3]. Noch höher stieg seine Gunst bei Arcadius, besonders nachdem er dessen Heirat mit der Eudoxia mit Erfolg betrieben hatte [4]. Als er in den Hofdienst eintrat, stand er schon in vorgerücktem Alter; er war kahlköpfig und von runzeliger Haut [5]. Erst nach dem Sturze des Rufinus wurde er zum Oberkämmerer (praepositus sacri cubiculi) befördert und damit in die erste Rangklasse der Beamten des Reiches, zum Range der inlustres, erhoben [6]. In dieser amtlichen Stellung ist er bis zu seinem Ende geblieben; nur den Titel eines patricius (und damit eines parens principis) und die Consulwürde für das Jahr 399 hat er noch erworben; praefectus praetorio aber, wie neuerdings Birt annimmt, ist er nie gewesen [7]. Die Hinterlassen-

[1] Claudianus, In Eutrop. I 42 sqq. [2] L. l. 154 sqq.; Zos. V 10.

[3] Siehe oben 394 S. 409. [4] Siehe oben S. 441.

[5] Claudianus l. l. 38 sqq.

[6] Böcking zur Notitia dignit. I 232. Dass er erst nach dem Tode des Rufinus praep. sacri cubiculi wurde, sagt, wie mir scheint, Philostorgios XI 4. Gewöhnlich nimmt man an, dass er diese Stellung schon vorher hatte; vgl. Güldenpenning, Gesch. des oström. Reiches 58.

[7] Birt (Prolegomena zu Claudian 30) sucht aus Stellen Claudians zu beweisen, dass er später praef. praet. wurde. Es ist nun allerdings zuzugeben, dass Claudian ihm zuweilen richterliche Befugnisse beilegt; so In Eutrop. I 286 mit den Worten: ‚iudex praetoria' und 234: ‚eunuchi videre forum'; die Stelle II 68: ‚Praesidium legum genitorque vocatur principis', die Birt anführt, gehört nicht hierher. Einmal, nämlich I 105, wird er auch ‚eous rector' genannt. Aber entscheidende Gründe scheinen mir zu beweisen, dass Eutropius niemals praef. praet. gewesen ist. a. Es werden in jedem Jahre von 396—399, wie Birt zugeben muss, zwei praef. praet. des Ostreiches im Cod. Theod. genannt, unter denen Eutropius sich nicht befindet; es bleibt also für ihn kein Platz übrig. b. Ganz klar beweisend ist das Gesetz im Cod. Theod. IX 40, 17, welches nach dem Sturze des Eutropius im Jahre 399 gegeben wurde; hier heisst es von ihm: ‚Eutropii, qui

schaft des Rufinus brachte er zum grössern Theile an sich [1] und stand diesem auch in Habsucht, Aemterschacher und Rücksichtslosigkeit ganz gleich [2]; den Kaiser beherrschte er sogar noch mehr wie Rufinus. Zur Zeit seiner Herrschaft hatte er einen ungeheuern Grundbesitz [3]. Dass er der Kirche nicht unbedingt ergeben war, erkennen wir daraus, dass er das kirchliche Asylrecht aufhob [4].

c. Honorius.

Honorius brachte das Jahr in Mailand zu; doch treffen wir ihn am 1. November in Brescia an [5]. Er war, als er die Regierung am 17. Januar 395 antrat, zehn Jahre und vier Monate alt (geboren am 9. September 384). Die Vormundschaft und Regierung führte Stilicho.

In der Stadt Rom hatte sich schon im Winter 394/395 Hungersnoth bemerkbar gemacht, weil Gildo, der seit dem Kriege mit Eugenius zu Theodosius in einem gespannten Verhältnisse stand, die Kornzufuhr nach Rom hinderte [6]. Im Herbste des Jahres 395 stieg die Noth derart, dass man einen Aufstand des Volkes befürchtete und der Senat zweimal ausserordentliche Beihilfen zur Befriedigung des Volkes gewährte. Erst eine Gesandtschaft des Senats an den Kaiser im Frühlinge des Jahres 396 scheint Abhilfe gebracht zu haben [7].

---

quondam praepositus sacri cubiculi fuit.' c. Philostorgios XI 4 und Sozomenos VIII 7 stellen die Würden Eutrops zusammen; jener sagt, er habe den Kaiser überredet, ihn zum Consul und patricius zu machen; Sozomenos sagt, er allein von allen Eunuchen habe es zur Würde eines Consuls und patricius gebracht. Von seiner Stellung als praef. praet. ist bei beiden keine Rede, und doch hätte sie hier nicht unerwähnt bleiben können. Die obigen Aeusserungen Claudians, die Birt veranlassten, den Eutropius zum praef. praet. zu machen, müssen also von dem Einflusse und den Eingriffen Eutrops, nicht von einer Amtsstellung desselben verstanden werden.

[1] Zos. V 8. [2] Zos. V 10; Johannes von Antiochien, Fragm. 189.

[3] Asterios, Hom. in fest. Kalend., bei Migne, Patr. gr. XL 225.

[4] Cod. Theod. IX 45, 3; vgl. Sokr. VI 5 und Soz. VIII 7. Schultze (Gesch. des Untergangs 237 Anm. 3) vermuthet, Eutropius habe das Asylrecht nur beschränkt; dem widerspricht aber der Wortlaut des Gesetzes im Cod. Theod., den Schultze nicht zu kennen scheint.

[5] Cod. Theod. VI 4, 27. Nach Cod. Theod. I 15, 14 war er am 19. December in Rom; dagegen spricht aber Claudian. (Siehe, was zum Jahre 394 über die Anwesenheit des Theodosius zu Rom in diesem Jahre gesagt ist, oben S. 413—414.)

[6] Symmachus, Ep. VI 1. [7] Seeck, Proleg. 67—68.

Zusatz: Stilicho.

Dass Stilicho nach dem Tode des Theodosius darauf ausging, seine Herrschaft im Occident zu einer unumschränkten zu machen und nach Möglichkeit auch auf den Orient auszudehnen, ist leicht zu begreifen. Ueber seinen Charakter urtheilt Zosimos an zwei verschiedenen Stellen ganz verschieden. Das eine Mal (V 1) stellt er ihn mit Eunapios dem Rufinus in schmutziger Habsucht und Rücksichtslosigkeit gleich; das andere Mal (V 34), wo er seinen Tod nach Olympiodor erzählt, rühmt er seine unvergleichliche Bescheidenheit und Uneigennützigkeit, in der er seinem einzigen Sohne nur die Stellung eines tribunus notariorum verschafft habe. Mit Recht legt Richter[1] auf dieses Zeugniss des Olympiodor, der nach dem Tode Stilichos schrieb und im Westreiche eine hervorragende Stellung bekleidete, grosses Gewicht. Dagegen sind Claudians Lobsprüche für Stilicho sehr mit Vorsicht aufzunehmen, da dieser seine Muse ganz in den Dienst der Politik Stilichos stellte und die Verunglimpfung seiner Gegner Rufin und Eutrop sich zum besondern Ziele machte. Symmachus[2] rühmt seine Fürsorge für verschuldete Adelige. Ueber seine Stellung zum Christenthume siehe Excurs XXV (nr. 5).

Theodosius machte den Stilicho kurz vor seinem Tode zum magister utriusque militiae für das Westreich[3] und erhob ihn damit zu einer Stellung, die ihn an Rang den praefecti praetorio gleichmachte[4]. Gleichzeitig machte ihn Theodosius zum Vormunde des Honorius[5]. Die Frage ist nun, ob er ihn zugleich zum Vormunde des Arcadius einsetzte und damit auch das Ostreich unter seine Leitung stellte. Mit der grössten Bestimmtheit behauptet dies Claudian[6]; er erzählt, der Kaiser habe alle andern von seinem Sterbebette abtreten lassen, den Stilicho aber zurückbehalten und ihm die Sorge für seine zwei Söhne anvertraut. Auch Zosimos sagt[7], dass Stilicho solches behauptete und damit seine Ansprüche auf das Ostreich begründete. Ganz wie Claudian berichtet auch Olympiodor[8], während Orosius[9] und Eunapios[10] im Gegentheil sagen, Stilicho sei zum Vormund des Honorius, Rufinus zu dem des Arcadius bestellt worden. Sehr wichtig

---

[1] De Stilichone et Rufino 18—19. [2] Ep. IV 6.

[3] Zos. IV 59; Orelli nr. 1333—1334. [4] Böcking, zur Not. dignit. II 211.

[5] Zos. IV 59.

[6] Oefters, z. B. In Rufin. II 5—6 und III. cons. Honorii 142 sqq. und 151 sqq.; jetzt auch In Rufin. praef. 17 nach den Florentiner Excerpten in Birts Ausgabe.

[7] Hist. V 4. [8] Bei Müller, Fragm. hist. graec. IV 58.

[9] Hist. VII 37, 1. [10] Fragm. 63 bei Müller.

ist in dieser Streitfrage eine Aeusserung des Ambrosius in der Leichenrede auf Theodosius, wo gesagt ist, Theodosius habe über seine Söhne bei seinem Sterben nichts Neues bestimmt, ausser dass er sie dem anwesenden Stilicho empfahl[1]. Man hat in neuerer Zeit die ganze Scene mit Stilicho am Sterbebette des Kaisers zu einer blossen Erfindung des letztern stempeln wollen[2]; Richter lässt sogar den Stilicho dem Ambrosius den geheimen Wink geben, in seiner Leichenrede die Sache in Gegenwart des Honorius zu erwähnen, um ihr so Glauben zu verschaffen; Birt meint, Ambrosius habe mit seiner Bemerkung nur sagen wollen, der sterbende Kaiser habe dem Stilicho aufgetragen, nichts Feindseliges gegen das Ostreich zu unternehmen. Ich kann nicht verschweigen, dass ich mich über solche Versuche wundere; da waren doch die Frühern[3] klüger, indem sie die Quellennachrichten ohne Kritik hinnahmen. Dass der sterbende Kaiser dem Stilicho seine beiden Söhne ans Herz legte, werden wir dem Ambrosius glauben müssen; denn er war der beste Interpret der Intentionen des Theodosius, und Stilicho und seine Gemahlin Serena, die Nichte und Adoptivtochter des Kaisers, standen diesem nach seinen eigenen unmündigen Kindern am nächsten; Stilicho war auch seiner Stellung nach der geeignetste Mann, an den der um das Schicksal seiner jungen Söhne besorgte Vater sich wenden konnte. Es fragte sich aber, wie die Worte des Kaisers nach seinem Tode gedeutet würden, ob im Sinne einer wirklichen Gewalt über das Ostreich oder in dem Sinne, dass Stilicho hier nur freundschaftlicher Berather und Helfer sein solle; man muss sich dabei auch das oben Gesagte[4] vergegenwärtigen, dass nach der Absicht des Theodosius die beiden Reichshälften nach seinem Tode nicht getrennt für sich stehen, sondern Theile eines lebendigen Ganzen sein sollten. Claudian legt Werth darauf, der erstern Auffassung von einer wirklichen Gewalt über das Ostreich Geltung zu verschaffen; man sieht klar diese Absicht, wenn er den Theodosius zu Stilicho sagen lässt: ‚Du trete an meine Stelle, du allein nimm dich unserer Kinder an, beschütze mit deiner Rechten die beiden Brüder.‘[5] Wir können an-

[1] De obitu Theod. nr. 5: ‚De filiis enim nihil habebat novum, quod conderet . . . nisi ut eos praesenti commendaret parenti.‘

[2] So zuerst und am entschiedensten Richter, De Stilichone 24—25; dann Koch, Stilicho und die Ereignisse der Jahre 395—398, im Rhein. Mus. XLIV 591; zuletzt Birt, Prolegomena zu Claudian 28.

[3] Wie Tillemont, Hist. V 389, und Gibbon, Gesch. des Sinkens VI 63—64.

[4] Siehe oben S. 431. [5] Claudianus, III. cons. Honorii 152—153.

nehmen, dass Claudian damit nach den Wünschen Stilichos that; auch was Zosimos berichtet[1], Stilicho habe nach Konstantinopel reisen und dort auf Arcadius einwirken wollen, wird der Wahrheit entsprechen; die Ausführung scheiterte allerdings an dem Widerstande des Rufinus, mit dem er in stillem Kriege lag[2] und der von einer Oberaufsicht Stilichos nichts wissen wollte[3].

Schon bald nach dem Tode des Theodosius unternahm Stilicho eine Reise an den Rhein, um die Huldigung der Germanenstämme, besonders der Franken, für Honorius entgegenzunehmen. Wir sind hierüber nur durch Claudian unterrichtet[4]. Ohne Heer reiste er den Rhein entlang bis zu den Batavern und liess sich von den Fürsten huldigen. Damals scheinen die Franken ihm ihren König Markomeres ausgeliefert zu haben, der nach Tuscien in die Verbannung geschickt wurde; als der andere König Sunno diesen an den Römern rächen wollte und einen Aufstand erregte, fiel er durch den Dolch eines seiner Volksgenossen. Zu Beginn des Frühlings war Stilicho wieder in Italien[5]. Um diese Zeit, wahrscheinlich nach der Leichenfeier für Theodosius am 25. Februar, kehrte auch ein Theil des Ostheeres, allerdings der schwächere, unter Führung des Timasius, wie es scheint, aus Italien nach Konstantinopel zurück[6]. Ueber den nun folgenden Zug Stilichos gegen Alarich nach Thessalien siehe oben S. 436.

II. Die römischen Beamten.

a. Die Consuln.

Anicius Hermogenianus Olybrius und Anicius Probinus[7]. Ihr Consulat verherrlichte Claudian durch sein erstes lateinisches

---

[1] Hist. V 4. [2] Eunapios, Fragm. 62.

[3] So im wesentlichen auch v. Wietersheim, Gesch. der Völkerw. IV 181, und Güldenpenning, Gesch. des oström. Reiches 31—32.

[4] Bei der Leichenfeier für Theodosius am 25. Februar war Stilicho zu Mailand nicht anwesend, wie seine Nichterwähnung in der Rede des Ambrosius zeigt. Andererseits war er bei Beginn des Frühlings vom Rheine wieder zurückgekehrt; vgl. Claudianus, In Rufin. II 101—105.

[5] Claudianus, De cons. Stil. I 236—245; IV. cons. Hon. 433 sqq.; vgl. Koch im Rhein. Mus. XLIV 592 und 593 und Birt a. a. O. 29.

[6] Zos. V 4; vgl. Richter, De Stilichone 27.

[7] Die Vornamen siehe C. I. L. VI 1752—1753 und bei de Rossi. Inscr. christ. I nr. 427 p. 187.

Gedicht, nachdem er früher in griechischer Sprache gedichtet hatte[1]; sein Panegyricus In Olybrium et Probinum wurde nach der Designation der beiden Consuln verfasst und ihnen zweifellos am 1. Januar vorgetragen[2].

Bald nach dem Siege über Eugenius erschien vor Theodosius, der damals noch in der Nähe des Schlachtfeldes verweilte, eine Deputation des römischen Senates mit der Bitte, er möge die beiden Brüder für das nächste Jahr zu Consuln machen; die Bitte wurde gewährt[3]. Beide Consuln gehörten der gens Anicia an[4], die sehr angesehen und ganz christlich war[5]. Olybrius, der ältere der beiden, war damals noch puer[6]; Probinus war nicht viel jünger[7]. Ihr Vater Probus war im Jahre 387 als praef. praet. mit Kaiser Valentinian II. nach Thessalonich geflohen[8]; um das Jahr 390 lebte er hochberühmt zu Rom; damals kamen zwei vornehme Perser, wie nach Mailand zu Ambrosius, so auch nach Rom, um den Probus zu sehen[9]. Probus starb vor dem Jahre 395, nachdem er vorher die Taufe empfangen hatte[10]. Seine Gemahlin Proba war eine sehr fromme Christin[11], an welche Augustinus seine Briefe 130, 131 und 150 schrieb. Sie lebte noch über das Jahr 410 hinaus, als ihr Sohn Olybrius schon todt war[12].

Zu verwundern ist, dass man zu Genusia in Calabrien am 26. März dieses Jahres die Consuln noch nicht kannte[13].

---

[1] Claudianus, Epistula III ad Probinum 13: ‚Romanos bibimus primum te consule fontes et Latiae cessit Graia Thalia togae.'

[2] Gegen Ende des Jahres 395 schrieb Claudian den Panegyricus de tertio consulatu Honorii, der diesem am 1. Januar 396 vorgetragen wurde. Die beiden Bücher In Rufinum sind wahrscheinlich nach dessen Tode im Jahre 395 noch begonnen, 396 vollendet, aber erst 397 mit der Vorrede zum zweiten Buch, die eine Dedication an Stilicho ist, versehen worden (Koch im Rhein. Mus. XLIV 582—583).

[3] Claudianus, In Olybr. 113—168.

[4] Das zeigen die Inschriften bei de Rossi, Inscr. christ. I nr. 423—424 und 426 p. 185—186.

[5] De Rossi l. l. zu nr. 423; vgl. Prudentius, Contra Symmachum I 548 sqq.

[6] Hieron., Ep. 130, 3: ‚consul quidem in pueritia.'

[7] Claudianus, In Olybr. 142: ‚Sunt mihi pubentes alto de semine fratres.'

[8] Siehe oben 387 S. 266.

[9] Paulinus, Vita s. Ambros. c. 25.

[10] Claudianus, In Olybr. 31; C. I. L. VI 1756 v. 4.

[11] Hieronymus, Ep. 130, 7: ‚Proba illa, cuius sanctitas et in universos effusa bonitas etiam apud barbaros venerabilis fuit.'

[12] Hieron. l. l.

[13] Mommsen, Inscr. regni Neapol. 591.

b. Beamte des Ostreiches.

1. Addäus mag. militiae an der Ostgrenze des Reiches, jedenfalls seit dem Jahre 393 (siehe daselbst), benahm sich schwach beim Einfall der Hunnen. Am 3. October war er noch im Amte [1].

2. Antiochus Statthalter von Griechenland gegen Ende des Jahres [2].

3. Aurelianus, nicht zu verwechseln mit dem praef. urbi 393, vielleicht dessen Sohn [3], folgte dem Victorius [4] als proconsul Asiae zwischen dem 15. April 394 und 3. September 395 [5]. Ihm selbst folgte Aeternalis vor dem 21. März 396 [6].

4. Flavius Cäsarius [7], der im Jahre 387 mag. offic. war und damals im Aufstande von Antiochien vermittelte, folgte dem Rufinus als praef. praet. zwischen dem 27. und 30. November 395 [8] und blieb im Amte bis zum Jahre 401. Im Jahre 397 war er Consul.

5. Claudianus als comes Orientis am 24. April erwähnt [9]; er war Nachfolger des Lucianus (siehe unten).

6. Eutropius praepositus sacri cubiculi [10].

7. Heraclianus als comes Aegypti am 30. September erwähnt [11]. Er kann der Nachfolger jenes Romanus sein, der im Jahre 391 in derselben Stellung war. Gothofredus [12] hält ihn für identisch mit Herculianus, an den Synesios von Kyrene die Briefe 136—146 schrieb.

8. Hosius als comes sacr. larg. am 28. November erwähnt [13]; schon am 18. Januar 396 war ihm Martinianus in dieser Stellung gefolgt, und er selbst war mag. offic. geworden [14]. Wenn er schon in einem Gesetze vom 27. Mai 395 [15] mag. offic. genannt wird, so ist hier zu emendiren und zwar am besten mit Gothofredus VI. Kal. Iun. in VI. Kal. Ian. [16]; daraus ergäbe sich dann, dass er schon am

---

[1] Cod. Theod. VI 24, 6; vgl. oben S. 439. [2] Siehe oben S. 437.

[3] So Gothofredus zu Cod. Theod. XVI 5, 28.

[4] Siehe oben 392 S. 371 und 394 S. 416.

[5] Cod. Theod. XVI 5, 22 und 28. [6] Ibid. XI 39, 12.

[7] Den Vornamen siehe in den Inschriften bei de Rossi, Inscr. christ. I nr. 451 und 455 p. 197—198.

[8] Philost. XI 5; Cod. Theod. X 6, 1. [9] Cod. Theod. XVI 8, 11.

[10] Siehe oben S. 443. [11] Ibid. XI 24, 3.

[12] Prosopographie und zu Cod. Theod. XI 24, 3.

[13] Cod. Theod. VI 30, 13. [14] Ibid. VI 30, 14 u. 26, 6. [15] Ibid. VI 27, 7.

[16] Vgl. Tillemont, Hist. V 772 note 5. Jeep (Ausg. Claudians II 238 s. v. Hosius) nimmt an, er sei schon am 27. Mai 395 mag. offic. gewesen und der am

27. December 395 mag. offic. und Martinianus schon damals comes sacr. larg. war.

9. Lucianus, Sohn des praef. praet. Gall. Florentius, war zu Anfang des Jahres comes Orientis und wurde von Rufinus zu Antiochien zu Tode gepeitscht[1]. Im Amte folgte ihm vor dem 24. April Claudianus (siehe oben).

10. Marcellus als mag. offic. am 1. Juni und 24. November erwähnt[2]. Nachfolger des Theodotus (siehe unten), der vor dem 21. Mai 395 praef. urbi wurde[3]. Es ist der Marcellus, dem man den Beinamen Empiricus gibt; er schrieb nämlich unter Theodosius II. an seine Söhne ein Arzneibuch (De medicamentis). Der Verfasser dieser Schrift nennt sich in der Vorrede: Marcellus vir inlustris ex magistro officiorum Theodosii senioris; hieraus ergibt sich, dass er seine Stelle als mag. offic. schon unter Kaiser Theodosius, also noch im Jahre 394, antrat. Seine Schrift zeigt auch, dass er Christ war; er stammte wie Ausonius aus Bordeaux[4]. Sein Nachfolger im Amte vor dem 18. Januar 396, wahrscheinlich schon vor dem 27. December 395, war Hosius (siehe oben).

11. Flavius Rufinus, praef. praet. seit dem Jahre 392, wurde am 27. November dieses Jahres getödtet[5].

12. Theodotus, seit dem Jahre 393 mag. offic., wird als praef. urbi erwähnt am 21. Mai[6], erhielt diese Stellung aber wahrscheinlich schon im Jahre 394, da Marcellus, sein Nachfolger als mag. offic., schon um diese Zeit sein Amt antrat (siehe oben). Vorgänger des Theodotus als praef. urbi war wohl Aurelianus[7]; sein Nachfolger war wahrscheinlich Claudius Rutilius Namatianus, der Dichter, der am 16. Februar 396 als praef. urbi erwähnt wird[8].

---

28. November als comes sacr. larg. erwähnte Hosius sei ein anderer; das ist an sich unwahrscheinlich und wird dadurch ganz unmöglich, dass Marcellus am 1. Juni und 24. November mag. offic. war. Sievers (Studien 357) lässt den Hosius am 27. Mai mag. offic., am 28. November comes sacr. larg. und wieder zu Anfang 396 mag. offic. sein; auch das ist unglaublich. Die oben vorgeschlagene Correctur dürfte die Schwierigkeit auf die einfachste Weise beseitigen; sie wird auch dadurch empfohlen, dass Hosius ein intimer Freund und Schützling des Eutropius war (Claudianus, In Eutrop. II 346 und 446), dessen Herrschaft am 27. November 395 begann.

[1] Siehe oben S. 440—441. [2] Cod. Theod. VI 29, 8 und XVI 5, 29. [3] Ibid. VI 28, 5. [4] Siehe die Vorrede. [5] Siehe oben S. 439 ff. [6] Cod. Theod. VI 28, 5, Iust. XII 21, 2. [7] Siehe oben 392 S. 370. [8] Cod. Theod. VI 26, 8.

c. Beamte des Westreiches.

1. Andromachus folgte als praef. urbi dem Basilius (siehe unten) zwischen dem 5. März und 21. April [1] und wird als solcher noch erwähnt bis zum 6. Juli [2]; vor dem 14. September folgte ihm Florentinus (siehe unten). Symmachus lobt und empfiehlt ihn in Brief II 79. Im Jahre 401 war er praef. praet. Gall. [3]

2. Basilius (siehe 394) als praef. urbi am 5. März erwähnt [4]; vor dem 21. April folgte ihm Andromachus.

3. Dexter (siehe 387) als praef. praet. Italiae erwähnt vom 18. März bis 1. November [5]. Vor dem 19. December folgte ihm Eusebius (siehe unten). Diesem Dexter widmete Hieronymus im Jahre 392 seine Schrift De viris illustribus.

4. Ennodius oder Ennoius folgte als proconsul Africae dem Herodes zwischen dem 2. März und 16. Mai [6]; erwähnt wird er noch am 26. December [7]; vor dem 22. December 396 folgte ihm Theodorus [8].

5. Eulogius als comes rer. priv. erwähnt am 26. April und 15. December [9]; doch ist das erstere Datum verdächtig [10]. Im Jahre 398 erscheint er wieder in derselben Stellung [11].

6. Eusebius als comes sacr. larg. erwähnt am 21. Juni [12]. Am 6. August war ihm in dieser Stellung Hadrianus (siehe unten) gefolgt. Am 19. December erscheint Eusebius als praef. praet. Italiae [13]

---

[1] Ibid. VII 24, 1 und XV 14, 9. [2] Ibid. II 12, 6; VII 12, 3; VIII 8, 7.

[3] Ibid. XI 28, 3 und dazu Gothofredus. [4] Cod. Theod. VII 24, 1.

[5] Ibid. VIII 5, 53 und VI 4, 27. Dass er über Italien gesetzt war, zeigt das Gesetz Cod. Theod. XI 28, 2.

[6] Ibid. XI 30, 53 und XII 1, 141—145. [7] Ibid. XI 1, 24 und öfters.

[8] Augustinus, Contra Cresconium III 62.

[9] Cod. Theod. XV 14, 10 und X 9, 2.

[10] Denn Messianus wird am 15. Juni in derselben Stellung erwähnt (Cod. Theod. XI 16, 20, Iust. X 48, 15). Eine Emendation scheint daher in dem Gesetze Cod. Theod. XV 14, 10 nothwendig, da Eulogius doch wohl nicht vor und nach Messianus in diesem Amte gewesen sein kann; da aber das Datum des Gesetzes durch das vorhergehende und nachfolgende Gesetz gesichert ist, möchte ich vorschlagen, das ‚Eulogio' in ‚Messiano' zu ändern.

[11] Cod. Theod. X 5, 1. [12] Ibid. XV 1, 32; Cod. Iust. VIII 11, 11.

[13] Cod. Theod. I 15, 14. Dass er über Italien gesetzt war, zeigt das Gesetz Cod. Theod. XIV 3, 19; als praef. praet. erwähnt ihn auch Paulinus, Vita s. Ambrosii c. 34.

29*

als Nachfolger des Dexter und blieb jedenfalls bis Ende des Jahres 396 im Amte [1]. Dass er schon am 17. Juni 395 praef. praet. Italiae gewesen sei, wie im Gesetze Cod. Theod. XV 14, 12 steht und Seeck annimmt [2], kann ich nicht glauben [3].

7. Rufius Postumius Felix [4] folgte zwischen dem 6. Juli und 14. September als quaestor sacri palatii dem Florentinus (siehe unten) und blieb es bis zum Jahre 397, wo er praef. praet. Gall. wurde [5].

8. Florentinus war zu Anfang des Jahres am Hofe des Honorius quaestor sacri palatii [6]. Nach dem 6. Juli und vor dem 14. September folgte er dem Andromachus als praef. urbi Romae [7]; in diesem Amte blieb er bis zum Jahre 397 und verwaltete es mit grosser Weisheit [8].

9. Hadrianus folgte dem Eusebius als comes sacr. larg. zwischen dem 21. Juni und 6. August [9].

10. Herodes als proconsul Africae am 2. März erwähnt [10]. Vor dem 16. Mai folgte ihm Ennodius [11].

11. Hierius als vicarius Africae am 23. März erwähnt [12]. Ist es der römische Redner, dem Augustinus seine erste Schrift, nämlich De pulchro et apto, widmete? [13]

12. Messianus als comes rer. priv. am 15. Juni erwähnt [14]. Er hatte diese Stellung schon im Jahre 389 [15], und es steht der Annahme nichts im Wege, dass er von da an bis zum Jahre 395 beständig, abgesehen von der Regierungszeit des Eugenius, im Amte blieb. Vor dem 15. December folgte ihm Eulogius [16].

---

[1] Cod. Theod. XIII 5, 26. [2] Proleg. 206 Anm. 1037.

[3] Denn 1. muss auch Seeck emendiren und zwar im Gesetze Cod. Theod. XV 1, 32 und Iust. VIII 11, 11, wo er Iun. statt Iul. vorschlägt; 2. wären nach seiner Annahme von Mitte bis Ende 395 zwei praef. praet. Italiae zugleich gewesen. Ich schlage daher vor, im Gesetze Cod. Theod. XV 14, 12 zu emendiren, und zwar entweder Iul. in Ian. oder Eusebio in Dextro.

[4] Die Vornamen siehe C. I. L. VI p. 860, 99.

[5] Symmachus, Ep. V 54; Seeck, Proleg. 154. [6] Symmachus, Ep. IV 50.

[7] Cod. Theod. VIII 8, 7 und VI 2, 11.

[8] Seeck, Proleg. 142—143, und Tomassetti, Note sui prefetti 514.

[9] Cod. Theod. XV 1, 32 und V 13, 35.

[10] Augustinus, Contra Cresc. III 56, 62.

[11] Cod. Theod. XI 30, 53 und XII 1, 141—145. [12] Ibid. XVI 2, 29.

[13] Conf. IV 14. [14] Cod. Theod. XI 16, 20, Iust. X 48, 15.

[15] Siehe über ihn oben 385 S. 208 und 389 S. 305.

[16] Cod. Theod. X 9, 2.

13. Fabius (Flavius?) Pasiphilus[1] erscheint am 25. December als Leiter einer Provinz[2]; wahrscheinlich war er consularis Campaniae, wo er schon im Jahre 394 thätig war[3].

14. Petronius als vicarius Hispaniarum am 27. Juli erwähnt[4]. Er war es noch am 18. December 397[5], war aber im März 398 Privatmann[6].

15. Stilicho magister utriusque militiae[7].

16. Flavius Manlius Theodorus[8] wird am 20. Januar und 28. September als praef. praet. erwähnt[9]. Er kann es nur in Gallien gewesen sein, da er nach Claudian[10] in Gallien Präfect gewesen ist, ehe er es im Jahre 397 in Italien wurde; es ist aber zweifelhaft, ob er im Jahre 395 oder viel früher die Präfectur Galliens gehabt hat[11]. Theodorus war Christ; Augustinus widmete ihm im Jahre 386 die Schrift De beata vita.

17. Flavius Vincentius[12], der nachweislich in den Jahren 397 bis 400 praef. praet. Gall. war, kann diese Stellung schon am

---

[1] Siehe oben 394 S. 417. [2] Cod. Theod. II 1, 8; Iust. VIII 4, 8.
[3] C. I. L. X 1, 1692. [4] Cod. Theod. IV 21. 1. [5] Ibid. IV 22, 5.
[6] Symmachus, Ep. VII 114; vgl. Seeck, Proleg. 189. [7] Siehe oben S. 445.
[8] Siehe oben 380 S. 66 und 381 S. 88. Die Vornamen siehe C. I. L. VI 1, 1715.
[9] Cod. Theod. XII 1, 140 und 148. [10] De cons. Theodori 50.
[11] Während Tillemont (Hist. V 796 note 9) dafür eintritt, dass Theodorus im Jahre 395 praef. praet. Gall. war, setzt Seeck (Proleg. 150—151) diese Präfectur in die Jahre 381—382. Eine Entscheidung ist hier sehr schwer; doch scheint mir Seeck seiner Sache allzu sicher zu sein. Es ist wahr, dass Claudian (De cons. Theod. v. 10 und 11 und besonders 174 sqq.) sagt, Theodorus habe lange Zeit auf dem Lande verweilt, als er 397 praef. praet. wurde; dagegen sagt Claudian (v. 10—11) nicht, wie Seeck annimmt, dass Theodorus seine philosophischen Studien, von denen Augustinus im Jahr 386 (De beata vita 1, 4) spricht, erst nach seiner ersten Aemterlaufbahn begonnen habe. Und Seeck übersieht ganz den Brief des Symmachus IX 25 an Vincentius, worin doch wohl dieses gesagt ist, dass Theodorus der Vorgänger des Vincentius als praef. praet. war; Vincentius aber trat diese Stellung 395 an; dazu passt dann ganz gut, dass Theodorus am 20. Januar 395 als praef. praet. im Cod. Theod. erwähnt wird. Und wenn das Gesetz vom 28. September 395 an Theodorus gleichlautend ist mit dem vom 20. Januar 395 an denselben, so folgt daraus noch nicht, dass in beiden die Daten falsch sind, sondern doch nur dieses, dass das eine Datum falsch ist. Die Annahme Seecks ist also nicht frei von argen Bedenken. Tillemont meint, Claudian habe sich geirrt, als er die Musse des Theodorus zwischen seine zwei Präfecturen setzte, er hätte sie vor dieselben verlegen müssen; auch das ist schwerlich anzunehmen.
[12] Den Vornamen siehe bei de Rossi, Inscr. christ. I nr. 494—495.

5. Juli 395 bekleidet haben[1]. Er war Christ und mit dem hl. Martinus wohl befreundet[2].

III. Religionsgesetze.

1. Gesetz des Arcadius vom 15. März 395 an den praef. praet. Rufinus gegen die Ketzer, besonders gegen die Eunomianer[3]. [Siehe über dieses Gesetz und seine theilweise Aufhebung nach dem Sturze des Rufinus oben 389 zum Gesetz vom 5. Mai.]

2. Gesetz des Honorius vom 23. März an den vicarius Africae Hierius[4], welches alle den Kirchen von Theodosius gegebenen Privilegien bestätigt und den Willen des Kaisers ausdrückt, dass den Kirchen von den Beamten Schutz gewährt werde und ihre Privilegien eher vermehrt als vermindert werden sollten.

3. Gesetz des Arcadius vom 30. März an den praef. praet. Rufinus, welches die Gesetze des Theodosius gegen die Versammlungen und Weihen der Häretiker erneuert[5]. Solche Versammlungen dürfen ‚nec publice nec privatim, nec in secreto nec palam' gehalten werden.

4. Gesetz des Arcadius vom 3. Juli an Heraclianus, den corrector (Landvogt) Paphlagoniae[6]: Die Festtage der Heiden sollen nicht mehr als allgemeine Feiertage gelten[7].

5. Gesetz des Arcadius vom 7. August an den praef. praet. Rufinus zu Gunsten der katholischen Religion[8]. Das Verbot des Theodosius, die Tempel zu betreten und Opfer darzubringen[9], wird erneuert; desgleichen werden alle seine Erlasse gegen Häretiker und Heiden und gegen die Beamten, welche sich diesen gegenüber säumig zeigen, eingeschärft. Das Dienstpersonal der Beamten, welches diese Bestimmungen verletzt, soll mit dem Tode bestraft werden.

---

[1] Cod. Theod. XV 1, 33: ‚have Vincenti karissime nobis'; vgl. Seeck, Proleg. 203—204.

[2] Sulp. Sev., Dial. I 25, 6. [3] Cod. Theod. XVI 5, 25 und 27.

[4] Ibid. XVI 2, 29. [5] Ibid. XVI 5, 26; vgl. 10, 3. [6] Ibid. II 8, 22.

[7] Die Heiden werden hier pagani genannt. Dies Wort kommt zuerst in einem Gesetze vom Jahre 368 vor (Cod. Theod. XVI 2, 18). Die Erklärung gibt Orosius, Hist. prolog. nr. 9: ‚Qui alieni a civitate dei ex locorum agrestium compitis et pagis pagani vocantur sive gentiles, quia terrena sapiunt.'

[8] Cod. Theod. XV 10, 13.

[9] Siehe oben 392 S. 375.

6. Gesetz des Arcadius vom 3. September an den proconsul Asiae Aurelianus gegen den Bischof Euresios[1]. Als Häretiker seien alle anzusehen, denen nachgewiesen werde, dass sie auch nur in einem Punkte von der Richtschnur der katholischen Religion abweichen[2]. Daher sei auch Euresios als Häretiker zu betrachten und den Bischöfen nicht beizuzählen.

Von diesem Euresios ist sonst nichts bekannt. Aus dem Gesetze ergibt sich, dass er zur Zeit des Arcadius Bischof in der dioecesis Asia war und von der orthodoxen Lehre nicht viel abwich. Gothofredus hält ihn für einen Luciferianer unter Berufung auf den Libellus precum Faustini et Marcellini[3] c. 29; aber hier steht in den neuern Ausgaben nicht Euresius, sondern Ephesius.

7. Gesetz des Arcadius vom 24. November an den mag. offic. Marcellus[4], welches mit Berufung auf ein früheres Gesetz des Theodosius[5] den Häretikern verbietet, Aemter zu bekleiden, sei es in der Hofkanzlei (in scriniis), sei es als kaiserliche Commissare (inter agentes in rebus), sei es als Palastdiener (inter palatinos). Marcellus wird angewiesen, genau sich umzusehen, ob unter den Hofbeamten Sectirer sind, und solche sowohl wie auch ihre Vorgesetzten, durch deren Connivenz sie in ihre Stellung gekommen sind, abzusetzen und aus Konstantinopel zu vertreiben.

IV. Culturgesetze.

1. Gesetz des Honorius vom 21. April an den praef. urbi Andromachus über die Rechtskraft der zur Zeit der Tyrannis des Eugenius gemachten gerichtlichen Acte[6]: Sie sollen Geltung haben, wenn sie privatrechtlicher Natur sind und nicht durch Gewalt, Furcht oder List in ihrem Zustandekommen beeinflusst wurden; doch sollen in den Urkunden die Namen der von Eugenius

---

[1] Cod. Theod. XVI 5, 28.

[2] Diese Definition der Häretiker (‚qui vel levi argumento a iudicio catholicae religionis et tramite detecti fuerint deviare‘) ist in den Cod. Iust. (I 5, 2) übergegangen. Man hat das ‚levi argumento‘ von einem blossen Verdachte oder Indicienbeweis erklärt; dann wären schon die als Häretiker zu bestrafen, die nur in den Verdacht der Häresie kämen. Mit Recht wendet sich Gothofredus gegen eine solche juristische Ungeheuerlichkeit; offenbar richtig versteht er unter ‚argumentum‘ einen articulus fidei und bezieht es zu deviare, nicht zu detecti.

[3] Siehe über diesen oben 384 S. 199.

[4] Cod. Theod. XVI 5, 9.

[5] Siehe oben 389 das Gesetz vom 5. Mai (S. 306).

[6] Cod. Theod. XV 14, 9.

designirten Consuln (also des Eugenius und Flavianus) getilgt werden, so dass beim Verlesen bloss die Consuln des Ostens genannt werden und diesen dabei ‚Reverenz bewiesen wird'. Endlich soll die Zeit der Tyrannis rechtlich als nicht vorhanden angesehen werden, insbesondere für die Verjährung nicht in Betracht kommen.

2. Gesetz des Arcadius vom 30. September an den comes Aegypti Heraclianus über den Missbrauch der militärischen Amtsgewalt[1]. Aus der Rede des Libanios Περὶ τῶν προστασιῶν[2], welche in seiner letzten Lebenszeit, also um das Jahr 395, verfasst wurde, ersehen wir, dass ganze Dorfschaften sich den Schutz und die Hilfe militärischer Befehlshaber erkauften, um sich so den Staatslasten oder ihren Pflichten, die sie als coloni gegen ihre Gutsherren hatten, entziehen, insbesondere auch den Curialen die Steuern verweigern zu können. Das war eine der Ursachen der immer mehr zunehmenden Verarmung der Curialen[3] und kam besonders in Aegypten vor. Der Kaiser untersagt das in dem Gesetze und befiehlt, solche Dörfer angemessen zu bestrafen, die militärischen Vorgesetzten aber, die sich in dieser Weise verfehlen, mit der schon früher[4] festgesetzten Strafe von 25 Pfund Gold zu belegen. Wir können das Gesetz als die Frucht jener Rede des Libanios betrachten.

3. Gesetz des Arcadius vom 11. October an den praef. praet. Rufinus über den Eidbruch[5]. Bloss der Eid, welcher zur Bekräftigung eines Vergleiches (pactum oder transactio) bei Gott dem Allmächtigen oder beim Wohle der Kaiser geleistet wird, kommt in dem Gesetze in Frage[6]. Nach altem Rechte war auf Meineid die Strafe der Infamie gesetzt. Diese bestätigt der Kaiser für den genannten Eidbruch, fügt aber andere Strafen bei: der Betreffende soll alles Anrechtes auf die strittige Sache verlustig gehen, und wenn er infolge des Vergleiches etwas empfangen hat, dieses zurückgeben. Es wird aber vorausgesetzt, wie in dem Gesetze selbst bemerkt wird, dass der, welcher den Eid bricht, über 25 Jahre alt ist, dass er den Vergleich ohne jeden Zwang geschlossen hat, dass der andere

---

[1] Cod. Theod. XI 24, 3. [2] Bei Reiske II 501 ff.

[3] Siehe oben 392 S. 377. [4] Cod. Theod. XI 24, 2.

[5] Ibid. II 9, 8; Cod. Iust. II 4, 41.

[6] Die Christen setzten an die Stelle des Schwures beim Genius des Kaisers den bei seinem Wohle; vgl. Tertullian, Apol. c. 32: ‚Sed et iuramus, sicut non per genios Caesarum, ita per salutem eorum, quae est augustior omnibus geniis.'

Theil den Eid gehalten hat, und dass endlich der Eidbruch geschieht durch Recurs an den Richter oder an den Kaiser oder durch Nichthalten des Versprechens.

V. Concilien

(fehlen).

VI. Kirchenväter.

a. Ambrosius.

1. Abhandlungen.

Ambrosius hielt am 25. Februar die erhaltene Rede *De obitu Theodosii*[1].

Frühestens in diesem Jahre schrieb er die Erklärung der Psalmen 35—40[2]. Sie ist aus Reden an das Volk erwachsen, wie viele andere Schriften des Ambrosius[3]. Ambrosius benutzte bei seinen Psalmenerklärungen von griechischen Vorlagen den Basileios und Origenes[4].

2. Briefe.

Ambrosius schrieb gegen Anfang dieses Jahres Brief 58 an Sabinus, Bischof von Placentia[5]; er theilt ihm die Neuigkeit mit,

---

[1] Siehe oben S. 430. Ebert (Geschichte der Literatur des Mittelalters 165 Anm. 2) spricht von einer doppelsinnigen Anwendung des Wortes ‚fides' in nr. 8 dieser Rede und zieht daraus einen Schluss auf ‚die advocatorische Gewandtheit' des Ambrosius. Mit Unrecht; denn fides heisst an der Stelle nur Glaube, wie die Berufung des Ambrosius auf Abraham und auf Hebr. XI 1 klar beweist; Ambrosius will sagen: Der rechte Glaube der Unterthanen ist die Stärke der Söhne des Kaisers und ersetzt den Mangel ihres Alters.

[2] Die Erklärungen dieser Psalmen folgten sich in kurzen Zwischenräumen, da in der einen auf die andere verwiesen wird (so 36, 3 auf 35; 38, 1 auf 37; 39, 1 auf die vorhergehenden; 40, 1 auf 39). Die Erklärung des 36. Psalmes ist aber nach der Besiegung des Eugenius und zwar, wie es scheint, bald danach geschrieben (nr. 25); in dieselbe Zeit sind also auch die andern zu setzen. Dazu stimmen andere Hinweise; so wird 36, 19 von den Anfeindungen der Justina, 37, 43 offenbar von der Kirchenbusse des Theodosius gesprochen, und 40, 38 wird auf den Lucascommentar (I 1, 2) als auf eine schon vor längerer Zeit verfasste Schrift verwiesen.

[3] Vgl. In Ps. 36, 2 und 37, 3.

[4] Ueber Origenes vgl. Hieronymus, Ep. 112, 20. Den Basileios benutzte Ambrosius nachweislich in der Vorrede zu den Psalmen und in der Erklärung des ersten Psalmes.

[5] Siehe über diesen oben 389 S. 311[2].

dass Paulinus von Nola und seine Gemahlin ihre Güter theils verschenkt theils verkauft und beschlossen hätten, fortan in Nola in Abgeschiedenheit von der Welt zu leben; er fragt, was wohl die Vornehmen in Rom dazu sagen würden[1].

b. Augustinus.

1. Leben.

Augustinus wurde kurz vor Weihnachten, vielleicht schon in diesem Jahre[2], höchst wahrscheinlich aber erst im Jahre 396[3], coepiscopus von Hippo an der Seite des Valerius. Er sträubte sich sehr gegen die Weihe, die er auch für unerlaubt hielt und zwar mit Recht; denn durch den achten Canon zu Nikaia war es verboten worden, dass in einer Stadt zwei Bischöfe seien. Diese Bestimmung war allerdings damals sowohl dem Augustinus selbst als auch dem Valerius von Hippo und dem Aurelius von Karthago, ferner all den afrikanischen und überseeischen Bischöfen, welche das Verlangen des Valerius hinsichtlich der Bischofsweihe Augustins unterstützten, völlig unbekannt. Auch Megalius, Bischof von Kalama und Primas von Numidien, der die Weihe vornehmen sollte, weigerte sich, als er nach Hippo kam, und sprach sich auch in einem Briefe gegen Augustinus aus; aber Valerius und mehrere andere Bischöfe, die damals in Hippo zusammengekommen waren, belehrten ihn mit solchem Erfolge, dass er um Verzeihung bat und die Weihe vornahm[4]. Valerius starb schon kurz nachher[5].

2. Briefe.

Brief 27 an Paulin von Nola zur Beantwortung von dessen Brief 4, kurz vor der Bischofsweihe Augustins geschrieben.

---

[1] Vgl. nr. 1 und 2. Da der Entschluss Paulins, die Welt zu verlassen, gegen Ende 394 gefasst wurde (siehe oben 394 S. 428), so ist der Brief etwas danach geschrieben. Die Mauriner und Ihm (a. a. O. 54) setzen ihn ins Jahr 393.

[2] Wie allgemein bisher angenommen wurde und wie Prosper in seiner Chronik angibt.

[3] Siehe Excurs XXIII nr. 3.

[4] Ep. 31, 4; Contra litt. Petiliani III 16, 19; Contra Cresc. III 80, 92; Sermo 355, 1, 2; Possidius, Vita s. Aug. c. 8; Paulinus, Ep. 7, 2.

[5] Tillemont, Mém. XIII 285. Augustinus erwähnt ihn zum letztenmal in Ep. 33, 4.

Er spendet hier der Gesinnung, die in dem Briefe Paulins sich aussprach, grosses Lob und sagt, alle, denen er den Brief gezeigt hätte, seien davon hingerissen gewesen (nr. 2 und 3); auch spricht er die Bitte aus, ihn in Afrika zu besuchen (nr. 6). Den Brief überbrachte Romanianus, sein alter Jugendfreund aus Tagaste und Verwandter des Alypius[1], der den Augustinus früher zur manichäischen Irrlehre verleitet hatte[2] und auch später mit ihm in Mailand gewesen war[3], dem Augustinus ferner seine Schrift De vera religione gewidmet hatte[4]. Augustinus spricht in dem Briefe an Paulin von ihm mit grosser Anerkennung und nennt ihn seinen vertrauten Freund, der im Besitze aller seiner Schriften sei (nr. 4). Romanianus sollte dem Paulin auch Brief 26 des Augustinus überbringen, der an Licentius, den Sohn des Romanianus, gerichtet war; Augustinus wirft diesem seine Weltliebe und Abneigung gegen die Weisheit vor und theilt einen Theil eines heroischen Gedichtes mit, das Licentius ihm gewidmet hatte; diesem stellt er den Paulin, der damals schon in Campanien lebte, als Muster vor[5]. Alles spricht also dafür, dass Brief 26 beinahe gleichzeitig mit Brief 27 geschrieben ist.

Brief 29 an Alypius, wahrscheinlich kurz nach dem 4. Mai dieses Jahres geschrieben[6]. Augustinus schreibt ihm, wie er in Hippo die schon im 23. Briefe an Bischof Aurelius von Karthago gerügte Unsitte abgestellt habe, Schmausereien und Zechgelage in der Kirche zu Ehren der Martyrer abzuhalten[7]. Da im Volke sich Widerstand regte gegen die beabsichtigte Unterdrückung des Ge-

[1] Ep. 27, 5. [2] Contra Academicos I 1, 3.

[3] Siehe oben 386 S. 248 und Conf. VI 14. [4] De vera religione 7, 12.

[5] Ep. 26, 5.

[6] Nach der Aufschrift des Briefes war das Fest, um das es sich in dem Briefe handelt, der dies natalis des Martyrers Leontius. Nach Sermo 262, 2 fiel dieser Tag einmal mit Christi Himmelfahrt zusammen; es ist daher anzunehmen, dass der ‚dies quadragesimae', der nach Ep. 29, 3 und 8 in dem Jahre, in welchem der Brief geschrieben wurde, dem Feste des Leontius unmittelbar vorherging, das Himmelfahrtsfest und nicht der Sonntag vor Beginn der Fastenzeit war; das findet darin seine Bestätigung, dass Augustinus in den Anreden, die er am dies quadragesimae und am Tage danach hielt, mit keinem Worte das Fasten erwähnt, ferner auch darin, dass der dies quadragesimae damals unmittelbar auf die ‚quarta feria' folgte (nr. 2 und 3).

Was das Jahr angeht, so war Augustinus, als er den Brief schrieb, noch Priester (nr. 7), Alypius aber schon eine Zeitlang Bischof (nr. 12); Alypius wurde aber 394 oder 395 Bischof (siehe unten). Ostern fiel 395 auf den 25. März, Christi Himmelfahrt also auf den 3. Mai.

[7] Siehe oben 391 S. 348.

lages, welches am Feste des hl. Leontius, das in diesem Jahre auf den Tag nach Christi Himmelfahrt fiel, in der Kirche stattzufinden pflegte, so hielt Augustinus schon am Mittwoch vor dem Volke eine Ansprache über Matth. VII 6: Man soll das Heilige nicht den Hunden . . . vorwerfen. Am folgenden Tage sprach er über die Trunkenheit und die Würde der Kirchen, und zwar so, dass das Volk in Weinen ausbrach. Am Freitage war dann der Festtag, um den es sich handelte: die Donatisten feierten ihn in ihrer Kirche in der hergebrachten wüsten Weise; Augustinus aber versammelte das Volk morgens und nachmittags in der Kirche zum Gottesdienste; morgens murrten noch einige, nachmittags aber war alles ruhig[1].

c. Hieronymus.

1. Leben.

Der Streit, in dem Hieronymus mit Bischof Johannes von Jerusalem stand[2], hatte sich so zugespitzt, dass der letztere beim praef. praet. Rufinus die Verbannung des Hieronymus beantragte und durchsetzte; das Decret wurde aber nicht zur Ausführung gebracht, wahrscheinlich weil Rufinus unterdessen gestürzt worden war[3].

Als die Hunnen in diesem Jahre Antiochien berannten, gerieth auch die Gegend von Jerusalem in die grösste Bestürzung; Hieronymus verschaffte sich ein Schiff, um der Gefahr zuvorzukommen, und bestieg es mit den Jungfrauen und Frauen, die bei ihm in Bethlehem lebten; sie fuhren so lange an der Küste umher, bis die Gefahr vorüber war. Fabiola kehrte in dieser Zeit von Palästina nach Rom zurück und blieb hier bis zu ihrem Tode im Jahre 399[4].

Paulina, eine Tochter der hl. Paula, die Gemahlin des Pammachius in Rom, starb plötzlich gegen Ende dieses Jahres[5]. Sie

---

[1] Wenn die Stelle Sermo 252, 4 auf dieses Ereigniss, wie ich annehme, zu beziehen ist, so zeigt sie, dass die Aufregung in der Kirche bei dieser Gelegenheit so gross war, dass Augustinus in Lebensgefahr gerieth.

[2] Siehe oben 392 S. 382 und 393 S. 404.

[3] Ep. 82, 10 und Contra Ioan. Hieros. c. 43. Dass Johannes bei Rufin Gehör fand, erklärt sich auch daraus, dass Silvia, die Schwester Rufins, drei Jahre in Jerusalem gelebt hatte; siehe oben S. 442.

[4] Hieronymus sagt selbst (Ep. 77, 8), dass der Streit zwischen ihm und Johannes ihn damals in einer Spannung hielt, die noch grösser war als die Aufregung über die Hunnengefahr.

[5] Ep. 66, 1: ‚Ita et ego serus consolator, qui per biennium tacui'; dieser Brief ist 397 geschrieben (siehe Vallarsi).

starb kinderlos nach mehreren Fehlgeburten, und ihr Gemahl, ‚ein Abkömmling von Consuln und die Zierde der gens Furia', begann jetzt in Rom das Mönchsleben; barfuss und in schäbiger Kleidung ging er nunmehr einher mitten unter seinen Standesgenossen; seine Güter vertheilte er theils unter die Armen, theils gründete er im portus Romanus ein Hospital (xenodochium)[1].

2. Abhandlungen.

Bald nach Brief 57 (siehe unten) schrieb Hieronymus die Uebersetzung der Bücher Paralipomenon aus dem Hebräischen[2]. In dieselbe Zeit setzt Zöckler[3] die Uebersetzung der Genesis; einen Grund gibt er nicht an; mir scheint dieses Werk erst zwischen den Jahren 398 und 405 entstanden zu sein[4].

Der Commentar zum Propheten Jonas wird von Zöckler[5] ins Jahr 395 gesetzt, gehört aber dem Jahre 396 an[6].

---

[1] Ep. 66, 3—4. 6. 11. 13.

[2] Vorrede an Bischof Chromatius: ‚Scripsi nuper librum de optimo genere interpretandi'; damit ist Ep. 57 bezeichnet.

[3] Hieronymus 207.

[4] Denn nach Ep. 71, 5 hatte Hieronymus nach Vollendung der übrigen canonischen Bücher des Alten Testamentes im Jahre 398 den Octateuch unter Händen, worunter der Pentateuch nebst Josue, Richter und Esther zu verstehen ist; dass auch die Genesis dazu gehörte, geht daraus hervor, dass sie bei Hieronymus die Vorrede mit den übrigen Büchern des Pentateuchs gemeinsam hat.

[5] A. a. O. 208.

[6] Tillemont (Mém. XII 645 notes 55 und 56) setzt ihn ins Jahr 397. Für 395 spricht die Vorrede bei Hieronymus: ‚Triennium circiter fluxit, postquam quinque prophetas interpretatus sum, Michaeam sq.'; denn diese fünf Commentare schrieb er 392. Für das Jahr 397 scheint das ‚biennium' in Ep. 60, 16 zu sprechen; denn dieser Brief 60 ist nach derselben Vorrede vor dem Jonascommentar geschrieben und der Sturz des Rufin war 395, der des Timasius 396. Aber Ep. 60 ist sicher im Jahre 396 geschrieben, da Hieronymus (nr. 16) daselbst sagt, dass der Hunneneinfall ‚anno praeterito' gewesen sei; dieser war aber 395 (siehe oben S. 438). Mithin ist auch der Jonascommentar 396 geschrieben und das ‚triennium circiter' ist freier von den Jahren 392—396 zu verstehen; mit dem ‚biennium' aber meint Hieronymus die Jahre 395—396.

Nach einer Stelle im Commentar zum Propheten Sophonias sollte man meinen, der Jonascommentar sei vor diesem herausgegeben worden; vgl. Vall. VI 712: ‚Et in Iona quidem Niniven i. e. speciosam, quae ad praedicationem Ionae i. e. columbae egerit paenitentiam, ecclesiam interpretati sumus de gentibus congregatam.' Das ist aber unmöglich, es wird schon durch die Vorrede zum dritten Buch des Amoscommentars vollständig ausgeräumt. Man muss annehmen, dass Theile

Fast gleichzeitig mit dem Commentar zu Jonas wurde der zu Abdias verfasst und wie jener dem Bischofe Chromatius von Aquileja gewidmet[1].

3. Briefe.

Brief 53 an Paulinus von Nola über das Studium der Heiligen Schrift, wahrscheinlich zu Anfang dieses Jahres geschrieben[2]. Paulin hatte nach seinem Uebergang zum Mönchsleben dem Hieronymus Geschenke übersandt und auch ein Schreiben, worin er ihrer alten Freundschaft Ausdruck gab, um Belehrung über das Studium der Heiligen Schrift bat und den Gedanken aussprach, dass vielleicht auch er seinen Wohnsitz nach Palästina verlegen werde. Hieronymus gelobt, ihn mit offenen Armen aufzunehmen, und belobt seine Klugheit und die Schönheit seiner Sprache, für die der Brief Paulins Zeugniss ablege (nr. 10); er beweist ferner, dass dem Cleriker Gelehrsamkeit, besonders in biblischen Dingen, nothwendig sei (nr. 3), und geht die einzelnen biblischen Bücher durch (nr. 8).

Später, nach seiner Priesterweihe, die Weihnachten 395 war (siehe unten), schickte Paulin dem Hieronymus seinen Panegyricus auf Theodosius ein und fragte jetzt ernstlich an, ob Hieronymus ihm rathe, seinen Wohnsitz nach Bethlehem zu verlegen. Hieronymus antwortet darauf in Brief 58, der erst im Anfange des Jahres 396 geschrieben ist[3]. Diesmal räth ihm Hieronymus entschieden ab,

---

des Jonascommentars schon 392 geschrieben sind, was auch durch De vir. illustr. c. 135 nahegelegt wird, wo nach Aufzählung der oben genannten fünf Prophetencommentare beigefügt ist: ‚multaque alia de opere prophetali, quae nunc habeo in manibus et necdum expleta sunt.'

[1] Vorrede des dritten Buches des Amoscommentars. Mit Recht erklärte sich Zöckler (Hieronymus 209 Anm. 1) gegen Vallarsi, der den Commentar zu Abdias ins Jahr 403 setzte.

[2] Der Brief wurde geschrieben, gleich nachdem Paulin sich zum Mönchsleben entschlossen hatte; denn als Paulin dem Hieronymus schrieb, hatte er Spanien noch nicht verlassen und schwankte noch, wo er seinen Aufenthalt nehmen sollte, und mit dem Verkauf seiner Güter hatte er erst begonnen. Paulin fasste aber den Entschluss zum Mönchsleben erst Ende 394 (siehe oben 394 S. 428), nicht, wie man bisher annahm, 392—393; Vallarsi und Zöckler 219 setzten infolgedessen den Brief des Hieronymus ins Jahr 394; er gehört aber vielmehr ins Jahr 395.

[3] Nicht 395, wie man bisher annahm; denn Paulin hatte seinen Brief als Priester geschrieben (nr. 5). Der Priester Vigilantius, der dem Hieronymus diesen Brief überbrachte, war jener Aquitanier Vigilantius, gegen den Hieronymus später die Streitschrift richtete. Das zeigt Ep. 61 des Hieronymus an Vigilantius, wo gesagt wird, er habe den Hieronymus bei seiner Rückkehr aus Palästina an-

weil es in Palästina und besonders in Bethlehem für das Mönchsleben zu unruhig sei [1].

Auch Brief 57 an Pammachius [2] *De optimo genere interpretandi*, worin die Uebersetzung des Briefes des Epiphanios gegen Johannes von Jerusalem (Brief 51) in Schutz genommen wird, gehört dem Jahre 395 an [3].

d. Paulinus von Nola.

Höchst wahrscheinlich am Weihnachtsfeste dieses Jahres (vielleicht schon 394) [4] empfing Paulinus von Nola zu Barcelona durch Bischof Lampius [5] auf Drängen des Volkes die Priesterweihe gegen seinen Willen und mit dem Vorbehalte, dass er an die Kirche zu Barcelona nicht gebunden sein solle [6]. Gleich danach schrieb er an Sulpicius Severus, der damals in Eluso zwischen Tolosa und Narbo wohnte, seinen Brief 1. Severus war mit einer Streitschrift gegen Häretiker und Ungläubige über das Mönchthum beschäftigt [7]; Paulin bittet ihn, er möge ihn vor Ostern besuchen (nr. 11). Zu derselben Zeit schrieb er Brief 2 an Amandus, Priester zu Bordeaux und später daselbst Nachfolger des Delphinus.

Als Paulin die Priesterweihe empfing, war er schon entschlossen, Spanien zu verlassen und sich nach Nola zurückzuziehen [8]; er wollte

---

gegriffen, besonders der Satz (nr. 3): ‚Credidi sancti presbyteri Paulini epistulis et illius super nomine tuo non putavi errare iudicium.‘ Paulin gab also, ehe er nach Nola übersiedelte, den Brief in Spanien oder Gallien dem Vigilantius mit.

[1] Vgl. nr. 4: ‚De toto huc orbe concurritur, plena est civitas universi generis hominum.‘ Zöckler findet (a. a. O. 221 Anm. 1) einen Gegensatz zwischen dieser Abmahnung und der in Ep. 47, 2 an Desiderius gerichteten Bitte, ihn und die heiligen Orte in Palästina zu besuchen; es ist aber zu beachten, dass es sich an letzterer Stelle um eine Pilgerfahrt handelte, die Hieronymus sicherlich niemals getadelt hat, an ersterer Stelle aber um die Absicht, in Palästina sich dauernd niederzulassen, um hier das Mönchsleben zu führen.

[2] Siehe über diesen oben 393 zu Ep. 48 (S. 407).

[3] Siehe Excurs XXIV nr. 1.

[4] Die Entscheidung darüber richtet sich danach, wann Augustinus die Bischofsweihe erhalten hat; siehe Excurs XXIII nr. 5.

[5] Er war höchst wahrscheinlich der Nachfolger des Pacianus, des Vaters des Dexter; jedenfalls starb Pacianus hochbetagt unter Theodosius (Hieronymus, De vir. illustr. c. 106).

[6] Ep. 1, 10; 2, 2; 3, 4.

[7] Vgl. nr. 4 und 9. Die Schrift ist verloren; die Briefe, die er an seine Schwester schrieb und von denen Gennadius, De vir. illustr. c. 19, spricht, hatten denselben Inhalt.

[8] Ep. 1, 10: ‚Alio destinatus, alibi ut scis mente compositus et fixus.‘

diese Reise nach Ostern antreten [1]. Ehe er sie antrat, dichtete er in Spanien vor dem 14. Januar sein erstes *Natalicium* auf den hl. Felix von Nola [2]. Damals schrieb er auch an Hieronymus und gab diesen Brief dem aquitanischen Priester Vigilantius mit, der nach Palästina reiste [3]; Hieronymus antwortete mit seinem 58. Briefe [4].

Auf der Reise nach Nola traf Paulin mit Ambrosius zusammen, der ihn dem Album seiner Cleriker beischrieb; er war schon lange vorher von Ambrosius geistig angeregt gewesen und hatte auch schon, wie es scheint, mit ihm in Verkehr gestanden [5]. In Rom fand Paulin heftige Anfeindungen seitens des Clerus jedenfalls wegen seines Ueberganges zum Mönchsleben [6], und an diesen war auch Papst Siricius betheiligt, den Paulin des Stolzes bezichtigt [7]. In Campanien angekommen, fiel er kurz vor dem Sommer in eine schwere Krankheit, in der ihn fast alle Bischöfe Campaniens und auch einzelne aus Afrika, die letztern bei Beginn des Sommers, besuchten [8]. Sobald seine Kräfte es wieder erlaubten, schrieb er an Sulpicius Severus nach Aquitanien seinen Brief 5, in welchem er diesen einlädt, ihn zu besuchen [9]. Auch Severus war krank gewesen und hatte aus diesem Grunde den versprochenen Besuch [10] nicht machen können.

Vielleicht vor dem Winter 395—396, höchst wahrscheinlich aber erst vor dem Winter 396—397 [11] schrieb Paulin an Bischof Alypius von Tagaste seinen Brief 3 und gleichzeitig an Augustinus Brief 4. Alypius hatte als Bischof dem Paulin, den er persönlich

---

[1] Ep. 1, 11: ‚Quod si iam ad itineris ingressum propitio deo vis occurrere, post pascha in nomine Christi proficiscere.'

[2] Es ist Gedicht XII; vgl. Tillemont, Mém. XIV 41.

[3] Der Vigilantius, von dem Paulinus in Ep. 5, 11 spricht, ist nicht jener Priester, sondern ein getaufter Sklave; denn er und der Katechumene sind ohne Zweifel die ‚pueri', von denen im Anfange von Ep. 5, 11 die Rede ist. Tillemont (Mém. XIV 74) hat die beiden Vigilantius nicht auseinandergehalten.

[4] Siehe oben S. 462.

[5] Ep. 3, 4 und dazu die Erklärung v. Hartels (Patristische Studien V, Wien 1895, 65) über den Ausdruck: ‚Et nunc in sacerdotii ordinatione (ordine) confoveor.'

[6] Aehnlich erging es bekanntlich dem Hieronymus und dem Hause der Paula in Rom wegen derselben Angelegenheit; vgl. Hieron., Ep. 45, 2 sqq.

[7] Ep. 5, 13—14. [8] Ibid.

[9] Dass der Brief in der ersten Zeit seines Mönchslebens geschrieben ist, zeigt nr. 13.

[10] Vgl. Paulinus, Ep. 1, 11. [11] Siehe Excurs XXIII nr. 3.

nicht kannte[1], einen Brief geschrieben und ihm gleichzeitig fünf Bücher des Augustinus gegen die Manichäer zugesandt, von denen eines das De vera religione war[2]; zugleich hatte er um Uebersendung der Chronik des Eusebios gebeten, sei es, dass Paulin sie selbst besässe, sei es, dass er sie vom Priester Domnio entlehne. Paulin that das und schickte die Chronik mit den Briefen an Bischof Aurelius von Karthago zur Weiterbeförderung. Paulin hatte bis dahin den Augustinus niemals gesehen[3]. Noch ehe er von diesem Antwort auf Brief 4 erhielt[4], schrieb er an ihn einen zweiten Brief, nämlich Brief 6. Doch schon vorher, nämlich vor seiner Bischofsweihe, hatte Augustinus den ersten Brief mit seinem Brief 27 beantwortet; den zweiten beantwortete er mit Brief 31 nach seiner Bischofsweihe, also vielleicht im Jahre 396, wahrscheinlich erst 397.

VII. Bischöfe und Mönche.

1. Alypius, der Jugendfreund des Augustinus, wurde spätestens in diesem Jahre[5], aber auch nicht vor dem Jahre 394[6], Bischof seiner Vaterstadt Tagaste.

2. Der Einsiedler und Priester Makarios von Alexandrien starb in diesem Jahre[7]. Er ist nicht zu verwechseln mit dem Einsiedler Makarios von Aegypten, der im Jahre 391 starb[8].

VIII. Häretiker.

Der Bischof der Novatianer Markianos starb am 27. November dieses Jahres[9]; er hatte seit dem Jahre 384 den bischöflichen Stuhl von Konstantinopel innegehabt[10]. Es folgte ihm Sisinnios, dem schon Agelios, der Vorgänger des Markianos, die bischöf-

[1] Ep. 3, 1 und 4.

[2] Augustinus, Ep. 27, 4 und Retract. I 13; Paulinus, Ep. 3, 2 und 4, 2.

[3] Ep. 4, 5.

[4] Gegen Ende des Jahres 396 (oder 395?); denn er hatte von der Bischofsweihe des Augustinus, die kurz vor Weihnachten 396 war, noch nichts gehört.

[5] Das zeigt Ep. 3 des Paulinus an ihn, wo er ‚pater' genannt wird (nr. 1 und 6); dieser Brief ist vor Winter 396 geschrieben (siehe Excurs XXIII S. 550).

[6] Tillemont, Mém. XIII 187 und 207.

[7] Palladios, der im Jahre 392 sich in die innere Wüste von Aegypten begab (siehe 391 S. 354), brachte hier neun Jahre zu und davon drei mit Makarios zusammen, der gleich danach starb; vgl. Palladios, Hist. Laus. c. 19—20.

[8] Siehe oben 391 S. 353. [9] Sokr. VI 1. [10] Siehe oben 384 S. 201.

liche Weihe ertheilt hatte, und der nach einem damals abgeschlossenen Compromiss nach Markianos Bischof der Novatianer werden sollte [1]. Er war ein sehr gebildeter, in der Philosophie wie in der Heiligen Schrift gleichmässig bewanderter Mann, in der Disputation noch schlagfertiger wie Eunomios, der in dieser Beziehung berühmt gewesen war; dabei war er in seinem sittlichen Leben über jeden Vorwurf erhaben und von angenehmen gesellschaftlichen Formen, besonders zu Scherz und Witz veranlagt. Sokrates kann es sich nicht versagen, seinem Geschichtswerke eine Anzahl seiner Witze einzuverleiben, und Sozomenos schreibt sie ihm nach. Kein Wunder, dass dieser Mann auch in orthodoxen Kreisen der hauptstädtischen Gesellschaft und namentlich in gebildeten Hofkreisen gerne gesehen war. Er badete zweimal des Tages und ging immer in weissem Gewande einher [2].

[1] Sokr. V 21; Soz. VII 14. [2] Sokr. VI 1 und 22; Soz. VIII 1.

Excurse.

30*

I.

Die Abtrennung Illyriens vom römischen Westreiche und das päpstliche Vicariat über Thessalonich.

Tillemont kam nach eingehender Untersuchung[1] zu dem Resultate, dass schon beim Regierungsantritte des Kaisers Theodosius I. im Jahre 379 die Präfectur Illyricum, die bis dahin ganz zum Westreiche gehört hatte, in Illyricum orientale und occidentale zerlegt und der erstere Theil von Kaiser Gratian dem Theodosius überlassen worden sei. Alle neuern Schriftsteller haben sich in dieser Frage auf die Seite Tillemonts gestellt, so Gibbon[2], Fr. Maassen[3], Richter[4], Ifland[5], Schiller[6] und Usener[7]. Und doch ist die Ansicht Tillemonts, wie mir scheint, falsch. Mit dieser Frage hängt dann auch die andere zusammen, ob Papst Damasus I. den Bischof Acholios von Thessalonich († 383) zu seinem vicarius über Illyricum gemacht hat.

Die Präfectur Illyricum orientale umfasste zwei Diöcesen[8]: Macedonia und Dacia; zu der erstern gehörten ausser dem eigentlichen Makedonien noch Epeiros, Thessalien und Griechenland; zu der zweiten gehörten fünf Provinzen, besonders Dacia mediterranea, Dacia ripensis und Moesia prima. Diese zwei Diöcesen wurden zweifellos bei der Theilung des Reiches im Jahre 395 dem Ostreiche zugewiesen; die Frage ist, ob dieses schon im Jahre 379 geschehen ist; Gothofredus[9] bestritt es, Pagi[10] aber und, wie

---

[1] Histoire des empereurs V 716—718 note 14.

[2] Geschichte des Sinkens u. s. w. des römischen Weltreiches (deutsche Ausgabe) V 279.

[3] Der Primat des Bischofs von Rom, Bonn 1853, 126 Anm. 30.

[4] Das weströmische Reich 499 und 692 Anm. 27.

[5] Güldenpenning und Ifland, Der Kaiser Theodosius 62.

[6] Geschichte der römischen Kaiserzeit II 399.

[7] Religionsgeschichtliche Untersuchungen I 264.

[8] Notitia dignitatum, herausgegeben von Böcking I 13—14.

[9] Zu Cod. Theod. I 1, 2; er blieb sich aber nicht gleich, da er zu Cod. Theod. X 19, 8 das Gegentheil annimmt (es scheint an letzterer Stelle ein Versehen vorzuliegen).

[10] Critica I 380, 4—8.

schon gesagt wurde, Tillemont sprachen sich im bejahenden Sinne aus, der letztere besonders mit ausführlicher Begründung. Seitdem galt die Frage als gelöst.

§ 1. Gründe, welche für die Theilung im Jahre 379 vorgebracht werden.

1. Sozomenos (VII 4) sagt klar, Gratian habe im Jahre 379 dem Theodosius vor seinem Abschiede von diesem gegeben: Ἰλλυριοὺς καὶ τὰ πρὸς ἥλιον ἀνίσχοντα.

2. Theodosius verweilte einen grössern Theil des Jahres 379 in Thessalonich und, weil er hier erkrankte, auch noch den grössten Theil des folgenden Jahres.

3. Der Bischof Acholios von Thessalonich wohnte mit andern makedonischen Bischöfen dem Concile zu Konstantinopel im Jahre 381 bei, das doch sonst nur von Orientalen besucht war.

4. Ohne Zweifel ist das Gesetz Cod. Theod. IX 35, 4 an den vicarius Macedoniae von Theodosius gegeben, da es datirt ist: Thessalonich 27. März 380.

5. Das Gesetz im Cod. Theod. VIII 4, 17 vom Jahre 389 und das Blutbad, welches Theodosius im Jahre 390 in Thessalonich anordnete, zeigen deutlich, dass diese Stadt und die Präfectur Illyrien ihm unterstanden.

6. Es ist überliefert (siehe unten § 4), Papst Damasus habe dem Bischofe Acholios von Thessalonich das Vicariat über die Reichsdiöcese Illyricum orientale übertragen. Diese Einrichtung eines päpstlichen Vicariates in jenen Gegenden würde sich aber am besten daraus erklären, dass diese damals vom Westreiche abgetrennt wurden, und dass daraus Gefahr entstand, sie möchten auch vom römischen Patriarchat losgelöst werden. Daher erklären Tillemont[1], Hefele[2] und Rade[3] den Schritt des Damasus auch in diesem Sinne, und Maassen[4] hält es ‚für im höchsten Grade wahrscheinlich, dass hauptsächlich diese Erwägung den Damasus bestimmt hat'.

§ 2. Gründe gegen die Annahme einer Theilung.

1. Theodoret[5] sagt, Gratian habe dem Theodosius die Reichstheile gegeben, welche Valens besessen hatte. Noch bestimmter erklären Orosius[6] und Zosimos[7], Gratian habe dem Theodosius den Orient und Thrakien übergeben. Nach Zosimos[8] gestattete Gratian im Jahre 380 den Goten Alatheus und Safrax den Durchzug durch Obermösien.

---

[1] L. l. [2] Conciliengesch. I² 400. [3] Damasus, Bischof von Rom 57 ff.
[4] A. a. O. 128. [5] A. a. O. V 6. [6] Hist. VII 34. [7] Hist. IV 24.
[8] Hist. IV 34.

2. Es lässt sich zur Zeit des Theodosius kein praef. praet. im Ostreiche für Illyrien nachweisen, was wohl der Fall ist aus der Zeit nach dem Jahre 395 [1]. In den Jahren 381—386 erscheint überhaupt im Ostreiche jedesmal nur ein praef. praet., und wenn in den Jahren 380—381 deren zwei waren, so beweist das noch nichts, da auch im Westreiche [2] schon mehrere Jahre hindurch in ein und derselben Präfectur zwei praef. praet. waren. Dagegen lassen sich in den Jahren 395 bis 399 im Ostreiche jährlich je zwei praef. praet. nachweisen.

3. Gratian war am 5. Juli 382 in Viminacium in Mösien, also in Illyricum orientale [3]. Um dieselbe Zeit war Theodosius in Konstantinopel [4]; Gratian kam also nicht nach Illyrien, um den Theodosius zu besuchen, sondern, wie es scheint, in Verwaltungs- oder Kriegsangelegenheiten.

4. Völlig beweisend ist das Gesetz im Cod. Iust. XI 7, 4 vom 29. Juli 386, welches bisher bei dieser Frage unbeachtet geblieben ist. In diesem Gesetze, welches Kaiser Valentinian von Mailand aus an seinen damaligen praef. praet. Eusignius erliess, wird eine Verfügung getroffen über die procuratores metallorum in Macedonia, Dacia mediterranea und Moesia seu Dardania, also in Provinzen, welche unbestritten zu Illyricum orientale gehörten [5].

5. Ebenso beweisend sind die kirchlichen Verhältnisse, und zwar: a. Auf dem Concil zu Aquileja im Jahre 381 wurden die arianischen Bischöfe Palladius und Secundianus verurtheilt. Diese aber waren Bischöfe in Dacia ripensis und in Moesia, also in Illyricum orientale [6], und doch hatten sie sich persönlich an Gratian, nicht etwa an Theodosius, bei dessen Anwesenheit in Sirmium gewandt, und der hatte sie an das von ihm berufene Concil nach Aquileja gewiesen [7]. b. Auf diesem Concile berufen sich die genannten Häretiker nie darauf, dass sie unter Theodosius stehen; im Gegentheil, sie sprechen oft wie in nr. 8 der Gesta: imperator noster Gratianus. c. In den Schreiben des Concils zu Aquileja wird ganz bestimmt Dacia ripensis zu den ‚occidentales partes' gerechnet [8]. d. Ebenso wird von Acholios von Thessalonich gesagt, die Väter des Concils zu Konstantinopel im Jahre 381 hätten ihn ‚de occidentalibus partibus' zu diesem Concile gerufen [9]. e. Im zweiten Canon des Concils zu Konstantinopel im

---

[1] Im Jahre 397 wird z. B. Anatolius als praef. praet. Illyrici genannt (Cod. Theod. XVI 8, 12: dat. Constantinopoli).

[2] Seeck, Prolegomena zu den Briefen des Symmachus 54 Anm. 210.

[3] Nach zwei Gesetzen (Cod. Theod. XII 1, 89 und I 10, 1), wovon das letztere ein Theil des erstern ist und mit ihm dem Jahre 382 angehört (siehe oben 381 S. 82 [7] und 382 S. 119 [3]).

[4] Cod. Theod. VIII 5, 39. [5] Vgl. Notitia dignit. ed. Böcking I 13—14.

[6] Nach Ambrosius, Ep. 12, 3.

[7] Gesta concilii Aquilei. nr. 10 (bei Migne, Patr. lat. XVI 918—919, und Mansi, Conc. III 601).

[8] Ambrosius, Ep. 11, 1 und besonders 12, 3. [9] Id., Ep. 13, 7.

Jahre 381 wird das Ostreich kirchlich in fünf Diöcesen, entsprechend den fünf politischen, getheilt; Illyrien wird aber in diese Eintheilung nicht einbegriffen, ja nicht einmal genannt. f. In dem Gesetze vom 30. Juli 381 [1] macht Theodosius eine Anzahl hervorragender orthodoxer Bischöfe des Ostreiches namhaft; unter diesen ist aber Acholios nicht, obschon er den Theodosius getauft hatte, von ihm sehr verehrt wurde und noch besonders zum Concil nach Konstantinopel eingeladen worden war.

§ 3. Entscheidung der Frage.

Die in § 2 angegebenen Momente machen es äusserst fraglich, dass Illyricum orientale schon im Jahre 379 an das römische Ostreich kam [2]. Dabei sind die Gründe, die oben in § 1 hierfür angegeben wurden, zum grössern Theile von sehr zweifelhaftem Werthe. Ganz unbedenklich sind nur das Zeugniss des Sozomenos (nr. 1) und das Gesetz im Cod. Theod. IX 35, 4 (nr. 4). Dagegen bedeutet der Umstand, dass Theodosius damals längere Zeit in Thessalonich verweilte (nr. 2), wenig, da der Kaiser mit Genehmigung Gratians Thessalonich zum Stützpunkte seiner kriegerischen Operationen machen konnte, wenn ihm diese Stadt auch nicht direct unterstand. Wenn ferner Acholios dem Concile zu Konstantinopel im Jahre 381 beiwohnte (nr. 3), so ist damit nicht gesagt, dass er zum Ostreiche gehörte, da ausdrücklich von den Vätern des Concils zu Aquileja in einem Schreiben an die Kaiser [3] bemerkt wird, er sei ‚de occidentalibus partibus' von den Bischöfen zu Konstantinopel berufen worden. Punkt 5 erledigt sich einfach dadurch, dass Theodosius nach dem Tode des Maximus selbst in Rom und in Italien nach Belieben schaltete und überhaupt im Reiche Valentinians II. eine völlige Oberhoheit ausübte [4]. Und was das päpstliche Vicariat über Thessalonich angeht (nr. 6), so braucht es keineswegs mit einer Reichstheilung in Verbindung gebracht zu werden; ja Innocenz I. sagt ausdrücklich in seinem 13. Briefe [5], dass die weite Entfernung der illyrischen Provinzen von Rom den Anlass zur Einsetzung eines vicarius daselbst gegeben habe; sehr nahe liegt auch die Vermuthung, dass die grosse Freundschaft des Acholios mit Papst Damasus diesen bewogen habe, jenen zu seinem Stellvertreter in Illyrien zu ernennen. Uebrigens steht noch lange nicht fest, ja es ist sehr unwahrscheinlich, dass Damasus wirklich dem Acholios ein Vicariat übertragen hat; siehe darüber den folgenden § 4.

---

[1] Cod. Theod. XVI 1, 3.

[2] Schon Richter (a. a. O. 692 Anm. 27) konnte nicht umhin anzuerkennen, dass damals Dacien und Obermösien beim Westreiche geblieben sei. Ranke (Weltgeschichte IV 168 Anm.) wendet sich gegen diese Annahme Richters und sagt, sie beruhe auf einer Bemerkung des Zosimos, die verworfen werden müsse.

[3] Ambrosius, Ep. 13, 7.

[4] Güldenpenning und Ifland a. a. O. 174 ff.

[5] Siehe bei Migne, Patr. lat. XX 515.

§ 4. Das päpstliche Vicariat über Thessalonich.

Papst Siricius, der Nachfolger des Damasus, sprach dem Bischofe Anysios von Thessalonich eine Oberhoheit über die Bischöfe Illyriens zu in der Weise: ‚ut nulla licentia esset sine consensu tuo episcopos in Illyrico ordinare praesumere etc.' [1] Diese Oberaufsicht sollte aber der Bischof von Thessalonich ausüben im Namen des römischen Stuhles, er sollte sein ‚der Stellvertreter des römischen Stuhles in jenen Sprengeln'. Das sagt der zweite Nachfolger des Siricius, nämlich Papst Innocenz I., in seinem ersten Briefe, in dem er dem genannten Anysios von Thessalonich seine Thronbesteigung anzeigte [2]: ‚Cui etiam anteriores tanti ac tales viri praedecessores mei episcopi, id est sanctae memoriae Damasus, Siricius atque supra memoratus vir (Anastasius) ita detulerunt, ut omnia, quae in illis partibus gererentur, sanctitati tuae, quae plena iustitiae est, traderent cognoscenda.' In seinem 13. Briefe [3], an den Bischof Rouphos von Thessalonich, umschreibt Innocenz diese Gewalt noch genauer und sagt, sie solle sich über zehn Provinzen erstrecken, die genau die beiden Reichsdiöcesen Macedonia und Dacia, also ganz Illyricum orientale, umfassten; auch hier wird wieder gesagt: ‚Non primitus haec ita statuentes, sed praecessores nostros apostolicos imitati, qui beatissimis Acholio et Anysio iniungi pro eorum meritis ista voluerunt.'

Aber dies ganze päpstliche Vicariat über Illyricum ist nach den neuesten Untersuchungen Friedrichs [4] für das vierte und fünfte Jahrhundert sehr zweifelhaft. Es wird zwar in einer Menge von Papstbriefen aus der genannten Zeit bis auf Papst Hormisdas (514—523) erwähnt; aber diese gehören alle einer Sammlung (von 26 Schreiben) der Kirche von Thessalonich an, welche sich als Anhang einer sonst nicht weiter bezeugten römischen Synode vom Jahre 531 ausgibt, in deren zweiter Sitzung sie verlesen und den Acten einverleibt worden sei [5]. Papst Bonifatius hatte auf der Synode angeordnet, dass die Echtheit der Schreiben im römischen Archive geprüft werden solle; über das Ergebniss der Prüfung wird nichts berichtet, und das macht die Sache schon verdächtig [6]. Friedrich weist ausserdem nach [7], dass, abgesehen von den Schreiben der Thessalonicher Sammlung, in allen übrigen Quellen für den genannten Zeit-

[1] Vgl. die 4. epistula Siricii bei Coustant, Epist. pont. Rom. I 642, und bei Migne, Patr. lat. XIII 1148.

[2] Bei Coustant I 739 und Migne l. l. XX 463.

[3] Bei Coustant I 816 und Migne XX 515 (Ep. 13 nr. 2).

[4] Friedrich, Ueber die Sammlung der Kirche von Thessalonich und das päpstliche Vicariat für Illyricum, in den Abhandlungen der bayrischen Akademie der Wissenschaften, philos.-histor. Klasse, 1891, 771—887.

[5] Gedruckt bei Mansi, Conc. VIII 749—772.

[6] Mansi, Conc. VIII 748 und Friedrich a. a. O. 777.

[7] A. a. O. 778—810.

abschnitt, und zwar in einer Menge Stellen von Concilsacten und Briefen, der Bischof von Thessalonich mit allen Rechten eines Obermetropoliten bekleidet erscheint und mit der Selbständigkeit Rom gegenüber, welche die Bischöfe von Karthago und die Patriarchen und Exarchen des Orients hatten, und dass in diesen Quellen ein besonderes römisches Vicariat über Thessalonich unbekannt ist. Eine Ausnahme hiervon macht nur der 14. Brief des Papstes Leo I. an Bischof Anastasios von Thessalonich [1], der nicht in der Sammlung von Thessalonich steht; hier erscheint allerdings der Bischof als päpstlicher Vicar, der seine Gewalt als Exarch von Rom hat. Friedrich kommt aber in einer langen Untersuchung aus einer Menge von Gründen zu der Erkenntniss, dass dieser Brief nicht von Leo I. ist, wenn er auch schon vor Dionysius Exiguus existirte, da dieser ihn in seine Decretalensammlung aufgenommen hat [2]; es ist allerdings auch sehr auffallend, dass sich Papst Hormisdas in seinem Streite mit Bischof Dorotheos von Thessalonich über dessen Jurisdiction nicht auf das genannte Schreiben beruft; dasselbe scheint erst in diesem Streite, also im sechsten Jahrhundert, entstanden zu sein [3].

Aber wenn auch schon frühzeitig ein päpstliches Vicariat über Thessalonich bestanden hätte, so wäre doch anzunehmen, dass nicht Damasus es eingerichtet und dem Acholios übertragen habe. Wir haben zwei Briefe des Damasus an Acholios; sie stehen beide (als nr. 8 und 9) in der Sammlung von Thessalonich und nur hier [4] und stammen aus dem Jahre 381 [5]; in beiden ist aber von dem Vicariate mit keiner Silbe die Rede. Es folgt dann in der Sammlung die Epistula IV Siricii papae [6] an Bischof Anysios von Thessalonich; auch hier steht nur, dass ohne Zustimmung des Anysios keine Bischöfe in Illyrien geweiht werden sollen; dagegen von dem römischen Vicariate steht auch hier nichts. Klar aber wird das Vicariat ausgesprochen, wie oben schon gesagt wurde, in zwei Schreiben des Papstes Innocenz I. an Bischöfe von Thessalonich; hier wird auch gesagt, dass schon Damasus und dessen Nachfolger dasselbe den Bischöfen Acholios und Anysios übertragen hätten. Aber abgesehen davon, dass in den erhaltenen Schreiben, wie vorher gezeigt wurde, Damasus und Siricius dieses in Wahrheit nicht thun, abgesehen auch davon, dass die weitläufige Erwähnung dieser Dinge durch Papst Innocenz I. dem Anysios gegenüber, der dieselben doch gut wissen musste, ganz überflüssig erscheint, widerspricht auch die Angabe, dass Damasus das Vicariat übertragen habe, offenkundig dem sechsten Briefe des Papstes Leo I., der auch in jener Sammlung steht [7]; hier wird nämlich gesagt, dass Papst Siricius zuerst das Vicariat den Bi-

[1] Bei Migne, Patr. lat. LIV 668.
[2] Friedrich a. a. O. 812—826. [3] Ebd. 806 ff.
[4] Gedruckt bei Mansi, Conc. VIII 749 und 750.
[5] Siehe oben 381 S. 115. [6] Mansi, Conc. VIII 751.
[7] Bei Migne, Patr. lat. LIV 617.

schöfen von Thessalonich, und zwar dem Anysios, übertragen habe [1]; dem Papste Leo I. war also die Tradition nicht bekannt, dass schon Damasus dies gethan hätte, sonst würde er sie wohl nicht ignorirt haben. Es müssen also jene zwei Schreiben des Papstes Innocenz I. nach dem sechsten Briefe Leos I. entstanden sein [2].

Auch wenn man also die Thatsache eines römischen Vicariates über Thessalonich zugeben will, ist es nicht glaublich, dass schon Papst Damasus dasselbe eingerichtet hat [3].

II.

Die Abfassungszeit der zwei Bücher des Ambrosius: De excessu fratris sui Satyri.

Die Schrift des Ambrosius über den Tod des Satyrus wurde von Tillemont [4] und den Maurinern ins Jahr 379 verlegt, nachdem früher Baronius in der falschen Voraussetzung [5], Symmachus sei im Jahre 383 in Afrika gewesen, ihre Abfassung in dieses letztere Jahr gesetzt hatte. Seeck [6] ging auf das Jahr 375 in der Datirung der Bücher zurück; die Gründe, die er hierfür vorbrachte, suchte Ihm [7] dann wieder zu entkräften; dieser entschied sich mit Tillemont für das Jahr 379 [8]. Aber Seeck hat richtig gesehen. Die entscheidende Stelle ist in der Schrift I 32, wo Ambrosius den Bruder also anredet: ‚Qui cum a viro nobili revocareris Symmacho tuo parente, quod ardere bello Italia diceretur, quod in periculum tenderes, quod in hostem incurreres: respondisti hanc ipsam tibi causam esse veniendi, ne nostro deesses periculo, ut consortem te fraterni discriminis exhiberes.‘ Dass hier der bekannte Symmachus, dessen Briefsammlung erhalten ist, gemeint ist, gibt Ihm (S. 36) selbst zu. Die Stelle kann aber nur den Sinn haben, dass Symmachus damals in Afrika war, von wo Satyrus nach Italien zurückkehren wollte, und dass Symmachus ihn dann in Afrika zurückhielt [9]. Nun war aber Symmachus Proconsul in Afrika in der Zeit von 373—374; dass er auch sonst jemals in Afrika gewesen ist, ist nicht zu erweisen; auch scheint der Ausdruck ‚tuo parente‘ zu verrathen, dass Symmachus damals dem Satyrus amtlich übergeordnet war. Jedenfalls hatte nun Symmachus Afrika am 7. September 375 schon verlassen [10] und Ambrosius war,

---

[1] Vgl. cap. 2: ‚certa tum primum ratione‘.

[2] Friedrich a. a. O. 843—849.

[3] Auch Langen (Geschichte der römischen Kirche 559) spricht sich entschieden in diesem Sinne aus.

[4] Mém. X 734—735. [5] Seeck a. a. O. 53. [6] A. a. O. 49.

[7] Studia Ambrosiana 37.

[8] Diesem folgte letzthin auch Goyau, Chronologie de l'empire romain, zum Jahre 379.

[9] Revocare = zurückhalten; auch I c. 26. [10] Seeck a. a. O.

als er die Schrift abfasste, schon Bischof von Mailand [1]; die Abreise des Satyrus von Afrika fand aber ferner im Winter statt [2]; sie muss also geschehen sein im Winter 374—375. Satyrus erlitt auf dieser Reise nach Italien Schiffbruch (I 44), rettete sich, wie es scheint, nach Sardinien (47), kam darauf nach Italien und empfing hier die Taufe (48), war dann noch eine Zeitlang krank, ehe er nach Mailand kam (16), und starb hier bald danach (17). Sein Tod (depositio) steht im Martyrologium Romanum am 17. September vermerkt; er dürfte also am 17. September 375 erfolgt sein. Im September 375 muss Ambrosius auch die zwei Bücher über seinen Tod geschrieben haben; denn das erste enthält die Rede, die er beim Leichenbegängnisse des Bruders hielt, das zweite die Rede, die er am siebenten Tage danach hielt.

Auch das, was Ambrosius im ersten der zwei Bücher (c. 30—32) über die Gefahren sagt, welche zur Zeit der Reise des Satyrus Italien seitens der Barbaren drohten, erklärt sich am besten vom Jahre 375, wo der Ueberfall der Sarmaten und Quaden wie eine dräuende Gewitterwolke vor Italien stand [3]. Ihm denkt dabei an die Gotengefahr des Jahres 379, aber ganz mit Unrecht; denn nach I 26 bestand diese Gefahr noch nicht, als Satyrus nach Afrika reiste; das würde nach Ihm heissen, sie habe in der zweiten Hälfte des Jahres 378 noch nicht bestanden. Und doch war die Gotengefahr in der zweiten Hälfte des Jahres 378 grösser wie im Jahre 379, als Gratian in der Nähe Italiens stand, und als Theodosius die Goten schon besiegt und weiterhin so erfolgreich bekämpft hatte, dass gegen Mitte des Jahres Gratian den Heimweg nach Westen antreten konnte.

III.

Das Todesjahr Basileios' des Grossen.

Baronius [4] und mit ihm Hefele [5] setzen den Tod des hl. Basileios auf den 1. Januar 378, dagegen Pagi [6] und Clinton [7] auf den 1. Januar 380. Es lässt sich aber mit Sicherheit nachweisen, dass Basileios am 1. Januar 379 gestorben ist.

Zunächst muss als feststehend betrachtet werden, dass er am 1. Januar starb. Denn: 1. Das Martyrologium Romanum und andere Martyrologien setzen seinen Tod auf diesen Tag. 2. Die apokryphe Vita des Basileios, die fälschlich seinem Zeitgenossen Amphilochios zugeschrieben wird, sagt [8]: ,Requievit autem . . . prima Ianuarii anni quinti Valentis et Valentiniani.' 3. Gregor von Nyssa berichtet [9], nach dem Weihnachtsfeste werde in Nyssa

[1] De excessu I 24. [2] Ibid. I 50. [3] Richter a. a. O. 403 ff.
[4] Ann. 369. [5] Conciliengesch. I² 743. [6] Crit. 378, 8.
[7] Fasti Romani I, zum Jahre 380. [8] Migne, Patr. gr. XXIX 116.
[9] Migne l. l. XLVI 725 c, 787 c, 789 a.

der Tag des hl. Stephanus, dann ein gemeinsamer Gedenktag der Apostel Petrus, Jacobus und Johannes, dann der Tag des hl. Paulus und danach der des Basileios gefeiert; diese Angabe führt ungefähr auf den 1. Januar. 4. Auf den ersten Monat des Jahres führt auch die früher bei Gelegenheit des Concils zu Antiochien im Jahre 379 [1] citirte Stelle aus Gregor von Nyssa.

Dass aber Basileios im Jahre 379 starb, ergibt sich also: 1. Er lebte noch, als Gregor von Nazianz sich nach Konstantinopel begab [2]. 2. Er starb nach Hieronymus [3]: regnante Gratiano; das hat aber, wenn er am 1. Januar starb, nur einen Sinn für das Jahr 379; denn Basileios starb im Orient, und Hieronymus bestimmt auch sonst bei den Orientalen die Jahre nach den Beherrschern des Orients und nicht des Occidents; Gratian beherrschte aber nur im Anfange des Jahres 379 den Orient. 3. Basileios schrieb seinen 269. Brief an die Wittwe des Arinthäus, um sie über den Verlust ihres Gemahls zu trösten; nach Theodoret [4] lebte aber Arinthäus noch, als Valens 378 nach Konstantinopel kam; mithin kann Basileios nicht am 1. Januar 378 gestorben sein. 4. Aus dem Jahre 379 besitzen wir keinen Brief des Basileios und keinerlei Nachricht über seine Thätigkeit.

Wenn es nun in der genannten apokryphen Vita des Basileios heisst, er sei gestorben ‚prima Ianuarii anni quinti Valentis et Valentiniani', so liegt die Auslegung dieser Stelle nahe: ‚Valente V. et Valentiniano cons.'; das würde auf das Jahr 376 führen. Da dies aber nicht zutreffen kann, nahm Pagi [5] an, das ‚Valentis' sei interpolirt und es müsse heissen: ‚anni quinti Valentiniani.' Das fünfte Jahr des Valentinian begann aber im November 379. Die Stelle würde dann auf den 1. Januar 380 führen; sie lässt sich aber auch erklären vom 1. Januar 379, wenn man annimmt, dass das zweite Jahr Valentinians mit dem 1. Januar 376 begonnen habe.

IV.

Das sogenannte Symbolum des Concils von Konstantinopel 381.

Das heute in der Messe gebräuchliche Symbolum war schon zur Zeit des hl. Isidor allenthalben beim Gottesdienste üblich: ‚dans symboli formam, quam tota Graecorum et Latinorum confessio in ecclesiis praedicat.' [6] Dass es auf dem Concil zu Konstantinopel im Jahre 381 verfasst worden sei, sagen das Chronicon paschale (zum Jahre 381) und Theophanes [7]; auch liess das allgemeine Concil zu Kalchedon es zweimal verlesen und erkannte es der Synode zu Konstantinopel ausdrücklich

[1] Siehe oben 379 S. 48 [1]; Migne l. l. XLVI 973 [d].
[2] Opera Greg. Naz. I 142.
[3] De vir. illustr. c. 116.
[4] Hist. eccl. IV 29.
[5] L. l. 378, 2.
[6] Isidor, Origenes VI 16, 7.
[7] Bonner Ausgabe I 108.

zu[1]. Trotzdem halte ich gegen Hefele[2] und gegen Tillemont[3] es für sehr unwahrscheinlich, dass das Symbolum von der Synode zu Konstantinopel herrührt. Die Gründe, die mich bestimmen, sind folgende:

1. Alle drei Kirchenhistoriker sagen, dass die πίστις von Nikaia zu Konstantinopel auf dem Concil bestätigt worden sei[4]; sie sagen aber kein Wort darüber, dass dieselbe damals hinsichtlich der Gottheit des Heiligen Geistes erweitert worden sei. 2. In keinem ältern Berichte über das Concil wird gesagt, dass es sich mit der Gottheit des Heiligen Geistes beschäftigte, und wenn gesagt wird, es habe die Lehre der Makedonianer verworfen, so ist zu erinnern, dass ausdrücklich als deren Unterscheidungslehre angegeben wird, dass sie das ὁμοούσιος nicht annahmen[5]. 3. Gregor von Nazianz schreibt nach dem Concil von Konstantinopel an Kledonios (Brief 102), der ihn um eine kurze Mittheilung seines Glaubens gebeten hatte, er hange dem Symbolum von Nikaia an, erweitere es sich aber hinsichtlich des Heiligen Geistes, den jenes zu kurz behandele, dahin, dass er Gott sei und dass die Gottheit des Vaters, Sohnes und Heiligen Geistes eine und dieselbe sei. 4. Das allgemeine Concil zu Ephesos bestimmte unter Androhung der Excommunication, dass kein anderes Symbolum als das von Nikaia gebraucht werden dürfe[6].

Noch unhaltbarer ist die von Tillemont[7] aufgestellte, von Hefele[8] und Harnack[9] angenommene Meinung, dass das Symbolum von Konstantinopel identisch sei mit dem von Epiphanios in seinem Ankyrotos[10] wiedergegebenen Symbolum, von dem Epiphanios sagt, dass zu seiner Zeit (d. h. um das Jahr 374) die Katechumenen darauf verpflichtet zu werden pflegten; dieses Symbolum, so nehmen jene an, habe die Synode von Konstantinopel mit einigen unwesentlichen Aenderungen und mit Kürzungen angenommen. Die beiden Symbola sind sich aber in Wahrheit sehr unähnlich; denn von den Zusätzen über den Heiligen Geist, die im Symbolum von Konstantinopel stehen, finden sich in dem des Epiphanios nur folgende: ἐκ τοῦ πατρὸς ἐκπορευόμενον und κηρῦξαν ἐν τοῖς προφήταις; aber diese stehen bei Epiphanios eingefügt in eine ganze Menge anderer wichtiger Bestimmungen über den Heiligen Geist, wie: πνεῦμα τέλειον, πνεῦμα παράκλητον, ἄκτιστον, καὶ ἐκ τοῦ υἱοῦ λαμβανόμενον καὶ πιστευόμενον, während wichtige Ausdrücke des konstantinopolitanischen Symbolums bei Epiphanios fehlen, wie: τὸ κύριον, τὸ ζωοποιόν, τὸ σὺν πατρὶ καὶ υἱῷ προσκυνούμενον. Auch der Schluss ist in den beiden Symbola ganz verschieden. Daher kann schon Hefele, wenn er auch die Hypothese Tillemonts annimmt, nicht umhin zu bemerken[11],

---

[1] Mansi, Conc. VI 958 und VII 111.
[2] Conciliengesch. II^2 10—12. [3] Mém. IX 494—496.
[4] Sokr. V 8; Soz. VII 9 und Theod. V 8. [5] Sokr. V 8 und Soz. VII 7.
[6] Hefele, Conciliengesch. II^2 207. [7] A. a. O. [8] Conciliengesch. II^2 10.
[9] Kurtz, Lehrbuch der Kirchengeschichte I^{11}, Leipzig 1890. § 60, 2.
[10] Kap. 119, bei Dindorf I 225. [11] A. a. O. Anm. 5.

dass die Aehnlichkeit der beiden Symbola nicht so gross ist, wie Tillemont voraussetzte.

V.

Hat das Concil zu Konstantinopel 381 mit seinem zweiten Canon neue Patriarchalsitze schaffen wollen?

Was der zweite Canon des Concils von Konstantinopel [1] über die Vorrechte der Bischöfe von Alexandrien und Antiochien in Aegypten und in der Reichsdiöcese Oriens enthält, war schon im sechsten Canon von Nikaia bestimmt. Die Frage ist aber, ob durch diesen zweiten Canon und das ihm nahestehende Gesetz vom 30. Juli 381 [2] auch in den drei andern Reichsdiöcesen eine ähnliche Patriarchalgewalt geschaffen werden sollte, wie sie in jenen zwei Diöcesen schon bestand. Dies behauptet nämlich mit bestimmten Worten Sokrates, der von der Synode sagt [3]: καὶ πατριάρχας κατέστησαν διανειμάμενοι (‚indem sie unter sich vertheilten', nicht: ‚indem sie eintheilten', wie Hefele falsch übersetzt [4]) τὰς ἐπαρχίας, ὥστε τοὺς ὑπὲρ διοίκησιν ἐπισκόπους ταῖς ὑπερορίοις ἐκκλησίαις μὴ ὑπερβαίνειν; er sagt weiterhin, so sei dem Nektarios Konstantinopel und ganz Thrakien zugefallen, das Patriarchat der pontischen Diöcese hätten Helladios, der Nachfolger des hl. Basileios, Gregor von Nyssa und Otreïos von Melitene in Armenien erhalten u. s. w. Die hier genannten Persönlichkeiten entnimmt Sokrates dem Gesetze des Kaisers vom 30. Juli, das er mit dem zweiten Canon des Concils zu einem Ganzen vereinigt, während Sozomenos [5] beide auseinanderhält und auch von Patriarchen nichts sagt an dieser Stelle. Gothofredus (zu dem Gesetze), Baronius (381) und Valesius (zu Sokrates) sind dem Sokrates gefolgt und nehmen an, dass die Synode wirklich neue Patriarchate geschaffen bezw. approbirt habe, so z. B. Kaisareia in Kappadokien über die Diöcese Pontos und Ephesos über die Asiana; auch Hefele [6] folgt dem Sokrates hier wenigstens insoweit, dass er sagt, die Synode habe dem Nektarios nicht bloss den Ehrenvorrang nach dem römischen Bischofe (Canon 3), sondern auch die Jurisdiction über die Diöcese Thrakien verliehen (Canon 2).

Mir scheint es aber klar zu sein, dass hier ein Irrthum des Sokrates vorliegt, und dass die Synode keineswegs den im Gesetze des Theodosius genannten Bischöfen die höhere Jurisdiction der Patriarchen hat geben wollen. Denn: 1. Die Patriarchalgewalt wird in dem Canon ausdrücklich den Bischöfen von Alexandrien und Antiochien bestätigt; dagegen wird bei den drei andern Diöcesen eine solche nicht erwähnt, woraus zu schliessen ist, dass sie hier auch nicht bestand. 2. Den im Gesetze genannten Bi-

---

[1] Gedruckt bei Mansi, Conc. III 557. [2] Cod. Theod. XVI 1, 3. [3] Sokr. V 8.
[4] Conciliengesch. II² 18. [5] VII 9. [6] Conciliengesch. II² 18.

schöfen wird vom Kaiser nur der Vorzug der Rechtgläubigkeit, nicht aber eine höhere Amtsgewalt zugesprochen, wenn auch aus dem Gesetze zu erkennen ist, dass sie in den betreffenden Reichsdiöcesen die hervorragendsten Bischöfe waren. 3. Wenn man dem Sokrates folgt, so müsste man annehmen, dass die Synode in Pontos und Oriens je drei, in der Asiana zwei Patriarchen eingesetzt hat; eine solche Theilung vertrüge sich aber nicht mit dem Begriffe der Patriarchalgewalt und ist sonst in den Quellen nicht zu erkennen. 4. Dass Kaisareia in Kappadokien eine Patriarchalstellung über die Diöcese Pontos nicht gehabt hat, ergibt sich klar aus dem Briefe Gregors von Nyssa an Flavian, wo über das Verhältniss des Helladios von Kaisareia zu Gregor selbst gesagt wird[1]: ἴση παρὰ συνόδου καὶ μία γέγονεν ἀμφοτέρων ἡμῶν ἡ παρανομία, μᾶλλον δὲ ἡ φροντὶς τῆς τῶν κοινῶν διορθώσεως ἐν τῷ τὸ ἴσον ἔχειν.

Gegen die hier vertheidigte Anschauung und für die Auffassung des Sokrates scheinen die Anfangsworte des zweiten Canons zu sprechen: Τοὺς ὑπὲρ διοίκησιν ἐπισκόπους ταῖς ὑπερορίοις ἐκκλησίαις μὴ ἐπιέναι, die wörtlich bei Sokrates[2] wiederkehren. Valesius bemerkt zu dieser Stelle des Sokrates, die Worte ὑπὲρ διοίκησιν könnten einen doppelten Sinn haben: entweder ‚supra dioecesim', so dass diese Bischöfe angeblich einer ganzen Reichsdiöcese vorständen, oder ‚extra suam dioecesim'; die zweite Erklärung zieht Valesius vor, weil das ὑπὲρ διοίκησιν noch ein zweites Mal in demselben Canon vorkommt und hier offenbar die zweite von den beiden angegebenen Bedeutungen hat. Dem Valesius folgt Hefele[3], der den Anfang des Canons also übersetzt: ‚Die einer andern Diöcese angehörigen Bischöfe sollen fremde Kirchen nicht betreten.' Aber beide Erklärungen der Stelle, die Valesius gibt, sind nicht haltbar; die erstere, weil ὑπέρ mit dem Genetiv wohl den Sinn von supra hat, aber nicht ὑπέρ mit dem Accusativ; auch wird im Canon weiterhin ausdrücklich gesagt, dass nicht ein Bischof in jeder Diöcese, sondern mehrere (z. B. ‚τοὺς τῆς Θρᾴκης') gemeint sind. Die zweite Auslegung aber gibt einen thörichten Sinn, wie am besten die Uebersetzung Hefeles zeigt, bei der entweder das ὑπὲρ διοίκησιν oder das ὑπερορίοις überflüssig und unsinnig ist; auch die Berufung des Valesius auf das zweite Vorkommen des Ausdrucks trifft nicht zu, da er hier von ἐπιβαίνειν abhängig ist und dadurch einen besondern Sinn erhält.

Der Sinn der Worte τοὺς ὑπὲρ διοίκησιν ἐπισκόπους soll offenbar dieser sein: „die einer Diöcese angehörenden Bischöfe" oder „die Bischöfe einer Diöcese"; es fragt sich nur, ob die Worte sprachlich diese Uebersetzung zulassen. Ich meine, dass das der Fall ist; denn entweder bedeutet das ὑπέρ hier: über — hin, wie es oft vorkommt, z. B. ὑπὲρ ἅλα bei Homer[4], oder das ὑπέρ steht durch Attraction wegen des folgenden ἐπιέναι für ἐν;

---

[1] Opera Greg. Nyss. III 650. [2] A. a. O. [3] Conciliengesch. II² 16.
[4] Odyss. 3, 73 und Il. 23, 227.

vgl. Xenophon, Anab. I 1, 5: ὅστις δ' ἀφικνοῖτο τῶν παρὰ βασιλέως πρὸς αὐτόν statt παρὰ βασιλεῖ und I 2, 3: τοὺς ἐκ τῶν πόλεων λαβών für ἐν ταῖς πόλεσιν; siehe Krüger, Attische Syntax 50, 8, 10 (14).

VI.

Die Echtheit der Briefe 10—14 des Ambrosius oder der bei Gelegenheit des Concils zu Aquileja 381 an die Kaiser erlassenen Schreiben.

Die Echtheit der fünf Schreiben des Concils zu Aquileja an die Kaiser hat Langen [1] nach dem Vorgange des Jesuiten Chifflet verdächtigt, aber, wie mir scheint, mit Unrecht. Die Sprache der Schreiben weicht nicht ab von der des Ambrosius und der Gesta des Concils zu Aquileja; auch sieht man nicht, zu welchem Zwecke ein Fälscher hier gearbeitet habe. Langen macht gegen die Echtheit folgende Einwendungen:

1. In Brief 11, 2 des Ambrosius werde über Ursinus gesagt, dass von ihm der gesamten Kirche die grösste Gefahr drohe; im Jahre 381 sei aber Ursinus in Wahrheit sehr in den Hintergrund getreten. Darauf ist zu erwidern: Die Bischöfe motiviren ihre Befürchtungen ausdrücklich damit, sie hätten gehört, Ursinus wolle durch Heuchelei und Schmeichelei auf den Kaiser einwirken, damit der ihn begnadige. Dass Ursinus aber wirklich nicht so ungefährlich war, zeigt das Schreiben des römischen Concils vom Jahre 378 an Kaiser Gratian [2], in dem gesagt wird, dass Ursinus durch die von ihm Geweihten trotz seiner Verbannung nach Köln gegen den römischen Stuhl und die orthodoxen Bischöfe intriguire.

2. Ferner wird in Brief 11, 3 Ursinus der Verbindung mit den Arianern in Mailand beschuldigt, während er in dem römischen Synodalschreiben als Verbannter in Gallien erscheint. Aber diese Verbindung mit den Arianern in Mailand wird in Brief 11, 3 auch ausdrücklich in eine frühere Zeit verlegt und nur erwähnt, um die orthodoxe Gesinnung des Ursinus vor dem Kaiser zu verdächtigen. Dass Ursinus zur Zeit der Abfassung des Schreibens in Italien nicht anwesend war, wird nr. 5 deutlich gesagt; falsch behauptet also Goyau [3], gestützt auf Rade [4], Gratian habe im Jahre 379 dem Ursinus die Rückkehr nach Mailand gestattet.

3. Langen hält es für kaum denkbar, dass die Bischöfe des Concils in Brief 13, 3 so entschieden den Maximus für den Bischofsstuhl von Konstantinopel verlangten, nachdem Damasus sich zu Anfang desselben Jahres so entschieden gegen Maximus erklärt habe [5]. Aber es ist zu bedenken, dass Maximus unterdessen seine Sache persönlich auf dem Concil zu Aqui-

[1] Geschichte der römischen Kirche I 510 Anm. 1 und 563 Anm. 2.

[2] Bei Mansi, Conc. III 625.

[3] A. a. O. zum Jahre 379.

[4] Damasus, Bischof von Rom 41—42; Rade seinerseits stützt sich gerade auf Ambrosius, Ep. 11, von der hier die Rede ist.

[5] Damasus, Ep. 5, bei Migne, Patr. lat. XIII 365.

leja vertreten hatte und sogar dem Kaiser Gratian in Mailand eine von ihm verfasste Schrift gegen die Arianer überreichen konnte [1].

4. Langen sagt: ‚Desgleichen erweckt es einen starken Verdacht, wenn in dem Rechtfertigungsschreiben (Brief 14) die Bischöfe von der Irrlehre des Apollinaris als einer ihnen unbekannten und noch der Untersuchung bedürftigen reden, während diese wiederholt auf römischen Synoden verurtheilt worden war.‘ Langen hat hier das zweimalige ‚praesentibus partibus‘ in Brief 14, 4 übersehen; die Bischöfe fordern klar eine Verhandlung über den Apollinarismus in Gegenwart von Vertretern dieser Secte, und eine solche hatte im Abendlande noch nicht stattgefunden.

5. Langen findet einen Widerspruch darin, dass nach Brief 14 ‚der Kaiser die Einladung zu einem Concil abschlägig beschied und andererseits — was historisch ist — dieselbe seinen Bischöfen zukommen liess‘. Langen denkt hier an Theodoret V 9. Das Schreiben (Brief 14) zeigt aber deutlich, dass der Kaiser nur ein Concil in Rom missbilligte, überhaupt ein allgemeines Concil von Orientalen und Occidentalen nicht für angezeigt hielt (nr. 6 u. 7); damit steht aber nicht im Widerspruch, dass er seine Orientalen zu einem Concil nach Konstantinopel einlud und ihnen das Schreiben der Occidentalen als Grundlage für ihre Verhandlungen mittheilte.

VII.

Der Tod des Kaisers Gratian.

Ueber die letzten Schicksale und den Tod des Gratian lauten die Nachrichten sehr verschieden. Am abenteuerlichsten ist der Bericht des Chronicon paschale, demgemäss der Kaiser im Jahre 380 von seiner Stiefmutter, der Kaiserin Justina, beim Eintritt in den Circus zu Konstantinopel aus religiösem Fanatismus getödtet worden sei. Nach Zosimos [2] traf Andragathius, der Abgesandte des Maximus, ihn zu Singidunum (am Einflusse der Save in die Donau) beim Ueberschreiten einer Brücke und tödtete ihn. Ambrosius [3] wirft dem Maximus vor, dass er den Auftrag zu diesem Morde gegeben habe; der läugnete das aber. Sokrates und Sozomenos [4] haben statt Singidunum richtig Lugdunum und malen die Gefangennahme des Kaisers weiter aus: Andragathius habe in seinem Wagen liegend sich für die Gemahlin Gratians ausgegeben und diesen, der eben die Rhonebrücke bei Lyon überschritten hatte und sich ihm näherte, gefangen genommen und getödtet; nach Sokrates tödtete er ihn sofort, nach Sozomenos kurz nachher. Tillemont [5] hält die Darstellung des Sokrates und Sozomenos für wenig glaubhaft. Von den nähern Umständen bei der Ermordung des Kaisers können wir uns ein ziemlich klares Bild machen nach den Nach-

---

[1] Siehe oben 381 S. 116. [2] Zos. IV 35. [3] Ep. 24, 10.
[4] Sokr. V 11; Soz. VII 13. [5] Hist. V 177—179.

richten bei Hieronymus und Ambrosius, die zeigen, dass Gratian keineswegs an der Rhonebrücke, sondern in einem Hause in Lyon selbst getödtet worden ist. Hieronymus sagt nämlich von der Ermordung des Kaisers [1]: ‚Cruentaeque manus vestigia parietes tui Lugdune testantur.' Ambrosius vergleicht in der Erklärung des 61. Psalmes den Mörder des Gratian mit dem Verräther Judas und führt diesen Vergleich bis in einzelne Züge hinein durch; nr. 17 sagt er, der Kaiser sei gestorben ‚nullo auxiliatore, nullo iam socio sui, nullo comite'; aus nr. 24 und 26 aber ersehen wir, dass ihm in Lyon ein Gastmahl gegeben wurde und dass er in kaiserlichem Gewande daran theilnahm, nachdem der, welcher ihn später tödtete, ihm mit der Hand auf dem Evangelium Sicherheit versprochen hatte, dass dieser dann aber beim Mahle aufstand, den Kaiser durchbohrte und hierfür später von Maximus eine Belohnung erpresste und erhielt.

Wer aber war es, der den Kaiser beim Mahle ermordete? Ambrosius sagt von dem Mörder [2], dass er ‚provincias sibi creditas, militiae dignitatem, administrationis infulas' gehabt habe. Richter [3] denkt daher an den Statthalter der lugdunensischen Provinz; er nimmt an, dieser habe den Kaiser mitleidig in die Stadt aufgenommen und ihm ein Gastmahl angeboten in der guten Absicht, damit derselbe sich zur Reise nach Italien stärke; als dann der Kaiser sich vom Mahle erhoben habe, sei ihm Andragathius entgegengetreten und habe ihm das Schwert in die Brust gestossen, wobei dem Mörder jener Statthalter mit den lugdunensischen Vornehmen geholfen habe. Diese Auffassung der Begebenheit scheint mir unhaltbar zu sein; denn: 1. Was bleibt hier von der ganzen Darstellung des Zosimos, Sokrates und Sozomenos übrig, dass Andragathius den Kaiser beim Ueberschreiten der Rhonebrücke gefangen nahm? 2. Wie lässt sich ein solcher Wankelmuth des römischen Statthalters begreifen? 3. Der Auffassung Richters steht die vorhin skizzirte Darstellung des Ambrosius entgegen; hier wird nämlich von dem, dessen hervorragende Stellung Ambrosius vorher ausgemalt hat (‚provincias sibi creditas etc.'), erzählt, er sei vom Gastmahle aufgestanden ‚ad necem, und ‚fefellit, ut occideret'; es steht also fest, dass derselbe, der den Eid leistete, auch den Mord vollbrachte. 4. Völlig in Widerspruch mit der Annahme Richters steht eine Stelle in dem Briefe ‚De cereo paschali', der im Jahre 383 verfasst ist, dem hl. Hieronymus zugeschrieben wird und jedenfalls eine Nachahmung von dessen 14. Briefe (Ad Heliodorum) sein soll [4]; hier heisst es, dass Gratian nach dem Verrathe seines Heeres zuerst gefangen genommen, dann noch erbärmlicher getödtet worden sei [5]. Darum ist anzunehmen, dass der Gastgeber auch der Mörder war,

---

[1] Ep. 60, 15. [2] Ep. 60, 24. [3] A. a. O. 574.

[4] Gedruckt bei Migne, Patr. lat. XXX 182; siehe auch daselbst die Vorrede Vallarsis p. 181.

[5] Vgl. Migne l. l. 186. Die Stelle lautet: ‚Necdum annus completus est, quo principem Gratianum prodente exercitu suo ante foeda captivitas, dehinc

31*

mag es nun der Statthalter von Lyon oder Andragathius gewesen sein; das letztere ist aber viel wahrscheinlicher, weil dieser auch von Zosimos und andern als der Mörder bezeichnet wird und weil bei ihm die Treulosigkeit weniger auffällig ist als bei dem Statthalter. Eine Schwierigkeit macht da bloss das ‚provincias sibi creditas' und ‚administrationis infulas'; aber es steht nichts entgegen anzunehmen, dass Andragathius eine solche Stellung, etwa in Britannien, eingenommen hatte.

Nach den Ravennater Reichsannalen [1] wurde der Kaiser ermordet am 25. August; so nämlich berichten übereinstimmend der Barbarus Scaligeri [2], die Fasti Vindobonenses priores [3] und Marcellinus Comes [4]. Tillemont [5] möchte das ‚a. d. VIII. Kal. Sept.' emendiren in ‚a. d. VIII. Kal. Aug.'; er beruft sich dafür einerseits auf Sokrates und Sozomenos, die sagen [6], Gratian habe 15 Jahre regiert, andererseits auf Aurelius Victor [7], der den Kaiser 6 Monate gemeinsam mit Arcadius regieren lässt; starb nämlich der Kaiser am 25. August, so hätte er 16 Jahre und einen Tag [8], mit Arcadius aber 7 Monate regiert. Aber ich meine, die Autorität der Annalen steht viel höher als so unbestimmte Angaben, wie die letztgenannten. Die Bemerkung des Aurelius Victor stimmt auch zu der der Annalen, wenn man mit Pagi [9] annimmt, dass er den ersten und letzten unvollendeten Monat nicht mitrechnet. Aurelius Victor irrt übrigens auch sonst in Betreff Gratians, da er ihn 29 oder nach einigen Handschriften 38 Jahre alt werden lässt; der Kaiser war (nach den Fasti Idatiani und dem Chron. pasch.) geboren am 18. April 359, wurde also nur 24 Jahre alt. Sokrates und Sozomenos aber sind bei Berechnung der Lebens- und Regierungszeit ganz unzuverlässig; so lassen sie [10] z. B. Valentinian I. 13 Jahre regieren, während es nach Ammian [11] noch keine 12 waren; ferner sagen sie [12], Valens habe 16 Jahre regiert, es waren aber nach Ammian [13]: ‚annos XIV parvo minus'.

VIII.

Die Hungersnoth des Jahres 383.

Dass im Jahre 383 in Italien und auch in manchen Provinzen Misswachs war, sagen Symmachus in der Relatio III aus dem Jahre 384 [14]

miserabilior oppressit interitus.' Neuerdings ist G. Morin (Revue Bénédictine VIII, 1891, 20—27 und IX, 1892, 392—397) entschieden für die Echtheit dieses Briefes De cereo paschali eingetreten.

[1] Holder-Egger im Neuen Archiv I 347.

[2] Ausgabe von Mommsen IX 297. [3] Dieselbe Ausgabe a. a. O.

[4] Ebd. XI 61. [5] Hist. V 724 note 26. [6] A. a. O.

[7] Epitome cap. 47 Anf.

[8] Gratian war Augustus geworden am 24. August 367 nach Sokr. IV 11; vgl. Seeck a. a. O. 125. [9] Pagi 383, 10. [10] Sokr. IV 31; Soz. VI 36.

[11] Amm. XXX 6, 6. [12] Sokr. IV 38; Soz. VI 40.

[13] Amm. XXXI 14, 1. [14] Rel. III 15—17.

und Ambrosius in der Entgegnung darauf [1]. Auch die Hungersnoth, von der in drei Briefen des Symmachus an Flavian [2] die Rede ist, ist keine andere als diese [3]. Dagegen kann die Hungersnoth, von der Ambrosius, De off. III 7, 48, erzählt, dass bei ihr die Fremden aus Rom vertrieben wurden, nicht, wie Seeck gethan hat [4], mit jener identificirt werden. Für die Identität könnte allerdings sprechen, dass auch bei der Hungersnoth des Jahres 383 die Fremden aus Rom verwiesen wurden [5]. Aber Ambrosius sagt: ‚Et certe adriserat anni fecunditas, invectio nobis sola egebat frumento; potuisset iuvari, si peteretur ab Italis frumentum, quorum filii expellebantur.' Danach herrschte die letztere Hungersnoth bloss in Rom und war die Folge mangelhafter Zufuhr; von der Hungersnoth des Jahres 383 aber theilt Ambrosius selbst mit [6], dass in einer ganzen Menge von Provinzen, z. B. auch in Aegypten, Misswachs herrschte und dass in Italien nur Ligurien und Venetien eine Ernte hatten und auch diese nur ‚autumni frumenta'.

Nach Symmachus [7] erstreckte sich die Hungersnoth auf alle Provinzen und war so gross, dass man sich vielfach von wilden Beeren und Eicheln nährte; Ambrosius [8] aber beschränkt sie auf Afrika, Spanien und Italien ausser Ligurien und Venetien, und sagt, Gallien, Rhätien und Pannonien hätten sogar eine reiche Ernte gehabt. Infolge der Hungersnoth vertrieb man alle Fremden aus Rom, selbst die, welche wissenschaftlichen Studien oblagen [9]; die Schauspieler dagegen hielt man für so unentbehrlich, dass man sie unbehelligt liess, und so blieben 3000 fremde Tänzerinnen und ebenso viele Musiker in der Stadt [10].

IX.

Die Zeit des Rücktritts Gregors von der Kirche in Nazianz.

Dass der Rücktritt Gregors in Nazianz in das Jahr 383 fällt, lässt sich deshalb vermuthen, weil wir keine Nachricht über seine Thätigkeit daselbst nach dem genannten Jahre haben [11]. Mehr Gewissheit aber erhalten wir aus dem 173. Briefe Gregors. Dieser ist an Postumianus zu

---

[1] Ambrosius, Ep. 18, 22. [2] Symmachus, Ep. II 6. 7. 52.

[3] Das ergibt sich sowohl aus der Bemerkung des Symmachus (II 7): ‚annus ubique ad famem proximus', mit der zu vergleichen ist Relatio III 15: ‚Spem provinciarum omnium messis aegra decepit', als auch aus der weitern Angabe des Symmachus (II 7): ‚Dii patrii facite gratiam neglectorum sacrorum', welche sich auf die Entfernung der ara Victoriae und die gleichzeitige Entziehung der Einkünfte der Priestercollegien zu beziehen scheint.

[4] A. a. O. 120. [5] Symmachus, Ep. II 7. [6] Ep. 18, 21—23.

[7] Relatio III 15—16. [8] Ep. 18, 21—23. [9] Symmachus, Ep. II 7.

[10] Amm. XIV 6, 19. [11] Tillemont, Mém. IX 530.

der Zeit geschrieben, als dieser praef. praet. war — er war es von April bis gegen Ende dieses Jahres [1] — und als in Konstantinopel ein Concil stattfand, d. h. gegen Mitte dieses Jahres [2]; Gregor bittet ihn, für den Frieden in der Kirche mitzuwirken; er nennt sich dabei ‚τῶν πραγμάτων ἀναχωρήσας‘ und sagt ferner: οὐ γὰρ ὥσπερ τῶν θρόνων καὶ τῆς ὀφρύος τοῖς βουλομένοις, οὕτω καὶ τῆς εὐσεβείας παρεχωρήσαμεν. Dass Gregor um Ostern 383 sehnsüchtig nach einem Nachfolger ausschaute, zeigt auch der 120. Brief.

Auf das Jahr 383 führt auch folgende Combination. In Gregors 183. Brief ist die Aufstellung des Eulalios zu seinem Nachfolger in Nazianz berichtet und gerechtfertigt. Die Briefe 183—185 müssen aber in derselben Zeit geschrieben sein, da sie alle drei dieselbe Angelegenheit des Bischofs Bosporios von Kolonia behandeln. Im 185. Briefe rügt nun Gregor, dass dessen Sache vor die weltlichen Gerichte gebracht wurde, und tadelt es, dass solches überhaupt vorkomme. Dieser Brief muss daher geschrieben sein vor einem Gesetze des Theodosius, welches zuerst veröffentlicht wurde von Jakob Sirmond im Jahre 1631 [3]; hier nämlich bestimmt der Kaiser mit Rücksicht auf einen Fall in Aegypten, der aber nicht vereinzelt dastehe, ‚continua lege‘, dass Bischöfe nicht mehr vor das weltliche Forum gezogen werden sollen. Das Gesetz ist datirt vom 4. Februar und gerichtet an Optatus praef. Augustalis, d. h. Präfect von Aegypten. Das Jahr des Gesetzes ist nicht angegeben, lässt sich aber auffinden. Denn nach seiner Aufschrift (Valent. Theodos. Arcad.) muss das Gesetz nach dem Tode Gratians gegeben worden sein; da ferner in demselben Bischof Timotheos von Alexandrien als lebend erwähnt wird, dieser aber im Jahre 385 starb [4], so muss das Gesetz vor Ende des Jahres 385 gegeben sein; es ist also zu datiren auf den 4. Februar 384 oder 385. Nun wird ferner in zwei Gesetzen vom Ende 384 [5] Florentius als praef. Augustalis genannt und ebenso in zwei Gesetzen vom Jahre 386 [6], während im Juli 385 Paulinus als solcher erscheint [7]. Optatus kann also nicht am 4. Februar 385 praef. Augustalis gewesen sein; das an ihn gerichtete Gesetz muss also vom 4. Februar 384 sein. Mithin sind auch die Briefe Gregors 183—185 vor dem 4. Februar des Jahres 384 geschrieben, und seine Abdankung fällt in das Jahr 383.

---

[1] Siehe oben 383 S. 149. Schon im Anfang des folgenden Jahres erscheint Cynegius als sein Nachfolger im Amte (Cod. Theod. XII 13, 5 und XV 1, 23).

[2] Siehe 383 S. 156.

[3] Gedruckt auch bei Hänel, Novellae constitutiones 451—453.

[4] Sokr. V 12. [5] Cod. Theod. IX 33 1 und XI 39, 9.

[6] Ibid. I 14, 1 und XII 1, 112.

[7] Ibid. XI 39, 10; Tillemont (Hist. V 539 note 30) emendirt hier wohl mit Recht Paulinus in Florentius.

X.

Zeit der zweiten Gesandtschaft des Ambrosius an Kaiser Maximus.

Die zweite Gesandtschaft an Kaiser Maximus, welche Ambrosius übernahm, um die Auslieferung der Leiche Gratians zu erbitten, und über welche er dem Kaiser Valentinian in seinem 24. Briefe Bericht erstattete, wurde bisher allgemein in die zweite Hälfte des Jahres 386 oder in den Anfang des Jahres 387 gesetzt [1]. Die Gesandtschaft fand aber nach meiner Ueberzeugung im Winter des Jahres 384 auf 385 statt. Abgesehen davon, dass eine Gesandtschaft, die ausgesprochenerweise den angegebenen Zweck hatte, am natürlichsten bald nach dem Tode Gratians ausgeführt wurde, abgesehen auch davon, dass Ambrosius am Anfange seines Berichtes im Briefe 24 von seiner ersten Gesandtschaft [2] wie von der jüngsten Vergangenheit redet, und dass sich in diesem 24. Briefe nichts findet, was über das Jahr 384 hinausweist, ergibt sich dasselbe Jahr ganz klar aus nr. 12 dieses Briefes, wo es heisst: ‚Postea cum videret me abstinere ab episcopis, qui communicabant ei vel qui aliquos devios licet a fide ad necem petebant squ.‘ Hier ist offenbar die Rede von den Bischöfen Idacius und Ithacius, welche die Hinrichtung der Priscillianisten forderten; das ‚petebant‘ zeigt aber, dass diese Hinrichtung damals noch nicht vollzogen war. Die zweite Anwesenheit des Ambrosius in Trier fällt also in die Zeit zwischen der Synode zu Bordeaux im Jahre 384 und der Hinrichtung Priscillians im Jahre 385; da nun aber schon Ostern des Jahres 385 Ambrosius in offenem Conflict mit der Kaiserin Justina lag, bleibt für seine Reise nur der Winter des Jahres 384 auf 385 übrig. Ich halte also dafür, dass die zweite Reise nach Trier genau ein Jahr nach der ersten stattfand. Dass Ambrosius in den Jahren 386 oder 387 die Reise machte, ist an sich schon ganz unwahrscheinlich; Justina hatte bis in den Juni des Jahres 386 hinein gegen ihn gewüthet [3] und beharrte auch noch von da ab bis zum Einfall des Maximus in Italien in ihrer fanatisch arianischen Gesinnung [4]; wie hätte nun sie oder ihr Sohn in dieser Zeit den von ihr verfolgten Ambrosius zu einer vertraulichen Sendung bitten und benutzen können, zu einer Sendung, zu der kein neuer Anlass vorlag, die vielmehr eine Angelegenheit betraf, die schon jahrelang geschwebt hatte? Einen weitern Beweis dafür, dass die Gesandtschaft nicht im Jahre 386 gewesen sein kann, liefert ein Schreiben des Maximus an Kaiser Valentinian aus dem Jahre 386 oder 387 [5].

---

[1] Tillemont (Mém. X 195) setzt sie 387; Richter (Das weström. Reich 643) Mitte oder Ende 386; Ihm (Studia Ambrosiana 9 und 46) Ende 386 bis Anfang 387; Förster (Ambrosius 52) setzt sie in den Herbst 386, aber S. 284 ins Jahr 387; ihm folgt Goyau (Chronologie p. 597).

[2] Siehe oben 383 S. 158.

[3] Siehe oben 386 S. 242 ff.

[4] Augustinus, Conf. IX 7.

[5] Siehe oben 387 S. 267.

XI.
Zeitbestimmung der zwei Angriffe der Kaiserin Justina auf Ambrosius zu Mailand.

Der erste Versuch Valentinians und der Justina, eine Kirche in Mailand für die Arianer zu bekommen, wurde ein Jahr vor dem zweiten gemacht. Das berichtet Ambrosius im Sermo contra Auxentium, den er bei Gelegenheit des zweiten Versuches am Palmsonntage hielt (nr. 29); hier sagt er, er sei im vorigen Jahre zum Palast bestellt worden, als der Kaiser eine Kirche haben wollte und diese Sache vor dem Consistorium verhandelt wurde, er sei aber fest geblieben, und als das Volk sich vor dem Palaste zusammenrottete, habe er dieses auf Bitten des Kaisers beruhigt. Ueber diesen ersten Versuch gab er gleich nach Beendigung desselben seiner Schwester Bericht in seinem 20. Briefe; er sagt hier zwar nichts davon, dass er am Hofe gewesen sei, sondern nur, dass er in der Kirche belästigt worden sei; das letztere schliesst aber nicht aus, dass er sich vorher der Forderung des Kaisers im Consistorium widersetzt hatte.

Dieser erste Versuch der Justina fand in den Tagen vor Ostern statt und endigte, wie bisher von allen angenommen wurde [1], am Gründonnerstag des Jahres 385, d. h. am 10. April. Es heisst nämlich bei Ambrosius, Brief 20, 26, von diesem letzten Tage: ‚Erat autem dies, quo sese dominus pro nobis tradidit, quo in ecclesia paenitentia relaxatur.‘ Wenn man unter diesem Tage den Gründonnerstag verstanden hat, so hat man sich jedenfalls an den letzten Theil des Satzes gehalten; denn der ‚dies, quo sese dominus pro nobis tradidit‘ ist doch offenbar der Karfreitag oder der Todestag des Herrn; bei tradidit ist nämlich nicht, wie Tillemont annimmt, hostibus, sondern morti zu ergänzen; vgl. Eph. V 2: ‚Christus dilexit nos et tradidit semetipsum pro nobis oblationem et hostiam deo.‘ Aber man meint, die Lossprechung der Büsser müsse zu Mailand am Gründonnerstage geschehen sein. Zu Rom geschah sie allerdings an diesem Tage [2]; aber ebenso sicher ist, dass sie zu Mailand, wie es auch in Spanien und namentlich in orientalischen Kirchen Sitte war [3], am Karfreitag stattfand. Das zeigt schon die genannte Stelle bei Ambrosius (Brief 20, 26), aber klarer noch der Schluss des fünften Buches seines Hexaemeron, wo er

[1] Tillemont, Mém. X 174, art. 42, und besonders 748 note 29; Ihm, Studia Ambrosiana 44—45 zu Ep. 20; Richter, Das weström. Reich 610; Förster, Ambrosius 43.

[2] Innocenz I., Ep. 1 cap. 7 (bei Mansi, Conc. III 1030).

[3] Vgl. den Artikel ‚Busse‘ (von Funk) in Kraus, Real-Encyklopädie der christl. Alterthümer I 182. Dass es in Spanien so Sitte war, lehrt nicht nur die mozarabische Liturgie, sondern auch Canon 7 des Concils von Toledo im Jahre 633 (Hefele, Conciliengesch. III² 80): ‚Oportet eodem die (Karfreitag) mysterium crucis, quod ipse Dominus cunctis adnuntiandum voluit, praedicare atque indulgentiam criminum clara voce omnem populum postulare.‘

sagt (nr. 90): ‚Sed iam tempus est, quo finire sermonem et claudere debeamus; tempus est, quo melius aut tacetur aut fletur; tempus est, quo celebratur indulgentia peccatorum. Nobis quoque gallus iste mysticus in sacris cantet . . . approperet Iesu nostri passio, quae cotidie delicta nostra condonet.‘ Nach dieser Stelle fiel die indulgentia peccatorum zusammen mit der passio domini und dem Hahnenschrei des Petrus, d. h. sie war am Karfreitag. Man sage nicht, sie sei am Gründonnerstag Abend gewesen; das zeigt der Schluss des genannten fünften Buches des Hexaemeron: ‚Gratulemur, quod factus est nobis vespere dies quintus, fiat nobis mane dies sextus‘; so sprach Ambrosius am Gründonnerstag Abend und richtete dabei erwartungsvoll die Augen auf Karfreitag Morgen; an diesem war also die remissio peccatorum. Damit soll denn auch die ambrosianische Liturgie übereinstimmen, indem sie für den Karfreitag meistens Gebete für die Reconciliation der Büsser enthält [1]. Die Mailänder Kirche wich auch sonst vielfach von der römischen ab; sie feierte z. B. im Jahre 387 das Osterfest an einem ganz andern Tage als die römische Kirche.

Der zweite Angriff der Justina auf Ambrosius begann wieder vor Ostern. Das folgt 1. aus nr. 19 des Sermo contra Auxentium, den Ambrosius während dieser Verfolgung hielt: ‚Lectio nempe ista nulla nostra dispositione recitata est, sed casu‘; es handelt sich um die Lesung vom feierlichen Einzuge Jesu in Jerusalem; der Tag, an dem Ambrosius darüber sprach, war der Palmsonntag. — 2. Es folgt ebenso aus Augustinus, Conf. IX 7, wo gesagt wird, die Sitte, Hymnen zu singen, sei in Mailand ‚ein Jahr oder etwas mehr vor seiner (des Augustinus) Taufe, als Justina, die Arianerin, den Ambrosius verfolgte‘, aufgekommen. War, wie gleich gezeigt wird, der zweite Angriff der Justina im Jahre 386, so wurde Augustinus am 24. April 387 getauft, und der Palmsonntag des Jahres 386 fiel auf den 29. März; der Angriff war also wirklich etwas mehr wie ein Jahr vor der Taufe des Augustinus. 3. Die Verfolgung hörte auf mit der Auffindung der Reliquien der hl. Gervasius und Protasius [2]; diese aber geschah am 19. Juni [3]. 4. Es ist auch an sich wahrscheinlich, dass es der Kaiserin gerade zur Osterzeit darauf ankam, eine eigene Kirche zu haben.

[1] So Frank, Die Bussdisciplin der Kirche von den Apostelzeiten bis zum 7. Jahrhundert, Mainz 1867, 831. Es ist mir nicht möglich gewesen, ein ambrosianisches Missale zur Controlle dieser Nachricht einzusehen. Denn mit der Angabe Franks stimmt nicht überein Beroldi Mediolanensis Ordo et ceremoniae ecclesiae Ambrosianae circiter annum 1130 (bei Muratori, Antiquitates Italicae IV, Mailand 1741), nach welchem (p. 892) die Reconciliation der Büsser zu Mailand im 12. Jahrhundert am Gründonnerstag stattfand. Das schliesst allerdings keineswegs aus, dass sie im 4. Jahrhundert am Karfreitag war; denn man schloss sich überhaupt im Mittelalter in den occidentalischen Kirchen weit mehr wie früher hinsichtlich des Busswesens dem römischen Brauche an; siehe Funk in Wetzer und Weltes Kirchenlexikon, 2. Aufl., II 1582.

[2] Augustinus, Conf. IX 7. [3] Siehe oben 386 S. 244 [2].

Dieser zweite Angriff fand wahrscheinlich im Jahre 386 statt. Das ergibt sich daraus, dass Ambrosius sowohl im Sermo contra Auxentium als im 21. Briefe, die er beide zur Zeit des zweiten Angriffes schrieb, wiederholt von Gesetzen des Kaisers zu Gunsten der Arianer spricht [1]. Da nun im 20. Briefe, der kurz nach dem ersten Angriff geschrieben ist, diese Gesetze nicht berührt werden, so ist anzunehmen, dass sie zwischen dem ersten und zweiten Angriff erlassen wurden. Wir haben nun im Codex Theodosianus ein solches Gesetz [2], und dieses ist datirt vom 23. Januar 386; der zweite Angriff war also nach diesem Termine, und zwar bald danach, da Ambrosius gegen diese Gesetze in den genannten Schriften heftig polemisirt. Dasselbe Jahr ergibt sich auch daraus, dass die Gesetze von dem arianischen Bischofe Auxentius geschrieben wurden [3]; dieser aber war zur Zeit, da Ambrosius den Sermo gegen ihn schrieb, erst vor kurzem geweiht worden, wie die Polemik gegen seine Weihe in dieser Schrift deutlich zeigt [4].

Aber gegen das Jahr 386 ergeben sich Schwierigkeiten aus Angaben des hl. Augustinus. Dieser stand, als er getauft wurde, im 33. Lebensjahre; denn sowohl in den Soliloquia, welche er kurz vor seiner Taufe schrieb, sagt er [5], er stehe in diesem Alter, als auch Conf. IX 11 theilt er mit, seine Mutter sei in diesem seinem Lebensalter gestorben. Nun war aber Augustinus geboren am 13. November und starb 76 Jahre alt [6] am 28. August 430 [7]; er kann also nicht nach dem 13. November 354 geboren sein. Sein 33. Lebensjahr reicht dann vom 13. November 386 bis zum 13. November 387. Er war aber in seinem 30. Lebensjahre schon in Mailand, und zwar, wie es scheint, schon längere Zeit, nach Conf. VI 11; dieses sein 30. Lebensjahr endigte, wenn er im Jahre 387 getauft wurde, mit dem 13. November 384. Da er an der genannten Stelle eben vorher (VI 6) von dem Panegyricus gesprochen hat, den er am 1. Januar 385 vor Valentinian hielt, liegt es näher, seine Angabe vom 30. Lebensjahre auf das Jahr 385 zu beziehen und damit seine Taufe ins Jahr 388, die zweite Verfolgung der Justina aber ins Jahr 387 hinabzurücken. Und dazu kommt noch ein anderes.

Bald nach seiner Taufe trat Augustinus die Rückkehr nach Afrika an, und auf dieser starb zu Ostia seine Mutter [8]; das geschah in demselben Jahre, in welchem er getauft wurde, da es sein 33. Lebensjahr war [9], also nach der gewöhnlichen Annahme im Jahre 387. Augustinus landete aber in Afrika erst nach dem Tode des Maximus [10]. Er müsste also gegen

[1] Contra Auxentium 3 und 16; ferner Ep. 21, 9 und 11.
[2] Cod. Theod. XVI 1, 4. [3] Contra Auxentium 16.
[4] Besonders nr. 22. [5] Soliloquia I 10, 17.
[6] De beata vita 1, 6; Possidius, Vita s. August. c. 31.
[7] Prospers Chronik zum Jahre 430. [8] Conf. IX 8. [9] Ibid. IX 11.
[10] Contra litteras Petiliani III 25, 30.

seine ursprüngliche Absicht noch über ein Jahr in Rom geblieben sein. Von einem solchen längern Aufenthalte in Rom ist uns sonst nichts bekannt, wenn nicht dies, dass er in Rom drei Schriften verfasste, von denen er allerdings die erste und dritte erst in Afrika vollendete [1]; zur Abfassung dieser Schriften genügten aber jedenfalls ein paar Monate, verfasste er doch zu Mailand in den zwei Monaten vor seiner Taufe drei Schriften [2]. Auch dieser römische Aufenthalt führt also auf den Gedanken, es möchte Augustinus erst im Jahre 388 getauft worden sein. Das einzige, was gegen diese Annahme spricht, ist das Gesetz vom 23. Januar 386 im Cod. Theod. XVI 1, 4, dieses allerdings auch so vernehmlich, dass auch ich es vorziehe, die Taufe des Augustinus ins Jahr 387 und damit den zweiten Angriff der Justina ins Jahr 386 zu setzen.

XII.

Die Commentare des Ambrosius zu einzelnen Theilen des Pentateuchs.

1. Die Erklärung des Hexaemerons in sechs Büchern scheint die letzte der Arbeiten des Ambrosius zum Pentateuch zu sein. Es sind neun Vorträge, die er an sechs aufeinander folgenden Tagen theils vor theils nach Mittag [3], und zwar in der Karwoche von Montag bis Samstag, gehalten hat [4]. Die Zeit der Abfassung ist nicht klar zu erkennen; jedenfalls war damals der Hymnen- und Psalmengesang des gesamten Volkes in der Mailänder Kirche schon gebräuchlich, und damit ist die Zeit nach Mitte des Jahres 386 gegeben [5]; der Arianismus hatte seine Bedeutung schon verloren [6], was auf die Zeit nach dem Einfalle des Maximus in Italien hinführt, wenn auch nicht gerade damit gesagt ist, dass die Kaiserin Justina schon gestorben war [7]. Ferner war Ambrosius, als er das Werk schrieb, ein ,senex' oder ,veteranus sacerdos' [8]. Er schrieb es also frühestens im Jahre 389 [9], wahrscheinlich erst in den folgenden Jahren [10]. Als

---

[1] Retract. I 7—9. [2] Siehe oben 387 S. 275.

[3] Hexaemeron VI 1, 1; II 5, 22; V 25, 92.

[4] Dass die Vorträge in der Fastenzeit gehalten wurden, zeigt II 5, 22; dass ferner der letzte Theil des fünften Buches am Karfreitag gesprochen wurde, zeigt V 25, besonders nr. 2. Vgl. auch oben den Excurs XI S. 488—489.

[5] Hexaem. III 1, 5 und 5, 23; vgl. oben 386 S. 243.

[6] Hexaem. III 1, 3.

[7] Dies wollte Joh. Bapt. Kellner (Der hl. Ambrosius, Bischof von Mailand, als Erklärer des Alten Testamentes, Regensburg 1893, 78) in dieser Stelle finden.

[8] Hexaem. IV 5, 20 und Ep. 45, 1.

[9] Hätte er es im Jahre 388 geschrieben, so fände sich wohl eine Hinweisung auf Maximus darin.

[10] Kellner a. a. O. nimmt das Jahr 389 oder 390 an.

er es schrieb, lag sein Hymnus ‚Aeterne rerum conditor' schon vor, da Theile desselben wörtlich ins Hexaemeron aufgenommen worden sind [1].

2. Das Buch *De paradiso* ist eine der ältesten Schriften des Ambrosius. Denn in seinem 45. Briefe, den er kurz nach dem Hexaemeron schrieb, sagt er über das Paradies: ‚Iam dudum de eo scripsi, nondum veteranus sacerdos.' [2] Auch als er die zwei Bücher De Abraham schrieb, lag das Werk schon vor [3]. Denselben Gegenstand, den er in der Schrift De paradiso früher behandelt hatte, hat er in den spätern Jahren seines Lebens in seinem 45. Briefe noch einmal kurz erläutert.

3. Die zwei Bücher *De Cain et Abel* sind die Fortsetzung der vorhergehenden Schrift und gleich nach dieser verfasst [4]. Ihm glaubte [5] eine genauere Zeitbestimmung finden zu können in folgenden Worten der Schrift De incarnatione domini 1, 2: ‚Itaque dum illi (i. e. duo cubicularii Gratiani) forsitan veniunt, ad istos qui propositi sunt deflectamus agricolas, quorum alter hoc est Cain a fructibus terrae, alter autem Abel ex primitivis ovium suarum hostiam domino obtulit.' Ihm versteht nämlich dies ‚propositi sunt' so, als wenn Ambrosius vorher die beiden Männer, Kain und Abel, in einer Rede behandelt, um diese Zeit also auch die Schrift über sie verfasst habe. Dagegen spricht aber durchaus der Wortlaut der Stelle; sie ist vielmehr so zu verstehen, dass vorher über Kain und Abel aus der Heiligen Schrift vorgelesen worden war, und dass Ambrosius sich einstweilen, bis die beiden Erwarteten in die Kirche kamen, mit dem Gegenstande dieser Lesung beschäftigen wollte, um dann zu seinem eigentlichen Thema überzugehen.

4. Die Abfassung des Buches *De Noe et arca* wurde von Tillemont [6], den Maurinern und auch von Förster [7] ins Jahr 379 gesetzt. Ihm [8] hatte gegen diese Zeitbestimmung Bedenken, konnte aber auch nichts weiter ermitteln, als dass das Werk nach De officiis und vor De Abraham geschrieben sei; das letztere bewies er aus De Abraham I 1, 1, einer Stelle, die er missverstand und die diese Schlussfolgerung nicht zulässt [9]. Neuerdings hat Johann Baptist Kellner sich in längerer Untersuchung für das Jahr 386 entschieden [10]. Ich kann mich aber seiner Beweisführung ganz und gar nicht anschliessen.

Denn a. wenn Kellner über die innere Verwandtschaft der Schrift De Noe

---

[1] Vgl. Hexaem. V 24, 88 mit der dritten und vierten Strophe dieses Hymnus bei Ihm, Studia Ambrosiana 59—60.

[2] Damit ist allerdings noch nicht gesagt, dass die Schrift schon 375 oder 376 verfasst ist, wie Tillemont (Mém. X 768) und die Mauriner annehmen.

[3] Vgl. De Abraham II 1, 1 mit De paradiso 2, 11.

[4] Siehe den Anfang des 1. Buches. [5] A. a. O. 15. [6] Mém. X 289.

[7] Ambrosius, Bischof von Mailand 88. [8] A. a. O. 15.

[9] Siehe unten c S. 493.

[10] Der hl. Ambrosius, Bischof von Mailand, als Erklärer des Alten Testamentes 96—98.

und des zweiten Buches De Abraham sagt, dass sie grösser sei als die zwischen De Noe und De Cain, so ist zu bemerken, dass diese Verwandtschaft zu sehr Sache des Gefühls ist, als dass sie besondere Beachtung verdiente; Tillemont und die Mauriner hatten das umgekehrte Gefühl. b. De Noe 17, 60 ist vom Gebrauch der Indictionen die Rede; Tillemont und die Mauriner ziehen daraus den Schluss, dass damals in Italien die Indictionenrechnung erst kürzlich eingeführt worden war; Kellner aber findet in dieser Stelle einen Anhaltspunkt für das Jahr 386, weil in diesem der 26. Cyklus seinen Abschluss gefunden und ein neuer begonnen habe (nach meinen Berechnungen geschah das vielmehr im Jahre 387 [1]); das habe nämlich für Ambrosius ein besonderer Anlass sein können, von den Indictionen zu sprechen. Aber dieser Schluss ist ganz willkürlich: denn Ambrosius bedurfte gar keines besondern Anlasses zur Erwähnung der Indictionen, da sein Gegenstand ihn ganz von selbst darauf führen musste. Er setzt nämlich an dieser Stelle auseinander, dass der Frühling ein passenderer Jahresanfang sei als der Herbst, der bei der Indictionenrechnung den Anfang des Jahres mache; darauf führte ihn aber die Angabe der Bibel, dass die Arche im siebenten Monate auf einem Berge Armeniens ruhte; er will diesen Monat berechnen, und dazu nimmt er aus dem eben angegebenen Grunde den März als Jahresanfang. Die Erwähnung der Indictionenrechnung an dieser Stelle ergab sich also ganz von selbst und beweist absolut nichts für ein kurzes Alter dieser Rechnung oder für den Beginn eines neuen Cyklus zu der Zeit, als Ambrosius schrieb. c. Der Anfang der Schrift De Abraham beweist nicht, dass De Noe ihr der Zeit nach unmittelbar vorherging. Denn der Ausdruck ‚per ordinem' besagt nur, dass Ambrosius das Leben Abrahams der Reihe nach, d. h. chronologisch vom Anfange bis zum Ende, behandeln will; der weitere Satz aber: ‚De quo nobis moralis primo erit tractatus et simplex' lässt gar nicht erkennen, was Kellner ihm ansehen will, dass Ambrosius gerade vorher das Leben eines Patriarchen im höhern oder allegorischen Sinne erklärt hat. d. Die Stelle De Noe 1, 1 lässt deutlich genug die Zeitverhältnisse erkennen, unter denen die Schrift entstanden ist. Es heisst hier: ‚Dignum est, ut nos quoque describamus eum ad imitationem omnium et requiescamus in eo ab omni istius mundi sollicitudine, quam cotidie diversis exagitationibus sustinemus. Pudet filiis supervivere; taedet, cum tot adversa audiamus carissimorum, lucem hanc carpere; ipsarum ecclesiarum diversos fluctus tempestatesque vel praesentes subire vel animo recipere, quis tam fortis, ut patienter ferat? Et ideo nobis quoque affectanda haec requies fuit.' Ihm meint, diese Worte passten wenig auf die Zeit, als nach dem Tode des Valens die Barbaren das römische Reich verwüsteten; auch Kellner bezieht sie auf die Verfolgungen der Justina. Aber, ich meine, auf diese passen sie nicht, da die Nothlage, von der Ambrosius an dieser

[1] Vgl. Ideler, Handbuch der math. und techn. Chron. I 72—73.

Stelle spricht, eine allseitige ist und keineswegs allein die Kirchen betrifft. Wie hätte Ambrosius im Jahre 386 schreiben können: pudet filiis supervivere? Welche Söhne hatten denn damals ihren Tod gefunden? Die Stelle passt auf keine Zeit besser als auf die nach der Schlacht bei Adrianopel, als die Barbaren die Balkanhalbinsel und zum Theil Italien überflutheten und auch die Kirchen nicht verschonten, als Gratian, der getreue Freund des Ambrosius, ihnen rathlos allein gegenüberstand, als endlich die Kirchen im Orient durch die Verfolgungen des Valens verwüstet waren. e. Es lässt sich auch beweisen, dass die Schrift De Noe lange Zeit vor der De Abraham verfasst sein muss. Denn De Noe 12, 39 wird eingehend die symbolische Bedeutung der Zahl sieben entwickelt, während De Abraham II 11, 80 diese Bemühung als Spielerei (cura inanis) verworfen wird.

Das Werk De Noe et arca dürfte also gegen Ende 378 verfasst sein. Damit wäre dann zugleich gegeben, dass die Schriften De paradiso und De Cain et Abel in den Jahren 375—378 entstanden sind.

Uebrigens ist die Schrift De Noe et arca nur unvollständig erhalten, da eine Stelle, die Augustinus zweimal aus ihr citirt [1], sich im heutigen Texte nicht findet.

5. Die zwei Bücher *De Abraham*, die Schriften *De Isaac et anima* und *De bono mortis*, die zwei Bücher *De Iacob et vita beata*, das Buch *De Ioseph patriarcha* und das *De benedictionibus patriarcharum* gehören zusammen und sind bald nacheinander verfasst worden. Denn als Ambrosius De Ioseph schrieb, hatte er die Bücher De Abraham, Isaac und Iacob schon vollendet [2]; De bono mortis ist aber seinem Anfang gemäss die Fortsetzung von De Isaac, gerade wie De benedictionibus patriarcharum sich ganz an den Schluss von De Ioseph anfügt und daher in den Handschriften manchmal als zweites Buch De Ioseph aufgeführt wird.

Was die Abfassungszeit dieser Schriften angeht, so führen uns verschiedene Momente auf die spätern Lebensjahre des Ambrosius hin, und zwar auf die Zeit nach 387. Dahin gehört zunächst die Stelle De Ioseph 6, 33—35; hier ist ohne Zweifel die Rede von Calligonus, dem praepositus sacri cubiculi bei Valentinian, der um Ostern 385 dem Ambrosius den Tod angedroht hatte [3] und, wie hier gesagt wird, genau zwei Jahre später auf Befehl Valentinians selbst getödtet wurde. Ferner wird De Isaac 4, 17 auf den Commentar zum 118. Psalm verwiesen. Dessen Abfassungszeit ergibt sich also: a. Die Worte 6, 16 sind gesprochen am Gedächtnisstage der Auffindung der Gebeine des Gervasius und Protasius; diese Gebeine wurden aber Mitte des Jahres 386 von Ambrosius entdeckt. b. Nach 14, 22 waren

---

[1] Contra duas epistulas Pelagianorum IV 11, 29 (Migne, Patr. lat. XLIV 632—633) und Contra Iulianum Pelagianum II 2, 4 (Migne l. l. XLIV 674).

[2] De Ioseph 1, 1.

[3] Ambrosius, Ep. 20, 28; siehe oben 385 S. 214.

die Verfolgungen der Justina völlig zu Ende [1]. Das war aber erst im Jahre 388 der Fall; denn wenn auch seit Mitte 386 die Versuche der Kaiserin, eine Kirche in Mailand zu bekommen, ruhten, so hörte damit doch die Verfolgung der Orthodoxen im Reiche, die ihren Ausdruck im Gesetze vom 23. Januar 386 gefunden hatte, noch nicht auf; sie gab sogar dem Maximus im Jahre 387 einen Vorwand zum Einfall in Italien und hörte erst auf mit der Flucht Valentinians aus Italien gegen Ende 387 [2].

c. Der Commentar des Ambrosius zum Lucasevangelium ist vor dem Commentar zum 118. Psalm verfasst worden [3]. Der Lucascommentar wurde aber geschrieben, als das Gesetz vom 23. Januar 386 schon gegeben war [4], als sogar die Verfolgungen der Justina gegen die Orthodoxen schon ganz zu Ende waren, also nach dem Jahre 387 [5]; er lag vor, als Ambrosius gegen Ende 391 seine Schrift De institutione virginis verfasste [6].

Aus all diesem ergibt sich, dass der Commentar des Ambrosius zum Lucasevangelium frühestens im Jahre 388, die lange Erklärung des 118. Psalmes erst danach, die Schriften De Abraham, De Isaac und die folgenden frühestens im Jahre 389 verfasst sind. Tillemont [7], die Mauriner und Kellner [8] verlegen die Abfassung der Schriften De Abraham u. s. w. in das Jahr 387.

XIII.

Die Predigtthätigkeit des Johannes Chrysostomos in Antiochien bis zum Aufstande des Jahres 387.

Ueber die Reihenfolge und Abfassungszeit der frühesten Reden des Chrysostomos ist schon von Tillemont eingehend gehandelt worden [9]; auf seinen Resultaten fussen die Einleitungen zu den einzelnen Reden von Montfaucon, der in diesen Fragen mehr Selbständigkeit beweist, als die Mauriner sonst erkennen lassen. Zum Theil neue Bahnen schlug Clinton ein [10]; zuletzt hat Usener in seinen Religionsgeschichtlichen Untersuchungen über das Weihnachtsfest diese Fragen einer sorgfältigen Prüfung unterworfen und ist zu Resultaten gekommen, die von denen Tillemonts und

---

[1] Kellner (a. a. O. 153) schliesst fälschlich aus dieser Stelle das Gegentheil.

[2] Vgl. auch Richter, Das weströmische Reich 618—619.

[3] Vgl. In psalm. CXVIII sermo 14 nr. 38—39 mit In Luc. IV 9—11.

[4] Cod. Theod. XVI 1, 4.

[5] Nicht im Jahre 386, wie gewöhnlich angenommen wird, z. B. von Ihm a. a. O. 25 und von Kellner a. a. O. 118. Ueber die Behauptung Bessells (Ueber das Leben des Ulfilas 67—68), die Schrift sei im Jahre 380 entstanden, siehe oben 380 S. 74.

[6] Vgl. De instit. virg. 6, 42 mit In Luc. II 1—6.

[7] Mém. X 768. [8] A. a. O. 97—98.

[9] Mém. XI, besonders notes 22 und 25—28. [10] Fasti Romani II 238 [c].

Montfaucons in den meisten Fällen abweichen [1]. Auf Grund meiner Untersuchungen über diesen Gegenstand muss ich den Aufstellungen Useners in den Hauptpunkten entgegentreten *.

Es sind folgende Reden, welche für das erste Jahr der Predigtthätigkeit des Chrysostomos, insbesondere für die Zeit von Ostern 386 bis zur Fastenzeit 387 in Betracht kommen [2]: zehn Reden gegen die Anomöer [3], darunter die Rede auf den hl. Philogonios über das Weihnachtsfest [4]; acht Reden gegen die Juden [5]; die Rede auf das Geburtsfest Christi [6]; die Epiphanie-Rede [7] und die Rede auf den Martyrer Loukianos [8].

a. Reihenfolge der Reden gegen die Juden.

1. Die erste erhaltene Rede gegen die Juden ist ohne Zweifel die erste Rede, die Chrysostomos überhaupt gegen die Juden gehalten hat [9]. Sie ist ebenso sicher gehalten gleich nach der ersten Rede gegen die Anomöer [10] und kurz vor dem jüdischen Neujahrstage (1. Thishri).

2. Die zweite Rede gegen die Juden folgte unmittelbar auf die erste; denn es wird nicht nur in ihrem Eingange auf eine frühere Rede gegen die Juden verwiesen, sondern es wird auch im Verlaufe der Rede [11] gesagt, in der frühern Rede sei bewiesen worden, dass die Seelen und Versammlungsorte der Juden Wohnsitze der Dämonen seien; das ist aber in der ersten Rede geschehen [12]. Die zweite Rede gegen die Juden ist aber gehalten worden ‚zehn Tage oder auch mehr' nach der ersten und fünf Tage vor dem jüdischen Versöhnungsfeste (10. Thishri) [13].

3. Die achte Rede gegen die Juden ist kurz nach dem jüdischen Versöhnungsfeste gehalten und schliesst sich an die zwei ersten Reden an; in diesem Punkte stimme ich mit Usener [14] gegen Tillemont [15] und Montfaucon [16] überein. Dass sie zur ersten Reihe der Judenreden gehört, zeigt: α) der wenig zuversichtliche Ton der Rede [17]; β) das oft ausgesprochene

* Es wird mir schwer, einem hochverehrten frühern Lehrer und jetzigen Rathgeber gegenüber eine abweichende Meinung zum Ausdruck zu bringen. Möchte es mir wenigstens gelungen sein, in der Form die schuldige Pietät zu wahren!

[1] Religionsgeschichtl. Untersuchungen S. 227—240; siehe besonders die tabellarische Uebersicht S. 237—238. Useners Resultate hat Otto Bardenhewer in seiner neuen Patrologie (Freiburg 1894) als richtige aufgenommen; er setzt z. B. (S. 314) mit ihm die Weihnachtsrede ins Jahr 388.

[2] In der Fastenzeit 386 hielt Chrysostomos die acht ersten Sermones über die Genesis (siehe oben 386 S. 252).

[3] Op. I 444—540. [4] Op. I 492 sqq. [5] Op. I 587—688.
[6] Op. II 354 sqq. [7] Op. II 367 sqq. [8] Op. II 524 sqq.
[9] Op. I 588 a. b. [10] Vgl. I 587 b mit 449 a. b. [11] p. 605 b.
[12] p. 605 c—606 c. [13] p. 601 b. [14] A. a. O. 230.
[15] A. a. O. 570 note 22. [16] Op. I 586. [17] Siehe bes. p. 588 a. b.

Zugeständniss, dass noch viele Christen das jüdische Fasten mitgemacht haben[1]; γ) der Umstand, dass der Redner die in der ersten Rede ausgesprochene Warnung vor der ärztlichen Kunst der Juden in der achten eingehend rechtfertigt[2].

4. Die Reden 5—7 gegen die Juden gehören wieder ohne Zweifel zusammen und bilden einen zweiten Cyklus von Judenreden des Chrysostomos. Denn in der sechsten Rede wird der Beweisgang der fünften, dass der Tempel in Jerusalem nicht mehr werde aufgebaut werden, fortgesetzt und auch klar gesagt, dass die unmittelbar vorhergehende Rede diesen Inhalt hatte[3]; in der siebenten aber sagt der Redner, er habe bis zum Uebermass diesen Satz bewiesen und habe schon mehrere Reden vorher gegen die Juden gehalten[4]; daran wird dann in dieser siebenten Rede der weitere Beweis geknüpft, auch das Priesterthum, die Feste und das Gesetz der Juden hätten ein Ende[5]. Es ist aber Rede 6 am Tage nach Rede 5 gehalten[6], und zwar am Versöhnungsfeste selbst[7], nicht, wie Usener[8] annimmt, nach diesem; Rede 7 ist zwischen dem jüdischen Versöhnungs- und dem Laubhüttenfeste (10. und 15. Thishri) gehalten, an einem Tage, an dem die Juden die Laubhütten schon aufschlugen[9]. Die nächste Rede, die Chrysostomos nach dieser hielt, war die Homilie über den 41. Psalm[10].

5. Die dritte Rede gegen die Juden ist erst von Montfaucon an diese Stelle gesetzt worden. Sie ist nicht wie die übrigen Judenreden des Chrysostomos gegen die gerichtet, welche mit den Juden die Feste des Monates Thishri hielten, sondern gegen die wenigen Christen[11] in Antiochien, welche damals noch ‚τὰ πρῶτα πάσχα νηστεύειν' wollten, d. h. welche das Osterfest mit den Juden am 14. Nisan, also gelegentlich auch an einem Wochentage, feierten und an diesem Tage fasteten[12]. Chrysostomos sagt in der Rede[13], dieser Gebrauch sei früher in Antiochien allgemein gewesen; es steht dies auch anderweitig fest[14]. Wegen der Bestimmung des Nicänums, welche das Concil zu Antiochien im Jahre 341 unter schweren Strafen neu einschärfte[15],

---

[1] Op. I 674[d], 675[a], 679[b] sqq.

[2] Vgl. Rede 1, 598[b]—599[d] mit Rede 8, 681[c]—687[c].

[3] Vgl. Rede 6, 650[a u. e] mit Rede 5, 628[c]. [4] p. 662[a. d].

[5] p. 662[d] sqq. [6] Siehe die Ueberschrift und den Anfang der 6. Rede.

[7] p. 661[d]. [8] A. a. O. 238. [9] p. 662[a. b].

[10] Gedruckt Op. V 130. In der Einleitung dieser Homilie wird deutlich Bezug genommen auf die 7. Judenrede und gesagt, dass sie unmittelbar vorherging (vgl. V 130[a—b] und 131[a] mit I 667[e]— 671[c]).

[11] p. 606[d]. [12] p. 606[a], 609[b. d], 613[b. c]. [13] p. 608[e].

[14] In der Rede Konstantins bei Eusebios (Vita Constantini III 18; vgl. auch Sokr. V 22) wird gesagt, dass die abendländische Praxis, Ostern an einem Sonntage zu feiern, sich nach Osten hin bis Kilikien finde. Siehe auch Ideler, Handbuch II 205.

[15] Mansi, Conc. II 1308.

war von den meisten diese Praxis in Antiochien aufgegeben worden; die Audianer, eine Secte, die nahe bei Antiochien lebte, behielt sie aber bei[1]; wie die dritte Rede des Chrysostomos zeigt, thaten dies auch manche orthodoxe Christen daselbst.

Das Jahr der Rede ergibt sich aus 613[c, d], wo gesagt ist, dass im laufenden Jahre der erste Tag des Ungesäuerten auf den Sonntag falle; damit ist das Jahr 387 bezeichnet, in welchem die Zeit der Osterfeier Gegenstand der Controverse war[2]. Die Juden hielten in diesem Jahre ihr Pascha am 21. März[3]; die Alexandriner setzten für das christliche Osterfest den 25. April fest, und diesen Tag nahm Ambrosius für Mailand an[4]. Die Rede des Chrysostomos wäre nun nach Montfaucon bald nach der zweiten Judenrede, etwa noch im September 386, gehalten; aber sein Beweis dafür ist ganz hinfällig[5]. Usener nimmt an[6], die Rede könne erst nach der Verkündigung der Fasten- und Osterzeit, die am Epiphaniefeste geschah, also nach dem 6. Januar 387, gehalten sein; die Stelle 611[b—c] könnte dagegen sprechen, wie denn auch Tillemont[7] aus ihr herleitet, die Rede sei in der Fastenzeit gehalten; ich stimme aber Usener bei, weil sonst die Rede mitten unter den Reden über die Bildsäulen gehalten wäre, was an sich unwahrscheinlich ist und auch der Einleitung der Rede[8] deutlich widerspricht.

Eine viel umstrittene Stelle dieser Rede[9] ist bisheran ganz falsch verstanden worden, und auch ihre Bedeutung für die Bestimmung der Zeit des Osterfestes im Jahre 387 ist völlig unbeachtet geblieben. Die Stelle heisst: Ἰδοῦ γοῦν κατὰ τὸν παρόντα ἐνιαυτὸν ἡ πρώτη τῶν ἀζύμων εἰς κυριακὴν ἡμέραν ἐμπίπτει, καὶ ἀνάγκη πᾶσαν νηστεῦσαι τὴν ἑβδομάδα καὶ τοῦ πάθους παρελθόντος καὶ τοῦ σταυροῦ γενομένου καὶ τῆς ἀναστάσεως ἡμεῖς μένωμεν νηστεύοντες. Καὶ πολλάκις τοῦτο συνέβη, μετὰ τὸν σταυρὸν, μετὰ τὴν ἀνάστασιν μηδέπω τῆς ἑβδομάδος ἀπαρτισθείσης τὴν νηστείαν ἐπιτελεῖσθαι· οὕτως οὐδεμία καιροῦ παρατήρησίς ἐστιν. Tillemont[10] ver-

---

[1] Epiphanios, Adv. haeres. 70, cap. 9, p. 811[a, b] und 820[d] sqq.; vgl. Gothofredus zu Cod. Theod. XVI 5, 9 (II).

[2] Ambrosius, Ep. 23. [3] Ibid. nr. 15. [4] Ibid. nr. 14 und 15.

[5] Montfaucon, Op. s. Chrysost. I 384—385. Er beruft sich auf eine Stelle in der Weihnachtsrede des Chrysostomos vom Jahre 386 (II 361[e]): *Τότε γὰρ τοὺς πολλοὺς καὶ μακροὺς πρὸς Ἰουδαίους ἀνηλώσαμεν λόγους*, indem er diese Worte auf die drei ersten Reden gegen die Juden bezieht und meint, von zwei Reden hätte der Ausdruck *πολλοὺς καὶ μακροὺς λόγους* nicht gebraucht werden können. Aber dieser Ausdruck ist bei Chrysostomos ganz formelhaft und kann von einer einzigen Rede gelten; vgl. Usener a. a. O. 227 Anm. 21.

[6] A. a. O. 233. [7] Mém. XI 573 note 25 Ende.

[8] Denn in dieser ist (606[a]) gesagt, dass mit dieser Rede die Reihe der Reden *Περὶ τῆς τοῦ μονογενοῦς δόξης* unterbrochen werde; unter diesen sind aber die Reden gegen die Anomöer zu verstehen (siehe unten S. 507).

[9] p. 613[c—d]. [10] A. a. O. note 25.

steht diese Stelle so, dass die, welche mit den Juden Ostern halten wollen, noch die ganze Osterwoche fasten müssen, also bis zum 21. Nisan, und dass sie folglich, wenn das jüdische Osterfest auf einen Sonntag fällt, am christlichen Auferstehungsfeste fasten müssen; Tillemont findet übrigens gerade wie Montfaucon [1] in dieser Stelle so viele Schwierigkeiten, dass er sich nicht zu helfen weiss. Usener erklärt die Stelle geradeso [2]: ‚Die Fastenzeit des ungesäuerten Brodes erstreckt sich über eine volle Woche; wer sie beobachten will, muss über den Auferstehungstag hinaus das Fasten fortsetzen.' Alle diese verstehen also unter der Woche, die gefastet werden müsse, die Woche nach Ostern und erklären das Fasten als Essen des ungesäuerten Brodes. Ich frage aber: Gab es denn ein Fasten des ungesäuerten Brodes? Kann Chrysostomos die Osterwoche der Juden ein Fasten nennen? Und da ist entschieden mit Nein zu antworten; denn nicht nur assen die Juden in der Paschawoche Fleisch und konnten sich beliebig oft sättigen, während das christliche Fasten diese Dinge ausschliesst, und nicht nur war ihr Osterfest durchaus ein Freudenfest [3], sondern Chrysostomos sagt auch selbst klar und deutlich an zwei Stellen in seiner vierten Judenrede, dass die Juden an den Tagen des Ungesäuerten nicht fasten durften [4]. Wenn also Chrysostomos in der oben genannten Stelle sagt, dass die Christen, welche mit den Juden Ostern feierten, in diesem Jahre über die Auferstehung hinaus fasten müssten, so ist damit nicht das Essen der ungesäuerten Brode gemeint.

Aber wie ist denn die Stelle zu verstehen? Die Sache ist sehr einfach, wenn man weiss, dass die, welche mit den Juden am 14. Nisan ihr Pascha feierten, d. h. die Quartodecimaner, ihr Fasten bis zum Nachmittage dieses Tages ausdehnten, nämlich bis 3 Uhr, zu welcher Zeit Christus starb, und dass sie erst von da ab ihre Osterfreude begannen. Das ist uns bei Epiphanios überliefert [5]. Wenn also der 14. Nisan auf einen Sonntag fiel, wie im Jahre 387, und wenn also das christliche Osterfest an einem Sonntag gefeiert wurde, mussten die Quartodecimaner über das Kreuz und die Auferstehung hinaus bis zum Nachmittage des Ostertages fasten, und das ist es, was Chrysostomos hervorhebt, um ihre ganze Osterpraxis zu bekämpfen. Er hat es nicht zuerst gethan; schon Epiphanios hatte den

[1] Op. s. Chrysost. I 585—586. [2] A. a. O. 233 Anm. 18.

[3] Epiphanios, Adv. haeres. 70, cap. 11, p. 823 c.

[4] An der ersten Stelle (622 e) heisst es: *Ἐν ταῖς ἡμέραις τῶν ἀζύμων νηστεύειν Ἰουδαίοις οὐ θέμις.* An der zweiten Stelle (620 b) wendet er sich an die Christen, welche mit den Juden am Versöhnungsfeste fasteten, und fragt, ob denn auch die Juden sich den Christen einmal accommodirten, ob sie z. B. den Christen zuliebe einmal am Osterfeste fasteten und am Versöhnungsfeste assen: *εἰ τὸ πάσχα μεθ' ἡμῶν ἐνήστευσαν, εἰ ταύτην τὴν ἡμέραν ποτὲ ἔφαγον.*

[5] Epiphanios, Adv. haeres. 50, cap. 2, p. 420 a u. d; vgl. dazu Hefele, Conciliengesch. I^2 338, und Kurtz, Lehrbuch der Kirchengeschichte I^{11}, Leipzig 1890 38, 2, S. 170.

Audianern, die ja Quartodecimaner waren, gezeigt, dass sie in die grössten Verlegenheiten kämen. Diese rechtfertigten nämlich ihre Praxis, am Ostertage (14. Nisan) zu fasten, mit διατάξεις τῶν ἀποστόλων, die sie zu besitzen vorgaben und nach denen sie, wenn die Juden ihr Freudenmahl hielten, d. h. Ostern feierten, trauern sollten. Wie nun ist es, fragt Epiphanios, wenn die Juden Ostern an einem Sonntage feiern, werden die Audianer auch an diesem Tage fasten? Die Worte des Chrysostomos lehren uns aber ferner, wie es scheint, dass man in Antiochien das Fasten schon mit dem Nachmittage des Karfreitags zu beschliessen pflegte; er wirft ja denen, gegen die er die Rede hält, vor, dass sie die ganze Woche, auch nach dem Leiden und dem Kreuze, im laufenden Jahre fasten müssten. Die Praxis, mit der Todesstunde Jesu am Karfreitag die Fasten zu beschliessen, war bei den Asiaten häufig [1]. Merkwürdig ist auch an der antiochenischen Osterfeier, dass der Hauptfesttag der Karsamstag war; Chrysostomos nennt ihn τὸ σάββατον τὸ μέγα und sagt, er sei das Haupt der Karwoche, wie diese die grosse Woche und das Haupt aller Wochen sei, und die Abendmahlsfeier am Karsamstage sei die nothwendigste und höchste im ganzen Jahre [2].

Aber damit ist die Bedeutung unserer Stelle in der dritten Judenrede noch nicht erschöpft. Sie zeigt nämlich, dass Ostern im Jahre 387 zu Antiochien nicht wie in Alexandrien am 25. April, sondern dass es wie zu Rom [3] mit den Juden am 21. März gefeiert wurde. Auch dies ist bisher nicht erkannt worden; sowohl Tillemont [4] wie Usener [5] hielten es für selbstverständlich, dass die Antiochener Ostern mit den Alexandrinern gefeiert haben; Montfaucon in der Vorrede zu den 21 Reden des Chrysostomos hat Bedenken und möchte sich nicht entscheiden. Und doch redet die Stelle des Chrysostomos mit wünschenswerther Klarheit. Denn wie hätten die, welche zu Antiochien Ostern mit den Juden am 14. Nisan feierten, über das Leiden, das Kreuz und die Auferstehung hinaus fasten müssen, wenn die Juden am 21. März, die Christen aber, wie man bisher annahm, erst am 25. April Ostern gehalten hätten? Man könnte vielleicht auf den Gedanken kommen, Ostern sei zu Antiochien in jenem Jahre am 28. März gefeiert worden wegen der Bestimmung des Concils von Nikaia, Ostern nie mit den Juden zusammen zu feiern. Aber auch dann hätten die Worte des Chrysostomos gar keinen Sinn. Wir sehen also, dass die Bestimmung des genannten Concils, die alexandrinische Kirche solle für jedes Jahr das Osterfest berechnen, nicht nur zu Rom, sondern auch in andern Kirchen nicht beobachtet wurde [6];

[1] F. X. Kraus, Lehrbuch der Kirchengeschichte, 3. Aufl., 111.

[2] Rede 3 gegen die Juden, Op. I 612 [c], und Homilie über den 145. Psalm, Op. V 525 [d].

[3] Ideler, Handbuch II 254—255. [4] Hist. V 745 note 28.

[5] A. a. O. 237.

[6] Vgl. auch F. X. Kraus, Real-Encyklopädie der christlichen Alterthümer I, Freiburg 1880, 488, Spalte 2 Ende.

dass man in Antiochien, wo man früher allgemein mit den Juden, wie schon gesagt wurde, das Pascha feierte, im Jahre 387 Bedenken trug, mehr wie einen Monat später als diese das Fest zu feiern, kann uns nicht befremden. Man feierte also in diesem Jahre in Antiochien Ostern am 21. März mit den Juden wie die Römer[1]. Die Thatsache ist sehr wichtig für die Chronologie des Aufstandes zu Antiochien, der vor der Fastenzeit in diesem Jahre war und dessen einzelne Phasen alle nach der Lage des Osterfestes zu datiren sind.

6. Die vierte Rede gegen die Juden, gehalten ‚zehn Tage oder mehr vor dem Versöhnungsfeste'[2], wird von Usener[3] als die späteste der ganzen Sammlung bezeichnet und ins Jahr 389 hinabgerückt. Aber mit Unrecht. Im Eingange der fünften Rede wird mit triumphirenden Worten auf eine vorhergehende Rede also verwiesen[4]: ‚Der Kampf gegen die Juden hat das geziemende Ende gefunden: das Siegeszeichen ist errichtet, der Kranz ist uns aufgesetzt worden und den Kampfpreis trugen wir davon infolge der vorhergehenden Predigt.' Diese vorhergehende Predigt soll nach der Annahme Useners verloren gegangen sein. Chrysostomos gibt in Verfolg der genannten Worte den Inhalt der vorhergehenden Rede genauer an. Er habe, sagt er, mit Hilfe Gottes gezeigt, dass das jetzige Fasten der Juden eine Uebertretung des Gesetzes und ein Kampf gegen Gott sei; sie hätten nämlich ihre Stadt nicht mehr und könnten darum auch das Gesetz nicht mehr erfüllen, dessen Erfüllung an die Stadt gebunden gewesen sei; wenn sie aber sagten, sie hofften die Stadt wieder zu erlangen, so könne man ihnen den Mund schliessen, wenn man sage, die drei Jünglinge und

[1] Dass man in Antiochien dahin neigte, Ostern eher mit den Römern als mit den Alexandrinern zu feiern, dafür spricht ein interessanter Abschnitt in der syrischen Chronik. Für das Jahr 349 ergab der alexandrinische Cyklus für Ostern den 23. April, während nach der supputatio Romana Ostern auf den 26. März fiel. Die syrische Chronik gibt nun nicht das alexandrinische, sondern das römische Datum an und bemerkt dazu: ‚Ostersonntag 30. phamenoth, luna XIX, VII. Kal. April., epacte XVII, ind. VII; aber dagegen verwahrten sich die Römer, sie sagten nämlich, sie hätten eine Ueberlieferung vom Apostel Petrus, den 26. pharmuthi nicht zu überschreiten, auch nicht den 30. phamenoth, am Mond ... VII. Kal. April.' Es ist längst erkannt worden, dass hier vor ‚aber dagegen' das alexandrinische Datum, der 23. April, muss gestanden haben, und dass hiergegen die Römer sich verwahrten (Krusch, Studien zur christlich-mittelalterlichen Chronologie, der 84jährige Ostercyklus, Leipzig 1880, 73—74; ferner de Rossi, Inscr. christ. I praef. 88). Zugleich finden wir an dieser Stelle der Chronik den Grund angegeben, warum die Römer im Jahre 387 den 25. April nicht annehmen wollten; wenn es aber daselbst heisst, sie hätten auch über den 30. phamenoth (26. März) nicht zurückgehen wollen, so muss auch hier etwas ausgefallen sein, da der 30. phamenoth thatsächlich nicht Ostergrenze nach der römischen Rechnung war (Krusch a. a. O. 74).

[2] Op. I 616 [c]. [3] A. a. O. 231—232. [4] p. 627 [e]—628 [a].

Daniel und alle, die in der Verbannung lebten, hätten die Weissagung gehabt, dass sie nach 70 Jahren die Stadt wiedererlangen würden, und trotzdem hätten sie alles das in der Verbannung unterlassen, was die Juden jetzt thun. So habe er denn schon in der vorhergehenden Rede genug gesagt, um den Uebermuth der Juden zurückzuweisen; er wolle aber in der neuen Rede nun auch noch zeigen, dass der jüdische Tempel nie mehr werde aufgebaut werden. Sehen wir uns nun den Inhalt der vierten Rede an, so finden wir, dass sie alles das enthält, was Chrysostomos in der fünften als Inhalt ‚der vorhergehenden Rede' angibt; eingehend wird der Beweis geführt, dass die jüdischen Festfeiern mehr an den Ort wie an die Zeit gebunden waren [1]; es wird dann gezeigt, dass die drei Jünglinge und Daniel das Ceremonialgesetz in der Verbannung nicht beobachtet haben, und dass der Prophet Zacharias bezeugt, dass sie damals auch das Fasten nicht gehalten hätten [2]; dies alles wird endlich das Vorspiel eines weitern Kampfes genannt, den er mit den Juden führen würde [3]. Es leidet für mich daher keinen Zweifel, dass die vierte Rede eben die in der fünften genannte ‚vorhergehende Rede' ist und dass der weitere Kampf, dessen Vorspiel die vierte Rede sein soll, mit der fünften bis siebenten Rede geführt worden ist; die Stelle, welche Montfaucon der vierten Rede angewiesen hat, ist also die richtige. Usener wendet ein, dass Chrysostomos in der vierten Judenrede das Neujahrsfest der Juden nur noch gelegentlich behandle [4], dass also sein Kampf gegen die Juden damals schon so viele Früchte gezeitigt hatte, dass er dieses Fest für seine Zuhörer nicht mehr fürchtete; dies ist für Usener ein Grund, die Rede später zu setzen. Aber auch ich setze mit Montfaucon die vierte Rede in das zweite Jahr der Reden gegen die Juden; ausserdem ist zu beachten, dass Chrysostomos in all diesen Reden bei weitem am meisten es auf das Versöhnungsfest der Juden, weniger auf die andern Feste des Monates Thishri abgesehen hat.

Auf die vierte Rede, die vor dem Neujahrsfeste gehalten wurde, folgte am Tage vor dem Versöhnungsfeste die fünfte, am Versöhnungsfeste selbst die sechste, endlich vor dem Laubhüttenfeste die siebente [5].

7. Die Abhandlung gegen die Juden und Heiden über die Gottheit Christi [6] ist von Chrysostomos geschrieben zu Antiochien [7] kurz vor dem zweiten Cyklus der Judenreden; es wird nämlich auf diesen als bevorstehend hingewiesen, speciell auf die fünfte Judenrede, in der die Weissagung Daniels über die 70 Wochen ausführlich erläutert wird [8].

---

[1] Rede 4, Op. I 621—625; vgl. besonders 621 [e]: *δεικνὺς, ὅτι ἡ τοῦ τόπου παρατήρησις τῆς τοῦ καιροῦ παρατηρήσεώς ἐστιν ἀναγκαιοτέρα.*

[2] p. 622 [b]. [3] p. 625 [d]. [4] p. 626 [a. b].

[5] Siehe oben S. 497 nr. 4. [6] Gedruckt Op. I 558 sqq. [7] p. 570 [d].

[8] Vgl. I 582 [b] mit 638 [d] sqq. und 643 [b] sqq.

b. Die Weihnachts- und Epiphaniereden.

1. Die Rede auf den Martyrer Philogonios, einen frühern Bischof von Antiochien[1], ist gehalten worden am Todestage dieses Heiligen[2], und das war, wie aus dem Heiligenkalender hervorgeht, der 20. December; es wird auch ausdrücklich in der Rede bemerkt, dass sie fünf Tage vor dem Weihnachtsfeste gehalten ist[3].

2. Die Weihnachtsrede[4] wurde gehalten am 25. December, und zwar in demselben Jahre wie die Rede auf Philogonios. Denn Chrysostomos sagt in der Weihnachtsrede[5], er habe die Gemeinde unlängst (πρώην) ermahnt, zum Abendmahle mit Furcht und Zittern, ohne Ueberhastung und Verletzung der Nächstenliebe hinzutreten; das hat er aber in der Rede auf Philogonios gethan[6]. Auch finden sich in beiden Reden wörtliche Anklänge[7].

3. Die Epiphanierede[8] wurde von Montfaucon[9] in Zusammenhang mit der vorher genannten Weihnachtsrede gebracht und auf den 6. Januar des der Weihnachtsrede folgenden Jahres gesetzt. Mit Recht hat Usener die Beweisführung Montfaucons hierfür beanstandet[10]. Denn wenn der Redner in der Epiphanierede sagt[11], er habe schon oft eingeschärft, es sei besser, zur Eucharistie mit gereinigtem Gewissen als zu einer festlichen Zeit zu kommen, und wenn er dann auch in der Rede auf Philogonios denselben Gedanken ausspricht[12], so folgt daraus nicht, dass beide Reden zeitlich sich nahe stehen; denselben Gedanken spricht er z. B. auch in der dritten Rede gegen die Juden aus[13]. Und wenn Chrysostomos in der Epiphanierede erklärt[14], er habe oft gemahnt, mit Ehrfurcht und ohne Stossen und Schreien die Eucharistie zu empfangen, und wenn er dann wieder in der Weihnachtsrede denselben Gedanken fast mit denselben Worten vorbringt[15], so beweist das ebensowenig.

Usener setzt[16] nun aber die Epiphanierede auf den 6. Januar desjenigen Jahres, an dessen Ende die Weihnachtsrede gehalten ist. Ich kann nicht sagen, dass mich seine Beweisführung davon überzeugt hat. Chrysostomos sieht am Epiphanietage die Kirche gedrängt voll; er kann sich aber bei diesem Anblicke der Wehmuth nicht erwehren in dem Gedanken, dass viele nach dem Feste der Kirche wieder fern bleiben und überhaupt ‚nur ein- oder zweimal im Jahre' zur Kirche kommen; diesen letztern Gedanken spricht er wiederholt im Eingange der Rede aus[17].

---

[1] Gedruckt Op. I 492 sqq. [2] p. 493 ^{b}. [3] p. 498 ^{c}.
[4] *Εἰς τὴν γενέθλιον ἡμέραν τοῦ σωτῆρος ἡμῶν.* Gedruckt Op. II 354 sqq.
[5] p. 364 ^{e}. [6] p. 499 ^{d} und 500 ^{e}. [7] Usener a. a. O. 218 Anm. 7.
[8] *Πρὸς τοὺς ἀπολιμπανομένους τῶν θείων συνάξεων.* Gedruckt II 367 sqq.
[9] L. l. 366. [10] A. a. O. 237 Anm. 31. [11] p. 373 ^{d}. [12] p. 499 $^{d.\,e}$.
[13] I 612 $^{b.\,c}$. [14] II 374 ^{a}. [15] p. 364 ^{e}. [16] A. a. O. 238—239.
[17] p. 367 ^{b} und 368 ^{c}.

Usener stützt sich auf diesen Ausdruck ‚ein- oder zweimal‘ und meint, so habe Chrysostomos nach dem regen Kirchenbesuch am Weihnachtsfeste, den er in der Weihnachtsrede anerkennt [1], nicht sprechen können, da doch jedenfalls zu Ostern die Kirche auch gefüllt gewesen sei. Aber wenn nur nicht dieses ἅπαξ ἢ δεύτερον an den Stellen der Epiphanierede mehr eine Redensart als genau zu nehmen ist, zumal in derselben Rede an anderer Stelle [2] statt desselben sogar ἅπαξ erscheint. Und sollte denn wirklich zu Weihnachten die Kirche mehr gefüllt gewesen sein als an dem althergebrachten Pfingstfeste, das Chrysostomos in der Rede auf Philogonios [3] mit Epiphanie und Ostern auf eine Stufe stellt? Auch dieses Fest würde aber in dem ἅπαξ ἢ δεύτερον, wenn es genau zu nehmen wäre, keinen Raum finden. Ich denke also, wenngleich am Weihnachtsfeste die Kirche verhältnissmässig wohl besetzt war, konnte der Prediger doch am folgenden Epiphanietage über die vielen Klage führen, die nur selten die Kirche besuchen. Das Jahr der Epiphanierede ist darum überhaupt nicht genau zu bestimmen; wenn aber, wie unten wird gezeigt werden, die Weihnachtsrede am 25. December 386 gehalten wurde, kann die Epiphanierede nicht, wie Usener will, am vorhergehenden Epiphanietage gehalten sein, weil Chrysostomos damals seine Predigtthätigkeit mit seiner Priesterweihe erst begann und nicht sagen konnte, er habe schon oft gemahnt, mehr auf die Reinheit des Herzens als auf den Festcharakter zu achten und dergleichen. Dagegen spricht eine Stelle der Rede [4], wie mir scheint, sehr dafür, dass diese die erste Rede auf den Tag der Epiphanie gewesen ist, die Chrysostomos überhaupt gehalten hat.

4. Die Rede auf den Martyrer Loukianos ist am Tage nach der Epiphanierede gehalten [5].

c. Die zehn ersten Reden gegen die Anomöer.

Die zehn ersten Reden gegen die Anomöer [6] bilden auch zeitlich ein zusammengehörendes Ganze, einen Cyklus von Predigten, der aber wiederholt durch anderweitige Reden unterbrochen wurde.

Dass die erste Rede gegen die Anomöer dem ersten Cyklus der Judenreden gefolgt war, wurde schon gesagt [7]; sie wurde also kurz vor dem jüdischen Neujahrsfeste (1. Thishri) gehalten. Nachdem die jüdischen Festtage dieses Monates vorüber waren, war eine Versammlung von Bischöfen in Antiochien; es folgten dann mehrere Gedächtnisstage von Martyrern, alles Hindernisse für den Redner, sein Thema über die Unbegreiflichkeit Gottes gegen die Anomöer weiter zu verfolgen. Als die Bischöfe

---

[1] Op. II 354 [c]. [2] p. 368 [d]. [3] I 497 [e]. [4] p. 369 [b].
[5] Gedruckt Op. II 524 sqq.; vgl. den Eingang der beiden Reden.
[6] *Περὶ τοῦ ἀκαταλήπτου* (De incomprehensibili); gedruckt I 414 sqq.
[7] Oben S. 496 nr. 1.

weggegangen und auch die Martyrerfeste vorüber waren, hielt er die zweite Rede[1]. War die erste mehr Einleitung gewesen, so zeigt er in dieser zweiten, dass der Mensch Gott nicht begreifen könne, da er nicht einmal die Dinge der Welt verstehe. Daran schliesst sich die dritte Rede[2], die beweisen will, dass Gott auch für die Engel unbegreiflich sei. Die vierte Rede folgte unmittelbar auf die dritte, deren Inhalt sie im ersten Theile resumirt[3]; sie zeigt, dass auch für die höchsten Engel Gott unbegreiflich sei. Auf diese folgte die Rede *De non anathematizandis*[4], ein schönes Denkmal der toleranten Gesinnung des Chrysostomos; denn er verurtheilt hier die, welche in Antiochien den Paulinos, und sogar die, welche den Apollinarios anathematisirten[5], und stellt den Satz auf, dass man nur häretische Lehren verurtheilen, dass man aber die Personen schonen und für sie beten soll[6]. Dann folgte die fünfte Rede, zum Beweise, dass nur der Sohn den Vater völlig erkenne. Hier sagt der Redner[7], er habe schon vier oder fünf Tage über die Unbegreiflichkeit Gottes gesprochen und wolle auch heute den Gegenstand nicht zu Ende führen. Hieran reiht sich als sechste Rede die auf den Martyrer Philogonios, die zwar nicht das Thema der Anomöerreden behandelt, wohl aber zeitlich an diese Stelle gehört; denn im Anfange dieser Rede wird auf das in der fünften gegebene Versprechen, die Anomöerreden fortzusetzen, hingewiesen[8]. Die siebente Rede wurde an einem Tage gehalten, an dem auch Cirkusspiele stattfanden[9]; sie fasst den Inhalt der fünf ersten Reden gegen die Anomöer zusammen und will zur Fortsetzung derselben zeigen, dass der Sohn gleiche Macht habe wie der Vater[10]. Die achte Rede war am Tage nach der siebenten[11] und setzt den genannten Beweis fort. Die kurze neunte Rede behandelt das Gebet Christi bei der Auferweckung des Lazarus, welches die Häretiker benutzten, um zu zeigen, dass der Sohn geringer sei als der Vater; sie gehört also in den Rahmen der Reden gegen die Anomöer und muss später als die acht ersten dieser Reden gehalten sein; dass sie unmittelbar auf die achte folgte, ist nicht zu erkennen; doch scheint sie vor der zehnten gehalten zu sein, da in dieser

---

[1] Op. I 452[e] und 453[a. b].

[2] Dass sie auf die zweite Rede zeitlich folgte, zeigt der Anfang der vierten Rede (471[c]).

[3] Op. I 471 und 472. [4] I 691 sq. [5] p. 693[d] und 694[a].

[6] p. 696[a]. Dass diese Rede auf die 4. gegen die Anomöer folgte, zeigt ihr Anfang; Montfaucon bezieht diesen auf die 3. Anomöerrede (p. 689); ich beziehe ihn auf die 3. und 4., und das um so mehr, als die 4., wie es scheint, unmittelbar auf die 3. folgte.

[7] p. 481[a].

[8] p. 492[e]: *καὶ τὸ λειπόμενον ὑμῖν ἀποδοῦναι τοῦ χρέους.* Siehe über die 6. Rede oben S. 503.

[9] p. 501[b]. [10] p. 502[c. d]. [11] Das zeigt ihr Eingang (513[e] u. 514[a. b]).

auf jene Ausführung über die Auferweckung des Lazarus verwiesen wird[1]. Die zehnte Rede ist die jüngste der zehn ersten Anomöerreden; denn es wird in ihr nicht nur, wie eben gesagt wurde, auf die neunte Rede verwiesen, sondern auch auf die siebente, die kürzlich (πρώην) gehalten worden sei[2]; sie bringt auch in geeigneter Weise das Thema der Anomöerreden zum Abschlusse, indem sie die Zuhörer mahnt, durch einen würdigen Wandel die Irrlehrer zu beschämen[3]. Die elfte und die zwölfte Rede gegen die Anomöer wurden erst zu Konstantinopel gehalten. Dagegen scheint kurz nach der zehnten Rede gegen die Anomöer die Rede über die Auferstehung der Todten[4] gehalten zu sein.

d. Chronologisches Verhältniss der drei genannten Klassen von Reden zu einander.

1. Der Cyklus der Reden gegen die Anomöer wurde, soweit sich nachweisen lässt, dreimal unterbrochen, und zwar: α) durch die erste Reihe der Judenreden, β) durch die zwei Weihnachtsreden, γ) durch die dritte Judenrede, d. h. die Rede gegen die Protopaschiten.

Ad α) Dass die erste Rede gegen die Juden sich an die erste Rede gegen die Anomöer anschloss, desgleichen auch, dass auf die erste Rede gegen die Juden die zweite und die achte Rede gegen die Juden unmittelbar folgten, wurde oben gezeigt[5].

Ad β) In der Rede auf den Martyrer Philogonios sagte Chrysostomos am 20. December, er unterbreche mit dieser Rede seine Kämpfe mit den Häretikern[6]; dass damit die Reden gegen die Anomöer gemeint sind, wird allgemein zugestanden[7]. Der Rede auf Philogonios folgte aber fünf Tage später die Weihnachtsrede[8].

Ad γ) Dass auch die dritte Judenrede die Reihe der Reden gegen die Anomöer unterbrochen hat, wird von Usener[9] entschieden bestritten und bedarf eingehender Begründung. Die dritte Judenrede, gerichtet gegen die Protopaschiten, beginnt also: Πάλιν χρεία τις ἀναγκαία καὶ κατεπείγουσα τῶν πρώην εἰρημένων τὴν ἀκολουθίαν διακόψασα πρὸς ἑαυτὴν ἐπισπᾶται τὸν λόγον καὶ τῶν πρὸς τοὺς αἱρετικοὺς ἡμᾶς ἀπάγει παλαισμάτων τήμερον· ἡμεῖς μὲν γὰρ πάλιν περὶ τῆς τοῦ μονογενοῦς δόξης διαλεχθῆναι πρὸς τὴν ὑμετέραν ἀγάπην παρεσκευαζόμεθα[10]. Klar ist hier gesagt, dass die Rede, welche Chrysostomos halten will, schon wiederum den Kampf gegen die Häretiker unterbreche. Dass dieser Kampf der gegen die Anomöer war, ist an sich sehr wahr-

---

[1] Vgl. Op. I 530 e besonders mit 528 b.

[2] Vgl. p. 530 d: ἴσθε τοίνυν καὶ μέμνησθε mit 504 c u. e und 506 c, wo alle drei in der 10. Rede erwähnten Punkte der Reihe nach behandelt werden.

[3] Op. I 538 e sqq. [4] Op. II 422 sqq.; vgl. deren Anfang. [5] S. 496.

[6] Op. I 492 b. [7] Usener a. a. O. 215. [8] Oben S. 503, 2.

[9] A. a. O. 233—235. [10] Op. I 606 a.

scheinlich, da es feststeht (auch Usener gibt dies zu), dass er schon zweimal unterbrochen worden war. Dazu kommt, dass Chrysostomos auch in der Rede auf Philogonios von τὰ τῶν αἱρετικῶν παλαίσματα [1] spricht und dass Usener darunter an dieser Stelle den Kampf gegen die Anomöer versteht. Trotzdem hält Usener [2] es für ‚voreilig‘ und ‚unzulässig‘, in der dritten Judenrede in den Häretikern die Anomöer zu sehen. Und er stützt sich dafür auf den Ausdruck: περὶ τῆς τοῦ μονογενοῦς δόξης. Diesem Ausdruck gemäss, sagt er, hätten die Reden, in welche die dritte Judenrede hineinfiel, ‚über den eingebornen Sohn Gottes‘ oder ‚über die Natur Christi‘ gehandelt, und das seien nicht die Reden wider die Anomöer, welche vielmehr über die Unbegreiflichkeit Gottes handelten. Und sie sind es doch, so behaupte ich, und man muss sie darunter verstehen. Denn 1. Usener legt Werth auf den Ausdruck μονογενής; aber dieser Ausdruck ist bei Chrysostomos einfach gleich ‚Sohn Gottes‘, wie er in der vierten Anomöerrede [3] darlegt; er hält diesen Ausdruck für passender als den Ausdruck ‚Sohn‘, weil das μονογενής der zweiten Person allein, das Wort ‚Sohn‘ aber auch Menschen zukommen könne. Aber wichtiger ist 2., dass Chrysostomos selbst an zwei Stellen sagt, was er unter περὶ τῆς τοῦ μονογενοῦς δόξης versteht; ich muss annehmen, dass diese Stellen Usener entgangen sind. Die erste dieser Stellen ist in der siebenten Rede gegen die Anomöer [4]; er sagt hier, er wolle wiederum sprechen περὶ τῆς τοῦ μονογενοῦς δόξης; er recapitulirt dann sofort danach den Inhalt der fünf ersten Anomöerreden und fügt als neuen Gedanken, den er jetzt beweisen will, hinzu, dass der Sohn dieselbe Macht habe wie der Vater; die Gegner, gegen welche diese Ausführungen gerichtet sind, sind also ausser allem Zweifel die Anomöer. Die zweite Stelle ist in der zehnten Rede gegen die Anomöer [5]: Ἴστε τοίνυν καὶ μέμνησθε πρώην ὅτι περὶ τῆς τοῦ μονογενοῦς δόξης διαλεγόμενοι πολλὰς ἠριθμοῦμεν αἰτίας. Im Verfolg der Stelle sagt er, er habe damals drei Gründe entwickelt, warum Christus oft erniedrigend von sich spreche. Das hat er aber in der siebenten Rede gegen die Anomöer gethan, wo alle drei Gründe, die er hier nennt, der Reihe nach ausführlich erörtert werden [6]. Ich könnte noch eine dritte Stelle hinzufügen; denn in der achten Anomöerrede [7] sagt er, er habe vorhin gesprochen περὶ τῆς τοῦ μονογενοῦς ἐξουσίας; es ist aber hier die tags vorher gehaltene siebente Rede gegen die Anomöer gemeint. Wer könnte nach all diesem noch irgend einen Zweifel hegen, dass auch in der dritten Judenrede der Ausdruck περὶ τῆς τοῦ μονογενοῦς δόξης sich auf die Reden gegen die Anomöer bezieht, zumal in ihr ausdrücklich beigefügt wird, der Redner habe es damals mit Häretikern zu thun gehabt. Also auch die dritte Judenrede bildete eine Unterbrechung der zehn Reden gegen die Anomöer; damit haben wir für die Zeit-

[1] Op. I 492 [b]. [2] A. a. O. 235. [3] Op. I 475 [e] und 476 [a. b].
[4] I 502 [c]. [5] I 530 [d]. [6] I 504 [c u. e] und 506 [c]. [7] p. 514 [b].

bestimmung der Reden gegen die Anomöer und der andern, welche in diese zeitlich hineinfielen, einen festen Anhaltspunkt gewonnen.

2. Denn die dritte Rede des Chrysostomos gegen die Juden wurde, wie oben [1] gezeigt worden ist und wie auch Usener [2] zugibt, im Anfange des Jahres 387, jedenfalls vor der Fastenzeit dieses Jahres gehalten. Es müssen darum die Reden auf Philogonios und das Weihnachtsfest im December 386, die erste Reihe der Judenreden um den September 386 und zwischen diesen Reden die grössere Zahl der Anomöerreden gehalten sein. All diese Reden, insbesondere auch alle zehn Anomöerreden, sind also dem Jahre 386 und dem Anfange des Jahres 387 zuzuweisen, während Usener sie zum Theil in das Jahr 389, die Hauptmasse in die Jahre 387 und 388, keine aber in das Jahr 386 setzt.

Der zweite Cyklus der Judenreden wurde nach dem Aufstande in Antiochien [3], also frühestens im Herbste des Jahres 387, gehalten. Die genannte Stelle legt den Gedanken nahe, dass sie erst nach diesem Jahre gehalten wurden; doch möchte ich aus innern Gründen vom Jahre 387 nicht abgehen; Chrysostomos hatte nämlich im Jahre 386 wenig Erfolg gehabt mit seinen Reden gegen die jüdische Festfeier des Monates Thishri und hat daher schwerlich das Jahr 387 vorübergehen lassen, ohne den Kampf von neuem aufzunehmen.

e. Einwendungen.

Gegen die gewonnenen Resultate macht Usener folgende Einwendungen.

1. In der Weihnachtsrede verweist Chrysostomos auf einen Cyklus von Judenreden mit diesen Worten [4]: ‚Es war die Zeit des Laubhüttenfestes und des Fastens, und dieses wird von den Juden gehalten (τελεῖται) gegen Ende des Monates September, wie auch ihr bezeuget; denn damals haben wir die vielen und langen Reden gegen die Juden gehalten, indem wir ihr unzeitgemässes Fasten ihnen vorhielten (τοῦ ἀκαίρου αὐτῶν νηστείας κατηγοροῦντες).‘ Usener [5] hält den Cyklus von Judenreden, auf den hier verwiesen wird, für den zweiten, und ich gebe zu, dass die Bezeichnung des jüdischen Fastens als ἄκαιρος den Gedanken an den zweiten Cyklus näher legt wie an den ersten. Aber der erste Cyklus ist doch keineswegs ausgeschlossen, zumal das ἄκαιρος nur als Epitheton des Fastens, nicht als eigentlicher Gegenstand der Reden genannt wird. Schon in der ersten Rede gegen die Juden heisst es [6]: νῦν γὰρ ἄκαιρος ἡ νηστεία, und das wird hier bewiesen aus Worten der Propheten Isaias und Joel. Die zweite Judenrede beginnt mit der Bemerkung, dass die ‚παράνομος νηστεία‘ der Juden bevorstehe; hier hat ihr Fasten also beinahe dasselbe Epitheton wie in der Weihnachtsrede. In der zweiten Rede wird dann ferner gezeigt [7], dass es ‚eine Zeit‘ gab, das alte Gesetz zu beobachten, dass dies jetzt aber

[1] Oben S. 497 ff. [2] A. a. O. 232—233. [3] Op. I 659 b.
[4] II 361 d. e. [5] A. a. O. 236. [6] Op. I 590 a. [7] p. 602 c. d.

,ἀκαίρως' geschehe; dieser Gedanke wird an der Beschneidung erläutert und ist jedenfalls in einem jetzt verlorenen Abschnitte der Rede [1] weitergesponnen worden. Und auch in der achten Judenrede wird gesagt [2], dass die Juden gegenwärtig das Ceremonialgesetz ausserhalb Jerusalems ohne alle Berechtigung erfüllen; es ist das der Gedanke, der später der Hauptgegenstand des zweiten Cyklus wurde.

2. Usener glaubt [3] in der oben ausgeschriebenen Stelle der Weihnachtsrede auch das Jahr angegeben zu finden, in dem dieselbe gehalten wurde. Chrysostomos sagt nämlich daselbst, das grosse Versöhnungsfest der Juden werde Ende September gefeiert. Das passe, sagt Usener, wohl für das Jahr 388, wo das Versöhnungsfest auf den 27. September fiel, aber nicht auf das Jahr 387, wo es am 8. September war. Nach meiner Beweisführung wäre an beide Jahre nicht zu denken, sondern an das Jahr 386, wo der Versöhnungstag auf den 19. September fiel. Es ist aber wohl zu beachten, dass Chrysostomos an der genannten Stelle sagt τελεῖται und nicht etwa ἐτελεῖτο; er will also sagen, dass das Fest gewöhnlich an dem angegebenen Termine gefeiert werde, er sagt aber nicht, dass es in jenem Jahre genau so war. Ich behaupte sogar, dass Chrysostomos im Jahre 386 dieses τελεῖται mit grösserem Rechte aussprechen konnte als im Jahre 388, wo ein Jahr vorhergegangen war, in dem das Fest ungewöhnlich früh gefeiert wurde, während es im Jahre 385 verhältnissmässig spät, gegen Ende September, war. Dazu kommt, dass Chrysostomos ein Interesse daran hatte, das Versöhnungsfest gerade in das Ende des September zu setzen. Er will nämlich zeigen, dass Christus wirklich im December geboren wurde; das folgert er daraus, dass Zacharias gegen Ende September vom Engel die Zusicherung eines Sohnes erhielt, dass dieser also erst im October empfangen wurde, dass daher Jesus, der im sechsten Monate danach empfangen wurde, im März empfangen und im December geboren wurde [4]; hätte Zacharias Mitte September jene Zusicherung erhalten, dann wäre Johannes im September empfangen und Jesus also nach der gegebenen Berechnung im November geboren worden.

3. Usener glaubt [5], dass seine Zeitbestimmung der einzelnen Reden besser dem christlichen Festkalender gerecht werde; er geht dabei von der Anschauung aus, dass in gewöhnlichen Zeiten des Jahres, wenn nicht ein besonderes Fest gerade einfiel, nur Sonntags in Antiochien Gottesdienst gehalten wurde. Allein diese Behauptung ist sehr gewagt. Usener selbst muss auch nach seiner Berechnung für manche Reden einen Wochentag annehmen, z. B. für die zweite und achte Judenrede einen Samstag und für die fünfte und sechste Judenrede zwei aufeinander folgende Tage von Donnerstag bis Samstag [6]. In der dritten Judenrede, die im Januar vor der Fasten-

---

[1] Op. I 604 c. [2] I 681 a. [3] A. a. O. 236. [4] II 362a—c.
[5] A. a. O. 234, besonders Anm. 23. [6] A. a. O. 238.

zeit des Jahres 387 gehalten wurde (auch nach Usener), heisst es [1], dreimal in der Woche pflege Abendmahlsfeier zu sein, zuweilen auch viermal und so oft man wolle; und in derselben Rede wird auch gesagt [2], die heutige Feier und die gestrige und die an allen Tagen sei der des Karsamstags ähnlich.

4. Usener glaubt [3] aus der dritten Judenrede entnehmen zu können, dass Chrysostomos, als er diese Rede sprach, noch keinen der zwei Cyklen von Judenreden gehalten hatte; er verweist dafür auf die Stelle 610[a–d]. Aber das an dieser Stelle gestreifte Thema ist das des zweiten Cyklus der Judenreden; wenn also die Stelle den Eindruck macht, dass er dieses Thema noch nicht eingehend behandelt hatte, so spricht sie doch mit nichten dagegen, dass er damals seinen ersten Cyklus von Judenreden schon gehalten hatte.

f. Einführung des Weihnachtsfestes in Antiochien.

Die Weihnachtsrede des Chrysostomos wurde dem Gesagten zufolge am 25. December 386 gehalten [4]. Es ist auch sehr begreiflich, dass der Redner die Weihnachtsfeier, die ihm so sehr am Herzen lag, sofort im ersten Jahre seiner Predigtthätigkeit empfahl, wie er denn auch schon in diesem Jahre zwei andere Herzensangelegenheiten, den Kampf gegen die Anomöer und die Juden, zur Ausführung brachte und in der Fastenzeit des nächsten Jahres mit aller Kraft seiner Rede und ganze Wochen lang gegen die eingewurzelte Sitte des leichtsinnigen Schwörens losging. So sagt er denn auch im Eingange der Weihnachtsrede [5]: ‚Längst habe ich gewünscht, diesen Tag zu sehen, und zwar ihn zu sehen bei so gefüllter Kirche, wie sie es heute ist.'

Aber Usener setzt nicht nur die Weihnachtsrede in das dritte Jahr der öffentlichen Thätigkeit des Chrysostomos, sondern behauptet auch: Dieser 25. December 388 ‚sah nicht nur die erste würdige Feier des Weihnachtsfestes bei voller Kirche, sondern überhaupt die erste' in Antiochien [6]. Usener stützt sich dafür auf die Epiphanierede des Chrysostomos [7], von der er annimmt, dass sie am 6. Januar desselben Jahres wie die Weihnachtsrede gehalten wurde. Dies letztere ist aber unmöglich, wie oben (S. 503) gezeigt wurde. Und wäre selbst die Epiphanierede zu der von Usener angenommenen Zeit gehalten worden, so wäre doch sein Beweis, wie mir scheint, nicht zutreffend; denn ich sehe nicht ein, dass Chrysostomos, wenn er in dieser Rede über zu seltenen

---

[1] Op. I 611 [a]. [2] p. 611 [b]. [3] A. a. O. 234.

[4] Usener nimmt den 25. December 388, Clinton (a. a. O.) das Jahr 387 an.

[5] Op. II 354 [c]. [6] A. a. O. 238–239.

[7] Gemeint sind die Stellen dieser Rede, wo gesagt ist, dass viele in Antiochien nur ein- oder zweimal im Jahre in die Kirche kamen (siehe oben S. 503).

Kirchenbesuch vieler Gemeindemitglieder klagt, noch speciell auf einen lässigen Kirchenbesuch am verflossenen Weihnachtsfeste, wenn ein solches gefeiert worden wäre, hätte hinweisen müssen. Chrysostomos sagt in der Weihnachtsrede [1]: καίτοι γε οὔπω δέκατόν ἐστιν ἔτος, ἐξ οὗ δήλη καὶ γνώριμος αὕτη ἡ ἡμέρα γεγένηται. Er meint den Weihnachtstag; dieser war also noch nicht zehn Jahre in Antiochien offenkundig und anerkannt; ich denke mir, dass er, seitdem er offenkundig und anerkannt war, auch durch Gottesdienst gefeiert wurde, dass aber diese gottesdienstliche Feier in den ersten Jahren eine minder glänzende und allgemeine war, bis sie durch das begeisterte Eintreten des Chrysostomos allgemeine Anerkennung und erhöhten Glanz erhielt und das Fest so zum Range der höchsten Feste des Kirchenjahres emporstieg.

g. Chronologische Uebersicht.

Stellen wir zum Schlusse die behandelten Reden zur bessern Uebersicht in chronologischer Reihenfolge nach den gefundenen Resultaten zusammen.

386.	
Anfang des Jahres	Chrysostomos wird zum Priester geweiht und hält gleich danach die Dankrede, seine erste öffentliche Rede [2].
Kurz vor dem jüdischen Neujahrsfeste (Donnerstag 10. September)	erste Rede gegen die Juden.
Unmittelbar davor	erste Rede gegen die Anomöer.
Fünf Tage vor dem jüdischen Versöhnungsfeste (Samstag 19. September)	zweite Rede gegen die Juden.
Kurz nach dem Versöhnungsfeste	achte Rede gegen die Juden.
Danach	mehrere verlorene Reden an Martyrerfesten.
Danach	zweite bis fünfte Rede gegen die Anomöer; zwischen der vierten und fünften die Rede über das Nichtverketzern.
20. December	Rede auf Philogonios.
25. December	Weihnachtsrede.
387.	
Danach (wahrscheinlich Freitag 1. Januar)	siebente Rede gegen die Anomöer.
Tags darauf	achte Rede gegen die Anomöer.
6. Januar (Jahr?)	Epiphanierede.
Einen Tag danach	Rede auf den Martyrer Loukianos.
Nach dem 6. Januar 387 und vor Ende Januar	dritte Rede gegen die Juden oder Rede gegen die Protopaschiten.
Um dieselbe Zeit	neunte und zehnte Rede gegen die Anomöer und Rede über die Auferstehung der Todten.

[1] Op. II 355 a.   [2] Siehe oben 386 S. 251.

In der Woche vor dem 31. Januar	Aufstand in Antiochien[1].
Sonntag 24. Januar bis zum 21. März d. h. bis Ostern	21 Reden über die Bildsäulen, deren neunzehnte aber nach Ostern gehalten ist.
Zehn Tage oder etwas mehr vor dem Versöhnungsfeste (Mittwoch 8. September), wahrscheinlich Sonntag den 29. August	vierte Rede gegen die Juden.
Kurz davor	Abhandlung gegen die Juden und Heiden über die Gottheit Christi.
Am Tage vor dem Versöhnungsfeste, also Dienstag 7. September	fünfte Rede gegen die Juden.
Am Versöhnungsfeste selbst	sechste Rede gegen die Juden.
Zwischen dem Versöhnungs- und Laubhüttenfeste, also zwischen Mittwoch 8. September und Montag 13. September	siebente Rede gegen die Juden.
Nach dem Laubhüttenfeste	Homilie über den 41. Psalm.

XIV.

Zeitbestimmung des Aufstandes in Antiochien und der 21 Homilien des Chrysostomos über die Bildsäulen.

a. Der Aufstand in Antiochien war höchst wahrscheinlich im Jahre 387, vielleicht schon im Jahre 386. Zwar sagt Theodoret[2], er habe nach dem Blutbade in Thessalonich (im Jahre 390) stattgefunden, und Sozomenos[3] setzt ihn in die Zeit nach dem Tode Valentinians II. (im Jahre 392); aber hiergegen spricht entscheidend ein Schreiben des Ambrosius vom Ende des Jahres 388[4], in welchem der Aufstand erwähnt wird. Da nun Theodosius die Fastenzeit des Jahres, in welchem der Aufstand war, in Konstantinopel zubrachte[5], so kann das Jahr 388 kaum in Frage kommen, weil um Mitte März und am 30. April dieses Jahres der Kaiser in Thessalonich bei Valentinian II. und seiner Mutter verweilte[6]. Gegen das Jahr 386 könnte sprechen, dass Zosimos den Aufstand zwischen den Krieg mit den Gruthungern (Sommer 386) und den mit Maximus setzt[7]. Auch spricht gegen das Jahr 386 die Angabe des Libanios, dass das Kopfleiden, welches ihn beim Einzuge des Valens in Antiochien verlassen hatte (im Jahre 370 oder 371), ihn nach sechzehnjähriger Pause wieder befiel, und dass danach der Statthalterposten in Antiochien noch zweimal wechselte, ehe der Aufstand eintrat[8]. Dagegen spricht für das Jahr 386 die andere Nachricht

[1] Siehe Excurs XIV. [2] Hist. eccl. V 19. [3] Hist. eccl. VII 23.
[4] Ep. 40; vgl. nr. 32. [5] Chrysostomos II 216 d und Libanios I 686.
[6] Cod. Theod. III 7, 2; IX 7, 5 und 11, 1. Trotzdem nimmt Baronius das Jahr 388 an.
[7] Hist. IV 41. [8] Libanios, De vita sua I 96. 146. 150—151.

des Libanios, die Abgabe, die zum Aufstande in Antiochien den Anlass gab, sei für die Quinquennalfeier des Arcadius und die Decennalfeier des Theodosius auferlegt worden [1]; die quinquennalia des Arcadius waren aber nach den Fasti Idatiani am 16. Januar 387, und mit diesen waren wahrscheinlich die decennalia des Theodosius verbunden [2]. Die Angabe des Chrysostomos in der zweiten Homilie über den Aufstand [3], es sei damals das zweite Jahr gewesen, dass er in Antiochien redete, kommt nicht in Betracht, weil das Jahr der Priesterweihe des Chrysostomos nicht feststeht (ob im Jahre 385 oder 386), und weil es nicht gerade sicher ist, dass er sofort nach seiner Priesterweihe das Predigtamt übernahm. Mehr für das Jahr 386 als für 387 spricht auch die Antwort, die nach der Angabe des Chrysostomos Kaiser Theodosius auf die Einladung des Bischofs Flavian gab, er möge einmal Antiochien besuchen [4]; denn aus dem Jahre 386 ist uns ein Krieg bekannt, aus dem Jahre 387 aber nicht; wohl möglich ist aber, dass der Kaiser den Maximus und die durch diesen geschaffene gespannte Lage gemeint hat [5].

b. Den Verlauf des Aufstandes und seine Folgen für Antiochien ersehen wir am besten aus den 21 Homilien des Chrysostomos über die Bildsäulen, da dieser mit seinen Anreden das ganze Ereigniss von Anfang bis zu Ende begleitet und in diese Reden manche chronologische Mittheilungen eingeflochten hat. Hauptaufgabe für die Chronologie der Ereignisse ist nun die Ermittlung der zeitlichen Reihenfolge dieser 21 Homilien. Sie wurde zunächst von Tillemont versucht in der langen note 29 zur Geschichte des Theodosius in der Histoire des empereurs; ihn ergänzte Montfaucon in der Einleitung der Ausgabe der 21 Homilien; neuerdings ist dann die Aufgabe, wie Sievers annimmt [6], von Hug [7] definitiv gelöst worden. Das ist aber nicht der Fall; ich bin in wichtigen Punkten zu andern Resultaten wie Hug gekommen.

1. Zunächst scheint mir Hug [8] eine Stelle in der sechsten Homilie falsch verstanden zu haben. Nach seiner Auffassung wird hier von Chrysostomos [9] gesagt, Bischof Flavian sei zwei bis drei Tage nach dem Tage des Aufstandes von Antiochien abgereist, nachdem ihm gemeldet worden sei, dass die Gesandten der städtischen Behörden an den Kaiser auf dem Wege Schwierigkeiten gefunden hätten; der Bischof sei dann auch

[1] Op. II 2. [2] Siehe oben 387 S. 258. [3] Op. II 162 [e].

[4] Hom. XXI p. 223 [e]: Εὔχεσθε ταῦτα ἀναιρεθῆναι τὰ κωλύματα, σβεσθῆναι τοὺς πολέμους τούτους, καὶ αὐτὸς ἀφίξομαι πάντως.

[5] Vgl. über die ganze Frage Tillemont, Hist. V 741—744 note 27; er setzt den Aufstand ins Jahr 387; ebenso alle Spätern, wie Sievers (Leben des Libanius 173), Hug (Antiochia und der Aufstand des Jahres 387 n. Chr. 154 Anm. 4), Schiller (Gesch. der röm. Kaiserz. II 412) und Ihm (Stud. Ambros. 9).

[6] A. a. O. 172. [7] A. a. O., besonders 175 Anm. 3.

[8] A. a. O. 171—172. [9] Op. II 75.

diesen Gesandten in der Mitte des Weges, wo sie eine neue Verzögerung erlitten hätten, zuvorgekommen. Hug gibt selbst zu, dass diese Darstellung in Widerspruch steht mit einer andern des Chrysostomos in der 21. Homilie; hier heisst es [1], Flavian sei in der Mitte des Weges schon den Abgesandten des Kaisers, dem Cäsarius und Hellebichus, begegnet. Er will den Widerspruch so lösen, dass Chrysostomos an der erstern Stelle nur ein Gerücht wiedergegeben habe, das sich aber später als falsch herausstellte. Ich glaube, dass überhaupt kein Widerspruch vorliegt. Denn die an der erstern Stelle [2] erwähnte Verzögerung der städtischen Gesandten ist keine andere als die zweite [3], welche zwei bis drei Tage nach ihrer Abreise eintrat; die Darstellung des Chrysostomos ist hier sehr umständlich und nicht frei von Wiederholungen. Hug hat sich am meisten irreleiten lassen durch den Ausdruck κατὰ μέσην ἔτι διατρίβουσι τὴν ὁδόν, der gar nicht von der eigentlichen Mitte der Strecke erklärt zu werden braucht, sondern nur heisst: mitten auf dem Wege, d. i. während der Reise; ausserdem sagt Chrysostomos gar nicht, dass Flavian zwei bis drei Tage nach den städtischen Gesandten abreiste, sondern nur, dass die Gesandten zwei bis drei Tage nach ihrer Abreise von der Stadt auf Hindernisse stiessen.

2. Ferner behauptet Hug [4], Homilie 14 sei vor 18 gehalten; er beweist das durch eine Vergleichung von Hom. 14, 149 d. e mit Hom. 18, 187 d. e. Aber der Beweis ist nicht überzeugend; denn an der zweiten Stelle wird nicht gesagt, was Hug annimmt, dass man das Edict über die Schliessung der Bäder übertreten habe; das Edict verlangte nämlich nur die Schliessung der öffentlichen Bäder, so dass, was in der 18. Homilie über das Baden im Flusse erzählt ist, auch zur Zeit der Geltung des Edictes geschehen und damit die 18. vor der 14. Homilie gehalten werden konnte. Es lässt sich sogar beweisen, dass diese letztere Ordnung der Homilien die richtige ist; denn der Anfang der 14. Homilie zeigt, dass zur Zeit, wo sie gehalten wurde, man in Antiochien der Entscheidung des Kaisers als bevorstehend entgegensah, und deutlich ist das gesagt 150 c: καὶ ἡ μὲν (συμφορὰ τῆς πόλεως) μέλλει λύεσθαι λοιπόν [5].

3. Die 17. Homilie gehört vor die 11. und nicht, wie Tillemont [6] und Hug annehmen, hinter die 13. und vor die 18.; sie ist also die erste Homilie, welche der Prediger nach der Ankunft der kaiserlichen Gesandten in der Stadt gehalten hat. Denn a. handelt sie ganz und ausschliesslich von den jüngsten Ereignissen; es war aber sehr natürlich, dass der Redner in der nächsten Rede nach den aufgeregten Tagen, welche die Stadt durchgemacht hatte, nur von dieser und von der Freude sprach, welche nunmehr aller Herzen erfüllte; die 11. Homilie dagegen behandelt diese Er-

[1] p. 216 b. [2] p. 75 b–c. [3] p. 75 c. [4] A. a. O. 192 Anm. 4.
[5] Auch Tillemont setzt (note 29 § 15) die 14. hinter die 18. Homilie.
[6] Hist. V 750 § 16.

eignisse, die Anwesenheit der kaiserlichen Gesandten und die Lösung des Bannes, der auf der Stadt lastete, nur in der Einleitung, setzt aber danach (mit c. 2) das früher begonnene Thema von der Verherrlichung Gottes in der Welt fort. b. Die 17. Rede beginnt: ‚Passend haben wir heute alle zusammen gesungen: Gepriesen sei Gott, denn Wunderbares ist geschehen'; die 11. aber beginnt: ‚Wenn ich den vergangenen Sturm und die jetzige Ruhe betrachte, höre ich nicht auf zu sagen: Gepriesen sei Gott . . . und ich will, dass ihr dies wiederholet und nicht nachlasset.' Jeder sieht, dass jener Anfang besser als der zweite für die erste Rede nach der Erlösung der Stadt passt. c. Zwar heisst es in der 11. Rede (115^{b}): ‚Deswegen haben auch wir an den vorhergehenden Tagen geschwiegen, weil unsere ganze Stadt entvölkert war, die Einwohner sich in die Einöden zurückgezogen hatten und die Zurückgebliebenen in eine Wolke der Trübsal eingehüllt waren.' Man braucht aber dieses Schweigen nicht so zu verstehen, dass dieser Rede keine andere nach geschehener Erlösung vorherging; es lässt sich auch so verstehen, dass er seine gewohnten schwierigen Themata, wie von Fasten, Schwören und von der Schöpfung, nicht fortgesetzt hat, weil er kein Verständniss dafür fand wegen der Aufregung; bedenkt man, dass er gerade mit dieser Rede 11 sein früheres Thema von der Schöpfung fortsetzen will, so scheinen die genannten Worte als Rechtfertigung hierfür besonders angebracht. d. Wäre Homilie 11 die erste nach der Erlösung der Stadt, so hätte Chrysostomos erst am Montage das Wort ergriffen, obwohl doch schon am vorhergehenden Donnerstage die kaiserlichen Gesandten abgereist waren [1]; er hätte also sogar den Sonntag ohne Gottesdienst und ohne der allgemeinen Freude Ausdruck zu geben, vorübergehen lassen; das ist aber höchst unwahrscheinlich. e. Und wie hätte er an diesem Montage sagen können: ‚Wir haben die vorhergehenden Tage geschwiegen, weil unsere ganze Stadt entvölkert war'? Sie war doch nicht bis Montag entvölkert. Das Schweigen ist also als Unterlassung einer thematischen Predigt, nicht als Schweigen schlechthin zu verstehen.

4. Tillemont [2] und auch Hug [3] nehmen an, dass die kaiserlichen Abgesandten an einem Montage in Antiochien ankamen; sie schliessen das daraus, dass das Gericht, welches sie in der Stadt hielten, nach Chrysostomos an einem Mittwoche war [4]. Dieser Schluss scheint nothwendig zu sein. Während nun aber Tillemont ihre Ankunft in die dritte Fastenwoche setzt, wird sie von Hug in die vierte Fastenwoche verlegt. Diese späte Ankunft erscheint an sich nicht wahrscheinlich; denn der Aufstand war in der Woche vor der Fastenzeit, und Cäsarius legte

[1] Siehe unten nr. 4. [2] Hist. V 745 ss. note 29. [3] A. a. O. 175.

[4] Hom. XIII p. 133$^{a.\,b}$. *Τετράς* war der herkömmliche Ausdruck für Mittwoch; vgl. die *Διδαχὴ τῶν δώδεκα ἀποστόλων* c. 8, ferner Sokr. V 22, 45. In der 7. Zeile der Homilie ist aber anders zu interpungiren, als Montfaucon gethan hat, nämlich so: *πόση κατὰ τὴν παροῦσαν γαλήνη νῦν; κατὰ τὴν ἡμέραν ταύτην τὸ φοβερὸν* etc.

die Rückreise von Antiochien nach Konstantinopel in sechs Tagen zurück [1]. Und wie könnten wir es verstehen, dass Bischof Flavian die kaiserlichen Commissare schon mitten auf dem Wege nach Konstantinopel traf? [2] Die Hauptschwierigkeit aber ist diese. Die Gesandten des Kaisers brachten ohne Zweifel dessen Schreiben mit, welches unter anderem die Schliessung der öffentlichen Bäder in Antiochien anordnete [3]. Nun sagt aber Chrysostomos in der 18. Homilie, welche er kurz nach Mittfasten hielt [4], d. h. spätestens in den ersten Tagen nach der vierten Fastenwoche, noch nicht zwanzig Tage habe man sich der öffentlichen Bäder enthalten müssen [5]. Dieser Zeitraum muss offenbar nicht vom Tage der Ausstellung des Decretes an datirt werden, sondern vom Tage seiner Verkündigung in Antiochien. Man kann auch nicht daran denken, dass die Bäder schon vor Ankunft des kaiserlichen Edictes auf Anordnung der städtischen Behörden geschlossen worden seien; denn Chrysostomos sagt selbst, dass ihre Schliessung auf Anordnung des Kaisers erfolgte [6]. Wie konnte nun Chrysostomos im Anfang der fünften Fastenwoche von nicht ganz 20 Tagen seit Ankunft des kaiserlichen Edictes sprechen, wenn dieses, wie Hug will, erst im Anfange der vierten Fastenwoche ankam? Diese Frage kann Hug nicht beantworten, und daher sind wir genöthigt, die Ankunft der kaiserlichen Gesandten in Antiochien auf den Montag der dritten Fastenwoche zu setzen. Dieses hinwiederum ist aber nur möglich, wenn wir auch die Homilien des Chrysostomos anders ordnen, als Hug es gethan hat.

Die Homilien 3—8 folgten tagweise aufeinander; es kann ihnen auch ausser der ersten und zweiten Homilie keine andere aus der Zahl der 21 vorangegangen sein, wie der Anfang der dritten zeigt; da nun ferner in der achten Homilie gesagt wird [7], die Woche sei nunmehr zu Ende, so muss die Woche mit der dritten Homilie begonnen haben; diese Woche aber war die erste der Fastenzeit, da es in der 16. Homilie heisst [8], jetzt sei die zweite Fastenwoche zu Ende.

Die Homilien 9 und 10 folgten offenbar aufeinander; sie scheinen auch die letzten Reden zu sein, die Chrysostomos vor Ankunft der kaiserlichen Gesandten gehalten hat; denn die elfte Homilie, die er kurz nach deren Weggang hielt, recapitulirt deutlich den Inhalt der zehnten und setzt ihren Gegenstand da fort, wo er in der zehnten verlassen worden war [9].

Die 15. Homilie wird von Tillemont und auch von Hug auf den Samstag der zweiten Fastenwoche, die 16. von beiden auf den folgenden

[1] Libanios I 686. [2] Hom. XXI p. 216 [b]. [3] Hug a. a. O. 176—177.
[4] Op. II 180 [b].
[5] In einer andern Homilie (Op. II 634 [a—b]) ist mit dem Ausdruck ‚noch nicht 20 Tage' nachweislich ein Zeitraum von 16 Tagen gemeint (siehe unten S. 525 nr. 6).
[6] Hom. XIV p. 149 [d. e]; XVII p. 175 [d]. [7] p. 92 [b]. [8] p. 168 [d].
[9] Hom. XI p. 116 [a] und besonders 124 [d].

Sonntag verlegt. Wenn das geschieht, so bleibt nichts anderes übrig, als mit Hug die 9. und 10. Homilie der dritten Fastenwoche zuzuweisen und dementsprechend die Ankunft der kaiserlichen Gesandten auf den Montag der vierten Fastenwoche zu setzen. Das geht aber nicht an (siehe oben); mithin müssen wir für die 15. und 16. Homilie einen andern Platz finden. Und das ist nicht unmöglich, ja es lässt sich sogar beweisen, dass sie an einen andern Platz gehören. Die 15. Homilie beginnt also: Ἔδει καὶ τήμερον καὶ τῷ προτέρῳ σαββάτῳ τὸν περὶ νηστείας κινῆσαι λόγον καὶ μηδεὶς ἄκαιρον εἶναι νομιζέτω τὸ λεχθέν. Man hat diese Worte bisher so verstanden, dass unter τήμερον ein Sabbat zu verstehen sei, also in dem Sinne: ‚an diesem und an dem vorigen Sabbat'; dann müsste die Rede allerdings am Sabbat in der zweiten Fastenwoche gehalten sein. Aber die Stelle kann auch bedeuten: heute und an dem vorhergehenden (oder gestrigen) Sabbat; dann wäre die Rede am Sonntage gehalten, und es steht nichts entgegen, sie auf den Sonntag nach der ersten Fastenwoche zu setzen; die Rede würde dann also unmittelbar auf die 8. Homilie folgen. Und sie ist auch thatsächlich der achten unmittelbar gefolgt; das zeigt die Stelle Hom. 15, 158 a. b: ‚Gestern Abend habe ich mit eurer Liebe ausgemacht (συνεταξάμην), nicht weiter über dieses Gebot (die Zunge zu zügeln) zu sprechen, da an allen vorhergehenden Tagen genügend darüber gesprochen worden ist.' Damit vergleiche man Hom. 8, 96 b: ‚Das ist der sechste Tag, dass ich euch über dieses Gebot ermahne, für die Folge will ich mit euch ausmachen (συντάξασθαι), davon abzulassen.' Dazu kommt, dass der Redner nur in der ersten Fastenwoche [1] im Zusammenhange über das Schwören sprach, dass er also mit jenen Worten der 15. Homilie ‚an allen vorhergehenden Tagen' nur diese Predigtreihe meinen kann.

In der 16. Homilie [2] wird der Inhalt einer vorher (πρώην) gehaltenen Rede angegeben, und mit dieser ist offenbar die 15. Homilie gemeint. Man hat daher gesagt, diese 15. Homilie sei der 16. unmittelbar vorhergegangen. Nothwendig ist dieser Schluss nicht. In den Homilien nach der ersten Fastenwoche [3] behandelt der Redner den falschen Schwur, den er in der ersten Woche ausschliesslich zum Gegenstande hatte, nur nebenbei; er widmet ihm aber in jeder Rede einen Abschnitt. So thut er auch in der 16. Rede, die im übrigen über den Nutzen der Leiden handelt; wenn er dabei den Inhalt der 15. registrirt, so thut er das, weil er auf das dort von der fliegenden Sichel [4] Gesagte noch einmal besonders aufmerksam machen will [5]. Dazu kommt, dass im Anfange der 16. Homilie gesagt wird, der Präfect sei gerade vorher in der Kirche gewesen und habe die Gläubigen getröstet und gebeten, doch nicht die Stadt zu verlassen;

[1] Hom. III—VIII. [2] p. 162 b. [3] IX—X und XV—XVI.
[4] Zach. V 1 ff. [5] Hom. XV p. 158 b sqq. und XVI p. 162 b.

im Verlaufe theilt dann Chrysostomos mit, es herrsche eine allgemeine Panik in der Stadt. Daraus kann man schliessen, dass die 16. Homilie kurz vor Ankunft der kaiserlichen Gesandten in der Stadt gehalten worden ist.

Ich setze die 16. daher hinter die 10. Homilie und nehme an, dass sie die letzte ist, die vor Ankunft der Gesandten gehalten wurde; die Auswanderung aus der Stadt wurde so allgemein, dass der Prediger keine Zuhörer mehr fand [1]. Man wird einwenden, dass in der 11. Homilie, die nach bestandener Trübsal gehalten wurde, der Gegenstand der 10. recapitulirt [2] und dann auch fortgeführt wird. Damit ist aber nicht gesagt, dass die 10. der 11. Homilie unmittelbar vorherging und die 16. nicht zwischen ihnen gehalten sein kann. Denn in den Homilien 9 und 10 behandelt der Redner die Schöpfung der Welt und dann in der 11. Homilie als Fortsetzung die Schöpfung des Menschen; in der 16. Rede, die er dazwischen hielt, unterbrach er diesen Gegenstand durch eine Erörterung der menschlichen Leiden, wozu ihn die allgemeine Flucht aus der Stadt und die Rede des Statthalters in der Kirche veranlasste.

Die 16. Homilie ist zu Ende der zweiten Fastenwoche, höchst wahrscheinlich am Samstage, gehalten [3]. Vor dieser wären also in der zweiten Fastenwoche die Homilien 9 und 10 und am vorhergehenden Sonntage die 15. Homilie gehalten. Am Montage in der dritten Fastenwoche kamen dann die kaiserlichen Gesandten in der Stadt an.

5. Tillemont vertheilt [4] die einzelnen Homilien auf bestimmte Monatstage; Voraussetzung ist ihm dabei, dass Ostern in Antiochien im Jahre 387 mit den Alexandrinern am 25. April gefeiert wurde, und dass die Fastenzeit daselbst sieben Wochen dauerte. Die erste Voraussetzung ist falsch, da Ostern in jenem Jahre in Antiochien mit den Römern am 21. März gefeiert wurde [5]; die zweite ist unsicher. Zum Beweise, dass die Fastenzeit in Konstantinopel und bis nach Syrien hin sieben Wochen dauerte, stützt man sich gewöhnlich auf Soz. VII 19; aber diese Nachricht ist verdächtig; denn 1. sagt Chrysostomos oft, dass man wirklich 40 Tage fastete, so viele, wie Christus gefastet hatte [6]; er sagt aber ebenso, dass man am Samstag und Sonntag nicht fastete [7]; waren es nun doch 40 Tage, so hätten es acht Wochen sein müssen oder neun; denn die Quadragesima schloss, wie er bestimmt sagt, mit dem Sonntag vor der Karwoche ab [8]. 2. Kurz nach Mittfasten sagt Chrysostomos, es seien noch nicht 20 Tage her, dass die Bäder geschlossen worden seien [9]; daraus folgt, dass die Mitte der Fastenzeit frühestens mit dem Ende der vierten Fastenwoche erreicht war, da die Schliessung der Bäder nicht vor Montag

---

[1] Hom. XI p. 115 b. [2] p. 116 a. [3] p. 168 d. [4] Hist. V 751—752.
[5] Siehe oben Excurs XIII S. 500. [6] So Op. I 611 c und IV 5 a—c.
[7] So Op. IV 84 b. [8] Hom. XXX in Genesim, Op. IV 293—294.
[9] Hom. XVIII p. 180 b.

der dritten Fastenwoche geschah. 3. In Jerusalem dauerte damals die Fastenzeit jedenfalls acht Wochen; das berichtet mit aller Klarheit die Pilgerin Silvia von Aquitanien, die in jener Zeit drei Jahre in Jerusalem lebte [1]. Von einer Vertheilung der Homilien auf bestimmte Monatstage muss also abgesehen werden.

6. Stellen wir zum Schluss die Ergebnisse in einer Tabelle zusammen:

Woche vor der Fastenzeit.

Homilie I vor dem Aufstande.

Homilie II wenige Tage nach dem Aufstande, aber unmittelbar nach Homilie I gehalten.

Erste Fastenwoche.

Homilien III—VIII; Homilie III nach der Abreise Flavians, Homilie VIII am Samstag gehalten.

Zweite Fastenwoche.

Homilie XV am Sonntage, dann Homilien IX und X; Homilie XVI am Samstag.

Dritte Fastenwoche.

Montag: Ankunft des Cäsarius und Hellebichus.
Dienstag: Voruntersuchung.
Mittwoch: Gerichtssitzung.
Donnerstag: Abreise der Richter.

Vierte Fastenwoche.

Homilie XVII am Sonntag.
Homilie XI am Montag.
Homilie XII am Dienstag.
Homilie XIII am Mittwoch.

Fünfte Fastenwoche.

Homilie XVIII [2].

Sechste Fastenwoche.

Homilie XIV [3].
Homilie XX [4].

Ostern.

Homilie XXI [5].

---

[1] Peregrinatio Silviae ed. Gamurrini (Rom 1887) 84—85: ,Nam sicut apud nos quadragesimae ante pascha attenduntur, ita hic octo septimanae attenduntur.

[2] Gehalten nach Mittfasten (vgl. Anfang) und noch nicht 20 Tage nach Schliessung der Bäder (p. 187 [c]).

[3] Täglich erwartete man schon die Ankunft der kaiserlichen Entscheidung, und allerhand Gerüchte fanden daher leicht Glauben (p. 140 [d]).

[4] Sie ist gehalten nach der 14. und gegen Ende dieser Woche; 40 Tage der Fastenzeit waren damals schon abgelaufen, und von allen Seiten kamen günstige Nachrichten aus Konstantinopel (p. 213 [b] und 210 [b]).

[5] Gehalten nach Flavians Rückkehr am Ostertage (p. 214 [a]).

Die 19. Homilie hat wie die erste keine Beziehung zum Aufstande und ist, wie es scheint, in diese Klasse von Reden deshalb hineingerathen, weil sie wie die meisten derselben vom Schwören handelt. Sie muss bald nach Ostern gehalten worden sein, da sie inhaltlich der 14. Homilie sehr nahe steht[1]. Sie wurde gehalten, nachdem Chrysostomos einige Tage krank gewesen war, bei der Gelegenheit, als Landleute aus der Umgegend in der Kirche anwesend waren[2]. Den Versuch, die Echtheit der Rede anzugreifen, halte ich für verfehlt[3].

XV.

Die Predigtthätigkeit des Johannes Chrysostomos zu Antiochien seit dem Aufstande 387.

Mit verschwindenden Ausnahmen ist es trotz eingehender Untersuchung weder Tillemont noch Montfaucon gelungen, die Homilien, welche Chrysostomos seit Ostern des Jahres 387 zu Antiochien gehalten hat, bestimmten Jahren zuzuweisen. In neuerer Zeit ist für die Untersuchung dieser Fragen nichts geschehen; eine Aufnahme und consequente Durchführung derselben wäre aber dringend zu wünschen und würde, wie mir scheint, keineswegs ergebnisslos sein. Ich stelle mir an dieser Stelle die Aufgabe, das bisher Gefundene kurz zusammenzustellen und es nur hier und da nach eigenen Beobachtungen zu berichtigen oder zu ergänzen.

1. Ueber seine Predigtthätigkeit unmittelbar nach der Fastenzeit des Jahres 387 spricht sich Chrysostomos im Sermo I de Anna[4] aus. Danach folgten auf die Osterrede über die Rückkehr Flavians (21. Bildsäulen-Rede) Reden an die Heiden, die durch das Unglück beim Aufstande zur Annahme des Christenthums geneigter gemacht worden waren; sie sind verloren gegangen. Danach waren Martyrerfeste, die aber Chrysostomos

---

[1] Vgl. besonders Hom. XIX p. 192[c] cap. 2 Anf. mit Hom. XIV p. 149[b] cap. 6 Anf., ferner in Hom. XIX p. 197[d] den Hinweis auf die Geschichte Sauls, die Hom. XIV p. 147—148 weiter ausgeführt ist.

[2] Hom. XIX p. 188[e] und 189[a. b].

[3] Er wurde gemacht von Pfarrer Volk (Die Predigten des Johannes Chrysostomus, in der Zeitschr. für prakt. Theologie, 8. Jahrgang, Frankfurt 1886, 132 bis 133). Sein Beweis beruht darauf, dass der zweite Theil der Homilie, der vom Schwören handelt, zum ersten, d. h. zu der Anrede an die Gäste, nicht passe; auch wird bestritten, dass diese aus der Umgegend von Antiochien gewesen seien. Dass die Bauern aus der Umgegend von Antiochien waren, ist an sich wahrscheinlich und folgt aus 191[c], wonach sie den Antiochenern nahestanden (τὰ οἰκεῖα περιπτύξασθαι μέλη). Dass aber der Redner am Tage ihrer Anwesenheit nach Begrüssung derselben in seinem Thema vom Schwören fortfuhr, kann demjenigen nicht auffallen, der die Reden über die Bildsäulen gelesen hat.

[4] Op. IV 700[e]—701[a].

nur zum Theil mit dem Volke in der Kirche feiern konnte, da er in eine schwere Krankheit fiel. Von dieser leidlich genesen, hielt er die Rede an die Landleute über das Schwören, welche als die 19. über die Bildsäulen erhalten ist [1]; der Ueberschrift nach wurde sie gehalten τῇ κυριακῇ τῆς ἐπισωζομένης, d. h. am Sonntage vor Christi Himmelfahrt [2]. Darauf folgte die Homilie auf das Gleichniss von den zehntausend Talenten [3]. Es folgten die fünf erhaltenen Reden über Anna, die Mutter Samuels [4]; es waren ihrer sechs, aber die vierte ist verloren gegangen [5]. Desgleichen ist auch vor der letzten (der jetzigen fünften) eine Rede ausgefallen, und diese war am Pfingstfeste in gefüllter Kirche gehalten worden [6]; die vierte wurde unmittelbar vor Pfingsten gehalten [7]. Es folgt daraus, dass Chrysostomos damals wöchentlich mehrere Reden hielt, während es nach einer Stelle der vierten Rede [8] scheinen könnte, dass in jeder Woche nur einmal Gottesdienst war. Später, aber noch in demselben Jahre, hielt Chrysostomos die drei Homilien über David und Saul [9].

2. Von den zwei *Catecheses ad illuminandos*, d. h. an die, welche unmittelbar vor der Taufe standen [10], ist die erste 30 Tage vor der Taufe, also vor Karsamstag, gehalten [11]. Da sie im letzten Theile vom Schwören

---

[1] Vgl. Op. II 188 [e]—189 [a].

[2] Ueber den Ausdruck ist viel gestritten worden. Montfaucon erklärte ihn zunächst (vol. II praef.) mit Tillemont (Hist. V 751 § 18) vom Passionssonntag, später (vol. III praef.) mit Leo Allatius vom Sonntag vor Christi Himmelfahrt; *ἐπισωζομένη* wurde nämlich das Fest Christi Himmelfahrt in Kappadokien genannt (nach Gregor von Nyssa, Op. II 873 [b]; vgl. Stephanus-Dindorf, Thesaurus linguae graecae III 1825). An den Sonntag zwischen Christi Himmelfahrt und Pfingsten kann nicht gedacht werden wegen der vielen andern Reden, die Chrysostomos nach der genannten Rede vor Pfingsten gehalten hat.

[3] Gedruckt Op. III 1; vgl. 1 [a—b] und 2 [d]. Montfaucon behauptet, diese Homilie sei zweifellos vor der an die Landleute gehalten. Das ist falsch. Man kann wohl zweifelhaft sein, da Chrysostomos in beiden Homilien so thut, als wenn jede die erste nach seiner Krankheit sei; da er aber in der Homilie über die Talente sagt, dass er vollkommen genesen sei (*τὴν ἀρρωστίαν ἀπεθέμην*, III 1 [b]), dagegen in der an die Landleute, dass er noch nicht ganz hergestellt sei (*τῆς ἀρρωστίας μοι μηδέπω λυθείσης ἁπάσης ἀνέστην*, II 189 [a]), da ferner die Anwesenheit zahlreicher Landleute in der Kirche ihn jedenfalls eher bewog, in dieser zu erscheinen trotz seiner Krankheit, als die Absicht, ein neues Thema anzuschneiden, wie es in der Rede über die Talente geschieht, so bin ich nicht im mindesten im Zweifel, dass die Rede an die Landleute an die erste Stelle zu setzen ist.

[4] Op. IV 699 sqq. [5] Vgl. Op. IV 733 [c].

[6] Vgl. Op. IV 739 [c—d] und 740 [a]. [7] Op. IV 732 [c].

[8] *Ἅπαξ τῆς ἑβδομάδος ἐνταῦθα συλλεγόμεθα*, IV 730 [b]; ähnlich auch III 3 [d].

[9] Gedruckt Op. IV 748 sqq. In der ersten steht (748 [d]), er habe *πρώην* über die Parabel von den 10 000 Talenten gesprochen; dass damit die erhaltene Homilie gemeint ist, zeigt das 748 [b] über seine Predigten vom Schwören Gesagte.

[10] Op. II 225—244. [11] p. 226 [b] und 231 [a—b].

handelt, hat man sie in früherer Zeit als nr. 21 den Homilien über die Bildsäulen eingereiht. Tillemont [1] setzt sie in die Fastenzeit des Jahres 388, Montfaucon [2] zieht das Jahr 387 vor und nimmt die dritte Fastenwoche dieses Jahres an. Aber diese Annahme Montfaucons ist unhaltbar; denn zu Ende der dritten Fastenwoche waren die kaiserlichen Commissare eben von Antiochien abgereist, die Aufregung in der Stadt war also die grösste und fand auch in den gleich danach gehaltenen Homilien lebhaften Ausdruck; es ist daher unter keinen Umständen anzunehmen, dass Chrysostomos damals eine Rede gehalten hat, ohne das Unglück und die Aufregung der Stadt mit einer Silbe zu erwähnen. Die Rede ist im Jahre 388 oder auch später gehalten; denn auch in den folgenden Jahren konnte der Prediger die Täuflinge vor dem leichtsinnigen Schwören warnen, das jedenfalls durch die Fastenreden des Jahres 387 nicht ganz in der Stadt ausgerottet wurde, da es eine tief eingewurzelte Gewohnheit war [3].

Die Stelle II 227 [c] zeigt, dass die Täuflinge zur Feier der Taufe unbeschuht und nur mit einem Kleide angethan erschienen.

Die zweite Homilie Ad illuminandos ist zehn Tage nach einer frühern an dieselben Täuflinge gehalten worden; wahrscheinlich ist aber damit nicht die erste erhaltene Homilie Ad illuminandos gemeint, sondern eine andere, in der von üppigen Mahlzeiten und Kleidern die Rede war [4]. Sie ist bald nach dem Aufstande des Jahres 387 gehalten [5], also in der Fastenzeit des Jahres 388 [6] oder 389.

3. Eine gewaltige Thätigkeit entfaltete Chrysostomos in dem Jahre, in welchem er die 67 Homilien über die Genesis hielt. Durch eine mühsame Rechnung gelangt Tillemont [7] zu dem Resultate, dass diese Homilien im Jahre 395, vielleicht auch 396 gehalten seien. Schon Montfaucon [8] bezweifelte die Zuverlässigkeit dieser Rechnung, und das mit allem Rechte. Denn die ganze Argumentation Tillemonts stützt sich auf die hier und da in die Homilien eingestreuten Bemerkungen über Cirkusspiele [9]. Aber einerseits ist es bedenklich, die erhaltenen Kalendarien, die für Rom gelten, ohne weiteres auf eine Stadt wie Antiochien zu übertragen, andererseits waren in der zweiten Hälfte des vierten Jahrhunderts die meisten Tage des Jahres nach den Kalendarien Spieltage, nämlich 175 [10]. Der Versuch ist also aufzugeben, aus dem blossen Umstande, dass an einem Tage Spiele waren, ohne dass man weiss, welche Spiele, das Datum dieses

[1] Mém. XI 577 note 33. [2] Op. II 224—225. [3] Vgl. Op. II 258 [d].
[4] Op. II 236 [c]. [5] p. 241 [d—e]. [6] So Tillemont, Mém. XI 576 note 30.
[7] Mém. XI 578—579 note 35. [8] Op. IV praef. nr. 2.
[9] So fanden an dem Tage der Fastenzeit, an dem die sechste Homilie gehalten wurde, Cirkusspiele statt (Op. IV 39 [c—d] und 40 [b]); als die 41. Homilie gehalten wurde, waren mehrere Tage hindurch Spiele, und derentwegen war wohl damals auch alle Tage Gottesdienst (410 [e]).
[10] Mommsen im C. I. L. I 377 sqq.

Tages zu berechnen. Es lässt sich sogar, wie mir scheint, beweisen, dass die Homilien nicht im Jahre 395 gehalten wurden; es findet sich nämlich in ihnen kein Hinweis auf den Hunneneinfall, der im Jahre 395 und wahrscheinlich schon in der ersten Hälfte dieses Jahres war und bei dem auch Antiochien belagert wurde. Wären sie im Jahre 396 gehalten, so wäre wohl auch noch eine Reminiscenz an dieses furchtbare Ereigniss in ihnen zu finden.

Die Homilien In Genesim [1] begann Chrysostomos am Sonntage vor der Fastenzeit, also am siebenten Sonntage vor Ostern [2]. Vor dieser Fastenzeit hielt er die zweite und dritte, ferner die fünfte und sechste Homilie über Ozias oder über Isaias VI 1 [3]. Am Montage nach jenem siebenten Sonntage vor Ostern, also am ersten Tage der Fastenzeit, war die zweite Homilie In Genesim [4]; darauf folgten die übrigen, doch nicht gerade Tag um Tag, denn die elfte Homilie war am Samstage der zweiten Fastenwoche [5]; er redete damals zwar täglich [6], scheint aber bei einfallenden Festen sein Thema unterbrochen zu haben. Mit der 32. Homilie war er bis zum Gründonnerstage gekommen und damit verliess er diesen Gegenstand, um an den grossen Festtagen zeitgemässere Themata zu behandeln. Am Gründonnerstage hielt er die zweite Rede über den Verrath des Judas [7]; die erste erhaltene Rede über den Verrath des Judas [8] stimmt mit der zweiten Satz für Satz und meistens wörtlich überein und ist auch an einem Gründonnerstage gehalten, es fehlt ihr aber die Einleitung der zweiten. Am Karfreitage wurde dann wahrscheinlich die zweite Homilie *De cruce et latrone* gehalten [9]; die erste Homilie De cruce et latrone [10] stimmt auch mit der zweiten fast wörtlich überein und ist wie diese an einem Karfreitage gehalten, und zwar am Tage nach der ersten Homilie über den Verrath des Judas [11]. Am Ostertage war die Homilie *Contra ebriosos et de resurrectione* [12]. Auf diese folgten nach einigen Zwischenhomilien über

---

[1] Op. IV 1. [2] p. 3 [d].

[3] Die erste und die vierte Homilie wurden zu Konstantinopel gehalten. Jene vier aber behandeln fortlaufend dasselbe Thema und nehmen aufeinander Bezug; in der zweiten sagt aber der Redner (VI 110 [a]), über die Namen wolle er später sprechen; damit bezeichnet er die vier Reden über die Umänderung der Namen, die er (siehe unten S. 524) nach Ostern dieses Jahres hielt. Als er die sechste Homilie über Ozias hielt, stand die Fastenzeit vor der Thüre (p. 141 [e]).

[4] p. 8 [b—e]. [5] p. 82 [b], 84 [b—e]. [6] p. 86 [b—e].

[7] Op. II 386; vgl. II 386 [a] u. IV 331 [b]. Diese letztere Stelle zeigt, dass Chrysostomos die zweite Rede über Judas nicht so gehalten haben kann, wie sie erhalten ist; es heisst nämlich in ihr (387 [e]), es sei schon der vierte Tag, dass über das Gebet Christi für seine Feinde geredet werde; das passt aber durchaus nicht zu der Stelle in der 33. Homilie über die Genesis (IV 331 [b]).

[8] Op. II 376. [9] Op. II 411; vgl. 419 [e]. [10] Op. II 403.

[11] Vgl. II 377 [d] mit 409 [b].

[12] Op. II 437. Sie ist nämlich am Ostertage des Jahres gehalten, in dem auch

die Wunder des Osterfestes die vier Homilien über den Anfang der Apostelgeschichte [1]. Danach waren die vier Homilien über die Umänderung der Namen [2]; nach der zweiten schob der Redner den neunten Sermo in Genesim ein [3]. Dann endlich wurde mit der 33. Homilie In Genesim fortgefahren, es geschah jedenfalls erst nach der zweiten Osterwoche [4]. Im ganzen sind 67 Homilien über die Genesis erhalten.

4. Hinsichtlich der drei Homilien über den Teufel [5] stimme ich Tillemont [6] und Montfaucon [7] zu; die erste ist kurz nach der langen zweiten Homilie De obscuritate prophetarum gehalten [8]; die zweite nimmt auf die erste keinen Bezug [9]; die dritte setzt die zweite fort. Die Zeit der drei Homilien ist nicht zu bestimmen; die zweite und also auch die dritte sind in Antiochien gehalten [10], und zwar in der Fastenzeit [11], die dritte zwei Tage [12] nach der zweiten.

5. Die neun Homilien über die Busse [13] hängen nicht miteinander zusammen. Ihre Zeit ist nicht zu bestimmen; es steht nicht einmal fest, dass sie zu Antiochien gehalten wurden [14].

---

die vier Homilien über den Anfang der Apostelgeschichte waren (vgl. III 52 [c] mit II 438 [d]).

[1] Op. III 50; vgl. IV 331 [c]. Dass hier die vier Homilien über den Anfang der Apostelgeschichte, und nicht die 55 über die Apostelgeschichte überhaupt, die in Bd. IX stehen und zu Konstantinopel gehalten wurden, gemeint sind, liegt auf der Hand.

[2] Op. III 96; vgl. die Vorrede bei Montfaucon. [3] Op. IV 687; vgl. ebd.

[4] Vgl. Op. IV 331 [b—c]. [5] Op. II 246.

[6] Mém. XI 576—577 note 31 und 32. [7] Op. II 245—246.

[8] Op. VI 180; vgl. II 247 [b—c] mit VI 195 [d]—196 [c].

[9] Denn die Inhaltsangabe der vorhergehenden Rede (II 261 [b—c]) passt nicht auf die erste Homilie, in der (255 [e] sqq.) nur nebenbei vom Teufel die Rede ist und in der von den Betrügereien des Teufels gar nichts gesagt wird.

[10] Vgl. 260 [d. e], wo von der Abwesenheit Flavians gesprochen wird.

[11] p. 261 [b].

[12] Nicht am folgenden Tage, wie Montfaucon annimmt; vgl. 267 [c]: πρὸ τῆς χθὲς ἡμέρας.

[13] Op. II 279.

[14] Montfaucon folgert aus zwei Stellen, dass sie zu Antiochien gehalten wurden, und zwar 1. aus p. 304 [c], wo von Zeiten die Rede ist, in denen die Stadt von Hunger, Pest, Hagel, Trockenheit, Brand und feindlichem Einfall bedroht wurde. Montfaucon denkt hier an die Belagerung Antiochiens beim Hunneneinfall 395; allein das ist ganz willkürlich, man könnte ebenfalls an die Belagerung Konstantinopels durch die Goten 395 denken. Die zweite Stelle ist p. 310 [a. b]; hier ist gesagt, dass die Mönche auf den Höhen der Berge wohnen. Das war allerdings bei Antiochien der Fall, geschah aber auch anderswo, wie in der Thebais und beim hl. Martinus von Tours; der Redner konnte jedenfalls diesen Umstand ebenso gut in Konstantinopel wie in Antiochien erwähnen.

6. Die Homilie *De coemeterio et cruce*[1] wird ganz richtig mit der auf die Martyrinnen Berenike, Prosdoke und Domnina[2] zusammengestellt. Denn im Anfange der letztern sagt Chrysostomos, noch nicht 20 Tage sei es her, dass man das Gedächtniss des Kreuzes gefeiert habe, und damals habe er über Psalm 106, 16 gesprochen. Dies hat er aber in der Homilie De coemeterio cap. 2[3] gethan. Diese ist am Karfreitage gehalten, die Rede über die drei Martyrinnen aber am 20. April[4]. Damit ist auch das Jahr der zwei Reden gegeben; es kann nämlich nur das Jahr 391 in Frage kommen, als Ostern auf den 6. April fiel[5].

7. Ein anderer Cyklus von Predigten, die zu Antiochien gehalten wurden — Jahr unbestimmt —, ist folgender:

Die Homilie *In Kalendas*, d. h. auf den 1. Januar[6], wurde jedenfalls zu Antiochien gehalten[7]. Ihr gingen Lobreden auf den hl. Paulus vorher, wahrscheinlich mehrere, da der Redner diesen Gegenstand auch am 1. Januar fortzusetzen gedacht hatte[8]; wir können daher annehmen, dass es die erhaltenen sieben Homilien *De laudibus beati Pauli* sind[9]; diese sind also alle oder ihrem ersten Theile nach kurz vor Jahresanfang gehalten. Auf die Homilie In Kalendas folgte am 2. Januar die erste *De Lazaro*[10]; darauf waren die zweite und dritte De Lazaro. Am 24. Januar desselben Jahres wurde die Lobrede auf Babylas, Bischof von Antiochien und Martyrer, gehalten[11], darauf am 4. Februar die Lobrede auf Maximinos, Bischof von Antiochien, und seinen Mitmartyrer Iuventinos[12]; dann folgte die vierte Homilie De Lazaro[13]. Unmittelbar nach dieser wurde die Homilie über 1 Thess.

---

[1] Op. II 397. [2] Op. II 634. [3] 398 [e] sqq.

[4] Vgl. das altsyrische Martyrologium vom Jahre 412 bei Egli, Altchristliche Studien 15; hier ist ausdrücklich gesagt, dass das Fest zu Antiochien am 20. April gefeiert wurde. Mit Unrecht also nimmt Montfaucon (Op. II 633) nach dem Martyrologium Romanum den 15. April an.

[5] Montfaucon musste (siehe die vorige Anmerkung) auf ein anderes Jahr kommen; er nimmt das Jahr 392 an, wo Ostern am 28. März war. Der Ausdruck ‚noch nicht 20 Tage' ist bei Chrysostomos häufig; vgl. z. B. die 18. Homilie De statuis (Op. II 287 [e]).

[6] Op. I 697. [7] p. 597 [a—b]. [8] p. 698 [a]. [9] Op. II 476.

[10] Op. II 707; vgl. 707 [b]. [11] Op. II 531. [12] Op. II 578.

[13] Op. I 751. Das Fest des Babylas war zu Antiochien am 24. Januar, das des Maximinos am 4. Februar (siehe das syrische Kalendarium bei Egli 9—10); wenn in neuern Kalendarien das Fest des Maximinos auf den 25. Januar gesetzt ist, so geschah das wohl nur deshalb, weil Chrysostomos im Anfange der Rede auf ihn sagt, er habe πρώην über Babylas gesprochen; aber das πρώην ist nicht χθές. Dass die Rede auf Maximinos der erhaltenen und nicht etwa einer verlorenen Rede auf Babylas folgte, ergibt sich aus dem, was II 579 [b] über Julian gesagt ist, womit II 532 [a] sqq. zu vergleichen ist. Die dritte und vierte Rede De Lazaro folgten auf die zwei Lobreden, wie der Anfang der vierten Rede De Lazaro (I 752 [a]) zeigt (vgl. auch II 531 [a]).

IV 12 [1] und dann die über 1 Tim. V 9, d. h. über die Diakonissen, gehalten [2]. Nicht lange nach der letztgenannten Homilie, sicher noch in demselben Jahre, hielt Chrysostomos die Rede *In terrae motum* [3], drei Tage nach einem Erdbeben [4]. Dann folgte noch eine letzte Homilie De Lazaro [5], in der wiederholt gesagt wird, dass dieser Gegenstand schon zum Ueberdruss behandelt worden sei [6]. Alle diese Reden sind frühestens im Jahre 388 gehalten [7].

8. Die Homilie auf Pelagia [8] ist am 8. October, die auf Ignatios, Bischof von Antiochien [9], am 17. October gehalten [10]. Der Homilie auf den Bischof Eustathios von Antiochien [11] folgte am 18. November die auf den Martyrer Romanos [12], danach die über Ier. X 23 [13]. Die Homilie auf den Martyrer Joulianos aus Kilikien [14] wurde zu Antiochien gehalten, wo sein Grab war [15], wahrscheinlich am 16. März [16]; am Tage nach der Rede war im Daphnehaine ein grosses Fest mit öffentlichen Tänzen [17]. Die Rede auf den Martyrer Barlaam [18] wurde im Sommer gehalten [19], höchst wahrscheinlich am 14. August [20]. Am folgenden Tage war die Homilie über 1 Kor.

[1] Op. I 762; siehe deren Anfang. [2] Op. III 311; vgl. III 311 [a] mit I 763 [b].
[3] Op. I 772. [4] Vgl. I 773 [a] und 777 [c–d]. [5] Op. I 790.
[6] Vgl. p. 793 [e] und 798 [c–d].
[7] Nicht 387, wie Tillemont, Mém. XI 571 note 24, annimmt.
[8] Op. II 585. [9] Op. II 592.
[10] Die Homilie auf Ignatios folgte bald (πρώην) einer solchen auf Pelagia (II 592 [b]). Das stimmt zu dem syrischen Kalendarium, das die beiden Feste für Antiochien auf den 8. und 17. October setzt (Egli a. a. O. 26); diese Daten sind darum unbedingt festzuhalten. Usener (Legenden der Pelagia, Bonn 1879, Vorrede 9) sagt, das Fest der Pelagia müsse kurz vor dem 20. December gefeiert worden sein, weil in griechischen Synaxarien dieser Tag dem Ignatios geweiht sei; ich glaube nicht, dass Usener diese Behauptung heute noch wiederholen würde, zumal er (a. a. O.) selbst zugibt, dass in denselben Quellen Pelagia auch hier und da am 8. October erwähnt werde; der 20. December ist als Gedenktag des Ignatios für Antiochien auch schon deshalb ausgeschlossen, weil nach Chrysostomos selbst an diesem Tage das Fest des Martyrers Philogonios feierlich daselbst begangen wurde (I 498 [c]). Der 17. October ist für das Gedächtniss des Ignatios auch im Kalendarium marmoreum Neapolitanum genannt (Egli 45). Ich verstehe es darum nicht, dass Egli (a. a. O. 90) im Zweifel ist, ob der 17. October oder der 20. December für das Fest des Ignatios vorzuziehen sei.
[11] Op. II 603. [12] Op. II 611.
[13] Op. VI 157; vgl. VI 158 [b–c]. Das Fest des Romanos war in Antiochien am 18. November (Egli 28); das Fest des Eustathios kann also daselbst nicht, wie es in den Martyrologien angegeben wird, am 16. Juli gefeiert worden sein.
[14] Op. II 671. [15] Vgl. II 674 [d] und 678 [b].
[16] In den griechischen Menologien wird gewöhnlich der 16. März, selten der 21. Juni als sein Gedenktag angegeben; auch das Martyrologium Romanum hat den 16. März.
[17] Vgl. II 677 [c–d] und besonders 678 [e]. [18] Op. II 681. [19] Vgl. III 229 [a–c].
[20] An diesem Tage ist im syrischen Martyrologium (Egli 22) sein Fest ver-

X 1[1]. Das Fest aller Martyrer wurde wahrscheinlich in Antiochien am Freitag nach Pfingsten gefeiert[2].

9. Zu Antiochien hielt Chrysostomos auch die 90 Homilien über das Matthäusevangelium, die Psalmenerklärung, die 88 Homilien über das Johannesevangelium und nach diesen die Homilien über die zwei Korinthierbriefe, den Galater- und Titusbrief, alle sehr wahrscheinlich erst nach dem Jahre 390.

Sind aber auch die 32 Homilien über den Römerbrief[3] zu Antiochien gehalten? Ohne Zweifel gehören sie zu den schönsten Erzeugnissen des Goldmundes; man hat daraus den Schluss gezogen, dass sie zu Antiochien verfasst sind, weil nach einem Ausspruche des Photios die antiochenischen Homilien des Chrysostomos sorgfältiger gearbeitet sind als die von Konstantinopel. Tillemont stellt die Gründe für und gegen zusammen, kann sich aber nicht entscheiden[4]; Montfaucon tritt entschieden für Antiochien ein[5], aber, wie mir scheint, mit Unrecht; denn keine der Stellen, die Montfaucon mit Tillemont für Antiochien angibt, ist beweisend; dagegen spricht eine Stelle sehr laut für Konstantinopel. Was zunächst den obigen Ausspruch des Photios angeht, so ist dieser in seiner Allgemeinheit falsch und keine geeignete Grundlage für zuverlässige Schlüsse; Montfaucon gibt das selbst zu[6]. Ferner soll Hom. 8, 508 [b] gesagt sein, dass ausser Chrysostomos und den Gläubigen auch der Bischof (ποιμήν) in der Kirche anwesend war; aber das steht nicht da, es ist nur gesagt, dass alle unter ihrem Hirten versammelt sind, dieser Hirt aber könnte Chrysostomos selbst sein. Ausserdem beruft sich Montfaucon auf Hom. 30, 743 [c]; Chrysostomos sagt hier: ‚Wenn wir jetzt nach so langer Zeit beim Eintritt in die Orte, wo Paulus verweilte, wo er gebunden wurde, wo er sass und lehrte, gehoben werden durch das Andenken an jenen Tag, welche Bewegung musste dann, als die Thatsachen noch frisch waren, die erfassen, welche ihn mit Frömmigkeit aufnahmen?‘ Man nimmt an, hier sei von Antiochien die Rede; aber wurde denn Paulus in Antiochien gefesselt? Es ist vielmehr von Rom oder Jerusalem die Rede, und die Stelle beweist also für den Standort des Redners nichts. Dagegen nennt sich Chrysostomos

merkt, und das passt zu dem vorher Gesagten; alle andern Martyrologien haben den 16. November.

[1] Op. III 228; vgl. 229 [c]; die Stelle zeigt auch, dass die Homilie in demselben Jahre gehalten wurde wie die erhaltene Rede auf Barlaam.

[2] Chrysostomos sagt II 711 [a]: ‚Noch nicht sind sieben Tage seit Pfingsten verflossen, und schon feiern wir das Fest aller Martyrer.‘ Wie Egli (a. a. O. 14) aus dieser Stelle schliessen kann, das Fest sei am Sonntage nach Pfingsten gefeiert worden, ist mir unerfindlich. Dass es gerade am Freitage gefeiert wurde, möchte ich auch aus folgender Bemerkung des syrischen Kalendariums schliessen (Egli a. a. O.): Freitag nach Ostern Gedächtniss aller Bekenner in der Stadt Nisibis.

[3] Op. IX 425. [4] Mém. XI 371—372. [5] Op. IX 418—420.

[6] Oefters, z. B. Op. XI 188.

in Hom. 29, 737 b–c selbst Hirte; er hat von den Leiden und Arbeiten der kirchlichen Hirten gesprochen; darauf bittet er die Gläubigen, für sie zu beten, ‚damit wir euer und ihr unser Ruhm seien', und schliesst also: ‚Dieses soll von mir über die besten Hirten gesagt sein, nicht über mich und meinesgleichen, sondern wenn einer ist wie Paulus, wie Petrus, wie Moses war.' Montfaucon bemerkt, Chrysostomos habe sich auch sonst zu Antiochien schon Hirt genannt, und citirt dafür zwei Stellen, nämlich De Laz. Op. I 774 b u. e und De statuis Op. II 213 b–c. Aber an keiner dieser Stellen nennt er sich Hirte; an der erstern schreibt er sich weiter nichts als das Lehramt zu, an der zweiten die Vollmacht, von den heiligen Geheimnissen auszuschliessen; dies konnte er aber um so eher, als Bischof Flavian damals von Antiochien abwesend war.

Von irgend einer Sicherheit, dass die Homilien über den Römerbrief zu Antiochien gehalten seien, kann also nicht die Rede sein; es ist sogar wahrscheinlicher, dass sie zu Konstantinopel gehalten wurden.

10. Schwieriger, und einstweilen nicht zu entscheiden, ist die Frage, wo die 24 Homilien über den Ephesierbrief[1] gehalten sind. Tillemont ist für Antiochien[2], und noch entschiedener tritt Montfaucon dafür ein. Aber so einfach liegt die Sache nicht. In der sechsten Homilie[3] tadelt Chrysostomos heftig die Käuflichkeit der Aemter und sagt: ‚Seht ihr nicht die Kriege? Hört ihr nicht die Unfälle? Ganze Völker und Städte versanken ins Meer und gingen unter, so viele Myriaden sind Sklaven bei den Barbaren.' Das deutet doch wohl auf die Jahre 395 und die folgenden und kann sich nicht auf die Jahre 388—395 beziehen. Fast alles aber kommt für die Entscheidung unserer Frage an auf die Interpretation einer langen Erörterung in der elften Homilie über das Schisma in der Kirche[4], und diese ist nicht leicht. Klar wird hier gesagt, dass das Schisma in der Stadt, in der die Rede gehalten wird, nicht die Lehre betrifft, dass es aber der Gegenpartei an der richtigen Handauflegung fehlt. Das deutet sehr auf Evagrios, den Nachfolger des Paulinos, hin; seine Weihe wurde angefochten, weil sie zu Lebzeiten des Paulinos und ohne Zuziehung zweier Bischöfe geschehen war. Aber wie passt nun dazu wieder der Satz: ‚Weshalb dringt der eine Herrscher in eine andere Kirche ein?'[5] Das kann doch nicht von Evagrios gelten. Und während Chrysostomos das eine Mal von sich sagt, er sei zum Belehren bestellt καὶ οὐκ εἰς ἀρχήν[6], sagt er auch wieder, er sei bereit, seine ἀρχή der Eintracht zuliebe einem andern abzutreten, wenn man das wolle[7], und fährt dann fort: ‚Wenn nun wir rechtmässig sind, so macht, dass die abgesetzt werden, welche ungesetzlich auf den Thron gestiegen sind.' Und es ist nicht zu übersehen, dass die ganze Opposition sich durchaus gegen ihn selbst richtet, und dass von Flavian gar keine Rede ist; so

[1] Op. XI 1. [2] Mém. XI 375 und 628 note 113. [3] p. 44 c u. e, 45 a.
[4] p. 86 e–89 d. [5] p. 87 a–b. [6] p. 87 e. [7] p. 89 b.

erklärt er sich denn auch selbst bereit zurückzutreten, wenn es gewünscht würde. Nach all diesem kann ich kaum annehmen, dass es sich hier um das meletianische Schisma handelt; man sollte viel eher an Konstantinopel denken. Auf Antiochien aber weist die Erwähnung des Martyrers Babylas [1] und noch mehr die des Mönches Julian [2] hin; denn dieser Julian, von dem Chrysostomos sagt, dass ein Theil seiner Zuhörer ihn gesehen habe und dass er weithin bekannt gewesen sei, ist doch wohl jener Joulianos Sabas, von dem Theodoret [3] und Sozomenos [4] erzählen und der in Edessa lebte. Auch wenn die Homilien in Antiochien gehalten sind, kann man als sicher betrachten, dass sie nicht vor dem Jahre 395 gehalten sind und dass Bischof Evagrios noch lebte, als sie gehalten wurden [5].

XVI.
Das Todesjahr des Generals Merobaudes.

Pacatus erzählt [6], Kaiser Maximus habe nach dem Untergange Gratians auch den Vallio und Merobaudes getödtet, die beide in der Schlachtreihe Gratians gestanden hätten und von diesem besonders geliebt worden wären. Der Tod des Merobaudes wird demgemäss allgemein wie der des Vallio in die zweite Hälfte des Jahres 383 gesetzt [7]. Diese Annahme muss aber falsch sein. Denn jedenfalls lebte Merobaudes noch, als Ambrosius gegen Ende des Jahres 384 seine zweite Gesandtschaft an Maximus übernahm; dieser nämlich konnte dem Maximus nur die Ermordung des Vallio vorwerfen [8]; er hätte aber die des viel bedeutendern Merobaudes, der im Jahre 383 sein zweites Consulat bekleidete, nicht verschwiegen, wenn derselbe schon vorher durch Maximus umgekommen wäre. Ueber die Zeit seines Todes belehrt uns nun in wünschenswerthester Weise eine christliche Inschrift aus Rom [9]. Diese ist datirt: ‚IV. Id. Ian. cons. Theodosio Aug. II et Merobaude v. c. III.' Theodosius bekleidete sein zweites Consulat im Jahre 388; sein Mitconsul sollte also Merobaudes sein, er starb aber, ehe er das Consulat antrat, und an seine Stelle trat Cynegius; dessen Ernennung war dem Verfasser der Inschrift in Rom im Januar 388 noch nicht bekannt. Der Tod des Merobaudes erfolgte also gegen Ende des Jahres 387.

Merobaudes scheint nach dem Tode Gratians in die Dienste des Theodosius getreten zu sein; es wird wenigstens im Jahre 384 ein Merobaudes als

---

[1] p. 70 c. [2] p. 162 d. [3] Hist. eccl. III 19. [4] Hist. eccl. III 13.

[5] Tillemont (Mém. XI 629 note 113) setzt seinen Tod ins Jahr 392. Aber Hieronymus lässt ihn 392 noch leben (De vir. illustr. c. 125) und Sozomenos VII 15 sagt, er habe (seit 388) nur kurze Zeit den bischöflichen Stuhl innegehabt; das schliesst nicht aus, dass er 395 oder 396 noch lebte.

[6] Pan. in Theod. c. 28.

[7] So von Tillemont, Hist. V 182, und von Richter, Das weström. Reich 575.

[8] Ep. 24, 11. [9] De Rossi, Inscr. christ. 162—163 nr. 370.

dux Aegypti erwähnt [1], und von einem andern als dem Genannten ist sonst nicht die Rede. Vielleicht wird nun auch eine Bemerkung des Maximus verständlich, von der Ambrosius berichtet; dieser sagte nämlich zu Maximus bei seiner zweiten Gesandtschaftsreise [2]: ‚Audio te queri, quod se ad Theodosium imperatorem potius contulerint, qui sunt cum Valentiniano imperatore.' Richter versteht diese Worte von den herzlichen Verbindungen zwischen den Höfen von Mailand und von Konstantinopel [3]; wir verstehen sie wohl besser von Merobaudes und andern hervorragenden Personen, die nach dem Falle Gratians zunächst zwar zu Valentinian, bald aber zu Theodosius übergingen, während Maximus sie zu sich hinüberzuziehen versucht hatte.

XVII.

Der Tod des Maximus und Andragathius im Jahre 388.

Ueber die letzten Schicksale des Maximus und seines Oberfeldherrn Andragathius sind wir durch den Panegyricus des Pacatus auf Kaiser Theodosius, ferner durch Zosimos [4] und Orosius [5] unterrichtet; daneben kommen ein paar Stellen im 40. Briefe des Ambrosius in Betracht. Die neuern Darstellungen folgen fast ganz dem Zosimos und Orosius [6]. Das scheint mir verfehlt zu sein; denn Pacatus, der seinen Panegyricus ein halbes Jahr nach diesen Ereignissen vor Theodosius hielt [7], verdient offenbar in dem, was er berichtet oder klar genug andeutet, mehr Glauben als die genannten Schriftsteller.

Dass der Bericht des Zosimos an dieser Stelle fehlerhaft ist, lässt sich hinsichtlich mehrerer Punkte klar beweisen. Dahin gehört zunächst die Angabe, dass Aquileja erst nach den zwei Siegen des Theodosius von Maximus eingenommen wurde; es gehörte ihm vielmehr schon seit dem vorigen Jahre [8]. Auch dass Theodosius, als er sich zum Feldzuge gegen Maximus anschickte, von Thessalonich den Valentinian mit seiner Mutter und Schwester zu Schiff nach Rom bringen liess [9], entspricht nicht der Wirklichkeit; die Thatsache ist schon an sich unwahrscheinlich, um so mehr, als diese Schwester des Valentinian damals schon die Gemahlin des Theodosius war [10]; sie wurde daher schon von Tillemont bestritten [11]. Der entscheidende Grund ist allerdings auch Tillemont entgangen; nach Cod.

[1] Cod. Theod. XI 30, 43. [2] Ep. 24, 11.

[3] A. a. O. 586 und 695 Anm. 7. [4] Hist. IV 45 und 46.

[5] Hist. VII 35.

[6] So Richter 657 ff.; Ifland, Der Kaiser Theodosius 157—158; Güldenpenning, Der Kaiser Theodosius 161—162; Schiller, Gesch. der röm. Kaiserz. II 407; Hassebrauk, Zur Gesch. des Kaisers Theodosius I. 11—12.

[7] Seeck, Proleg. 193. [8] Zos. IV 46. Siehe oben 387 S. 268.

[9] Zos. IV 45. [10] Siehe oben 386 S. 227. [11] Hist. V 755 note 36.

Theod. XVI 5, 15 befand sich nämlich Valentinian am 14. Juni bei Theodosius auf dessen Feldzuge im Lager zu Stobi: dazu stimmt auch, dass nach Prospers Chronik und nach der des Marcellinus Comes[1] Valentinian mit Theodosius gemeinsam die Siege über Maximus davontrug. Ich kann es daher nicht begreifen, dass neuerdings Güldenpenning[2] die Nachricht des Zosimos von der Sendung des Valentinian und seiner Mutter nach Rom wieder aufgriff und in Schutz nahm. Hassebrauk lässt den Theodosius die Sendung ausführen, dann aber den Valentinian auf die Kunde, dass Andragathius mit einer Flotte des Maximus im Adriatischen Meere kreuze, zu Theodosius zurückkehren; auch das ist nicht anzunehmen[3].

Ueber das Ende des Maximus erzählt Zosimos, er habe in Aquileja auf seinem kaiserlichen Thron gesessen und den Soldaten den Sold ausgetheilt, als die Soldaten des Theodosius in die Stadt eindrangen, ihm sein Purpurgewand auszogen und ihn zu Theodosius hinführten, der ihn dem Henker übergab. Aehnlich, aber dunkler, erzählt den Hergang Orosius. Sozomenos berichtet[4], die eigenen Soldaten des Maximus hätten ihn, sei es aus Furcht vor Theodosius, sei es mit Verrath, getödtet. Richter, Ifland und Hassebrauk folgen hier ganz dem Berichte des Zosimos; sie lassen den Theodosius oder, wie der letztgenannte, dessen General Arbogastes sofort nach seiner Ankunft vor Aquileja in einem kurzen Gefecht siegen, dann seine Soldaten in die Stadt eindringen und den nichts ahnenden Maximus gefangen nehmen. Aber wie stimmen dazu die Worte des Pacatus? Er sagt[5]: ‚Nam unde quaeso tam repentina conversio, ut, qui *oppetere* timuerat interitum, non timeret *expetere*, et quem incluserat metus, proferret *audacia*?' Danach ist es ganz klar, dass Maximus aus Aquileja einen verwegenen Ausfall machte und dass er dabei gefangen genommen wurde.

Noch grösser ist die Differenz hinsichtlich des Todes des Andragathius, der schon früher beim Einfalle des Maximus in Gallien dessen Oberfeldherr gewesen war, den Gratian tödtete und jetzt die Oberleitung des Krieges gegen Theodosius hatte[6]. Hier folgen alle Neuern ausnahmslos dem Berichte des Zosimos, und die alten Quellen stimmen der Mehrzahl nach mit diesem überein. Aber auch hier weist uns Pacatus an einer Stelle, die bisher übersehen worden ist, den richtigen Weg, wie mir scheint. Zosimos erzählt[7], Maximus habe dem Andragathius seine Flotte übergeben, und zwar zunächst, damit er die Ueberfahrt des Valentinian und

---

[1] Zum Jahre 388. [2] A. a. O. 161.

[3] Denn Theodosius musste von der Flotte des Maximus wissen; ausserdem erscheint der ganze Plan zu abenteuerlich. Hassebrauk beruft sich (S. 10 Anm. 10) auf die Stelle des Ambrosius (Ep. 40, 22): ‚Ego perturbavi hostis tui consilia, ut se ipse nudaret'; aber diese Stelle ist, wie die Fortsetzung zeigt, vielmehr von der Einschliessung des Maximus in Aquileja zu verstehen.

[4] Hist. eccl. VII 14. [5] Pan. c. 43. [6] Orosius VII 35, 3.

[7] Hist. IV 46.

34*

seiner Familie nach Rom vereitele, dann aber, weil er gehört habe, Theodosius wolle den Krieg auch zur See führen; als nun Andragathius auf der Flotte im Jonischen Meere die Nachricht vom Tode des Maximus erhielt, habe er sich verzweifelnd ins Meer gestürzt. Ganz ebenso erzählen Orosius [1] und nach ihm Marcellinus Comes, ferner Claudian [2]. Und doch verdient der Bericht keinen Glauben; denn Pacatus sagt bei Darstellung der Schlacht bei Siscia, wo Maximus das erste Mal besiegt wurde, dass die an dieser Stadt vorbeifliessende Save ‚ipsum illum vexillarium sacrilegae factionis avidis gurgitibus absorbuit et, ne mortis sepultura contingeret, cadaver abscondit' [3]. Wer anders kann hier gemeint sein als der Oberfeldherr des Krieges, als Andragathius? Und dafür sprechen auch Sokrates V 14 und Sozomenos VII 14, die erzählen, Andragathius habe sich mit den Waffen in einen vorbeifliessenden Strom gestürzt. Man wird dagegen hinweisen auf Ambrosius, Brief 40, 22, wo Gott der Herr über einen Begleiter des Maximus also spricht: ‚Ego comitem eius atque exercitum ex altera parte naturae, quos ante disperseram, ne ad belli societatem coirent, ad supplementum tibi victoriae comparavi'; man wird unter diesem comes den Andragathius und unter der ‚altera pars naturae' das Meer verstehen. Das letztere hat jedenfalls Berechtigung; denn an einer andern Stelle [4] erklärt Ambrosius selbst: ‚in alteram partem naturae hoc est maritimam'. Allein auch so verstanden stimmen diese Worte gar nicht zu dem Berichte des Zosimos; denn Ambrosius sagt doch hier, dass der comes mit seinem Heere zuerst von Maximus getrennt war und dann, um den Sieg des Theodosius voll zu machen, auch in die Hände des Theodosius gerieth. Und wie würde hierzu, wenn dieser comes Andragathius wäre, erst der Bericht des Orosius passen, der sagt, Andragathius habe zuerst bei Maximus die Alpenpässe bewacht und sei dann auf die See gegangen?

Jedenfalls gab es über den Tod des Andragathius zwei Ueberlieferungen, und von diesen ziehe ich die von seinem Untergange in der Save vor. Der Bericht des Zosimos aber über die letzten Dinge Valentinians II. und des Andragathius zeigt wieder, dass man diesem Schriftsteller zwar viel misstraut, aber immer noch zuviel geglaubt hat.

XVIII.

Wann und wo wurden die Briefe des Ambrosius 40 und 41 verfasst?

Der 40. und 41. Brief des Ambrosius sind geschrieben in der Angelegenheit von Kallinikon, wo der christliche Bischof eine jüdische Syn-

[1] L. l., besonders nr. 10.

[2] Marcellinus Comes z. J. 388; Claudianus VIII 91: ‚hic sponte carina decidit in fluctus.'

[3] Pan. in Theod. c. 34.

[4] De Noe et arca 33, 124.

agoge hatte zerstören lassen und durch ein Edict des Kaisers Theodosius zu deren Wiederaufbau verpflichtet worden war. Brief 40 ist ein Schreiben, welches Ambrosius an den Kaiser richtete. Brief 41 schrieb er bald hernach an seine Schwester, um ihr eine Anrede, die er in Gegenwart des Kaisers in der Kirche gehalten hatte [1], und eine Unterredung mit dem Kaiser mitzutheilen, welche die Aufhebung des genannten Edictes zur Folge hatte [2].

Hinsichtlich des Ortes, an dem die beiden Briefe verfasst wurden, nehmen Tillemont [3] und Güldenpenning [4] an, das Schreiben an Theodosius sei zu Aquileja, der Brief an die Schwester aber zu Mailand geschrieben, wo auch die Anrede vor dem Kaiser und die Unterredung mit diesem stattgefunden habe. Ihm will beweisen [5], dass die Anrede vor dem Kaiser zu Aquileja stattfand; die Folge davon wäre, dass Ambrosius hier auch die Unterredung mit dem Kaiser hatte und dass der Kaiser hier sein Edict zurücknahm. Ich behaupte, dass beide Briefe des Ambrosius zu Mailand geschrieben sind, und dass also in dieser Stadt Predigt und Unterredung stattgefunden haben. Dass die Anrede vor dem Kaiser in der Kirche zu Mailand gehalten wurde, sagt mit klaren Worten Paulinus in der Vita s. Ambrosii (nr. 23). Ihm glaubt allerdings, Paulinus habe diese Kenntniss aus dem 41. Briefe des Ambrosius [6] geschöpft und habe diese Stelle missverstanden. Aber nicht Paulinus, sondern Ihm hat diese Stelle des Ambrosius missverstanden; denn es wird an derselben nur gesagt, dass das Edict des Kaisers erlassen wurde, als Ambrosius in Aquileja weilte; damit ist nicht ausgeschlossen, dass es von Mailand aus erlassen wurde und dass Ambrosius erst, nachdem er hierhin zurückgekehrt war, die Action gegen dasselbe begann; durch den Zusatz ‚me Aquileiae posito‘ will Ambrosius sich vor der Schwester entschuldigen, dass er die Ausfertigung des Edictes nicht hintertrieb. Es ist ja auch an sich wahrscheinlich, dass Ambrosius zu Mailand und nicht in einer fremden Kirche, zu Aquileja, vor dem Kaiser eine so vorwurfsvolle Rede gehalten hat, wie die ist, welche er seiner Schwester mittheilt.

Dazu kommt, dass auch das Schreiben an Theodosius (Brief 40) zu Mailand geschrieben ist, als der Kaiser in dieser Stadt weilte. Das zeigen klar diese Worte des Schreibens [7]: ‚Si obiciatur mihi, cur *hic* non incenderim: divino iam cremari coepit iudicio, meum cessavit opus.‘ Hier kann es sich doch nur um die Synagoge in Mailand handeln; denn das Ansinnen, in der fremden Stadt Aquileja die Synagoge in Brand zu stecken, konnte doch auch der ärgste Fanatiker nicht an Ambrosius stellen. Ich gebe zu, dass Paulinus [8] annimmt, das Schreiben sei zu Aquileja verfasst; ich glaube

---

[1] Ep. 41, 2—26. [2] Ep. 41, 27—28. [3] Mém. X 204 art. 55.
[4] Der Kaiser Theodosius 169—171. [5] A. a. O. 49.
[6] Ep. 41, 1. [7] Ep. 40, 8.
[8] Vita s. Ambrosii c. 22; vgl. auch den Anfang von 23.

aber aus dem Schreiben selbst beweisen zu können, dass Paulinus hier geirrt hat.

Ihm beruft sich noch darauf, dass in dem Schreiben des Ambrosius an seine Schwester [1] Timasius magister peditum et equitum genannt wird; so habe er nur im Jahre 388 genannt werden können, da er 389 Consul war; die Unterredung habe daher in Aquileja stattfinden müssen, da erst im Jahre 389 der Kaiser in Mailand gewesen sei. Hier laufen zwei Irrthümer unter. Denn 1. war der Kaiser nicht erst am 14. Januar 389, sondern schon am 10. October 388 zu Mailand [2]; 2. konnte Timasius auch im Jahre 389 magister militum sein und heissen, obschon er Consul war, gerade so gut, wie Ausonius in seinem Consulatsjahre (379) praefectus praetorio war.

Die beiden Briefe des Ambrosius wurden gegen Ende des Jahres 388 verfasst. Gothofredus allerdings glaubt [3], dass das Edict des Theodosius, das Ambrosius in den beiden Schreiben behandelt, dasjenige ist, welches im Codex Theodosianus (XVI 8, 9) erhalten ist und am 29. September 393 zu Konstantinopel gegeben wurde, dass also auch die beiden Schreiben in dieses Jahr zu setzen sind. Man muss zugeben, dass sowohl die Adresse des Gesetzes vom Jahre 393 (‚Addeo comiti et magistro utriusque militiae per Orientem') als auch sein Inhalt vorzüglich zu dem stimmen, was Ambrosius über das Edict ausführt [4]. Trotzdem können die beiden Schreiben des Ambrosius nicht auf dieses Gesetz bezogen werden; denn 1. das Gesetz im Codex wurde zu Konstantinopel, das aber, von dem Ambrosius spricht, in Italien gegeben [5]. 2. Paulin sagt, das Gesetz sei gegeben worden nach dem Tode des Maximus, und dazu passen auch alle in dem Schreiben des Ambrosius an den Kaiser erwähnten Ereignisse, nämlich der Brand des Hauses des Bischofs Nektarios zu Konstantinopel, der im Jahre 388 war [6], der Aufstand zu Antiochien im Jahre 387 und die lange Schilderung des Krieges mit Maximus [7]. Mit Tillemont [8] ist daher die Vermuthung des Gothofredus zurückzuweisen.

XIX.

Zeit der Zerstörung des Serapistempels in Alexandrien.

Die Zerstörung des Serapeions in Alexandrien wurde von Baronius und Valesius [9] ins Jahr 389, von Clinton [10] und Schultze [11] 390, von allen

[1] Ep. 41, 27. [2] Cod. Theod. XV 14, 7. [3] Zu Cod. Theod. XVI 8, 9.

[4] Vgl. Ep. 40, 6 und 41, 7; an der erstern Stelle sagt Ambrosius hinsichtlich der Adresse des Gesetzes: ‚Relatum est a comite Orientis militarium partium.'

[5] Ambrosius, Ep. 41, 1; Paulinus l. l. 22. [6] Sokr. V 13.

[7] Ep. 40, 13. 22. 32. [8] Mém. X 753 note 38. [9] Zu Sokr. V 16.

[10] Fasti Romani zu den Jahren 389 und 390.

[11] Gesch. des Unterganges 216 Anm. 1.

andern[1] 391 gesetzt. Man hätte von der Zeitbestimmung des Baronius meines Erachtens nicht abgehen sollen. Denn 1. Marcellinus Comes bemerkt zum Jahre 389: ‚Templum Serapidis apud Alexandriam Theodosii imperatoris edicto solutum est.' 2. Hieronymus sagt De vir. illustr. c. 134: ‚Sophronius ... nuper de subversione Serapis insignem librum composuit.' So schrieb Hieronymus im Jahre 392, nicht 393, wie Güldenpenning[2] annimmt; denn Hieronymus sagt selbst[3], er habe in dem Büchlein einen Katalog seiner Schriften bis zum 14. Jahre des Theodosius gegeben. Es ist aber schwer anzunehmen, dass Hieronymus schon im Jahre 392 die Schrift des Sophronius in Bethlehem in Händen gehabt hätte, wenn die Zerstörung des Serapistempels erst im Jahre 391 geschehen wäre. Aus diesem Grunde rückte Clinton das Ereigniss ins Jahr 390 hinauf; ich meine aber, wenn man vom Jahre 391 abgeht, müsse man zum Jahre 389 zurückgehen, welches ausdrücklich überliefert ist.

Diejenigen, welche sich für das Jahr 391 aussprechen, berufen sich auf drei Zeugnisse der Ueberlieferung:

1. Soz. VII 15 berichtet, dass zur Zeit des Aufruhrs in Alexandrien Evagrius praefectus Augustalis und Romanus Befehlshaber der Truppen waren. Beides war aber Mitte des Jahres 391 der Fall; denn das Gesetz Cod. Theod. XVI 10, 11 vom 16. Juni 391 ist adressirt: ‚Evagrio praef. Augustali et Romano comiti Aegypti.' Sozomenos bezeugt also klar, wie es scheint, das Jahr 391. Aber es scheint auch nur so; denn wenn man die Art der Quellenbenutzung des Sozomenos in Verbindung mit seinem mangelnden Sinn für chronologische Genauigkeit in Betracht zieht, so verliert jenes Zeugniss seinen Werth. Er benutzt in dem Kapitel über die Ereignisse in Alexandrien den Sokrates V 16 und daneben den Rufinus II 22, und zwar an der Stelle, um die es sich hier handelt, ganz deutlich allein den Rufinus, nämlich dessen Worte: ‚Missis tamen ad eos nuntiis de Romani imperii potestate, de vindicta legum et de his, quae talia solerent subsequi, commonebant. Cumque loci munitio nihil adversum vesana molientes agi nisi vi maiore sineret, res gesta ad imperatorem refertur.' Diese zwei Sätze gibt Sozomenos wieder und schiebt zwischen sie die Bemerkung ein, dass damals Evagrius und Romanus in Aegypten die höchsten Beamten waren. Woher hat er diese? Das ist mir gar nicht zweifelhaft, er hat sie aus dem genannten Gesetz vom 16. Juni 391. Bei Sokrates fand er den Satz, dass der Präfect von Alexandrien und der Führer der dortigen Truppen dem Bischofe von Alexandrien bei der Zerstörung der Tempel halfen; er hatte ferner eine Gesetzessammlung vor sich und benutzte sie

---

[1] Gothofredus zu Cod. Theod. XVI 10, 11; Pagi, Crit. 389; Vallarsi zu Hieronymus, De vir. illustr. c. 134; Güldenpenning, Kaiser Theodosius d. Gr. 189 Anm. 21; Teuffel, Geschichte der römischen Literatur 1009[4] Anm. 3. Tillemont (Hist. V 756—757 note 40) kann sich nicht entscheiden.

[2] A. a. O. [3] Ep. 47, 3.

mit Vorliebe [1]; hier fand er nun die Namen der zwei Beamten in einem Gesetze, welches der damaligen Zeit angehörte und sich auf die Tempel und Opfer in Aegypten bezog. Ist nun damit aber bewiesen, dass sich dieses Gesetz gerade auf die Wirren bei der Zerstörung des Serapeions bezieht? Ohne Zweifel hat Sozomenos es auf diese bezogen; aber er kann darin ebenso gut irren, wie er gleich darauf [2] das Gesetz des Theodosius über die Diakonissen vom Jahre 390 [3] als einen Ausfluss der Sittenverschlechterung ansieht, welche die Aufhebung des Busspriesters in Konstantinopel, die aber erst im Jahre 391 geschah, nach sich zog. Auch Gothofredus bezieht das Gesetz vom 16. Juni 391 auf die Zerstörung des Serapeions; das Gesetz selbst gibt aber zu dieser Combination keine Anhaltspunkte, da es nur das Betreten der Tempel und die Opfer verbietet.

2. Eunapios sagt in der Lebensbeschreibung des Sophisten Aidesios [4], dass zur Zeit der Zerstörung des Serapeions Euetius Präfect von Aegypten und Romanus daselbst Befehlshaber der Truppen war. Gothofredus und Valesius [5] halten es für selbstverständlich, dass hier statt Euetius zu schreiben ist Evagrius, und dass also das Jahr 391 gemeint ist. Das ist aber gar nicht selbstverständlich; denn Mitte des Jahres 388 war ein gewisser Erytrius Präfect von Aegypten [6]; will man bei Eunapios die Lesung Euetius nicht festhalten, so ist es paläographisch leichter, Erytrius statt Evagrius dafür zu setzen; dann kämen wir auf die Jahre 388—389. Dass aber Romanus, der im Jahre 391 Befehlshaber der Truppen in Aegypten war, diese Stellung schon im Jahre 389 bekleidete, ist in keiner Weise unwahrscheinlich, da die Militärs viel seltener wie die Civilbeamten in der Kaiserzeit wechselten.

3. Die gallische Chronik, gewöhnlich nach Tiro Prosper benannt, setzt [7] die Zerstörung des Serapeions ins achte Jahr nach dem Tode des Gratian, d. h. ins Jahr 391. Aber damit ist absolut nichts anzufangen; denn diese Chronik verfährt in ihren chronologischen Ansätzen entsetzlich willkürlich; setzt sie doch, um aus der nächsten Umgebung ein paar Beispiele zu geben, den Einfall des Maximus in Italien in das Jahr 386 statt 387, das Blutbad zu Thessalonich in das Jahr 388 statt 390, den Tod des Damasus, des Petros von Alexandrien und des Kyrillos von Jerusalem in das Jahr 390 statt 384—386.

Zu der Zeit, als Ammianus Marcellinus das 22. und 23. Buch seiner Geschichte schrieb, war das Serapeion noch im Besitze der Heiden und vollständig erhalten [8]. Leider aber lässt sich die Zeit der Abfassung dieses Geschichtswerkes nicht genau ermitteln [9].

---

[1] Siehe oben die Quellenübersicht S. 3—4. [2] Hist. eccl. VII 16.
[3] Cod. Theod. XVI 2, 27. [4] Ausgabe von Boissonade p. 44.
[5] Zu Sokr. V 16. [6] Cod. Theod. IX 11, 1.
[7] Bei Mommsen IX 650. [8] Amm. XXII 16, 12 und XXIII 6, 47.
[9] Teuffel, Geschichte der römischen Literatur 1009 [4] Anm. 3.

XX.

Die Aufhebung des Busspriesters durch Nektarios.

Ueber das Vorgehen des Bischofs Nektarios von Konstantinopel gegen das Institut des Busspriesters und der öffentlichen Bussdisciplin überhaupt berichten Sokrates V 19 und Sozomenos VII 16. Der letztere hat hier zweifellos den Sokrates benutzt, hat aber dessen Bericht durch zwei Zusätze erweitert; im ersten erzählt er, was er über die öffentliche Busse, wie sie in der römischen Kirche war, erfahren oder, wie es scheint, gesehen hatte; im zweiten theilt er, wie er zu thun liebt, den Inhalt eines Gesetzes mit, nämlich des Gesetzes des Theodosius vom 21. Juni 390 über die Diakonissen [1].

Die Zeit des Ereignisses unter Nektarios wird uns von Sokrates annähernd angegeben. Er hat vorher die Rückkehr des Theodosius aus Italien und seinen Einzug in Konstantinopel im November des Jahres 391 erzählt und beginnt dann über Nektarios zu sprechen mit diesen Worten: ἐπὶ δὲ τὸν αὐτὸν χρόνον; damit wäre wohl das Jahr 391 gegeben. Dazu stimmt allerdings nicht, was Sozomenos sagt; nach ihm war das Gesetz vom 21. Juni 390 eine Folge der Sittenverschlechterung, welche die Massregel des Nektarios nach sich zog; ich halte aber dafür, dass es dem Sozomenos dabei mehr darauf ankam, dieses Gesetz in sein Geschichtswerk passend einzuflechten, als ihm den chronologisch genauen Platz anzuweisen.

Hier kommt es wesentlich darauf an, die Veranlassung und besonders die Tragweite der That des Nektarios festzustellen. Sie hat die verschiedenartigste Auslegung erfahren, wobei das dogmatische Interesse nach der einen oder andern Seite mehr wie billig ausschlaggebend war [2]. Eine unbefangene Prüfung der beiden Berichte des Sokrates und Sozomenos muss, wie mir scheint, zu folgenden Resultaten führen.

1. Sokrates sagt, die Frau habe zu Konstantinopel zuerst dem Busspriester die nach der Taufe begangenen Sünden κατὰ μέρος gebeichtet, und fährt dann nach einem Zwischensatze fort: ἡ δὲ γυνὴ προβαίνουσα καὶ ἄλλο πταῖσμα ἑαυτῆς κατηγόρει. Die Frage ist, ob das κατὰ μέρος heisst ‚theilweise‘ oder ‚jede einzeln‘, und ob dementsprechend das προβαίνουσα heisst ‚in Fortsetzung ihrer Beichte‘ oder ‚im Fortgange der Zeit‘. Beide Auffassungen sind sprachlich durchaus erlaubt; Sozomenos hat die Worte im zweiten Sinne verstanden, da nach seiner Erzählung das Vergehen der Frau mit dem Diakon erst nach der ersten Beichte vorfiel; seine Auffassung ist aber für uns, wenn sie auch zu beachten ist, doch nicht mass-

[1] Cod. Theod. XVI 2, 27.

[2] Siehe die verschiedenen Beurtheilungen bei Frank, Die verhängnissvolle Beichte zu Konstantinopel unter der Regierung des Patriarchen Nektarius, in der Tübinger Quartalschrift, Jahrg. 49, 1867, 529—558.

gebend. Eine Entscheidung wird meines Erachtens nur möglich sein nach einer genauen Untersuchung des Sinnes von κατὰ μέρος im Sprachgebrauche des Sokrates und muss bis dahin vertagt werden.

2. In letzter Zeit ist die Ueberzeugung allgemein durchgedrungen, dass mit der Aufhebung des Busspriesteramtes auch die Stationenordnung der Büsser in der morgenländischen Kirche in Wegfall gekommen ist. Nirgends nämlich begegnet man seit jener Zeit den Stationen als einer bestehenden Institution, weder in den Canones der Synoden noch in der sonstigen griechischen Literatur; in der lateinischen Kirche haben sie überhaupt nie eine Stelle gehabt [1]. Aber der Bericht des Sozomenos nöthigt uns anzunehmen, dass Nektarios nicht nur die Bussstationen, sondern das ganze öffentliche Busswesen aufgehoben hat, und dass ihm darin fast alle Bischöfe des Orients gefolgt sind; denn Sozomenos beschreibt es als etwas den occidentalischen Kirchen Eigenthümliches, den orientalischen aber zu seiner Zeit Fremdes, dass die Büsser sich in der Kirche vor dem Bischofe niederwarfen, von ihm sich eine Busse auflegen liessen und die Zeit abwarteten, bis sie nach Tragung der Strafe die Absolution erhielten und wieder zur Gemeinschaft der Gläubigen zugelassen wurden.

3. Schwieriger zu beantworten ist die Frage, welcher Art damals die Beichte der Frau in Konstantinopel war. Zunächst ist es ganz gewiss, dass ein zweimaliges Bekenntniss der Frau stattgefunden hat; das sagt Sokrates so deutlich als möglich mit den Worten: ἡ δὲ γυνὴ προβαίνουσα καὶ ἄλλο πταῖσμα ἑαυτῆς κατηγόρει, d. h. im Verlaufe klagte sich die Frau auch eines andern Vergehens an; sie that das, nachdem der Busspriester ihr für die zuerst gebeichteten Sünden Fasten und Gebete als Busse auferlegt hatte. Man hat sogar dieses zweite Bekenntniss läugnen wollen; so Zaccaria, der sagt [2], das zweite Bekenntniss sei keine Selbstanklage der Frau gewesen, sondern habe die Bestrafung des schuldigen Diakons zum Zweck gehabt; ebenso Binterim [3]: ‚So finde ich es gar nicht bewährt, dass die Matrone zweimal soll gebeichtet haben.‘

Aber welchen Charakter hatte die zweimalige Beichte? Cardinal Bellarmin [4] und der französische Oratorianer Morinus [5] halten das erste Bekenntniss für ein geheimes, das zweite für ein öffentliches; die Frau, so sagen sie, habe dem Busspriester ihre Sünden im geheimen gebeichtet und er habe ihr Fasten, Beten und auch das öffentliche Bekenntniss eines Theiles der gebeichteten Sünden als Busse auferlegt; sie habe aber un-

[1] Funk, Die Katechumenatsklassen und Bussstationen im christlichen Alterthum, in der Tüb. Quartalschrift, Jahrgang 68, 1886, 355 ff., besonders 385—386.

[2] De rebus ad hist. atque antiqu. ecclesiae pertin. diss. lat., tom. II, diss. 9, p. 26 ed. Fulg. 1781.

[3] Denkwürdigkeiten V 2, 435.

[4] De poenitentia III 14.

[5] In seinem Sammelwerke: Commentarius historicus de disciplina in administratione sacramenti poenitentiae, Brüssel 1685, fol., II 9, p. 88—89.

klugerweise auch das mit dem Diakon begangene Vergehen öffentlich gebeichtet und so sei das Aergerniss entstanden. Dieser Auffassung trat neuerdings Frank[1] bei, während Valesius (zu Sokrates) beide Beichten für geheime hält und das Bekanntwerden der Sache daraus erklärt, dass der Busspriester den Diakon zur Rede gestellt und dem Bischofe Anzeige gemacht habe, ohne allerdings den Namen der Frau zu nennen. Valesius hat jedenfalls darin recht, dass beide Bekenntnisse der Frau gleicher Art waren; das zeigt der oben citirte Satz des Sokrates. Aber war das Bekenntniss ein geheimes oder ein öffentliches? Ich antworte: keines von beiden in dem heute gewöhnlichen Sinne. Der Ausdruck des Sozomenos, dass die Bischöfe zum Busspriester sich einen πρεσβύτερον τῶν ἄριστα πολιτευομένων ἐχέμυθόν τε καὶ ἔμφρονα nahmen, lässt uns an eine geheime Beichte denken; andererseits wurde aber auch die Sache durch das Bekenntniss des Weibes in der Stadt bekannt; die Beichte vor dem Busspriester hatte also jedenfalls im Gefolge, dass dieser die Sache untersuchte, den Diakon zur Rechenschaft zog, dem Bischofe Anzeige machte und die Absetzung des Diakons veranlasste. Wir werden uns überhaupt vor der Auffassung hüten müssen, dass die Beichte bei dem Busspriester eine geheime im Sinne unseres Beichtsiegels war; der Busspriester vertrat die Stelle des Bussgerichtes, und dieses war ein Gemisch von forum internum und forum externum[2].

4. Welche Bedeutung hatte nun die Abschaffung des Busspriesters für die Beichtpraxis des Orients? Binterim, Morinus und Frank[3] sagen, mit dem Busspriester sei auch die öffentliche Beichte abgeschafft worden, die Privatbeichte aber sei in Uebung geblieben. Sehen wir darüber zunächst bei Sokrates und Sozomenos zu. Der erstere sagt, der Priester Eudaimon habe dem Nektarios den Rath gegeben, den Busspriester abzuschaffen und damit einem jeden die Freiheit zu geben, nach seinem eigenen Gewissen zu den heiligen Geheimnissen hinzuzutreten; er aber (Sokrates) habe dem Eudaimon später erklärt, es sei fraglich, ob er damit der Kirche genützt habe, da er Anlass geworden sei, dass der eine dem andern die Sünden nicht mehr vorwerfe und dass damit die Mahnung des Apostels[4] nicht mehr befolgt werde, man solle einander brüderlich zurechtweisen[5]. Der Sinn dieser

---

[1] A. a. O. 554.

[2] Frank, Die Bussdisciplin der Kirche, Mainz 1867, 275 ff.

[3] Binterim a. a. O. V 2, 437; Morinus l. l. p. 89 VII; Frank, Die verhängnissvolle Beichte 531 und 555.

[4] Eph. V 11.

[5] Die Worte des Sokrates lauten: *Ἐγὼ δὲ πρὸς Εὐδαίμονα πρότερον ἔφην· ἡ συμβουλή σου ὦ πρεσβύτερε εἰσήνεγκε τῇ ἐκκλησίᾳ ἢ εἰ μή, θεὸς ἂν εἰδείη· ὁρῶ δὲ ὅτι πρόφασιν παρέσχες τοῦ μὴ ἐλέγχειν ἀλλήλων τὰ ἁμαρτήματα, μηδὲ φυλάττειν τὸ τοῦ ἀποστόλου παράγγελμα τὸ λέγον· μὴ δὲ συγκοινωνεῖτε τοῖς ἔργοις τοῖς ἀκάρποις τοῦ σκότους, μᾶλλον δὲ καὶ ἐλέγχετε.*

Worte ist, wie mir scheint, klar: Nach der Abschaffung des Busspriesters war ein Sündenbekenntniss nicht mehr vorgeschrieben, man konnte auch ohne ein solches zu den heiligen Geheimnissen gehen, und der Brauch, die Sünden zu bekennen, wurde in den orientalischen Kirchen seltener, vielleicht ging er ganz unter. Ganz dieselbe Auffassung vertritt auch Sozomenos; er entwickelt dieselbe also: Ein Bekenntniss ist zur Sündenvergebung nothwendig und dieses war anfangs in der Kirche ein öffentliches; da ein solches aber odiös war, sei später an die Stelle desselben das Bekenntniss vor dem Busspriester getreten, der einem jeden die passenden Busswerke auflegte und ihn dann lossprach; diese Sitte bestehe bei einigen Secten und in der römischen Kirche noch fort, doch stehe in der letztern das öffentliche Busswesen unter Leitung des Bischofs; in der orientalischen Kirche aber sei der Busspriester von Nektarios abgeschafft und es sei einem jeden freigestellt worden, nach seinem Gewissen zu den heiligen Geheimnissen hinzuzutreten. Wie Sokrates, sagt also auch Sozomenos von einer Privatbeichte nichts, sie kennen an dieser Stelle nur die öffentliche Beichte, die dann durch die vor dem Busspriester abgelöst wurde und mit diesem letztern später selbst verschwand; ja der Satz des Sokrates, den auch Sozomenos wiederholt, dass nach der That des Nektarios jeder nach seinem Gewissen zu den heiligen Geheimnissen hinzutreten konnte, lässt sich, wie mir scheint, nur so erklären, dass fürderhin eine Beichte, also auch eine Privatbeichte, wenigstens nicht mehr gefordert wurde, vielleicht nicht mehr bestand.

Doch man weist auf Chrysostomos hin, namentlich auf die zu Konstantinopel verfassten Schriften, um zu beweisen, dass auch nach jener Massregel des Nektarios in Konstantinopel die Beichte, und zwar die geheime, vor dem Priester üblich war und auch gefordert wurde; das thun Binterim [1], Berlage [2], Wildt [3] und Schwane [4]. Prüfen wir die einschlägigen Stellen.

Chrysostomos schreibt den Priestern die Gewalt zu, die Sünden nachzulassen; das zeigt ganz klar die Stelle De sacerdotio III 5 [5], wo gesagt ist, die Priester hätten eine Gewalt, die weder den Engeln noch den Erzengeln gegeben sei, denn es gelte ihnen allein das Wort: ‚Welchen ihr die Sünden nachlasset, denen sind sie nachgelassen.‘ Es fragt sich nun, und darauf kommt es hier allein an, ob Chrysostomos zu dieser Sündenvergebung ein Bekenntniss für nothwendig hält. Dass er es für nothwendig hält, folgert Berlage aus der Stelle De sacerdotio II 5 [6], aus der ‚mit aller Klarheit‘ sich ergebe, dass Chrysostomos ein Bekenntniss fordere und dass darunter das Bekenntniss ‚vor dem Priester, das sacramentale‘ zu verstehen

---

[1] A. a. O. 437 ff. [2] Katholische Dogmatik VII 568—573.
[3] Wetzer und Welte, Kirchenlexikon, Art. Beichte, II² 230—231.
[4] Dogmengeschichte II 1057. [5] Op. I 383 ᵇ sq.
[6] Berlage a. a. O. 569; Chrysost., Op. I 375ᵃ· ᵇ.

sei. Chrysostomos sagt an der Stelle, dem Seelenhirten sei grosse Klugheit nothwendig, 600 Augen, um den Zustand des Herzens von allen Seiten zu erkennen; der eine Mensch sei nämlich zur Verzweiflung geneigt, der andere zur Leichtfertigkeit; das müsse der Seelsorger sorgsam ausspüren und dann die Heilmittel passend anwenden. Aber wie soll er es ausspüren? etwa durch Selbstanklage des Menschen? Das sagt Chrysostomos mit keinem Worte; wohl aber hat er gerade vorher gesagt, dass dieses Ausspüren sehr schwer ist: ‚Die Krankheiten beim Vieh sind offenbar, ob es Hunger ist oder Seuche oder sonst etwas, was Schmerz verursacht...; aber die Schwächen eines Menschen möchte nicht leicht jemand kennen, da „keiner erkennt, was des Menschen ist, als der Geist des Menschen, der in ihm ist" (I Kor. II 11); wie also könnte einer ein Heilmittel für eine Krankheit anwenden, deren Art er nicht kennt?' [1]

Binterim beruft sich [2] auf eine Stelle der neunten Homilie des Chrysostomos über das vierte Kapitel des Hebräerbriefes; er übersetzt diese lange Stelle ganz und sagt: ‚Hier spricht er (Chrysostomos) so klar von der Privatbeichte, als man es nur verlangen kann'; auch Berlage [3] beruft sich auf diese Stelle. Die Worte des Chrysostomos, auf die es ankommt, sind diese [4]: ‚Welcher Art ist nun dieses Heilmittel der Busse und wie wird es beigebracht? Zunächst mittels der Verurtheilung der eigenen Sünden und des Bekenntnisses; „mein Vergehen habe ich dir offenbar gemacht und meine Sünde nicht verborgen; ich sprach, ich werde gegen mich meine Ungerechtigkeit dem Herrn bekennen, und du vergibst die Gottlosigkeit meines Herzens" (Ps. XXXI 5).' Diese Bibelstelle deutet schon an, welches Bekenntniss Chrysostomos hier meint, es ist das Bekenntniss des Herzens vor Gott; das wird noch viel klarer aus dem, was auf jene Worte folgt [5]: ‚Wenn du deine Sünde bekennst, wie du sie bekennen musst, wird die Seele demüthig; denn das Gewissen drückt sie zusammen und drückt sie nieder.... Jetzt habt ihr nun erkannt, wodurch die Reue und Vergebung geschieht und dass wir allem entrinnen können, wenn wir sie gebührend anwenden; wie aber werden wir Verzeihung erlangen, wenn uns die Sünden nicht einmal in den Sinn kommen? Denn wenn das wäre, wäre alles geschehen. Denn wie, wer zur Thüre hineingeht, drinnen ist, so wird auch der, welcher seine eigenen Sünden erwägt und jede einzelne überdenkt, durchaus zu ihrer Heilung gelangen. Wenn er aber sagt: ich bin ein Sünder, und nicht im einzelnen die Sünden erwägt (ἀναλογίζηται) und sagt: ich habe das und das gethan, dann wird er niemals davon ablassen, da er immer zwar bekennt, aber keine Sorge für seine Besserung trägt.'

Wie hier, so legt Chrysostomos auch an andern Stellen besondern Werth für die Vergebung der Sünden auf die detaillirte Erinnerung an die-

[1] Op. I 373 d u. 374 a. [2] A. a. O. 438—439. [3] A. a. O. 569.
[4] Op. XII 98 c. d. [5] Op. XII 99 a und 100 a.

selben, und diese nennt er ein Bekenntniss der Sünden. So in derselben Erklärung des Hebräerbriefes [1]: ‚Der, welcher Busse thut, darf niemals seine Sünde vergessen, sondern muss Gott bitten, ihrer nicht zu gedenken, solange er sie selbst nicht vergisst; wenn wir ihrer gedenken, wird Gott sie vergessen: an uns selbst wollen wir Rache nehmen, uns selbst wollen wir anklagen. . . . Ein grosses Gut ist die fortdauernde Erinnerung an die Sünde; nichts heilt so sehr das Vergehen als die beständige Erinnerung. Ich weiss wohl, dass das Gewissen sich aufbäumt und es nicht erträgt, von der Erinnerung an die Sünden gegeisselt zu werden; aber schnüre die Seele ein und lege ihr einen Zaum an. . . . Ueberzeugen wir uns selbst, dass wir gesündigt haben; sagen wir es nicht nur mit der Zunge, sondern auch im Herzen; nennen wir uns nicht nur Sünder, sondern überdenken wir auch die Sünden, indem wir sie, jede einzelne nach ihrer Art, aufzählen.‘

An andern Stellen unterscheidet Chrysostomos ein doppeltes Bekenntniss, das vor Gott und das vor den Menschen, und drückt sich völlig klar darüber aus, dass er mit dem letztern das öffentliche Bekenntniss meint. So sagt er gleich nach den vorher erwähnten Worten [2]: ‚Ich sage dir nicht: stelle dich an den Pranger und klage dich vor den andern an, sondern ich rathe dir, dem Propheten zu folgen, der sagt: Offenbare dem Herrn deinen Weg. Bekenne bei Gott, bekenne dem Richter deine Vergehen, bittend, wenn nicht mit der Zunge, so doch mit der Erinnerung, und so flehe ihn an, dass er sich deiner erbarme.‘ Berlage sagt [3], Chrysostomos verurtheile hier das öffentliche Sündenbekenntniss und stelle ihm ‚die geheime Beichte gegenüber, die geheime Selbstanklage vor Gott sowie die ebenso geheime Anklage vor dem Priester als dem Stellvertreter Gottes‘. Allein mit den Worten ‚sowie die ebenso geheime Anklage vor dem Priester‘ trägt Berlage ein Moment in den Gedankengang des Chrysostomos hinein, das diesem ganz fern liegt; denn nicht nur erwähnt Chrysostomos, obschon er mehrmals das öffentliche Bekenntniss dem geheimen vor Gott entgegenstellt, niemals dabei die Privatbeichte vor dem Priester, sondern er drückt sich sogar so aus, als wenn er diese gar nicht kennte, und in der Weise, als wenn das Bekenntniss vor Gott das vor einem Menschen geradezu ausschlösse. Man lese z. B. folgende Stelle in der vierten Homilie über Lazarus [4]: ‚Warum denn schämst du dich, deine Sünden zu bekennen? Sagst du sie denn einem Menschen, dass er dich schelte? Sagst du sie einem Mitknechte, dass er sie ausbringe? Dem Herrn, der für dich sorgt und dich liebt, dem Arzte zeigst du die Wunden. Wenn du sie ihm auch nicht sagst, weiss er sie doch, er, der sie wusste, ehe du sie thatest. . . . Ich zwinge dich nicht, mitten ins Theater zu kommen und viele Zeugen herumstehen zu lassen; sage mir nur die Sünde privatim, damit ich die

[1] Op. XII 289 a–c. [2] Op. XII 289 d und 290 a. [3] A. a. O. 570.
[4] Op. I 757 e–758 b.

Wunde heile und dich von deinem Schmerze befreie.‘ Noch deutlicher sind folgende Worte in der fünften Homilie gegen die Anomöer[1]: ‚Daher ermahne und bitte ich immer wieder: bekennet Gott anhaltend![2] Ich führe dich nicht in den Kreis deiner Mitknechte und zwinge dich nicht, den Menschen die Sünden zu offenbaren; entfalte nur dein Gewissen vor Gott, zeige ihm selbst die Wunden und verlange von ihm Heilmittel; zeige dich dem, der dir keinen Vorwurf macht, sondern dich heilt; magst du auch schweigen, so weiss er doch alles.‘ Das wenigstens steht völlig fest, dass an all diesen Stellen die Privatbeichte vor einem Priester mit keinem Worte erwähnt wird, dass also Berlage irrt, wenn er sagt, Chrysostomos stelle hier dem öffentlichen Bekenntnisse das geheime vor dem Priester gegenüber.

Weniger zuversichtlich wie Berlage drückt sich Schwane aus, wenn er sagt[3], Chrysostomos könne unter dem Bekenntnisse vor Gott auch das Bekenntniss vor dem Stellvertreter Gottes mitverstanden haben. Schwane beruft sich dafür auf eine Stelle in der dritten Homilie über die Bildsäulen, in der Chrysostomos das Bekenntniss vor dem Priester allein erwähne. Aber dieser Beweis ist ganz und gar verfehlt. Die Worte des Chrysostomos scheinen zwar auf den ersten Blick den Sinn zu haben, den Schwane ihnen unterlegt; sie heissen[4]: ‚So mache es auch du, zeige dem Priester die Wunde (τῷ ἱερεῖ δεῖξον τὸ ἕλκος); so thut, wer liebevoll sorgt und vorbaut.‘ Allein sieht man das Vorhergehende an, so ist es über allen Zweifel erhaben, dass sie diesen Sinn nicht haben können; denn Chrysostomos spricht dort von der Ehrabschneidung und mahnt, statt die Fehler des andern auszubreiten, vielmehr ihn fussfällig anzuflehen, seine Fehler abzulegen, wie die Aerzte die Kranken anflehen, die Medicin zu nehmen; wenn er dann fortfährt: ‚So thue auch du, zeige dem Priester die Wunde‘, so kann das nur den Sinn haben: theile dem Priester den Fehler des andern mit, damit dieser ihn heile. Uebrigens halte ich die Stelle für verdorben, wahrscheinlich ist das τῷ ἱερεῖ zu emendiren[5]. Das aber ist völlig klar, dass die Stelle von einer Selbstanklage des Sünders vor dem Priester in keiner Weise verstanden werden kann.

Ziehen wir den Schluss. Es ist ganz verfehlt, wenn man sich für die Existenz der Privatbeichte in Konstantinopel oder Antiochien auf Chrysostomos beruft. Denn an keiner Stelle spricht Chrysostomos in erkennbarer Weise von einer solchen Privatbeichte; an vielen Stellen empfiehlt

---

[1] Op. I 490 c. d.

[2] Ganz falsch übersetzt Berlage (572—573): ‚Bekennet Gott und einander öfters eure Sünden‘; von dem ‚einander‘ steht nichts bei Chrysostomos; die Stelle lautet: *Διὰ τοῦτο παρακαλῶ καὶ δέομαι καὶ ἀντιβολῶ ἐξομολογεῖσθαι τῷ θεῷ συνεχῶς.*

[3] Dogmengeschichte II 1057. [4] Op. II 42 d. e.

[5] Die Lesart *τῷ ἱερεῖ* steht auch in der neuern kritischen Ausgabe der Rede von Dübner (S. Io. Chrys. Opera selecta I, Paris. 1861, 373).

er das Bekenntniss der Sünden vor Gott; an einigen Stellen setzt er diesem das öffentliche Bekenntniss vor den Menschen entgegen und räth von dem letztern ab. Es ist gewiss möglich, dass er die Privatbeichte vor dem Priester kannte; aber auffallend ist es doch sehr, dass er in seinen vielen Reden und Schriften sie niemals erwähnt hat[1].

XXI.

Zeitbestimmung der Peregrinatio Silviae.

Die Peregrinatio Silviae[2] wurde zugleich mit ‚Tractatus de mysteriis et hymni' des Hilarius und dem Liber de locis sanctis des Petrus Diaconus herausgegeben von Gamurrini, Rom 1887. Dass Silvia, die Schwester des Consuls Rufinus, wirklich die Verfasserin ist, ist nach den Bemerkungen des Herausgebers[3] nicht zu bezweifeln; insbesondere zeigt der Umstand, dass die Pilgerin überall von Mönchen und Bischöfen mit der höchsten Zuvorkommenheit empfangen und tagelang auf ihren Weiterreisen begleitet wurde, dass sie von vornehmem Stande war.

Nicht so sicher ist die Zeit der Abfassung zu bestimmen. Als Palladios im Jahre 388 von Jerusalem nach Aegypten kam, begleitete ihn Silvia wenigstens bis Pelousion[4]. Silvia aber war zweimal in Aegypten und blieb im ganzen drei volle Jahre in Jerusalem[5]. Es ist daher jedenfalls unrichtig, wenn Gamurrini[6] die Pilgerfahrt in die Jahre 385—388 setzt. Denn nehmen wir auch an, was nicht zu erweisen ist, dass die Reise, die sie mit Palladios machte, ihre zweite Reise nach Aegypten war, so kehrte sie von dort erst im Jahre 389 nach Jerusalem zurück; von Aegypten begab sie sich nämlich damals zum Sinai und von hier wieder nach Pelousion zurück; auf dieser Rückreise war sie aber am 5. Januar zu Arabia im Lande Gessen[7]; das wäre dann das Jahr 389. Auf der Heimreise von Jerusalem nach Konstantinopel war sie am 23. April zu Karrhai in Mesopotamien[8]; das war also frühestens in demselben Jahre 389. Demgemäss fiele ihr Aufenthalt in Jerusalem frühestens in die Jahre 386—389, ihre Rückkehr und die Abfassung ihres Pilgerberichtes zu Konstantinopel ins Jahr 389. Jedenfalls war die Pilgerin zu Edessa vor dem Jahre 394; denn in diesem Jahre wurden hier die Gebeine des Apostels Thomas in die Hauptkirche übertragen[9]; die Pilgerin aber unterscheidet zu Edessa zwischen

---

[1] An der Stelle Op. IX 102[a. b] versteht Chrysostomos unter dem Bekenntniss die Erinnerung an die Sünden (vgl. 101[e]). Op. II 407[a. b] empfiehlt er das Bekenntniss des reumüthigen Schächers; es ist aber nicht zu erkennen, ob er damit das Bekenntniss vor Gott oder vor den Menschen meint.

[2] Siehe oben 388 S. 296. [3] Praef. 31 sq.

[4] Hist. Lausiaca c. 143. [5] Peregr. 46 und 62. [6] Praef. 37.

[7] L. l. 49 Ende. [8] L. l. 69.

[9] Chron. Edess., bei Assemani, Bibl. or. I 399.

der ecclesia und dem martyrium sancti Thomae als verschiedenen Oertlichkeiten [1].

Gegen die gegebene Zeitbestimmung der Peregrinatio erhebt sich aber eine Schwierigkeit, die Gamurrini nicht erkannt hat. Als nämlich die Pilgerin auf ihrer Rückreise nach Edessa kam, war hier Bischof ein ‚vir religiosus, etiam monachus et confessor' [2]. Das Wort confessor besagt, dass er in der Verfolgung für den Glauben gelitten hatte; man ist daher sehr geneigt, mit Gamurrini [3] an Bischof Eulogios zu denken, der unter Valens Verfolgungen erlitten hatte, im Jahre 379 Bischof von Edessa geworden war und am Karfreitage des Jahres 387 starb [4]. Ihm folgte Bischof Kyros, von dem nicht bekannt ist, dass er Verfolgungen erlitten hatte. Entweder ist also trotzdem unter dem vir religiosus der Peregrinatio dieser Bischof Kyros zu verstehen, oder die Pilgerin war schon vor Karfreitag des Jahres 387 auf ihrer Rückreise zu Edessa; das erstere scheint mir das Wahrscheinlichste zu sein.

XXII.

Datum der Kaiserproclamation des Honorius.

Als Datum der Kaiserproclamation des Honorius gibt Sokr. V 25 den 10. Januar 393 an; die Fasti Vindobonenses priores [5] haben den 23. Januar 393, sind aber unzuverlässig [6]; ganz falsch verlegt das Chronicon paschale das Ereigniss nach Rom und ins Jahr 389 [7]. Nach Petavius [8] haben sich Tillemont [9] und Güldenpenning [10] entschieden, die Kaisererhebung des Honorius auf den 20. November 393 zu setzen; ich muss aber gestehen, dass mir ihre Begründung dieser Datirung äusserst schwach erscheint und keineswegs genügt, von der Angabe des Sokrates abzugehen, der in seinen chronologischen Mittheilungen sehr zuverlässig ist; mit Sokrates und Pagi [11] halte ich den 10. Januar fest.

1. Wenn Sokrates und Philostorgios XI 2 gleich hinter der Kaisererhebung des Honorius den Zug des Theodosius gegen Eugenius erzählen, so ist damit noch nichts dafür gesagt, dass diese zwei Ereignisse sich zeitlich unmittelbar folgten, wie Tillemont und Güldenpenning annehmen; die Ereignisse können vielmehr um mehrere Jahre auseinanderliegen, wofür ich eine Menge Beispiele besonders aus Sokrates beibringen könnte.

---

[1] Peregr. 64. [2] Peregr. 64. [3] Praef. 29. [4] Siehe oben S. 279.

[5] Bei Mommsen IX 298.

[6] So datiren sie auch im Jahre 392 den Tod des Valentinian und die Kaisererhebung des Eugenius falsch.

[7] Neues Archiv II 66 Anm. 1. [8] Rationarium temporum II 4, 12.

[9] Hist. V 764—765 note 52.

[10] Kaiser Theodosius d. Gr. 222, besonders Anm. 9. [11] Crit. 393, 2.

2. Marcellinus Comes berichtet zum Jahre 393, dass bei der Kaiserproclamation des Honorius zu Konstantinopel ‚hora diei tertia tenebrae factae sunt'. Dieser Bericht ist aus Marcellinus später in die Chronik Prospers eingesetzt worden [1]. Es ist aber nicht zweifelhaft, woher Marcellinus die Nachricht hat; denn Claudian, den Marcellinus nachweislich benutzt hat [2], berichtet [3], dass zur Zeit der Kaisererhebung des Honorius ein heftiger Sturm den Himmel mit Wolken verhüllt habe, und dass gerade in dem Momente, als die Soldaten dem neuen Kaiser huldigten, das Dunkel sich lichtete und die Sonne erschien. Trotz alledem will man bei Marcellinus eine Sonnenfinsterniss berichtet finden und hat nun durch Berechnung ermittelt, dass eine solche am 20. November 393 und zwar zu Konstantinopel um Mittag war. Das war dann der entscheidende Grund, die Kaisererhebung auf den 20. November zu setzen, der nirgendwo überliefert ist. Von einer Sonnenfinsterniss sagt Marcellinus gar nichts, und die Finsterniss, die er nennt, verlegt er auf 9 Uhr morgens. Claudian spricht sonnenklar von einem Sturme; trotzdem soll er nach Tillemont eine Sonnenfinsterniss damit andeuten, dass er v. 184 sqq. erzählt, ein Gestirn wie der Mond sei zur Zeit jenes Dunkels am Himmel sichtbar geworden. Wir wissen nicht, was es mit diesem Prodigium auf sich hat; jedenfalls aber hat Claudian wegen des Gestirns nicht den Sturm zu einer Sonnenfinsterniss gemacht.

3. Claudian lässt am Tage der Kaisererhebung den Theodosius zu seinem Sohne Honorius sagen, er könne noch nicht in den Krieg ziehen, da er noch keine zehn Ernten gesehen habe (‚necdum decimas emensus aristas'; v. 372). Man meint nun, Theodosius hätte wohl Ende des Jahres 393, nicht aber am 10. Januar 393 also sprechen können, da Honorius am 9. September 384 geboren war; Theodosius hätte daher am 10. Januar neun, nicht zehn Ernten nennen müssen. Ich halte das für geradezu einfältig; denn zehn ist eine runde Zahl, und besonders der Dichter spricht gern in runden Zahlen; ausserdem stand, wenn man nach Consulatsjahren rechnet, Honorius zu Anfang 393 im zehnten Lebensjahre.

4. Man könnte sich für den 10. Januar 393 auch auf die Gesetze berufen, in denen nach diesem Datum vorwiegend Theodosius, Arcadius und Honorius als Augusti genannt werden; aber gerade in den Kaisernamen sind die Gesetze am wenigsten zuverlässig. Bemerkt sei endlich, dass auch Theodosius II. am 10. Januar Kaiser wurde [4].

---

[1] Bei Mommsen IX 498.

[2] Marcellinus citirt zum Jahre 399 einen Claudianvers.

[3] De IV. cons. Honorii 170—183.

[4] Chron. pasch. zum Jahre 402.

XXIII.

Paulins von Nola Eintritt in den Mönchs- und Priesterstand.

Die genauere Zeitbestimmung des Aufenthaltes des Paulinus von Nola in Spanien und damit auch seiner Taufe, Weltentsagung und Priesterweihe ist keine leichte Aufgabe: sie ist von Tillemont [1], den Maurinern [2] und von Buse [3] im allgemeinen richtig gelöst worden, doch nicht ohne eine Menge von Versehen und Schwankungen im einzelnen.

1. Chifflet setzte die Taufe Paulins ins Jahr 379 [4]; er wurde dazu bewogen durch das Gedicht XIII des Paulin, das um das Jahr 394 verfasst wurde und in welchem (v. 7—13) gesagt ist, er habe dem heiligen Bischofe Felix von Nola vor 15 Jahren sein Herz geweiht. Diese Stelle kann aber nicht von der Taufe Paulins verstanden werden; denn nach Brief 20, 6 verglichen mit 3, 4 fiel seine Taufe mit seinem Zurücktreten vom Weltleben zusammen; auch sagt Paulin, Brief 18, 8, dass er noch nicht getauft war, als er zwischen den Jahren 380—390 zu Vienne beim hl. Martinus war. Getauft wurde aber Paulin zu Bordeaux durch Bischof Delphinus nach Brief 3, 4 und zwar, ehe er sich nach Spanien ins Stillleben zurückzog; denn sein Aufenthalt in Spanien wurde, wenigstens in den ersten Jahren, nicht durch eine Reise nach Gallien unterbrochen, wie das zehnte Gedicht an Ausonius zeigt [5].

2. Die Dauer des Aufenthaltes in Spanien lässt sich nur aus den Briefen erkennen, die Paulin in dieser Zeit mit Ausonius wechselte. Damals schrieb nachweislich Ausonius an Paulin seine Briefe 23—25, Paulin an ihn die Gedichte X und XI. Ueber die Reihenfolge dieser Schriftstücke ist man keineswegs im klaren; sowohl Buse [6] als auch Ebert [7] halten den 25. Brief des Auson für den zuerst geschriebenen, und ich begreife nicht, dass Ebert auch in der zweiten Auflage seiner Literaturgeschichte trotz den Ausführungen Karl Schenkls [8] bei dieser Ansicht geblieben ist. Ebert meint, Ausonius habe nach Empfang von Paulins Gedicht X nicht einen solchen ‚Absagebrief', wie sein Brief 25 es sei, an ihn schreiben können [9].

---

[1] Mém. XIV, besonders 724 note 9.

[2] Bemerkungen zu Ep. 24—31 des Augustinus.

[3] Paulin, Bischof von Nola I, besonders 160 und 192.

[4] Paulinus illustr. II 5. Auch Tillemont, Mém. XIV 13 hält das für möglich.

[5] Vgl. v. 1—4 und 103. [6] A. a. O. 169—171.

[7] Allgemeine Geschichte der Literatur des Mittelalters I² 298 und besonders Anm. 2.

[8] Proleg. zur Ausgabe des Ausonius in den Mon. Germ. antiqu. V 2, 12.

[9] Auch Mertens (Quaestiones Ausonianae I, de Ausonii religione, Dissertation, Leipzig 1880, 19) schliesst sich der Auffassung Eberts an und sagt, wir wüssten nicht, ob Auson die zwei Briefe Paulins erhalten habe, und Paulin habe den

35*

Dagegen ist aber zu sagen, dass Brief 25 kein Absagebrief ist; er gibt nur dem Missmuth darüber Ausdruck, dass Paulin nicht nach Gallien zurückkehren und so das Band des persönlichen Verkehrs wieder anknüpfen wollte; Ausonius gibt aber nicht einmal die Hoffnung ganz auf, dass Paulin sich eines andern besinnen werde [1]. Der beste Beweis, dass Brief 25 des Ausonius nicht vor, sondern nach Gedicht X des Paulin entstanden ist, ist allerdings auch Schenkl entgangen; in Brief 25, 110—112 bezieht sich nämlich Ausonius offenbar auf die von Paulin in Gedicht X, 297 sq. ausgesprochenen ernsten Gedanken und besonders auf seine Befürchtungen für das Leben nach dem Tode und sagt dagegen: Sit procul iste metus!

Dass Paulins Gedicht XI die Antwort auf Brief 25 des Ausonius ist, ist unbezweifelt [2]; ebenso steht fest, dass dem Gedicht X des Paulin der 23. und 24. Brief des Ausonius und noch zwei verlorene vorhergegangen sind; denn in Brief 24 Anfang klagt Ausonius, dass das schon der vierte Brief an Paulin sei, und er sei noch immer ohne Antwort. Sie sind aber vielleicht nicht alle vier bei Paulin angekommen; denn dieser antwortet in Gedicht X nur auf ein ‚numerosa triplex pagina carmen‘ (v. 8); er hatte aber, als er dies schrieb, den 23. und 24. Brief des Ausonius vor sich, wie die Erwähnung des Bellerophontes und der Tanaquil zeigt [3].

Paulin klagt nun im Anfange von Gedicht X, er habe vier ganze Jahre von Ausonius nichts empfangen, und sagt weiterhin v. 103—106, derselbe habe ihm vorgeworfen, dass er drei Jahre lang dem heimatlichen Boden fern geblieben sei. Schenkl [4] will diese beiden Angaben identificiren; er sagt, die ersten sechs Verse im Gedichte des Paulin seien nur aus dem Gedichte des Ausonius citirt; es klage also vielmehr dieser, dass er vier Jahre von Paulin nichts gehört habe. Diese Auffassung ist unhaltbar; denn Schenkl selbst muss zugeben, dass die Verse des Paulin, welche auf die sechs ersten Verse folgen, zu einem Citate aus Ausonius nicht passen, und muss daher annehmen, dass hier etwas ausgefallen sei; er muss ferner zugestehen, dass die sechs Verse in den Briefen des Ausonius nicht wörtlich, sondern nur dem Sinne nach vorkommen. Sie kommen aber auch nicht dem Sinne nach bei ihm vor; denn bei Ausonius ist in

Brief 24 des Auson zuletzt erhalten. Wenn übrigens Mertens in dieser Schrift das christliche Bekenntniss Ausons gegen Speck (Quaest. Auson., Breslau 1874) in Schutz nimmt, hat er recht; das 25. Gedicht des Auson (v. 112—114) und das 10. Gedicht des Paulin (v. 147 sqq. und 280 sqq.) sprechen entschieden für Ausons Christenthum.

[1] Ep. 25, 112 sq.

[2] Vgl. Paulin, Carmen XI 30, mit Auson, Ep. 25 Anf.

[3] Paulin, Carm. X 191—192; vgl. Auson, Ep. 23, 31 und 24, 70—72; vgl. ausserdem Paulin, Carm. X 193 und 203—205, mit Auson, Ep. 24, 50—52; hier stimmen Paulin v. 203 und Auson v. 51 sogar wörtlich überein.

[4] L. l. 11.

Brief 24 Anfang von vier Briefen, nicht von vier Jahren die Rede: das ist doch etwas ganz anderes.

Es steht also fest, dass Paulin wenigstens drei Jahre in Spanien war; wahrscheinlich waren es wenigstens vier, da Ausonius ihm vier Jahre fern blieb. Man sagt gewöhnlich, er habe vier Jahre in Spanien zugebracht [1]; mit Recht aber fügt Tillemont bei: au moins; es waren wenigstens vier Jahre, vielleicht noch mehr [2].

3. Mit welchem Jahre endigte der Aufenthalt Paulins in Spanien? Das ist nur aus seinem Briefwechsel mit Augustinus zu erschliessen [3]. Hier kommen aus der Briefsammlung des Augustinus, in die auch die Briefe des Paulin an ihn aufgenommen worden sind, die nr. 24—27 und 30—31 in Betracht. Die nothwendige Grundlage der Untersuchung ist aber die Entscheidung der Frage, in welchem Jahre Augustinus Bischof geworden sei. Als Bischof unterschrieb er die Beschlüsse des Concils zu Karthago, welches am 28. August 397 zusammentrat [4]; da er nun kurz vor Weihnachten geweiht wurde [5], so war die Weihe spätestens im Jahre 396. Prospers Chronik setzt sie ins Jahr 395 [6]. Dagegen führt uns Augustins Schrift De diversis quaestionibus ad Simplicianum libri duo auf das Jahr 396. Ich lege keinen Werth darauf, dass Augustinus im Vorworte dieser Schrift den Adressaten anredet mit pater Simpliciane; auf Tillemont [7] allerdings machte gerade dieses Wort ‚pater' grossen Eindruck; er glaubt, Augustinus habe so keinen Priester anreden können. Aber nach Conf. VIII 1 und 2 war Simplician zur Zeit der Bekehrung des Augustinus schon alt, und Ambrosius verehrte ihn wie einen Vater, er war auch ‚in accipienda gratia' der Vater des Ambrosius. Aber viel mehr als dieser Ausdruck ‚pater Simpliciane' fällt ins Gewicht, dass Augustinus wiederholt bemerkt, er habe die genannte Schrift dem Simplicianus, dem Bischofe von Mailand und

---

[1] Buse I 140 Anm. 13; Tillemont, Mém. XIV 13 u. 40.

[2] Doch zeigt wohl das ‚egens' in Ausons Ep. 24, 69, dass Paulin im vierten Jahre mit dem Verkauf seiner Güter in Spanien schon begonnen hatte.

[3] Buse beruft sich in dieser Frage und auch sonst öfters auf die Chronik Dexters (z. B. I 183 und besonders 192—193). Diese Chronik (gedruckt zuerst von dem spanischen Jesuiten Hieronymus Romanus de Higuera im 17. Jahrhundert, zuletzt von Migne, Patr. lat. XXXI) ist eine Fälschung und als solche sofort nach ihrem Erscheinen von N. Antonio in der Bibliotheca Hispana vetus II, Rom 1696, entlarvt worden.

[4] Hefele a. a. O. II 68.

[5] Sermo 339, 3.

[6] Nach dieser Chronik sollte man auf den Gedanken kommen, die Weihe sei schon im Jahre 394 gewesen; denn sie berichtet zum Jahre 395 zuerst die Besiegung des Eugenius (Herbst 394), dann die Weihe Augustins (kurz vor Weihnachten) und endlich den Tod des Theodosius (17. Januar 395).

[7] Mém. XIII 975 note 21.

Nachfolger des Ambrosius, gewidmet [1]. Simplician folgte aber dem Ambrosius auf dem bischöflichen Stuhle von Mailand nach dem 4. April 397. Nun war die genannte Schrift an Simplician die erste, die Augustinus als Bischof verfasste [2], und er schrieb sie ‚in ipso exordio episcopatus mei' [3]. Demnach wäre Augustinus gegen Ende des Jahres 396 Bischof geworden, da er doch wohl nicht zwei Jahre zur Abfassung dieser Schrift brauchte. Und diesen Termin halte ich für den bei weitem zuverlässigsten [4], da die Glaubwürdigkeit Prospers mir nicht gross genug erscheint, um gegen ein ziemlich klares Zeugniss des Augustinus selbst den Ausschlag zu geben; macht er doch für die Jahre 379—395 nicht weniger als vier nachweislich falsche chronologische Angaben [5], denen nur sieben nachweislich richtige gegenüberstehen [6]; auch Holder-Egger sagt [7], dass dem Prosper in der Chronologie eine ganze Menge von Fehlern nachzuweisen sei.

Paulinus schrieb seinen ersten Brief an Augustinus (Brief 4) gleichzeitig mit Brief 3 an Alypius [8] und zwar ‚vor dem Winter' [9]. Aber noch ehe der Bote mit dem Antwortschreiben des Augustinus bei ihm eintraf, schickte er einen neuen Brief, der jedenfalls nicht mehr vor dem Winter geschrieben ist (Brief 6) [10]. Als Antwort auf den ersten Brief Paulins schrieb Augustinus Brief 27, ehe er den zweiten Brief Paulins erhielt [11]; auf den zweiten Brief Paulins antwortete er alsbald mit Brief 31; hier theilt er ihm die Nachricht von seiner bischöflichen Weihe mit [12]. Diese Weihe fand also zwischen der Abfassung seines ersten und zweiten Briefes an Paulin statt; war sie nun, wie oben wahrscheinlich gemacht wurde, kurz vor Weihnachten des Jahres 396, so wurde der erste Brief Pau-

---

[1] So Retract. II 1: ‚Primi duo libri sunt ad Simplicianum ecclesiae Mediolanensis antistitem, qui beatissimo successit Ambrosio'; ferner De octo Dulcitii quaestionibus, quaest. VI 1 (Migne, Patr. lat. XL 162): ‚Hoc a me beatae memoriae Simplicianus Mediolanensis ep. aliquando quaesivit'; De praedest. sanctorum 4, 8 (Migne l. l. XLIV 966) sagt er, er habe diese Bücher ad episcopum Simplicianum geschrieben.

[2] Retract. II 1. [3] De praedest. sanct. l. l.

[4] Bisher wurde allgemein das Jahr 395 angenommen; so von Tillemont l. l., den Maurinern u. s. w.

[5] Athanarichs Tod setzt er 382 statt 381, den Aufstand des Maximus und den Tod Gratians 384 statt 383; ferner lässt er den Hieronymus schon 385 statt 386 in Bethlehem wohnen und verlegt die Besiegung des Eugenius ins Jahr 395 statt 394.

[6] Dazu kommt, dass er zum Jahre 389 berichtet, neben Ithacius sei auch Idacius (denn so ist ohne Zweifel statt Ursacius zu lesen) abgesetzt worden, während dieser doch nach Sulpicius Severus, Chron. II 51, 5, freiwillig seinem Bisthum entsagte und ‚solus Ithacius' abgesetzt wurde.

[7] Neues Archiv I 88. [8] Vgl. Ep. 3, 2 und 4, 1. [9] Ep. 6, 1.

[10] Ep. 6, 1. [11] Vgl. nr. 2 und 3 und besonders nr. 5.

[12] Ep. 31, 3.

lins Herbst 396, der zweite Paulins und der erste Augustins vor Ende 396, der zweite Augustins zu Anfang 397 geschrieben. Tillemont [1] und die Mauriner [2] setzen den ersten Brief Paulins an Augustin ins Jahr 394, den zweiten 395 und die Antwort Augustins auf diesen zweiten 396; sie nehmen also an, dass sich dieser Briefwechsel auf einen Zeitraum von $1^1/_2$ Jahren vertheilte. Das geht aber nicht an; denn der erste Brief Paulins ist ‚ante hiemem' geschrieben, der zweite spätestens nach diesem Winter im Frühlinge; die Antwort Augustins auf diesen zweiten Brief kann aber nicht ein Jahr nach Empfang desselben erfolgt sein; denn Augustin kann die Antwort auf einen Brief, der ihm so überaus gefallen hatte [3] und der von einem so hoch angesehenen Manne an ihn gerichtet war, nicht lange hinausgeschoben haben; auch lebte Paulin damals schon in Nola, von wo die Ueberfahrt nach Afrika sehr kurz und leicht war [4].

4. In dem Briefe an Alypius, den Paulin gleichzeitig mit dem ersten an Augustinus schrieb, sagt er nr. 4: ‚In natalibus autem animae adhuc mihi tempus infantiae est, quae intentatis Christo vulneribus immolata digno sanguine agni victimam praecucurrit et dominicam auspicata est passionem.' Das ‚in natalibus animae' kann weder von der Taufe Paulins noch von seinem Weggang aus der Heimat nach Spanien, sondern nur von seinem Eintritt ins Mönchthum und dem Verkauf seiner Güter verstanden werden [5] Sind also diese zwei Briefe Herbst 396 (nach den andern 395) geschrieben, so begann der Güterverkauf mit Ende 394 (393?). Dass sein Uebergang zum Mönchthum nicht vor Mitte 394 geschah, geht auch daraus hervor, dass er auf Theodosius nach dessen Sieg über Eugenius einen Panegyricus verfasste [6]; es ist kaum anzunehmen, dass er eine solche Schrift nach seinem Abschiede vom Weltleben verfasst hat. Als Paulin an Alypius schrieb, war er schon eine Zeitlang in Campanien oder doch bei Rom [7]. Bald nach seiner Ankunft in Nola wurde er schwer krank [8]; diese Krankheit war im Anfang des Jahres [9]. Die Rückkehr von Spanien ist daher ins Jahr 395 zu setzen. Die Abreise aus Spanien erfolgte aber, wie ich aus einer Stelle

---

[1] Mém. XIV 724 note 9.

[2] Einleitung zu den Briefen des Augustinus. [3] Ep. 27, 2—3.

[4] Der erste Brief Paulins wurde durch einen Sklaven nach Afrika gebracht (Ep. 6, 1); es ist nicht anzunehmen, dass dieser dort ein halbes Jahr zurückblieb.

[5] So richtig Tillemont l. l. 724 und Buse I 160.

[6] Gennadius, De vir. illustr. c. 48; Hieronymus, Ep. 58, 8.

[7] Vgl. nr. 3: instructu tuo.

[8] Paulin, Ep. 5 an Severus nr. 11—13. Mit Recht wird dieser Brief und damit die Krankheit Paulins von Tillemont (l. l. 725 note 11) in den Anfang seines Aufenthaltes in Campanien gesetzt; vgl. nr. 13: ‚et opus dei salvatoris in nobis Campania tota veneratur.'

[9] Vgl. l. l. nr. 14: ‚Afri quoque ad nos episcopi revisendos prima aestate miserunt.'

des ersten Briefes Paulins an Severus schliessen zu können glaube [1], nach Ostern. Der Aufenthalt in Spanien begann also spätestens im Jahre 391, da er ja [2] wenigstens vier Jahre gedauert hat.

5. Es bleibt die Frage noch zu beantworten nach dem Eintritt Paulins in den Priesterstand. Ueber diesen unterrichtet uns der erste Brief Paulins an Severus; hiernach erfolgte er nach seinem Eintritt ins Mönchsleben zu Barcelona am Weihnachtsfeste [3], und zwar wahrscheinlich in dem Jahre vor seiner Abreise aus Spanien [4], also am 25. December 395 (oder 394 ?). Man hat aus den Worten des Briefes (nr. 10): ‚die domini, quo nasci carne dignatus est' den Schluss gezogen, die Weihe sei an einem Sonntage geschehen, und ist so auf das Jahr 393 gekommen, wo Weihnachten auf einen Sonntag fiel [5]; ich halte es aber für ganz unangebracht, aus jenem Ausdruck einen Sonntag herauszulesen; der natürlichste Sinn ist doch der, dass es an einem Feste des Herrn war, und zwar am Feste seiner Geburt; wer wird, wenn er hört vom ‚Tage des Herrn, an dem er im Fleische geboren wurde', an einen Sonntag denken? Nicht so klar wäre die Sache, wenn ‚die dominica' da stände, weil dieses der hergebrachte Ausdruck für Sonntag ist.

XXIV.

Chronologie des Origenistenstreites in Palästina.

Die Zeitlage der einzelnen Phasen des Streites, welcher in Betreff des Origenes im letzten Jahrzehnt des vierten Jahrhunderts zwischen Hieronymus und Epiphanios einerseits und zwischen Johannes von Jerusalem und Rufinus andererseits entbrannte, ist von Vallarsi [6] vielfach anders wie früher von Tillemont [7] bestimmt worden; Zöckler [8] ist in allen Stücken dem Vallarsi gefolgt. Mir schien eine neue Untersuchung hier nothwendig zu sein; sie führte zu bestimmtern und zum Theil andern Resultaten.

1. Brief 57 des Hieronymus an Pammachius, eine Rechtfertigung der Uebersetzung des Briefes des Epiphanios gegen Johannes von Jerusalem, ist im Jahre 395 geschrieben [9]. Dieses Jahr ergibt sich also: Kaiser Theo-

---

[1] Vgl. nr. 11: ‚Quodsi *iam ad itineris ingressum* propitio deo vis occurrere, post pascha in nomine Christi proficiscere.'

[2] Siehe oben S. 548. [3] Ep. 5, 7 und 10. [4] Ep. 5, 11.

[5] So Buse I 192 Anm. 18; Tillemont, Mém. XIV 40 und 725 note 9, und neuerdings v. Hartel, Paulini carmina, index p. 407.

[6] Vita s. Hieronymi c. 24 sqq.; ferner die Vorreden zu Ep. 57 und zur Schrift Contra Ioannem Hierosol.

[7] Mém. XII 637 note 42 ss. [8] Hieronymus 239 ff.

[9] Dass er in der ersten Hälfte des Jahres 395 geschrieben ist, wie Vallarsi behauptet, ist nicht zu beweisen.

dosius war bei der Abfassung des Briefes todt, aber nicht lange vorher gestorben [1]; ferner wurde der Brief vor dem Jonascommentar des Hieronymus geschrieben, der ins Jahr 396 zu setzen ist [2]. So ergibt sich das Jahr 395. Dagegen scheint aber eine Aeusserung des Hieronymus (nr. 5) zu sprechen, er habe ‚ante annos circiter viginti' die Chronik des Eusebios übersetzt. Diese Uebersetzung schrieb er in den Jahren 379—380 [3]; Vallarsi will daher das viginti in quindecim emendiren, während Tillemont [4] sich mit der Erklärung hilft, Hieronymus habe sich ungenau ausgedrückt. Das letztere scheint auch mir, oder vielmehr es ist das ‚circiter' in jener Aeusserung nicht zu übersehen; gerade der Zahl 20 scheint man sich als runder Zahl in freier Weise bedient zu haben; das thut wenigstens Chrysostomos [5]; auch in der Vorrede des Hieronymus zum Jonascommentar ist das ‚triennium circiter' von einem Zeitraume von vier Jahren zu verstehen [6].

2. Brief 51 des Hieronymus, die Uebersetzung des genannten Schreibens des Epiphanios, ist im Jahre 393 und nicht, wie Vallarsi und Zöckler [7] annehmen, 394 verfasst. Denn der Brief des Epiphanios selbst wurde ‚beinahe zwei Jahre', die Uebersetzung desselben von Hieronymus auch mehr wie ‚1½ Jahre' vor dem 57. Briefe des Hieronymus geschrieben [8]; nach dem, was Hieronymus über die Entstehung dieser Uebersetzung erzählt, ist auch anzunehmen, dass sie sofort nach Veröffentlichung des Originals geschrieben wurde; sie ist also im Jahre 393 entstanden.

In eine noch frühere Zeit ist die Priesterweihe des Paulinian zu setzen, zu deren Rechtfertigung Epiphanios seinen Brief schrieb; sie war also spätestens im Jahre 393 [9]. Ist das aber so, dann war der Aufenthalt des Epiphanios in Jerusalem und Bethlehem, von dem Hieronymus Contra Ioan. Hierosol. c. 10 und 11 spricht, im Jahre 392 und nicht, wie Vallarsi und Zöckler [10] angeben, im Jahre 394. Denn die Weihe des Paulinian war ‚multo post tempore', also lange nach jenem Aufenthalte; das steht Contra Ioan. Hierosol. c. 10 und ist bisher ganz übersehen worden; wie lang aber dieser Zeitraum war, ersehen wir aus Brief 51, 1, wo Epiphanios mittheilt, er habe an die Mönche im Bethlehemkloster nach der Weihe Paulinians geschrieben, sie hätten schon vor einem Jahre, als sie über den Mangel eines Priesters klagten, die Weihe des Paulinian fordern sollen.

---

[1] Vgl. nr. 3; das ‚dudum' ist bei Hieronymus von kurzer Zeit zu verstehen.

[2] Siehe oben 395 S. 461. [3] Siehe oben 379 S. 57.

[4] A. a. O. 637—639 note 42.

[5] Siehe Excurs XIV S. 516, besonders Anm. 5.

[6] Denn die Commentare zu Michäas, Nahum u. s. w. wurden 392, der Jonascommentar aber wurde 396 geschrieben; vgl. oben S. 461 [6].

[7] A. a. O. 223. [8] Ep. 57, 2.

[9] Vallarsi (bei Migne, Patr. lat. XXII 93) setzt sie 394.

[10] A. a. O. 243.

Was dann weiterhin diesen Aufenthalt des Epiphanios in Jerusalem und Bethlehem angeht, so wird er von Vallarsi und Tillemont in die Osterzeit gesetzt, offenbar wegen der Stelle Contra Ioan. Hierosol. c. 13. Aber diese Stelle besagt bloss, dass Johannes von Jerusalem in einer Predigt alles zusammenfasste, was er in der ganzen Fastenzeit den Katechumenen gepredigt hatte; sie besagt aber nicht, dass diese Predigt zu Ostern war; sie konnte vielmehr zu jeder Jahreszeit ausserhalb der Fastenzeit sein. Auch ist zu erinnern, dass Epiphanios die beiden Anreden, welche er damals zu Jerusalem in der Kirche Anastasis und in der ad crucem in Gegenwart des Bischofs Johannes hielt, nach Contra Ioan. Hierosol. c. 11 an einem und demselben Tage nacheinander und nicht, wie Vallarsi glaubt (‚data haud multo post occasione'), an verschiedenen Tagen gehalten hat; Hieronymus sagt das ganz deutlich: ‚Nonne cum de anastasi pergeretis ad crucem etc.' Ueber dieses Ziehen von einer Kirche zur andern in Jerusalem belehrt uns recht anschaulich die Pilgerin Silvia in ihrer Peregrinatio [1].

3. Wann verfasste Hieronymus die Streitschrift Contra Ioannem Hierosolymitanum ad Pammachium? Vallarsi setzt sie [2] in die Jahre 399—400, dagegen in der Vita s. Hieronymi [3] ins Jahr 398, während Tillemont [4] sie ins Jahr 396 setzte; Zöckler [5] nimmt mit Vallarsi die Zeit von 398—399 an. Mir scheint das Jahr 397 das richtige zu sein. Denn a. Hieronymus schrieb das Werk ‚annos ferme decem' nach den Commentaren zum Ecclesiastes und zum Ephesierbrief (c. 17); den erstern Commentar verfasste er aber im Jahre 388 und den zweiten 387 [6]. b. Hieronymus sagt (c. 41), er habe vor 13 Jahren Antiochien verlassen, um in Bethlehem in der Einsamkeit zu leben; Antiochien verliess er aber im Winter 385—386 [7]. c. Er sagt c. 14 von Epiphanios: ‚Ille per totum exinde triennium suas iniurias devorat privataque simultate contempta fidei tantum correctionem postulat.' Dieser Zeitraum von drei Jahren muss unbedingt von dem Briefe des Epiphanios gegen Johannes an datirt werden, und dieser wurde (siehe oben) im Jahre 393 geschrieben. Vallarsi zählt vom Jahre 395 an, wo der Streit zwischen Epiphanios und Johannes auf seiner Höhe gestanden habe; aber wir haben absolut keine Nachricht darüber, dass Epiphanios nach Abfassung seines Briefes noch gegen Johannes aufgetreten ist. So kommen wir auf das Jahr 396, allenfalls auch 397, da Hieronymus von einem totum triennium spricht; ich ziehe das Jahr 397 vor wegen des vorher unter a und b Gesagten; aber es ist nicht möglich, über dieses Jahr mit Vallarsi hinauszugehen.

Hieronymus verfasste die Schrift nach c. 42 wenige Monate nach Pfingsten. An dieser Stelle sagt er, es sei um Pfingsten eine solche Ver-

---

[1] Ed. Gamurrini p. 78 sqq. [2] Op. s. Hier. II 405—406.
[3] Bei Migne, Patr. lat. XXII 118—119. [4] Mém. XII 639 note 42.
[5] A. a. O. 248 Anm. 2. [6] Siehe oben 387 S. 276 und 388 S. 294.
[7] Siehe oben 386 S. 250.

finsterung der Sonne eingetreten, dass die ganze Welt den Tag des Gerichts erwartete und dass man die Taufe der Katechumenen beschleunigte. Eine eigentliche Sonnenfinsterniss um Pfingsten ist aus dieser ganzen Zeit nicht nachzuweisen [1]. Es muss sich also mit dieser Finsterniss geradeso verhalten wie mit der, welche Zosimos IV 58 auf den Tag der Schlacht am Frigidus setzt, und mit einer andern, von welcher Marcellinus Comes zum Jahre 393 spricht [2]; nicht durch den Mond, sondern durch Wolken wurden sie bewirkt.

XXV.

Die Stellung des Dichters Claudian zum Christenthume.

Theodor Birt hatte schon in seinem Programm ‚De moribus christianis, quantum Stilichonis aetate in aula imperatoria occidentali valuerint' [3] den Satz verfochten, dass der Dichter Claudian nicht Heide, wie man bis dahin allgemein angenommen hatte, sondern Christ, wenn auch nicht getaufter Christ gewesen sei; er hat dann später in der Vorrede zu seiner grossen Claudianausgabe [4] dieselbe Frage in demselben Sinne wieder eingehend besprochen und entschieden. Eduard Arens trat ihm entgegen, zunächst in seinen Quaestiones Claudianeae [5] und dann neuerdings in einem Aufsatz des Historischen Jahrbuchs der Görres-Gesellschaft [6]; er vertheidigt die alte Auffassung, die sich stützt auf Augustinus, De civ. dei V 26: ‚poeta Claudianus quamvis a Christi nomine alienus' und auf Orosius VII 35: ‚paganus pervicacissimus', nämlich die Ansicht, dass der Dichter nicht nur nach seinem dichterischen Gedankenkreise, sondern auch nach seinem Cultus Heide gewesen sei. Eine Stellungnahme zu dieser Frage dürfte hier nicht zu umgehen sein.

1. Zunächst muss der Versuch Birts [7] aufgegeben werden, die Worte Augustins so zu deuten, als wenn Claudian nur in seinen Werken Christus nicht erwähne, ohne damit aber Heide zu sein. Denn einerseits hat Orosius die Worte Augustins so verstanden, dass Claudian ein fanatischer Heide gewesen sei; andererseits hat Arens aus den Werken Augustins eine entscheidende Parallelstelle beigebracht, die klar zeigt, dass der Ausdruck ‚a Christi nomine alienus' im Munde des Augustinus soviel wie paganus ist [8]. Uebrigens kann auch der scharfe Ausspruch des Orosius ‚paganus pervicacissimus' andeuten, dass er hier nicht bloss den Ausdruck des Augustinus

---

[1] Pagi 393, 2. [2] Siehe oben S. 412 [1] und 545.
[3] Marburg 1885, 7—12. [4] Mon. Germ. antiqu. X 63—67.
[5] Münster 1894, 22—42.
[6] Claudian Christ oder Heide? A. a. O. Bd. XVII (1896), Heft 1, S. 1—22.
[7] Vorrede 63.
[8] Augustinus, Enchiridion ad Laurentium nr. 4 (Migne, Patr. lat. XL 233): His qui contradicit, aut omnino a Christi nomine alienus est aut haereticus.'

wiedergeben wollte, sondern dass er in dieser Sache sich auch eine eigene Ansicht gebildet hatte.

2. Dagegen wird mit Birt das schöne Carmen paschale de salvatore [1] mit ganz christlichem Inhalt dem Claudian zugesprochen werden müssen. Es steht in allen Handschriften Claudians, seine Schreibweise und Metrik sind ganz claudianisch, Sedulius und Merobaudes im 5. Jahrhundert haben es nachgeahmt [2]. Dem Damasus und Claudius Mamertus kann es aus innern Gründen nicht zugeschrieben werden; Niebuhr schrieb es dem Merobaudes zu, was sprachlich nicht ausgeschlossen, positiv aber doch in keiner Weise begründet ist [3]. Wir müssen es also einstweilen als wahrscheinlich hinnehmen, dass das Gedicht von Claudian herrührt.

3. Claudian steht jedenfalls als Dichter noch mehr wie Ausonius mitten in dem Anschauungskreise der heidnischen Poesie. Ihr hat er seinen ganzen dichterischen Apparat entlehnt; er ruft nicht nur die Musen an, sondern betet auch in den griechischen Fragmenten der Gigantomachie zu Phöbus und den Meergottheiten [4]; ganz offenbar betrachtet er die Victoria als die Schutzgottheit des römischen Senates und des Lagers und ruft sie an [5].

4. Es fragt sich nun vor allem, wie sich Claudian in seinen zweifellos echten Schriften zum Christenthum stellt. Eines offenen Angriffs gegen das Christenthum selbst enthält er sich, darin stimmen alle überein. Dagegen behauptet Arens [6], dass er in dem Spottgedicht gegen den Reiteroberst Jacobus [7] ‚Lehren des Christenthums angreife', nämlich ‚den christlichen Heiligencult verhöhne'. Das ist entschieden zu viel gesagt. Der Dichter verspottet den Jacobus, der seine Verse verunglimpft hatte; er stellt ihn als eifrigen Heiligenverehrer, dabei aber auch als Zecher und Feigling dar; er wünscht ihm, dass alle Heiligen ihm in der Schlacht helfen, seine Mitzecher von ihm unter den Tisch gebracht werden und dass die Fässer

[1] Gedruckt bei Birt unter den Carmina minora nr. 32, bei Jeep unter den unechten Gedichten Claudians II p. 200—201.

[2] Birt, Vorrede 66—67; Arens, Jahrbuch 8—9.

[3] Das gibt Arens a. a. O. 9—10 zu, wenn er auch die Autorschaft des Merobaudes für wahrscheinlich hält.

[4] Siehe die Stellen bei Arens a. a. O. 12.

[5] Claudianus XXIV 203—217; XXVIII 597—605. Aus der letztern Stelle zieht Birt (De moribus christ. 12—13) den Schluss, dass im Jahre 400 die Victoria wieder in den Sitzungssaal des Senates ihren Einzug hielt. Dass die zeitgenössischen Geschichtschreiber davon nichts erwähnen, halte ich für belanglos; denn sie schweigen ebenso von den frühern Verhandlungen über die Victoria, über die wir nur durch die Briefe des Ambrosius und die Relatio des Symmachus unterrichtet sind. Dagegen halte ich den Beweis, den Arens a. a. O. 13—14 aus dem zweiten Buch des Prudentius Contra Symmachum gegen jene Ansicht Birts führt, für erbracht.

[6] A. a. O. 10—11. [7] Carmina minora nr. 9 bei Jeep, 50 bei Birt.

seinen Durst besiegen mögen; seine Hand endlich möge von Feindesblut frei bleiben; dafür möge er dann seine Verse in Ruhe lassen. Die Erwähnung der Heiligen an dieser Stelle mag eine Tactlosigkeit sein; sie ist aber so wenig eine Verhöhnung der Heiligenverehrung oder sogar ein Angriff gegen eine christliche Lehre, wie jener Vers im Studentenliede: O hl. Veit von Staffelstein, verzeih mir Durst und Sünde! Wenig glücklich ist Birt in der Erklärung dieses Gedichtes [1]. Ganz mit Recht sagt er hier, etwas anderes sei die Verehrung Christi, etwas anderes die Verehrung der Heiligen; er fügt aber dann bei: ‚quae Claudiani aetate demum incipiebat'. Dass die Heiligenverehrung erst in der Zeit Claudians begonnen habe, kann im Ernste keiner behaupten, der etwas von der hergebrachten Feier der natalitia martyrum in den ersten Jahrhunderten gehört hat, der weiss, dass die Kirche der Katakomben allgemein auf ihren Gebeinen zu opfern pflegte und dass man allgemein martyria zu ihrer Verehrung erbaute. Welcher Jubel war in Mailand im Jahre 386 bei der Erhebung der Gebeine des Gervasius und Protasius durch Ambrosius! Und im Jahre 393 hielt dieser zu Florenz zu Ehren der Martyrer Vitalis und Agricola die Rede, welche uns als seine Exhortatio virginitatis erhalten ist! Will Birt die Praxis des 4. Jahrhunderts in der Heiligen- und Reliquienverehrung kennen lernen, dann lese er des Hieronymus Schrift gegen Vigilantius c. 5—9 [2].

An zwei andern Stellen Claudians findet Arens [3] einen versteckten Spott gegen das Christenthum. Es handelt sich hier um die Sendung des Eutropius an den Einsiedler Johannes und um des letztern Vorhersagung über den Sieg des Theodosius [4]. Arens selbst gibt zu, ‚dass Claudian seine giftigen Worte zunächst gegen den Eunuchen richtet, der die Antwort des Johannes als eigene Seherweisheit rühmt'; dabei bleibe aber bestehen, dass er auch die Weissagung selbst als ‚somnia' verspotte. Ich meine, es ist doch ein wesentlicher Unterschied zwischen dem Christenthum und der Prophezeiung eines Mönches; auch als guter Christ kann man eine solche Prophezeiung für Blendwerk halten. Dabei ist noch zu beachten, dass die Abneigung Claudians gegen Eutrop ihm den Spott gegen dessen Sendung und vielleicht sogar gegen das Orakel nahelegte.

---

[1] Vorrede 64.

[2] Die Anschauung Birts von der Heiligenverehrung mag auf Gibbon zurückgehen, der (Geschichte des Sinkens VI 1 ff.) nach Erzählung des Todes des Theodosius ein Kapitel einfügt: ‚Gänzliche Vernichtung des Heidenthums, Einführung der Verehrung der Heiligen und Reliquien unter den Christen.' Aber auch Gibbon ist weit davon entfernt anzunehmen, dass zur Zeit Claudians die Heiligenverehrung eingeführt wurde; er behauptet nur, dass sie im 4. Jahrhundert ‚allgemein wurde', und sagt (S. 36): Im Jahrhundert des Ambrosius und Hieronymus glaubte man, dass die Heiligkeit einer Kirche unvollständig wäre, wenn sie nicht durch irgend einen Theil heiliger Reliquien geweiht würde.

[3] A. a. O. 11—12. [4] In Eutrop. I 312 sqq. und II praef. 37 sqq.

5. Wenn es sich um die Stellung Claudianus zur Religion handelt, muss man die synkretistische Richtung seiner Zeit wohl in Erwägung ziehen. Auch den Ausonius, der viel mehr christliches Empfinden als Claudian verräth, hat man noch in neuer Zeit zum Heiden stempeln wollen [1] wegen der Vorliebe für heidnische Anschauungen, die uns in seinen Gedichten entgegentritt. Selbst Stilicho, der Berather der christlichen Kaiser, den Ambrosius mit Auszeichnung den parens der beiden kaiserlichen Brüder nennt [2], der von Ambrosius sagte, dass der Tod dieses Mannes den Untergang Italiens bedeuten würde [3], der die goldenen Verzierungen am Portale des capitolinischen Juppitertempels abreissen [4] und die sibyllinischen Bücher verbrennen liess [5], Stilicho, dessen Gemahlin Serena eine so fanatische Götterfeindin war, dass sie einst in einem Tempel der Magna mater der Göttin ihren goldenen Schmuck abnahm und ihn sich selbst umhing [6], dieser nämliche Stilicho verletzte das Asylrecht der Kirche [7], übertrug in der Schlacht bei Pollentia das Commando dem Heiden Saul, der nicht einmal die Ruhe des Osterfestes respectirte [8], und wollte seinen Sohn Eucherius zum Regenten machen, der die Christen hasste und eine Restitution des Heidenthums plante [9]. In ähnlicher Weise wird Claudian, obschon er seinem Bildungsgange und seinen Neigungen nach Heide war, sich doch der Strömung am Hofe, in dessen Dienst er seine Muse gestellt hatte, angepasst und Christus mit in seinen Olymp aufgenommen haben, in der Weise, dass er ebensowenig an das Dasein der alten heidnischen Götter wie an das des neuen christlichen im Herzen glaubte. Dass Augustinus und andere, die seine Gesinnung nur aus seinen Gedichten erschlossen, ihn für einen Heiden hielten, kann uns nicht wundern; von den Gedichten eines Christen wie Paulin von Nola oder Juvencus waren sie himmelweit verschieden. Es steht aber fest, dass Claudian auch christliche Schriftsteller wie Ambrosius, Lactanz und Minucius Felix las und ein polemisch christliches Gedicht gegen den Heiden Flavianus aus dem Jahre 394 in seinen Dichtungen verwerthete [10]. Daher ist es keineswegs ausgeschlossen, dass er seine Muse auch einmal dem Kaiser zuliebe an einem christlichen Stoffe versuchte; ja der Inhalt des Carmen paschale de salvatore scheint mir einen Verfasser zu verrathen, der in der christlichen Poesie nicht bewandert war; enthält doch, was bisher niemandem aufgefallen ist, das kleine Gedicht von 20 Versen eine vollständige Christologie; die christlichen Dogmen von der Natur des Sohnes, von seiner Geburt, seinem Erlösungswerke und seiner dereinstigen Parousie scheinen mir geradezu in diese wenigen Sätze zusammengepresst zu sein; das ist aber ausserdem ein Gegenstand, der

---

[1] So Speck, Quaestiones Ausonianae, Breslau 1874.
[2] De obitu Theod. c. 5. [3] Paulinus, Vita s. Ambros. c. 45.
[4] Zos. V 38. [5] Rutilius Namatianus II 52; er schrieb im Jahre 416.
[6] Zos. l. l. [7] Paulinus l. l. c. 34. [8] Oros. VII 37, 2.
[9] Ibid. VII 38, 1 und 6. [10] Birt, Vorrede zu Claudian 65—66.

der Veranlassung und dem Zwecke des Gedichtes sehr wenig entspricht, der aber einem Claudian näher liegen mochte als ein eindringendes Erfassen des Auferstehungsgeheimnisses. Ich halte also dafür, dass dieses Gedicht wirklich von Claudian herrührt, und dass dieser der Richtung seiner Zeit gemäss weder ganz Heide noch ganz Christ, aber doch mehr Heide als Christ, nach der Ueberzeugung seines Herzens wahrscheinlich weder das eine noch das andere war.

XXVI.

Ist Rufin Quelle von Theodorets Kirchengeschichte gewesen?

Güldenpennig glaubt in einer langen Erörterung seiner Schrift ‚Die Kirchengeschichte des Theodoret von Kyrrhos, eine Untersuchung ihrer Quellen'[1], den sichern Beweis erbracht zu haben, dass Theodoret in seiner Kirchengeschichte neben den Werken des Sokrates und Sozomenos auch die Kirchengeschichte des Rufin direct benutzt hat. Man ist wohl von vornherein zu dieser Annahme geneigt, weil beide Schriftsteller eine ausgesprochene Vorliebe für Mönchsgeschichten haben. Allein es muss schon auffallen, dass alle die Abschnitte, die Theodoret angeblich dem Rufin entnommen hat, sich auch bei Sokrates und Sozomenos und zwar der grössten Zahl nach bei beiden zugleich finden. Güldenpenning will aus einzelnen Wendungen oder Nachrichten Theodorets schliessen, dass er bei diesen Abschnitten den Rufin und nicht einen der beiden andern Schriftsteller vor sich hatte. Allein bei genauerem Zusehen haben mir auch die Stellen, aus denen Güldenpenning die Benutzung des Rufin mit Gewissheit erkennen will, nicht standgehalten. Es sind folgende:

1. Theodoret I 14 knüpft, so sagt Güldenpenning[2], die Erzählung vom Tode des Areios unmittelbar an die vom Concil in Nikaia, wie es vor ihm nur Rufinus I 13 gethan hat. Aber bei Theodoret stehen in den zwei Kapiteln, welche der Erzählung vom Tode des Areios vorhergehen, Auszüge aus Eusebios von Kaisareia, welche die Lehre des Areios behandeln; bei Rufin aber folgt der Tod des Areios noch viel weniger auf das Concil von Nikaia, sondern er erzählt zwischen beiden Ereignissen die Bekehrung der Iberer und Aethiopier (c. 9 und 10), den Tod des Konstantin und sein Testament (c. 11) und die Synode zu Konstantinopel im Jahre 336 (c. 12). Bei Rufin ist also der Tod des Areios ganz an seiner richtigen Stelle erzählt; wenn daher Theodoret über ihn verhältnissmässig früh berichtet, so folgt daraus gar nicht, dass er den Rufin dabei benutzt hat; erzählt er doch auch die Bekehrung der Iberer und Aethiopier an einer viel spätern Stelle wie Rufin, woraus keiner den Schluss ziehen wird, dass er diesen nicht benutzt hat.

---

[1] Halle 1889, 26—29. [2] A. a. O. 29.

2. Theodoret I 24 erzählt die Bekehrung der Iberer; Sokrates I 20 und Sozomenos II 7 folgen in derselben Erzählung dem Rufin I 10; dass aber Theodoret hier direct aus Rufin geschöpft hat, will Güldenpenning aus zwei Bemerkungen des Theodoret beweisen, die bei Sozomenos fehlen, nämlich dass die Frau den Knaben und später auch die Königin auf das Lager hingestreckt habe [1]. Allein die erstere Bemerkung steht auch bei Sokrates, und die zweite ist in diesen Worten des Sokrates enthalten: *ποιεῖ δὲ ἡ αἰχμάλωτος, ἃ καὶ ἐπὶ τοῦ παιδὸς πεποιήκει πρότερον.*

3. Güldenpenning sagt [2], Theodoret II 3 gebe die Erzählung von dem Presbyter und von dem Testamente Konstantins in einem Athem gerade wie Rufin I 11, während Sokrates I 25 und 39 und Sozomenos II 27 und 34 diese Ereignisse auseinanderziehen. Darauf erwidere ich: Theodoret und Rufin haben hier Zusammengehöriges zusammengestellt, während Sokrates und Sozomenos es durch Einfügung von Actenstücken und andern Berichten zerlegt haben. Bei der Geschichte des Presbyters musste von dem Testamente des Kaisers die Rede sein, weil dieser es dem Presbyter anvertraut hatte; wenn aber hier Theodoret und Rufin nicht die Abschweifungen machen, die Sokrates und mit ihm Sozomenos gemacht haben, und die zur Sache nur in loser Beziehung stehen, wer will daraus folgern, dass Theodoret sich zu Rufin wie Sozomenos zu Sokrates verhält?

4. In der Erzählung von dem Tempelbau zu Jerusalem unter Julian hat Theodoret III 20 zwei Nachrichten nur mit Rufin I 37—39 gemeinsam, nämlich dass ein hoher kaiserlicher Beamter den Bau leitete und dass Feuer aus der Erde herauskam; Sokrates III 22 hat nichts davon; so Güldenpenning S. 29—30. Allein beide Nachrichten finden sich auch bei Ammian XXIII 1, 2—3, dessen Bericht über das Ereigniss jedenfalls bei den Christen in hohem Ansehen stand. Güldenpenning gibt selbst zu, dass im übrigen Theodoret und Rufin hinsichtlich des Tempelbaues vielfach voneinander abweichen; es ist aber sehr willkürlich, alle diese Abweichungen, wie Güldenpenning thut, der freien Erfindung Theodorets zuzuschreiben.

5. Die Regierungszeit des Jovian wird von Rufin II 1 ganz kurz, von Theodoret IV 1—5 eingehend dargestellt; ausserdem lässt jener den Kaiser auf 29, dieser auf 30 Jahre Frieden schliessen, und jener lässt ihn ‚apud Ciliciam', dieser in Bithynien sterben. Trotzdem nimmt Güldenpenning [3] auch an dieser Stelle eine Benutzung des Rufin durch Theodoret an, und zwar, ‚weil nur bei ihnen beiden der Perserkönig selbst Gesandte schickt und den ausgehungerten Römern Lebensmittel zukommen lässt'. Güldenpenning irrt aber hier; denn auch Ammian XXV 7, 5 berichtet,

---

[1] A. a. O. 27. Die zwei Bemerkungen lauten: *Ἡ δὲ τοῦτο λαβοῦσα καὶ εἰς τὴν εὐνὴν ἀνακλίνασα*, und: *ἡ δὲ πάλιν ἐπὶ τῆς εὐτελοῦς εὐνῆς αὐτὴν κατακλίνασα.*

[2] S. 27—28. [3] A. a. O. 30—32.

dass die Perser Gesandte wegen des Friedens schickten, und die weitern Bemerkungen Ammians (nr. 4 u. 14 sq.), dass die Hungersnoth im römischen Heere den Kaiser zum Friedensschluss nöthigte, legen den Schluss nahe, dass bei diesem der drückenden Hungersnoth der Römer abgeholfen wurde.

6. Auch in dem Berichte des Theodoret IV 7 über die Bischofswahl und die Weihe des Ambrosius findet Güldenpenning[1] klar erkennbare Spuren der Benutzung von Rufin II 11 und sogar wörtliche Anklänge an diesen. Aber ganz mit Unrecht. Theodoret hat hier nichts, was nicht ebenso gut, wie bei Rufin, auch bei Sokrates IV 30 und Sozomenos VI 24 steht, und die Sätze des Rufin, die Güldenpenning bei Theodoret wörtlich oder fast wörtlich wiederfindet, stehen ebenso auch bei den beiden genannten Kirchenschriftstellern. Ja ich finde sogar deutliche Spuren, dass Theodoret hier gerade den Sozomenos benutzt hat; Sozomenos lässt bei der Wahl des Ambrosius Bischöfe anwesend sein, und daraus macht Theodoret eine Synode von Bischöfen; Sozomenos lässt ferner den Kaiser Valentinian auf die Nachricht von der Wahl des Ambrosius ein Dankgebet zu Gott sprechen, Theodoret theilt dieses Gebet nach seinem Wortlaute mit, offenbar sein eigenes Machwerk. Und dass Rufin hier dem Theodoret mit nichten vorgelegen hat, zeigt folgender Umstand: Rufin sagt, Ambrosius habe als kaiserlicher Beamter in der Kirche eine Rede an das Volk gehalten, und gibt deren Inhalt an; Sokrates und Sozomenos und wie sie auch Theodoret wissen nichts davon.

7. Hinsichtlich Theodorets IV 21 gesteht Güldenpenning[2] selbst ein, dass es ‚ungemein schwer ist zu sagen, wem Theodoret gefolgt ist, dem Rufin II 4 oder dem Sozomenos VI 20‘. Er nimmt aber das erstere an wegen des Ausdrucks πρὸ τῶν ἁγίων ἐκείνων ποδῶν κυλινδούμενοι bei Theodoret, dem das ‚iacebat ad pedes nostri temporis apostolorum‘ bei Rufin entspreche. Zu bemerken ist aber, dass beide Ausdrücke in einem ganz verschiedenen Zusammenhange bei beiden Schriftstellern stehen, abgesehen davon, dass sie auch verschieden lauten und dass auch bei Sozomenos steht εἰς γῆν κυλινδουμένη.

8. Die Angriffe des Valentinian und der Justina auf Ambrosius erzählt Theodoret V 13 in Uebereinstimmung mit Rufin II 15 u. 16, Sokrates V 11 und Sozomenos VII 13. Dass er gerade den Rufin hier vor sich gehabt habe, folgert Güldenpenning[3] daraus, dass diese beiden allein von einem Briefe des Maximus an Valentinian wissen. Aber die Inhaltsangabe des Briefes bei Theodoret ist reichhaltiger als die bei Rufin und zeigt, dass jener das Schreiben des Maximus selbst vor Augen hatte.

9. Theodoret V 15 über die Niederwerfung des Maximus soll den Rufin II 17 ausgeschrieben haben. Es werden dafür von Güldenpenning[4]

[1] A. a. O. 32—33. [2] A. a. O. 33—34. [3] A. a. O. 34—35.
[4] A. a. O. 35.

zwei Gründe angegeben, die beide nicht beweisend sind: a. Der Krieg werde bei Theodoret und Rufin als Rache für die Ermordung des Gratian hingestellt. Das thut aber ebenso auch Sozomenos VII 14. b. Theodoret sage, Theodosius habe dem Valentinian das Reich ohne Blutvergiessen (ἀναιμωτί) zurückgegeben, eine Bemerkung, die sich nur bei Rufin, allerdings an ganz anderer Stelle (II 32: victoria incruenta), finde. Aber dass der Sieg unblutig sein werde, hatte ja der Einsiedler Johannes dem Theodosius vorhergesagt, wie Theodoret V 24 selbst berichtet und wie an vielen Stellen schon zu lesen war, ehe Theodoret schrieb[1]; warum soll denn Theodoret diese Kenntniss gerade aus Rufin geschöpft haben müssen?

10. Den Bericht über die Besiegung des Eugenius hat Theodoret V 24 aus Rufin II 32—33 und zwar aus diesem allein: so behauptet Güldenpenning[2]. Keiner, welcher die beiden Berichte liest und sie mit den Darstellungen der andern Schriftsteller vergleicht, kommt von selbst auf diesen Gedanken; denn Theodoret und Rufin weichen hier in einer Masse von Einzelheiten voneinander ab, und während Rufin die Entscheidungsschlacht am Frigidus an einem einzigen Tage geschehen lässt, vertheilt Theodoret die Schlacht auf zwei Tage; der Unterschied ist so gross, dass Hassebrauk[3] sagt, Theodoret habe die klarste Schlachtbeschreibung und müsse wohl eine verlorene zeitgenössische christliche Quelle benutzt haben, während Rufins Darstellung zu verwerfen sei. Worauf stützt denn nun Güldenpenning die Behauptung, Theodoret habe hier aus Rufin geschöpft? Er hat nur einen Grund dafür, allerdings einen entscheidenden, wie er sagt: Theodoret theile hier ausser der Antwort, die der Mönch Johannes dem Theodosius vor dem Zuge gegen Eugenius gegeben habe, auch den andern Bescheid mit, den er ihm vor dem Zuge gegen Maximus ertheilt habe; das thue ausserdem nur Rufin und zwar fast gleichlautend. Die Thatsache ist richtig; aber ich meine, dass die Zusammenstellung der beiden Antworten des Mönches so nahe lag, dass sehr wohl zwei Schriftsteller auf denselben Gedanken kommen konnten. Jedenfalls reicht dieses Moment in keiner Weise aus, um die beiden Schlachtberichte auf dieselbe Quelle zurückzuführen.

11. Am ehesten liesse sich noch die Darstellung Theodorets V 22 auf directe Benutzung von Rufin II 22—29 zurückführen; Güldenpenning[4] findet hier auch zum Theil wörtliche Uebereinstimmung zwischen beiden Schriftstellern; jedoch ist diese verschwindend klein und unklar und beweist nichts für eine directe Abhängigkeit. Es ist ferner wohl zu beachten, dass

---

[1] Z. B. bei Palladios, Hist. Laus. c. 43; Augustinus, De civ. dei V 26 und De cura pro mortuis gerenda 17, 21; Orosius VII 35.

[2] A. a. O. 35—37.

[3] Zur Geschichte des Kaisers Theodosius I 21 Anm. 7.

[4] A. a. O. 37—38.

alle Berichte über jene Ereignisse in Alexandrien[1] auf Rufin zurückgehen, dass daher eine Uebereinstimmung zwischen Theodoret und Rufin hier sehr leicht durch mittelbare Ableitung aus Rufin zu erklären ist. Uebrigens führt Theodoret hier auch einzelnes an, was sich weder bei Rufin noch bei Sokrates und Sozomenos findet; derart ist die Angabe, dass aus der Statue des Serapis ein Schwarm Mäuse hervorgekommen, und dass sein Kopf durch die ganze Stadt geschleppt worden sei.

Aus dem Gesagten ergibt sich:

a. Alle zusammenhängenden Abschnitte in Theodorets Geschichtswerk, bei denen Rufin als Quelle in Frage kommt, finden sich auch bei Sokrates und Sozomenos, die vor Theodoret schrieben; wenn nun Theodoret den Rufin selbst als Quelle vor sich gehabt hätte, wäre es sehr zu verwundern, dass er, da er sich die besondere Aufgabe gestellt hatte, die vorhandenen griechischen Kirchenschriftsteller zu ergänzen, nicht den einen oder andern Abschnitt aus Rufin in sein Werk herübergenommen hat, den seine Vorgänger beiseite gelassen hatten.

b. Die Uebereinstimmung beider Schriftsteller in Einzelheiten nöthigt an keiner Stelle, eine directe Benutzung des einen durch den andern anzunehmen; eine solche wäre möglich, ist aber als vorhanden nicht zu erweisen und ist wegen des unter a Gesagten unwahrscheinlich.

---

[1] Z. B. bei Sokr. V 16 und Soz. VII 15.

Anhang.

I.

Die schriftstellerische Thätigkeit des Ambrosius vor und nach der Regierungszeit des Theodosius.

Die drei Bücher *De virginibus* schrieb Ambrosius an seine Schwester Marcellina ‚nondum triennalis sacerdos'[1]. Er wurde aber zum Bischofe geweiht am 7. December 374 oder in der ersten Hälfte 375[2]. Die Schrift ist also höchst wahrscheinlich im Jahre 377 verfasst. Dass sie aus Reden, die ans Volk gehalten wurden, zusammengesetzt ist, nimmt mit den Maurinern auch Ihm[3] an; dagegen spricht aber lib. I c. 1, und wenn in c. 2 eine Lobpreisung der hl. Agnes folgt, so ist das noch kein Beweis für die Richtigkeit jener Ansicht. Im Anfange des dritten Buches wird (c. 1—3) die Anrede mitgetheilt, die um das Jahr 353 Papst Liberius an die Jungfrau Marcellina bei deren Einsegnung ‚salvatoris natali' gehalten hat[4]; Usener[5] versteht unter diesem Ausdruck das Epiphaniefest, aber wohl mit Unrecht[6].

---

[1] De virgin. II 6, 39.

[2] Hieronymus und Prosper setzen die Weihe in ihren Chroniken ins Jahr 375, Theophanes (Chronogr. p. 94) aber 374. Gewöhnlich wird heute mit Tillemont (Mém. X 732—733 note 3) der 7. December 374 angenommen, weil 1. dieser Tag ein Sonntag war; 2. zu Mailand die Weihe des Ambrosius allezeit am 7. December gefeiert wurde (Mart. Rom.); 3. die Weihe nach Paulinus (Vita s. Ambros. c. 8) vor dem Tode Valentinians I., d. h. vor dem 17. November 375 war. Weniger spricht für diesen Tag der Lucascommentar des Ambrosius (VIII 73 vgl. mit VIII 90).

[3] A. a. O. 27. [4] De virgin. III 1.

[5] Religionsgeschichtliche Untersuchungen I 268—275.

[6] Wenn Ambrosius im Jahre 377 das Epiphaniefest hätte bezeichnen wollen, hätte er sich damals nicht des Ausdrucks ‚salvatoris natalis' bedient, da in dieser Zeit, was Usener zugibt, der 25. December als Geburtsfest des Herrn auch in Mailand gefeiert wurde. Usener beruft sich darauf, dass Papst Liberius in seiner Anrede an das Wunder zu Kana erinnert habe, das doch nur am Epiphaniefeste mitgefeiert worden sei; dem ist entgegenzuhalten, dass Liberius gleichzeitig auch

Die Bücher De virginibus waren das erste schriftstellerische Erzeugniss des Ambrosius [1].

Gleich danach schrieb er das Buch *De viduis* und bald nach diesem *De virginitate* [2]. Die letztere Schrift ist aus Reden erwachsen [3]; sie soll ihn gegen die Angriffe vertheidigen, welche man wegen der in den Büchern De virginibus der Jungfrauschaft gespendeten Lobsprüche gegen ihn gerichtet hatte [4]. Es erging ihm also mit diesen Büchern ähnlich wie dem Hieronymus mit seiner Schrift gegen Jovinian [5].

Das letzte Schriftwerk, welches Ambrosius verfasste, ist die Erklärung des 43. Psalmes, die er vor seinem Tode (4. April 397) [6] dictirte und nicht mehr vollendete [7]. In seine letzte Lebenszeit fällt auch der lange Brief 63 an die Kirche zu Vercellä, die wegen der Wahl eines neuen Bischofs in Uneinigkeit war [8]; gewählt wurde hier Bischof Honoratus, der dem Ambrosius vor seinem Tode das Abendmahl spendete [9].

II.

Die schriftstellerische Thätigkeit des Johannes Chrysostomos vor seinem öffentlichen Auftreten als Prediger zu Antiochien.

Fast alle Schriften des Chrysostomos, die nicht zugleich Reden sind, wurden vor seiner Priesterweihe (im Jahre 386) verfasst.

1. Dass beide *Adhortationes ad Theodorum lapsum* [10] an denselben Theodor von Mopsuestia, den Jugendfreund des Chrysostomos, gerichtet sind,

---

die wunderbare Speisung der 4000 erwähnte, die doch zu dem Feste nicht in Beziehung stand; der Papst wollte nämlich zeigen, dass Christus das zur Feier der Jungfrauenweihe erschienene Volk nicht ungespeist und ungetränkt nach Hause entlassen werde, und zu diesem Zwecke erwähnte er die beiden Wunder, nicht aber, weil sie zu dem Feste des ‚salvatoris natalis‘ in Beziehung standen. Ist nun die von mir vertretene Auffassung richtig, so ist kein Grund mehr für die Annahme Useners vorhanden, dass das Weihnachtsfest zu Rom im Jahre 352 noch nicht gefeiert wurde.

[1] De virgin. I 1.

[2] De vid. 1 und De virginitate 8, 46. Die Mauriner haben ganz mit Recht die letztere Schrift ins Jahr 378 gesetzt; dass sie bald nach De virginibus verfasst ist, zeigt sowohl die citirte Stelle als auch der Zweck der Schrift, die Angriffe abzuwehren, die man wegen der Bücher De virginibus gegen Ambrosius gerichtet hatte. Ich stimme also Ihm (a. a. O. 29) nicht bei, der sagt, dass die Abfassungszeit der Schrift ganz ungewiss sei.

[3] De virginitate 3, 14 und 19, 121. [4] L. l. 5, 24—26.

[5] Hieronymus, Ep. 48 und 49 ad Pammachium.

[6] Paulinus, Vita s. Ambros. c. 32 und 48. [7] L. l. c. 42.

[8] Vita s. Gaudentii episcopi, in den Acta SS. 22. Ian. p. 449.

[9] Paulinus l. l. c. 47. [10] Op. I 1.

darf nach den Ausführungen Montfaucons gegen Tillemont [1] nicht mehr in Zweifel gezogen werden, obschon die alte Ueberlieferung und besonders Sozomenos [2] nur ein Schreiben an diesen kennt. Beide Schreiben setzen nämlich dieselbe Situation voraus, dass der Adressat in einem Alter von noch nicht 19 Jahren [3] nach einem guten Anfang in der Weltentsagung von Liebe zu einem Weibe entflammt [4] in das Weltleben zurückgekehrt ist, um zu heiraten [5]. Auffallend ist nur, dass Theodor in dem zweiten kürzern Schreiben oft, in dem erstern längern niemals mit Namen genannt wird.

Was die Abfassungszeit der beiden Schreiben angeht, so setzt Montfaucon sie mit Tillemont [6] ins Jahr 369, d. h. in jene Zeit, als Chrysostomos vor seiner Weihe zum Lector in Antiochien verweilte. Ich bin mit Baronius [7] anderer Ansicht. Chrysostomos blieb nach seiner Taufe drei Jahre bei Bischof Meletios in Antiochien und wurde nach diesen von ihm zum Lector geweiht; danach zog er sich in die Berge nahe bei seiner Vaterstadt zurück und lebte hier sechs Jahre als Mönch, die letzten zwei dieser Jahre ganz allein in einer Höhle; hiernach erhielt er von Meletios die Diakonatsweihe [8]. Seine Weihe zum Lector war spätestens im Jahre 371, da um Ostern 372 Meletios schon in der Verbannung in Armenien verweilte [9]; seine Diakonatsweihe aber fällt ins Jahr 381 [10]. Nun sagt Soz. VIII 2, Theodor von Mopsuestia sei, als er bei seinem Abfalle vom Mönchsleben den Chrysostomos verliess, in die Stadt zurückgekehrt; daraus folgt, dass Chrysostomos die zwei Schreiben zur Zeit seines Aufenthaltes bei den Mönchen verfasste. Dazu stimmt auch, was Chrysostomos I 39 [c] und 42 [a] von der ἀγέλη Χριστοῦ berichtet, die damals mit ihm zusammenlebte, und was er 36 [a. b] von seiner und des Theodoros mönchischer Lebensweise in jener Zeit mittheilt. Tillemont beruft sich dagegen auf Sokr. VI 3, wo gesagt ist, Chrysostomos und Theodoros seien von Diodoros, dem spätern Bischofe von Tarsos, ins Mönchsleben eingeführt worden; Diodoros aber leitete in Abwesenheit des Meletios die Kirche in Antiochien [11]. Allein auf diese Nachricht des Sokrates ist wenig Werth zu legen, da sein ganzer Bericht über das frühere Leben des Chrysostomos an dieser Stelle von Fehlern wimmelt. Und wenn Diodoros ihn und den Theodoros ins Mönchsleben einführten, konnten die beiden letztern dann dieses nicht auch in den Bergen bei Antiochien fortsetzen? Mit mehr Recht beruft sich Montfaucon auf den Schluss des ersten Schreibens, in welchem Chrysostomos sagt, er werde zu Theodor reden, wo immer er ihn sehe; das setze voraus, dass beide damals in der Stadt lebten.

[1] Mém. XI 556 note 6. [2] Hist. eccl. VIII 2.
[3] Op. I 13 [a] und 39 [d. e]. [4] Op. I 22 [A]. 36 und 38. [5] Op. I 38 [b. c].
[6] Mém. XI 555 note 5. [7] Ann. 382, 70.
[8] Palladios, Dialogus de vita s. Chrysost., bei Montfaucon XIII 16 und 17.
[9] Basileios, Brief 89 Ende. [10] Siehe oben 381 S. 115.
[11] Theodoret IV 23.

Ich halte es trotzdem für das Beste, mit Sozomenos die zwei Schreiben in die Zeit des Aufenthaltes des Chrysostomos bei den Mönchen zu setzen; dass sie aber nach der Lectorweihe des Chrysostomos und zur Zeit der Verbannung des Meletios, also nach dem Jahre 370 oder 371, entstanden sind, ist mir in keiner Weise zweifelhaft.

2. Die drei Bücher *Contra oppugnatores vitae monasticae* [1] sollen nach Tillemont [2] zur Zeit des Valens nach dem Tode Valentinians I., als Chrysostomos bei den Mönchen lebte, verfasst sein, wahrscheinlich im Jahre 376. Montfaucon tritt dem vollständig bei und ist bemüht, einige Bedenken, die Tillemont geäussert hatte, zu entkräften [3]. Und doch ist diese Datirung ohne Zweifel falsch, und man muss sich wundern, wie Montfaucon sich für dieselbe so sehr hat begeistern können.

Die Beweisführung Tillemonts und Montfaucons geht davon aus, dass eine Verfolgung der Mönche durch die weltliche Gewalt Anlass zur Abfassung dieser Bücher gegeben hat. Wäre das der Fall, so wäre man wohl genöthigt, an die letzten Regierungsjahre des Valens zu denken; denn dieser gab nach dem Tode Valentinians ein Gesetz, welches die Mönche zum Kriegsdienste zwang, und inscenirte damit eine blutige Verfolgung derselben in der nitrischen Wüste [4]. Aber von einer derartigen Verfolgung der Mönche durch die Staatsgewalt spricht Chrysostomos in diesen drei Büchern keineswegs. Er erzählt, jemand habe ihn zur Abfassung der Schrift veranlasst durch die Mittheilung, es gebe Leute, welche die Mönche austrieben und ihnen unter Drohungen verböten, Propaganda zu machen; er hielt das anfangs für Scherz, aber jener erklärte ihm, es geschehe das mitten in den Städten und durch Christen, sogar getaufte Christen; einer von solchen sage sogar, wenn die Mönche nicht aus seinen Augen entfernt würden, werde er vom Glauben abfallen; sie rühmten sich, an Mönche Hand angelegt, sie vor Gericht geschleppt und ihre Zellen zerstört zu haben [5]. Der Erzähler bat den Chrysostomos, gegen solche Menschen, deren viele unter seinen Bekannten seien, eine Schrift zu verfassen [6]. Dieser zeigt nun im ersten Buche, dass solche, welche die Freunde Gottes verfolgen, sich selbst am meisten schaden; im zweiten Buche wendet er sich an heidnische und im dritten Buche an christliche Väter, deren Kinder bei den Mönchen zum Zwecke der Ausbildung verweilten. Sowohl die Veranlassung wie diese Inhaltsangabe der drei Bücher zeigt, dass es sich hier mit nichten um eine Verfolgung der Mönche durch die Obrigkeit handelt; von einer solchen ist in der Schrift nirgendwo die Rede; im Gegentheil drückt Chryso-

---

[1] Op. I 44. [2] Mém. XI 558—559 note 10.

[3] Ebenso auch Bardenhewer, Patrologie 316.

[4] Orosius VII 33, 1—4; Hieronymus, Chron. ad a. Abrahae 2390; Theodoret IV 19.

[5] Op. I 45 e—47 f. [6] Op. I 46 d.

stomos seine Verwunderung darüber aus, dass diese Anfeindung der Mönche geschehe τῶν βασιλέων ἐν εὐσεβείᾳ ζώντων und dass die Urheber derselben sich εὐσεβεῖς nennen [1]; das hätte er doch nicht von Kaiser Valens sagen können, der eine Menge orthodoxer Bischöfe von ihren Sitzen vertrieb [2] und sich als fanatischen Arianer bewies. Es handelt sich vielmehr um eine den Mönchen feindliche Richtung unter den orthodoxen Christen; wir erfahren von Hieronymus [3], dass diese Strömung in Rom besonders stark war, wo man im Kreise der Gläubigen schon den Gedanken aussprach, das ‚detestabile genus monachorum' aus der Stadt zu vertreiben oder ins Meer zu versenken; Hieronymus wundert sich [4] gerade wie Chrysostomos, dass nicht Heiden, sondern gläubige Christen an der Askese Anstoss nahmen. Ebenso hatte auch Paulinus von Nola, als er das Mönchsleben mit dem Verkauf seiner Güter begonnen hatte, in Rom Anfeindungen von seiten des Clerus, ja vom Papste Siricius zu erleiden [5].

Die Schrift ist also erst nach dem Tode des Valens verfasst und zwar zu Antiochien, nicht während des Aufenthaltes bei den Mönchen; das letztere ergibt sich daraus, dass Chrysostomos auf diese seine eigenen Erfahrungen bei den Mönchen keine Anspielung macht und öfters von Antiochien als πόλις ἡμετέρα spricht [6]. Sicher ist auch, dass sie vor seiner öffentlichen Lehrthätigkeit, also vor seiner Priesterweihe entstand, da er sagt [7], ihm fehle die nöthige Redegabe zu einer solchen Arbeit; Tillemont hatte hiergegen Bedenken wegen der Stelle (82 [e]): εἰ γὰρ ἡμεῖς ἀγρυπνεῖν ὑπὲρ τῶν ψυχῶν αὐτῶν (d. i. der Kinder) κελευόμεθα ὡς λόγον ἀποδώσοντες, die eine seelsorgliche Stellung des Chrysostomos verrathe; Montfaucon erklärt die Stelle so, als wenn Chrysostomos hier in der Person des Apostels Paulus spreche; sie erklärt sich aber viel leichter nach 77 [b. c], wo unter Berufung auf verschiedene Aussprüche des hl. Paulus gesagt wird, dass jeder Gläubige die Pflicht habe, den Schwachen zu stützen und den Fehlenden zurechtzuweisen. Ich glaube nicht fehl zu gehen, wenn ich die Abfassung dieser herrlichen Schrift, die namentlich über Kindererziehung lehrreich ist, in die Diakonatsjahre des Chrysostomos, d. h. in die Jahre 381—385, verlege.

Chrysostomos verbietet in dieser Abhandlung [8] jeden Eid als sündhaft wegen Matth. V 34. Er empfiehlt [9], die Söhne schon in ihrer Jugend in die Klöster zu schicken, damit sie nicht verdorben und in ihrem guten Vorhaben wankend werden; auch solle man sie 10—20 Jahre dort lassen und nicht zu früh wegnehmen. An einer andern Stelle (107 [b]) sagt er, dass man erst im Alter von zehn Jahren der Sünde schuldig und verantwortlich für sein Thun werde.

[1] Op. I 46 [a]; auch 71 [a] wird die εὐσέβεια der regierenden Kaiser gerühmt.
[2] Siehe oben 378 S. 34—36.
[3] Ep. 39, 5. [4] Ep. 45, 4. [5] Paulinus, Ep. 5, 13—14.
[6] Op. I 89 [b] und 97 [a]. [7] Op. I 46 [d]. [8] Op. I 56 [a. c].
[9] Op. I 94 [d] sqq.; 109 [a].

3. In den zwei Büchern *De subintroductis* [1] handelt es sich um fromme Jungfrauen, die mit Männern zusammen ein enthaltsames Leben führten, angeblich, um von ihnen geschützt zu sein, in Wahrheit aber nach Ansicht des Chrysostomos aus fleischlichem Wohlgefallen und zum Aergerniss für die andern. Er wendet sich im ersten Buche an die Männer, im zweiten an die Weiber und ermahnt sie, nur mit Personen desselben Geschlechtes zusammen zu sein. Nach Sokr. VI 3 verfasste er diese Bücher als Diakon; nach Palladios aber [2] hielt er über denselben Gegenstand bald nach Besteigen des bischöflichen Stuhles in Konstantinopel eine Rede und brachte dadurch einen Theil des Clerus gegen sich auf; Montfaucon versteht unter dieser Rede die beiden Bücher und verlegt daher ihre Abfassung nach Konstantinopel. Man kann ihm darin beistimmen, mit der Einschränkung jedoch, dass unter der Rede nur das erste Buch zu verstehen ist; das zweite nämlich, das an die Frauen gerichtet ist, wurde dieser Rede als Abhandlung angefügt, und zwar gleich nachher (255 [a]); es wird nämlich ausdrücklich als γραφή und βιβλίον vom Verfasser bezeichnet (253 [b]), während das erste Buch sich als Rede ausgibt (243 [c]).

4. Die zwei Bücher *De compunctione*, das erste Ad Demetrium, das zweite Ad Stelichium [3], werden von Tillemont [4] und Montfaucon in die Zeit des Aufenthaltes bei den Mönchen verlegt wegen der Stelle (132 [c]): ὅτε γὰρ πρώην ἐγὼ ἐγνώκειν τὴν πόλιν ἀφεὶς ἐπὶ τὰς σκηνὰς τῶν μοναχῶν ἐλθεῖν. Aber diese Stelle ist nicht beweisend, da das πρώην auch von einer längern Zwischenzeit verstanden werden kann; Montfaucon meint allerdings, ‚luce clarius‘ habe Chrysostomos die genannten Worte bald nach seiner Uebersiedlung in die Wüste geschrieben. Und dass das πρώην hier wirklich von einer längern Zeitdauer zu verstehen und das Werk vielmehr zu Antiochien nach der Rückkehr aus der Wüste von Chrysostomos geschrieben ist, erkenne ich aus einer Stelle (141 [d]), die bisher unbeachtet geblieben ist; es heisst hier: ‚Wie die, welche sich zu hohen Bergen begeben, nichts von dem sehen und hören, was in der Stadt geschieht . . ., so bemerken auch die, welche sich vom Weltleben zurückziehen und zu der Höhe der Philosophie des Geistes sich emporschwingen, nichts von dem, was b e i u n s geschieht (οὐδενὸς ἐπαισθάνονται τῶν παρ' ἡμῖν)‘. Unter denen, die sich zu dieser Philosophie erheben, sind die Mönche zu verstehen, wie gerade vorher (c) gesagt ist; als Chrysostomos dieses schrieb, war er also nicht mehr bei den Mönchen; die Schrift ist daher nach seiner Rückkehr in Antiochien und wohl sicher bald nachher, d. h. zur Zeit seines Diakonates, verfasst.

Chrysostomos tadelt (131 [d]) die damals häufige übereilte Zulassung der Katechumenen zum Unterrichte in den christlichen Geheimlehren; es habe

[1] Op. I 228. [2] Dial. XIII 18 [d]. [3] Op. I 122.
[4] Mém. XI 558 note 9.

das, sagt er, zur Folge gehabt, dass manche, die zurücktraten, die so erlangten Kenntnisse missbrauchten. Auch tadelt er (132[b]) die Gemächlichkeit der Mönche.

5. Die drei Bücher *Ad Stagirium a daemone vexatum*[1] werden von Tillemont[2] in die Zeit des Aufenthaltes des Chrysostomos bei den Mönchen gesetzt, während Montfaucon sie mit Sokr. VI 3 seinen Diakonatsjahren zuweist. Hier hat Montfaucon entschieden recht, wenn auch Bardenhewer[3] sich auf die Seite Tillemonts stellt.

Auf das Zeugniss des Sokrates ist allerdings wenig Werth zu legen; denn seine Darstellung von dem Vorleben des Chrysostomos an dieser Stelle ist gegen diesen gehässig und voll von historischen Verstössen. Montfaucon beruft sich dann auf 154[e], wo Chrysostomos sagt, Körperschwäche und besonders Kopfleiden zwinge ihn, zu Hause (οἴκοι) zu bleiben, und hindere ihn, den Stageirios in seinem Unglückszustande zu besuchen; er beruft sich ferner auf 180[c], wonach Chrysostomos von mehreren Personen über die frommen Uebungen des Stageirios damals Nachricht erhielt; weder diese Angabe noch das οἴκοι könne, wie Tillemont annehme, von den zwei Jahren gelten, die Chrysostomos vor seiner Diakonatsweihe in einer Höhle fern von Antiochien und ganz allein zubrachte. Ein einleuchtender Beweis dafür, dass Chrysostomos die Schrift erst nach seiner Diakonatsweihe verfasste, ist das nicht; denn die genannten Stellen sprechen nicht dagegen, dass er sie in den vier ersten Jahren seines Mönchthums verfasste, in denen er mit andern zusammenlebte. Und den Einwand, den Tillemont der Stelle 180[d. e] entnimmt, kann Montfaucon nicht beseitigen; Chrysostomos sagt hier: τοσαύτην γὰρ ἀκούω τὴν ἐπίδοσιν τῆς εὐλαβείας γεγενῆσθαι τῆς σῆς und besonders: καὶ γὰρ τῶν ἐκεῖθεν ἐρχομένων ἀκούω διηγουμένων; wie konnte Chrysostomos so sprechen, wenn Stageirios, wie Montfaucon mit Tillemont annimmt, damals wie er in Antiochien lebte?

Klarheit käme erst in diese Sache, wenn sich beweisen liesse, dass Stageirios damals nicht in Antiochien, sondern bei den Mönchen in der Wüste lebte; dann nämlich würden die vorher citirten Worte des Chrysostomos sogar ein vollgiltiges Zeugniss dafür ablegen, dass sie in Antiochien geschrieben worden sind. Und dieser Beweis lässt sich erbringen. Denn 155[c. d] heisst es, Stageirios sei in die Krankheit gefallen, als er der Welt entsagt hatte; ferner wird 156[a. b] gesagt, seine Mutter habe bisher dem Vater die Krankheit des Sohnes verheimlichen können, es sei aber zu besorgen, dass der Vater, wenn er davon höre, den Mönchen, die seinen Sohn aufgenommen hätten, unangenehm werde; dann 180[d. e], Stageirios wetteifere in Fasten und Nachtwachen nicht nur mit jungen, sondern auch mit ältern und bewunderungswerthen Männern, da er wie sie ganze Nächte durchwache und nur alle zwei Tage Speise und Trank, und zwar Wasser

[1] Op. I 154. [2] A. a. O. 560—561 note 12. [3] Patrologie 317.

und Brod, zu sich nehme; endlich heisst es von ihm 226 b: ‚Wenn du früher ausschweifend gelebt und dich als ein solcher dem Mönchsleben gewidmet hättest, auch dann würde dieser Gedanke (dass sein Leiden eine Strafe der Sünde sei) nicht gelten.‘ Allerdings scheint die Stelle 223 b. c dagegen zu sprechen, aber es scheint auch nur so; hier wird dem Stageirios, damit er sich überzeuge, dass andere noch mehr wie er leiden, gesagt, er möge sich zum Vorsteher der Fremdenherberge, zum Gefängnisse, zu den Vorräumen der Bäder und zum Armenasyl, das vor der Stadt liege, begeben; ohne Zweifel ist hier Antiochien gemeint; aber keineswegs müssen die Worte so verstanden werden, dass Stageirios damals in dieser Stadt wohnte; sie haben auch ihren Sinn, wenn er mit den Oertlichkeiten der Stadt von früher her bekannt war und nicht allzu ferne von dieser damals sein Leben zubrachte.

6. Das Buch *De virginitate*[1] wurde vor dem Commentar zum ersten Korinthierbriefe, also wie dieser zu Antiochien verfasst[2]; etwas Genaueres ist nicht zu ermitteln. Tillemont[3] glaubt, dass gegen Antiochien die Stelle spricht[4]: πῶς οὖν κωλύω γαμεῖν τῶν γαμούντων μὴ κατηγορῶν ff.; so nämlich habe Chrysostomos nur als Bischof sprechen können. Aber diese Einwendung ist ganz bedeutungslos; denn Chrysostomos konnte recht gut auch als Schriftsteller so sprechen; mit Recht weist auch Montfaucon auf eine Stelle in der 20. Homilie über die Bildsäulen hin[5], in der sich Chrsyostomos als Priester noch viel selbstbewusster äussert und sich sogar das Recht beilegt, von den heiligen Geheimnissen auszuschliessen.

7. Die Trostschrift *Ad viduam iuniorem*[6], d. h. an die früh verwittwete Gattin des Therasios, eines angesehenen Mannes, der auf die Stellung eines praefectus Aussicht hatte[7], ist, wie Tillemont[8] und Montfaucon richtig gesehen haben, in den Jahren 379 oder 380 verfasst. Das ergibt sich aus dem, was 344 a—345 c gesagt wird über die regierenden Kaiser und deren Gemahlinnen, über den Tod des Valens, der noch frisch im Andenken gewesen zu sein scheint, und über die Gotengefahr, die als noch acut dargestellt wird. Besonders ist 344 b. c zu beachten, wonach zur Zeit der Abfassung Theodosius noch auf dem Kriegsschauplatze verweilte; er kam aber Ende des Jahres 380 nach Konstantinopel, um hier zu bleiben. Dennoch glaube ich, dass Chrysostomos diese Schrift nicht in den letzten Jahren seines Verweilens in der Wüste, sondern in Antiochien verfasste, also Ende des Jahres 380 oder erst zu Anfang des Jahres 381. Die genannte Stelle dieser Schrift über die Kaiser jener Zeit und die Kaiserinnen, sowohl die regierenden als die verwittweten, ist für die Geschichte von Bedeutung;

---

[1] Op. I 268. [2] Hom. XIX in 1 Kor., Op. X 168 a. b.
[3] Mém. XI 586 note 46. [4] Op. I 275 a. [5] Op. II 213 b. c.
[6] Op. I 338. [7] Op. I 338; vgl. 431 a und 348 b.
[8] A. a. O. 562—563 note 14.

sie bietet aber der Erklärung grosse Schwierigkeiten, da über die kaiserlichen Frauen nur spärliche Nachrichten auf uns gekommen sind. An einer andern Stelle der Schrift [1] nennt Chrysostomos seinen Lehrer Libanios πάντων ἀνδρῶν δεισιδαιμονέστερος, also den abergläubischsten aller Menschen, und erwähnt seinen bewundernden Ausspruch: ‚Welche Frauen finden sich bei den Christen!'

Die Zeit einer zweiten Schrift ähnlichen Inhalts, nämlich *De non iterando coniugio* [2], ist nicht zu bestimmen; sie ist in der Ueberschrift adressirt Ad eandem, ist aber inhaltlich an die Wittwen überhaupt gerichtet und hat die Form einer Rede.

8. Die sechs Bücher *De sacerdotio* [3] sind eine Unterredung des Chrysostomos mit seinem Jugendfreunde Basileios, der sich zum Bischofe hatte weihen lassen. Am Anfange wird die Veranlassung zu dieser Unterredung erzählt; wir erfahren hier, dass Chrysostomos mit Basileios von früher Jugend an befreundet war und mit ihm zusammen die Schule besuchte; danach entschloss sich Basileios zum Mönchsleben, während Chrysostomos das Amt eines Rechtsanwaltes antrat, sich aber auf Zureden des Freundes später auch dem Mönchsleben und dem Studium der Heiligen Schrift widmete; sie blieben aber in der Stadt, weil die Mutter des Chrysostomos diesen unter Berufung auf ihren Wittwenstand anflehte, sie nicht zu verlassen. In dieser Zeit wurden beide zu Bischöfen begehrt. Basileios folgerte aus einer ausweichenden Antwort seines Freundes, dass dieser ihm folgen werde, und liess sich weihen; Chrysostomos aber enttäuschte ihn, indem er sich durch Flucht der Weihe entzog. Diesen Schritt suchte er in der Unterredung zu rechtfertigen, welche den Inhalt der Schrift De sacerdotio bildet; sie handelt von der Würde und den schweren Pflichten des Priesterthums und von seinem Verhältniss zum Mönchthum [4].

Die Unterredung fand statt, ehe sich Chrysostomos zu den Mönchen zurückzog [5], also vor dem Jahre 375, wahrscheinlich nicht lange vorher. Die Schrift De sacerdotio aber wurde nach Sokrates [6] zur Zeit seines Diakonates verfasst; wir können es ihm glauben, da ihr Anfang zeigt, dass zwischen ihrer Abfassung und jener Unterredung längere Zeit lag; im Jahre 392 wird sie von Hieronymus [7] als die einzige ihm bekannte Schrift des Chrysostomos genannt. Wenn aber Sokrates unter dem Freunde des Chrysostomos den Kirchenvater Basileios versteht, so irrt er jedenfalls; denn von einem Verkehre dieser beiden Kirchenväter miteinander ist sonst nichts

---

[1] p. 340 a. b. [2] Op. I 349. [3] Op. I 362.

[4] Chrysostomos nennt die Stellung des Priesters ‚tausendstimmig' höher als die des Mönches und ebensoviel begehrenswerther, allerdings nur für den, der ihrer würdig ist (426 e sqq.).

[5] Op. I 364 c—365 a. [6] Hist. eccl. VI 3.

[7] De vir. illustr. c. 129.

bekannt; ferner zeigt die Stelle 435 [d] ff., dass der bischöfliche Sitz des Basileios nahe bei Antiochien war; hier bittet nämlich dieser als Bischof den Chrysostomos, beständig in seiner Nähe zu bleiben, und der sagt ihm das zu; ich nehme daher mit Montfaucon an, dass der Basileios der Schrift der auf dem Concil zu Konstantinopel im Jahre 381 erwähnte syrische ,episcopus Raphanensis' dieses Namens ist [1].

Wir erfahren aus der Schrift De sacerdotio, dass Chrysostomos seinen Vater bald nach seiner Geburt verlor; seine Mutter war damals erst 20 Jahre alt, heiratete aber nicht wieder [2].

9. In der Schrift *In sanctum Babylam contra Iulianum* [3] wird aus der Erfolglosigkeit der Christenverfolgungen, dem unglücklichen Ende Julians, besonders aber aus dem Freimuthe des Martyrers Babylas, eines frühern Bischofs von Antiochien, gegen einen römischen Kaiser und daraus, dass die Gebeine dieses Martyrers im Daphnehaine dem Apollo angeblich nach dessen eigenem Ausspruche den Mund verschlossen, der Beweis für die Ohnmacht des Heidenthums geführt. Die Zeit der Abfassung ergibt sich aus 573 [b], wo gesagt ist, es seien seit dem Brande des Apollotempels im Daphnehaine zur Zeit Julians 20 Jahre verflossen. Das führt auf das Jahr 362 [4]. Da aber Chrysostomos auch in der fünften Rede gegen die Juden, die im Jahre 387 gehalten wurde, sagt, Julian habe vor 20 Jahren gelebt [5], so ist nur dies sicher, dass die Schrift auf Babylas nach der Diakonatsweihe des Chrysostomos, also nach dem Jahre 380, verfasst wurde; höchst wahrscheinlich aber fällt ihre Entstehung wie die fast aller seiner Abhandlungen, die nicht Reden sind, in die Zeit vor seiner Priesterweihe.

Chrysostomos sagt in dieser Schrift [6], dass damals nur noch wenige Städte heidnisch waren und dass die Menschen, welche dem Heidenthume anhingen, das unter den heidnischen Kaisern diesen zuliebe, unter den christlichen aus Sinnenlust thaten.

10. Aus dem Gesagten ergibt sich folgendes:

Keine der erhaltenen Abhandlungen des Chrysostomos ist vor seinem sechsjährigen Aufenthalte bei den Mönchen, also vor dem Jahre 375, verfasst; der Zeit dieses Aufenthaltes aber gehört nur ein Werk, nämlich die zwei Trostbriefe Ad Theodorum lapsum, an. Alle seine übrigen Abhandlungen, die nicht zugleich Reden sind, entstanden zur Zeit seines Diakonates, also von Anfang des Jahres 381 bis Anfang 386, mit zwei Ausnahmen: a. Die zwei Bücher De subintroductis sind zu Konstantinopel

---

[1] Mansi, Conc. III 358; Stephanos von Byzanz nennt eine Stadt *Ῥαφανέαι* in Syrien.

[2] Op. I 363 [d]; vgl. 340 [a. b]. [3] Op. II 536.

[4] Der Brand war nämlich am 22. October 362 (nach Sievers, Libanius 98).

[5] Op. I 646 [a]. [6] Op. I 548.

geschrieben; b. die Schrift *Quod Christus sit deus* contra Iudaeos et gentiles[1] wurde im Jahre 387 verfasst[2]. Die *Comparatio regis cum monacho*[3] ist ohne Zweifel vor seiner Priesterweihe entstanden[4], bietet aber für eine genauere Datirung keine Anhaltspunkte. Von dem Buche De virginitate lässt sich nur sagen, dass es zu Antiochien geschrieben worden ist.

---

[1] Op. I 558.

[2] Vgl. 582[b]: *Ἀλλὰ ταῦτα μὲν, ἡνίκα ἂν πρὸς Ἰουδαίους λέγωμεν, σαφέστερον καὶ εὐρύτερον ἀναπτύξομεν;* gemeint sind hier die Reden 5—7 gegen die Juden, die 387 gehalten wurden; siehe Excurs XIII S. 508 und 512; vgl. auch S. 502.

[3] Op. I 116.

[4] Das zeigt die Schreibweise und die Aehnlichkeit dieser Schrift mit Contra oppugnatores vitae monasticae lib. II c. 6 (Op. I 66[d] sq.).

Register.

I. Schriften der Kirchenväter.

Ambrosius.

1. Abhandlungen.

De Abraham I—II: nach 388 S. 494.
Apologia prophetae David: 384 S. 186.
Apologia altera prophetae David: 186.
Sermo contra Auxentium: 386 S. 246.
De benedictionibus patriarcharum: nach 388 S. 494.
De bono mortis: nach 388 S. 494.
De Cain et Abel I—II: 375—378 S. 34. 492. 494.
De Elia et ieiunio: nach 386 S. 273. 274[1].
De excessu fratris sui Satyri: 375 S. 50. 475.
De fide I—II: 378 S. 33. 34[2]; III—V: 380 S. 73.
Hexaemeron I—VI: nach 388 S. 491.
De Iacob et vita beata I—II: nach 388 S. 494.
De incarnationis dominicae sacramento: 381 S. 111.
De interpellatione Iob et David I—IV: frühestens Ende 388 S. 293. 310.
De Ioseph patriarcha: nach 388 S. 494.
De Isaac et anima: nach 388 S. 494.
Expositio evangelii secundum Lucam I—X: 388 oder bald danach S. 293 vgl. 74. 494.
De Nabuthe Iezraelita (394?) S. 422.
De Noe et arca: 378 S. 34. 492—494.
De obitu Theodosii oratio: 395 S. 430. 457.
De obitu Valentiniani consolatio: 392 S. 365. 381.
De officiis I—III: frühestens Ende 386 S. 247. 274.
De paenitentia I—II: 380—390 S. 331.
De paradiso: 375—378 S. 34. 492. 494.
In psalmum I: frühestens 386 S. 247.
In psalmos XXXV—XL: nach 394 S. 457.
In psalmum XLIII: 397 S. 565.
In psalmos XLV. XLVII. XLVIII. LXI: nach 388 S. 309.
In psalmum CXVIII: nach 387 S. 293. 495.
De spiritu sancto I—III: 381 S. 110.
De Tobia: S. 423.
De viduis: 377 S. 565.
De virginibus I—III: 377 S. 564.
De virginitate: 378 S. 565[2].
De institutione virginis: 391—392 S. 343. 344. 378[6].
Exhortatio virginitatis: 393 S. 401.

2. Briefe.

	Jahr	Seite
1	379	49
2	379	49—50
5—6	—	73[8]
7—8	—	106[10]
9	381	108
10—11	381	108. 481
12—13	381	109. 110. 481
14	382	135
15—16	383	159
17—18	384	185
19	385	214. 222
20	385	212. 488
21	386	245
22	386	243. 245
23	386	245
24	384—385	186
25—26	—	246
27—33	—	272
34—36	nach 386	272
37—38	nach 387	272—273
39	—	291
40—41	Ende 388	292. 532 ff.
42	392	378. 381
43—45	389—390	310—311
46	nach 380	311
47—50	389—390	311
51	390	319. 332
52—53	392	381
54—55	nach 391	382
56	391	341
57	393	401
58	395	457
59	387 (394?)	273 bes. A. 7
60	396 (393?)	401
61—62	394	423—424
63	395—397	565
84	396 (393?)	401

Augustinus.

1. Abhandlungen.

Contra Academicos I—III (Migne XXXII 905) 386 S. 248.
Acta seu disputatio contra Fortunatum Manichaeum (XLII 111) 392 S. 382.
Contra Adimantum Manichaei discipulum (XLII 129) 393—396 S. 403.
De beata vita (XXXII 959) 386 S. 249.
De diversis quaestionibus octoginta tribus (XL 11) 393—396 S. 403.
De duabus animabus contra Manichaeos (XLII 93) 391—392 S. 348.
Contra epistulam Donati (verloren) 393—396 S. 403.
Expositio epistulae ad Galatas (XXXV 2105) 393—396 S. 403.
Expositio quarundam propositionum ex epistula ad Romanos (XXXV 2063) 393 bis 396 S. 403.
Epistulae ad Romanos inchoata expositio (XXXV 2087) 393—396 S. 403.
De fide et symbolo (XL 181) 393 S. 395. 402.
De Genesi contra Manichaeos I—II (XXXIV 173) 388—391 S. 312.
De Genesi ad litteram liber imperfectus (XXXIV 219) 393—396 S. 402.
De grammatica (nur ein Auszug erhalten XXXII 1385) 387 S. 275.
De immortalitate animae (XXXII 1021) 387 S. 275.
De libero arbitrio I—III (XXXII 1221) 387—396 S. 275.
De magistro (XXXII 1193) 389 S. 313.
De mendacio (XL 487) um 394 S. 425.
De moribus ecclesiae catholicae I—II (XXXII 1300) 388 S. 275.
De musica I—VI (XXXII 1081) begonnen 387 S. 275, vollendet bis 391 S. 313.
De ordine I—II (XXXII 977) 386 S. 249.
De quantitate animae (XXXII 1035) 387—388 S. 275.
Psalmus contra partem Donati (XLIII 23) 393—396 S. 403.
De pulchro et apto (verloren) 381 S. 111.
De sermone domini in monte I—II (XXXIV 1229) 393—396 S. 402.
Sermones 214 und 216 (XXXVIII 1066) 391 S. 346.
Soliloquia I—II (XXXII 869) 387 S. 249.
De utilitate credendi ad Honoratum (XLII 65) 391—392 S. 347.
De vera religione (XXXIV 121) 389—391 S. 313.

2. Briefe.

	Jahr	Seite
1	386	—
2	386	249
3–4	386–387	249
5–14	388–391	312
15	389–391	313
16–18	388–391	313
19–20	—	314
21–22	391	346. 348
23	391–396	349
24–25	396 (395?)	464
26	396	459
27	396	458. 465
28	394–395	424
29	395	459
31	397	465

Epiphanios von Salamis.

De mensuris et ponderibus (Dind. IV 1) 392 S. 383.
Epistula contra Ioannem Hieros. (Hieron. Ep. 51) 393 S. 404.

Gregor von Nazianz.

1. Reden.

	Jahr	Seite
22	379	53
23	380	76–77
24	379	53
25	379	54
26	380	77–78
27–31	380	78
32	381	112
33	379–380	54
34	380	78
35	380	78
36	381	112
37	380	78
38	380 (379?)	78–79
39	381	113
40	381	113
41	379 (380?)	54
42	381	113
43	381	113
45	383	160

2. Briefe.

	Jahr	Seite
76–79	379	55
80	380	79
81	380	79
87	381	114
88	381	114
91	382	138
93	382	138
94	382	138
95	381	114
96	382	125 u. 138
100	379	55
101	382	138
102	386	138 u. 249
103	382	138
104–106	382	138
120	383	161
125	383	161
126	383	161
130–136	382	137 u. 139
138	382	139
139	383	161
140	383	161
141–142	383	161
144–145	383	161
146–148	383	161
149	383	162
150–151	383	162
152	383	162
153	383	162
154–155	383	162
156	383	162
157	383	162
162–163	383	162
168–170	383	162
173	383	163
181	383	163
182	383	163
183	383	163. 486
184–185	383	163. 486
187–190	384–390	188
191–192	384–390	189
193–194	384–385	215
195–196	384–386	215
197–201	384–390	189
202	387	275
204–206	384–390	189
207–208	—	189
214–223	384–390	189

3. Gedichte.

4. Gregors Testament (II 201) 381 S. 111.

Gregor von Nyssa.

Hieronymus.

1. Abhandlungen.

2. Bibelarbeiten.

a. Revision des Italatextes:
der Psalmen (psalterium Romanum) 384 S. 196.
der Psalmen (psalterium Gallicanum) und des Buches Job nach der Hexapla des Origenes 391 S. 351.
der vier Evangelien 384 S. 195.

b. Uebersetzungen aus dem Hebräischen:
Genesis 398—405 S. 461.
Bücher Samuel und der Könige 391—392 S. 385.
Paralipomena 395 S. 461.
Esdras und Nehemias 394 S. 425.
Job 393 (392?) S. 405.
Psalmen 391—392 S. 385.
Bücher Salomons (Sprüche, Prediger, Hohelied) 398 S. 406.
Die 16 Propheten 391—392 S. 385.

c. Commentare:
Commentarii in Ecclesiasten (III 381) 388 (389?) S. 294.
Interpretatio homiliarum duarum Origenis in cantica canticorum (III 499) 384 S. 195.
Interpretatio XIV homiliarum Origenis in Ieremiam (V 741) 379 S. 57.
Interpretatio XIV homiliarum Origenis in Ezechielem (V 877) 379 S. 57.
Commentarii in Abdiam et Ionam prophetas (VI 359) 396 S. 461—462.
Commentarii in Michaeam, Nahum, Habacuc, Sophoniam, Aggaeum prophetas (VI 431) 392 S. 385.
Translatio homiliarum XXXIX Origenis in evangelium Lucae (VII 245) 389 bis 390 S. 314.
Commentarii in epistulas ad Galatas, Ephesios, Titum, Philemonem (VII 367) 387 S. 276.

3. Briefe.

	Jahr	Seite		Jahr	Seite
15	375—378	34	41—42	384—385	194
16	375—378	34	43	383	165
17	375—378	34	44	383	165
18	379	56	45	385	219
19	383—384	139	46	386	251
20	383—384	139	47	393	406
21	383—384	165	48—50	393	407
22	384	192. 216	51	393	404. 553
23—27	384	192	52	394	425
28—30	384	193	53	395	462
31—32	383—385	193	54	394	426
33	385	218	55	vor 398	426
34—36	384	193	56	394—395	424
37—38	384	194	57	395	463. 552
39	385	218	58	396	462
40	383—385	165	59	nach 393	427

Johannes Chrysostomos.

Montf. I 1 Ad Theodorum lapsum I—II: 371—378 S. 565—567.
44 Adversus oppugnatores vitae monasticae I—III: 381—385 S. 567 bis 568.
116 Comparatio regis et monachi: vor 386 S. 574.
122 De compunctione I—II: 381—385 S. 569.

Montf. I 154 Ad Stagirium a daemone vexatum I—III: 381—385 S. 570.
228 Contra subintroductas I—II: 397 oder später S. 569.
268 De virginitate: vor 397 S. 571.
338 Ad viduam iuniorem I: 380—381 S. 571; II? S. 572.
362 De sacerdotio I—VI: 381—385 S. 115. 572—573.
436 Cum presbyter fuit ordinatus, homilia de se et de episcopo: 386 S. 251.
444 Contra Anomoeos I: 386 S. 252. 496. 506. 511.
452—480 Contra Anomoeos II—V: 386 S. 505. 511.
492 In beatum Philogonium contra Anomoeos VI: 386 S. 253. 503. 508.
501—513 Contra Anomoeos VII—VIII: 387 S. 505. 511.
525 In quatriduanum Lazarum contra Anomoeos IX: 387 S. 505. 511.
529 Contra Anomoeos X: 387 S. 506. 511.
558 Contra Iudaeos et gentiles quod Christus sit deus: 387 S. 279. 502. 574.
587 Adversus Iudaeos I: 386 S. 252. 496. 506. 511.
601 Adversus Iudaeos II: 386 S. 252. 506. 511.
606 Adversus Iudaeos III: 387 S. 497. 506.
616 Adversus Iudaeos IV: 387 S. 501. 512.
627—662 Adversus Iudaeos V—VII: 387 S. 497. 508. 512.
673 Adversus Iudaeos VIII: 386 S. 252. 496. 511.
697 In Kalendas: S. 525.
707 De Lazaro I—IV: S. 525.
762 Homilia in 1 Thess. IV 12: S. 526.
772 In terrae motum: S. 526.
790 De Lazaro VII: S. 526.

II 1 De statuis ad populum Antiochenum I—XXI: 387 S. 259. 278. 512 ff.
225 Ad illuminandos catecheses I—II: 388 oder 389 S. 521—522.
246 De diabolo I—III: S. 524.
279 De paenitentia I—IX: S. 524.
354 In Christi diem natalem: 386 S. 253. 503. 506.
367 De baptismo Christi et de epiphania: 387 (?) S. 503. 511.
376 In proditionem Iudae I—II: 388 (ev. 388—396) S. 523.
397 De coemeterio et de cruce: 391 S. 351. 525.
403 De cruce et latrone I—II: S. 523.
422 De resurrectione mortuorum: 387 S. 506. 511.
437 Contra ebriosos et de resurrectione: S. 523.
476 De laudibus beati Pauli Apostoli I—VII: S. 525.
519 In sanctum Meletium: 386 S. 252.
524 In sanctum Lucianum: 385 S. 504. 511.
531 In sanctum Babylam: S. 525.
536 In sanctum Babylam contra Iulianum liber: um 382 S. 139. 573.
578 In sanctos martyres Iuventinum et Maximinum: S. 525.
585 In sanctam Pelagiam: 8. October S. 526[10].
592 In sanctum Ignatium martyrem: 17. October S. 526[10].
603 In sanctum Eustathium episc. Antiochenum: S. 526.
611 In sanctum Romanum martyrem: 18. November S. 526.
634 In sanctas martyres Berenicen, Prosdocen, Domninam: 391 S. 351. 525.
671 In sanctum martyrem Iulianum: 16. März (?) S. 526.
681 Laudatio sancti martyris Barlaam: 14. Aug. S. 526.

III 1 In parabolam debitoris decem milium talentum: 387 S. 278. 521.
50 In principium Actorum apostolorum I—IV: S. 523—524.
96 De mutatione nominum I—IV: S. 524.
228 Homilia in 1 Cor. X 1: S. 526—527.
311 Homilia in 1 Tim. V 9: S. 526.
747 In laudem Diodori Tarsensis: vor 393 S. 386.

Montf. IV 1 In Genesim homiliae I—LXVII: 388 (ev. 388—396) S. 295. 522 bis 524.
645 In Genesim sermones I—VIII: 386 S. 252.
699 De Anna I—V: 387 S. 278. 521.
748 De Davide et Saule I—III: 387 S. 521.
V 130 In psalmum XLI: 387 S. 279. 512.
VI 106 In Isaiam VI 1 homiliae II—III, V—VI: 388 (ev. 388—396) S. 295. 523.
157 In Ieremiam X 23 homilia: S. 626.
IX 1 In epistulam s. Pauli ad Romanos I—XXXII: S. 527.
XI 1 In epistulam s. Pauli ad Ephesios I—XXIV: S. 528.

Paulinus von Nola.

1. Briefe.

	Jahr	Seite
1—2	395	463
3—4	396 (395?)	464
5	395	464
6	396 (395?)	465
35—36	394	428

2. Gedichte.

	Jahr	Seite
10—11	394	428
12	395	464

II. Gesetze.

1. Cod. Theod.

5, 22 S. 417; 5, 23 S. 306; 5, 24 S. 418; 5, 25 S. 306. 454; 5, 26 S. 454; 5, 27 S. 307 bes. A. 2 u. S. 454; 5, 28 u. 29 S. 455; 7, 1 S. 90; 7, 2 u. 3 S. 153; 7, 4 u. 5 S. 338; 8, 8 S. 373; 8, 9 S. 393. 534; 10, 9 S. 210; 10, 10 u. 11 S. 338 u. 535—536; 10, 12 S. 375; 10, 13 S. 454.

2. Cod. Iust.

I 1, 1 S. 67; 1, 2 S. 88; 3, 8 S. 234; 3, 9 S. 225; 4, 3 S. 210; 5, 2 S. 47; 7, 3 S. 338; 9, 7 S. 393; 11, 2 S. 210; 25, 1 S. 237; 48, 3 S. 304[10]; 55, 6 S. 376.

II 7, 2 S. 27[6]; 9, 8 S. 456.

III 12, 6 u. 7 S. 308; 44, 14 S. 233.

V 9, 1 S. 70; 9, 2 S. 94; 35, 2 S. 327.

VIII 11, 9 S. 327; 12, 8 S. 210.

IX 7, 1 S. 394; 9, 32 S. 238 u. 378; 16, 9 S. 238; 18, 9 S. 309; 27, 4 S. 237; 28, 1 S. 378; 29, 1 S. 68; 29, 2 S. 179—180; 36, 1 S. 236.

X 70, 9 S. 238.

XI 7, 4 S. 471; 21, 1 S. 236; 41, 4 S. 418.

XII 19, 2 S. 304[10]; 35, 12 S. 340.

3. Novellae constitutiones a Sirmondo editae.

nr. 3 (Hänel p. 451) S. 174[11]. 180. 486.
nr. 8 (Hänel p. 459) S. 233.

III. Personen- und Sachregister[1].

[1] 380 S. 117 heisst: im Jahre 380 Seite 117.

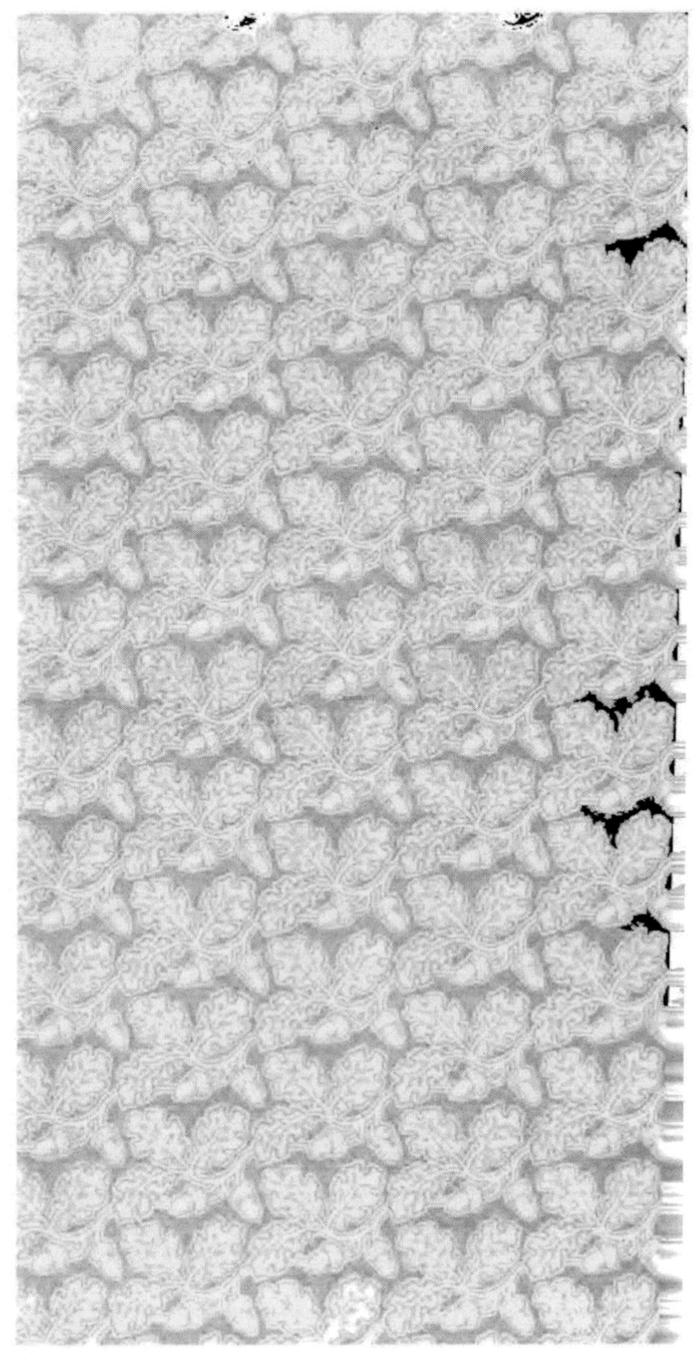

FSC
www.fsc.org
MIX
Papier aus verantwortungsvollen Quellen
Paper from responsible sources
FSC® C141904

Druck:
Customized Business Services GmbH
im Auftrag der KNV-Gruppe
Ferdinand-Jühlke-Str. 7
99095 Erfurt